Tschischka, Franz

Geschichte der Stadt Wien

Tschischka, Franz

Geschichte der Stadt Wien

Inktank publishing, 2018

www.inktank-publishing.com

ISBN/EAN: 9783747760970

Geschichte

der

Stadt Wien.

Von

Franz Tschischka.

Illustrirt von

L. F. Schnorr, — P. Geiger, — C. Schnorr, — L. Schnorr, — G. Zeilner, J. Morerette, — E. Lafite.

Stuttgart.
Verlag von Adolph Krabbe.
1847.

Seiner

Kaiserlichen Königlichen Hoheit

dem

durchlauchtigsten Herrn

Johann Baptist

(Joseph Fabian Sebastian)

kaiserlichem Prinzen und Erzherzoge von Oesterreich, königlichem Prinzen von Ungarn und Böhmen 2c., Ritter des goldenen Vließes, Großkreuz des militärischen Maria-Theresien- und des österreichisch kaiserlichen Leopold-Ordens, Ritter des russisch kaiserlichen St. Andreas-, St. Alexander-Newsky-, des weißen Adler- und St. Annen-Ordens erster Classe, des königlich preußischen schwarzen Adler-Ordens, Großkreuz des königlich württembergischen Militär-Verdienst-Ordens, Ritter des königlich sächsischen Ordens der Rautenkrone und des großherzoglich badenschen Ordens der Treue, Großkreuz des königlich niederländischen Löwen-Ordens, des königlich belgischen Leopold-Ordens, des großherzoglich hessischen Ludwig-, des herzoglich sächsischen ernestin'schen Haus-Ordens und des königlich griechischen Ordens des Erlösers, k. k. General-Feldmarschalle, General-Director des Genie- und Fortifications-Wesens, der Ingenieur- und der Neustädter-Militär-Akademie, Inhaber des Dragoner-Regimentes Nr. 1, dann Chef des Sappeur-Grenadier-Bataillons im russisch kaiserlichen Genie-Corps, und des königlich preußischen 16. Infanterie-Regimentes, Curator der k. k. Akademie der Wissenschaften in Wien 2c.

in tiefster Ehrfurcht gewidmet.

Vorwort.

Bei Verfassung dieses Werkes hatte man, wie billig, ein vorzügliches Augenmerk auf das größere Publicum gerichtet. Klarer, allgemein faßlicher Vortrag, gleich entfernt von zu gedrängter Kürze als ermüdenter Weitläufigkeit, und lebhafte, anschauliche Darstellung, ohne jedoch der historischen Wahrheit im Mindesten Eintrag zu thun, waren demnach die Hauptbedingnisse, welche zu erfüllen oblagen. Aus gleichem Grunde mußte auch jede Erörterung über historische Streitfragen hintangehalten und die wörtliche Vorführung von Urkunden vermieden werden. Die gewissenhafte Benützung derselben jedoch, so wie sie Gefertigter als langjähriger Archivar des löblichen Wiener Magistrates in Fülle zu Gebote standen, wird dem Manne vom Fache nicht entgehen, der denn auch manches noch Unbekannte hier finden dürfte. Fremde Forschungen über Wien, worin die Herren Johann Schlager, Theodor von Karajan und Joseph Feil, meine werthen Freunde, in neuester Zeit so viel Gediegenes geleistet, wurden nur in so ferne gewürdigt, als sie unumstößliche Resultate darboten; auf bloße Vermuthungen, selbst wenn auch dem Anscheine nach, vieles für sie spricht, konnten jedoch, um Verwirrung zu vermeiden, keine Rücksicht genommen werden.

So z. B. meinen neuere Forscher, gestützt auf eine Urkunde von 1137, die bereits einen Pfarrer von Wien vorführt, daß das Alter der St. Stephanskirche bis über gedachtes Jahr hinaufreiche; allein abgesehen davon, daß erst genügend zu beweisen komme, ob schon damals, wie späterhin wirklich, und zwar bis in die Mitte des 13. Jahrh. herab, unter der allgemeinen Bezeichnung „Pfarre in Wien" dieser Dom gemeint sei, entkräftigt schon diese Vermuthung der scharf ausgesprochene Styl des Bauwerkes selbst, der mit allen um 1150 in Deutschland und insbesondere in Oesterreich entstandenen derlei Kunstdenkmalen in dem vollkommensten Einklang steht. Die frühere Angabe ihrer Erbauung ist demnach um so weniger zu verwerfen, als sich mit völliger Sicherheit das Jahr 1147 als jenes bezeichnen läßt, wo dieses Gotteshaus durch den Bischof Reginbert von Passau, da er auf der Fahrt nach dem gelobten Lande Wien berührte, feierlich eingeweiht wurde.

In keiner historischen Darstellung Wiens hatte man bisher ein besonderes Augenmerk auf das intellectuelle Wirken seiner Einwohner gerichtet, Kunst und Wissenschaft, Gewerbsfleiß, Handel und Volksthümlichkeit, welche erst den politischen Ereignissen die wahre Färbung geben und wohl als ein höchst wichtiger Theil jeder Stadtgeschichte zu beachten sind, fielen fast immer leer durch. Diese Lücken nach Kräften auszufüllen; war demnach des Gefertigten vorzüglichstes Streben. Bei weitem das meiste hier Vorgeführte erscheint zum Erstenmale und ist noch unbenützten Quellen entnommen. Das mit Sorgfalt ausgearbeitete Register wird das schnelle Auffinden der einzelnen Gegenstände sehr erleichtern. Auch die von vorzüglichen Xylographen Englands mit Geist und Fleiß in Holz geschnittenen Zeichnungen rühmlich bekannter österreichischer Künstler, wie sie das Titelblatt vorführt, werden zur Verherrlichung und Brauchbarkeit des Werkes nicht wenig beitragen. Abgesehen von dem Kunstgenusse, welche historische Compositionen darbieten, dürften die Portraite von Wiens berühmten Personen, durchaus gleichzeitigen Oelbildern, Büsten oder Medaillen entnommen, so wie die zahlreichen Denkmäler der Stadt, getreu den Originalien selbst nachgebildet, zur Versinnlichung des Textes von hohem Interesse seyn.

Und so sei denn das Werk, welches Verfasser und Verleger mit gleich sorgfältiger Liebe gepflegt haben, dem Lesekreise übergeben. Möge es von den Bewohnern Wiens als ein nützliches Haus- und Familienbuch; von den Fremden aber, welche diese merkwürdige Stadt liebgewonnen haben, als ein Denkmal der Erinnerung freundlich aufgenommen werden!

Wien am 1. Mai 1847.

Franz Tschischka.

Inhaltsverzeichniß.

Erstes Buch.

Wien bis 983.

Zweites Buch.

Von 983 bis 1283.

Drittes Buch.

Wien unter den Habsburgern bis zum Tode Maximilian's des Ersten.

Viertes Buch.

Wien unter den Habsburgern, von Ferdinand dem Ersten bis zum Tode Carl des Sechsten.

Fünftes Buch.

Wien unter den Habsburg-Lothringer.

Erklärung der Holzschnitte.

1. Titelbild. Die innere Stadt, vom Belvedere angesehen, mit einem Kranz von Eichen- und Weinlaub, von Kornähren und Blumen, dann den Emblemen des geselligen Lebens, als der Religion, Justiz, Kunst, Wissenschaft, Gewerbsindustrie und des Handels umgeben. Unten sieht man die beiden mächtigen Förderungsmittel des Letzteren: die Eisenbahn und die Dampfschifffahrt, und am Fußgestell eine Charitas und den Pelikan, anspielend auf die Wohlthätigkeitsanstalten der Stadt. Ueber sie schwebt der kaiserl. Adler, als Symbol der schützenden Macht. Erfunden u. gezeichnet v. L. F. Schnorr v. Carolsfeld, dem V.
2. Titel-Vignette. Der Wappentragende Schutzengel Wiens, gezeichnet von J. F. Zeilner nach dem S. 246 beschriebenen alten Steinbilde.
3. Römische Legionsziegeln von Vindobona und die S. 15 beschriebene Meilensäule, gez. von J. Morette. — Seite 3.
4. Ein Bruchstück der Peutinger'schen Tafeln, im Besitze der kaiserl. Hofbibliothek, gez. von Morette. — S. 5.
5. Die berühmte Gemma Augustea im k. k. Münz- und Antiken-Cabinette, gez. v. C. Schnorr. — S. 6.
6. Der Siegesbogen, zu Ehren des Tiberius errichtet, nächst Petronell, gez. von Morette. — S. 7.
7. Die Quadenschlacht, ein Basrelief der antoninischen Siegessäule, gez. von Ernst Lafitte. — S. 12.
8. Marc-Aurel nach einer Büste im k. k. Münz- u. Antiken-Cabinette, von C. Schnorr. — S. 13.
9. Der Genius Tutelaris der Stadt Carnunt, im Theseum zu Wien, gez. von Lafitte. — S. 18.
10. Ein Mithras-Relief, ebd., gez. v. Lafitte. — S. 18.
11. Römische Waffen, gez. von Lafitte. — S. 22.
12. Christus am Kreuze, altdeutsche Camee aus dem k. k. Münz- u. Antiken-Cabinette, gez. v. C. Schnorr. — S. 23.
13. Ein Salvator, byzantinischer Camee, aus dem k. k. Münz- u. Antiken-Cabinette, gez. v. Lafitte. — S. 25.
14. Die Römer verlassen Vindobona, componirt von C. Schnorr. — S. 28.
15. Die alte Steinkirche in Sievering, gez. von Morette. — S. 28.
16. Der heilige Severin prophezeiht Odoacern, daß er König von Italien werde. Comp. von C. Schnorr. — S. 31.
17. Die alte Ruperts- oder Ruprechtskirche in Wien, gez. von Morette. — S. 35.
18. Carl der Große, nach einer alten Handzeichnung, von Lafitte. — S. 36.
19. Die alte St. Peterskirche in Wien, nach einer alten Handzeichnung, von Morette. — S. 39.
20. Vignette auf den Tod des Markgrafen Burkard, von C. Schnorr. — S. 47.
21. Das Studirzimmer des Geschichtforschers, gez. von Zeilner. — S. 48.
22. Otto des Großen Rettung auf der Jagd durch Leopold von Babenberg, comp. von C. Schnorr. — S. 53.
23. Leopold der Fromme bezieht mit seiner Gattin Agnes d. Schloß am Kalenberge, comp. v. C. Schnorr. — S. 92.
24. Heinrich Jasomirgott, nach einem alten Bilde in Klosterneuburg, gez. von Lafitte. — S. 62.
25. Heinrich Jasomirgott gründet die Schottenkirche in Wien, gez. von C. Schnorr. — S. 66.
26. Grundriß der Stadt Wien von 1177, gez. von Morette. — S. 68.
27. K. Friedrich Barbarossa hält mit den Kreuzfahrern seinen Einzug in Wien, comp. von L. F. Schnorr, dem Vater. — S. 70.
28. Richard Löwenherz wird zu Erdberg, nächst Wien gefangen genommen, comp. v. C. Schnorr. — S. 72.
29. Die herzogliche Burg, nach Hirsfogels Rundrisch in dem magistr. Archive, gez. von Morette. — S. 79.
30. Friedrich des Streitbaren Grabstein in Heiligenkreuz, gez. von Lafitte. — S. 92.
31. Das Kapitelhaus dieses Stiftes, wo Friedrich der Streitbare begraben liegt, gez. von Lafitte. — S. 93.
32. Rudolph von Habsburg, nach dem Grabdeckel zu Speyer, gez. von C. Schnorr. — S. 94.
33. Ottokar von Böhmen, sterbend, nach einem Gemälde von K. Max Stammbaum in der k. k. Ambraser Sammlung, gezeichnet von C. Schnorr. —
34. Der segnende Heiland, ein Basrelief ober dem Riesenthore bei St. Stephan, gez. von Zeilner. — S. 110.
35. Die vordere Ansicht der St. Stephanskirche mit den Heidenthürmen, gez. von Lafitte. — S. 113.
36. Das Siegel des Markgrafen Leopold des Heiligen, nach einem Wachsabdrucke gez. von Lafitte. — S. 116.
37. Das Siegel Friedrich des Streitbaren, nach einem Wachsabdrucke, gez. von Lafitte. — S. 116.
38. Das Reichssiegel der Stadt Wien, nach einem Wachsabdrucke im Wiener Stadt-Archive, gez. von Lafitte. — S. 122.
39. Das Reitersiegel des Herzogs Albrecht I., von Habsburg, nach einem Wachsabdruck im Wiener Stadt-Archive, gez. von Lafitte. — S. 127.
40. Die zum Aufruhr verleiteten Wiener Bürger bitten um Gnade bei Herzog Albrecht, comp. von Carl Schnorr. — S. 131.
41. Herzog Rudolph der Vierte gründet den St. Stephansthurm, comp. von Carl Schnorr. — S. 141.
42. Des Bürgermeisters Vorlauf und der Rathsherren Enthauptung, comp. von C. Schnorr. — S. 157.
43. Rembert von Waldsee und Leopold von Eckartsau entführen den jungen Herzog Albrecht V. aus der Veste Starhemberg, comp. von Prof. P. J. N. Geiger. — S. 159.
44. Ladislav Posthumus, nach dessen Siegel im Archive der Stadt Wien, gez. von Lafitte. — S. 180.
45 Friedrich IV. (resp. III.) nach einer Goldmünze im k. k. Münz- und Antiken-Cabinette in Wien, gez. von Carl Schnorr. — S. 181.
46. Mathias Corvin, nach einem Gemälde der k. k. Ambraser-Sammlung, gez. von Lafitte. — S. 198.
47. Die Doppelvermählung zwischen Maximilian I. Enkeln und den Kindern des Königs Wladislav von Ungarn in der St. Stephanskirche zu Wien, comp. von L. F. Schnorr, dem Vater. — S. 208.
48. Maximilian I. nach einer goldenen Denkmünze im k. k. Münz- und Antiken-Cabinette, gez. von Lafitte. — S. 210.
49. Das Siegel der Stadt Wien von 1464, und deren ältestes Grundbuchsiegel, nach den Originalien im städtischen Archive, gez. von Lafitte. — S. 211.
50. 5 Stück der ältesten Wiener Münzen, nach den Originalien im k. k. Münz- und Antiken-Cabinette, gez. von Lafitte. — S. 213.
51. Die Salvators-Medaille, von Mathäus Donner, nach dem Originalstempel im Archiv der Stadt Wien, gez. von Lafitte. — S. 222.
52. Der Baumeister von St. Stephan, dessen Brustbild unter dem Orgelfuße im Innern der Kirche angebracht ist, gez. von C. Schnorr. — S. 223.
53. Die St. Stephanskirche mit dem hohen Thurm, gez. von Zeilner. — S. 226.
54. Die innere Ansicht derselben im Schiffe, gez. von Zeilner. — S. 229.
55. Die Kirche Maria Stiegen (am Gestade), gez. von Zeilner. — S. 231.
56. Die Minoriten- (heutige italienische) Kirche, gez. von Zeilner. — S. 234.
57. Das Basrelief des mittleren Eingangs in dieselbe, gez. von Zeilner. — S. 235.
58. Die ursprüngliche Augustinerkirche, mit der Burg und dem Holzthore, nach einem sehr alten Holzschnitte (von Meldemann?) gez. von Lafitte. — S. 236.
59. Das Denkmal „Spinnerin am Kreuze" genannt am Wienerberg, gez. von Zeilner. — S. 238.
60. Das Grabmal von Otto des Fröhlichen lustigem

Erstes Buch.

Vom Ursprung Wiens bis zum Jahre

983.

Tschischka, Wien.

Erstes Buch.

Wien bis 983.

Erstes Kapitel.

Römerzeit.

Die undurchdringlichen Nebel der Nacht, welche die Urgeschichte Wiens umhüllen, beginnen erst sich zu heben, als Roms siegreiche Adler, von Kaiser Augustus Stiefsöhnen, Drusus und Tiberius geleitet, kurz nach dem Falle Rhätiens und Vindeliziens, im Jahre 13 vor Christi Geburt, ihre ehernen Fittige nach den Ufern der Donau lenkten und sonach, durch Noricums und Pannoniens gänzliche Eroberung, diesen Strom und den Rhein zur Gränze des römischen Weltreiches machten.

Alles, was man bisher vor diesem Zeitraume darzubringen strebte, gehört in den Bereich ungegründeter Sage. So des Lazius Behauptung, dessen leichtgläubiger Alterthumsliebe auch Reiffenstuel und Fuhrmann beistimmten, daß Wien bereits 108 Jahre nach dem Auszuge der Kinder Israels aus Aegypten,

1*

Erstes Buch.

Wien bis 983.

mithin wenigstens 800 Jahre vor Roms Erbauung, von phönizischen Juden soll bewohnt worden seyn: wozu ein in der Vorstadt Gumpendorf aufgefundener Grabstein,[1] dessen hebräische Inschrift uns berichtet, daß im Jahre der Welt 2560 der Riese Mordach sich zu seinen Vätern versammelte, die Veranlassung gab. Das Lächerliche dieses Ausspruches ist zu offenbar, als daß es erst, wie Küchelbecker und Geusau gethan, einer critischen Widerlegung bedürfte.

Eben so wenig kann auch die Gründung Wiens durch Julius Cäsar zugegeben werden. Der Sieger von Pharsalus sah wohl die Quelle der Donau im abnobischen Waldthale; nie aber drang er bis in die Gegend vor, wo der letzte Ausläufer des cetischen Gebirgsstockes, der Kalenberg, sein eichenbekränztes Haupt in ihren goldspendenden Fluthen spiegelt.

Solch kühnes Unternehmen war erst nach vier Jahrzehnten dem Tiberius vorbehalten. Als dieser Heldenjüngling mit seinem siegenden Kriegsheere bis an gedachtes Gebirge vorgerückt war, fand er nahe an dessen östlicher Seite, und von Germania magna nur durch den mächtigen Strom geschieden, bereits einen Wohnsitz, den die Vinden oder Vindonen, ein celtogallischer Volksstamm, bald nach ihrer Uebersiedlung aus dem herczinischen Walde, wahrscheinlich um das Jahr 63 vor Christus, hier aufgeschlagen hatten.

Aus dieser Windenwohnung, celtisch Vindevon, entsprang das römische Vindobona. Das stehende Lager, Castra stativa, was es anfänglich war, wuchs rasch zu einem Municipium empor und blühte fort, bis allmählig in den Stürmen der Völkerwanderung Stadt und Name für immer untergiengen. Nur Vindobonas feste Citatelle, nach der fabianischen Cohorte, die hier einst ihr Lager hatte, Favianis, Fabiana geheißen, erhielt sich noch nothdürftig. Durch Abkürzung entstand aus dieser Benennung zu Carl des Großen Zeit: Viana, Viana, Viena; und bei dem Wiederaufblühen der Stadt unter den Babenbergern, endlich: Wien.[2]

Daß an der Stelle der heutigen Residenz des österreichischen Kaiserstaates Vindobona gestanden und also genannt wurde, wird durch viele Denkmäler und Quellenschriftsteller (die wir im Verlaufe dieser Geschichte vorzuführen Gelegenheit haben werden), insbesondere aber durch das Reisebuch Antonins und die peutingersche Tafel unwiederleglich bezeugt.

So wird in des Ersteren Itinerarium bei der Route von Sirmium nach Trier: „von Scarabantia (Skapring bei Oedenburg) nach Mutenum, M. P. (millia Passuum) XII. (Wieselburg oder Bruck an der Leitha); und Vindobona, M. P. XXII.“ als Stadt mit zwei Häuschen gleich Augusta Vindelicorum bezeichnet. Und eben so auch nennet die Tabula Peutingeriana, merkwürdig als das bis gegenwärtig älteste Document der Geographie, welche Marcus Welser und Scheyb in die Zeit des Kaisers Theodosius setzen, — in der Strecke vom Raabflusse bis Pechlarn an der Donau, folgende Stationen, ebenfalls mit dem Meilenmaße nach Tausenden der Schritte: Arabo fluvius (die Raab); — Stailuco, XII. (bei Wieselburg); — ad Flexum, XIII. (Ungarisch-Altenburg); — Gerulatis, XVI. (Carlburg); — Carnunto, XIII. (die uralte Celtenstadt, dann römisches Municipium, von der noch Ruinen im heutigen Haimburg, Petronell und Deutsch-Altenburg zu Tage liegen); — Aequinoctio, XIV. (Fischament); — Villagai, IV. (Schwechat); — Vindobona, X. etc. wie es aus dem hier beigefügten Bruchstücke dieser Karte sichtbar wird. [3]

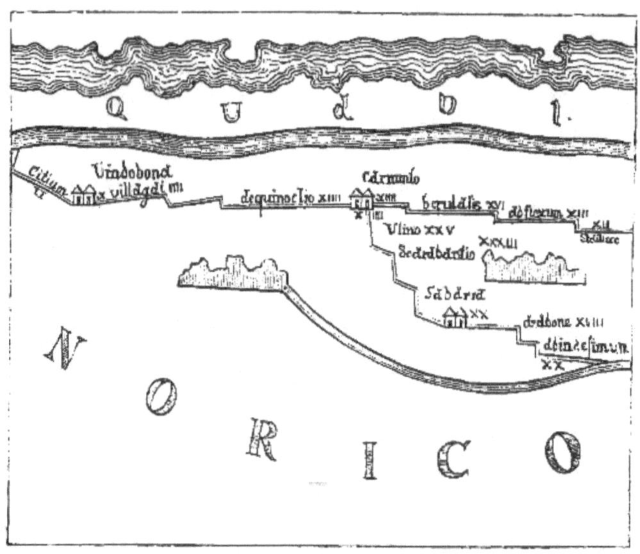

In auffallender Uebereinstimmung zeigt sich das römische Entfernungsmaß zwischen Carnunt und Vindobona mit dem jetzigen zwischen Wien und Petronell.

Weniger genügend ist der Umfang Vindobonas zu bestimmen. Wie bekannt, waren bei den Römern vom Zwölf-Tafeln-Gesetze an, bis in die Zeiten des gänzlichen Verfalles, alle Begräbnisse im Innern der Städte verboten. Gewöhnlich wurden sie ganz nahe an denselben, zu beiden Seiten der Heerstraße errichtet. Nun hat man aber hier unter der alten Stadtmauer, zunächst des Burgthores, als 1662 das neue Burggebäude aufgeführt wurde; auf dem Minoritenplatze um 1748; so wie am alten Fleischmarkte 1759, römische Gräber gefunden. Vindobona konnte sich demnach nicht über diese Stätten erstreckt haben; als dessen Gränzpunkte können daher, mit P. Leopold Fischer: das Pfeilerthor, der Graben, die Brandstätte, der Haarmarktplatz, der Gamingerhof, der Salzgries, der tiefe Graben, die Gegend zum Heidenschuß genannt, und die Naglergasse, angenommen werden.

Dem Tiberius Claudius verdankt Vindobona sein erstes Aufkommen und Wachsen. Schon im Jahre 6 nach Christi Geburt, wo sich dieser Held an

fügten Bruchstücke dieser Karte sichtbar wird. [3]

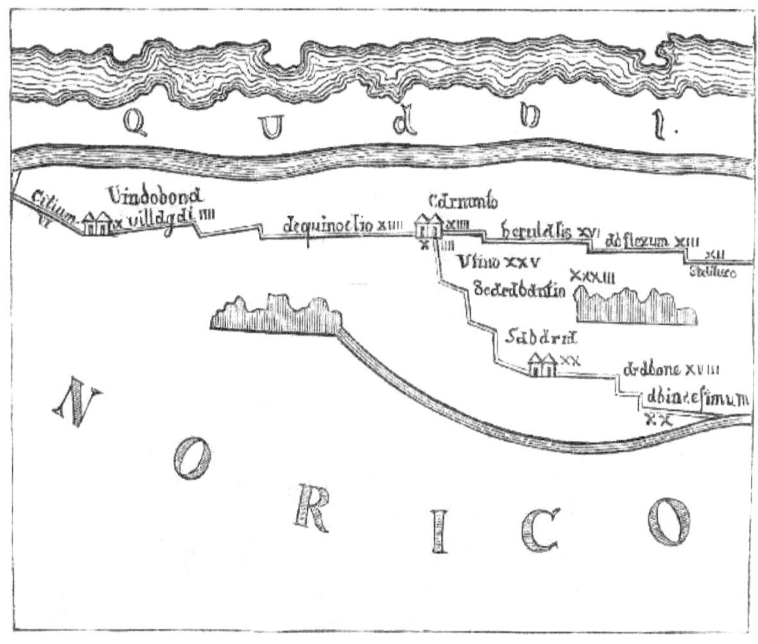

Noricums Gränze wider Marbod rüstete, der vom Rhein und Main in das Innere des herczinischen Waldes gezogen war, und ein den Römern furchtbares, all ihren Feinden offen stehendes Reich, Bojohemum (Marobudum), gegründet hatte, zeigte sich Vindobona bereits als ein bedeutender Waffenplatz. Von hier aus unternahm auch Tiberius seinen Donau-Uebergang, und schon war er in das Land der Katter vorgedrungen, als er durch die hellauflodernde Flamme des Aufstandes in Pannonien und Dalmatien von diesem Kriegszuge ablassen und, mit dem Markomannenfürsten Friede machend, all seine Kraft gegen die Empörer wenden mußte.[4]

Drei Jahre dauerte dieser Krieg, der schrecklichste nach den punischen, ehe sich die Siegesgöttin den Römern zuwandte. Tiberius erhielt zu Rom die Ehre des Triumphes. Noch heute bewahrt Wien, dieses große Ereigniß verherrlichend, ein köstliches, gleichzeitiges Kunstwerk. Es ist dies die unvergleichliche Gemma Augustea,[5] wahrscheinlich von Dioskorides oder einem seiner Söhne, Erophilos und Eutyches, aus Sardonix geschnitten, 9 Zoll breit, 8 Zoll hoch; und wenn

auch der Apotheose des Augustus zu Paris an Größe nachstehend, doch durch geistreiche Zeichnung und vollendete technische Ausführung der berühmteste

auch der Apotheose des Augustus zu Paris an Größe nachstehend, doch durch geistreiche Zeichnung und vollendete technische Ausführung der berühmteste

Camee der Welt. Augustus, oder ihm sein Horoskop, mit dem Lituus, als Zeichen der Auspicien, thront hier als siegreicher Jupiter mit Roma zusammen. Ihr zur Seite sind die Gestalten des Ueberflusses, des Meeres und der Erde gelagert. Letztere hält einen Kranz über das Haupt des Kaisers. Ihm gegenüber steigt Tiberius, über die Pannonier triumphirend, vom Wagen, den die Siegesgöttin führt, um sich vor Augustus zu prosterniren. Nebenan steht Germanicus, der am Triumphe Theil genommen. Unten wird von römischen Legionen ein Tropäon errichtet, wobei der Scorpion auf einem Schilde, vielleicht auf Tiberius Horoskop sich bezieht. Den übrigen Raum füllen Gefangene in pannonischer Tracht aus. [6]

Ein zweites Denkmal, der Siegesbogen, welcher dem Tiberius zum Preis der unterdrückten pannonischen Empörung [7] vor Carnunts Mauern gesetzt wurde,

ist ebenfalls noch, obgleich schon in Ruinen versunken, Bewunderung erregend, eine Viertelstunde südlich von Petronell, mitten im Felde zu sehen. Die Höhe

Ein zweites Denkmal, der Siegesbogen, welcher dem [illegible]
der unterdrückten pannonischen Empörung[7] vor Carnunts Mauern gesetzt wurde,

ist ebenfalls noch, obgleich schon in Ruinen versunken, Bewunderung erregend,

des Mauerwerkes dieses mächtigen Römer-Baues beträgt 48 Pariser-Fuß; die Bogenhöhe selbst von der jetzigen Sohle bis zum Schlußsteine des Gewölbes aber umfaßt 30 Fuß und die Weite desselben 20 Fuß. Die Pfeiler bilden im Grundrisse Quadrate von 13 Fuß zu einer Seite. Die vordere Ansicht gieng nach Abend. Sein Material ist im Kern jenes unregelmäßige Mauerwerk, mit Kiesel vermischt, das die Römer gerne bei derlei Bauten anwendeten, und ihnen dadurch eine bedeutende Festigkeit sicherten. Nur vom Gesimse aufwärts ist solcher durch Ziegelschichten getrennt; seine ganze Aussenseite aber war mit Quadern bekleidet.

Tiberius, von Rom als Proconsul und Triumphator nach Pannonien zurückgekommen, nahm nun die Gränzscheidung zwischen dieser Provinz und Noricum, durch das cetische Gebirge vor; und so erblicken wir demnach mit Gewißheit von diesem Zeitpunkte an, in Vindobona ein pannonisches Gränzstädtchen. Zugleich ehrte der große Feldherr dasselbe mit einem Denksteine (dem ältesten Wiens), welchen er, zur Erfüllung seines gemachten Gelübdes in schwer bedrängter Zeit, dem Jupiter hier setzen ließ:

I. O. M.

TI. CLAVD. CENSOR. P. PROCONSVL.

V. S. L. M.

(Jupiter, dem Größten, Besten, leset freudig sein Gelübde, Tiberius Claudius, Censor und Pannoniens Proconsul). [8]

Von nun bis zu Trajans Zeit hat sich nichts Bemerkenswerthes in Vindobona zugetragen. Kaum daß einige feindliche Streifhorden, in den Kriegen Domitians, der von den Daciern, Catten, Marcomannen und Quaden geschlagen, gleichwohl über alle Triumph hielt und sich im ganzen Reiche, als Sieger, Bildsäulen setzen ließ, — dessen Ruhe störten; zu deren Aufrechthaltung die XIII. Legion, eine kühne, kampferprobte Schaar, die hier schon seit Augustus ihr Hauptquartier hatte, nicht wenig beitrug.

Viele Mauerziegel mit den Inschriften: LEG. XIII. G. DR. (Gemina Drusi), — LEG. XIII. G. IMP. NERON. TIBER., — LEG. XIII. GE. C. C. (des Cajus, Cäsar, Caligula), — LEG. XIII. G. GA. (des Galba), — LEG. XIII. GAN., — LEG. XIII. G. MVC. (des Licinius Mucianus), — LEG. XIII. GE. AT. (des Atilius Hister), — LEG. XIII. G. IVN. (des Junius Blesus), — LEG. XIII. G. AQVIL. (des Viridus Aquilius), — LEG. XIII. G. CAMIL., — LEG. XIII. IVLI. (des Tertius Julianus), — LEG. XIII. GE. VALE. (des Valens), — LEG. XIII. G. FAB. (des Fabianus); ja selbst ein sehr merkwürdiger Grabstein:

D. M.

MARINA. SECVNDINA. VIXIT. ANNOS. LIII.

L. AVRELIA. SATVRNINA. V. A. XXI. —

L. AVRELIANVS. INGENVS. MIL·S

LEG. XIII. GEM. ANTONINIANAE.

MATRI. ET. SORORI. POSVIT.

(Zu Ehren der Todesgötter. Marina Secundina hat 53 Jahre gelebt. Lucia Aurelia hat gelebt 21 Jahre. Lucius Aurelianus ein redlicher Soldat der 13. doppelten Antoninischen Legion hat seiner Mutter und der Schwester diesen Stein gesetzt.) [9]

die hier alle gefunden wurden, geben Kunde von ihrem langen Aufenthalte in Vindobona.

Diese Legion, von ihren öfteren Winterlagern zu Carnunt, Poetau und Limbach, auch CAR. (carnuntensis), POET. (poetaviensis), und OLIM. (olimacensis) genannt, führte nun Trajan, im Jahre 100 nach Chr. wider den Decebalus in den dacischen Krieg. Wie glorreich sich derselbe für diesen großen, edlen Kaiser, nach mehrjähriger Gefahr und Anstrengung endigte, zeigt der hier in der Vorstadt Gumpendorf entdeckte Gedächtnißstein:

(Cae)SAR. DIV(us). NERV(a). TRA(jan)VS.

AVG(ustus).

(Germa)NICVS. DACICVS. VICTO. DECE(balo).

PONTIF(ex). MAX(imus). (Tribunitiae).

POT. IIII. COS. V.

(Der göttliche Cäsar, Nerva Trajanus, Augustus, der germanische, der dacische, des Decebalus Ueberwinder, der Tribunsgewalt im vierten, der consularischen im fünften.) [10]

Ob Hadrian, der im Jahr 117 zur Regierung gelangte und 138 starb, gleich berühmt als Befestiger der Gränzen, Hersteller des Städtewesens, wie durch seine unermüdete Thätigkeit in Bereisung des unermeßlichen Römerreiches, je sich in Vindobona aufhielt und zur Vergrößerung desselben beitrug, ist wohl glaubwürdig, aber nicht zu erweisen. Sein Nachfolger, der fromme Antoninus, war gewiß nicht hier. Dieser Fürst, dem Julius Capitolinus eine besondere Sorgfalt für die Straßenverbindungen des mächtigen Gebietes zuschreibt, von dem noch heute ein Itinerar den Namen trägt, kam während seiner 23jährigen Regierung nie von Rom über den Bereich seiner lanuvianischen Villa hinaus.

In seine, wenn nicht schon in Hadrians Zeit, fällt auch eine genauere geographische Eintheilung der Provinzen Noricum und Pannonien. Ersteres hat zu Gränzen, wie Ptolomäus, ein Zeitgenosse Antonins, bemerkt: Gegen Niedergang den Innstrom, nördlich die Donau, gegen Osten das cetische Gebirge, gegen Mittag die sich jenseits des eichenbekränzten Pannoniens heranziehende südliche Alpenkette. Zu Pannonien aber gehörte alles Land zwischen dem rechten Ufer der Donau und der Save; und von der Donau, die cetische Bergkette hinab an die Caravancas und albanischen Berge; so zwar, daß Aemona (Laibach) den Scheidepunkt von Italien, Noricum und Pannonicum bildete. Was übrigens die uns zunächst angehende Gegend betrifft, so erwähnt Ptolomäus: „Das obere Pannonien endiget sich westlich an dem cetischen und zum Theil an dem Gebirge Caravancas. Seine Städte aber an der Donau sind: Vindobona, 37. 45: 46. 20. Die zehnte germanische Legion xc.“ [11]

Nach der dreizehnten Legion wurde wechselweise bald die vierzehnte, bald die dreißigste Legion: „LEG. XIIII. G. A. (Galbiana?), LEG. XIIII. MV. (Muciani) und LEG. XXX. VV. (Ulpia Victrix)“ auf den Ziegeln bezeichnet, nach Vindobona versetzt. Nun aber, unter Antoninus, mußten sie der zehnten Legion, welche den Beinamen G. P. F. (gemina oder auch germanica, pia, fidelis) die doppelte, deutsche, fromme, getreue, führte, Platz machen, wie dies aus obiger Stelle des Ptolomäus, übereinstimmend mit dem antoninischen Reisebuche und der Noticia dignitatum utriusque imperii erhellt.[12] Diese Legion, schon von Julius Cäsar ausgezeichnet und geliebt, blieb bis auf Theodosius Zeit in Vindobona. Es hat unter anderem folgendes merkwürdige Denkmal aufzuweisen:

Publio. CLAVDIO. PALLANTIna (tribu)
HONORATO. REPENTINO.
ADLECTO.
INTER. TRIBVNICIOS.
LEGato. PRo. PRaetore. PROVINCIAE.
AFRICAE PRAETORI
LEGato. PRo. PRaetore. PROVINCIAE.
ASIAE. LEGato. AVGusti. LEGionis. X.
Geminae.
Cajus. IVLius. MAGNVS. DECVrio. COLoniae.
KARNunti. EQVO. PVBLICO.
EX. V̄(quinque) DECVRiis.
DIGNISSIMO.
Locus. Datus. Decreto. Decurionum.

(Dem Publius Claudius Honoratus Repentinus, aus der Tribus Palatina, einem aus der Classe mit Tribuns Rang, Legat an Prätors Statt der Provinz Africa, Präter, Legat an Prätors Statt der Provinz Asia, kaiserlicher Legat der zehnten Legion mit dem Beinamen der doppelten, dem höchst verdienstvollen Manne, von Cajus Julius Magnus, Decurio der Colonie Carnuntum, Ritter, einem der Beisitzer aus den fünf Decurien der Richter. Der Platz wurde durch Beschluß der Decurionen angewiesen.) [13]

Auch die fünfzehnte, apollinarische Legion war in Vindobona stationirt.

Unter Marc-Aurel brach der große marcomanische Krieg aus. Er wird mit Unrecht so genannt; denn nicht die Marcomannen allein, auch die Quaden, Jazygen, Narisker, Hermunduren, Sueven, Sarmaten, Alanen, Vandalen, Latringer, Sicoboten und eine Reihe anderer Stämme, welche jenseits der Donau ihren Wohnsitz aufgeschlagen hatten, machten im Jahr 169 n. Chr. den ersten, blutigen Versuch der Völkerwanderung, als eben ein Krieg in Asien die römischen Donau-Provinzen von den Legionen ganz entblößt hatte. In unbezähmbar wildem Drange wälzte sich diese Menschenfluth, alles um sich verheerend, reißend dahin über Pannonien und das östliche Noricum, geraden Weges nach Italien zu. Opitergium ward zerstört und Aquileja belagert; Rom selbst bebte vor der nahenden Gefahr. So brach Aurel von Rom auf. Bei seiner Annäherung zogen sich die Barbaren zurück und schienen Frieden zu suchen; aber kaum ihn aus den Augen, vernichteten sie zwei schöne Römerheere, die unter Vindex und Furius Victorinus standen, und eine ungeheure Zahl römischer Krieger wurde gefangen genommen und mußte späterhin mit schwerem Golde ausgelöst werden.

Nur da war der Sieg, wo Aurel persönlich wirken konnte. Rasch nahm er Sirmium zum Hauptlager. Hier bedrohte er die nach Griechenland vorgedrungenen Feinde im Rücken, und wendete den linken Flügel seines Heeres den Marcomannen und Quaden zu, die vorne durch die Festungen an der Donau im Zaume gehalten wurden. Mit seiner Hauptmacht aber stürmte er auf die windschnell berittenen Bogenschützen, die Jazygen, los. Fast mitten auf der eisbedeckten Donau kam es zum mörderischen Treffen — und der rohe Kampf der Natursöhne mußte der römischen Kriegskunst weichen.

Bald drang der Krieg tiefer hinein in des Feindes Gebiet. Carnunt wurde nun der Sitz des kaiserlichen Hauptlagers und blieb, nebst Vindobona, das zum Donau-Uebergange sich vorzüglich eignete, drei Jahre hindurch der Mittelpunkt aller Kriegsunternehmungen.

Eroberungen auf dem linken Donau-Ufer, welche durch Schanzen und Castelle stark befestigt wurden, versprachen eine dauernde Sicherheit zu gewähren. Dennoch wurde die römische Gränze, insbesondere durch die Quaden fortwährend beunruhigt. Aurel beschloß sie zu züchtigen. Mit einem auserlesenen Heere setzte er daher bei Vindobona, mittels einer Schiffbrücke über die Donau und drang im Marchfelde auf sie ein. Allmählig zogen sich die Quaden bis an die Vorläufer der Karpathen kämpfend zurück, bis sie die römischen Legionen in eine tiefe Wildniß verlockt hatten. Hier durch schroffe Felsen auf einem engen Raume dicht zusammengedrängt, bei glühender Sonnenhitze schon Tagelang des Wassers entbehrend, und dabei todmüde durch den unaufhörlichen Kampf mit dem Feinde, sahen sich die Römer rettungslos verloren. Ein Wunder konnte sie nur befreien, — und es geschah.

Urplötzlich verfinsterte sich der Himmel und Jupiter Pluvius ließ Ströme erquickenden Regens auf die Römer herabstürzen, die das dankende Auge gegen Himmel gerichtet, denselben mit dem Munde auffingen und ihn in ihre Schilde

2*

sammelten, um auch ihre Pferde zu laben. Mit ungestümmer Tapferkeit drangen jetzt die Quaden auf sie ein; aber Blitzstrahlen ohne Zahl, von dem furcht-

barsten Donner begleitet, schlugen sie zurück und stürzten verheerend auf sie nieder. In einem Feuerpfühl eingehüllt sahen sich die Quaden mitten im Regen. Da ergriff sie panische Furcht, ja Wahnsinn, ob des entsetzlichen Grimmes fremder Mächte, und verzweiflungsvoll ergaben sie sich den Römern.[14]

Zum siebenten Male rief das Heer, nach dieser Wunderschlacht, im Jahr Chr. 174, Marc-Aurel als Imperator aus. Kurz hierauf gab er den besiegten Völkern den Frieden, welchen ein Aufstand in Syrien sehr beschleunigte.

Nicht lange jedoch konnten sich die Barbaren der Ruhe fügen. Nur zu bald griffen sie wieder zu den Waffen, und Marc-Aurel war neuerdings gezwungen, ungeachtet seiner bereits wankenden Gesundheit, mitten im Winter sich gegen sie zum Kriege zu rüsten. Schnell kam er nach Vindobona. Siege über die Germanen und Sarmaten erfolgten, — und gewiß wäre alles Land am linken Donau-Ufer bis an die Karpathen und bis tief in den Böhmerwald eine römische Provinz geblieben, wenn nicht der Tod am 17. März 180 den großen und guten Kaiser, im neun und fünfzigsten Jahre seines Alters und im neunzehnten seiner Regierung, allzufrühe der Erde entrissen hätte.

Vindobona, wo Marc-Aurel mit Vorliebe geweilt hat, wo ihm über den marcomannischen Triumph Denkmale und Siegesbogen gesetzt wurden, wie folgende Ueberreste davon bezeugen:

FORTVNAE. REGINAE.

M. AVREL. AVG.

V. S. L. M.

(Der Glücksgöttin, als einer Königin, hat Marc-Aurel nach seinem Gelübde Genüge gethan.)

SEARS.SC.

VICTORIAE. ET. FORTVNAE.

AVGVSTAE.

M. AVRELIVS. MAXIMVS.

I. I. A. V. P.

(Zu Ehren des kaiserlichen Sieges und Glückes hat Marc-Aurel der Kaiser in seinem Leben diesen Stein auf das Feld gesetzt.)

VICTORIAE. DE. MARCOMANNIS.

M. AVREL.

V. S. L. M. [15]

Vindobona, das er höchst wahrscheinlich zu einer Municipialstadt erhoben hatte, war der Ort seines Todes. Hier wurde der feierliche Leichenbrand begangen, nach welchem Commodus, der unwürdige Sohn eines so großen Vaters, dem Kriegsheere sich mit einer prunkenden Rede als Herrscher vorstellte. [16]

Vindobona, das er höchst wahrscheinlich zu einer Municipialstadt er

Nach den Genüssen Roms lüstern, schloß Commodus sogleich einen höchst nachtheiligen Frieden mit den Barbaren, und alle Castelle auf dem linken Ufer der Donau wurden von den römischen Kriegern verlassen.

Schon während dessen Regierung war Septimius Severus, der Afrikaner, Statthalter in Pannonien; nachdem aber Commodus durch eine Verschwörung seines eigenen Hauses, Pertinax und Didius Julianus durch die Prätorianer gefallen, riefen die Legionen zu Carnunt und Sabaria diesen gerühmten Erhalter der Brücken und Heerstraßen zum Kaiser aus. Sein Andenken in Vindobona ward durch eine Steinschrift erhalten:

I. O. M.

SERAPIDI. PRO. SALVTE. IMP. L. SEPT.

SEVERI. PII. PERTINAC. AVG. ARAB.

ADIABEN. PARTHICI. MAXIMI. ET. IMP.

M. AVREL. ANTONINI. AVG. L. QVIRINALIS.

MAXIMVS. TRIB. MILIT. LEG. X. GEM. P. F.

V. S. L. M.

(Dem Serapidischen höchsten und gütigsten Jupiter hat Flavius Quirinal Maximus, Obrist der Miliz aus der zehnten, deutschen, frommen und getreuen Legion zum Heil und Wohlstand des hohen arabisch-adiabenisch- und parthischen großen Kaisers Lucius Septimius Severus, und des hohen K. Marcus Aurelius Antoninus (des Severus Sohn Caracalla) sein Gelübde gern und schuldigst abgelegt.) [17]

Um diese Zeit lebte der Geographe Agathemeres, wie Dodwell gründlich nachgewiesen hat. Auch dieser bezeugt, daß Vindobona damals schon eine Stadt gewesen sey, indem er ausdrücklich erwähnt: „Der Ister, der bis zur Stadt Vindobona Danubius genannt wird.[18]

Unter den folgenden, schnell wechselnden Herrschern Caracalla, Macrin, Heliogabal, Alexander Severus, Maximin, Gordian, Philipp dem Araber, Decius bis auf Gallus, wo Roms Macht schon tief herabgesunken war, genoß Vindobona und seine Umgegend, ungeachtet des immer heftiger werdenden Andranges der wandernden Völker, einer dauerhaften Ruhe. Nun aber, im J. Chr. 252, verheerten die Gothen, wetteifernd mit einer furchtbaren Seuche, ganz Pannonien, und selbst starkbefestigte Orte, wohl auch Vindobona, entgingen nicht ihrem Grimme.

Folgende zwei Inschriften der Fabianischen Cohorte, gehören dieser Zeit an:

DEOR. PROS — —
ERITATI. G. MA.
— — C. MARTIAN — —
VS. DEC. MVN.
VINDO. VATES.
AEDIL. II. VIR. I.
PRAEF. COH.
FABI. V. S. L. M.

(Heil den Göttern! dem Schutzgeist des Martianus gerne und willig gereicht, durch Cajus Martianus, Decurio des Municipiums Vindobona, Aedile, Duumvir und Hauptmann der fabianischen Cohorte.) [19]

FABIANA. COHORS.
VINDOBON.
MVN. — — [20]

Beide setzen das Municipium Vindobana außer allen Zweifel.

Dem Valerian, der im J. 260 in die Gefangenschaft des persischen Sapor gerieth, folgte sein Sohn, der schwache Gallien, in der Regierung. Unter ihm erhoben sich neunzehn Thronbewerber und zuletzt dreißig Tyrannen. Von allen Seiten sah er seine Provinzen von Barbaren überschwemmt. Dennoch zog er mit dem hochprangenden Titel Germanicus Maximus nach Pannonien gegen die Quaden und Marcomannen, welche in diese Provinz und Noricum eingedrungen waren, zu Felde. Wirklich gelang es ihm einige Mal sie zu besiegen; da ergriff ihn plötzlich eine heftige Leidenschaft für Pipa oder Pipara, des marcomannischen Königs Attalus Tochter, die ihn so überwältigte, daß er dem Vater, um sie nur zur Ehe zu bekommen, ein Stück Oberpannoniens abtrat, worin Vindobona, Carnunt und Sabaria lagen.

Pipara, die als Kaiserin den Namen Cornelia Salonina führte, war berühmt ihres herrlichen blonden Haares wegen, und viele Münzen verherrlichten sie als Diana Felix und Victrix. Von ihrem Sohne Saloninus, Fürst der Jugend, ist Vindobonas einzige, merkwürdige Meilensäule:

— — — IMP. CAES.
P. LICINIO. CORNEL.
VALERIANO. NOBILISS.
CAES. PRINCIPI.
IVVENTVTIS — — — VIAS.
ET. PONTES. VETVSTA. — —
CONLAPSA. — RESTIT.
A. VINDOB. M. P.
II. [21]

Nicht lange jedoch blieb Vindobona in der Marcomannen Gewalt. Nach Einigen soll schon Gallien's Nachfolger Claudius, der im J. 269 herrliche Siege über die Gothen erfochten und daher den Beinamen Gothicus erhielt, das abgerissene Stück Oberpannoniens wieder an sich gebracht haben; Andere nennen Aurelian, der weniger als fünf Jahre herrschend, dennoch als Wiederhersteller des römischen Reiches erkannt wird; Severini aber schreibt diese Ehre, mit mehr Grund, dem tapferen Probus zu, der im J. 278 zur Kaiserwürde gelangte, und sich durch die Einführung des Weinbaues in Pannonien und insbesondere in der Umgegend Vindobonas, sehr verdient gemacht hatte.[22]

Nach Probus Tod im J. 282, und jenem des Siegers über die Sarmaten, M. Aurel Camus, bestieg Diocletian um 284 den Thron. Dieser wählte sich den kühnen Krieger Maximian zum Mitregenten (Augustus), und später gesellten sich die beiden Auguste, in der Person des Galerius und Constantius Chlorus, noch zwei Cäsare bei. Dies veranlaßte im Jahre 292 die Zerstückelung des Reiches in vier Theile.

Galerius erhielt, nebst andern Provinzen, Noricum und Pannonien, die dann wieder in das mittlere und Ufer-Noricum (mediterraneum und ripense), und in Ober- und Unter-Pannonien abgetheilt wurden. Das Land zwischen der Drau und Donau hieß aber dazumal Pannonia Valeria, nach dem Namen der Lieblingstochter Diocletians, die Galerius zur Gemahlin hatte. Diese Zerstückelung, sagt sehr bezeichnend Lactanz, hatte aber für die Provinzen sehr nachtheilige Folgen; denn weil jeder dieser vier Herrscher ein eben so großes Heer haben wollte, als vormals, da das Reich nur von einem regiert wurde, so hatte man bald mehr Soldaten zu bezahlen, als Volk da war, um die Kosten für ihren Unterhalt zu bestreiten. Dies verursachte Vermehrung der Steuern, wodurch das Volk verarmte und der Ackerbau in Verfall gerieth, indem das Feld aus Mangel an Arbeitern mußte unbestellt liegen bleiben. Und damit alles mit Schreck erfüllt wurde, so zerstückte man auch die Provinzen; mehrere Statthalter wurden in jeder derselben angestellt, und in den Städten die Bedienstungen vermehrt. Um endlich das Maß voll zu machen, kam dann noch die von Galerius bei Diocletian angefachte, grausame Christenverfolgung dazu! — Solch hartes Loos traf vorzüglich Oberpannonien und also auch Vindobona.

Diocletian und Maximian legten im Jahr 305 das Scepter ab, und Galerius starb im J. 311. Nun stellten Roms Prätorianer des Letzteren Sohn, den tollen Jüngling Maxentius, an die Spitze des Reiches; und Licinius, ein Dacier, ward zu Carnunt als Augustus ausgerufen. Beide besiegte Constantin der Große. Unter dessen christlichem Siegeszeichen, dem Labarum, fochten Deutsche wider Maxentius; — zum Sieg über Licinius halfen ihm die von Aliquaca befehligten Gothen, seine treuen Verbündeten, wie er sie nannte. Im Jahre 323 sah sich der große Einführer des Christenthums als Alleinherrscher des römischen Staates, und sieben Jahre später verlegte er des Reiches tausendjährigen Sitz von Rom nach Byzanz, das nun erweitert und verherrlicht von ihm den Namen Constantinopel führte.

Vindobona genoß nun der Ruhe bis in die Zeit Valentinians; denn der Einfall, welchen die Quaden und Sarmaten während der Regierung Constantius, eines Sohnes des großen Constantin, in Pannonien unternahmen, hatte nicht dessen Umgegend betroffen; und eben so wenig beunruhigte es der Kriegszug wider diesen Kaiser, welchen Julian Apostata (sogenannt wegen seines Uebertrittes vom Christenthume zum Götzendienst), aus Gallien kommend, längs der Donau unternommen; bei welcher Gelegenheit er, wie Mamertin schreibt, alle Städte an derselben, folglich auch Vindobona, besuchte, und Sirmium zum Sammelplatze des Heeres machte.

Jetzt aber ergaben sich wichtige Ereignisse. Constantin der Große hatte die Gränzbesatzungen in die Städte zurückverlegt. Dadurch fielen die Legionen, deren Krieger sich allmählig dem Handel, der bürgerlichen Beschäftigung und einem weichlichen Leben hingaben, in tiefes Verderben. Ammianus Marcellinus sagt sehr treffend: „Der Soldat sey nur mehr gegen seine Mitbürger zu Raub und Beute muthig gewesen, betrüge sich aber feil und feig wider die Feinde!"[23] Die Schranken waren demnach geöffnet, welche bisher die Barbaren im Zaume hielten.

Als Valentinian im J. 364 auf den Thron gelangte, entgieng nicht dieser Uebelstand seinem Scharfblicke. Seine erste Sorge war, die Gränzhut und die Festungen an der norisch-pannonischen Donau wieder herzustellen; und wohl einsehend, wie wichtig Vertheidigungs-Maßregeln auch auf dem linken Ufer derselben seyen, ließ er auf Grund und Boden der Quaden Castelle und Brückenköpfe erheben, deren Bau durch den Dux in Pannonia Valeria, Marcellian, eifrigst betrieben wurde. Die Quaden dadurch aufgeschreckt, machten dringende aber gerechte Vorstellungen dagegen. Da lud der arglistige Marcellian, unter dem Vorwande einer nachbarlichen Ausgleichung, ihren König Gabin zu einem Gastmahle und ließ ihn bei demselben meuchlerisch ermorden.

Durch diesen gräßlichen Akt der Treulosigkeit waren die Quaden auf das Aeußerste empört. Rachеglühend setzten sie mit ihren Bundesgenossen, den Sarmaten, über die Donau, verheerten in Ober-Pannonien, das eben entblößt von aller Besatzung war, Land und Städte, tödteten oder verstümmelten die, mit der Ernte beschäftigten, Einwohner und schleppten, was ihren Streichen nicht erlag, mit sich fort in die Gefangenschaft.

Valentinian, der sich zu Trier befand, eilte, als er die böse Nachricht erhielt, schnell nach Carnunt. Er fand es verlassen und verwüstet. Zertrümmert und in Schutt begraben lagen dessen zahlreichen Römerdenkmale und nur wenige Ueberreste davon sind bis auf unsere Zeit gekommen. Höchst merkwürdig ist darunter ein großer Marmorstein in Gestalt eines Opferaltares, auf welchem die halbbekleidete Figur des Genius Tutelaris der Stadt Carnunt steht, mit der Thurmkrone auf dem Haupte, der Schale, dem Beizeichen höherer Wesen in der Rechten, und dem Füllhorn als Andeutung der Fülle des Guten welches diese Wesen dem Menschen spenden, in der Linken; nebenan die Cista mystica.

Die tiefeingegrabene Inschrift des Untersatzsteines gibt Auskunft, daß drei Cornicularii (wegen ausgezeichneter Tapferkeit mit einem Horn am Helme

geschmückte Krieger), drei Commentarienses (welche die verschiedenen Verzeichnisse z. B. über Mund- und andere Vorräthe, die Dienstleistungen der Soldaten ꝛc. zu führen hatten) und dreißig Speculatores (gewählte Krieger zur näheren Bewachung und Ueberbringung der Aufträge der Kaiser), von drei, nach dem Kaiser Caracalla die Antoninischen benannten, Legionen, dieses Denkmal auf eigene Kosten, aus Ehrfurcht vor der geheiligten Person des Kaisers Caracalla im Jahre Roms 965 (212 nach Chr. Geb.) errichtet haben. Hier der lateinische Text nach Labus Aufzeichnung:

IMPeratori. CAESari.

Marco. AVRelio. ANTONINO.

PIO. FELICI. AVGUSTo.

PARThico. MAXimo. BRITTannico
MAXimo.
PONTIFici. MAXimo. TRIBunicia POTestate
XVI. IMPeratori. II. COnSuli
III. DESIGnato
IIII. Patri. Patriae PRO.COnSuli.
CORNICVLARIi
COMMENTARIENSes.
SPECVLATORES.
LEGIONVM. III.
ANTONINIANARum
Pecunia. Sua. DEVOTISSIMI.
NVMINI. EIVS.

(Nun folgen die Namen.) [24]

Ein zweites auf uns gekommenes Römer-Monument dieser Stadt ist ein großes Mithrasrelief.

Die Inschrift nennt die Römer Lucius Septimius Valerius und Valerianus, Seviri (eine Art obrigkeitlicher Würde) der Colonie Carnuntum, welche diese Bildsäule des unbesiegten Gottes Mithras, für die Wohlfahrt der beiden regie-

renden Kaiser (Sept. Severus und Caracalla) errichtet, und so mit frohem, dankbarem Herzen ihr Gelübde gelöset hatten:

D. IN. M. S. PRO. S. AVG. N. N.

L. SEP. VALERIVS. ET. VALERIANVS. SEX. COL. KAR.

V. S. L. M. [25]

Wie auf allen Mithras-Monumenten, so auch hier, in so ferne der Stein nicht verletzt ist, zeigt sich vor dem Eingange einer Höhle, über welcher man die Brustbilder der Sonne und des Mondes sieht, ein Jüngling mit phrygischem Kopfputze und weitem fliegendem Gewande, der auf einem Stiere knieend, ihn mächtig zu Boden drückt, und, während er mit der linken Hand dessen Kopf in die Höhe zieht, mit der Rechten das Schwert in das Gelenke des Vorderfußes stößt. Der Schwanz des Stieres endiget sich meistens in einem Büschel Getraide-Aehren. Ein aufspringender Hund und eine Schlange saugen das Blut aus des Thieres Wunde, und ein Scorpion greift gewöhnlich dessen sehr zarte Lebenstheile an. Auf einem Felsen, rückwärts des Gottes, gewahrt man einen Raben, und die Scene schließen an beiden Seiten stehende Genien, ebenfalls in phrygischer Kleidung, wovon der eine die Fackel erhebt, der andere sie senkt.

Der Römer verehrte in dem Mithras die Sonne. Der mit dem Schwerte den Stier durchbohrende Gott, von dessen aus der Wunde träufelndem Blute sich Hund und Schlange nähren, gewährte ihm das Bild dieses wohlthätigen Gestirnes, wie es mit mächtigem Strahle die Erde durchdringt und derselben Nahrung für alle Geschöpfe entlockt.

Weit höhere Bedeutung legten die Parsen (von welchen der Mithrasdienst erst zu Pompejus Zeit, etwa 70 Jahre vor Christus, zu den Römern gelangte, und bald sich selbst über ihre entfernteste Provinzen ausbreitete) dieser Gottheit bei. Nach ihrer Mythe galt Mithras als siegender Vermittler, der nach glücklich vollbrachter Versöhnung Ahrimans mit dem Menschengeschlechte, den beiden Ur-Elementen: Ormuzd dem Guten und Ahriman, dem Bösen, das Sühnopfer darbringt. Hund und Rabe sind dem Ormuzd geheiligte Thiere; Schlange und Scorpion deuten auf Ahrimans Wirken. Alle nehmen am Opfer Theil. Sonne, Mond und die Genien mit erhobener und gesenkter Fackel bezeichnen Licht und Finsterniß, und Alles, im Einklange mit der Vorstellung dieser Handlung am Eingange einer Höhle, wo Tag und Nacht sich vereinigen, bezeichnet eine Versöhnung beider Urwesen. —

Die militärische Wichtigkeit der zerstörten Stadt Carnunt zwang Valentinian drei Monate in ihren Ruinen zu verweilen. Während dieser Zeit der Kriegszurüstung gegen die Quaden, wurde die bisher hier gelegene Donau-Flottille nach Vindobona übersetzt, das weniger gelitten zu haben scheint. [26]

Hierauf sendete Valentinian seinen Feldherrn Merobaud in die Gauen der Quaden und Juthunger. Er selbst zog hinunter bis Ofen (Acineum) und setzte auf Schiffen über die Donau. Mit Feuer und Schwert wurde hier nun alles verwüstet und alles getödtet, was Leben hatte und den wiedervergeltenden Römern in die Hände fiel. Furchterfüllt flohen die Barbaren in ihre Wälder und Berge. Auch Valentinian zog sein Heer zurück, und nachdem er die Gränz-Castelle untersucht und verstärkt hatte, nahm er zu Bregetio das Winterquartier. Dahin nun eilten die Machtboten der gedemüthigten Quaden, um bei dem Kaiser Frieden zu erflehen. Während der Unterredung kam es zu wechselseitigen Vorwürfen. Valentinian gerieth dabei so in Zorn, daß er plötzlich vom Schlage gerührt, ein Sühnopfer für Gabin, den Geist aufgab.

Die Feldherren Merobaud und Equitius gaben den Quaden Frieden und riefen, nebst dem schon mit dem Purpur bekleideten sechzehnjährigen Gratian, auch den vierjährigen Valentinian II. im Jahr 375 als Kaiser aus. Dem Gratian fiel Pannonien zu, welches eben mit einer schrecklichen Seuche heimgesucht war. Drei Jahre später verheerten die Hunnen Dacien, die Sarmaten und Quaden aber Ober-Pannonien; und gleichzeitig verlor Gratians Oheim, der oströmische Kaiser Valens, bei Adrianopel wider die Gothen eine Schlacht und das Leben. Gratian zu schwach sich fühlend, allen Feinden des römischen Reiches mit Macht entgegen zu treten, nahm den bewährten Krieger Theodosius zum Mitregenten an; und nun wurden herrliche Siege über die Gothen, Alanen und Hunnen erfochten und dieselben zum Frieden vermocht. Ja nicht selten benützte man diese Völker sogar als Hilfstruppen bei innerlichen Unruhen und zur Gränzhut.

„Was für eine merkwürdige Begebenheit!“ (ruft Pacatus in seiner Lobrede auf Theodosius aus) „die Barbaren, einst Feinde der Römer, folgen jetzt ihren Feldherren, und fechten unter ihren Fahnen, wider welche sie stritten. Sie besetzen die Städte Pannoniens, die ihre feindliche Wuth vorlängst plünderte und verheerte. Der Gothe, der Hunne, der Alane erscheint nun auf dem Musterplatze und besorgt wechselweise die Feldwache!“ —

Gratian wurde im J. 383, Valentinian II. am 15. Mai 392 verrätherisch ermordet. Theodosius, der Besieger der Gegenkaiser Maximus und Eugenius, ward nun im J. 394 Alleinbeherrscher; starb aber schon am 17. Jänner 395 zu Mailand. Mit seinem Tode beginnt der Umsturz des römischen Reiches.

Wie tief es schon gesunken, bezeugt ein Brief des großen Kirchenvaters Hieronymus vom J. 396. „Seit mehr als zwanzig Jahren fließt in den Provinzen von Constantinopel bis in die julischen Alpen hinauf tagtäglich römisches Blut. Scythien, Macedonien, Thracien, Dardanien, Dacien, Thessalien, Achaja, die beiden Epirus, Dalmatien und die sämmtlichen Provinzen Pannoniens, wimmeln von Gothen, Sarmaten, Quaden, Alanen, Hunnen, Vandalen und Marcomannen, die diese Länder plündern, verheeren und Alles mit sich fortschleppen. — Wie viele ehrwürdige Frauen, wie viele gottgeweihte Jungfrauen, wie viele Freie, selbst des ersten Ranges, wurden der viehischen Willkühr dieser Barbaren zu schmachvollem Spiel! Die Bischöfe wurden in die Knechtschaft fortgeführt, die Priester und die übrigen Diener der heiligen Altäre getödtet, die Reliquien der Blutzeugen ausgegraben und entweiht, die Kirchen zerstört oder in Pferdeställe verwandelt. Von allen Enden jammern Seufzer entgegen und wiederhallt der Weheruf. Allenthalben steigen die Schrecken des Todes auf. Das römische Reich stürzt zu Boden und dennoch beugt sich unser Stolz nicht!«

Zweites Kapitel.

Das Christenthum.

Wenn gleich die fromme Sage: es haben die heiligen Evangelisten Marcus und Lucas, oder des Ersteren Schüler und Nachfolger Hermagoras und Juventius (Eventius) selbst die oberen Donau-Ufer betreten, um das Evangelium zu verkündigen, durchaus nicht bestätigt werden kann; so waltet doch kein Zweifel ob, daß schon in der Morgenröthe des Glaubens, von Aquileja aus, die christliche Lehre hier eingeführt und durch deren Anhänger in den römischen Legionen, welche schon unter Trajan sehr zahlreich waren, allmählig verbreitet wurde. [27]

Die Kirche zu Lorch (Laureacum, nun ein kleiner Markt nächst der Stadt Enns), gilt als die Wiege des Christenthums in Noricum und Pannonien. Dies bekräftigt die Bulle des Papstes Symachus vom Jahre 502, womit derselbe dem Bischofe Theodor zu Lorch das bischöfliche Pallium übersendet, „um

Zweites Kapitel.

Das Christenthum.

es nach altem Gebrauche der von den Aposteln gestifteten Kirche zu Lorch zu tragen.“ [28]

Von den zehn Christenverfolgungen unter den heidnischen Kaisern Roms, betrafen die drei letzten: des Decius (249—250), des Valerianus (257—260) und die des Diocletian, welche zehn Jahre hindurch dauerte und von Galerius angefacht wurde, auch Pannonien und Noricum, und vier Blutzeugen aus diesen Provinzen gehören ihrer Periode an. Der Vorläufer derselben war Maximilian, Bischof von Lorch. Als dieser ausgezeichnete Glaubensbote Cilly besuchte, wo er im Jahre 225 geboren wurde, forderte ihn der Prätor Eulasius auf, dem Kriegsgotte zu opfern; und da er sich dessen standhaft weigerte, ließ er ihn am 12. October 260 (283?) enthaupten. Ihm folgten die Bischöfe Victorin zu Pettau und Quirin zu Siscia (Sissek) im Märtyrerthume. Letzterer, der gefangen nach Vindobona vor den eben von Scarabantia zurückkehrenden Präses Amantius geführt wurde, fand, auf dessen Geheiß, am 4. Juni 303 zu Sabaria den Tod in den Fluthen der Güns. Ein ähnliches Geschick traf den heiligen Florian. Dieser Glaubensheld, der Lehre Christi so eifrig zugethan, daß er fest entschlossen war zu ihrer Befestigung sein Leben hinzugeben, hatte sich bereits zur Würde eines römischen Kriegstribunes zu Cetium emporgeschwungen, als er vernahm, daß vierzig Brüder zu Lorch um Jesu willen im Kerker schmachteten. Gott erfüllt begab er sich dahin und bekannte sich vor dem Präses Aquilin laut als Christ, der gekommen sey, mit den leidenden Genossen die Qualen zu theilen und durch sein Beispiel sie im Glauben zu ermuthigen. Fruchtlos ermahnte ihn Aquilin den Göttern zu opfern, fruchtlos waren die sinnreichsten Martern: Nichts konnte seine Standhaftigkeit erschüttern. Die Macht seines Wortes und Beispieles fürchtend, ließ ihn Aquilin im J. 304 über die Ennsbrücke stürzen. Sein Grab, wahrscheinlich das älteste christliche Denkmal Oesterreichs, bewahrt noch heute das Stift St. Florian nächst Linz. [29]

Unter Constantin des Großen Alleinherrschaft wurde nun das Christenthum im ganzen römischen Reiche nicht nur öffentlich geduldet, sondern, von dem Kaiser selbst angenommen, als Staatsreligion eingeführt. Die neue Verfassung die er seinem Reiche gegeben hatte, nahm auch Einfluß auf das Kirchenwesen. Bisher hatte jede größere Gemeinde für sich einen Bischof; nun aber verbanden sich die Bischöfe einer Provinz unter sich, und machten unter dem Vorsitze des Bischofs der Hauptstadt (Metropolit) eine Versammlung. Ober-Pannonien hatte wahrscheinlich den Bischof zu Lorch in Noricum zum Metropoliten oder Erzbischofe.

Der christlichen Kirche Einigkeit ward leider schon unter Constantins Söhnen gestört. Die Irrlehren des Arius und Photin (320—340), besonders da Constantius sich als ein eifriger Arianer bewies, hatten bald in Ober-Pannonien und Noricum Eingang und überraschenden Fortgang genommen, und wirkten um so nachtheiliger auf den christlichen Glauben, als dessen Nachfolger, Julian der Abtrünnige, zu einer neuen Christenverfolgung schritt. Durch die Bemühungen der Kirchenversammlungen zu Nicäa und Sardis, deren

Maßregeln gegen den Arianismus die Kaiser Valentinian und Gratian kräftig unterstützten; mehr noch aber durch den frommen Eifer des Bischofs Ambrosius zu Mailand bei der im J. 381 zu Aquileja abgehaltenen Synode, gelang es die Irrlehren zu verscheuchen und die reine Lehre Christi wieder herzustellen.

Die schönen Früchte dieses thatkräftigen Wirkens vernichtete aber nur zu bald wieder die große Völkerwanderung.

Drittes Kapitel.

Die Völkerwanderung.

Theodosius der Große hatte das römische Reich unter seine beiden Söhne vertheilt. Arcadius, kaum 19 Jahre alt, von Ruffinus geleitet, erhielt die Morgenlande; dem zehnjährigen Honorius, der Stilichon zum Vormund hatte, waren die abendländischen Provinzen zugetheilt.

Diese Reichsverweser, nach Alleinherrschaft strebend, zerfielen bald mit einander, und Ruffinus gieng so weit, den Gothenkönig Alarich zu einem Einfalle in das römische Gebiet aufzufordern. Hierdurch wurde der schwere gothische Krieg herbei geführt, der fünf Jahre lang im Orient wüthete, sich dann, um 400, über Dalmatien, Pannonien und Noricum hinzog und erst im J. 402

Drittes Kapitel.

in Italien, bei Verona, durch Stilichons vollständigen Sieg über Alarich, sein Ende erreichte.[50]

Dieser Krieg gab den Impuls zur allgemeinen Völkerwanderung.

Mittlerweile waren auch in Deutschland (Germania magna) Heruler und Rügen, von der Ostsee her, bis an das linke Donau-Ufer vorgedrungen. Hier, neben den Quaden und Marcomannen gelagert, vermochten sie bald sich auszubreiten, da letztere mit ihrer christlichen Königin Fridigild, einer Schülerin des heiligen Ambrosius, im J. 397 nach Italien wanderten.

Durch die zahllosen Durchzüge der nordischen Völker in das tiefgesunkene Italien, litten Noricum und Pannonien ungemein; aber das Elend wurde in den Jahren 400 bis 408 auf das Aeußerste gesteigert, als, wie der Gothe Alarich, der Scythe Radagais, der Vandale Godegisel u. a. ihre raubgierigen Kriegsschaaren durch diese ausgesaugten Provinzen führten. Dazu kamen nun auch die Hunnen, von welchen der Gothe Jornandes folgende grauenerregende Schilderung macht: „Die Feinde, die ihr Muth im Kriege nicht besiegen kann, scheucht ihr fürchterliches Ansehen zurück, und bringt sie zur Flucht; denn ihre Gestalt ist von einer schrecklichen Schwärze, ihr Gesicht so unförmlich gebildet, daß es blos einem Stücke Fleisch gleichet; ihre Augen sind so klein, daß sie nur Punkte zu seyn scheinen. Das Bewußtsein ihrer Tapferkeit verräth ihr grimmiger Blick. Selbst gegen ihre neugebornen Kinder sind sie grausam; denn sie zerschneiden den Knaben die Backen, damit sie vor dem Genusse der Muttermilch den Schmerz der Wunde ertragen lernen. Sie sind selbst im grauesten Alter unbärtig und gleichen noch Jünglingen, weil die Narben ihrer zerfetzten Gesichter das Hervorstechen des Bartes hindern. Sie sind klein von Gestalt und haben breite Schultern, sind aber gelenkig und hurtig, rüstige Reiter und geschickte Bogenschützen. Sie sind hartnäckig, voll Stolzes und immer munter. So leben die Hunnen unter menschlicher Gestalt in thierischer Wildheit.“[31]

Unaufhaltsam drang dieses gräßliche Volk, alles verheerend und mit sich fortreißend, aus fernem Asien immer mehr an die Donau herauf; und schon im Jahre 433 konnte sich ihr König Rugila, bei der Machtlosigkeit des weströmischen Reiches, ungestraft die größten Verheerungen in Pannonien erlauben. Aber noch weit größere Drangsale mochten die zweimaligen Züge Attilas, der Geisel Gottes, nach Gallien und nach Italien in den Jahren 451 und 452 den Bewohnern dieser Provinz verursacht haben; daß aber Vindobona, welches dazumal schon Favianis und Fabiana genannt wurde, hierbei gänzlich zerstört worden sey, wird durch Eugipp vollkommen widerlegt.

Mit Attilas plötzlichem Hinscheiben im J. 454 zerfiel das Reich der Hunnen. Die Ostgothen theilten sich nun in Pannonien, und dessen oberer Landstrich, wozu auch Favianis gehörte, fiel als Pfand für, den Schattenkaisern des fast schon hingeschiedenen römischen Westreiches, geleisteter Hilfe den Rügen, Rugiern, anheim, die wie bereits erwähnt wurde unter ihrem König Flaka (Flaccitheus) in den alten Sitzen der Marcomannen und Quaden, am linken

4*

Donau-Ufer, ihr Lager aufgeschlagen hatten. Dieses Gebiet zu beiden Seiten des Stromes hieß nun Rugiland, und das hart mitgenommene Favianis war dessen Hauptort.

Bald nach des gewaltigen Hunnenfürsten Tod, mitten in der sturmbewegten Nacht der Völkerwanderung, erschien, vom Aufgange herziehend, ein leuchtendes Gestirn des Glaubens, Oesterreichs eigentlicher Apostel: St. Severin.

Dieser wahrhafte Mann Gottes — „eine hohe, Ehrfurcht gebietende Gestalt, an die strengsten körperlichen Abhärtungen gewohnt, in erhabener Ruhe und Heiterkeit der Seele, Allen Wohlthaten spendend und selbst keiner bedürfend,“ — wie sich dessen Schüler Eugippius ausdrückt, der etwa dreißig Jahre nach Severins Hinscheiden (509—12) dessen Leben verfaßt und das Werk, ein unschätzbares Denkmal jener Zeit, dem Diacon Paschasius zugeschrieben; — dieser Heilige schien, wie Tracht, Rede und Haltung verriethen, ein vornehmer Römer zu seyn, der lange in Afrika den Geist des Mönchswesen aufgefaßt, das er nun hier im Rugilande, zur Aufrechthaltung der reinen Lehre Christi, einführte.

Zuerst predigte Severin zu Asturis, einem nun entschwundenen Städtchen an den Gränzmarken Oberpannoniens und Ufernoricums; dann zu Comagene (Greifenstein) und in Favianis (dem heutigen Wien); immer umgeben von einer Schaar frommer Schüler, die er sich heranbildete, um die Werke der Religion und Barmherzigkeit, wenn er selbst nicht mehr seyn würde, im gleichen Geiste fortsetzen zu können.

Geiste fortsetzen zu können.

Mächtig schwang sich durch seinen unermüdeten Eifer das Christenthum in dieser Gegend empor; und mehrere Gotteshäuser hatten ihm ihr Entstehen zu verdanken.

Das erste und größte Kloster baute er zu Favianis, außerhalb der Stadtmauern. [32] Es gilt insgemein für das Kirchlein St. Johann am Alserbach. Ein zweites stiftete er im jetzigen Heiligenstadt (Sanctus locus, im Mittelalter) das diesen Namen von den vielen Heiligen, als: Eugippius, Lucillus, Marcian und andern Schülern Severins erhielt, die aus dieser alten Pflanzschule des Christenthums hervorgiengen. Unweit davon, zwischen Rebenhügeln abgelegen und heimlich gelegen, hatte er ein drittes kleines Bethhaus (s. Abbildung) an der Stelle errichtet, wo noch heute der Ort Sievering (Severing), mit seiner durch hohes Alter merkwürdigen Steinkirche, an den heiligen Mann erinnert. Endlich gründete er auch, eine Meile von Favianis entfernt, zu Burgum (etwa Burkersdorf?) in tiefster Waldeinsamkeit eine Clause zur ungestörten Betrachtung göttlicher Dinge.

Fast dreißig Jahre hindurch war Severin den Bewohnern der oberen Donaugegend Lehrer, Tröster und Erretter aus mancherlei Gefahren.

Obgleich eifrige Arianer, hatten der Rügenkönig Flacka oder Flacciteus, der um das Jahr 468 starb, so wie dessen Sohn und Nachfolger, Feletheus (auch Fälöt, Fava, Fetia genannt) insbesondere große Ehrfurcht vor dem frommen Manne und schenkten seinem Rathe unbedingtes, volles Zutrauen. Nicht so des letzteren Gattin, die Königin Gisa. Haß hegend gegen Roms Glauben, frevelte sie nicht allein durch Wiedertaufe, sondern ließ auch viele Römer arglistig über die Donau entführen, wo sie dann in harte Dienstbarkeit verfielen oder gar als Sclaven verkauft wurden. Severin stellte sie darob zur Rede und bat um Freilassung der Unglücklichen. Aber höhnisch erwiderte die Fürstin: „Ei, Knecht Gottes, gehe doch hin, wo du hergekommen! Mit dem, was unser ist, schalten wir nach Gefallen!“ Der fromme Mann, den Rückweg antretend, warnte vor dem Strafgerichte des Himmels — und siehe da, noch ehe es Abend war, traf es ein. Schon lange hielt Gisa einige gothische Goldschmiede in Gewahrsam. Sie sollten ihr viel köstliches Geschmeide verfertigen. Deß waren aber die Männer überdrüßig und wollten frei seyn. Da lief des Tages ihr und Feletheus Söhnlein, Friedrich, neugierig hin in die Werkstätte und wollte sie arbeiten sehen. Diese Gelegenheit benützten die Goldschmiede und hielten den Königsknaben fest, schwörend: es solle ihm das Leben kosten wenn sie nicht gleich frei gemacht würden. Der Angstruf des Kindes drang in der Mutter Ohr; sie stürzte herbei und kläglich rufend: „Rächt, o Severin, Dein Gott Dich so schnell in meinem Blute!“ — setzte sie sogleich die Goldschmiede und auch die entführten Römer in Freiheit und sandte sie eiligst zu Severin nach Favianis, um so durch dessen Fürbitte den zürnenden Gott zu versöhnen.

Kaum war in Favianis, das noch von einigen römischen Gränzsoldaten besetzt war, eine bittere Hungersnoth durch das Gebet des Frommen verscheucht, als ein anderes Leiden eintrat. Umherstreifende Barbarenhorden machten außer dessen Mauern selbst die nächste Umgebung unsicher und schleppten alles mit sich fort, was wehrlos war. Solche Unthat klagten die Einwohner mit heißen Thränen dem Manne Gottes. Der frug den Tribun Mamertinus, welcher nachmals Bischof dieser Stadt wurde: Ob er genug Soldaten habe, um die kühnen Räuber mit Nachdruck verfolgen zu können? — »Wohl, erwiederte dieser, hab' ich deren; aber nur ein kleines, schlecht bewaffnetes Häuflein.« — »Ei, rief der Fromme, haben doch die Feinde gute Waffen! Deine Krieger sollen sie ihnen entreißen. Falle nur muthig aus! Gott ficht mit dir! Was bedarf es da der Wehr und Waffe!« — Vertrauensvoll zog Mamertinus mit den Seinigen aus. Am Bache Tiguntia (bei Zwölfaxing an der Schwechat) stieß er auf die Barbaren, jagte ihnen den Raub ab und führte sie gefangen nach Favianis. Severin aber entfesselte sie wieder, gab ihnen Speise und Trank, und ließ sie, ernstlich zur Besserung ihres Lebenswandels mahnend, zu den Ihrigen ziehen. Nie mehr wurde von ihnen Favianis Bezirk beunruhiget.

Nach dem Falle der Römerstädte Rheginum, Quintana Castra Boitro, Batavis und Juvavia durch die Alemannen, flüchteten deren christliche Einwohner nach Lorch. Als dieses Feletheus erfuhr, unternahm er es über die Donau zu setzen und die verlassenen oder nur schwach besetzten Orte an sich zu bringen, ehe ihm andere Völker zuvorkämen. In kurzer Frist hatte er die Städte Asturis, Comagenä und Favianis in Besitz; ließ sie von seinem Bruder Friedrich verwalten und zog mit einem starken Heere gegen Lorch hinan, in der Absicht, die römischen Flüchtlinge von dort gewaltsam hinweg zu führen, um damit die erst eroberten, menschenleeren Städte zu bevölkern. Die Lorcher, Alles für ihre Stadt befürchtend, baten Severin um Fürsprache bei Feletheus. Alsobald pilgerte dieser dem König entgegen, und seiner Gottbegeisterten Beredsamkeit gelang es, denselben von seinem böswilligen Vorhaben abzubringen. Und freiwillig und im Frieden kam das römische Volk, auf Severins Geheiß, von Constantius, dem Bischofe Lorchs geleitet, herab in Feletheus Gemarkung und lebte sofort, vertheilt in dessen Städte, in freundlicher Gemeinschaft mit den Rügen.

So wurde Favianis wieder belebt und hatte einen eigenen Bischof. Mamertinus war Constantius Nachfolger in dieser Würde; aber Bischof Theodor residirte um 502 von Neuem in Lorch.

Geraume Zeit vor dieser Begebenheit, etwa zwischen 465 und 470, kam eine kampfgerüstete Schaar Heruler in Severins Clause zu Heiligenstadt und erflehte des heiligen Mannes Segen; denn sie waren gesonnen nach Italien zu ziehen auf gefahrvolle Abentheuer. Hoch aus ihrer Mitte ragte ein ernster thatenlustiger Heldenjüngling hervor. Zu dem wandte sich Severin, also zu ihm sprechend: »Zieh hin in deinen armseligen Thierfellen; Italien tauscht dir sie für köstlichen Schmuck, und Vielen magst du dann große Gaben spenden!« — — Diese Weissagung gieng in Erfüllung. — Es war Odoacer! — Im römischen Heere tüchtig für den Krieg gebildet, zwang er den letzten Kaiser des Abendreiches, Romulus Momyllus Augustulus, vom Throne zu steigen, und

wurde selbst, am 23. August 476, in Ravenna zum König von Italien ausgerufen.

Severin starb zu Heiligenstadt am 8. Jänner 482 unter Thränen und Bethen seiner Schüler, welchen er voraussagte, daß sie bald mit Hab und Gut, und seine irdischen Ueberreste mit sich führend, ausziehen würden nach Italien. Seine Worte trafen zu. Kurz nach des Frommen Hinscheiden ward der Rügenfürst Friedrich von seinem gleichnamigen Neffen ermordet. Odoacer, welcher als König von Italien auf Dalmatien, Noricum und Rhätien Ansprüche machte, warf sich zum Rächer an dem älteren Friedrich auf. Er zog mit vielem Volke in's rügische Donauland, nahm Feletheus und Gisa im J. 487 gefangen und führte sie nach Italien. Ihr Sohn aber entfloh in's nahe Pannonien zu Theodorich, dem Könige der Ostgothen, welcher sich eben zu einem Feldzuge gegen Italien rüstete. Dies vernehmend, sendete Odoacer im J. 488 von Neuem

eine Heeresmacht unter Arnulf, seinem Bruder, und dem Comes Pierius in diese Gegend; wo dann alle festen Plätze geschleift, und Alles, was römischer Abkunft und Zunge war, zurück nach Italien geführt wurde. Auch Severins theurer Leichnam war, nach Odoacers Begehren, dahin gebracht. Er fand zuerst in Monte Feltre, dann während der Saracenen-Stürme auf dem Vorgebirge Misene, und sonach in Neapel eine würdige Ruhestätte.

Odoacers Herrschaft in Italien dauerte, wie Severin vorausgesagt hatte, nur in das vierzehnte Jahr. Kurze Zeit später, als der achtzehnjährige Chlodowig (486) durch den Sieg bei Soisson über Roms Statthalter Syagrius in Gallien das Reich der Franken gegründet, und Ambrosius den letzten Versuch gemacht hatte, Britanien von den Sachsen zu befreien, griff nun auch der Ostgothe Theodorich, von dem orientalischen Kaiser Zeno aufgefordert, Italien an, siegte in drei großen Schlachten und nahm, am 5. März 493, Odoacern Reich und Leben. Nun bekleidete sich dieser weise und muthvolle Fürst, der durch den Entscheidungssieg über Odoacern bei Verona, in Liedern und Sagen oft als „Dietrich von Bern“ verherrlicht wurde, mit dem Purpurmantel eines Königs von Italien und machte sich zum Herrn von Odoacers Besitzungen. Bald gehorchte ihm alles von Sicilien bis an den Genfersee, so wie Dalmatien, Rhätien, Noricum und Pannonien, von dem cetischen Gebirge bis an die Caravancas bei Aemona (Laibach) und von der Save bis Siscia (Sissek). Dazu kam noch das Land der vertriebenen Gepiden, das sirmische Pannonien, dessen Hauptstadt Sirmis (Sirmisch, ungarisch Szerém) hieß.

So war die vormalige römische Gränze bis Mösien wieder hergestellt, und des in Italien umgekommenen Rügenfürsten Friedrich des zweiten ehemalige halbzerstörte Residenz Favianis glänzte von Neuem als Vindobona, oder Vindomina, wie sie die Gothen nannten, in der Pracht eines wichtigen Waffenplatzes des großen Reiches.[33]

Theodorich hielt seinen Staat, dem er wieder die alte Verfassung gab, in Frieden. Im ganzen Occident war kein Volk, welches ihm nicht entweder in Freundschaft oder Unterthänigkeit wäre verbunden gewesen. Er gründete zahlreiche Ansiedlungen und viele Städte; die alten aber ließ er mit herrlichen Werken der Baukunst ausschmücken. Selbst Arianer, mißachtete er nicht die römische Kirche; und obgleich des Schreibens unkundig, war er sorgsamst beflissen, Künste und Wissenschaften empor blühen zu machen. Cassiodorus und Boetius waren die Zierden seines Hofes. Gleich besorgt war er auch um die Cultur des Bodens und um die Ausbildung der vaterländischen Sprache.[34]

Er starb hoch betrauert am 30. August 526.

Dieser Fürst hinterließ zwei Enkel. Aldalarich erhielt Italien mit den damit verbundenen Provinzen; Amalarich wurde König der Westgothen. Justinian, der im J. 527 auf den Thron des byzantinischen Reiches gelangte, strebte den römischen Occident wieder zu erhalten. Zu diesem Zwecke lockte er die Longobarden nach Pannonien, übergab ihnen viele feste Plätze und Städte, worunter auch Favianis war, und unterstützte sie mit großen Summen Geldes. Auf ähnliche Weise wußte er auch die Franken zu gewinnen. Beide katholische

Völker vereinigten sich mit ihm zum Sturze der verhaßten arianischen Gothen, und so begann wider sie im J. 534 der gemeinschaftliche Krieg.[35] Nach zwei Jahren schon war Rom in Justinians Händen. Er behauptete sich in Italien, und durch die Longobarden, welche im Besitze der oberen Donau-Gegend blieben, hielt er auch die gefürchteten Franken im Zaume.

Nach Vertreibung der Ostgothen aus Pannonien vermochte Justinian diese Provinz gegen das Vordringen der Gepiden, welche König Theodorich bis in die heutige Wallachei zurück gedrängt hatte, nicht hinlänglich zu schützen. Er wendete sich daher an die Longobarden. Rasch zogen diese unter ihrem Könige Audoin nach Unter-Pannonien, führten einen blutigen Krieg mit den Gepiden, insbesondere der Stadt Sirmium wegen, und rieben dieselben im J. 551 durch den Sieg, welchen sie über deren König Thorisin erfochten, fast gänzlich auf.

Um diese Zeit brach ein neues, den Hunnen verwandtes Volk, die Avaren, aus Asien hervor. Sie erschienen zuerst im J. 557 zu Constantinopel, Plätze zu Niederlassungen fordernd. Man wies ihnen ganz Dacien an. Hierauf traten sie mit den Longobarden in ein enges Freundschaftsbündniß. Als nun der Letzteren Stütze, Kaiser Justinian, am 11. November 565 gestorben war, beschlossen sie, sich Italiens zu bemächtigen. Demnach brachen sie am 2. April 568 unter ihrem Könige Alboin dem Sohne Audoins auf, überließen ihre bisherige Wohnsitze ihren Freunden, den Avaren, und rückten über Friaul vor, da Noricum bereits von den Franken besetzt war. Alboin war so glücklich, sich in jener Landschaft Italiens festzusetzen, die noch heute nach seinem Volke „Lombardei“ genannt wird.

Auch die Hunn-Avaren, ein gräßlich, wildumschweifend Heidenvolk, befleckt mit allen Lastern der Unwissenheit und sinnlicher Völlerei, das die Städte, als verhaßte Gefängnisse fliehend, verächtlich den unterdrückten Eingebornen überließ, und in Ringen (Wagenburgen, meilenlangen Erdwällen) hinter Flüßen oder unzugänglichen Morästen lebte; immer bereit auf ihren pfeilschnellen Rossen zum Ueberfalle, Kampf und Raube, — behaupteten ihre neue Besitzungen, welche die Enns und der Raabfluß begränzten, bis auf die Zeit Carl's des Großen, obgleich im fortwährenden Kriege, theils mit den Slaven, die sich im Jahre 623 unter Samo von deren drückenden Unterjochung frei gemacht hatten; theils mit den Königen der Franken, wodurch insbesondere die Gegend an der Enns zum Schauplatze beständiger Gefechte und dadurch zur Einöde wurde.

Als daher Bischof Emmeran, in Poitiers in Aquitanien, dem Herzoge der Bojoarier, Theodo, im J. 649 zu Regensburg seinen Beruf verkündete, den Avaren das Evangelium zu bringen, konnte dieser mit Wahrheit also sprechen: „Dahin zu gehen kann ich Dir auf keinen Fall rathen, noch erlauben. Wir sind im Kriege mit diesem bösen Volke, das alles Land an den Ufern der Enns in eine weite, unwirthbare Wildniß verwandelt hat. Da sind wohl blühende Städte gewesen, nun aber findest Du keine mehr, findest auch wohl keine Menschen, die Du bekehren könntest: wilde Thiere nur, die jedweden Durchzug unmöglich machen. Bleibe bei uns. Da bietet sich der Wirksamkeit genug für Dein Hirtenamt. Sey unsrer Kirche Bischof, oder dünkt solche Würde Deiner Demuth zu hoch, zum mindesten Vorsteher eines Klosters!“ — Emmeran blieb und predigte drei Jahre den Bojoariern das göttliche Wort. Da wollte der fromme Mann nach Rom ziehen; wurde aber zu Helfendorf durch des Herzogs Sohn Lambert grausam ermordet.[36]

Neunzehn Jahre nach dem Tode des heil. Rupert, des Gründers der berühmten Erzkirche St. Peter zu Salzburg, dessen Apostolat zwischen 696 — 718 fällt,[37] zerstörte ein wilder Verheerungszug der Avaren im J. 737 für immer das alte ehrwürdige Lorch. Dessen Bischof Vivilo mußte nach Passau flüchten, wo dann auch dieses Bisthum seitdem verblieb.

Nicht minder hart wurde auch Favianis, während des argen Druckes der avarischen Herrschaft, von 568 bis 791, mithin weit über zwei Jahrhunderte, mitgenommen. Nicht so sehr durch den Zahn der Zeit, als vielmehr durch gänzliche Vernachläßigung und Barbarei stürzten allmählich die Mauern dieser Stadt und ihre Gebäude in Trümmer zusammen. Fast verödet und verlassen lag sie da. Nur nothdürftig konnte sie noch einem kleinen Häuflein Christen Obdach gewähren, die, von den Avaren grausam unterjocht, hier im St. Rupertskirchlein, dem einzigen in dem weitesten Umkreise des Landes, himmlischen Trost in ihrer bedrängten Lage empfiengen.

Virgil, Bischof zu Salzburg, ließ es zu Ehren seines frommen Vorfahren Rupert im J. 783 an der Stelle erbauen, wo dieses Heiligen Missionäre, Cunald und Gisalrich, nach einer uralten Ueberlieferung bereits schon um 740 zu ihrem Bekehrungswerke bei den Avaren eine Cripte errichtet hatten.[38] Noch steht dieses Kirchlein in Wien, am jetzigen Haarmarkte, wenn gleich mehrmalen umgebaut, dennoch dem Grundrisse und der Umfassungsmauer nach in seiner ältesten Gestalt.

Jans der Enenkel, der in der Mitte des 13. Jahrhunderts sein Fürstenbuch von Oesterreich und Steyerland schrieb, erzählt seine Gründung in folgenden Versen:

Sît nâch des heiden tôt,
als ez der liebe got gebôt,
dô sâzen die kristen unde trachten,
wie si eine kirchen gemachten,
dâ got inne würde geêret
und sîn grôzez lop gemêret.
dô sprach der wîseste under in:
„ir herren, hoeret mînen sin,
mit hulden ich ez sprechen sol:
diu kirche stêt nindert sô wol
sam gegen den wert ûf der heide:
dâ hât si schoene ougenweide.“

diu rede begunde in allen
vil rehte wol gevallen.
dô wart diu gruntveste gegraben
und ouch diu kirche schône erhaben
und wart gewîhet alsô hêre
in Sante Ruprechtes êre,
als si noch hiute ist bekant.
ze Wiene wart si diu pfarre genant.

5*

ze Wiene wart si diu pfarre genant.

5*

Viertes Kapitel.

Die Carlowingen.

Am 24. September 768 gelangte das bereits höchst ausgedehnte fränkische Reich von dem Könige Pipin an seine beiden Söhne Carlmann und Carl den Großen. Carlmann erhielt Schwaben, Elsaß, Burgund, Provence und einen Theil Aquitaniens; Carl die übrigen Provinzen, Neustrien, Friesland, den größeren Theil Austrasiens, Thüringen, Nordgau, Bayern, Kärnthen, und das Land ob der Enns. Aber schon nach drei Jahren, am 4. December 771, war durch Carlmanns frühen Tod das ganze Reich unter Karl dem Großen vereinigt.

Viertes Kapitel.

Die Carlowingen.

Er war der romantischen Epoche des Mittelalters erster, — Kaiser Maximilian ihr letzter Ritter.

Carl hatte große Aufgaben zu lösen; aber der kühnen Heldenseele, die für Verbreitung und Aufrechthaltung des christlichen Glaubens glühte, waren sie nicht schwierig. Kurz nach seiner Alleinherrschaft über das mächtige Frankenreich begann er den Krieg wider die heidnischen Sachsen, der von 772 bis 803 dauerte, und die Zertrümmerung ihrer Eresburg, ihrer heiligen Irminsäule und die Taufe des gewaltigen Wittekind zu Attigny zur Folge hatte. [39]

Fast gleichzeitig rief ihn Papst Hadrian, der mit Desider, dem Longobarden-Könige, in schwerer Irrung war, zu Hilfe. In Sturmeseile drang Carl mit großer Macht über die Alpen in die Ebene Italiens. Verona fiel. Athemlos flüchteten sich die Longobarden nach Pavia. Desider mit seinem Freunde Otkar stund auf dem höchsten Thurm der Königsburg um den Feind zu schauen. Heran nahte ein zahlreicher Troß mannhafter Krieger, und ihm folgte ein unabsehbarer Haufe Volkes aus allen Ländern Europas. — „Ist das Carl?“ fragte Desider. — „„Noch lange nicht!““ war Otkars Antwort. — Indessen stürmte mit Blitzes Schnelligkeit eine neue, leichte Truppe Reiter heran, jeder würdig ein Kriegsfürst zu heißen. — „Unter diesen ist er?“ — „„Immer noch nicht!““ — „Was wird aus uns werden, wenn noch mehr solches Volk mit ihm kömmt!“ jammerte Desider; und Otkar erwiderte: „„Weiß ich es?! doch wie Carl kömmt, wirst Du bald sehen!““ — Und nun wallete mit dem Kreuze an der Spitze eine ehrwürdige Schaar Bischöfe und Aebte und die Clerisei vorüber, fromme Gesänge anstimmend. — „Was?“ rief Desider: „Kommt der Himmel sogar mit der Erde? Verbergen wir uns in ihr vor solchem Feinde!“ — „„Noch ist es nicht Zeit sich zu fürchten!““ sprach Otkar ernst: „„Aber entkeimt der Erde eine eiserne Saat und umwoget deine Stadt ein ehrner Po und Ticino, dann magst Du Dich im Staube wälzen: dann kömmt Carl!““ — Und siehe, kaum war das Wort gesprochen, da tauchte plötzlich in grauer Ferne, wie dräuende Gewitterwolken, ein schwer bewaffnetes Heer auf. Immer näher und näher rückte dasselbe heran, daß die Erde unter ihm erdröhnte. Bald hatte es die ganze Gegend überfluthet und dessen blinkende Speere waren wie ein wogendes Kornfeld zu schauen. Hoch aber aus selben ragte eines riesigen Kriegers Gestalt von mehr denn sieben Fuß empor. Ganz in Eisen gehüllt, saß er auf dem kräftigen Streitroße, das mächtige Schwert schwingend, daß es flammte, wie ein Wetterleuchten; und ein Blitz aus seinem zürnenden, blauen Auge schoß vernichtend über die Stadt hin. — „Jetzt ist er da! das ist Carl!“ rief Desider aus — und ohnmächtig sank er danieder. So die Sage.

Es war im Jahre 774, als sich Carln die Thore Pavias öffneten. König Desider, mit seiner ganzen Familie gefangen, starb als Mönch zu Corvey. So endete das longobardische Reich nach einer Dauer von zweihundert und sechs Jahren.

Desiders Eidam, der Bayernherzog Thassilo, erfuhr durch dessen Sturz und durch den eigenen schwankenden Charakter ein gleiches Loos. Carl hatte bereits schon gegen ihn Argwohn gefaßt; da rief er zu seinem Beistande die Avaren herbei: aber ehe sie noch ankamen, hatte ihn schon sein Schicksal ereilt. Auf dem Maifelde zu Ingelheim wurde ihm, dem letzten Agilolfinger, im Jahre 788 zwar das Leben abgesprochen, aber nur das Herzogthum genommen und ihm sowie seinen Kindern, für die übrigen Tage, verschiedene Klöster in Frankreich angewiesen.

Indessen waren zwei mächtige Heere der Avaren in die Friauler Mark und längs der Donau in Bayern eingedrungen. Beide wurden blutig zurückgewiesen. Aber selbst eine dritte Niederlage auf dem Felde Hibose oder Ibosa an der Donau (wahrscheinlich bei Ybbs) konnte sie nicht zurückhalten, durch häufige Raubzüge das fränkische Reich zu beunruhigen.

Carl, der dazumal in Regensburg Hof hielt und alles Land zwischen dem Lech und der Enns in Grafschaften getheilt hatte, deren Vorsteher jedoch durch diese Würde noch keineswegs Besitz- und Erbrecht auf dieselben erlangten, beschloß daher mit großer Macht sich gegen die Avaren zu rüsten, um durch einen Hauptschlag sich dauernde Ruhe zu verschaffen. Zu diesem Ende wurde ein unzählbares Volk von austrasischen, salischen und ripuarischen Franken, von Bayern, Thüringern, Alemannen und Friesen nach Augsburg zusammen berufen, und die Großen des Reiches, die Bischöfe und Aebte umgaben den Herrscher.

Aber auch die Hunnen und Avaren, durch Carls Macht in Schrecken versetzt, boten Alles auf zur Vertheidigung ihres vom kaspischen Meere bis an die Enns sich ausdehnenden Reiches.[40] Neun weit ausgebreitete Gränzwälle, in Gestalt unermeßlicher Ringe, warfen sie rings um ihre Mark auf. Jeder Wall, zwanzig Fuß hoch und eben so breit, war durch fast undurchdringliche Verhaue und Moräste geschützt. Auch im Lande jenseits der Theiß, ihrem Hauptsitze, umschloß in meilenweiten Strecken ein Ring den andern.

Im Herbste des Jahres 791 brach Carl in zwei Heersäulen auf. Graf Theberik (Theodorich) und der Kämmerer Meginfred rückten auf dem linken, Carl selbst auf dem rechten Donau-Ufer bis an die Enns herunter zu den noch ansehnlichen Ueberresten des alten Lorch. Hier, wo Rast gehalten wurde, vernahm man die frohe Kunde, daß Carls Sohn, Pipin, von Istrien aus in das Land der Avaren eingedrungen sey, und am 22. August über sie einen herrlichen Sieg erfochten habe. Drei Tage vergiengen so in Dankgebeten; dann drangen die Franken zum Kampfe vor. Die Avaren, bald die Uebermacht ihrer Gegner erkennend, wurden von Schreck ergriffen, verließen ihre festen Ringe an der Mündung des Kamp-Flusses in die Donau und am Fuße der comagenischen Hügelreihe zwischen Zeiselmauer und Königstätten, und suchten ihr Heil in eiliger Flucht. Carl verfolgte sie bis an die Raab. Tausende der Avaren und Hunnen kamen um, Tausende wurden zu Gefangenen gemacht. Zwei und fünfzig Tage hindurch ließ Carl in der Gegend, welche er zwischen der neu zu errichtenden Mark und dem Avarenlande zu einer Einöde bestimmte, alles versengen und verbrennen, und kehrte dann, fast ohne allen Verlust, außer dem durch eine böse Pferdeseuche verursachten, über Sabariä (Steinamanger) nach Regensburg zurück.

Der Krieg, obgleich schon jetzt entschieden, dauerte jedoch im Ganzen von 791 bis 798 fort. Erst dann drang Pipin über die Sau und Theiß in den Hauptsitz der Avaren, wo einst Attilas Lager stand. Bald wurde derselbe eingenommen und zerstört, unzähliches Volk mit ihrem Chane erschlagen und eine unermäßliche Beute, der Raub aus allen Ländern der halben Welt, dem Sieger preisgegeben.

Noch widerstanden einzelne Stämme. Aber schon 799 waren auch sie gedemüthigt; doch um einen theuren Preis: Die Heerführer Graf Gerold, der Statthalter Bayerns, und Herzog Erich von Friaul büßten dabei das Leben ein.

Das zwischen der Enns und der Leitha eroberte Gebiet bestimmte nun Carl der Große zur Ostmark seines Reiches und zur Vormauer Bayerns gegen das Land der Avaren. Es wurde zuerst der Obhut Guntrams, des Grafen im Erdingau, anvertraut. Sein Nachmann war Wernhar; diesem folgte Alberich, oder nach anderen Theodorich; im Jahre 823 finden wir Gottfrieden, und 826 Gerolden als Gränzgrafen. Um 828 endlich wurden die Marken Kärnthens und Krains zugleich mit der Ostmark dem Grafen Ratbod anvertraut, der sie zwei und dreißig Jahre hindurch verwaltete.

Zur Förderung des christlichen Glaubens, der Sittlichkeit und der Cultur des Bodens wurden weite Landstriche an die Hochstifter, Abteien und an die

SEARS. SC.

Großen Bayerns verschenkt, und die kaum bezwungenen, noch halb wilden Völker mit Ansiedlern aus Bayern, Franken und Sachsen gemischt. Das Andenken dieser Colonien hat sich bis auf heutigen Tag in vielen Ortsnamen, wie z. B. Sachsen bei Grein, Sachsengang, Sachsenburg, Sachseneck; Bayrisch-Waidhofen, Windisch-Gratz; Frankenmark, Frankenburg rc. erhalten. Allenthalben gründete Carl der Große in der Ostmark Ortschaften und Kirchen, darunter zwölf Pfarreien; und gleich nach dem ersten glücklichen Feldzuge im Jahre 792 ließ er in Favianis zu Ehren des heiligen Petrus eine Kirche erbauen. Der berühmte Abt Ansigis (Andere nennen Gerwerd) hat wahrscheinlich dazu den Plan entworfen. Dem Meister Zemmer schreibt die Tradizion die Ausführung des Baues zu. Dieses Gotteshaus (s. Abbildung) stand bis zum Jahre 1702 in unveränderter Gestalt, wo es dann der jetzigen Petruskirche Platz machen mußte.

Um 798 fieng Carl nun auch an, Passau, als Oesterreichs Erzbisthum Lorch, dessen alter Hoheit gedenkend, zu beschenken. Walderich von Passau, der gleich Arno von Salzburg, dessen Kirche in demselben Jahre zur Metropole erhoben ward, sich die Bekehrung der Avaren und Slaven in Pannonien, an der Drau, Muhr, March und Taja, sehr angelegen seyn ließ, erhielt demnach folgende Ortschaften und Kirchen, wie sie uns Ludwig der Fromme in einer Urkunde vom 27. Juni 823 kund macht: „In Avarien einen Ort, welcher genannt wird Lythahe (Leithen, an der Erlaf bei Pechlarn); dann Zeiselmauer, Trasmauer (das römische Trigisamo), das Wachauer Thal bei Krems, Bielach bei Melk, Naarn (Nardinum) und Ried (beide im Machland), Aspang und Wolfsbach bei Amstätten, Erlaf (das alte Arelape), Perschling, Tuln, Trebensee bei Städteldorf; endlich zwei Kirchen in Arbacker, zwei in Sachsen bei Grein, und eben so viele in Favianis, nämlich: St. Peter und St. Ruprecht: denn Ludwig erwähnt ausdrücklich, daß sein Vater Carl noch viele alte, seit Severins Zeiten übrig gebliebene Kirchen, die von den Avaren und Hunnen verwüstet wurden, herstellen und mehrere vom Grund auf habe neu erbauen lassen.

Das Jahr 800 führte die größte Verherrlichung Carl's des Großen herbei. Pabst Leo III. war von den Neffen seines Vorgängers schwer beleidiget worden; ein Aufruhr zwang ihn, Schutz suchend, zum Schirmvogte der Kirche, dem Könige der Franken und Longobarden, nach Paderborn zu flüchten. Durch Carl's Machtgebot war bald die alte Ordnung wieder hergestellt, und Leo zog glorreich in Rom ein; wohin ihm auch der große Herrscher folgte, begleitet von einer Menge frommer Christen aus allen Ländern, um das Weihnachtsfest am Grabe der Apostel zu begehen. Wie nun in der heiligen Nacht die Gläubigen bei St. Peter versammelt waren, gieng Leo auf Carln zu, setzte, wie von Gott eingegeben, eine Kaiserkrone auf sein Haupt und salbte ihn mit dem heiligen Oele, unter lautem Freudenjubel des Volkes. So war das abendländische Kaiserthum nach 324 Jahren wieder hergestellt, im 23. Jahre der Regierung Carls, im 58. seines thatenreichen Lebens.

In demselben Jahre hatte sein Reich einen Zuwachs an Liburnien (Croatien) und einem Theile Japodiens bis an Scorbona, durch freiwillige

Unterwerfung, erlangt. Drei Jahre später bestätigte Carl die schon 796 von seinem Sohne Pipin dem Bischofe Arno zu Salzburg gemachte Zusage, das Gebiet von dem Plattensee nach dem ganzen Laufe der Drau (welche zu Intichen in Tirol entspringt, durch Kärnthen bis gegen Esseck in Slavonien läuft und bei Almas in die Donau stürzt) seiner geistlichen Obsorge anzuvertrauen. Hierdurch blieb dem nach Passau übertragenen Erzbisthume Lorch nur Oesterreich, Böhmen, Mähren und Oberpannonien bis an die Raab, so wie es vor der Ankunft der Hunnen und Avaren war. Walderich, der immer als dessen Erzbischof anerkannt blieb, starb im Jahre 804 und hatte Yrolph oder Urolph zu seinem Nachfolger. Dieser, ein eifriger Verfechter der Rechte seiner Kirche, konnte von den sieben Bisthümern, die anerkannt einst unter Lorch gehörten, nur vier: jene von Favianis (Wien), Iglau, ungarisch-Altenburg und Neutra wieder erwecken. Favianis oder Faviana hatte dazumal Rathfreden zum Bischofe, und wahrscheinlich war die Kirche St. Peter sein Münster.

Alles dieses vernehmen wir aus einer Bulle Eugens II., der am 5. Juni 824 Pascaln I. folgte und am 27. August 827 starb. Wir erlauben uns diese merkwürdige Urkunde, nach des Freiherrn von Hormayr's Uebertragung hier vorzuführen: „Eugenius Bischof, Knecht der Knechte Gottes, an die Bischöfe Rathfred der heiligen Kirche zu Faviana, Alevin zu Neutra, Arno zu Vetvar, Methud der Kirche zu Speculi Julium, die auch Soriguturum heißt, zugleich auch den Herzogen und Fürsten Tudun und Moymar und dem kriegerischen Volke Hunniens, das auch Avarien heißt, und Mährens. — Der Ruf in Christo geliebteste Söhne, eurer unverdrossenen und durch glückliche Erfolge gesegneten Bemühungen zur Ausbreitung des ächten Glaubens, milderer Sitte und guter Werke, hat uns mit der größten Freude erfüllt. Gottes Finger hat es durch euch wieder einmal wahr gemacht, was der Apostel sagt: wo die Sünde groß war, ist die Gnade noch größer, indem die heilige Kirche in eurem Umkreis so mächtig an Ausbreitung gewann. Solch erwünschte Botschaft-Kunde kam an unser Ohr durch den hochwürdigen Yrolph, Erzbischof zu Lorch, unsern heiligen Bruder und euern geistlichen Vater, der euch in Christo wiedergeboren hat. Pilgernd kam er an die Schwelle der Apostel und heischte von uns Segen und Bestätigung für die Kirche, die er mit des Herrn Hilfe nach der alten katholischen Lehre in euern Gegenden zu regieren übernommen hat, in denen, wie urkundlich gewiß ist, seine Vorfahren schon zur Zeit der Römer und der Gepiden, über sieben Bischöfe ihr Metropolitanrecht ausgebreitet haben. — Darum liegt es auch diesem, in Gott würdigsten Erzbischof mit Grunde ob, in jenem bereits früher christlichen und von altersher der Obhut seiner Vorfahren anvertrauten Lande, das nunmehr nach der ewigen Vorsehung verborgenen Rathschlüssen gleichsam erblich auf euch übergegangen ist, als evangelischer Säemann die lange zerknickte Saat des Lebens in diesen Gegenden wieder auszubreiten. Diesen gelehrten Diener des göttlichen Wortes achten wir auch in Allem und Jedem für nöthig, erkennen ihn in Glauben und Beispiel erprobt und senden ihn euch als Vorsteher, eingedenk jenes apostolischen: wie sollen sie glauben ohne Verkündiger, und wie sollen sie verkündigen, wenn sie nicht abgeordnet werden? Wir ertheilen ihm also in den vorgemeldten Landen, Hunnien, welches auch Avarien heißt, nicht minder Mähren, aber auch dem gesammten Pannonien und Mösien, unsere apostolische Vollmacht und alles kirchliche Recht, Macht und Herkommen seiner Vorfahren, der heiligen Erzbischöfe der Kirche von Lorch. Auch haben wir ihm das Pallium verliehen, in der Art und Weise, wie unsere Vorfahren selbes seinen Vorfahren ertheilt haben. Auf eure Bitte wird ihm, wie seinen Vorfahren, das volle Recht eines päpstlichen Vicars und Legaten ertheilt, weßhalb auch ihr, Mitbrüder und Mitbischöfe, ihm als weise Söhne gehorchen, und ihr, weltliche Fürsten und Volk, seine Lehren achten sollt, nicht wie Menschen-, sondern wie Gotteswort. — Wir vernehmen auch, daß die wenigen Bischöfe nicht zureichen werden bei der bedeutenden Anzahl der Heiden, unter denen die göttliche Lehre, nur wegen Mangel an Lehrern, nicht tiefere Wurzeln zu schlagen vermocht hat. In dieser Wiederherstellung der alten Sitze, in dieser Verstärkung ihrer Zahl, seyd eurem würdigsten Erzbischof Prolph aus allen Kräften hilfreich. Sollten unter eurem Besitzthum Güter und Einkünfte seyn, die nach dem allgemeinen Rufe zur Aussteuer der vorigen Kirchen gehört hätten, so wollet dieselbe um des ewigen Heils willen eben diesen Kirchen wieder anheimstellen; vorzüglich in jenen Orten, wo Kirchen und Bischofssitze bereits gewesen sind, sind selbe (vergönnen es anders die Umstände) zuvörderst wieder herzustellen. Wo aber und welche Bischöfe zu ordnen seyen? Das haben wir in Allem Prolph, eurem Bruder und Oberhirten, vorbehalten. —"

Carl der Große trug vierzehn Jahre die Kaiserkrone, ehe ihn, am 28. Jänner 814, der Tod ereilte. Ein Jahr zuvor hatte er seinen einzig noch übrig gebliebenen Sohn, Ludwig den Frommen, zum Mitregenten; Bernhard seinen Enkel aber zum König in Italien ernannt.

Ludwig war bemüht die weisen Anordnungen seines Vaters aufrecht zu erhalten. Er ließ durch seine Gränzgrafen alle Bezirke des Reiches untersuchen, um die allfälligen Mängel und Gebrechen zu beseitigen. So stellte er auch im J. 823 die Gerechtsame des Erzbisthums zu Passau und Lorch wieder her, und erkannte im offenen Gerichte demselben alle Gotteshäuser und Gebäude wieder zu, welche nach Carl's des Großen Tode die Gau- und Gränzgrafen der eigenen Botmäßigkeit unterworfen hatten.

Zu seiner Zeit noch, etwa um 826, starb Favianis Bischof Rathfred. Offenbar ist dessen Nachfolger jener passauische Chorbischof Anno, dem im J. 836 Ludwig der Fromme bei Kirchbach in der Provinz der Avaren hundert Mansen bis Tuma und Zembling hinauf schenkte, die ihm Markgraf Ratbod auszumessen beauftragt war, und von welchem Anno und sein gleichnamiger Enkel den lebenslänglichen Fruchtgenuß haben, nach ihrem Tode aber Alles an den Passauer Dom fallen sollte.

Ludwig fand sein Lebensende am 20. Juni 840. Schon unter diesem Herrscher war das große Frankenreich durch wiederholte Theilungen unter seine Söhne und durch die daraus entstandenen Zwistigkeiten in seiner Grundfeste gewaltig erschüttert; unter seinen schwachen Nachfolgern aber war es, ehe noch ein Jahrhundert vergieng, gänzlich zerfallen.

Nach einem kurzen, aber verderblichen Kriege, durch Kaiser Lothar's Anmaßung der Oberherrschaft über seine Brüder im J. 841 herbeigeführt, wurde endlich 843, zu Verdun ein Theilungsvertrag abgeschlossen. Lothar erhielt nebst dem kaiserlichen Titel Italien und die jenseits des Rheins gelegenen deutschen Länder unter dem Namen Austrasien; Ludwig, der Deutsche genannt, das ganze übrige Deutschland dießseits des Rheines, oder Ostfranken, nebst den jenseits des Rheines gelegenen Städten Mainz, Speier und Worms; Carl aber Frankreich oder das sogenannte Neustrien und Aquitanien. So entstanden aus Carl's des Großen Reich zwei besondere: das deutsche und französische Reich, welche später, unter Arnulph, für immer getrennt wurden. Die Ostmark aber ward durch Ludwig zu Deutschland geschlagen und von ihm mit freier Machtvollkommenheit regiert.

Nun brachen die Kriege mit den Slaven los. Schon unter Carl dem Großen breiteten sich die Marhanen, welche zwischen der Elbe, Oder und March ihr Lager genommen hatten, über das alte Gebiet der Quaden, vom Mannhartsberge bis gegen den Granfluß aus. Zu Wellehrad herrschte der, schon in Papst Eugens II. Bulle genannte Moymar; zu Neutra in Ostmähren sein Vetter Privinna. Beide lebten in Unfrieden. Letzterer floh zu dem Markgrafen der Ostmark, Ratbod, und empfieng zu Trasmauer die Taufe; verließ aber bald wieder seinen Gastfreund und reizte Ratimarn, den Fürsten der Slaven an der Save zur Fehde auf. Ratbod besiegte sie, und da sich nun Privinna den Franken unterwarf, gab ihm Ludwig einen Landstrich zwischen der Save und Drau. Moymar jedoch blieb bis an sein Lebensende gegen die Franken feindlich gesinnt.

Nach ihm erhob Ludwig, um 846, den Rastiz zum Fürsten der Marchslaven. Leider bezeugte sich derselbe bald als ein Undankbarer. Denn als der Franken Heer in Groß-Chrowazien (Böhmen) nach anfänglichem Sieg eine blutige Niederlage erlitten hatte, bot Rastiz den Böhmen mit seinen Marhanen, zu denen sich auch die Sorben und Obotriten gesellten, hilfreiche Hand, und machte sich von jedem Einflusse der Franken frei. Nicht lange jedoch dauerte seine Unabhängigkeit. Bald wurden die Marhanen wieder gedemüthiget, und Rastiz mußte sich zu neuer Zinsbarkeit bequemen. Darob racheschnaubend warf er sich nun seinem ränkevollen Vetter Swatopluk, der zu Neutra seinen Sitz hatte, in die Arme, und zu ihnen trat auch Gundakar, ein treuloser Graf aus Carantanien über.

Mittlerweile war im J. 860, da Albrich Bischof in Favianis war, der gewaltige Markgraf Ratbod, wegen vernachlässigter Gränzhut, abgesetzt und diese den Brüdern Wilhelm und Engelschalk, unter der Oberaufsicht Carlmanns, des ältesten Sohnes Ludwigs, übertragen worden. Carlmann schlug die Slaven, drang verwüstend tief in das Mähren ein, und nöthigte Swatopluk zum Frieden. Rastiz, an Carlmann ausgeliefert, wurde geblendet und in ein Kloster gestoßen; Swatopluk aber mußte als Geisel am fränkischen Hofe bleiben.

Hier wußte er durch Arglist und Trug sich so sehr das Vertrauen zu gewinnen, daß man sogar, da er bei Erhebung des Priesters Sklagamar auf den mährischen Fürstenstuhl die Marhauen zu züchtigen versprach, seinem Oberbefehle unbedenklich das deutsche Heer übergab. Wie sehr hatte man Ursache dies zu bereuen. Der treulose Slave lieferte dasselbe seinen Landsleuten in die Hände, und gründete nun, im J. 871, das großmährische Reich, welches von Ungarn alles Land zwischen der Donau und Theiß, und von Oesterreich das Gebiet am linken Ufer der Donau, Mähren mit Schlesiens größtem Theile, und späterhin auch Böhmen in sich schloß. Carlmanns Rachezug gegen Swatopluk im folgenden Jahre war nicht vom Glücke begünstiget. Er ließ nämlich am Donauufer, unfern von Favianis, zur Hut der Schiffe den Regensburger Bischof Embricho mit einem Heereshaufen zurück. Während nun die Franken in der Hitze des Gefechtes immer tiefer in das Feindesland eindrangen, überfielen die Marhauen diese Uferwache und metzelten sie nieder. Mit genauer Noth entkam noch Embricho der Gefangenschaft.

Auch die folgenden Kriege Carlmanns und seines natürlichen Sohnes Arnulf, Herzogs in Carentanien, gegen Swatopluk fielen, insbesondere für die Ostmark, ungeachtet ihrer löwenkühnen Vertheidigung durch die Grafen Wilhelm und Engelschalk und ihrer würdigen Söhne, höchst ungünstig aus. Sie wurde, mit Favianis, auf das grausamste verwüstet. Erst unter Carl dem Dicken, im Jahre 884, gab Swatopluk auf dem Tulnerfelde, am Fuße des comagenischen Berges, die Zusage des Friedens und das Gelübde der Lehenstreue.

Um diese Zeit, wahrscheinlich schon im J. 882, läßt die Sage in Favianis durch fromme Schiffer aus Salzburg ein drittes Kirchlein entstehen: Maria am Gestade, so genannt von seiner hügeligen Lage nächst dem Ufer der Donau. Sollte wohl zu diesem Baue der als Maler, Bildhauer und Architekt gleich berühmte Mönch Alfrid den Impuls gegeben haben, der um 873 von Adalwin, Erzbischof zu Salzburg, als dessen Stellvertreter bei den Slaven in Mähren aufgestellt wurde, und oft in Favianis, wo dazumal Madalwin Bischof war, verweilte?

Nach Carl's Enthronung im J. 887 erlangte der bereits erwähnte Arnulf die Kaiserkrone. Gleich nach Besiegung der Normannen und Obotriten war er bedacht, die alte, unvergoltene Schmach der Franken an Swatopluk zu rächen. Leider rief er die Magyaren oder Ungarn, ein unbekanntes furchtbares Volk, das von Almus und Arpad die Donau heraufgeführt wurde, wider die Slaven zu Hilfe. Swatopluk war bald gedemüthiget, und sah sich gezwungen, nach gräßlicher Verwüstung seines Landes, einen schimpflichen Frieden einzugehen. Nicht lange überlebte er ihn. Er endigte im Jahre 894, — mit ihm sein Reich.

Von seinen drei Söhnen begab sich Swatopluk der Jüngere zu den Deutschen, und wurde nach Carentanien abgeführt; Zobur fand zu Neutra durch die Magyaren den Tod, und Moymar, welcher die Burg seines Vaters rühmlich vertheidigt hatte, wurde, da alles verloren war, nach Bayern flüchtig, und als ein abenteuernder Ritter im fremden Heere wider die Magyaren kämpfend bei Preßburg erschlagen.

Arnulf, welcher zwei Brüder zu Markgrafen gegen die Marhanen eingesetzt hatte: Luitpold, den Ahnherrn des bayerschen Königshauses, zur Gränzhut in der Ostmark und in Carentanien; Aribo, den Anherrn der Aribonen, und Ottokarn, in Steyermark zu jener im Lande ob der Enns, — überlebte Swatopluk kaum fünf Jahre. Er starb am 8. December 899, nachdem er noch kurz vorher des letzteren Sohn Isanrich, den Erben des unbändigen Sinnes seines Vaters, der sich wider den Landesfürsten empört hatte, bei Mautern zur Unterwerfung zwang. Arnulf hinterließ den Thron seinem siebenjährigen Sohn Ludwig, der seines zarten Alters wegen den Beinamen "das Kind" erhielt.

Nicht so bald hatten die Magyaren den Tod des kriegerischen Arnulf erfahren, als sie lüstern nach den Schätzen Deutschlands, und durch den Krieg wider die Slaven mit den Wegen und den Schwächen dieses segenreichen Landes wohl bekannt, raubend, mordend, und alles zur Wüste machend, in die Ostmark einstürmten und, alle festen Plätze unbeachtet hinter sich lassend, weit bis über die Enns vordrangen. Eben so schnell als sie gekommen waren sie verschwunden. Markgraf Luitpold, der sich eiligst rüstete, vermochte nur zwölfhundert Mann an der Nordseite der Donau einzuholen und sprengte sie in die Fluthen.

Zur Wahrung gegen diesen gefürchteten Feind entstand nun neben dem alten, zerstörten Lorch die feste Ennsburg; und im Juni 907 war endlich, nach langen fruchtlosen Bemühungen, des oberen Deutschlandes Heerbann bei derselben versammelt. Ludwig das Kind blieb hier mit der Nachhut zurück; Luitpold rückte mit der Hauptmacht den Magyaren bis nahe an Preßburg entgegen. Da wurde nächtlicher Weile das deutsche Heer von dem Feinde überfallen und nach dreitägigem vergeblichem Widerstande gänzlich aufgerieben. Luitpold fiel, mit ihm die Erzbischöfe von Salzburg und Freisingen, viele Aebte und die Blüthe der Ritterschaft. Mit genauer Noth entkam der junge König von der Ennsburg nach Passau.

Nun wälzte sich der Riesen-Strom der siegberauschten Magyaren, die Bahn mit Raub, Brand und Mord bezeichnend, unaufhaltsam im wilden Drange fort durch Bayern und Schwaben bis hin in das Elsaß und nach Burgund. Alle Anstrengungen der Deutschen, ihnen Einhalt zu thun, waren vergeblich. Panischer Schreck verbreitete der Name Magyar. König Ludwig mußte durch Tribut den Frieden von diesem wilden Heidenvolke erkaufen, das (wie Regino und die Jahrbücher von Metz wissen wollen) Blut trank, rohes Fleisch verzehrte und sich zur Arznei der Menschenherzen bediente. Gram ob dieser Schmach verzehrte den neunzehnjährigen Königs-Jüngling: er starb im J. 911, und mit ihm erlosch der männliche Stamm Carl's des Großen.

Während der Regierung des starkmüthigen Conrad's des Ersten, und Heinrich's des Städteerbauers oder Voglers (so genannt, weil er die Nachricht der auf ihn gefallenen Wahl zum König der Deutschen am Vogelheerde empfieng) blieb alles Land von der Enns bis zur Leitha, mithin auch Favianis, in der Magyaren Gewalt.

Um diese Zeit der Verödung der Ostmark läßt die Chronik des Lilienfelder Mönches Ortilo einen Rüdiger, Markgraf von Pechlarn, erstehen, der auch in dem Nibelungenliede eine nicht unbedeutende Rolle spielt. Es nennet ihn „des Ritterthums Spiegel und Blume, und so voll der Mannestugend, wie im süßen Mai das Gras voll Blumen," — und zeigt ihn als den edelsten Diener des Königs Etzel, für welchen er um die schöne Chriemhilde geworben hatte; welcher auch dessen Gattin Gotelind von der Burg Medelike (Melk) bis an die Enns entgegenritt, und sie dann über Tuln nach Wienne in die Stadt zum Beilager geleitete. Rüdiger von Pechlarn war offenbar nichts weiteres, als ein zu den Ungarn geflüchteter deutscher Heeresfürst, der um seines Kriegsruhmes willen an die Spitze ihrer Schaaren gestellt wurde: denn ein deutscher Markgraf in der von den Magyaren eroberten und ein halbes Jahrhundert hindurch von ihnen behaupteten Ostmark ist nicht denkbar.

Erst Heinrichs Sohne, Otto dem Großen, der Italien wieder mit Deutschland zum abendländischen Kaiserthum vereinigt hatte, war es vorbehalten, den deutschen Namen bei den Magyaren wieder zu Ehren zu bringen. Es geschah durch die berühmte Lechfelder-Schlacht, welche er ihnen am St. Laurenztage (10. August) 955 lieferte, und in der das unabsehbare Heer der Magyaren unter Lehel, Vérbults und Botond, so gänzlich aufgerieben wurde, daß nur sieben Mann mit abgeschnittenen Ohren als Hiobsboten nach Hause kamen. Seitdem hörten ihre Raubzüge für immer auf; die Gränzen aber wurden eiligst befestigt oder wüste gelegt. Medelike (Melk) blieb nach dieser Entscheidungsschlacht noch bei dreißig Jahre die Gränzfeste der Ungarn, und erst zwanzig Jahre nach ihr, als Otto bereits gestorben war, zeigen die Passauer-Urkunden vom Jahre 973 den Pfalzgrafen und Schirmvogt von Regensburg, Burkard, als Gränzhüter der Ostmark, welche damals bis an die Erlaph reichte, wo im Gegensatze der Magyarenfeste Medelike sich bald der feste Platz Wieselburg erhob.

Während der Herrschaft der Magyaren verschwand nur zu bald der Sitz eines Bischofes in Favianis. Weder die unterjochten Einwohner noch die gefangenen Christen durften ihre Religion frei ausüben; nur heimlich konnten sie ihren Kindern die Nothtaufe ertheilen. Nun aber war es dem apostolischen Eifer des Bischofes Piligrin von Passau gelungen, den bedrängten Christen im Magyarenlande durch Missionäre geistlichen Trost zuzuwenden. Ein Freund Piligrins, der eifrige Mönch Wolfgang, welcher zahlreiche Ansiedler auf der Donau herab der verödeten Ostmark zuführte, deren Sammelplatz Steinkirchen war, trug vorzüglich dazu bei, dem Christenthume selbst bei den Magyaren Eingang zu verschaffen. Ihr Fürst Geysa schwankte schon zwischen der Lehre Christi und dem Götzendienste, und Sarolta seine Gattin wurde bald eine thätige Beschützerin christlicher Sendlinge. Frohen Muthes konnte daher Bischof Piligrin an den römischen Hof berichten: „Er habe durch seine Mission im Lande der Magyaren mehr denn fünftausend Menschen der christlichen Kirche gewonnen und für die dortigen Christen die Erlaubniß erwirkt, ihre Religion frei ausüben und Kirchen erbauen zu dürfen; daher es gerathen sey, einige

Bisthümer in Pannonien zu errichten.» Lazen's Meinung: daß um das Jahr 973 die Bischöfe von Passau Erzdiacone zum Emporblühen der christlichen Lehre in Favianis (Wienne) unterhalten haben, obgleich diese Stadt noch im Besitze der Magyaren war, dürfte demnach nicht so ganz zu verwerfen seyn.

Markgraf Burkard stand der Ostmark bis zum Jahre 983 vor. Dem Heere Otto des Zweiten nach Italien folgend, fand er den Tod in der Schlacht wider die Araber an Neapels Küste. [41]

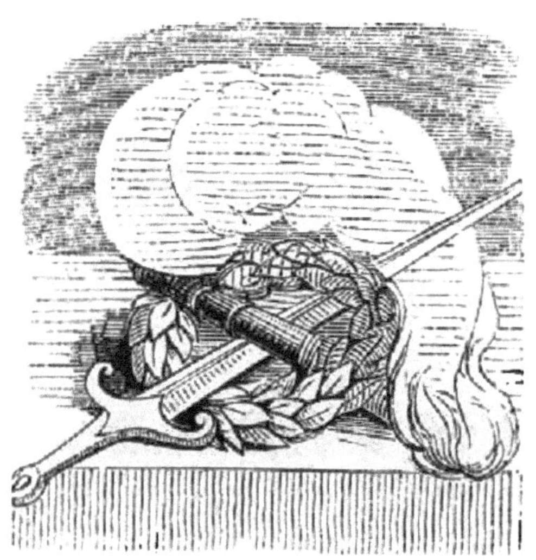

Anmerkungen.

1 Johann Sylvester, Professor an der Universität zu Wien, hat diese Grabschrift mit Hilfe des Convertiten Christoph Wylander, nebst noch drei althebräischen Steinschriften mit den Jahreszahlen 3899, 4016 und 4320 nach Erschaffung der Welt, welche in Wien zu Lazius Zeit gefunden wurden, wortgetreu abgeschrieben und in das Deutsche übersetzt. Sie lautet: **Mordachi Misug gibbor nagadol bischanáth miberiáth holàm beiselephim Koph, Tau, Samech.** Mordach, aus dem Riesengeschlechte, ein starker und großer Mann (ist gestorben, oder ward begraben) im Jahre 2560 nach Erschaffung der Welt. — Wilhelm Promer (im Ehren-Preyß der Stadt Wien, Bd. I. Seite 2.) der noch 1678 lebte, bezeuget, diesen Stein in des Franz Pfeiffer's von Schallenheims Hause auf dem Graben gesehen zu haben. Nun aber sind alle spurlos verschwunden.

2 Des Ptolomäus Villobona, so wie Vindomona und Vindomana in der **Notitia Imperii** und beim Jornandes, statt Vindobona, dürfte allerdings nach Peter Lambecius Meinung auf Schreibfehler einiger Codices dieser alten Erdkundigen beruhen.

3 Der berühmte Dichter und Bibliothekar des Kaisers Maximilian I., Conrad Celtes, fand diese Karte, eine längliche Pergament-Rolle, auf seinen Reisen in einer Kloster-Bibliothek zu Speyer. Nach dessen Tode fiel sie als Vermächtniß an den Polyhistor und Patrizier zu Augsburg, Conrad Peutinger, von dessen Besitz sie den Namen „Peutinger'sche Tafel" erhielt. Sie wurde hierauf in einer Bücherveräußerung um hundert Ducaten für Prinz Eugen's von Savoien Bücherschatz erstanden und mit diesem der k. k. Hofbibliothek einverleibt. S. **P. Lambecii Hamb. Commentariorum Editione A. Kollarii L. II. p. 74. — Scheib: Peutingeriana Tabula itineraria. Viennae 1753 fol. max. — Marci Velseri Tab. Peutingeriana Fragmenta Explicatio. — Lotter: Dissertatio de Tab. Peutingeriana. — Conradi Mannert: Res Trajani Imp. ad Danubium gestae Libellus cum Dissert. addita de Tab. Peutingerianae aetate. Norimb. 1793. 8.** Letzterer setzt sie, wohl mit Unrecht, ins 13. Jahrhundert herab.

4 Octavian hatte schon im Jahre 33 vor Christus die Dalmatier und Pannonier unter römische Botmäßigkeit gebracht.

5 Dieser Camee wurde in den Kreuzzügen durch die Johanniter aus dem Morgenlande gebracht, von Philipp dem Schönen den Nonnen zu Poissy geschenkt, in einer Geldnoth an Frankfurter Kaufleute und von diesen an Rudolph II. verkauft. Nun schmückt er das k. k. Münz- und Antiken-Cabinet in Wien. — **Eckhel: Pierres grav. pl. I.** — Kohler: Ueber zwei Gemmen der k. k. Samml. in Wien, Taf. 2. — Millin G. M. 179, 677. — **Mongez pl. 19.** — Passow: in Zimmermanns Zeitschrift für Alterthumskunde 1834. — K. O. Müller's Archäologie der Kunst. 2. Aufl. Bresl. 1836. p. 221.

6 Vergl. das histor. Taschenbuch der Freiherrn von Hormayr und Mednyansky auf 1821; und J. C. Arneths Abhandlung über die Wiener-Neustädter-Säule, am Schluße in den Wiener Jahrbüchern der Literatur, Band 50.

Anmerkungen.

7 Folgende Stelle des Vellejus Paterculus, der selbst den Krieg mitmachte: „Ipse a Carnunto, qui locus Norici Regni proximus ab hac parte erat, exercitum, qui in Illyrico merebat, ducere in Marcomannos orsus est“ gibt der Vermuthung Raum, Vindobona habe früher zu Noricum gehört, was auch mit der Peutinger'schen Tafel, die nach den ältesten römischen Reiserollen zusammengestellt zu seyn scheint, ganz übereinstimmt.

8 Dieses älteste Römerdenkmal Wiens wurde von dem Oberbaumeister Hermes Schallauger, des Lazii Oheim, in der ersten Hälfte des 16. Jahrh. in Wien entdeckt; der nähere Fundort aber ist in dessen Exempl. S. Vet. Rom. Monument., wo es zum erstenmale edirt erscheint, nicht angegeben.

9 Diesen Denkstein besaß Lazius, der ihn auch in seiner Wiener Chronik, Buch I. Seite 43. abdrucken ließ.

10 Dieser Gedächtnißstein kam vor drei Jahrh. bei dem Baue an der Kirche der Vorstadt Gumpendorf an das Tageslicht. Vergl. Fuhrmanns Alt- und Neu-Wien, Bd. I. S. 183.

11 Ptolomäus: Völker- und Städte-Verzeichniß, im XV. Abschnitte.

12 Der Berghof, die Brandstätte (der alte Friedhof bei St. Stephan), der vormalige Freisinger- nun Trattnerhof, waren die vorzüglichsten Fundorte römischer Ziegel. Einer davon hat die merkwürdige Inschrift: ANT. TIBER. VINDOB. — Das k. k. Münz- und Antikenkabinet bewahrt noch 12 Ziegel, die in Wien gefunden wurden. Die Aufschrift: VINDOB. haben zwei davon; LEG. XIV. ist auf dreien; auf Einem LEG. X. und auf einem andern LEG. XIII. zu lesen.

13 Dieser Stein soll, nach Lazius, in Wien aufgefunden worden seyn, und ziert jetzt den Eingang des k. k. Münz- und Antiken-Cabinettes.

14 Das hier mitgetheilte Basrelief ist der antoninischen Siegessäule zu Rom am flaminischen Wege, nach der Zeichnung des Barberinischen Bücherschatzes, herausgegeben und erklärt durch Bellori und Bartolo, entlehnt. Der Text gibt die Erklärung derselben.

15 Der erste dieser Steine, ein Säulenschaft, wurde im 15. Jahrh. am hohen Markte zunächst der Wipplingerstraße ausgegraben und dann im Lazenhof aufbewahrt. Siehe Lazens Wiener Chronik Bd. II. Seite 16.— Die übrigen zwei fand man in der Vorstadt St. Ulrich. Laz. Rer. Vienn. Lib. 2, c. 2. und Gruter CII. 10. und CIII. 8.

16 Daß Marc-Aurel zu Vindobona gestorben ist, bezeugen: Aurelius Victor: c. 16. „Aevi validior. Vindobonae interiit;“ — Eutropius: in Hist. miscell. c. 17. „Obiit in Pannonia apud oppidum Vindobonam XVIII. imperii anno, aetatis LXI.; — Nicephorus Calistas: l. 3., c. 31. „ad Vindobonam decessit“ — Um so minder verdient daher Rücksicht, daß Onuphrius Panvinius diesen Kaiser zu Sirmium sterben läßt.

17 Diese Steinschrift wurde 1493 in einem Keller des Johann Gentner'schen Hauses in der Wipplingerstraße von dem Bürger Heinrich Schrauttauer und seinen Gesellen, die hier einen Schatz heben wollten, gefunden. Laz. Rep. Rom. lib. 12. p. 980.

18 Agathemeri Othonis Fil. Compendiariorum geographiae expositionum libri duo, interprete Sam. Tennulio L. 2. c. 4. p. 38: „Ister, quem usque ad urbem Vindobonam Danubius appellant.“

19 Diese Inschrift wurde im Sommer 1544, als ein altes Bollwerk der Stadt umgestürzt wurde, entdeckt. Lazius brachte sie an sich und stellte sie in seinem Hause, dem Lazenhofe, auf, wo sie Clusius zu seinem Gebrauche abschrieb.

20 Sie wurde zu Lanzendorf bei Wien entdeckt. Siehe Caccia in Matre Dolorosa de Lanzendorf pag. 8.

21 Diese Meilen-Säule wurde, wie der ungefähr um 1533—1593 lebende Schriftsteller Löwenklau und Hofkammerrath Hieronimus Beck von Leopoldsdorf bezeugen, in einem Weingarten unweit des hier befindlichen Krankenhauses, jetzigen Bürgerspitals zu St. Max (Marcus), gefunden. Löwenklau edirte sie zuerst 1588 in seinen pandectis hist. turcicae. Eine getreue Abbildung dieser Säule zeigt die erste Vignette dieses Werkes.

22 Severini in Comment. hist. de veter. incol. Hungar. Danub. Sopron 1761. 8.

23 Ammianus Marcellius: L. XXII. Cap. 4.

24 Vergl. Labus: Ara antica scoperta in Hainburgo. Milano 1820. 4. und Beschreibung des Theseums in Wien. Das. 1829. 12. — Am Steine steht, offenbar durch Versehen des alten Steinmetzen, wirklich XVI. obschon es wegen der folgenden Angabe COS. III. DES. IV. bestimmt XV. heißen sollte.

25 Dieses große Mithrasrelief wurde im Mai 1816, in der Nähe Wiens, bei Stixneusiedel gefunden, und befindet sich jetzt im Antiken-Cabinet (Theseum) zu Wien. Vergl. die Wiener Modenzeitung, 1816 Nro. 25, und das Archiv für Geographie, Historie u. s. w. 1816, Nro. 155. 156.

26 Notitia dignitatum Imperii, apud Labbeum, Sect. 58. „Praefectus Legionis decimae, Vindobonae.— Praefectus classis Istricae Carnunto sive Vindobonae, a Carnunto translatae.“

27 Ughelli: Italia sacra. V. 40. Die Urkunde vom Jahre 845.

28 „Secundum morem Ecclesiae Tuae ab Apostolis fundatae uti debeas.“ V. Calles Annal. Eccles. T. I. 55.

29 Der heilige Florian gilt in ganz Oesterreich als Schutzpatron gegen Feuergefahr. Nicht selten findet man ihn in den Dörfern über den Hausthüren abgebildet, wo dann gewöhnlich auch nicht die scherzenden Verse fehlen:

„O heiliger Florian
Bewahr' mein Haus, zünd' andre an!“

30 Jornandes: de rebus geticis. — C. Sigonius: Hist. de occident. imper. Mediol. 1732. T. I. P. 2. pag. 350.

31 Jornandes. Ed. Grotii, p. 644.

32 „Antiquum et omnibus majus Monasterium Favianis“ — und juxta muros Oppidi. Eugippius.

33 „Ornata Patria Pannonia civitatibus plurimis, quarum prima Sirmis extrema Vindomina; antiquo magis noto corrupto jam tamen Vindobona nomine." Jornandes.

34 Jornandes C. 58. — Procop. l. 1. — Cassiodorus: Var. L. 3. Ep. 50.

35 Procop. L. I. c. 5. und L. III. c. 34.

36 Meginfredus in Vit. S. Emmerani ex Arribone Frisingensi.

37 Vergl. des Freih. von Hormayrs Geschichte Wiens Bd. II. 2tes Heft. Anmerk. Nr. 11. pag. 154., — Meginfredus: — das Indiculus Arnonis: Hansitz und Mabillon.

38 Geschichte der St. Ruperts oder Ruprechtskirche in Wien. Das. 1816. 2te Aufl. — Eine alte Aufschrift in dieser Kirche lautet also: Hoc Sacellum S. Ruperto sancti Cunaldus et Gisalricus Avarum conversioni destinati Apostoli erexerunt Anno DCCXL. geo. ab Auersperg pene collaphum restauravit M. CCCCXXXXV Vergl. auch Leop. Fischer: Not. Urb. Vind. P. I. p. 33., und v. Kautz pragm. Geschichte der Markgr. Oesterreich. Seite 149.

39 Eginhardus: in Vita Caroli M. Cap. 7. 13.

40 Is fluvius (Anasus) inter Bojoariorum atque Hunnorum terminos medius currens, certus duorum regnorum limes habebatur." Eginbard. Annal. et Ann. Laurisheim. Spener Hist. germ. L. II. p. 112.

41 Annal. Saxo. ad Ann. 982 zählt den Grafen Burkhard unter die Todten. Leo ostiensis L. II. Chron. Cassin c. 9. p. 221 und Marian. Scot. L. III. act. 6 setzen dieses Treffen auf das Jahr 983.

Zweites Buch.

Vom Jahre Christi **983** bis **1283**.

Zweites Buch.

Von 983 bis 1283.

Erstes Kapitel.

Die Babenberger.

Otto der Große kam eines Tages in tiefer Waldeinsamkeit, wohin ihn die Jagdlust weit ab von seinem Gefolge verlockt hatte, in die größte Lebensgefahr. Ein mächtiger Bär, den er bereits angeschossen, aber dabei den Bogen zerbrochen hatte, erfaßte seine letzte Waffe, den gewaltigen Speer, und zertrümmerte ihn. Das Roß wurde scheu, und so kam das gereizte Thier mit den grimmigen Tatzen und Zähnen ihm bald so nahe, daß er jeden Augenblick befürchten mußte von demselben zerrissen zu werden. Da stürzte, noch zur rechten Zeit, ein kühner Jüngling und des Kaisers getreuester Anhänger,

Zweites Buch.

Von 983 bis 1283.

Erstes Kapitel.

Leopold von Babenberg, entschlossen herbei und reichte demselben die eigene Armbrust. Der Bär fiel, und der gerettete Herrscher gelobte: „Daß das nächste, der kaiserlichen Lehenshand heimfallende Gebiet Leopolden werden solle.“ — Da kein Zeuge bei diesem Versprechen zugegen war, gab Otto dem Jünglinge den zerbrochenen Bogen als Wahrzeichen, welches er einst zur Begründung seines Anspruches, als wäre es Brief und Siegel, vorweisen möge. Eine geraume Zeit war seitdem vergangen. Schon über ein Jahrzehend lag Otto der Große in der Gruft seiner Vorfahren, ohne daß Leopold, der sich durch kühne Waffenthaten eine Grafschaft im Donaugaue erworben hatte, Gelegenheit fand, seine Ansprüche geltend zu machen, bis endlich im Jahre 983 durch Burkard's Tod, die Ostmark in Erledigung kam. Da trat Leopold mit der zerbrochenen, köstlichen Waffe vor des Kaisers Thron, und bat um die Markgrafschaft, — und Otto der Zweite lösete das kaiserliche Wort seines großen Vaters. [1]

So gelangte durch Leopold den Erlauchten dieses schöne Land an das Haus Babenberg, das seines Namens Ursprung von Baba, einer Sachsenfürstin, herleitet, welcher zu Ehren das Stammschloß dieser fränkischen Grafen an der Rednitz erbaut wurde.

Der ritterliche Leopold zog in sein neuerworbenes Land mit einer großen kampflustigen Schaar. Bald kam er bis an die Erlaph, fest entschlossen den Magyaren den Krieg ins eigene Land zu tragen. Binnen Jahresfrist reiften ihm die herrlichsten Früchte des Sieges heran. Der Magyaren Grenzfeste, das stolze Medelike (Melk), auch die Eisenburg genannt, wurde von ihm gestürmt, eingenommen und der Feind bis an den Kalenberg zurückgedrängt; wodurch die Ostmark solch bedeutende Erweiterungen erlangte, daß schon im Jahre 985 auf Befehl des Kaisers Otto des Dritten zu Tuln eine Versammlung, zur Berathung über die Befestigung derselben wider die Magyaren und über die Mittel zur Vermehrung der Ansiedler, abgehalten werden konnte. Zu diesem Zwecke befreite Otto der Dritte alle neuen Einwohner in den zum Passauer Bisthum gehörigen Ortschaften von den gewöhnlichen Abgaben an den königlichen Fiskus und von der Verpflichtung, des Markgrafen Heerbann zu folgen; auch gestattete er der Geistlichkeit und den Edlen Städte und Schlösser zu erbauen und sie zu befestigen. Durch diese Begünstigung und durch den Genuß einer langjährigen Ruhe war bald das Land aus Franken und Bayern auch reichlich bevölkert.

Leopold wählte Melk zur Residenz; und wohl erkennend, daß er seine Erhöhung und sein Siegesglück allein dem Höchsten zu verdanken habe, baute er in seinem neuen Wohnsitze eine Kirche und ein Chorherrnstift, welches er sich und den Seinigen zur Stätte der ewigen Ruhe erkor. Nach zehn Jahren weiser Beherrschung der Ostmark entriß ihm, am 8. Juli 994, ein meuchlerisches, jedoch nicht ihm bestimmtes Geschoß, bei einem Ritterspiele zu Würzburg, das Leben.

Unter dessen Sohn und Nachfolger Heinrich, der bis 1018 über die Ostmark herrschte, und wegen seiner wirksamen Vertheidigung der Landesgränze gegen die Mähren und Polen der Starke hieß, wurde Colomann, ein nach dem heiligen Grabe pilgernder Irländer 1012 von dem argwöhnischen Volke für einen Spion gehalten, bei Stockerau getödtet, später aber als Landespatron verehret.

Heinrich hatte sich eines dauernden Friedens mit den Ungern zu erfreuen; nicht so dessen jüngster Bruder Adalbert, mit dem Beinamen: der Sieghafte, welcher nach ihm die Landesregierung übernahm.

Ungerns erster König, Stephan, der sich bereits als Geysa's Erbprinz von dem Apostel der Polen, Adalbert, hatte taufen lassen, und dann sich als eifriger Bekehrer seines Volkes zum Christenthum bewies, hatte Petern, den Sohn seiner Schwester, die an Venedigs Herzog Otto Urseolo vermählt war, mit Uebergehung der näheren männlichen Anverwandten zu seinem Nachfolger ernannt. Nun aber machte sich Peter schon als Frembling, noch mehr aber durch wilde Lust, die ihm als einziges Gesetz galt, bei den Ungern dermaßen verhaßt, daß ihm die Großen des Reiches zu Stuhlweißenburg bald den Gehorsam aufkündeten, und des verstorbenen Königs Schwager, den rauhen Cumanen Aba, 1041 als ihren Herrscher ausriefen. Peter floh in die Ostmark zu seiner Schwester Frowitza, des Markgrafen Adalberts Gattin. Aba verlangte dessen Auslieferung, und da sie ihm weder von dem Markgrafen noch von dem Kaiser gewährt wurde, brach er im strengsten Nachwinter, alles um sich verheerend, in die Ostmark ein. Adalbert jedoch und sein Sohn Leopold, obgleich kaum bärtig, schon mit dem Zunamen des starken Ritters geziert, wiesen die Ungern muthig zurück, und schon im Beginnen des Jahres 1042 gelang es ihnen, dem Feinde das ganze Stück Landes zwischen dem Kalenberge und der Leytha für immer zu entreißen, wodurch die Ostmark wieder die Ausdehnung erhielt, welche sie schon unter Carl dem Großen hatte.

Faviana, oder Wien, wie es jetzt schon allmählich zu heißen begann, das aus zahlreichem Unglücke, aus so vielfältiger Verwüstung, wie wir vernommen haben, immer in jugendlicher Kraft erstand, war nun wieder, und seitdem beständig in deutscher Gewalt; und schon im Sommer gedachten Jahres, da Heinrich der Dritte ein ansehnliches Heer die Donau herunter führte, läßt Jans der Enenkel diesen Kaiser mit den Fürsten hier Rath halten, über die weitere Heerfahrt in's Ungerland:

„Pêter klagte tägliche
dem künege Heinrîche
sînen grôzen ungemach.
ze Wiene der künec ein hof gesprach.
diu hervart sie dâ swuoren
ze Ungarn sie dô fuoren.“

Drei Feldzüge mußten der Kaiser und Adalbert wider die Ungern unternehmen, bis es ihnen endlich gelang, nach der Schlacht auf der Ebene von Mönfö bei Raab, am 5. Juli 1044, wo Aba in die Flucht geschlagen, durch Verrath der Seinen umkam, Petern wieder in sein Reich einzusetzen. Aber dieser war durch des Unglücks herbe Schule nicht belehrt worden. Drei Jahre der empörendsten Willkühr brachten die Ungern von Neuem gegen ihn auf; er versuchte abermals zu seinem Schwager in die Ostmark zu fliehen, wurde jedoch bei Wieselburg ereilt, und nach verzweifelter Gegenwehr geblendet. Die näheren Kron-Prätendenten kamen nun aus Polen, ihrer Freistätte, zurück in's Vaterland, und Andreas wurde unter allgemeinem Jubel als König ausgerufen, der sich dann auch, durch Vermittelung des Papstes Leo des Neunten, in seinem Rechte zu behaupten wußte.

Am 26. Mai 1056 verlor die Ostmark den Grafen Adalbert, der beinahe vier Jahrzehnde hindurch ihr Beschützer war. Leopold der starke Ritter war schon im Jahre 1043 seinem Vater in die Gruft der Ahnen vorangeeilt. Es ergriff demnach sein zweitgeborener Sohn, Ernst der Tapfere, die Zügel der Regierung. Kaum fünf Monate später als Adalbert verschied auch Kaiser Heinrich. Sein gleichnamiger Nachfolger war noch ein Knabe, da er auf den Kaiserthron gelangte, und stand unter der Obhut seiner schönen, aber schwachen Mutter, Agnes. Diese Verhältnisse suchte Andreas von Ungarn weislich zu benutzen, um durch eine Verbindung mit dem Kaiserhause seinem Lande Unabhängigkeit zu erringen. Und es gelang ihm. Schon im Jahre 1058 führte Heinrich der Vierte in Gesellschaft seiner Mutter dem Sohne Andreas, Salomon, seine Schwester Sophie als Braut zu. Er zog durch die Ostmark, und hier, einige Zeit verweilend, gab der junge Kaiser am 4. October 1058 dem Markgrafen Ernst jene berühmte Urkunde, mit welcher die österreichischen Hausprivilegien beginnen. Die Ostmark wird darin des Reiches Vormauer genannt, und der Markgraf erhielt den Titel des vordersten und getreuesten Fürsten des Reiches; Deutschland solle verpflichtet seyn, Oesterreich Hilfe wider seine Feinde zu leisten; der Markgraf möge sich der Schirmhoheit über Alles, in seiner Mark so weit verbreitete Besitzthum Salzburgs und Passaus erfreuen, und gleich den großen Herzogthümern das Schwert und die Landesfahne vortragen lassen.

Im Jahre 1059 bis 1062 hatte Ernst schwere Kämpfe mit den unruhigen Ungern zu bestehen. Bela empörte sich wieder seinen Bruder Andreas. Er schlug ihn an der Teiß, und da dieser auf der Flucht starb, bestieg er Ungarns Thron. Der rechtmäßige Nachfolger Salomo floh mit der heiligen Krone und den Schätzen des Reiches zu Ernst, der ihm in Melks Mauern Sicherheit gewährte. Ursache genug für Bela, in die Ostmark einzufallen. Aber Markgraf Ernst trieb ihn rasch zurück, verfolgte ihn, nahm Wieselburg im Sturm ein, und erhob alsobald, da Bela im eiligen Betriebe einer neuen Kriegsrüstung an den Folgen eines Pferdesturzes starb, Salomon auf des Vaters Thron.

Um 1073 entstand der Investiturstreit zwischen Papst Gregor dem Siebenten und Kaiser Heinrich dem Vierten, wodurch Letzterer in die bedrängteste Lage gerieth. Bald sah er sich von den Sachsen und den meisten, nach Unabhängigkeit strebenden deutschen Fürsten, ja selbst von seinen eigenen Söhnen bekriegt, und fast nur Markgraf Ernst war ihm treu geblieben. Dieser zog mit dem Kaiser gegen die Sachsen zu Felde, und fand in dem heißen Kampfe bei der Hohenburg an der Unstrut, am 8. Juli 1075, siegend den Tod, und in der Gruft zu Melk seine Ruhestätte.

Sein Nachfolger, Leopold der Schöne, bezeigte sich gleich bei dem Regierungsantritte ganz als des Vaters Gegentheil. Er war gegen den Kaiser, für den Pabst. Heinrich der Vierte erklärte ihn daher des Landes verlustig und verlieh es dem König von Böhmen Wratislav. Leopold widersetzte sich und es kam am 12. Mai 1082 bei Mailberg zur Schlacht, wo Wratislav die Ostmark eben so schnell gewann, als er sie das nächste Jahr darauf, durch den Helden Azo von Gobatsburg, den großen Ahnherrn der Kuenringer, wieder verlor. Dieser Sieg gab dem Lande Frieden und seinen angestammten Herrscher wieder; der sich nun, schwer gewitziget, bestimmt fand, ferner keinen Antheil mehr an dem Streite zwischen Kaiser und Papst zu nehmen.

Während der Jahre 1071 bis 1083 stellte Leopolds Freund, Bischof Altmann zu Passau, die Abtei St. Florian wieder her, stiftete St. Nicola, Göttweih, und mit dem steierschen Markgrafen Ottokar, Garsten. Auch soll er in Wien die Kirche St. Pankraz am Hof, die nun in die päpstliche Nuntiatur verbaut ist, errichtet haben. Dieser große Verehrer der Kunst und Wissenschaft, ein Mann von seltener Sittenreinheit, wurde von Kaiser Heinrich wegen seiner Anhänglichkeit an Papst Gregor sehr verfolgt. Zweimal aus seinem Hochstifte verjagt, fand er bei Leopolden eine Freistätte, vor dem er fünf Jahre früher, 1091, als ein Verbannter zu Zeiselmauer in der Ostmark verschied.

Markgraf Leopold der Schöne starb am 12. October 1096. Er ist der Letzte seines Stammes der zu Melk begraben wurde.

Der Engel des Friedens, welcher während der letzten Regierungs-Epoche dieses Markgrafen über das schöne Oesterreich schwebte, verließ es beinahe den ganzen Zeitraum nicht, als sein Sohn Leopold der Vierte, auch der Fromme genannt, dasselbe beherrschte.

Leopold benützte diese Gunst des Geschickes gleich anfänglich, um sich einen neuen Wohnsitz zu bauen. Melk lag viel zu weit entfernt von der Landesgränze gegen Ungarn hin, die der meisten Obhut bedurfte. Ihm schien das Kalengebirge weit geeigneter dazu. Und so entstand im Jahre 1101 auf der überragendsten Spitze desselben, da wo tief unten die silbernen Wogen der Donau hart vorbei rauschen und das spähende Auge die weite Ebene des Marchfeldes, die Brecisburg (Preßburg, damals die Vorzüglichste Veste Ungarns), Heimburg gegenüber, die Berge der Leytha, das schon unter den Römern berühmte cetische Gebirge, mit dem 6566 Fuß hohen Schneeberg, bis in die Steiermark hinein, und ganz in der Nähe Wien zu überschauen vermag, — ein Schloß, dessen Festigkeit und Pracht (nach Haselbach) so groß gewesen seyn soll, daß es einen Herrn von königlichen Schätzen verkündigte.[2] Es war in die Runde gebaut, mit vielen starken Thürmen und von Innen mit marmornen Statuen versehen. Noch jetzt heißt der erhabene Standpunkt, auf dem nun kaum mehr ein Häuflein Steinschutt von der alten Pracht des Schloßes verkümmert daliegt, nach dessen Gründer: »der Leopoldsberg.«

Als im Jahre 1105, nach dem Tode des älteren unruhigen Sohnes Kaisers Heinrich's des Vierten, auch dessen zweitgeborner (später Heinrich der Fünfte) sich wider den Vater empörte und ihn vom Throne zu stürzen strebte, stellte sich Markgraf Leopold und dessen Schwager Borivojus (Borziwoy), Herzog von Böhmen, mit ihren Rittern und Reisigen zu dem Heere des Kaisers. Hierdurch war die Macht dieses unglücklichen Fürsten, ungeachtet er erst kürzlich seine Hauptstütze, den Herzog von Schwaben, Friedrich von Hohenstauffen, dem seine einzige Tochter Agnes angetraut war, durch den Tod verloren hatte, so bedeutend geworden, daß es der junge Heinrich, welcher seine Schwester bei sich in Gewahrsam hielt, nicht so leicht wagen durfte, in offener Feldschlacht dem Vater entgegen zu treten. Er suchte daher durch Unterhandlungen sein Ziel zu erreichen, und schlug Leopolden und dessen Schwager eine friedliche Ausgleichung vor. In dem Feldlager an dem Flüßchen Regen hörte der Markgraf dessen Antrag an, und durch die Vorstellung des Prinzen: »daß unter dem von Alter und Elend tiefgebeugten, von den Reichsfürsten gehaßten, und mit dem Papste Pascal dem zweiten zerworfenen Heinrich dem Vierten keine Ruhe im deutschen Lande mehr zu gewarten sey,« und durch das feierliche Versprechen, daß ihm die Hand seiner Schwester Agnes werden sollte, sah er sich nun auch bestimmt, zu dessen Parthei, mit Borivojus, überzutreten. Dem kaiserlichen Greise blieb somit nichts mehr übrig, als eilige Flucht vor dem rebellischen Sohne. Sehr bald darauf, am 7. August 1106, brach zu Speyer bitterer Gram ihm das Herz. [3]

Drei Monate zuvor führte Heinrich der Fünfte Leopolden seine Schwester Agnes, des Hohenstauffen schöne, neunundzwanzigjährige Wittwe als Braut zu; und schon am 1. Mai 1106 wurde das Beilager zu Melk, in einem auserlesenen Kreise geistlicher und weltlicher Fürsten, zahlreicher Vasallen und anderer Gäste, mit ungewöhnlicher Pracht vollzogen. Wenige Tage nach demselben führte Leopold seine Gemahlin in die neu erbaute Residenz auf dem Kalenberge. (S. Abbildung.)

Gar bald beschäftigte er sich hier mit dem Plane, ein Chorherrnstift in der Nähe derselben zu errichten; denn er entbehrte des feierlichen Gottesdienstes, den er gewohnt war in Melk täglich beizuwohnen; aber noch mehr mochte ihn das, durch seine Mitschuld herbeigeführte, unglückliche Ende seines Schwiegervaters dazu bewogen haben, welche er, zur Versöhnung des Himmels, durch fromme Werke abzutragen gedachte. Und so stand er, lautet die Sage, eines Tages mit Agnes auf dem Söller seiner Burg, in die Umgegend schauend, um einen dienlichen Platz für sein Vorhaben. Siehe, da raubte plötzlich ein Windstoß der Markgräfin Schleier und trug ihn aufwärts, längs der Donau fort, in das Gehölze. Geraume Zeit vergieng so; der Schleier schien schon verloren und vergessen, als Leopold in der Nähe seines Schlosses jagte, und durch das freudige Gebelle seiner Rüden aufmerksam gemacht, ihn auf einer

Hollunderstaude wieder fand. Und so faßte er den Entschluß auf derselben Stelle die Gott angelobte Kirche zu erbauen. Dies ist der Ursprung des Chorherrnstiftes Klosterneuburg, eines der ersten und berühmtesten in Oesterreich. Schon im Jahr 1108 stand eine kleine Kirche mit dem Collegialgebäude fertig; zu dem jetzt noch vorhandenen Gotteshause, woran zwei und zwanzig Jahre gebaut wurde, ließ aber Leopold im Jahre 1114 durch den ersten Propst, Otto, den Grundstein legen.

Wie zum Entstehen Klosternenburgs, trug auch die Nähe von Leopolds Residenz nicht wenig dazu bei, das unter magyarischer Herrschaft hart mitgenommene Wien wieder aufkeimen zu machen. Leopold errichtete in selbem den noch jetzt sogenannten, zwischen dem hohen Markte und der Krebsgasse gelegenen Berghof, das Haus eines Beamten, wo die benachbarten Weinbauer ihre Abgaben zu entrichten hatten; und bald darauf einen Gejaidhof, auf dem Platze, wo nun in der Wallnerstraße das fürstlich Esterhazy'sche Gebäude steht.[4] Auch sein Sohn Leopold der Freigebige beschenkte Wien mit einem Bauwerke. Als Jüngling an dem Gestade der Donau lustwandelnd, sah er, wie bei einem Hochwasser ein Standbild Jacob's des Größeren von den wilden Fluthen herum

getrieben wurde. Er rettete es, und ließ diesem Zwölfboten zu Ehren, 1131, eine Capelle erbauen, welche später zu einem Kloster der regulirten Chorfrauen bei St. Jacob auf der Hülben umgeschaffen wurde. Noch heute wird ein Haus in dieser Gegend „Jacoberhof" genannt. Auch Leopolds Ministeriale, deren Obliegenheit es war, in der Nähe des Markgrafen zu seyn, dürften wohl nicht unterlassen haben, sich hier anzubauen. Und so erhoben sich bald der Wohnungen gar viele, in welchen gewiß schon Wiens uralte Bürgergeschlechter: Otto=Haymo, Pithrolf, Leublo, Vatzo, Gundal, Pol, Tirna, Griffo, Seifried u. a. hauseten; und immer mehr und mehr lichtete sich um das Städtchen, das schon 1137 urkundlich als civitas vorkömmt,[5] der große Wienerwald, daß endlich, wie zum Andenken, nur mehr ein Baum stehen blieb, der von Alter ausgedorrt, um nicht niederzustürzen einer eisernen Stütze bedurfte. Bis zur Stunde steht noch „der Stock im Eisen." — Er gab einem Platze der Stadt den Namen, und gilt dem wandernden Handwerksmanne, der nicht unterläßt, in ihm einen Nagel einzuschlagen, als Wahrzeichen, daß er hier gewesen.

Auch die Kreuzzüge in das heilige Land, aufgeregt durch Peter den Einsiedler, welcher schon zu Anfang der Regierung Leopold's des Frommen ihren Weg durch die Ostmark und Ungarn nahmen, und an deren zweitem, nach Bouillons glücklichem Erfolge, auch des Markgrafen Mutter, Itha, unter Welf des Bayerherzoges Obhut Antheil nahm, ohne wieder zurückzukehren, hatten bald bedeutenden Einfluß zur Erhebung Wiens; indem durch den lebhaften Verkehr mit dem Morgenlande ein einträglicher Handel begründet wurde, den die Donau vorzüglich begünstigte.

Im Jahre 1108 machte Leopold mit Kaiser Heinrich dem Fünften einen Zug nach Ungarn, um die Uneinigkeiten zwischen den königlichen Brüdern Coloman und Almus zu schlichten, was ihnen auch bald gelang. Nach neun Jahren wurde aber der Markgraf von den Ungern ernstlicher beunruhigt. Stephan der Zweite war seinem Vater Coloman als König gefolgt. Im jugendlichen Eifer trachtete er sein Land auf Kosten der Nachbarn zu erweitern. Er fiel daher in die Ostmark ein, verheerte die Gegend an der Leytha und machte ansehnliche Beute. Bei der ersten Kunde davon zog Leopold mit einem großen Heerhaufen, zu dem auch die Krieger des Herzogs von Böhmen stießen, dem Feind entgegen. Rasch brachte er den Ungern zwei bedeutende Niederlagen bei, eroberte Eisenburg und verheerte die Umgegend mit Feuer und Schwert. Durch diese Kriegsthat flößte er ihnen solch eine Furcht ein, daß sie während seiner übrigen Regierungszeit nie wieder einen Friedensbruch wagten.

Indessen wurde Heinrich dem Fünften, damit das vierte Gebot ja bald an ihm in Erfüllung gienge, das ähnliche Schicksal seines Vaters bereitet. Der Investiturstreit stürzte ihn in dieselbe mißliche Lage; auch von ihm fielen fast alle Fürsten, ja selbst die beiden Hohenstauffen Friedrich und Konrad, ab; und schon stand ihm Heinrich des Vierten Ende bevor, — hätte er nicht zur rechten Zeit noch, was er früher verschmäht hatte, den Frieden gesucht. Im

Jahre 1122 sah er sich genöthigt, das Wormser Concordat mit Papst Calixt zu unterzeichnen, nach welchem dem weltlichen Oberhaupte nur mehr die Leitung der geistlichen Wahlen und die weltliche Belehnung durch den Scepter verblieb. Mißmuth ob der fehlgeschlagenen Pläne nagte von nun an an seinem Herzen. Sterbend gab er 1125 das salische Erbe an Friedrich von Hohenstauffen.

Nachdem Leopold seinen ältesten Sohn Adalbert, mit hundert zwanzig Adeligen, in Melk zum Ritter geschlagen hatte, zog er mit ihm zur Kaiserwahl. Hier boten ihm mehrere Reichsstände die Krone an; aber Leopold, in seiner Demuth, lehnte sie ab, und so gelangte sie an Lothar, Herzog in Sachsen. Leider veranlaßte dieser Kaiser, der den Hohenstauffen ihr Erbe, zu Gunsten seines Schwiegersohnes Heinrich des Stolzen, Herzoges in Sachsen und Bayern, der Welfen Haupt, zu entreißen suchte, die langwierige Fehde der Welfen und Weiblinger (Gibellinen).

Von dieser Zeit an bis zu seinem Lebensende widmete Leopold seine Tage der Wohlfahrt des Landes und geistlichen Angelegenheiten. Bisher waren in der Ostmark nur die Augustiner- und Benedictiner-Mönche bekannt; nun, 1134, führte er auch, auf Empfehlung seines Sohnes, des berühmten Bischofes Otto von Freisingen, den Cisterzienser-Orden ein, dem er ein, noch jetzt in unversehrter Pracht prangendes Gotteshaus am Satelbach, „Heiligenkreuz im Waldthale“ genannt, 1136 erbauen ließ.

Noch in demselben Jahre, am 15. November, verschied der fromme Markgraf in seiner Residenz auf dem Kalenberge und fand im Capitel zu Klosterneuburg eine würdige Grabesstätte, in die ihm seine Gemahlin Agnes am 24. Sept. 1157; sein ältester Sohn Adalbert aber schon am 9. Nov. 1137 folgte. Die markgräfliche Würde gieng hiemit an den zweitgebornen Sohn, Leopold den Freigebigen, über.

Der dahin geschiedene fromme Markgraf Leopold wurde 1485 heilig gesprochen und wird seitdem als Oesterreichs Landespatron verehrt.

Auch Kaiser Lothar hatte 1138 seine irdische Laufbahn in Bayern vollendet. Heinrich dem Stolzen, der sich den Deutschen gewaltsam zum Kaiser aufdringen wollte, war es demnach leicht, sich der Reichsinsignien zu bemächtigen, allein die Fürsten wählten den Hohenstauffen Konrad den Dritten und ließen ihn zu Aachen krönen. Heinrich lieferte nun die Kleinodien aus, erschien aber vor Augsburg, wohin er von dem Kaiser beschieden worden war, mit so einem bedeutenden Gefolge wohlgerüsteter Krieger, daß Konrad, der sich solcher Gewalt nicht versehen hatte, genöthigt war, um nicht in Heinrichs Hände zu gerathen, eiligst nach Würzburg zu flüchten. Hier wurde Heinrich des Verbrechens der beleidigten Majestät angeklagt, auf der Reichsversammlung zu Goslar seiner Herzogthümer entsetzt und geächtet. Der Kaiser ernannte hierauf den Markgrafen Leopold den Freigebigen zum Herzog von Bayern, welcher kein Bedenken trug diese Würde anzunehmen und sie gegen die Anfälle der Welfen zu vertheidigen. Wirklich machten diese ihm genug zu schaffen; doch siegreich behauptete er sich in seinem neuen Besitzthume. Indessen genoß er es nicht lange. Er verfiel zu Regensburg in eine schwere Krankheit. Von der heimathlichen Luft Wiedergenesung hoffend, wollte er in die Ostmark zurückkehren, starb aber auf der Reise am 18. October 1141 zu Niederaltaich in Bayern. Seine irdischen Ueberreste bewahrt das Stift Heiligenkreuz.

Dem verstorbenen Bruder folgte Heinrich der Zweite, welcher nach einer Betheurung, die er immer im Munde führte, „Jasomirgott“ genannt wurde,

als Regent der Ostmark. Bayern aber wurde ihm vom Kaiser Konrad einige Zeit vorenthalten. Er erhielt es erst, nachdem Heinrich der Löwe, des stolzen Heinrichs Sohn, nach Erlangung des Herzogthumes Sachsen, auf dasselbe förmlich verzichtet, und er sich mit Gertrude der verwittweten Mutter des Letzteren, einer Tochter des Kaisers Lothar, vermählt hatte.

Betheurung, die er immer im Munde führte, "Jasomirgott" genannt wurde,

als Regent der Ostmark. Bayern aber wurde ihm vom Kaiser Konrad einige

Des Kaisers edle Absicht, die streitenden Partheien dadurch zu vereinigen, schien nun erreicht. Aber es war nicht so. Heinrich Jasomirgott sollte eben so wenig als sein Vorfahr, Leopold der Freigebige, seines neuen Besitzthumes froh werden. Schon nach kurzer Zeit fiel Herzog Welf, ein Oheim Heinrich's des Löwen, welcher sich noch immer nicht beruhigen wollte, mit Feuer und Schwert in Bayern ein, und nur Heinrichs Jasomirgott auserlesenes Heer konnte ihn zum Rückzug bringen. Als nun gar, am 18. April 1145, dessen Gattin Gertrude in der Stunde der Geburt des herzoglichen Erben und dieser mit ihr zugleich starb, waren auf einmal wieder die ohnedieß nur losen Bande gänzlich zerrissen, und die Unruhen begannen mit verstärkter Macht von neuem.

Heinrich Jasomirgott hatte schon zur Zeit, als er noch in der Burg Medelich (Mödling) residirte, zu welcher Grafschaft, ein Geschenk seines Vaters Leopold des Frommen, die bedeutenden Orte Gumpoldskirchen, Guntramsdorf, Traiskirchen, Solenau, Neudorf, Münchendorf, Lichtenstein, Sulz, Baumgarten und Kaisersberg gehörten, — das Städtchen Wien vorzüglich lieb gewonnen. Nun, da er Herr über die Ostmark war, wendete er alle Sorgfalt an, dasselbe zu heben. Er wählte es zu seiner Residenz und erbaute sich zu diesem Zwecke, in der Nähe des jetzigen Hofkriegsraths-Gebäudes und der päpstlichen Nunziatur, eine Burg, wovon der Platz noch heute den Namen „am Hof“ trägt. Im Jahre 1144 legte Heinrich, und zwar außer den damaligen Ringmauern der Stadt, den Grundstein zur ersten St. Stephanskirche, von deren Bau ein späterer Abschnitt das Umständliche berichten wird. Er wurde so rasch befördert, daß dieses Gotteshaus schon 1147 von dem Passauer Bischofe Reginbert, zu Ehren des heiligen Blutzeugen Stephan, konnte eingeweiht werden. St. Stephan wurde von ihrem Stifter zu Wiens Mutterkirche erhoben und ihr erster Pfarrer hieß Eberhard Huber.

In ihrer Nähe ließ Heinrich auch eine Vorstadt anlegen, welche von ihren vorzüglichsten Bewohnern, den Wollhändlern, die Wollzeile genannt wurde, ein Name, der noch jetzt nicht erloschen ist. Auch ließ er die durch die magyarische Verwüstung tief gesunkenen Kirchen St. Ruprecht, St. Peter und Maria am Gestade wieder herstellen.

Während dieser Bauten brach eine Fehde mit den Ungern aus. Boris, der zweite Sohn Coloman's, des Königs von Ungarn, trat nach dem Tode des blinden Bela als Kronprätendent wider Geysa den Zweiten auf. Unterstützt von einer Schaar Abentheurer aus der Ostmark, jedoch ohne Wissen und Willen Heinrichs Jasomirgott, überfiel er bei Nacht das Schloß Preßburg und eroberte es. Geysa schlug gar bald den Feind, verjagte ihn aus der Feste und fiel dann wutherfüllt über die Leytha in die Ostmark ein. Heinrich trat ihm rasch entgegen, und an der Fischa kam es zur Schlacht. Kühn, aber ohne Geduld und Gleichmuth, drang er zu vorschnell in die Ungern ein; sein Heer kam hierdurch in Verwirrung und er sah sich, am 11. September 1145, besiegt. „Mit großem Verluste nahm er eilig den Rückzug in das nahe Städtchen Wien, das einst von den Römern bewohnt Favianis hieß.“ So drückt sich über diesen Vorfall Heinrichs Jasomirgott Bruder, Otto Bischof von Freysingen, in seiner Geschichte des großen Barbarossa aus: ein Beweis, daß Wien schon damals kein offener, wehrloser Ort war, sondern bereits Ringmauern, Thürme und Gräben haben mußte.[6]

Geysa wagte auch keinen Angriff auf Wien. Er zog, alles verheerend, in sein Reich zurück; und eben so wenig nahm Herzog Heinrich irgend eine Rache an ihm, da er es eben mit einem weit gefährlicheren Feind, Heinrich dem Löwen, zu thun hatte. Kaiser Konrad aber bedurfte der Freundschaft des ungerischen Königs zur Unternehmung eines neuen Kreuzzuges nach Palästina.

Es hatte nämlich Sultan Ssalaheddin (Saladin) im Jahre 1144 Edessa eingenommen, und hierdurch Jerusalem, als dessen Vormauer, in die äußerste Gefahr versetzt. Papst Eugen der Dritte ließ daher durch den Cisterzienser Bernhard das Kreuz predigen, und der gottbegeisterten Beredsamkeit dieses berühmten Mannes gelang es auch wirklich, den wilden Zwiespalt der Fürsten des Abendlandes zu beschwören und sie zu einem großen Kreuzzuge zu vereinigen. Viele Tausende nahmen das Kreuz aus seiner Hand: Kaiser Konrad selbst und sein Neffe, der Heldenjüngling Friedrich Barbarossa, des Kaisers Stiefbruder Heinrich Jasomirgott, und dessen Bruder Otto von Freysingen, Herzog Welf, Heinrich's des Löwen Oheim, der Hohenstauffen und der Babenberger ärgster Feind, die Bischöfe von Passau und Regensburg, und ein unabsehbares Heer von Rittern und Reisigen. Der Zug gieng im Jahre 1147 durch Bayern nach der Ostmark, wo Wien der Hauptsammelplatz der Pilger war, und weiter auf der Donau fort, durch Ungarn; — fiel aber so unglücklich aus, daß beinahe eine Million Menschen völlig aufgerieben wurde.

Nur für Heinrich Jasomirgott war diese unglückliche Heerfahrt nicht fruchtlos geblieben. Er hatte sich auf derselben die Liebe und Achtung des griechischen Kaisers Manuel, — und dadurch dessen Enkelin Theodora zur Gemahlin erworben. Freudige Tage verlebte er nun mit ihr in Wien, wo er 1150 bei seiner Rückkunft einen feierlichen Einzug hielt. Bayern jedoch ließ sie ihm nicht lange ungetrübt.

Herzog Welf, kaum aus dem Oriente zurückgekehrt, verband sich mit Roger von Sicilien und stachelte alle seine Freunde auf, den Kaiser und die Ostmark zu beunruhigen. Konrad der Dritte starb jedoch 1152, und mit ihm verlor Heinrich Jasomirgott seine Stütze. Der neue Kaiser, Friedrich Barbarossa, verrieth gleich anfänglich viel Partheilichkeit für seinen Jugendgefährten Heinrich den Löwen. Vier Jahre lang bemühte er sich unablässig, diesem Bayern wieder zuzuwenden. Heinrichs Jasomirgott gutes Recht auf dieses Herzogthum machte jedoch immer sein Vorhaben scheitern. So wurde die wechselseitige Erbitterung immer heftiger und schon griff man zu den Waffen; — als unerwartet am 17. September 1156 zu Regensburg unter des Kaisers goldener Bulle die Sühnung dieses langjährigen Zwistes, in Gegenwart der mächtigsten Fürsten, zu Stande kam.

Heinrich Jasomirgott, die Unbilligkeit des Kaisers vergessend, gab, zur Ruhe Deutschlands, Bayern an den Kaiser zurück, der es sogleich Heinrich dem

Löwen, als Erbe seines Vaters, verlieh. Dagegen erhielt Heinrich Jasomirgott das bisher zu Bayern gehörige Land ob der Enns zu seiner von Bayern stets unabhängigen Reichs-Markgrafschaft unter der Enns, und zwar beide Länder vereiniget, als Herzogthum. — Oesterreichs Herzog wurde gleichgestellt den alten großen Herzogen; erklärt als ein Pfalzerfürst des Reiches, mit dem Range unmittelbar nach den Churfürsten. Er wurde berechtigt, im Falle er erblos stürbe, sein Land zu hinterlassen, wem er wolle. Uebrigens solle die Regierung des untheilbaren Landes nach der männlichen Erstgeburt fortgehen, und bei dem Tode des letzten Herzoges ohne Sohn, dasselbe seine älteste Tochter erben. Diese Freiheiten haben alle auch für künftige Erwerbungen zu gelten. Auch ist der Herzog Oesterreichs, außer gegen Ungarn, dem deutschen Reiche zu keiner Steuer und Hilfe verpflichtet, und kann nicht gehalten werden, auf einem Reichstage außerhalb seines Landes zu erscheinen. Eben so hat Oesterreichs Herzog die Lehen nur in seinem Lande und zwar im fürstlichen Ornate, zu Pferde, in der Hand den Stab, auf dem Haupte den Herzogshut mit der Zinkenkrone, zu empfangen. Weder Kaiser noch Reich können umstoßen, was er auf seinem Grund und Boden verfügt; und so auch darf das Reich keine Lehen haben in Oesterreich: wer solche hätte, müßte des Herzogs Vasall werden, und könnte dann erst dieselben vergeben als Afterlehen.

Heinrich Jasomirgott hatte sich durch sein edles Benehmen die Achtung von ganz Deutschland erworben, und mit Jubel empfiengen ihn seine Unterthanen.

Schon ein Jahr vor seiner Erhöhung zum Herzog von Oesterreich stiftete Heinrich eine Abtei für Schottenmönche aus dem Orden des heiligen Benedict außer den Ringmauern der Stadt Wien auf dem Steinfelde, und übertrug den Bau an Michael Hunger, Steinmetzmeister von Augsburg, der ihn auch so schnell förderte, daß Kirche und Kloster bereits nach drei Jahren von den Mönchen unter ihrem ersten Abte Santinus konnte bezogen werden. Sie hatten die Verpflichtung: den Pilgern unentgeldlich Obdach und Nahrung zu geben und sich dem Unterrichte der Jugend zu widmen.

Im Jahre 1158, bevor der Herzog mit den Grafen und Baronen seines Landes, und einer auserlesenen Schaar ungerischer Hilfstruppen auf des Kaisers Heerfahrt gegen Mailand auszog, und sich dort unverwelkliche Lorbeer errang,— fertigte er darüber den merkwürdigen Stiftsbrief aus. Nach demselben gab er (wie er sich ausdrückt) für die, zu Ehren der heiligen Jungfrau Maria und zum Gedächtnisse St. Georgs, auf seinem Grund und Boden, im Umkreise Favia's das heut zu Tage Wien genannt wird, gegründeten Abtei von St. Benedicts-Orden für die Schotten oder Hybernier ꝛc. den von Klosterneuburg wieder eingelösten Zehend der herzoglichen Küche, eine Meierei zu Wirochberge (im Bezirk der heutigen Vorstadt Landstraße); Gerichtsbarkeit und Blutbann über ihre Dienstleute und Leibeigene, Asylrecht (daher noch jetzt der Platz vor der Abtei „die Freiung“ heißt); unbeschränkte Abtswahl, Grundherrlichkeit und pfarrherrliche Rechte vom Graben der Herzogenburg bis zur Kirche St. Johann

in Als und bis zum Ausflusse des Alserbaches in die Donau; endlich die im Innern der Stadt gelegenen und dem herzoglichen Patronatsrechte unterstehenden Kirchen Maria am Gestade, St. Peter, St. Ruprecht und St. Pankraz; so wie die Capellen und Pfarren zu Loab, Krems, Tuln, Pulkau und Eggendorf. — Und wiederholt, am 22. April 1161, bestätigte und erweiterte der Herzog in drei verschiedenen Briefen diese Stiftung; bestimmte die Schottenkirche zur herzoglichen Ruhestätte, und beschenkte dieselbe noch mit Grundstücken an der Schwechat und im Marchfelde. [7]

Die Jahre des Friedens 1159 bis 1174 benützte Heinrich für die Wohlfahrt seines Landes. Nebst andern weisen Einrichtungen, führte er die Fürstenämter ein, ordnete die Stände nach Geistlichen, Herren, Freyen, Edlen, Rittern

SEARS. SC.

und Bürgern, und gab Wien einen Stadtrichter. Insbesondere freudenvoll für sein Volk war das Jahr 1166. So eben wurden in Wien die Anstalten zu einer glänzenden Verlobung seiner einzigen Tochter Agnes mit dem jungen Könige von Ungarn, Stephan dem Dritten, gemacht, als unerwartet auch Kaiser Friedrich von Passau auf der Donau herab, zur großen Verherrlichung dieses Festes, nach Wien kam. Vierzehn Tage giengen in Ritterspielen, Tanz und Freuden-Mahlen hin. Der Kaiser wandte nebenbei seinen Aufenthalt in Wien dazu an, Heinrichen für Pascal den Dritten zu gewinnen, welcher von den Deutschen wider Alexander den Dritten zum Gegenpapst erhoben worden war. Heinrich zeigte sich hierzu willfährig. Dem ungeachtet zerstörte dieser Zwiespalt der römischen Kirche nur zu bald wieder das gute Einvernehmen dieser beiden Fürsten.

Kaiser Friedrich hatte im J. 1174 Albrechten, den Sohn von Heinrich's Schwester Gertrude, Gemahlin des Wladislaus in Böhmen, von Salzburgs erzbischöflichem Sitze vertrieben, weil dieser es mit dem Papste Alexander hielt. Heinrich, als Vogt und Schirmherrn dieses Erzbisthums und als Albrechts Blutsverwandten, lag es ob, sich wegen des Neffen Wiedereinsetzung in seine Würde bei dem Kaiser zu verwenden. Friedrich Barbarossa aber weigerte sich dessen standhaft. Dies hatte die Folge, daß der Herzog sich nun von des Kaisers Angelegenheiten zurückzog und ihm einen neuerlichen Beistand wider die Lombarden versagte. Doch sah er nur zu wohl ein, daß er deßhalb Rache zu erwarten habe. Um diese von sich möglichst abzulenken, befestigte er eiligst die Gränzen seines Landes und sammelte ein mächtiges Kriegsheer, das er unter seine Söhne Leopold und Heinrich stellte, welche er in der Kirche zu den Schotten zur Vertheidigung des Vaterlandes wehrhaft gemacht hatte. Nicht ungegründet waren seine Besorgnisse. Kaiser Friedrich, durch die italienischen Angelegenheiten verhindert, sich persönlich zu rächen, vermochte bald alle Nachbarn Oesterreichs, denen er die wachsende Macht und Größe dieses Landes als für sie höchst gefährlich schilderte, gegen dessen Herzog in ein Bündniß zu bringen. Und so fielen denn fast zugleich die Heere der Wittwe des Markgrafen Ottokar des Fünften von Steyer, des Hermann von Kärnthen, des Sobinslaw von Böhmen und des Konrad von Mähren, ja selbst die Ungern, deren König Stephan der Dritte durch Gift das Leben verloren, in Oesterreich ein. Heinrich Jasomirgott, ihrer Uebermacht auf freiem Felde nicht gewachsen, wählte eine planvolle Vertheidigung aus festen Plätzen. Feuer und Schwert wüthete nun allenthalben. Furchtbar war die Zerstörung an der Enns, Leytha und Fischa bis an den Wienerfluß, wo, um nur ein Beispiel anzuführen, zu St. Veit, kaum eine Stunde von Wien entfernt, dreihundert Menschen, welche sich in die Kirche geflüchtet hatten, durch Brandlegung der Feinde ein Raub des Todes wurden.

Mitten unter diesem Kriegsgetümmel verlor Oesterreich seinen ersten Herzog. Heinrich Jasomirgott that im Winter des Jahres 1177 mit dem Pferde auf dem Eise einen Sturz und starb an den Folgen desselben wenige Tage darnach, am 13. Jänner, zweiundsechzig Jahre alt. Er wurde in der von ihm gestifteten

5*

Schottenkirche in Wien begraben. Kein Denkmal bezeichnet mehr die Ruhestätte dieses um Oesterreich, und insbesondere um Wien, so hochverdienten Herrschers. Selbst sein Bildniß, das im Kreuzgange vom Abte Georg Steigelius 1586 mit der Umschrift: Henricus I. Dux Austriae Fundator hujus Monasterii. A. MCLVII. aufgestellt wurde, ist nun auch spurlos verschwunden!!

Herzog Heinrich hinterließ Wien, wie der vorliegende Grundriß zeigt, in folgender Begränzung, gegen die heutige Stadt gehalten. Von dem sogenannten

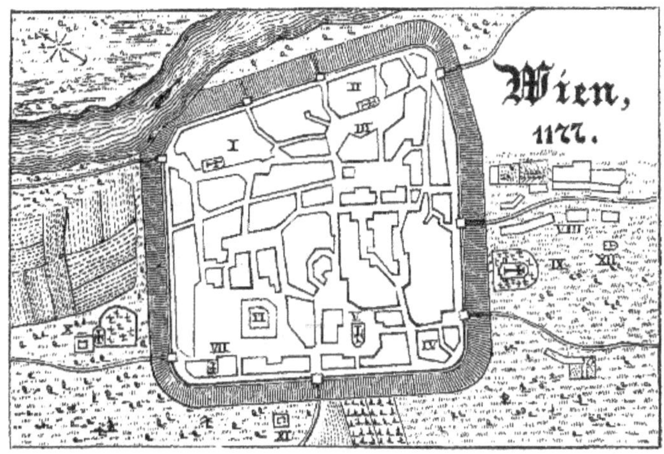

Pailerthor gegen das Jungferngäßchen, das Trattner'sche Haus, durch die Schlossergasse gegen die Brandstatt, den Lichtensteg und den Haarmarkt; dann aufwärts gegen den Dempfingerhof, Gamingerhof, über den Katzensteig, gegen das heutige Salzamt; von dort hinter den blauen Krebs bis an den Hügel, genannt die Fischerstiege; ferner hinter Maria am Gestade, längs der Anhöhe ober dem tiefen Graben bis an die Ecke des Platzes »der Hof«, und von dort rechts durch die Naglergasse bis wieder zum Pailerthor. Die beiden jetzigen Straßen: der Graben und der tiefe Graben, waren damals wirkliche Gräben. Die merkwürdigsten Gebäude waren: I. Maria Stiegen (am Gestade) mit dem Passauerhofe, II. die Kirche St. Ruprecht, III. der Berghof, IV. der Freisingerhof, V. die Kirche St. Peter, VI. die Burg, und VII. die Capelle St. Pangraz, im Innern der Stadt; dann VIII. die Wollzeile, IX. die Kirche St. Stephan, X. die Schotten-Abtei, XI. das Jagdhaus Leopold des Frommen oder Heiligen,

folgender Begränzung, gegen die heutige Stadt gehalten. Von dem sogenannten

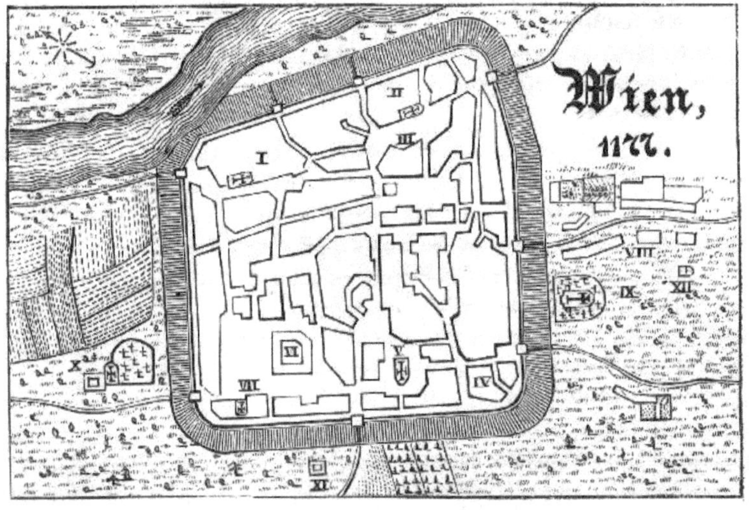

und XII. das Kirchlein St. Jakob auf der Hülben, außer den Ringmauern derselben.

Heinrichs Söhne, Leopold der Sechste, erst zwanzig Jahre alt, welcher schon während des Kaisers Anwesenheit in Wien mit dem Herzogthum Oesterreich belehnt worden war; und Heinrich, dem die Grafschaft Möbling so wie sie einst sein Vater besaß zufiel, rächten sehr bald die Verheerungen, welche die Böhmen und Mähren in Oesterreich angerichtet hatten, und erfochten 1178, nach Verwüstung der Städte Brünn und Ollmütz, sich einen dauernden Frieden für ihr Land. Auch mit den Ungern wurde die Ruhe wieder hergestellt. Otto der Sechste von Steyer hatte schon früher sich mit Oesterreich ausgesöhnt, und erfreute sich nun der Erhebung seiner Markgrafschaft zum Herzogthume, 1180, welches damals bis an die Piesting sich erstreckte und auch die jetzigen oberösterreichischen Städte Enns und Steyer in sich einschloß.

Im Jahre 1181 beschloß Leopold eine Pilgerreise nach Palästina zu unternehmen. Wegen der Gefahr derselben begab er sich aber zuvor zu dem Kaiser, um seinen siebenjährigen Sohn Friedrich mit Oesterreich belehnen zu lassen. Dann trat er 1182 die Wallfahrt an, und erreichte, über Ungarn und Griechenland, ohne Unfälle Jerusalem. Unruhen aber, welche inzwischen in Constantinopel ausgebrochen waren, bestimmten ihn zur eiligen Rückreise über Apulien nach Wien, wo er zur Weihnachtsfeier wohlerhalten ankam.

Gedachtes Jahr war überhaupt für Oesterreich sehr wichtig. Herzog Ottokar von Steyer, ein siecher aussätziger Jüngling, ohne Hoffnung auf Leibeserben, suchte seines Landes Heil in dessen Vereinigung mit Oesterreich. Er übergab daher am 17. August 1186 in Gegenwart seiner Stände, auf dem Georgenberg bei Enns das steyermärkische Herzogthum zu ewig ungetheiltem Besitz an seinen nächsten Blutsverwandten, Herzog Leopold von Oesterreich, im Falle er kinderlos sterben sollte. Dies erfolgte auch im Jahre 1192. Nun ließ sich Leopold vom Kaiser zu Worms mit dem Erbe belehnen, eilte dann nach Gratz zur Huldigung, und da Pütten von dem Zahne der Zeit bereits hart angegriffen war, baute er auf steyerischem Grunde eine andere Gränzburg gegen Ungarn, welche von seiner nahen Residenz den Namen Wiener-Neustadt erhielt.

Sultan Ssalaheddin (Saladin) hatte im Jahre 1187 Jerusalem erobert. Der Verlust dieser heiligen Stadt brachte eine unbeschreibliche Aufregung in allen christlichen Ländern hervor. Es erfolgte ein dritter großer Kreuzzug. Nebst den Königen Philipp August von Frankreich und Richard Löwenherz von England nahm insbesondere der Deutschen ruhmvoller Kaiser, Friedrich Barbarossa, obwohl schon siebenzig Jahre alt, mit einer auserlesenen Ritterschaft daran Theil.

Im April 1188 reichte dem Kaiser zu Mainz der Cardinallegat Heinrich, vormals Abt zu Zwettel, Stab, Pilgertasche und die Kreuzfahne; dann wurde Regensburg zum Sammelplatz des Heeres bestimmt, und zum Aufbruche der St. Georgentag. Zu mehr denn sechsmalhunderttausend Mann war der Zug angewachsen. Er wälzte sich nun, beide Ufer der Donau weithin bedeckend, nach Wien, wohin auch Friedrich Barbarossa am 12. Mai mit den Fürsten zu

Schiffe folgte. An den Gränzenmarken seines Landes empfieng ihn Herzog Leopold mit einer auserlesenen, glänzenden Schaar von Rittern, und führte ihn unter jauchzendem Frohlocken des Volkes in seine Residenz ein. Hier am 18. Mai 1189 fertigte Friedrich dem Bischofe Otto von Freysingen einen Brief um Marktrecht, Landgericht und Burgwerk auf den freysingischen Gütern in Oesterreich in den Aemtern Ebersdorf, Enzersdorf, Allarm und Holenburg; und hielt dann eine strenge Musterung über das Heer, wobei über 500 Männer die sich dem Zuge theils aus Raubgier, theils nur aus Hang zu wüstem Leben angeschlossen hatten, schimpflich zurückgewiesen wurden. Auch Herzog Leopold hatte das Kreuz genommen; Gränzstreitigkeiten, bei Erwerbung der Steyermark, mit König Bela von Ungarn, ließen ihn aber erst nach fünf Vierteljahren sein Vorhaben ausführen. Er nahm mit seinem Bruder Heinrich von Mödling, an der Spitze einer auserlesenen Ritterschaft aus Oesterreich und Steyermark, der sich auch ein bedeutendes Heer des mächtigen Köln am Rhein anschloß, seinen Weg über Italien und die See. Fast gleichzeitig mit den Königen von Frankreich und England langte er vor Ptolomais (dem Accon und St. Jean d'Acre der Neueren) an. Den Kaiser fand er aber nicht mehr unter den Lebenden: er war am 10. Juni 1190 in den reißenden Fluthen des Saleph in Cilicien ertrunken. Die Belagerung dieser Stadt, welche schon durch zwei Jahre fruchtlos betrieben worden war, wurde nun durch die neuen Ankömmlinge mit vereinter Kraft fortgesetzt. Am 24. Juli 1191 erfolgte der Hauptsturm, und sie fiel.

Bei der Einnahme von Ptolomais erwarb sich Herzog Leopold ein neues Wappen für Oesterreich durch folgende glänzende That. Er focht beim Sturm als einer der Vordersten so wüthend, und erlegte so viele Feinde, daß sein weißer Waffenrock über und über mit Blut gefärbt wurde, und nur noch jener Streif seine weiße Farbe behielt, den der um die Lenden geschlungene Gürtel deckte: — Oesterreichs rother Schild mit dem weißen Querstreif. Allein eben seine Tapferkeit an diesem Tage verwickelte ihn in eine höchst unangenehme Sache. Die Engländer hatten, unter ihrem König Richard Löwenherz, allerdings muthvoll mitgefochten, und dieser ließ allenthalben englische Fahnen aufstecken, als ob seine Landsleute allein die Stadt erobert hätten. Herzog Leopold, sich bewußt, was er selbst und seine Krieger bei der Einnahme der Veste gethan, ließ auch österreichische Fahnen aufstecken. Diese jedoch wurden auf Richards Befehl herabgerissen und in den Koth geworfen. Der Herzog billig darüber entrüstet, machte dem Könige Vorstellungen, die aber Richard mit Hohn und Spott zurückwies. Somit war der Zunder der Feindschaft zwischen beiden Fürsten gelegt. Leopold verließ ungesäumt Asien, und kam glücklich nach Wien zurück. Er erhielt bald Gelegenheit, sich an Richard Löwenherz zu rächen, was beim Kreuzheere nicht zuläßig war. Dieser stolze Fürst hatte auch noch andere beim Kreuzzuge gegenwärtige Fürsten, insbesondere den König Philipp August von Frankreich, beleidiget. Er verließ der Letzte Palästina. Als er wieder nach England segeln wollte, wurde er im adriatischen Meere von einem heftigen Sturm überfallen und an die Küste von Aquileja verschlagen. Sein Schiff scheiterte und er rettete sich nur mit wenigen Begleitern. So sah er sich genöthigt, die Reise zu Lande durch Oesterreich, Böhmen und dem ihm befreundeten Braunschweig nach England fortzusetzen. Schon in der Gegend von Görz, und dann in Kärnthen erhielt er genügende Beweise, wie verhaßt er überall sey. Er nahm daher die Kleidung eines gemeinen Mannes und schlich sich so im Jahre 1192 bis nach Wien durch, wo in dem Dorfe Erdpruch (der heutige Vorstadt Erdberg), er sich in einem Wirthshause verbarg. Er wurde aber von einem Krieger, der bei der Belagerung von Ptolomais mitgefochten hatte, erkannt und dem Herzoge verrathen. Da er sich Niemanden als Leopolden selber ergeben wollte, so empfieng dieser am 20. December Richard's Wehre

in eigener Person. Hierauf übergab ihn Herzog Leopold der Obhut Hadmar's von Kuenringen, der ihn auf der Burg Dürenstein, hart an der Donau bei Krems gelegen, bis Ende 1193 gefangen hielt. Nun lieferte Herzog Leopold

polden selber ergeben wollte, so empfieng dieser am 20. December Richard's Wehre

auf Begehren Kaiser Heinrich's des Sechsten, Britaniens König nach Worms aus, von wo er nach Mainz und dann nach Trifels gebracht, aber im Februar 1194 gegen starkes Lösegeld freigegeben ward. Richard's Klagen führten über Herzog Leopold den Bann herbei; doch ward er in Oesterreich nie verkündet. [8]

Eben mit der Zurüstung zu einer neuen Kreuzfahrt begriffen, gieng Leopold von Wien nach Gratz und hielt dort am St. Stephanstage ein Turnier. Hier, bei einer gähen Wendung des unbändigen Pferdes auf dem Eise, stürzte dieses mit ihm, wodurch das Schenkelbein seines rechten Fußes zerschmettert wurde. Er wollte sich das Bein abnehmen lassen, aber Niemand getraute sich diese Fertigkeit zu. Vom Schmerz übermannt, befahl er nun seinem Kämmerer, ihm dasselbe mit einem Beile abzuhauen. Dieser vollbrachte es erst mit dem dritten Streiche. Nach fünf Tagen unsäglicher Leiden, am 31. December 1194, lag Leopold, mit der Kirche durch das Versprechen seiner Söhne zur Herausgabe des Lösegeldes und der Geiseln König Richard's, ausgesöhnt, auf der Bahre. Er fand sein Begräbniß im Kapitelhause der Abtei zu Heiligenkreuz.

Leopold's ältester Sohn, Friedrich, trat nun zwar die Regierung des väterlichen Erbes an, und führte den Titel von beiden Herzogthümern, obwohl er die Verwaltung der Steyermark sogleich, und 1197 auch jene von Oesterreich seinem Bruder Leopold dem Siebenten übertrug, da er, eifrigst bedacht das Gelübde seines Vaters zu erfüllen, in diesem Jahre seinen Kreuzzug nach dem heiligen Lande unternahm. Gleich wie sein Vater zeichnete er sich durch ritterliche Thaten aus. Als nach dem Tode Kaiser Heinrich's des Sechsten das große Heer auseinander stob, blieb er mit den Bischöfen von Mainz, Verden und Passau zum Trost und Schutz der Gläubigen in Palästina zurück, wodurch er sich den Ehrennamen des Katholischen erwarb. Bald aber fiel er zu Ptolomais in eine schwere Krankheit und starb in dieser seinem Vater so verhängnißvollen Stadt, unvermählt, am 16. April 1198. Wolfker, Bischof von Passau, sein Freund und Gefährte brachte dessen irdische Reste zurück in die Heimath, nach der Abtei Heiligenkreuz.

Von eben diesem Bischofe empfieng Leopold der Siebente, auch der Glorreiche genannt, der nun über Oesterreich und Steyermark als wirklicher Herr regierte und eher Fürst als Ritter ward, am Pfingstfeste 1200 zu Wien des Ritterschwerts Umgürtung und Einsegnung in Gegenwart der Kirchenfürsten von Mainz und Salzburg und unter dem Beistand einer zahlreichen Ritterschaft.

Gleich beim Beginne der Regierung zeigte dieser Herzog, wie sehr ihm das Wohl und die Verherrlichung Wiens am Herzen liege. Noch lagen außerhalb der Ringmauern die schöne Hauptkirche zu St. Stephan, die Vorstadt Wollzeile, eine Hauptniederlage der Waaren und die Stätte des ältesten Rathhauses; das Nonnenkloster St. Jakob auf der Hülben, gestiftet von dem kärnthnerschen Edelfräulein von Paar; das deutsche Haus; die Capelle St. Johann des Täufers der Johanniter; das Templerhaus hinter der Wollzeile; und am andern Ende der Stadt, die Abtei der Schotten. Alle diese und noch viele andere Vorstadthäuser waren bei den feindlichen Streifzügen der Ungern gar sehr der Verwüstung und Plünderung ausgesetzt. Sie mit in die Stadt einzubeziehen war schon das Vorhaben seines Vaters. Er brachte es in Ausführung.

Die meisten Zeitbücher (Arenzeck, Cuspinian, Hagen, Haselbach, Lazius, Fugger rc.) schreiben die Erweiterung Wiens dem Lösegeld der Engländer für Richard Löwenherz zu, und stützen sich auf folgende Stelle Enenkels, der diesem Ereignisse ziemlich nahe stand:

Zehant fuort man den edlen man
von den fürsten gevangen dan
ze Wienne hinz dem kameraere.
dâ lag er mit grôzer swaere
und muost sich lœzen sicherlîch
der edele künic alsô rîch:
umbe hundert tûsent mark
muost er geben dem fürsten stark.
dô hiez der tugenthafte man,
der herzoge Liupolt, grîfen an
und hiez Wienne stat wîten.
bî den selben zîten
wart der grabe umb Wienne erhaben.
den muosten die Engelois ûz tragen
in krächsen (Tragreff) ûf ir rücken.
sie machten manege brücken
unz daz der grabe breit wart
von des selben küneges vart.
ouch gab der herzoge Liupolt
den mûrern vil grôzen solt
alsô, daz nû diu kleine stat
gemûwert wart, als er bat,
Heinburc und die Niustat,
er im ouch dâ von stiften bat.

Wenn auch dieses nicht ganz unbedingt zugegeben werden kann, so läßt sich doch andererseits nicht entschieden, wie Fischer, Schröter und Rauch gethan, bestimmen, daß Richards Loskaufung mit Wiens Wachsthum in gar keinem Zusammenhange stehe. Nach den Briefen des Salzburger Erzbischofes Adalbert wurde zwar bei Aufhebung des über Leopold den Sechsten verhängten Kirchenbannes die Zurückstellung des Lösegeldes und der Geiseln für König Richard zur Bedingniß gemacht; aber wir ersehen auch aus dem Schreiben des Papstes Innozenz des Dritten an Leopolds Söhne, daß zwar die Letzteren entlassen, aber kein Rückersatz für die bereits empfangene Geldsumme erfolgt sey. Uebrigens verscholl diese Angelegenheit gänzlich, da kurz hernach Richard vor der Burg Chalus gewaltsam umkam; und somit konnte wohl das nicht mehr zurückgeforderte Lösegeld zu diesem großartigen Zwecke verwendet worden seyn.[9]

Lazius und Fugger kennen gar ein Richardthor, das zwischen dem heutigen Schanzel und dem Werderthore, jetzigen Neuthore gelegen haben soll. Dasselbe aber hatte, nach dem Grundbuche der Stadt Wien, nie anders als Salzthor geheißen. Es wurde 1541 vermauert; und 1759, da die Salzgries-Caserne erbaut wurde, verschwand dessen letzte Spur. Eben so zeigte uns Cuspinian an der Stadtmauer unfern der gedachten Stadtthore das Standbild Richards und Leopolds. Aber schon Marquard Hergott, der dieses Denkmal (in den Monum. aug. domus Austriae) abbilden ließ, spottete über die Lächerlichkeit dieser Deutung. Das Steinbild, nun spurlos verschwunden, gehörte offenbar erst den Habsburgern an, wie schon das spätere Kreuz im Stadtwappen und die Helmzierde mit dem Pfauenschweife, dem Partheizeichen dieser Dynastie in den Schweizerkriegen, dieß genügend beweisen.

Nach alter Ueberlieferung, die mit den Ueberresten alter Wälle und Gräben übereinstimmen, so wie sie sich noch vor der neuen Befestigung Wiens unter Ferdinand dem Ersten zeigten, nahm die neue Ringmauer ihren Anfang: Vom Dempfingerhof zu der St. Ruprechtskirche hinunter durch das goldene Kreuz, von da die Gasse hinüber in das Gäßchen, früher am Steig genannt, auf die alte Burgermusterung am Hafnersteig, neben dem goldnen Adler hinunter zu dem Lorenzergebäude und dem städtischen alten Zeughaus, in der Gegend, wo man noch um 1790 neben der Schmiede die Bögen eines alten Thores in der Stadtmauer sah. Von da zog sie sich hinüber zum vormaligen Getraidekasten gemeiner Stadt Wien (der jetzigen Hauptmauth); dann an das alte Templerhaus (dem späteren Dominikanerkloster) hinunter zur Wollzeile, welche durch das Stubenthor (von den vielen Trinkstuben die in dessen Nähe, in- und außer der Stadt, lagen, also genannt) geschlossen war; von dort hinüber zu dem Nonnenkloster St. Jakob auf der Hülben (jetzt das Tabakapalto), an dessen Kirchen-Chor noch Fuhrmann ein Stück der uralten Stadtmauer gewahrte, die sich von da an das Filzgäßchen hinzog und die ganze Singerstraße einschloß bis hinauf an den alten Roßmarkt (Stock-am-Eisen-Platz), wo wieder ein neues Thor, das Kärnthnerthor stand, und weiter bis an den Freysinger-, nachmals Domprobsten-, nun Trattnerhof, wo sie sich an die alte Stadtmauer, aus Heinrichs Jasomirgott Zeiten, anschloß. Die Einbeziehung des heutigen Stadttheiles zwischen dem tiefen Graben, den Grabenplatz selbst, und der Singerstraße bis, vom Neuthor an, herüber zum heutigen Schotten-, Burg-, Kärnthner- und Stubenthor, erfolgte erst in den Tagen des Zwischenreiches.

Fast gleichzeitig mit der begonnenen Erweiterung Wiens war er auch um die geistliche Verherrlichung desselben besorgt. Zu Anfang des dreizehnten Jahrhunderts, nachdem er sich hier 1203 in Beiseyn Kaiser Philipps und vieler Reichsfürsten mit der griechischen Prinzessin Theodora Comnena mit großer Pracht und Feierlichkeit vermählt hatte, schickte er eine eigene Gesandtschaft nach Rom und verlangte von Innocenz dem Dritten die Wiederherstellung der

10*

schon früher in Wien vorhanden gewesenen bischöflichen Kirche. Seine Gründe dazu waren: „Das Bisthum zu Passau, zu welchem Wien gehöre, sey ohnedies groß genug und so weitschichtig, daß man nicht überall der Seelsorge zu Genüge invigiliren könne; daher es die Billigkeit erfordere, für so viele Lämmer mehr Hirten anzuordnen. Zudem äußerten sich in Oesterreich verschiedene irrige Glaubenslehren, und ein Hirt allein scheine zu wenig, die in den Schafstall Christi einschleichenden, reißenden Wölfe abzuwehren. Es wäre Wien nach Köln die vornehmste Stadt, die der schönen Lage und der vielen Einwohner wegen keine ihres Gleichen habe in ganz Deutschland, wo vor diesem schon ein bischöflicher Sitz gewesen. Zudem wäre dies Ansuchen gar nicht auf einigen Vortheil zu Kränkung der passau'schen Kirche, sondern zur Erleichterung ihrer schweren Last abgesehen, so fern dieselbe den dritten Theil ihres Bisthumes der Neu-Wiener'schen Diöces assignirte; weder daß man zu dessen Zweck einige zum Bisthum Passau gehörige Landgüter abfordern wolle, sondern der Herzog sey gesinnt, das Wiener'sche Bisthum aus eigenen Mitteln mit tausend Mark Goldes zu stiften.“ — Der Papst schien der Sache nicht abgeneigt; indessen verlangte er doch vorläufig von dem Salzburger Erzbischof Eberhard und von dem Bischofe Manegold zu Passau ein Gutachten. Letzterer, der jedoch seinen Kirchensprengel auf keine Weise verkleinert wissen wolle, reiste in Person nach Rom und wußte es dahin zu bringen, daß Leopolds Ansuchen vereitelt wurde.

Während Leopold der Glorreiche durch kluge Sorgfalt den Frieden in seinem Staate zu erhalten wußte, war Alles von Außen sturmbewegt. Gleichzeitig mit dem Beginne der Regierung Leopolds waren nach dem Tode Heinrich's des Sechsten Philipp von Schwaben und Otto von Braunschweig zugleich zu Kaisern gewählt worden. Leopold stellte sich an die Spitze der Parthei Philipps. Er zeichnete sich im Beistande dieses Kaisers vorzüglich bei dessen Befreiung zu Erfurt und bei der Belagerung von Köln aus. Ueberall unterlag durch dessen Mitwirkung der Welfe Otto, bis durch die an Wahnsinn gränzende Wuth des Pfalzgrafen Otto von Wittelsbach Philipp am 22. Juni 1208 zu Bamberg ermordet wurde. Ungeachtet des Todes seines Gegners hielt sich der unweise Otto dennoch nicht lange auf dem Throne, und er mußte nur zu bald Friedrich dem Zweiten, dem Enkel Barbarossa's, den Platz räumen.

Schon bei dem Bruderzwiste der Söhne Bela des Dritten, Emerich und Andreas, hatte Leopold den Letzteren, der aus Dalmatien nach Wien geflohen war, gastlich aufgenommen und durch den Bischof von Mainz ihre Aussöhnung bewirkt. Da nun nach dem Tode Emerichs, 1204, Andreas als Vormünder seines Neffen Ladislaus abermals nach der Krone Ungarns strebte, beschützte Leopold die Königin Mutter, Constantia von Arragonien, mit ihrem minderjährigen Sohne in seiner Residenz, und verfocht ihre Rechte mit den Waffen, bis durch den plötzlichen Tod des jungen Ladislaus, am 7. Mai 1205, Ungarn rechtmäßig an Andreas fiel. Constantia wurde vier Jahre später Gemahlin des Kaisers Friedrich des Zweiten.

Am 30. März 1204 eximirte Wolfker, Bischof zu Passau, die vom Wiener Stadtkämmerer Gottfried in seinem Hof am Kienmarkt der heil. Dreifaltigkeit geweihte Capelle von der Pfarre zu St. Stephan, mit Beistimmung Sighards Pfarrers zu Wien, nebst dem Patronatsrechte; wofür Gottfried nach St. Stephan vier Bauplätze gab, links neben der Judenschule gegen die Donau hinab, welche ehevor dem Juden Schlom gehörte. In demselben Jahre entstand in Constantinopel das Reich der Lateiner, das jedoch nur bis 1261 währte. Dessen erster Kaiser Balduin, Graf von Flandern, übersandte Leopolden, dessen großen Namen huldigend, ein Stück des heiligen Kreuzes. Der Herzog beschenkte mit dieser theuren Reliquie die Abtei Lilienfeld, die er in dem romantischen Waldthale der Thrasen, da wo die Straße in die Alpen Steyermarks sich hinschlängelt, zwischen 1201—1206 gestiftet hatte.

Zu Ende des vorigen Jahrhunderts war in Rom ein neuer Orden entstanden, der es sich zur Pflicht machte, den Armen, Waisen, Fremden und Kranken Hilfe zu leisten. Man nannte ihn den Orden des heiligen Geistes oder des heiligen Antoninus in Saxia. Nach dem Beispiele desselben errichtete nun auch 1208 Leopold's Caplan Gerard, der Pfarrer zu Felling an der Piesting und zugleich auch ein geschickter Arzt war, in Wien ein Hospital zum heiligen Geiste, mit einer Kirche zu Ehren des heiligen Antoninus, die dann zu einer Pfarre erhoben wurde. Beide standen in der Gegend der jetzigen Carlskirche und der Panigel-, früher Plänklergasse, und erhielten sich bis zum Jahre 1529, wo sie während der Belagerung Wiens durch die Türken zerstört wurden. Dieses Spital ist von einem später gestifteten Heiligen-Geist-Spitale, welches diesseits des Wienerflusses unweit der Stadtmauer lag, wohl zu unterscheiden.

Am 16. December 1211 weihte Bischof Manegold von Passau die, von dem reichen Wienerbürger Dietrich auf seinem Grunde Zeismannsbrunn neu erbaute Kirche zu St. Ulrich ein, und eximirte sie von der Pfarre St. Stephan in Wien mit Einwilligung des Pfarrers Sieghard. Zur Entschädigung gab dafür Dietrich zwei Höfe in der Alserstraße nach St. Stephan.

Drei Jahre später, 1214, hatte Ulrich, Domherr von Passau und Sekretär des Herzogs, nächst der St. Stephanskirche die St. Katharinakapelle erbaut. Auch sie wurde vom Bischofe Manegold eingeweiht, der zu Wien am 10. Juni 1215 starb und gedachten Domherren zum Nachfolger hatte. Diese Kapelle mit dem dazu gehörigen Haus ist dann, 1304, an das Stift Zwettel gekommen, woher noch der heutige Name „Zwettelhof" stammt.

Wie sein Vater so strebte auch Leopold der Glorreiche, sich als christlicher Kämpfer Lorbeern zu verdienen. Im Jahre 1210 hatte Alphons der Achte von Castilien ein Heer wider die Mauren in Spanien aufgeboten. Leopold eilte sogleich mit einer mächtigen Schaar von Deutschen dahin, um an dem Kampfe gegen diese Ungläubigen ehrenvoll Theil zu nehmen; er kam jedoch zu spät, denn der entscheidende Sieg in den Navas in Tolosa war bereits am 16. Juli 1210 erfochten. Somit konnte er nur auf der Rückkehr die Albingenser im südlichen Frankreich erzittern machen.

Das in Spanien unvollbrachte Gelübde lösete Leopold wenige Jahre darnach, im Jänner 1217, durch einen Kreuzzug nach dem gelobten Lande, zu welchem er in der Kirche seiner Stiftung zu Lilienfeld die heilige Fahne schwang. Eine große Anzahl des wehrhaften Adels seiner Herzogthümer, hierunter die Kuenringer, Stubenberge, Auersperge, Lichtensteine, der Abt Hadmar von Melk und die Grafen von Bogen und Pleyen begleiteten ihn. Zu Spalatro vereinigte er sich mit dem König Andreas von Ungarn und schon im November 1217 war Ptolomais erreicht. Bei Bethsaida wurde Sultan Choraddin in die Flucht geschlagen. Bald darauf aber gieng König Andreas, unter dem Vorwand eines Aufruhrs in Ungarn, wieder in die Heimath zurück. Leopold blieb jedoch und bewirkte Wunder von Waffenthaten in Aegypten, durch dessen Besitznahme er die Eroberung des heiligen Landes vorbereiten wollte. Achtzehn Monate focht er an der Spitze der deutschen Ritter, der Johanniter, der Templer, und eroberte den mitten im Nil stehenden starken Thurm, welcher der Schlüßel zu Aegypten und der Stadt Damiate war, die dann auch in die Hände der Christen fiel. Mit unverwelklichen Lorbeern kehrte Leopold 1219 nach Oesterreich zurück, wo er sich wieder dessen Wohle widmete.

Lange stand in dem Gebet-Zebull der deutschen Ritter, als deren Wohlthäter sich Leopold stets gezeigt hatte, die tägliche Bitte „für den Schwabenherzog Friedrich, für Heinrich den Sechsten, für die ehrlichen Bürger von Lübeck und Bremen, die Stifter waren unsers Ordens! auch helft mir gedenken Herzogen Leupolds zu Oesterreich und Herzog Conrads von der Massau und Herzog Sambors von Pomeranien 2c.“ Schon im Jahre 1210 bestätigte Leopold der Wiener-Commende die reiche Schenkung Otto's von Gallbrunn, deren Haus und Marien-Capelle, wie noch heute zu Tage, in der Siningerstrazze (Singerstraße) nächst St. Stephans-Dom lag; und bald darauf erscheint hier einer der ersten Hauptleute des Ordens als Commenthur Oesterreichs: Conrad von Osterna, Neffe des berühmten Hochmeisters Popzo.[10]

Auch die Johanniter hatten unter Leopold bereits Haus und Kirche bei St. Johann in der jetzigen Kärnthnerstraße erhalten. Sie legten dabei ein kleines Hospital für Wallfahrer nach Palästina an, das noch in der Mitte des vorigen Jahrhunderts „das Pilgramhaus“ genannt wurde.

Kurz nach seiner Zurückkunft aus dem Oriente, ließ Herzog Leopold eine neue Burg auf demselben Platze, wo noch heute die Stallburg und der Schweizerhof steht, ein Viereck mit vier starken Thürmen erbaut, und nach Vollendung derselben erhob er an ihr, laut Stiftsbrief d.d. Wien am Pfingsttag vor St. Katharina 1221, eine Kirche zu Ehren Unserer Frau Maria und des heiligen Erzengels Michael sammt einem Pfarrhofe, und gab ihrem Vorsteher alle pfarrherrliche Rechte „über alle seine Dienstleute, die in der neuen Burg wohnen, und über alle Bürger und das Hofgesinde, die umher gebaut haben oder ferner bauen.“ Beide Gebäude lagen damals noch außer den Ringmauern der Stadt, und längs denselben zog noch die Heer- oder Hochstraße hin, die daher auch alta strata, und erst später von den daselbst zwischen der Schotten-Abtei und der Burg erbauten Herrenhäusern, die Herren-Gasse, strata dominorum hieß, ohne jedoch die alte Benennung gleich ganz zu verdrängen. Das Pailerthor nannte man aber dazumal: pey Peuler-Purgkthor.

Alle diese Theile der Stadt wurden erst während des Zwischenreiches, unter König Ottokar Przemysl mit in die Befestigung einbezogen.

Der alte Herzogenhof wurde nun zu einer Münzstätte verwandelt, welche Leopold von Krems nach Wien übertragen hatte.

Im October 1221 gab Leopold in feierlicher Versammlung die höchst merkwürdigen Statutarrechte seiner Hauptstadt Wien, welche wohl zu den ältesten von ganz Deutschland gehören. In selben bestimmt er nicht nur ihre Obrigkeiten und Gerechtsame, — den Stadtrichter, einen Ausschuß der vierundzwanzig (Magistrat), welchen die Oekonomie der Stadt, das Gemeindewesen, die Polizei- und Handelsaufsicht oblag, und dann den weitern Ausschuß der hundert Genannten (äußere Räthe), vor welche aller Kauf und Verkauf, so wie

SEARS, SC.

Pfand und Schenkung, welche über drei Talente betrugen, gehörte, — sondern er erhob auch Wien zu einer Handelsstadt, verlegte das bisher in Haimburg befindlich gewesene Stappelrecht hierher und machte sie zur Legstätte der aus Deutschland und Ungarn gehenden Waaren. Es mögen daraus hier nur einige der wichtigsten Anordnungen stehen:

„Wir wollen auch hiemit verboten haben, daß keine Wittwe die Güter ihrer unerwachsenen Kinder, welche erblich auf sie kommen, einem andern Mann den sie hernach heirathet, verschaffe; und ein solcher Mann solle auch über die Güter solcher unvogtbaren Kinder nicht Zeugniß geben können, er erweise denn, daß die Kinder ihre vogtbaren Jahre erreicht und er mit derselben Willen diese Güter gerichtlich oder sonst durch Vergleich an sich gebracht habe. Dann möge er solche Güter ruhig besitzen. — Wir setzen auch, daß wenn ein Bürger, der Weib und Kinder hat, mit Tod abgehet, sich der Richter in ihre Güter und Haus nicht einmische, sondern sie sollen in des Weibes und der Kinder Gewalt seyn und verbleiben. Es soll auch einer Wittwe frei stehen, nicht zu heirathen, oder zu heirathen welchen sie will, und soll hierin Niemand etwas zu schaffen haben, wenn sie anders einen Bürger und nicht einen Landsknecht heirathet; würde sie aber das thun, so soll ihre Person und ihr Gut in unserer Gnade und Willen stehen. Eben das, was wir wegen einer Wittwe setzen und ordnen, das wollen wir auch von einer Tochter oder Enkelin verstanden haben. — Wenn aber der, so mit Tod abgeht, weder Weib noch Kinder hat, so bleiben seine Güter bei seinem Geschäft (Testament); würde er aber ohne Geschäft seiner Güter abgehen, so sollen die Güter seinem nächsten Erben gehören, wenn dieser unter unserm Gebiet wohnet. — Wenn aber der Erbe ein Ausländer wäre, so soll man ihm nichts erfolgen, er verfüge sich denn auf beständig in unsrer Stadt, oder setze sich in andere unsere Orte in Oesterreich: widrigens sollen die Güter uns anheimfallen. — Auch wollen wir, daß wenn ein Fremder, woher er immer gekommen wäre, auf dem Todbette von seinen Sachen verschaffte, solches Geschäft gültig und kräftig verbleibe. Sein Wirth, in dessen Hand er stirbt, soll gleich die ganze Summe seiner Güter vor die Bürger und vor das Gericht bringen und anzeigen. Würde dieser aber etwas von den hinterlassenen Gütern betrüglicher Weise zurückbehalten, so soll er für einen Dieb gehalten werden. Wenn aber der Sterbende nichts verschaffen würde, so sollen die Bürger des Verstorbenen Güter ein Jahr und einen Tag in ihrer Verwahrung behalten. So nun zwischen dieser Zeit einer kommen und sich als einen Erben oder Mitgesellen oder Gelter rechtmäßiger Weise anmelden würde, dem sollen ohne Bedingniß die Güter des Verstorbenen, die ihn betreffen, gegeben werden. Wenn aber Niemand kommen würde, so sollen zwei Theile dieser Güter uns zufallen und der dritte Theil für seine Seele gegeben werden. Es soll auch einem Fremdling frei stehen, zu begehren, begraben zu werden, wohin er wolle. — Kein Fremder möge Zeugniß geben über einen Bürger, und auch kein Bürger über einen Fremden, mit diesem so man Leykauf nennt, er habe denn andere ehrliche Zeugen sammt ihnen. Auch wollen wir, daß wenn ein Fremder einem Bürger, oder ein Bürger einem

Ausländer etwas verkauft, und der andere dasselbe für gut annimmt, der Richter darin nichts zu urtheilen habe, es brächte denn der eine aus ihnen eine Klage bei ihm an. — Es soll auch keinem Menschen erlaubt seyn, von Schwaben, noch von Regensburg, noch von Passau, noch von andern Ländern zu fahren mit seinem Kaufschatz nach Ungarn. Wer da entgegen thäte, der soll uns zur Strafe geben zwei Mark Goldes. — Es soll auch kein fremder Kaufmann zu Wien länger bleiben mit seinem Kaufschatz denn zwei Monate, und soll seinen Kaufschatz Niemanden verkaufen, als einem Bürger zu Wien. Er soll auch nicht kaufen Gold und Silber. Hat er Gold oder Silber, das soll er verkaufen zu unserer Kammer. — Kein Ausländer darf in die Stadt mit gespanntem Bogen gehen, sondern vor dem Thore soll er die Sehne des Bogens ablassen; und wenn er etwas in der Stadt zu handeln hat, soll er den Bogen in seiner Herberge lassen und nach verrichteter Sache mit ungespanntem Bogen wieder aus der Stadt gehen. Welcher dawider sich vergreifen würde, dem soll man den Bogen sammt dem Köcher wegnehmen. — Es soll auch keinem Bürger vergönnt seyn, aus der Stadt oder hinein zu gehen mit gespanntem Bogen. Wer dagegen thäte, und bei welchem Pfeile sammt eisenem Zeug oder eiserne Handschuhe gefunden würden, oder daß er selbe inner der Stadtmauern bei sich in Händen trüge, betreten würde, der soll unserm Richter zweiundsiebenzig Groschen zur Strafe erlegen. — In welches Bürgers Haus eine Feuersbrunst auskommen würde, also daß die Feuerflammen über sein Dach herausschlagend gesehen werden, der soll dem Richter ein Talent erstatten. Wenn aber das Haus ganz abbrennen sollte, so darf er dem Richter nichts bezahlen, sondern er muß sich mit seinem eigenen Schaden begnügen. — Bei welchem in der Stadt ein falsches Maß gefunden wird, so man die Ham nennet, oder eine unrechte Elle, oder sonst ein falsches Gewicht, der soll dem Richter fünf Talente bezahlen rc. [11]

Wie Wien und Enns, letzteres am 22. April 1212, Stadtrechte erhielten, so empfieng Oesterreich ein Landrecht, viel älter als der Schwabenspiegel. Es verfügt über bürgerliche, über peinliche und Lehenssachen. In Seifried Helblings Dichtungen, herausgegeben von Theodor G. von Karajan (in Haupt's Zeitschrift 4. Bd.) II. Vers 652—660 kommt folgende darauf bezügliche Stelle vor:

Bî einem Liupolt ez geschach,
der disse landes herre was;
sich fuogte daz man vor im las
des landes reht; ez was sîn bete.
man nante im drî stete
da er gerihte niht solde sparn,
Niunburc, Tuln, Mûtârn.
dâ sold er haben offenbâr
drin lantteidinc in dem jâr.

Im Jahre 1224 wurden von dem Herzoge die minderen Brüder in Wien eingeführt. Er hatte von diesem Orden so viel Rühmliches gehört, daß er sich von dem Ordensstifter, Franciskus von Assisi, der damals noch am Leben war, einige Zöglinge ausbat. Sie erhielten ein Klösterlein mit einer Capelle zu Ehren der heiligen Katharina in der Vorstadt, zwischen der neuen Burg und der Schotten-Abtei, und noch heute wird die Gegend „Minoritenplatz“ genannt.

Zwei Jahre darnach berief Leopold auch den Prediger-Orden, nach dessen Stifter, dem Spanier Dominik Guzman, Dominicaner genannt, von Ungarn nach seiner Residenz und räumte demselben das bisherige Tempelhaus ein. Ihre Kirche, ad Mariam rotundam, wurde 1237 vollendet. Wohin aber die Templer, die sein Vater schon nach Wien gebracht hatte, um diese Zeit versetzt wurden, ist unbekannt; vielleicht, wie Freiherr von Hormayr meint, nach Rauchenwart, Fischament und Schwechat, in jenes einzige Besitzthum, das bei des Ordens Vertilgung 1311, nebst Grundzinsen von Hof und Haus in der Teinfaltstraße (darauf Rad- jetzt Dorotheen- und untere Brennerstraße) in Wien, urkundlich erweisbar ist.

Herzog Leopold war als Fürst glücklicher, denn als Vater. Leopold, sein Erstgeborner, nahm als ein hoffnungsvoller neunjähriger Knabe 1216 zu Klosterneuburg durch einen unglücklichen Fall vom Baume den Tod. Heinrich, sein Zweitgeborner, strebte nach des Vaters Herrschaft, der ihm allzulange lebte Seine Verworfenheit gieng so weit, daß er die eigene Mutter Theodora, während Leopold als Vermittler zwischen Kaiser und Papst in Italien war, aus Heimburg vertrieb, und sich dort mit einer Schaar verwegener, zuchtloser Cumpane, zur Plage des Landes, festsetzte. Leopold kehrte eilig zurück und unterdrückte die Meuterei; aber verzieh auch allzu milde dem Sohn, der der öffentlichen Meinung zufolge selbst nach des Vaters theurem Leben gestrebt hatte. Nur zu bald machte Heinrich neue sträfliche Anschläge, sah sich jedoch gezwungen nach Mähren zu flüchten, wo er, gepeinigt vom Gewissen und einer schmerzhaften Krankheit, am 29. September 1228 starb. Der liebreiche Vater ließ seine Leiche nach Lilienfeld bringen und begleitete sie, an der Hand seines einzig noch übrig gebliebenen, siebenjährigen Sohnes Friedrich, mit bitteren Thränen in die Gruft.

Bald sollte auch sein schmerzgebeugtes Haupt hier Ruhe finden. Denn kaum war dieses traurige Geschäft abgethan, als Leopold abermals als Vermittler zwischen Kaiser und Papst nach San Germano in Apulien abgeordnet wurde. Er übertrug die Verwesung des Landes seinem Sohne Friedrich; die Beschirmung desselben aber den Brüdern Hadmar und Heinrich von Kuenring, welche von der Wachsamkeit und Treue für ihren geliebten Fürsten die Hunde genannt wurden. Azo, der tapfere Beschirmer der ehemaligen Ostmark, war ihr großer Ahnherr. Einst als dessen Enkel sich bei Eggenburg ein festes Stammschloß erbauten und nachsinnend, wie sie es nennen sollten, um dasselbe rings herum ritten, rief Einer plötzlich aus: „Ei, was grübeln wir lange! Die Kühnen des Landes sind hier alle wie an einem Ringe beisammen: so möge denn dieses Haus Küenring heißen!“

Glücklich brachte Leopold die Aussöhnung zwischen Gregor dem Neunten und Friedrich dem Zweiten zu Stande. Die Heimat sah er jedoch nicht wieder: er starb in obgedachter Stadt am 28. Juli 1230. Treue Vassallen brachten seinen Leichnam, wie er es verlangt hatte, durch die Steyermark nach Wien und dann am 30. November zur ewigen Ruhe in sein geliebtes Stift Lilienfeld. Allgemeiner Jammer verbreitete sich in seinem Lande, kein Auge blieb thränenleer ob des Todes des glorreichsten Fürsten, des liebevollsten Vaters des Vaterlandes.

Wie innig ihn die Wiener verehrt hatten, macht Enenkel durch folgende Erzählung anschaulich. Als einst der Herzog in die Stadt ritt, um das Weihnachtfest da zu feiern, ward er mit unbeschreiblichem Jubel empfangen. Bald waren um ihn her versammelt die Hausgenossen: die brachten ihm Goldstoffe, silberne Becher und Vingerlein (Ringe) geziert mit Edelsteinen und Spangen so schön von Golde, als man's nur wünschen wollte; die Kaufleute: sie gaben ihm Prachtgewänder, und die Wildwerker (Kürschner) Pelze von Hermelin; dann kamen die Krämer zur Hand und überreichten ihm Seidengewand; und ihnen folgten die Fleischer, die führten ihm zu dreißig Rinder und mehr, und nach ihnen kamen die Bäcker daher mit Kipfeln und Flecken, weiß wie Schnee, und viele andere noch, und Alles sprach:

— — „Lieber herre mîn,
dâ mit sult ir enpfangen sîn.
wir haben an iu gewunnen:
uns ist vil wol gelungen!“

Tief gerührt über solchen Empfang, verhieß ihnen Herzog Leopold eine Gnade zu gewähren. Da baten sie ihn: Er möchte den Fremden, welche ihnen viel schuldig seyen, ohne daß sie bisher zu ihrem Gelde gelangen konnten, und ihnen überhaupt viel Eintrag machten, eine bestimmte Frist festsetzen, binnen welcher sie die Schulden ohne Weigerung bezahlen müßten. Leopold billigte dieses, und die Gerichte trieben in kurzer Zeit alle ihre Forderungen ein.

Friedrich der Zweite, von den vielen Kämpfen die er zu bestehen hatte der Streitbare genannt, begann seine Regierung unter großen Widerwärtigkeiten, die in ununterbrochener Kette fortdauerten bis zu seinem Lebensende, auf dem Schlachtfelde. Alles hatte sich vereinigt, diesen Fürsten voll hohen Muthes, aber heißen Blutes und strenger, unbeugsamer Willenskraft, ganz unglücklich zu machen. Seine beiden letzten Gemahlinnen, wie seine Schwester Margaretha, die seit 1225 mit dem römischen König Heinrich dem Siebenten vermählt war, trugen dazu, jedoch ohne ihr Verschulden, nicht wenig bei. Die sanfte, schöne Gertrude von Braunschweig hatte ihm i. J. 1226 schon der Tod nach sechs Wochen geraubt. Nun heirathete er Sophie, eine Prinzessin des griechischen Kaisers Theodor Lascaris, der Gemahlin Bela des Vierten Schwester; aber schon 1229 wurde die Ehe, da sie kinderlos blieb, und Friedrich der letzte männliche Sprosse seines Stammes war, mit Willen seines Vaters wieder aufgelöst. Die dritte Gemahlin, Agnes von Meran, war ebenfalls mit dem ungerischen Königshause verwandt. Er vermählte sich mit ihr kurz vor dem Tode Leopold's des Siebenten, zu Wien 1230; doch auch sie ward 1243 zu Freisach, durch den Ausspruch der Bischöfe, unter dem Vorwande der zu nahen Anverwandtschaft, von dem Herzoge geschieden. Dies gab natürlich fortwährend Veranlassung zu Zwistigkeiten mit dem ungerischen Hofe. Nicht minder gehäßig machte er sich seiner Schwester wegen bei dem Kaiser. Leopold hatte der Tochter Heiratgut noch nicht ausbezahlt, und Friedrich fand sich nicht geneigt diese Schuld abzutragen, da König Heinrich, wie es verlautete, sich von Margarethen wieder trennen wollte.

Dabei machten ihm gleich anfänglich seine unruhigen Vasallen zu schaffen, und auch Wiens reiche Bürger waren ihm nicht eben zugethan. Beide wurden durch den großen Wohlstand, in welchen sie die lange friedliche Regierung seines Vaters versetzt hatte, nun gar bald, auf die unerfahrene Jugend ihres Fürsten rechnend, zu kühnem Uebermuth verleitet. Friedrich, dessen Scharfblick sie durchschaute, mochte ihnen deßhalb allzuherrisch entgegengetreten seyn und sie an manchem unrecht erworbenem Gute geschmälert haben. So gieng das gute Einvernehmen zwischen Fürst und Volk durch wechselseitiges Mißtrauen verloren.

Die schon erwähnten Kuenringer, welche Friedrichen während des Vaters Abwesenheit in Italien als Gehilfen in der Regentschaft beigegeben wurden, waren es vorzüglich, die sich arg übernahmen. Sie nannten sich fortan Regierer Oesterreichs, und in des obersten Landmarschalles Heinrich's von Kuenring Obhut lag noch immer des Herzoges Siegel und Leopold's des Glorreichen großer Staatsschatz. Zehn der gewaltigsten Schlösser in Oesterreich waren den Kuenringern eigen. Sie nannten sie die zehn Finger ihrer Hände. Aber sie genügten nicht ihrem Hochmuthe. Zwettel, eine dazumal nur mit einem Zaune umfangene Stadt, lag ihnen im Auge. Sie gehörte dem, von ihren frommen Vorfahren gestifteten, gleichnamigen Kloster. Leicht brachten sie den Abt desselben dahin, ihnen zu erlauben, dieselbe, wie sie vorschützten, zum Frommen des Klosters mit einer Mauer zu umgeben. Aber die Brüder behielten dann die befestigte Stadt, mit vielen andern dazu gehörigen Besitzungen, ungescheut für sich. Ihr Ansehen, ihre Amtsgewalt mißbrauchend (denn Jedermann hielt ihr Thun als Wille des Herzogs) luden sie kurz darauf, in Friedrichs Abwesenheit, in der Burg zu Wien 1231 am hellen Mittage den herzoglichen Schatz auf Wägen und führten ihn nach ihren Schlössern, die sie zu diesem Zwecke stark befestigt hatten. Sie gedachten so, den jungen Herzog des nöthigsten Mittels zu berauben zur schnellen Anwerbung eines Heeres, das stark genug wäre, sie in Gehorsam zu halten. Und nun sich solche Stärke zutrauend, um ihrem Landesherren trotzen zu können, haußten Heinrich von Kuenring auf Weitra, der tollkühne Hadmar aber auf den unbezwinglichen Donau-Vesten Dürrenstein und Aggstein, von wo aus sie mit einem starken Anhange von Adeligen die Umgegend beunruhigten, Kirchen und Klöster beraubten, das hilflose Volk und die Donaufahrer plünderten und alle Dörfer von Zwettel bis weit hinauf über Dürrenstein in Flammen setzten. Gleichzeitig benützten auch die Böhmen, Bundesgenossen des Königs Andreas von Ungarn, die günstige Gelegenheit, in Oesterreich verheerend einzufallen.

So mißlich stand es bei Friedrichs Regierungsantritt. Aber sein tapferes Herz wankte nicht. Bald hatte er eine kleine aber auserlesene Schaar von Getreuen um sich versammelt. Mit dieser gieng er auf die Rebellen los, schlug sie in einigen Treffen, schleifte Zwettel, trieb Heinrich von Kuenring in die Flucht und nöthigte die Böhmen zur Heimkehr.

Der wilde Hadmar fieng sich in eigner Schlinge. Von seiner Burg Aggstein beherrschte er die Donau so, daß jedes Schiff nothgedrungen landen und sich die Beraubung gefallen lassen mußte. Friedrich, dem dies wohlbekannt war, bestellte bei einem Regensburger Kaufmann kostbare Stoffe. Diese wurden zu Schiffe auf der Donau verführt, und man verbarg in dessen Untertheile dreißig wehrhafte Reisige. Wie nun dasselbe gegen Aggstein kam, da ertönte wie sonst immer die schauerliche Burg-Glocke und ein donnernder Ruf aus dem Sprachrohre befahl anzulanden. Kaum war dies geschehen, so fiel auch schon Hadmar mit seinen Gesellen in Blitzes Schnelle über das Schiff her, um es auszurauben. Eilig packten die Knechte alles zusammen und brachten es an's Land; nur Hadmar verweilte noch, zur genaueren Untersuchung, darinnen. Siehe, da stießen die wohl unterrichteten Schiffsleute plötzlich vom Ufer, und die Reisige stürzten hervor, umringten den Räuber, banden ihn und brachten ihn als Gefangenen nach Wien. Friedrich rückte nun vor die beiden Vesten und verwandelte sie in Schutthaufen. Nun war der Trotz dieser Unbändigen, über welche auch Bischof Gebhard von Passau den Kirchenbann ausgesprochen hatte, für immer gebrochen. Heinrich ergab sich dem Herzoge auf Gnade und Ungnade. Hin warfen sich die Brüder im Staube vor Friedrich, den sie so schwer beleidiget hatten, und er der ein Geschlecht, das seinen Vorfahren so ersprießliche Dienste geleistet hatte, nicht untergehen lassen wollte, nahm Geiseln für ihre Treue, forderte Ersatz für den geraubten Schatz, und verzieh. Ja Heinrich behielt sogar seine Marschallswürde. Hadmar aber hatte allem Irdischen entsagt: im härenen Bußgewande pilgerte er nach Passau, um die Lösung des Bannes zu erflehen. Er erreichte es aber nicht: auf dem Wege dahin hatte ihn der Gram getödtet.

Nachdem die Ruhe hergestellt war, ließ sich Herzog Friedrich, nach alter hergebrachter Sitte, am 2. Februar 1232 in der Schottenkirche wehrhaft machen. Gebhard, Bischof von Passau, vollzog diese feierliche Handlung, indem er ihm, nach gelesenem Hochamte, am Grabe Heinrichs Jasomirgott das geweihte Ritterschwert umgürtete. Friedrich selbst ertheilte dann Zweihundert Edlen des Landes die Ritterwürde. Alle waren, wie der Herzog, in Scharlach, mit einem weißen Waffengürtel um die Lenden, einem Hermelin-Mantel und weißen Federn auf dem rothen Barette (das von Leopold dem Tugendhaften vor Ptolomais erworbene neue Wappen versinnlichend) gekleidet und ritten gleiche Rosse. Nach der kirchlichen Feier zogen sie alle hinaus auf das freie Feld vor die Stadt, längs der Hochstraße, welche nach dem Lande ob der Enns führt, an die Stelle, wo der Grund der Schotten und Klosterneuburgs zusammen gränzen, zum Turniere. Von nun an wurde dieses Feld, und dann später der Ort, welcher hier bis zur Größe eines Landstädtchens empor blühte, „Ponzing“ genannt, nach dem jauchzenden Zurufe der Zuschauer: Penzts enk (müht euch ab, tummelt euch, nehmt euch zusammen). Penzing von einer imitatio verae pugnae heißt es in den Zwettler-Annalen.

Kaiser Friedrich hatte in der bedrängtesten Lage des Herzoges, 1231, Margarethens Brautschatz durch den Abt von St. Gallen, jedoch vergeblich, fordern lassen. Nun beschied ihn der Kaiser auf den Reichstag nach Ravenna, und dann nach Aquileja. Aber Friedrich, die Privilegien seines Hauses vorschützend, erschien nicht eher, als bis sich der Kaiser gefallen ließ, in des Herzogs Erbland, nach Pordenone, zu kommen. Friedrich der Streitbare empfing hier den Kaiser in größter Pracht, mit seinen zweihundert Rittern. Aber diese Zusammenkunft entfernte nur noch mehr die Gemüther der beiden Friedriche, und sie bewirkten nichts, als daß sich der Herzog von nun an dem Papste und den Lombarden annäherte.

Nun wieder nach Wien zurückgekommen zog Herzog Friedrich ein starkes Heer zusammen, um den Frevel, den die Böhmen im vorigen Jahre an Oesterreich verübt hatten, zu rächen. Er nahm Petlau (Bitow), damals eine der stärksten Festungen in Mähren, und würde seine Eroberungen weiter ausgebreitet haben, wenn ihn nicht ein zweifacher Einfall der Ungern in Oesterreich und Steyermark daran gehindert hätte. Schnell stand ihnen Friedrich bei Höflein gegenüber, bot ihnen eine Schlacht an, siegte und zwang sie zum Frieden und zur Herausgabe der Beute.

Schon Leopold der Glorreiche erwarb durch Uebereinkunft mit dem Bischofe von Freysingen 1229 ansehnliche Güter in Krain. Nun aber am 29. April 1233 schloß Friedrich mit diesem Hochstifte in Wien einen neuen Vertrag ab, wodurch er dieses ganze Land gewann, und nun zu seinen übrigen Titeln auch den eines „Herrn zu Krain“ beifügte.

Die Augenblicke der Ruhe benützte nun Friedrich, seine Schwester Constanze mit Heinrich, Markgrafen von Meißen zu vermählen. Die Könige Wenzel Ottokar von Böhmen, Andreas und Bela von Ungarn, die Herzoge von Sachsen und Kärnthen, der von den Minnesängern hochgefeierte Landgraf von Thüringen, so wie die Kirchenfürsten von Salzburg, Passau, Freisingen, Bamberg und Seckau waren bei dem Beilager zugegen, das am 1. Mai 1234 zu Stadlau im Marchfelde nächst Wien mit unerhörter Pracht vollzogen wurde. Man gab dieses Fest nicht in Wien, behaupten die Chroniken, weil man dessen unruhigem, durch Reichthum übermüthigen Volke nicht traute, das dem Herzoge wegen seiner allzugroßen Strenge ohnedies abhold war.

Im Mai des nächsten Jahres machte Friedrich dem König Andreas einen Gegenbesuch zu Stuhlweißenburg, als der schwächliche Greis sich zum dritten Male mit der üppig blühenden Beatrix von Este vermählte. Der Herzog erwarb sich bei diesem Feste, zum Unglück seines Landes, so sehr die Gunst der Ungern, daß nach dem, drei Monate später erfolgten Tode Andreas' eine große Parthei den

Vorsatz faßte, ihn zu ihrem Könige zu machen. Friedrich, zum einzigen Male von ungerechtem Ehrgeize entflammt, fiel auf deren Einladung in Ungarn ein; hatte aber sein Unternehmen schlecht berechnet. Bela der Vierte, der rechtmäßige Erbe von Ungarns Krone, welchem der böse Anschlag verrathen war, überwog ihn weit an Streitkraft; und als es nun zur Schlacht kam, gedachten die Mehrzahl der Edlen aus Oesterreich und Steyermark, ohnedies über den ungerechten Krieg erbost: nun sey der rechte Zeitpunkt herangerückt, die schwere Bürde des strengen Regiments von sich zu schütteln, und verließen ihn im Angesicht des Feindes. Von dreißig tausend kampfrüstigen Männern waren kaum dreihundert bei ihm geblieben. Wuthschnaubend mußte auch er mit den wenigen Getreuen fliehen, verfolgt von Bela's Heer bis an die Thore Wien's, und das ganze Land wurde gräßlich verwüstet. Mit ungeheuern Summen, die seinen Schatz ganz erschöpften, erkaufte er nun von den Ungern Frieden.

Schmerzlich sollten nun seine ungetreuen Unterthanen die an ihm verübte Schmach büßen. Nebst Rache zwang ihn Nothwendigkeit dazu. Sein Schwager Heinrich, der deutsche König, hielt es gleich Friedrich mit dem Pabste und den Lombarden, und empörte sich 1233 gegen seinen Vater Kaiser Friedrich. Er suchte Deutschland an sich zu bringen; aber Otto, Herzog von Bayern war seinen Ansichten entgegen. Heinrich rächte sich und fiel in dessen Land ein. Erchenger von Wesen, des Herzogs Friedrich Feldhauptmann in Oberösterreich, glaubte sich verpflichtet, dem Schwager seines Herrn Beistand zu leisten, und verwüstete das Land zwischen dem Inn und der Isar. Oesterreichs Herzog aber ließ es ruhig geschehen. Der Kaiser, ob dieser Vorfälle von dem Markgrafen Hermann von Baden gewarnt, eilte sogleich von Aquileja nach Deutschland, und im Juni 1235 wurde Heinrich auf dem Reichstage zu Regensburg förmlich abgesetzt, zu Anweiler in Haft genommen und nach Mainz zum Kaiser gebracht. Um ein ähnliches Geschick von sich abzuwehren, war daher Friedrichen geschmeidiges Gold, um starres Eisen damit einzuhandeln, höchst nöthig.

Zum Ersatze für die große Summe, welche Bela erhalten, wurde nun, nebst den ohnedies schon drückenden gewöhnlichen Abgaben, auf Anrathen Wolfgers von Parau noch insbesondere eine außerordentliche allgemeine Steuer für Oesterreich und Steyermark abgefordert, und mit der äußersten Strenge eingebracht. So nahm er den Klöstern, da sie sich verweigerten dieselbe zu leisten, an Einem Tage gewaltsam all ihr Gold und Silber. Dies entrüstete seine Unterthanen dergestalt, daß sie über den Herzog bei dem Kaiser Klage führten und um einen andern Landesherrn baten.

Der Kaiser, aus vorgedachten Ursachen ohnedies gegen Friedrich mißgestimmt, erklärte ihn nun 1235 in die Reichsacht und übertrug die Vollstreckung derselben dem Könige von Böhmen und dem Herzoge von Bayern. Schnell fielen diese in die österreichischen Länder ein. Friedrich hatte indessen eine bedeutende Heeresmacht angeworben und sich zu Hauptwaffenplätzen Starhemberg, Möbling und Neustadt erkoren. Dahin folgten ihm Graf Albrecht von Bogen, Luitprand, der Erzdiakon von Kärnthen, die von Justingen, Emmerberg, Nußberg, Kindberg, Gundacker von Starhemberg, Dietrich und Ortolf die Wolkensteiner und der Chol von Frauenhofen. Den Wienern stellte er es frei, sich zu ergeben. Das erfolgte auch bald; der Burggraf von Nürnberg wurde in die Stadt 1236 als Reichshauptmann gesetzt, und schon rüsteten sich die Vollstrecker der Acht zur Belagernng der Neustadt, als Herzog Friedrich unerwartet vor Linz erschien und seinen Gegner zwang, die Belagerung dieser Stadt aufzugeben. Der Kaiser gieng nun selbst nach Oesterreich über Salzburg und Grätz, nahm viele Burgen in Steyermark, und fand es nicht unwürdig, die dahin geflüchtete Herzogin Agnes gefangen zu nehmen. Anfangs Jänner 1237 hielt er endlich unter dem Zujauchzen der Bürger seinen festlichen Einzug in Wien, begleitet von König Wenzel von Böhmen, Otto Herzog von Bayern, Bernhard Herzog von Kärnthen, Heinrich Markgrafen von Thüringen, Siegfried Erzbischof von Mainz, Theodorik von Trier, dem Patriarchen von Aquileja, dem Erzbischofe von Salzburg und andern Bischöfen. Auch des Kaisers jüngerer Sohn, Conrad, der schon auf dem Mainzer Reichstage, am 22. August 1233, statt seines abgesetzten Bruders Heinrich als römischer König bestimmt worden war, kam nun mit zahlreichem Gefolge von Regensburg auf der Donau herab, und wurde in Wien nun als solcher förmlich gewählt und ausgerufen.

Gleich anfänglich hatte der Kaiser die Herzogthümer Oesterreich und Steyermark mit dem römischen Reiche verbunden. Im März 1237 bestätigte er dem Wiener-Schottenkloster die ihm von Heinrich Jasomirgott und Leopold dem Glorreichen gegebenen Privilegien; und im April desselben Jahres ertheilte er der Stadt Wien und ihren Bürgern die berühmte goldene Bulle. Nach dem gewöhnlichen Eingange und vielen Klagen über Herzog Friedrich erklärt er in diesem Freiheitsbriefe Wien als eine unmittelbare freie Reichsstadt. Jährlich soll, von kaiserlicher Machtvollkommenheit und wenn es nöthig ist mit Zuziehung der Bürgerschaft, ein Stadrichter daselbst eingesetzt werden. Demselben steht nicht zu, Abgaben auf die Bürger zu legen, außer was sie freiwillig geben. Ihnen sollen keine Dienstleistungen aufgebürdet werden, als die sie bei lichtem Tage beginnen, und von denen sie vor dem Untergange der Sonne nach Hause gelangen können. Die Juden, von Alters her Knechte der kaiserlichen Kammer, sollen von allen Stadt-Aemtern ausgeschlossen seyn. In Rechtssachen soll die alte Ordnung und die eingeführten guten Gewohnheiten beibehalten werden. Kein Bürger, der sich durch sieben Zeugen rechtfertigen kann, soll zu dem Zweikampfe gezwungen werden. Zur Volksbildung und für den Unterricht der Jugend soll ein bequemes Studium eingeführt werden, und der Meister der Schulen von des Kaisers Majestät gesetzt werden; der mag, sich mit den weisen Männern dieser Stadt berathend, die Doctoren oder Lehrer in den Facultäten verändern. Ferner soll diese kaiserliche Reichsstadt allgemeine Freiheit genießen für alle, die durch Jahr und Tag derselben Einwohner oder Bürger sind. Die Wiener Bürger sollen endlich das Recht haben, ihre durch Schiffbruch oder Wassergüsse verlorne Habe von jenen, in deren Hände es gerathen ist, zurückzufordern.« [12]

Drei Monate lang blieb der Kaiser in Wien. Immer erwartete er Friedrichs freiwillige Unterwerfung, der sich wieder nach Neustadt gezogen hatte. Da dies jedoch nicht geschah, brach er endlich im April 1237 auf, und verordnete den Bischof von Bamberg, Eckbert von Andechs zum Reichsverweser in Oesterreich und Steiermark und gab ihm den Burggrafen von Nürnberg und den Grafen von Eberstein an die Seite. Aber schon wenige Wochen darnach, am 5. Juni 1237, starb der kriegerische Kirchenfürst. Der Burggraf von Nürnberg wollte nun einen Gewaltstreich auf Neustadt unternehmen, um so mit einem Male den Krieg zu endigen; und berief daher zu diesem Zwecke die Bischöfe von Passau und Freysingen, sowie den Patriarchen von Aquileja auf das Steinfeld bei Neustadt. Sie waren aber noch nicht ganz vereinigt, da stürzte Friedrich der Streitbare mit seiner tapfern Schaar plötzlich unter sie und erfocht einen vollständigen Sieg. Viele Edle waren erschlagen, die beiden Bischöfe gefangen. Dies änderte nun die Lage der Sache. Sieg erfolgte nun auf Sieg bei Neustadt, Pütten, Tuln, über die kaiserlichen Statthalter. Durch das Versprechen, an Böhmen das linke Donauland abzutreten, war auch König Wenzel, der ohnedies mit dem Kaiser zerfallen war, gewonnen: und so sah sich Herzog Friedrich in wenigen Monaten ganz Oesterreich und Steyermark wieder unterworfen.

Nur das reichsfreie Wien allein wollte es auf das Aeußerste ankommen lassen. Dritthalb Jahre lang leisteten dessen Bürger mit seltenem, einer besseren Sache würdigem Gemeingeiste, auf die Festigkeit ihrer Stadtmauern und auf Entsatz durch den Kaiser bauend, den kräftigsten Widerstand. Friedrich, der ein neues Reichsheer, das der Stadt zu Hilfe kommen sollte, gänzlich auf das Haupt geschlagen hatte, schloß sie nun vollends auf allen Seiten ein und schnitt ihr so alle Zufuhr ab. Hierdurch entstand in Wien solch eine Noth und Theurung, daß ein Metzen Korn bis zu dem damals unerhörten Preis von sieben Talenten oder Gulden, und der Eimer Wein auf zwölf Solidos oder Schillinge stieg. Schon waren alle Pferde aufgezehrt. Selbst die Reichsten wußten sich zu ihrer Speise kaum mehr nothdürftig Hunde- und Katzenfleisch zu verschaffen. Die Armen stritten sich um die eckelhaftesten Gegenstände, welche dann die Stärkeren, hohläugige, schlapp und matt dahin wankende Gerippe, gierig verschluckten, während die Besiegten vom Hunger überwältigt zur Erde hinsanken, um nie wieder aufzustehen. Welch gräßlich Gegenbild zu dem schwelgenden Ueberflusse und der verschwenderischen Pracht, womit Friedrich im Juni 1239 zu Neustadt seiner jüngsten Schwester Gertrude Hochzeit mit Heinrich Raspo, Landgrafen von Thüringen, nachmaligem Gegenkönig, feierte! Die schrecklichste Hungersnoth öffnete endlich 1240 die Thore Wien's. Herzog Friedrich zog ein: aber es war nicht der strenge, eiskalte Richter, den man an ihm erwartet hatte. Zeit und widrige Schicksale, die ihn nur zu vielfältig getroffen, hatten das von seinem edlen Vater geerbte ächte Gold seines Herzens von den Schlacken geläutert: Er verzieh, vergaß und richtete die Tiefgebeugten wieder auf. Dankbarkeit war Bürge der Treue der nun wieder landsässigen Wiener.

Um diese Zeit entstand das zweite Nonnenkloster zu Wien, bei St. Magdalena, nicht ferne von der Schottenabtey, an der Schottenpoint zwischen der Rossau und Währingergasse. Die Nonnen lebten nach der Regel des heiligen Augustin und erhielten sich bis zur ersten Belagerung Wiens durch die Türken 1529. So auch verlieh Herzog Friedrich der St. Georgs-Capelle im

Freysinger-, nunmehrigem Trattnerhof am Graben, besondere Vorrechte, die später König Ottokar 1256 und 1274 bestätigte. Einer nicht verwerflichen Sage nach soll dieses Gebäude der große Kirchenfürst Otto von Freysingen, ein Bruder des Herzogs Heinrich Jasomirgott, erbaut haben.

Eine arge Zwistigkeit mit dem Pabste bestimmte den Kaiser, durch eine glänzende Gesandtschaft den Herzog förmlich wieder in seine Länder einzusetzen und ihm ein enges Freundschaftsbündniß anzubieten. Er erweiterte sogar die Hausprivilegien Oesterreichs durch Befreiung von jedem auswärtigen Gerichtszwange; schmückte den Herzoghut mit dem Kreuze der Kaiserkrone; ja er hatte sogar die Absicht, Friedrichen die Königswürde zu verleihen. Doch das zerschlug sich, als dieser ihm die Hand seiner Nichte Gertrud, der einzigen Tochter Heinrich's des Grausamen, welche bereits mit dem Prinzen Wladislaw von Böhmen verlobt war, versagen mußte.

Wladislaw's Vater, der alte König Wenzel, war dem Kaiser in dem Plane (da auch Friedrichs dritte Ehe mit Agnes von Meran kinderlos blieb und dessen sturmbewegtes Leben kein hohes Alter versprach) — seine Hausmacht durch den Nachlaß der Babenberger zu vermehren, schlau zuvorgekommen. Willig hatte er die ihm von Friedrich für den Separatfrieden zugesagte, aber dann aus triftigen Gründen verweigerte Abtretung einer Strecke Landes am linken Donauufer für diese bessere Aussicht aufgegeben.

Nicht lange war es Friedrichen vergönnt der Ruhe zu genießen. Die Mongolen an China's Gränze hatten ihrem Herrscher Temudschin eidlich angelobt, ihn zum Dschengis-Chan (Herrn der Welt) zu machen. Ganz Asien wurde durch seine Waffen erschüttert, doch starb er schon 1227. Seine zahlreichen Söhne und Enkel gaben die Eroberungen nicht auf. Sie machten Rußland sich zinsbar, drangen in Polen ein, unterwarfen sich es durch den Sieg bei Krakau, am 18. März 1241, und überschwemmten dann, nachdem sie das Kreuzheer bei Breslau am 9. April desselben Jahres in die Flucht geschlagen hatten, Mähren. Nun gieng es über Ungarn los, wo die von ihnen vertriebenen Cumanen seit einigen Jahren Schutz gefunden hatten. Ein unabsehbares Heer der Mongolen drang über Ungwar und Munkácz in das Land ein. Die Königin Maria sah sich genöthigt eiligst mit ihrem Sohne Stephan und den Schätzen des Reiches nach Wien zu flüchten. Schon hatte der Pfalzgraf des Reiches in fruchtloser Vertheidigung der Engpässe sein Leben geopfert. Im Mai 1241 erfolgte auf der Heide Mohi die große Mongolenschlacht. Auch sie fiel zum Nachtheile der Ungern aus. Bela, gänzlich geschlagen, entkam mit genauer Noth nach Heimburg. Sein gesegnetes Land theilten die Mongolen-Häuptlinge unter sich und verwandelten es in eine Wüste. Auch Oesterreich sah sich bedroht. Friedrich nöthigte daher den Bela, der auf die dalmatinischen Inseln floh, ihm einen Theil des Geldes, womit er früher den Frieden erkauft hatte, herauszugeben. Mit diesen Mitteln warb er neue Kriegsvölker und verstärkte die Gränzfestungen. Bald erschienen die vom Sternberg bei Ollmütz geschlagenen Mongolen mit jenen vereinigt, welche unter Batu's Befehl in Ungarn wütheten, zwischen Wien und Neustadt, die weite Ebene mit ihren Rossen ganz bedeckend.

Klein, aber stark und breitschulterig, ungewöhnlich gewandt und rüstig waren die Mongolen oder Tataren, wie sie die Chroniken nennen; ihr bartloses, breites Gesicht von auffallender Weise bezeichneten kleine, weit auseinander stehende Augen und eine plattgedrückte, stumpfe Nase. Sie trugen mit Leder überzogene Eisenpanzer, krumme Säbel, Pfeilköcher und Bogen, in deren Handhabung sie unübertrefflich waren. Kein Laut entschlüpfte ihrem Munde in der Wuth des Streites, keiner bei Verwundung und im Todeskampfe. Den Reitern gleich waren auch die Pferde: klein, kräftig und ausdauernd, gute Schwimmer, treu und folgsam ihren Herrn wie die Hunde. Der Mongolen Wagenburg, mit Kähnen zum Ueberschiffen der Gewässer versehen, konnte man nicht durchdringen.

Friedrich der Streitbare, der einzige an den die Chans, seinen Waffenruhm ehrend, Botschaft sendeten und ihm ihren Freundschaftsbund anboten, zog in Vereinigung mit dem König von Böhmen, dem Herzoge Kärnthens, mit Berthold dem Patriarchen zu Aquileja, und dem Markgrafen von Baden den Mongolen entgegen. Einer undurchdringlichen ehernen Mauer ähnlich schien diesen Friedrichs Heer; solche zu durchdringen fühlten sie sich kraftlos. Bestürzt ergriffen sie in wilder Unordnung die Flucht, verfolgt von Friedrichs und seiner Verbündeten Heer, und eine große Zahl von ihnen wurde gefangen und getödtet. Der plötzliche Tod des Oberchanes Dschagatai bewog die Mongolen eilig nach Asien zurückzukehren.

Bela war nun schnell wieder, begleitet von den Rhodiser Rittern und den Frangipani's in sein Land zurückgekehrt, und seine wichtigste Angelegenheit war, Rache an Friedrich zu nehmen ob des von ihm im mongolischen Kriege erpreßten Geldes, ganz vergessend, daß er einst mit Friedrich nicht besser verfahren war. Er wußte durch schlaue Umtriebe die Böhmen und Kärnthner gegen ihn zu waffnen, welche ihm doch in der allgemeinen Noth redlich zur Seite gestanden hatten. Friedrich zog zur Vertheidigung das Schwert und schlug zuförderst die Böhmen und dann die Kärnthner, deren Herzog er gefangen nahm. Dieser Sieg führte schnellen Frieden herbei, und durch die Vermählung Gertrudens mit Przemisl Wladislaw wurde derselbe mit Bela's Verbündeten befestigt. Höchst entrüstet über diesen Ausgang gieng nun Bela 1246 selbst über die Leytha mit großer Heeresmacht. Friedrich zog ihm wohlgerüstet entgegen; aber nicht wie sonst von ungeduldiger Streitbegier und Siegeszuversicht beseelt, verlautet die Sage: trübe Ahnung erfüllte sein Gemüth. Am 15. Juni (dem St. Veitstage), im Bereiche der getreuen Neustadt, wo ihn an demselben Tage vor fünfunddreißig Jahren die griechische Kaiserstochter Theodora geboren hatte, wo er jüngst noch als ein Geächteter der Macht des Reichsoberhauptes widerstanden hatte, kam es zur Schlacht. Die Cumanen, auch Kinzen und Falben genannt von ihrer bleichen Gesichtsfarbe, begannen den Kampf. Schon war eine Schaar von Ungern in die Flucht geschlagen, als das Pferd Friedrichs, der mit zwei Rittern in der Verfolgung des Feindes weit den Seinigen vorgeeilt war, von dem rücklings abgeschossenen Pfeil eines Cumanen an den Kopf getroffen, zusammenstürzte und den herzoglichen Reiter unter seiner Last begrub. Noch ehe er sich hervorarbeiten konnte, hatten die Fliehenden seinen Sturz gesehen. Mehrere Gewaffnete sprengten zurück, umringten ihn und seine Gefährten, hieben diese nieder, und ein Frangipani stieß dem Herzog den Speer ins kühne Auge, — er war tod.

Hochaufwirbelnde Staubwolken verhinderten die Oesterreicher das böse Loos ihres Fürsten zu erblicken; und wenn sie es auch vermocht hätten, wäre es ihnen doch unmöglich geworden, bei der schnellen Vollführung der That noch zeitig genug zur Rettung herbeizukommen. Der Oberfeldherr Heinrich von Lichtenstein vollendete den herrlichsten Sieg über die Ungern. Aber nun vermißte man den Herzog und nur zu bald verlautete die entsetzliche Kunde seines Todes. Sein getreuer Schreiber Heinrich hatte ihn noch während der

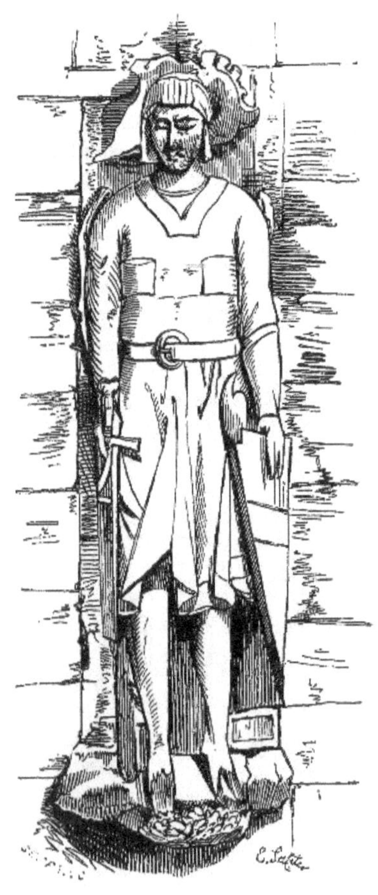

Todes. Sein getreuer Schreiber Heinrich hatte ihn

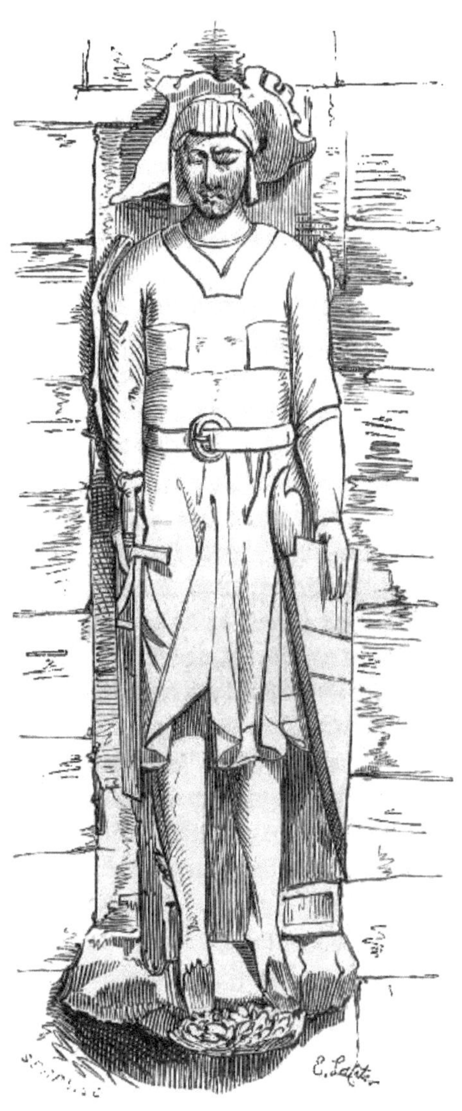

Schlacht gefunden. Von all seinem kriegerischen Schmucke war ihm nichts geblieben als sein linnenes Untergewand, ein Schuh und das Schwert, welches ihm selbst im Tode nicht entwunden werden konnte. So ward von ihm die theure Leiche einstweilen nach Neustadt in die Kirche gebracht. Unverfolgt blieb ferner der fliehende Feind, alles drängte sich der Kirche zu, die ihn barg, und allgemein war die Wehklage. [13]

Friedrichs Mutter vernahm die Schreckensnachricht auf ihrem Schlosse am Kalenberge. Sie versagte sich Speise und Trank, kein Laut kam mehr aus ihrem Munde. Schon am 22. Juni 1246 war sie dahingeschieden.

Heiligenkreuz im Waldthale birgt des letzten Babenbergers, Friedrich's des Streitbaren, irdische Ueberreste. In der Mitte des herrlichen altdeutschen Capitelhauses dieser Abtei, mitten auf dem Boden sieht man noch heut zu Tage in Sandstein gehauen seine Gestalt, so bekleidet, wie man ihn nach der Schlacht gefunden hatte. Leider haben dieses gleichzeitige Denkmal die Franzosen, während den Invasionen von 1805 und 1809, barbarisch verstümmelt.

1845.
EARS SC.

Zweites Kapitel.

Das Zwischenreich.

Friedrich der Streitbare hinterließ seine Herzogthümer als erledigte Reichslehen. Nach Oesterreichs Freibrief vom Kaiser Friedrich dem Ersten hätte im Abgange eines Sohnes nur dessen älteste Tochter oder ein bestimmt ernannter Erbe Anspruch auf dieselben machen können. Allein der Herzog war kinderlos gestorben und hatte auch dem böhmischen Wladislaw, welchen er zu seinem Nachfolger auserwählt zu haben schien, keine Versicherung ertheilt. Der Kaiser sandte demnach den Grafen Otto von Eberstein als Landes-Verweser nach Wien und erhob diese Stadt im April 1247 neuerdings zur kaiserlichen Reichsstadt. Drei Jahre lang versah der Reichsvicar mit kluger Umsicht sein Amt.

Zweites Kapitel.

Das Zwischenreich.

Herzog Friedrichs Schwestern: Margaretha, die Wittwe des entsetzten römischen Königs Heinrich, und Constanze, die Markgräfin von Meißen, so wie dessen Nichte Gertrude, des am 19. Jänner 1247 verblichenen Herzoges Wladislaw von Böhmen Wittwe, machten damals noch keine Ansprüche auf die Länder. Sie begnügten sich, des Verstorbenen Schatz, den Ortolf ein deutscher Ordens-Ritter in Friedrichs Lieblingsburg Starhemberg im Piestingerthale bewachte, unter sich zu theilen.

So schien alles ruhig abzulaufen. Doch hatte man sich getäuscht. Kaiser Friedrich der Zweite, im Zerwürfniß mit Papst Innozenz dem Vierten, der ihn am 22. Juli 1245 in den Bann gethan und es auch 1246 bei den Churfürsten dahin gebracht hatte, daß Landgraf Heinrich Raspo von Thüringen zum Gegenkaiser erwählt wurde, hatte offenbar die Absicht, die österreichischen Herzogthümer seinem eigenen Hause zuzuwenden. Dies war natürlich gegen die Absicht des römischen Hofes. Innozenz ermunterte daher die Könige von Ungarn und Böhmen zur Theilung dieser gesegneten Länder.

Ohne irgend einen Vorwand zu haben, überzog auch gleich der einäugige Wenzel Ottokar das linke Donauufer mit seinem Heere, und Bela fiel in die Steyermark ein, nach welchem auch dem Herzog von Kärnthen gelüstete. Diese übermüthige Habsucht der Fremdlinge und die unmenschliche Verwüstung, welche sie allenthalben verübten, empörte auf das Aeußerste die Edlen der verwaisten Lande. Sie schlossen sich um so enger an des Kaisers Reichsvicar und jagten muthig die Feinde an die Gränze zurück. Der Papst, dem dieser Ausgang ungelegen kam, legte sonach das Interdict auf das ganze Land; woran man sich aber so wenig kehrte, daß selbst die frommen Schotten zu Wien, dem ungerechten Bannstrahle zum Trotz, öffentlichen Gottesdienst hielten. Nun erklärte sich der Papst für die weibliche Nachfolge und sandte einen eigenen Legaten nach Wien, den Domherrn von Mainz und Propsten zu Speyer, Conrad. Margaretha, die als Wittwe, ohne ein Gelübde abzulegen, bei den Dominicanerinnen zu Trier in Einsamkeit ihre Tage zu vollbringen gedachte, wurde nun wieder in die Welt hinausgerufen, zur Zeit als eben ihr Schwager Heinrich Raspo durch seinen Tod (1247) dem Wilhelm von Holland Platz auf dem deutschen Kaiserthrone machte. Man trug ihr dessen Bruder Florentin an und dann einen Prinzen von Meißen: aber Margaretha war zu keinem Entschlusse zu bringen. Sie hatte ihren Sitz zu Heimburg genommen und wohnte auch zuweilen in dem alten babenbergischen Maierhof zu Erdberg, bekannt durch die Gefangennehmung des Königs Richard Löwenherz, von welchem Gute sie am 6. September 1249 einen Theil dem deutschen Hause abtrat.

Einige Edle des Landes, denen die verderbliche Herrenlosigkeit zu lange währte und die vergebens des Reiches Satzung, nach welcher der Kaiser gehalten war ein erledigtes Reichslehen binnen Jahresfrist wieder zu vergeben, angerufen hatten, schloßen sich an Gertruden an, welche sich mit dem Markgrafen Hermann von Baden vermählt und in Mödling niedergelassen hatte.

Dieser Umtriebe überdrüßig, bewog Graf Eberstein daher mehrere österreichische Edle und Bürger Wiens, ihn nach Verona zu begleiten und dort sich von dem Kaiser einen Herrn zu erbitten. Sie begaben sich auf die Reise: aber viele von ihnen wurden in Kärnthen gefangen, und der Rest, welchen die Lombarden den Eingang in ihr Gebiet verweigerten, kehrten unverrichteter Sache ohne Eberstein nach Oesterreich zurück. [14]

Der Kaiser ließ nun Steyermark durch den Grafen Meinhard von Görz, Oesterreich aber durch Otto Herzog von Bayern verwalten, der aber Gertrudens zweiten Gemahl, seinen Neffen, begünstigte.

Hermann von Baden nahm wirklich den Titel eines Herzoges von Oesterreich und Steyer an, und suchte bei den Nachbarstaaten um Anerkennung und Beistand nach; aber sein Anhang war schwach und die Ungern zu habsüchtig. Einem schrecklichen Gewittersturme gleich brachen diese über die Leytha herein, durchzogen, überall Gräuel der Verwüstung hinterlassend, das Gebirge, erreichten das Kloster Kleinmariazell, verbrannten die Priester und Volk in der Kirche und stürmten weiter fort. Unzählbare Landleute wurden hingewürgt oder in die Sclaverei geschleppt. Gertrude floh nach Meißen; ihr Gatte aber fand am 4. October 1250 in Klosterneuburg eine Grabesstätte. Sein Sohn Friedrich von Oesterreich, der letzte Sproße aus dem Stamme Babenbergs, starb mit Conradin dem letzten Hohenstauffen zu Neapel auf dem Blutgerüste.

Kurze Zeit nach Hermanns Tod verschied auch Kaiser Friedrich der Zweite zu Fiorentino in Apulien, und der römische König Conrad eilte in sein sicilianisches Erbreich, Deutschland ganz der Anarchie überlassend.

Die Oesterreicher hielten nun einen Landtag zu Triebensee und beschlossen, sich einen Sohn der Markgräfin Constantia von Meißen zum Herren zu erbitten. Die Aebte Philipp von den Schotten zu Wien und Dietmar von Klosterneuburg, Friedrich der Schenk von Hausbach, und an der Spitze Heinrich von Lichtenstein, der berühmte Held und Anherr der österreichischen Linie von Nikolsburg, wurden zu diesem Zwecke dahin abgeordnet. Als sie in Prag ankamen, schlug ihnen König Wenzel, der ihren Entschluß erfahren hatte, seinen Sohn Przemisl Ottokar zum Landesherren vor; und ohne erst ihre bestimmte Antwort abzuwarten, schickte er denselben mit einem ansehnlichen Heere, mit vielem Gelde und kostbaren Geschenken nach Oesterreich. Der Schrecken vor seiner Kriegsmacht und seine Freigebigkeit bahnten ihm den Weg bis an die Thore von Wien. Hier theilte er mit verdoppelter Großmuth seine Geschenke aus, bewilligte unbedingt alle Anforderungen, und da sein Vater ohnehin viele heimliche Anhänger im Lande hatte, kam er ohne Verzug in den Besitz von Wien und ganz Oesterreich.

Ottokar war somit nicht auf ganz rechtlichem Wege zum Throne Oesterreichs gelangt. Um daher, wenn auch nur dem Scheine nach, einen Rechtstitel auf dasselbe zu erlangen, bewarb er sich um Margarethens Hand, die ihm auch zu Theil ward. Der Papst, ein eifriger Beförderer dieser Heirath dispensirte das Ehepaar wegen allzu naher Verwandschaft, und so wurde denn am 7. April 1252 der kaum zweiundzwanzigjährige Heldenjüngling Ottokar, der Einzige, der Letzte seines Königshauses, mit der siebenundvierzigjährigen, durch Leiden tief gebeugten Margaretha zu Heimburg getraut. Ottokar nannte sich nun Herzog von Oesterreich und Steyer.

Gertrude, die sich hiedurch in ihren Rechten gekränkt glaubte, flehte bei König Bela von Ungarn um Beschirmung derselben. Dieser fiel nun wieder in Oesterreich ein und wüthete darinnen mit altgewohnter Grausamkeit, wie er denn dießmal zu Mödling in der Kirche fünfzehnhundert Menschen verbrannte. Während dieses Kriegsgetümmels war Ottokar, durch seines Vaters Tod, auch König von Böhmen geworden. Durch des Papstes Vermittlung ward endlich zwischen beiden Königen 1254 Frieden gemacht. Bela mußte Gertruden abfertigen, behielt aber dafür die Steyermark, von welcher er jedoch die Strecke Landes von der Piesting bis an den Semmering an Oesterreich abtrat.

Für Wien zeigten sich bald die wohlthätigen Folgen des Friedens, und stolz auf den Schutz des mächtigen Königs leistete es gerne Verzicht auf seine Reichsunmittelbarkeit.

Um diese Zeit entstand das Bürgerspital durch einige Wiener Bürger außer dem Kärnthnerthore diesseits des Wienflusses. Dessen erste Spur finden wir in einer Urkunde vom 16. April 1257. Meister Reimbot und die Gemeinde des Spitals nennt darinnen die ehrbaren Herren Otto von Hohenmarkt und seine Brüder Chuno und Conrad als oberste Vorsteher. Lange vor gedachtem Jahre kann dieses Spital jedoch nicht gestanden haben, da eine spätere Urkunde, vom St. Peter und Paulstage 1268, in welcher die Bürgerspitals-Brüderschaft um milde Beiträge bittet, ausdrücklich erwähnt: „daß es vor nicht langer Zeit durch das Mitleiden frommer Menschen entstanden sey, deren Kräfte aber jetzt nicht mehr zureichen.“ Das Spitalssiegel, welches an dieser Urkunde hängt, zeigt ein Kreuz, auf welchem eine Taube sitzt, mit der Sonne auf der einen und dem Monde mit den Sternen auf der anderen Seite.

Indessen waren die Steyermärker bald des drückenden Joches der Magyaren überdrüßig geworden und jagten im Jahre 1259 binnen eilf Tagen und mitten im Winter alle Ungern, bis auf die, welche in dem festen Pettau lagen, aus dem Lande und boten Ottokaren ihr Herzogthum an. Dieser, mit den Ständen des Landes wohl schon früher im Einverständnisse, nahm sie sogleich in Schutz und ließ ihnen durch den Grafen Hardegg Hilfsvölker zuführen. So war nun Ottokars Krieg mit Bela unausweichlich herbeigeführt. Der ungerische König und sein Sohn Stephan kamen nun mit einer höchst zahlreichen Macht bis an die March herangestürmt. Diesseits derselben war Ottokar mit seinen Bundesgenossen, dem Markgrafen von Brandenburg, dem Herzoge von Polen und dem Herzoge von Kärnthen gelagert. Für Ottokars Heer sorgte Wiens Bürgermeister Paltram Vatzo zum Ueberflusse. Lange standen so die Feinde, nur von dem Flusse geschieden, sich unthätig gegenüber. Da bot endlich Bela die Schlacht an, wenn man ihn vorerst ungestört die March übersetzen und sein Heer aufstellen lasse. Ottokar, kampfbegierig, willigte ein, und zog wohlgeordnet seine Schaaren zurück. Die Ungern schwammen nun herüber, fielen jedoch sogleich die Nachhut Ottokars an, der nun rasch sein ganzes Heer wenden ließ; und so kam es am 13. Juli 1260 in der Nähe des heutigen Schloßhofes zu der berühmten Marchfeldsschlacht, die Ottokar von Horneck, der

Sänger, vielleicht als Augenzeuge, mit so lebhaften Farben beschreibt. König Ottokar schwang sich durch sie auf den Gipfel seines Glückes. Bela's Niederlage war vollständig. Bei vierzehntausend Ungern verschlangen auf der Flucht allein die Fluthen der March. Mit der Abtretung der Steyermark an Ottokar mußte der ungerische König den Frieden erkaufen. Gott zum Danke gründete der Sieger die Abtei Güldenkron; an der Stätte der Schlacht erhob er aber die Grenzfeste Marcheck.

Eine Folge dieses glänzenden Sieges war Ottokars Trennung von Margarethen. Ihre Ehe war kinderlos geblieben, und er der letzte seines Stammes sah sich in Gefahr, sein mächtiges Reich einst einem Fremdling überlassen zu müssen. Zudem war auch der Scheintitel, den er einst durch ihren Besitz gewann, nicht mehr nöthig. Der Länder-Besitz, welchen er dazumal erst erstrebt hatte, stand nun festgegründet. Unter dem Vorwande, daß Margaretha im Kloster zu Trier wirklich Gelübde abgelegt habe, die ihre Ehe ungiltig machen, ward der Scheidungsakt ausgesprochen. Der unglücklichen Fürstin waren nun Krems und das Felsenschloß Krumau an der Kamp als Hoflager zugewiesen, wo sie im Rufe großer Wohlthätigkeit im October 1267 ihre verhängnißvollen trüben Tage beschloß.

Ottokar vermählte sich nun mit Bela's Enkelin Kunigunde, einer Tochter des Herzoges Rostislaw von Marchow und Bosnien, zu Preßburg am 25. October 1261 und empfieng nun, da der Titel seiner Heirath nicht mehr galt, die Lehen über Oesterreich und Steyermark, 1261—1262, von Richard von Cornwall zu Aachen. Diese Belehnung konnte aber keine volle Rechtsgiltigkeit haben, da sie ohne des Reiches Zustimmung geschah. Mit großem Pompe ließ er sich nun an Kunigundens Seite in Prag krönen und nahm am 23. Dezember 1261 den Königstitel an. Weit jedoch wurde diese Pracht von jener überboten, die bei der kurz darauf erfolgten Vermählung des Prinzen Bela von Ungarn mit Ottokars Lieblings-Nichte, der Tochter des Markgrafen von Brandenburg, in Wien Statt fand. Ungeheure Vorräthe, das Vierfache des nöthigen Bedarfes, wurde aus Oesterreich, Steyermark und Mähren zusammengebracht. Die Donau, über welche eine Brücke geschlagen wurde, so breit daß zehn Gewaffnete bequem neben einander reiten konnten, vermochte kaum die Menge der Frachtschiffe zu tragen, und zahlloses Vieh bedeckte die Heide längs derselben und eine benachbarte Insel. Tausend Muth Weizen wurden allein zu Brod verbacken; und fünf Futterhaufen, für die Roße aufgeschöbert, glichen ansehnlichen Thürmen. Die köstlichen Tücher und Zeuge, der Sammet und Scharlach zur Ausschmückung der Gastzimmer, sollen allein zwanzigtausend Pfund gekostet haben. Aus allen benachbarten, ja selbst aus den fernsten Ländern versammelten sich hohe Gäste und Edle. Ueber alle Beschreibung prächtig war der Braut Einzug in Wien. Ihre schöne, herrliche Gestalt, in ein mit künstlicher Stickerei ausgeziertes Purpurkleid gehüllt, schimmerte im köstlichsten Geschmeide von unschätzbarem Werthe; wie denn ihr Kopfputz allein den Preis einer Königskrone überbot. Der Zug lenkte zu einem goldglänzenden Kirchenzelte hin, das an der Straße gegen Ungarn war aufgerichtet worden. Bald erschienen auch die

Ungern, von Fischamend hersprengend, im höchsten Schmucke; und nun schritt man zur Vermählung, nach welcher König Bela die Schwiegertochter durch die Reihen der Seinigen und dann zu dem außerordentlichen Mahle führte. Alles war dabei in der fröhlichsten Stimmung, als unerwartet ein wunderliches Mißverständniß den Rest des Festes zerstörte. Ottokars Ritter zeigten sich im Turnier. Mit furchtbarer Kraft stürzten sie wider einander, daß es schien als wollten sie sich alle Knochen zerbrechen. Die leicht bewaffneten Ungern, mit derlei Spielen unbekannt, meinten es wäre Ernst und gälte hinterlistig ihnen. Bestürzt darob brach Bela mit seinem Geleite augenblicklich auf, und ehe noch eine Aufklärung möglich war, stürmten sie mit der Braut eiligst von dannen.

Im Jahre 1267 vom 10. bis 12. Mai hielten der päpstliche Legat Cardinal Guido aus dem Cisterzienserorden, die Bischöfe Johann von Prag, Peter von Passau, Bruno von Brixen, Konrad von Freysingen, Leo von Regensburg, Almarich von Lavent, und viele andere Prälaten, Erzbiaconen, Diaconen und Aebte, in der St. Stephanskirche zur Verbesserung der Kirchenzucht und Ausrottung der Irrlehren eine Provinzial-Synode. Die Veranlassung hatten vorzüglich die Flagellanten gegeben. Dies war eine Secte von Schwärmern, die mit ihrem Schwindelgeiste Jung und Alt bethört hatten, daß sie sich in große Haufen zusammen rotteten, bis auf den Gürtel nackt giengen, in der linken Hand Fahnen oder brennende Fakeln, in der rechten eine Geisel trugen, in großen Processionen von Stadt zu Stadt, von Kirche zu Kirche zogen, und dabei sich bis auf das Blut geiselten, auch sich nackt im Koth oder Schnee wälzten: ein abenteuerliches Wesen, das sich über Sachsen, Böhmen und Oesterreich verbreitet hatte, und nur mit Gewalt durch geistliche und weltliche Macht wieder ausgerottet werden konnte.

Die Verordnungen dieser Kirchenversammlung sind für die Sittengeschichte damaliger Zeit und insbesondere für Wien höchst merkwürdig. Nach denselben sollen die Geistlichen in Kost, Kleidung und in allen übrigen Dingen Anstand und Mäßigkeit beobachten. Die Aebte sollen von den Bedrückungen ihrer Unterthanen abstehen, und wenn sie Pfarren visitiren, die Ausgaben einschränken. Die Geistlichen haben sich der Keuschheit zu befleißen: wenn sie aber dawider handeln oder ihre Beschläferinnen binnen Monatsfrist nicht von sich schaffen und den Umgang mit ihnen meiden, sollen sie ihre priesterlichen Rechte und Einkünfte verlieren. Diejenigen, welche geistliche Güter und Gerechtsame an sich gerissen, haben solche zurückzustellen, sonst werden sie von der Gesellschaft der Gläubigen ausgeschlossen. Wer einen Geistlichen verwundet, verstümmelt oder ermordet hat, soll nur von dem Papste absolvirt werden können. In dem Kirchensprengel, wo ein Geistlicher gefangen gehalten wird, soll der Gottesdienst so lange eingestellt bleiben, bis er los gelassen worden ist. Das soll auch in den Pfarreien geschehen, wo die Güter und Gerechtsame der Geistlichkeit mit Gewalt entwendet und noch nicht zurückgestellt worden sind. Die Geistlichen dürfen nicht mehrere mit der Seelsorge verbundene Benefizien oder Pfarreien besitzen. Die Zehenden müssen der Geistlichkeit vollständig abgeführt werden, und Niemand, bei Strafe des Kirchenbanns, darf sich erlauben, sich die Zehenden zuzueignen. Den Weltlichen wie den Geistlichen wird aller Wucher und alle wucherischen Contrakte bei Strafe der Excommunication verboten. Die Welt- und Ordensgeistliche sollen ihren Obern den Gehorsam leisten und sich nicht unterfangen, gegen diese den weltlichen Arm, bei Verlust ihrer Benefizien, anzurufen. Jünglingen unter achtzehn Jahren sind keine mit der Seelsorge verbundene Stellen oder Benefizien zu verleihen. Die Patrone und Advokaten der Kirchen, welche sich die Güter der verstorbenen Geistlichen zueignen und zu besitzen erkühnen, sollen so lange excommunicirt seyn, bis sie solche zurückstellen. Kein Geistlicher darf von einem weltlichen Kirchenpatrone eine Pfarrei annehmen, wenn er nicht von dem Bischofe oder Erzdiacon dazu berechtiget würde; auch sollen keine Kirchengüter veräußert werden. Alle, welchen die Oberaufsicht und Seelsorge obliegt, sollen persönlich bei ihren Kirchen wohnen. Jeder Bischof soll in Begleitung zweier Aebte des Cisterzienserordens in halbjährigen Fristen alle Klöster der schwarzen Mönche (Benedictiner) seiner Diöces visitiren — verbessern und zur ersten Ordnung zurückweisen. Den Aebten wird verboten, ohne Erlaubniß des Papstes Kelche, Patene oder geistliche Kleider zu weihen oder andere den Bischöfen vorbehaltene Handlungen zu unternehmen.

Die Juden sollen einen gehörnten Hut (cornutum pileum) tragen, um sie von den Christen unterscheiden zu können. Der ohne dieses Unterscheidungs-Zeichen betretene Jude soll von der Obrigkeit um Geld gestraft werden. Auch sollen die Juden dem Pfarrer, in dessen Bezirke sie wohnen, nicht nur den Zehend, sondern auch die Stolgebühren, als wenn christliche Familien da wohnten, bezahlen. Sie sollen weder in die Bäder noch in die Wirthshäuser der Christen, noch zu den Mäuten noch zu andern öffentlichen Aemtern zugelassen werden. Auch dürfen sie keine christlichen Dienstleute halten. Wenn ein Jude mit einer Christin Unzucht triebe, soll er so lang in hartem Gefängnisse sitzen, bis er zur Strafe zehn Mark Silber bezahlt habe. Die Christin aber soll durch die Stadt gestäupt und aus derselben für immer verstoßen werden. Christen sollen mit den Juden nicht essen und trinken: weder ihren Hochzeiten und Ergötzungen beiwohnen, auch nicht Fleisch oder andere Eßwaaren von ihnen kaufen. Würden die Juden die Christen mit ungebührlichen Zinsen beschweren oder sie durch Wucher betrügen, so soll ihnen die Gemeinschaft mit den Christen so lange entzogen werden, bis sie den Schaden ersetzt haben. Wenn es sich zuträgt, daß das Altarsakrament bei den Wohnungen der Juden vorbeigetragen wird, sollen sie gleich, beim Schalle des Glöckchens, sich in ihre Häuser begeben und die Thüren und Fenster zuschließen. Am Charfreitag soll es keinem erlaubt seyn, aus dem Hause zu gehen. Sie sollen nicht mit ungelehrten Christen über Glaubenssachen streiten; ihre Weiber und Kinder, welche zum Christenthume übertreten wollen, keineswegs abhalten, und noch viel weniger die Christen zum Judenthume verleiten oder beschneiden. Auch sollen sie sich nicht unterfangen, bei den Christen die Arzneikunde zu treiben. Es soll ihnen nicht erlaubt seyn, neue Synagogen zu bauen; die alten dürfen sie zwar ausbessern, aber nicht höher, geräumiger oder schöner bauen. In der Fastenzeit sollen sie ihr Fleisch nicht öffentlich nach Hause tragen, damit sie nicht der Christen, die zu dieser Zeit kein Fleisch essen dürfen, zu spotten scheinen.“ [15]

Wahrscheinlich waren schon in dem römischen Vindobona Juden vorhanden, da, wie bekannt, dieselben des Handels wegen den Römern überall nachgezogen. Urkundlich jedoch erscheinen sie in Oesterreich unter den Carolingen, und zwar in der Zoll- und Schiff-Fahrts-Ordnung Ludwig's des Kindes von 906. Das Recht, Juden zu halten, gehörte unter die wichtigsten Privilegien der Kaiser, und Oesterreich erhielt es durch die friedericianische goldene Bulle, dem berühmten Hausprivilegium von 1156. Ueberraschend schnell und zahlreich siedelten sie sich in Wien an. Schon 1204 hatten sie hier eine Schule (Synagoge) und ihr, zur Sicherheit mit einer Mauer umfangener Bezirk lag unbezweifelt außer dem Stadtwalle in der Gegend des heutigen unteren Arsenales im tiefen Graben (früher im Ellend genannt), wie denn dies auch die in den städtischen und schottischen Grundbüchern um 1314—1393 häufig vorkommenden Benennungen „Judenthor, Judenthurm, Judenbrücke im Ellend (Allend)“ bezeugen. Erst mit der Schotten-Abtei ist auch der Judenbezirk in die Stadt mit einbezogen worden. Des Kaisers Friedrich des Zweiten Ordnung für die Juden in Wien, seine Kammerknechte, gegeben zu Brescia im August 1238, und das von Herzog Friedrich dem Streitbaren nach seiner Wiedereinsetzung auf der Burg Starhemberg am 1. Juli 1244 gegebene Judengesetz begünstigten auffallend dieses Volk: und welche wichtige Rolle sie nun unter Ottokars Regierung ihres Reichthumes wegen spielten, ist daraus zu ersehen, daß 1257 sogar zwei Juden Lublin und Nekul die herzogliche Kammergrafen-Würde bekleideten. Veranlassung genug für die Synode, um den Uebermuth, in welchen die Juden hiedurch ausgeartet waren, wieder in festgesetzte Schranken zurück zu führen.

In eben diesem Jahre, 1267, gründete Meister Gerhard, Pfarrer zu St. Stephan, das Siechhaus zum Klagbaum auf der Wieden mit der Kapelle zu St. Job, zur Versorgung der Unglücklichen, welche mit dem Aussatze behaftet waren: eine Krankheit, welche durch den häufigen Verkehr mit dem Morgenlande in Wien, ungeachtet seiner zahlreichen Badestuben von denen noch heute das Stubenviertel den Namen führt, fast einheimisch geworden war.

Gleichzeitig stiftete Gerhard auch das Prämonstratenser Nonnenkloster zur Himmelspforte in der damaligen Dreibotenstraße, wozu die arpadische Prinzessin Constantia, eine Tochter Bela's des Dritten und Gemahlin Przemysl Ottokar des Ersten, die Veranlassung gab, die während ihres Wittwenstandes 1230 — 1240 in Wien mit mehreren Frauen ein klösterliches Leben führte, das dieselbe auch nach dem Tode der Königin, von ihr mit einem ansehnlichen Vermächtniß bedacht, fortsetzten. Man nannte sie die eingeschlossenen Frauen (inclusi, reclusi), da sie nach ihrer Regel von aller menschlichen Gesellschaft abgesondert in enge Zellen sich verschlossen, ohne aus denselben, so lange sie lebten, ohne höchst wichtige Ursachen oder nur des gemeinen Besten wegen, jemals heraus zu gehen.

Auch das Kloster der Cisterzienserinnen zu St. Niclas in der Singerstraße entstand in diesem Jahre durch Heinrich, Abt zu Heiligenkreuz, und dem reichen

Bürger Paltram Vatzo (einem Verwandten des gleichnamigen Bürgermeisters), der eine Landeschronik seiner Zeit schrieb, welche dann Niclas Fischel, ein Mönch von Heiligenkreuz, fortsetzte. Um diese Zeit wurde auch die uralte Kirche des heiligen Johann des Täufers am Alserbach von dem Wiener Bürger Otto vor Neuburg erneuert.

Durch Ulrichs von Sponheim Tod (1269) erlangte Ottokar nun auch Kärnthen, was wieder einen verderblichen Krieg mit Bela veranlaßte, welcher nach dessen bald darauf erfolgtem Tode mit seinem Sohne Stephan dem Vierten bis 1271 fortgeführt wurde, wo dann am 14. Juli der Friede erfolgte. Stephan überlebte denselben nicht lange und hinterließ dem zehnjährigen Ladislaus den Thron.

Es waren in den Jahren 1258, 1262 und 1276 sehr heftige Feuersbrünste in Wien entstanden, wodurch wechselweise ganze Gassen zerstört wurden. Insbesondere hatten im letztgenannten Jahre mehrere Kirchen und Klöster, hierunter die St. Stephanskirche und die herzogliche Burg, großen Schaden gelitten. Ottokar zeigte sich gegen diese Unglücksfälle nicht gleichgiltig: Er ließ die Burg, die Kirchen und Klöster wieder herstellen und legte den Grund zur Minoriten- oder italienischen Kirche. Er bewilligte der Stadt einen Freimarkt auf sechs Monate ohne alle Mautabgaben; er schenkte den Bürgern einen Wald, um sich das nöthige Bauholz daraus zu schlagen, und befreite die Einwohner auf fünf Jahre von allen Steuern und sonstigen Abgaben, wodurch sich die Stadt bald wieder beträchtlich in ihrem Wohlstande erholte. Aber auch um die Vergrößerung und Verschönerung Wiens, womit er wohl schon vor 1265 begonnen hatte und um 1275 zu Ende gekommen seyn mag, hatte er sich großes Verdienst erworben. Durch ihn wurde die Burg und die Michaelskirche mit dem Kohlmarkte, welchen er ganz neu mit Häusern bebauen ließ, dann der Minoriten- und Schottenbezirk bis zum Arsenale hin, wo die Donau vom Salzgriese weit abgeleitet wurde, mit in die Stadt einbezogen und dieselbe hier mit neuen Ringmauern, Thürmen und Gräben umfangen. Zwei Thore führten in diesen Theil der Stadt. Bei dem Arsenal: Das neue Wasser- oder Werderthor, welches vorher zwischen dem Gaminger- und Dempfingerhof lag; und nächst der Burg, an der Stelle, wo heute zu Tage das kaiserliche Bibliotheksgebäude am Josephsplatze steht: das Holz- oder Wiedmerthor. Auch bei dem Pyber- (Biber-) thor wurde dazumal Wien beträchtlich erweitert, und wohl gehört auch schon dieser Zeit dessen Eintheilung in das Wiedmer-, Kärnthner-, Stuben- und Schottenviertel an.

Die Vollstreckung all dieser Unternehmungen war Oesterreichs Statthalter in Wien, dem Bischofe von Ollmütz Bruno einem gebornen Grafen von Holstein und Schaumburg anvertraut: gleichberühmt als Kirchenfürst, Staatsmann, Feldherr, wie als Ottokars redlicher Freund durch mehr denn dreißig Jahre, und selbst dann noch, als diesen das arglistige Glück zum Tyrannen umgestaltet und ihn Alles gemieden hatte.

Mittlerweile war der Schattenkaiser Richard von Cornwall, Sohn Johanns ohne Land, am 2. April 1271 mit Tod abgegangen. Die Churfürsten waren nun ernstlich darauf bedacht, um der langen Anarchie ein Ende zu machen, die Zügel der Reichsregierung kräftigen Händen anzuvertrauen. Ihr Augenmerk war auf Ottokar gerichtet. Uebermüthig in seinem Glücke schlug jedoch Dieser die Kaiserwürde aus. So wählten sie denn am 1. October 1273 den Grafen Rudolph von Habsburg und Kyburg, Landgrafen in Elsaß, den vor fünf und fünfzig Jahren, am 1. Mai 1218, der Hohenstaufe Kaiser Friedrich der Zweite auf dem Schlosse Limburg im Elsaß zur Taufe gehalten hatte.

In der wildbewegten Zeit zwischen den Jahren 1263 und 1268, wo man selbst das Heiligste nicht schonte, hatte Rudolph auf der Jagd zwischen Fahr und Baden einem Priester begegnet, der sich vergeblich anschickte über einen reißenden Waldstrom zu gelangen, um mit der letzten Wegzehrung einen Kranken zu versehen. Zur Vollziehung dieses frommen Werkes bot ihm der Graf sein Pferd an und weihte es von nun an dem Dienste der Kirche, da er sich unwert fand, je wieder das Pferd zu besteigen, welches seinen Schöpfer getragen.[16] Bald nachher wurde dieser Priester des Churerzkanzlers von Mainz, Werners von Falkenstein, Caplan, den die Erzählung dieses Vorfalles so sehr für Rudolph einnahm, daß er ihn auf seiner Reise nach Italien zum schirmenden Geleitsmanne auserwählte. Und so lenkte dieser Churfürst auch jetzt sein Auge auf den armen frommen Grafen hin, und er ward Kaiser, weil er, wie der Erzbischof von Köln erwähnte, gerecht und weise, muthig und bei Gott und den Menschen beliebt war!

Am 24. Oktober 1273 erfolgte Rudolphs Krönung zu Aachen. Das erste was dieser ruhmwürdige Kaiser vornahm war, daß er an alle Vasallen Deutschlands ein Umlaufschreiben ergehen ließ, worin er sie versicherte, daß all sein Augenmerk dahin gerichtet sey, dem in Anarchie gerathenen Reiche wieder zur alten Ordnung und Ruhe zu verhelfen, und insbesondere jene zu demüthigen, welche während des Zwischenreiches unrechtmäßiger Weise Reichslehen an sich gerissen hätten. Ottokar sah sich dadurch der Gefahr ausgesetzt, Oesterreich und Steyermark zu verlieren. Er weigerte sich daher Rudolphen als Kaiser anzuerkennen und ihm die schuldige Unterwerfung zu bezeugen. Dieser gewährte ihm Bedenkzeit. Da aber dieselbe fruchtlos ablief, sandte der Kaiser Friedrichen, den Burggrafen von Nürnberg, an Ottokar nach Wien und ließ durch diesen die dem Reiche vorenthaltenen Herzogthümer abfordern und ihm bedeuten, daß er wegen Ungehorsam und Verachtung kaiserlicher Majestät auch seiner übrigen Länder, welche er vom Reiche besäße, verlustig wäre. Ottokar stützte sich aber auf sein vermeintlich gutes Besitzrecht und erklärte unumwunden, nimmer einem so geringen Grafen, wie Rudolph wäre, gehorchen zu wollen. Somit kam es zum wirklichen Bruche: wider Ottokar ergieng die Oberacht, und Rudolph schritt zu großen Zurüstungen.

Da Ottokar den Herzog Heinrich von Bayern für sich gewonnen hatte, so suchte der Kaiser anfänglich den Angriff auf Böhmen zu unternehmen, wo auch der König bei Töplitz ein mächtiges Heer zusammenzog. Allein Heinrich unterwarf sich bald dem Reiche wieder, und so stand Rudolphen der nähere Weg nach Oesterreich offen, welchen er auch rasch einschlug. Inzwischen entband auch der Erzbischof von Salzburg alle jene Unterthanen des Reiches der Eidespflicht, welche sie dem Könige von Böhmen geleistet hatten, und so rückte denn der Kaiser unangefochten vorwärts im Donauthale, während Meinhard von Görz in Kärnthen und Steyermark einrückte. Schon am 26. September 1276 kam Kaiser Rudolph nach Passau, am 10. Oktober stand er vor Linz, am 15. Oktober war er zu Enns gelagert. Schnell ergaben sich Ybbs und Tuln, und am 18. Oktober stand sein Heer bereits vor den Mauern Wiens, das von dem Statthalter Bruno von Olmütz und dem Bürgermeister Paltram, den getreuen Anhängern Ottokars, in Vertheidigungsstand gesetzt war. Eiligst rückte nun der Böhmenkönig mit seinem Kriegsvolke über Freistadt am linken Donauufer bis Drosendorf vor und gedachte bei Klosterneuburg, das stark mit Böhmen besetzt und haltbar war, über den Strom zu setzen, um Wien Entsatz zu bringen, welches über vier Wochen so tapfer vertheidigt wurde, daß Rudolph den Einwohnern mit der Zerstörung ihrer Landhäuser und Weingärten drohte, wenn sie sich nicht ergeben würden. Indessen gerieth auch Klosterneuburg durch einen Ueberfall in des Kaisers Hände, und Dieser nun mit Meinhard's Heer, das siegreich durch Kärnthen und Steyermark vorgedrungen war, verstärkt, machte Anstalt zu einem Uebergang auf das jenseitige Ufer des Stromes, um dem Feinde zu begegnen. Darauf aber wollte es Ottokar nun nicht mehr ankommen lassen und suchte durch Bischof Bruno den Frieden an. Der Kaiser zeigte sich nicht ungeneigt hiezu. Es wurden vier Schiedsrichter, Bischof Berthold von Würzburg, Ludwig Pfalzgraf am Rhein, Bruno Bischof von Olmütz und Otto Markgraf von Brandenburg gewählt, und durch sie am 21. November 1276 derselbe im Lager vor Wien geschlossen. Vermöge dieses Friedens wurde die Acht wider Ottokar wieder aufgehoben, ihm blieb Böhmen, Mähren, und was sonst er und seine Vorfahren vom Reiche zu Lehen hatten; doch mußte er allen Ansprüchen auf Oesterreich, Steyermark, Krain, Kärnthen und die windische Mark, wie auch auf Eger und Portenau entsagen; dem königlichen Kronprinzen soll zur Befestigung des Friedens und der Freundschaft eine kaiserliche Prinzessin, und dagegen einem Prinzen Rudolfs eine Prinzessin Böhmens vermählt werden; Wien erhielt Vergebung, Amnestie, und die Bestätigung der alten Rechte und Freiheiten; auch der König von Ungarn wurde mit in diesen Frieden eingeschlossen.[17]

Am 25. November erschien Ottokar im kaiserlichen Lager auf der Donau-Heide, ließ sich vor dem Throne, der zahlreich von Fürsten umstanden war, auf die Knie nieder, schwur Rudolphen Treue, erhielt die Belehnung von Böhmen und Mähren, und eilte dann schnell wieder zurück nach Znaim und Brünn.

Nun eröffneten sich auch die Thore Wiens, und der Kaiser hielt einen feierlichen Einzug. Schon am dritten Dezember 1276 verkündete er einen fünfjährigen Landfrieden; dann ernannte er den Bayern-Herzog Ludwig den Strengen, falls er stürbe, als Reichsvikar; sonach hielt er am 18. Jänner 1277 in dem Minoritenkloster eine Versammlung in Gegenwart vieler weltlicher und Kirchenfürsten wegen der geistlichen Lehen, wobei entschieden wurde: daß kein geistlicher Fürst befugt sey, ohne seines Domkapitels Wissen und Willen, Kirchengüter zu verleihen oder zu veräußern; ferner gab er am 4. März den Juden eine sehr günstige Ordnung, vermöge welcher nicht einmal der Stadtrichter das Recht hatte über sie zu richten, sondern nur der Kaiser allein; und am 24. März bestätigte er dem Schottenstifte seine Briefe.

Da den Kaiser die öffentlichen Angelegenheiten noch lange an Wien fesselten, kam auch seine Gemahlin Gertrude, nach der Krönung Anna genannt, im Juni 1277 hier an. Mit unbeschreiblichem Jubel und mit großen Ehren wurde sie empfangen. Die Wiener bestrebten sich, ihr unverweilt die reichsten und kostbarsten Geschenke darzubringen.

Rudolphs Heerfahrt hatte den glänzendsten Erfolg; aber die Unkosten für dieselbe waren auch so bedeutend, daß dem ohnedies erschöpften Lande eine drückende Steuer aufgebürdet werden mußte. Um diese etwas zu erleichtern, hatten die Bischöfe und Stifter sich erboten, eine bedeutende Abgabe von den Kloster- und Kirchengütern zu leisten. Demungeachtet brachte dies unter dem Volke einige Unzufriedenheit hervor, welche Wiens Bürgermeister Paltram und Agnes von Kuenringen, eine Tochter der Liebe Ottokars und Gemahlin Heinrichs von Weitra, um so mehr zu Gunsten des Böhmenkönigs anzufachen strebten, als dieser ohnehin, durch Kunigundens Vorwürfe zum Treubruche gegen den Kaiser verleitet, ihm, ohne Zustimmung seiner Stände, den Fehdebrief zugeschickt hatte.

Am 27. Juni 1278 zog Ottokar mit einer großen Heeresmacht von Prag gegen Oesterreich. Unweit Ban erfolgten die ersten Feindseligkeiten. Das feste Drosendorf widerstand ihm zum zweiten Male, und mit der Belagerung desselben verlor er viel Zeit. Rudolph hatte hiedurch günstige Gelegenheit sein geringes Heer mit den Hülfsvölkern aus Kärnthen, Steyermark und dem Reiche zu verstärken. Am 12. August brach er endlich nach Heimburg auf, setzte dort über die Donau und lagerte sich bei Marcheck, wo dann der König von Ungarn Ladislaus mit seinem Heere zu ihm stieß.

Um sich der Treue der Wiener zu versichern hatte ihnen der Kaiser, noch vor seinem Aufbruche, am 20. und 24. Juni 1278 zwei Gnadenbriefe ertheilt. Der erste bestätigte ihre alten Stadtrechte und erhob Wien zum dritten Male zur freien Reichsstadt; der zweite erneuerte Friedrich's des Zweiten goldene Bulle, welche sie 1237 während der Aechtung Friedrich's des Streitbaren erhalten hatten und über welche 1247 eine Bestätigung erflossen war. Rudolph genehmigt unter anderm in dieser Handveste die, in Leopold des Siebenten Stadtgericht eingesetzten Vierundzwanziger, die hierin consules, Rathgeber, genannt werden, und empfiehlt ihnen, sich ein oder zwei Mal die Woche zu versammeln. Sie können den äußern Rath mehren oder mindern. Niemand kann in bürgerlichen und peinlichen Fällen über einen Bürger richten, ausgenommen der Münzmeister in Münzsachen, der Lehensherr über sein Lehen und über die Weingärten der Bergmeister. Im Burgfrieden der Stadt darf keine Veste erbaut werden. Die Reichsmauth wird den Bürgern nachgelassen, die Burgmauth aber bestätigt. Zudem erhält die Stadt zwei große Jahrmärkte um Jakobi und Lichtmesse u. s. w. [18] Rudolphs Begünstigung Wiens war mit kluger Umsicht zur rechten Zeit angebracht, denn wirklich standen bereits schon der Bürgermeister Paltram von Stephans-Freythof mit seinem Bruder Marquard und seinen sechs

Söhnen an der Spitze einer Parthei zu Ottokar's Gunsten. Noch früh genug wurden ihre verrätherischen Anschläge entdeckt. Nur durch eilige Flucht entgiengen sie der bereits über sie verhängten Todesstrafe.

Als Kaiser Rudolph seine Streitkräfte um sich versammelt hatte, rückte er gegen Stillfried vor und schickte einen Schwarm von achttausend Ungern und Cumanen dem Feind entgegen, um ihn zur Schlacht aufzufordern. Dieser näherte sich sogleich auch bis auf eine halbe Meile. Rudolph vernahm nun durch zahlreiche Ueberläufer, daß Böhmens König in Gefahr schwebe, durch Verräther sein Leben einzubüßen. Er schickte deßwegen ihm eine Warnung zu: aber Ottokar vergalt sie durch einen hohen Preis, welchen er auf des Kaisers Haupt setzte.

So rüstete man sich allmählig zur Schlacht am Marchfelde, wo einst Ottokar seinen herrlichsten Sieg erfochten hatte. Einen unabsehbaren Raum nahmen die Heere ein. Sie berührten Marcheck, das Chrutterfeld, Stillfried und Jedenspergen. Ottokar in silberner Rüstung und mit der Krone auf dem Helm, hatte seine Krieger in sechs Abtheilungen aufgestellt. Zu vorderst standen die Böhmen, die Mährer; dann die Thüringer und die Meißner; sonach die Schlesier, die Polen und Reußen; endlich die Bayern und Sachsen. Die Nachhut befehligte, unbegreiflich genug, Milote von Rosenberg, über dessen Haus doch Ottokar in den Tagen seiner Tyrannei so viel Schmach gebracht hatte! Rudolphs Macht hingegen hatte Hugo von Tauffers in Vier Heerhaufen getheilt. Die beiden ersten bestanden aus Ungern und Cumanen und hatten die Grafen Stephan von Schildberg und Matthäus von Trentsin zu Befehlshabern; den dritten, aus Schwaben, Schweizern, Salzburgern, Steyermärkern und Kärnthnern gebildet, führte Rudolph selbst an, und ihm zur Seite waren dessen Sohn Albrecht mit der Fahne des Kreuzes (als Zeichen eines Gelübdes, das der Kaiser gethan), Graf Heinrich von Hochberg mit dem Reichsadler und Peter von Mülinen mit dem habsburgischen Löwen; den vierten endlich, die Oesterreicher, deren Banner ein hundertjähriger Greis, der Landrichter Otto von Haßlau trug, leitete der alte, unbesiegte Held Heinrich von Lichtenstein. Christus war das Losungswort von Rudolphs Heer, das der Böhmen: Prag.

Noch vor der Schlacht nahm der fromme Kaiser das Abendmahl und schlug viele edle Jünglinge aus Oesterreich, Steyermark und Kärnthen zu Rittern. So war es am 26. August 1278 Morgens sechs Uhr geworden. Da trieb das unbändige Roß Heinrichs Scherlin, eines Edelknechtes aus Basel, denselben unvermuthet in die Reihen der Feinde hinein. Sein edler Bischof schrie: „Rettet ihn, haut ihn aus!“ Alles folgte dem Befehle. Es war das Signal zur Schlacht.

Furchtbar war das erste Anprallen beider Heere. Zwei Stunden hindurch focht man mit wechselseitigem Glücke, nun schon der glühendsten Sonnenhitze bloß gestellt. Da drangen endlich die Oesterreicher vor. Wuthentbrannt stürzten sie sich, ihren sieggewohnten Führer an der Spitze, der das Banner, hochschwingend ergriffen, in die dichtesten Reihen der Böhmen und Polen und zertrümmerten ihre Ordnung, obgleich mit unerhörtem Verluste, denn vierzehn Trautmannsdorfer allein blieben auf dem Wahlplatze.

Mittlerweile vollbrachten auch die deutschen Hülfsvölker, die Schweizer und insbesondere die Steyerer, Wunder von Kriegsthaten im Wetteifer mit den tapferen Ungern. Da ward plötzlich Rudolph im Gewühl des Kampfes in die äußerste Gefahr gebracht. Ein thüringischer Ritter und Herbot von Füllenstein, ein Lehensmann des Bischofes Bruno von Olmütz, wollten sich Ottokar's Preis für Rudolph's Leben erringen; sie suchten ihn daher auf und es gelang ihnen sein Pferd zu tödten. Einige schwäbische Ritter, die das sahen, und Ulrich von Capellen sprengten sogleich zur Hülfe herbei; aber ehe sie noch den Kaiser erreichen konnten, hatte er sich schon auf ein anderes Pferd geschwungen und Herbot erschlagen. Plötzlich rief Markgraf von Hochberg jubelnd aus: »Die Feinde fliehen!« Und wie ein tausendstimmiges Echo ertönte es in Rudolph's Heere: »Sie fliehen!«

Ottokar, nicht mehr vermögend seine Mannen zusammen zu halten, hieß in dieser bedrängten Lage den Milote, die Nachhut dem Feinde entgegen zu führen; allein dieser, noch immer mit Rache erfüllt gegen seinen Herrn, hohnlachte ob solcher Zumuthung und ließ zum Rückzug blasen. Alles war nun verloren! Wuthschäumend stürzte sich Ottokar in das Schlachtengewühl hinein, focht mit kühnem Löwenmuthe und erschlug der Feinde in Menge; doch bald ward auch er mit fortgerissen in der allgemeinen Flucht, die noch Tausenden der Seinen das Leben kostete.

Als Rudolph die Schlacht entschieden sah, befahl er, dem Metzeln Einhalt zu thun und das Leben des Königs zu schonen; allein es war zu spät. Von den Steyerern rastlos verfolgt, hatten ihn, der Sage nach, Seifried von Mährenberg und Berthold Schenk von Emmerberg auf die Wahlstatt hingestreckt. Von einem nachziehenden Troß seines Schmuckes und seiner Rüstung beraubt, von Staub und Blut entstellt, das aus siebzehn Wunden träufte, fand Rudolph die Leiche König Ottokar's auf dem Schooße Heinrich's von Bertholdsdorf, und Thränen erfüllten sein Auge!

Dem alten Gebrauche gemäß verweilte Kaiser Rudolph noch drei Tage auf dem Schlachtfelde, um den zu erwarten, der ihm den Sieg etwa bestreiten wolle; dann entließ er hochbelobt und reichlich beschenkt die Ungern, und brach mit den Seinen nach Mähren auf. [19]

Ottokar's Leichnam wurde vom Marcheck nach Wien zu den Schotten gebracht. Rudolph's Gemahlin Anna schmückte ihn mit einem Purpurgewande. Von da war derselbe von dem ganzen Clerus, jedoch ohne Gesang und Glockengeläute, da der König im Banne verschieden, zu den Minoriten begleitet. Hier wurde er mit entblößtem Angesichte zur Schau ausgestellt und einstweilen im Capitel aufbewahrt, bis nach dreißig Wochen Abgeordnete aus Böhmen ihn nach Znaym, wieder zu den Minoriten, abführten. Seine bleibende Ruhestätte, in der St. Veitskirche zu Prag, erhielt er erst neunzehn Jahre später durch seinen Sohn und Nachfolger.

Die Königin-Wittwe, Kunigunde, übergab sich mit ihren Kindern, zu deren Vormund sich Markgraf Otto von Brandenburg aufgeworfen hatte, der Gnade des Kaisers. Er nahm sie gütig auf, und verlobte seine Tochter Gutha

14*

mit Wenzel, dem achtjährigen Sohne Ottokars. Zur Entschädigung für die Kriegskosten blieb Rudolph fünf Jahre hindurch in Mährens Besitz.

Mit freudigem Jubel wurde Kaiser Rudolph empfangen, als er nach Wien zurückkehrte und in der St. Stephanskirche dem Herrn der Herrscher für den über Ottokar erlangten Sieg sein brünstiges Dankopfer darbrachte. Ottokar von Horneck, ein Zeitgenosse, singt hievon:

„Dô des got hât geholfen
von Rôm dem künec Ruodolfen,
gên Wiene kom er gevarn.
waz die geistlichen orden wârn
und ouch diu weltlich pfafheit
dise wurden dar zuo bereit
daz si im engegen giengen
mit gesang, und in enpfiengen.
Dô er sô enpfangen wart
künec Ruodolf an der vart
der grôzen menige volgte dan
in daz münster, daz Sant Stephân
ist gewîcht ze êrn: —
dâ dankt er unserm hêrn.“

Mehrere Tage hindurch wurden nun in Wien Rudolphen zu Ehren Turniere abgehalten, bei welchen der schon in der Marchfelder Schlacht vorgeführte hundertjährige Otto von Haßlau noch seinen Urenkel, den eben zum Ritter geschlagenen Hugo Tuers, in die Schranken forderte. [20]

Rudolph, der für den Sieg auf dem Marchfelde dem Höchsten ein Kloster zu bauen angelobt, gründete zu Tuln ein Jungfrauenstift im Jahr 1280, als ihm eben zwei Enkel, Söhne seiner Herzog Otto von Bayern angetrauten Tochter Katharina, der Tod entrissen hatte. Noch empfindlicher sollte ihm das häusliche Glück im nächsten Jahre getrübt werden. Es starb in selbem, am 16. Februar, seine geliebte Gemahlin Anna, nachdem sie kurz vorher noch ihre Lieblingstochter Clementine, als Carl Martells von Anjou Braut, nach Neapel entlassen hatte. Annens Leiche wurde nach Basel geführt und dort mit großer Pracht zur Erde bestattet. Nun verweilte Rudolph nur noch drei Monate, bis Ende Mai 1281, in Wien; bestellte aber nicht wie früher den Bayerherzog Ludwig, sondern seinen Sohn Albrecht zum Reichsverweser in den noch immer ledigen Herzogthümern. Seine Räthe aus dem Lande waren: Berthold Graf von Hardegg, Bernhard von Schaumburg, der Landrichter von Oesterreich Otto von Haßlau, der Kämmerer Otto von Bertholdsdorf, der Marschall Stephan von Meißau, der Schenke Leuthold von Kuenring und Heinrich

Kuenring dessen Bruder, Erchenger von Landäser, Friedrich Truchsesse von Lengenbach, Conrad von Pillichdorf, Ulrich von Kapellen, Landrichter ob der Enns, Conrad von Sumberg, Conrad von Pottendorf und die Brüder Reinprecht und Kadolch von Ebersdorf. Sie erscheinen in Albrecht's Niederlagsordnung, die er am 24. Juli 1281 „für des Reiches Hauptstadt Wien“ ausgefertigt hatte.

Kaiser Rudolph gedachte die erledigten Länder Friedrich's des Streitbaren seinen zwei Söhnen Albrecht und Rudolph zuzuwenden; er bedurfte jedoch zu deren Verleihung die Einwilligung der Reichsstände. Diese wurde ihm sogleich zugestanden. Er berief daher seine Söhne nach Augsburg und belehnte sie, am 27. Dezember 1282, gemeinschaftlich; — späterhin aber, am 1. Juni 1283, auf die Vorstellung der Landstände, welchen die Stellung unter zwei Herren beschwerlich fiel, Albrechten allein und dessen Mannsstamm mit Oesterreich, Steyermark, Krain und der windischen Mark, mit allen Rechten, Freiheiten und Zugehörden, wie sie einst die letzten babenberg'schen Herzoge besaßen. Wien war somit wieder landsäßig. Albrechts Schwiegervater, Meinhard von Görz, erhielt 1286 Kärnthen, mit Vorbehalt des Rückfalles an Oesterreich. So hatte das sechs und dreißigjährige Zwischenreich sein Ende erreicht!

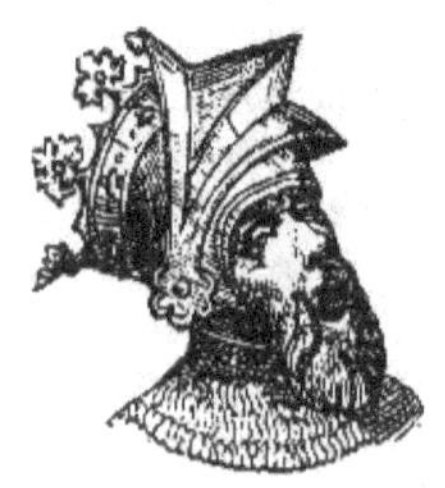

Drittes Kapitel.

Kunst, Wissenschaft, Bürgerleben, Gesetze und Stadtobrigkeiten.

Drei Jünglinge, die Grafen Gebhard aus Schwaben, Adalbero aus Bayern und Altmann aus Westphalen, welche zu Paris der Religionswissenschaft oblagen, träumten in ein und derselben Nacht: Sie seyen zu Kirchenfürsten erhoben worden, und hätten als solche Klöster gestiftet. Ihr Jugendtraum gieng im Mannesalter in Erfüllung. Gebhard wurde Erzbischof zu Salzburg und Stifter der Abtei zu Admont in Steyermark; Adalbero Bischof zu Würzburg und Stifter von Lambach in Ober-Oesterreich; Altmann Bischof zu Passau und Gründer der Abtei Göttweih. Alle drei wirkten durch ihre große Liebe für Kunst und Wissenschaft, die sie auch den Geistlichen ihrer Stiftungen mittheilten, mächtig auf die Cultur Oesterreichs und Steyermarks.

Drittes Kapitel.

Kunst, Wissenschaft, Bürgerleben, Gesetze und Stadtobrigkeiten.

Vorzüglich hatte sich hierbei der schon früher erwähnte Bischof Altmann (1071—1091) um die Ostmark verdient gemacht. Vor ihm waren fast alle Kirchen in derselben nur von Holz gezimmert, eng und klein, ohne Thürme und Glocken, noch sonstige Verzierung. Er ließ sie von Stein ausführen und schmückte sie mit Kunstsachen; wie er denn auch die St. Pancraz-Capelle in Wien (am Hof, wo jetzt die päpstliche Nuntiatur steht) erbaut, das Kirchlein St. Johann am Als (in der jetzigen Vorstadt Thury) aber wieder hergestellt haben soll. Er sorgte für Schulen und Bibliotheken in den Klöstern und legte den Grund zu einem Clerus voll Sittenstrenge, voll Liebe für Wissenschaft und Kunst, gleich geschickt für den Unterricht der Jugend, als für die Urbarmachung des Bodens. In den Abteien zu Melk, Göttweih u. a. befanden sich bald unter den Geistlichen: Schönschreiber, Maler, Bildhauer, Erzgießer und Baukundige, worunter sich vorzüglich Propst Hartmann von Göttweih, seit 1094, früher Prior in dem St. Blasiuskloster des Schwarzwaldes, als Universalkünstler auszeichnete.

Berühmt als Künstler ist auch dessen Zeitgenosse Thiemo, der sich häufig am Hoflager des Markgrafen Leopold des Heiligen aufhielt und durch seine Werke, in Oesterreich, mächtig zur Nacheiferung anspornte. Thiemo, oder Dietmar der Heilige, aus dem Geschlechte der Grafen von Mödling und Fronthausen, wurde im Kloster Niederalteich um die Mitte des eilften Jahrhunderts erzogen und bildete sich dort in den freien und mechanischen Künsten aus. In der Malerei, Schnitzkunst und der Kunst Statuen aus Stein zu gießen, war er sehr erfahren. Dem Kloster Admont verehrte er das von seiner Hand verfertigte Bild der schmerzhaften Mutter Gottes; dem Kloster zum h. Peter in Salzburg gab er das von ihm gegossene Marienbild, das sich auf dem Altare beim Ausgange der Sakristei befindet, aber als vergoldet und bemalt von wenigen gekannt wird; dann einen heiligen Christoph aus Elfenbein und einen heiligen Benedictus aus Holz geschnitten. Aehnliche Geschenke von seiner Hand verehrte er den Klöstern Niederaltaich und Kremsmünster. Auch trifft man zu Altenmark bei Radstadt, bei den Capucinern in Radstadt und zu Großgmain bei Reichenhall aus Stein geschnittene Statuen Mariens von ihm. Nach Gebhard's Tod wurde er 1090 zum Erzbischofe von Salzburg erwählt, in welcher Eigenschaft er viele harte Schicksalsschläge erdulden mußte. Im Jahre 1101 begab er sich in Begleitung des Bayernherzoges Welf und des Markgrafen Leopolds Mutter Itha mit dem Kreuzzuge nach Palästina, wo er in Gefangenschaft gerieth. Da sollte er den Sarazenen eine Statue Mohameds ausbessern (erzählt die Sage); allein er that es nicht, sondern zerschlug vielmehr im heiligen Eifer dieselbe und erklärte, daß er nur als ein Baumeister mitgekommen sey, um in den Herzen der Irregeleiteten den allein seligmachenden Glauben aufzubauen. Demnach wurde ihm zu Chorazim das Fleisch mit vergifteten Geißeln vom Leibe gehauen, ein Glied nach dem andern abgelöst, das Gedärme, wie dem heiligen Erasmus, aus dem Leibe gewunden und endlich das Herz herausgerissen. So erlangte Thiemo am 29. September 1101 die Märterkrone. [21]

Markgraf Leopold der sich, wie bereits erwähnt wurde, eine neue Residenz auf dem Kalenberge erbaute und sie reichlich mit Statuen ausschmücken ließ, worunter auch einige von Thiemo gewesen seyn sollen, vermehrte Wiens Gebäude mit dem Berghof und einem fürstlichen Jagdschlosse. Allmählig wurden nun auch die in der magyar'schen Verwüstung gesunkenen Kirchen: St. Ruprecht, St. Peter und Maria am Gestade wieder hergestellt; und sein Sohn und Nachfolger in der Regierung, Leopold der Fünfte, ließ um 1131 da, wo jetzt das Jacobergebäude sich erhebt, eine Capelle zu Ehren des heiligen Jacob erbauen, welche später zu dem Nonnenkloster St. Jacob auf der Hülben umgestaltet wurde. Leider sind jedoch alle diese Bauten in dem Strome der Zeit untergegangen und nur von dem zweiten Bau der St. Peterskirche, die erst im Jahre 1702 in ihre jetzige Gestalt umgebaut wurde, hat sich eine dürftige Zeichnung erhalten. (Siehe dieselbe, Seite 39.) Nach dieser ward die Kirche, kaum halb den Raum der jetzigen einnehmend, von zwölf starken Strebepfeilern gestützt, wovon acht den beiden Längenseiten, die übrigen aber dem hohen Chore angehörten, dessen Verlage dreiseitig gestaltet ist, und zwischen welchen kleine halbrunde Fenster angebracht sind. Das hohe Dach nimmt fast ein Drittel der ganzen Kirchenhöhe ein, und alles ist ohne die mindeste Verzierung. Weit bemerkenswerther ist die Stirnseite. Hier ragt, die ganze Breite der Kirche einnehmend, ein freistehender Quaderthurm, von vier seine Bedachung überragenden Pfeilern an den Ecken umstanden, mächtig empor. Ober dem Dache erhebt sich ein sogenannter Laternenbau, und auf diesem ist endlich des Thurmes Spitze aufgesetzt, die mit einem einfachen Kreuze schließt. Kirche und Thurm sind mittelst eines schmalen Ganges mit einander verbunden, woraus man schließen kann, daß an dem letzteren die Hauptpforte angebracht war. Der Bau zeigt noch unverkennbar den romanischen Styl, den man auch, obgleich höchst uneigentlich wie Dr. Kugler in seiner sehr geschätzten Kunstgeschichte bewiesen, als byzantinischen, zuweilen auch als sächsischen Styl bezeichnet. Dr. Büsching nannte ihn, da in demselben der Bogen vorherrschend die Form des Halbkreises hat: Rundbogenstyl. Die Peterskirche soll Wilhelm Rokchenzan, was freilich unverbürgt ist, erbaut haben.

Das schönste Werk der Baukunst aus diesem Zeitraum verdankt Wien Oesterreichs erstem Herzoge, Heinrich Jasomirgott. Bald nach dem Antritte der Regierung wählte er es zu seiner Residenz und baute sich auf dem Platze: am Hof genannt, eine Burg, die aber späterhin wieder verschwand.

Im Jahre 1144 legte er, und zwar außer den damaligen Ringmauern der Stadt, den Grundstein zur St. Stephanskirche; und der Bau, von Octavian Volkhner (Falkner) aus Krakau geleitet, [22] wurde so rasch befördert, daß sie schon 1147 von dem Passauer Bischofe Reginbert konnte eingeweiht werden. Von der Kunstfertigkeit dieses alten Meisters geben noch heute die Emporkirche und die beiden Thürme, welche damals die Ecken des westlichen Gebäudes bildeten, das schönste Zeugniß. Im Einklange mit der Breite der Stirnseite zogen sich wohl auch die Längenseiten bis etwa in die Gegend, wo jetzt die großen Thürme stehen, hin; und hier war die Kirche mit einem halbrunden

Chore geschlossen. Höchst merkwürdig von diesem alten Baue ist das Riesenthor, jedoch ohne die Vorlage, die einer späteren Zeit angehört, das den romanischen Styl deutlich erkennen läßt. Seine Halle enthält an jeder Seite sieben Säulen, die an der schräg sich einziehenden Seitenmauer bis an die Thüre fortlaufen und über deren blätterförmigen Knäufen sich gedrückte Halbbögen dehnen, die, so wie die Schäfte, theils mit Gitterwerk verziert sind, theils die Form von Palmenstämmen haben. Noch manigfaltiger geschmückt ist die Leiste, welche über die Säulenknäufe sich hinzieht und die abenteuerlichsten Bilder einer regellosen Künstler-Phantasie vorführt. Ueber dieser Leiste sind sechzehn Brustbilder von Heiligen angebracht, und das Mittelbild zeigt den in einer Eirunde sitzenden segnenden Heiland zwischen zwei Engeln. (Siehe obige Vignette.) Alles ist von keineswegs verwerflicher Steinmetzarbeit. Auch die sogenannten Heidenthürme sind bemerkenswerth. Sie haben eine Höhe von 33 Klafter, 4 Schuh, und wie ihre achtgiebligen, mit Pflanzenknorren verzierten Steindächer, eine achteckige Gestalt. Beide durchaus von Quadersteinen erbaut und in vier Geschosse eingetheilt, sind dem furchtbaren Brande im Jahre 1258 entgangen.

Wenige Jahre später 1155 stiftete Heinrich Jasomirgott die Kirche und das Kloster zu den Schotten. Als deren Baumeister wird Michael Hunger, ein Steinmetze aus Augsburg genannt.[23] Sie soll an der Stelle des Prioratshauses an der Freiung gestanden haben, mußte aber schon 1590 der jetzigen Kirche Platz machen. Ihr noch vorhandener Kreuzgang, mit einem vielgürtigen Kreuzgewölbe und spitzen Fenstern, gehörte nicht dieser Zeit sondern dem vierzehnten Jahrhundert an.

Höchst wahrscheinlich ist auch unter dieses Herzoges Regierung der Freysingerhof mit der St. Georgs-Capelle, jetzt das Trattner'sche Gebäude am Graben, durch dessen Bruder, den berühmten Kirchenfürsten Otto von Freysingen, gegründet worden.

Leopold der Sechste, der Tugendhafte genannt, und Leopold der Glorreiche waren nicht minder beflissen, die Stadt durch Gebäude zu verschönern. So entstand ein Wohngebäude und eine Kirche für die Tempelherren, welche jedoch schon 1226 den Dominicanern eingeräumt wurde; dann die St. Johanneskirche in der Kärnthnerstraße für den Johanniter-Orden, bei welcher dieselben auch ein Hospital für Wallfahrer nach Palästina, das Pilgramhaus, anlegten. Beide letztere Gebäude soll Claudius Scharpok von Bamberg, der hier um 1190 schon Baumeister war, aufgeführt haben. Im Jahre 1208 entstanden nun auch, wie schon früher bemerkt wurde, das Heilig-Geist-Spital und 1214 die St. Katharina-Capelle.

Nach seiner Zurückkunft aus Palästina erbaute Leopold der Siebente statt der damaligen Residenz auf dem Hof eine neue Burg auf demselben Platze, wo die heutige steht, und bestimmte die verlassene zu einem Münzhause; und 1221 stiftete er das Kloster und die Kirche St. Michael und erhob sie zu einer Hofpfarre. Dem alten Baue gehört noch heute der ganze untere Theil der Kirche, das Lanzhaus oder Schiff, mit den beiden Abseiten an, welche viel niedriger sind als das erstere, das ein einfaches Kreuzgewölbe deckt. Die schweren Pfeiler zwischen beiden sind sehr niedrig, gedrückt und mit dicken und blätterknäufigen Säulen an den Ecken versehen. Nebst diesen zwei Abseiten hat die Unterkirche aber noch beiderseits einen Anbau mit Kapellen, folglich eigentlich vier Abseiten, die aber jetzt ganz modernisirt sind. Auch an der Außenseite der Kirche zeigt der Vorsprung des Kreuzes gegen Süden die alte ursprüngliche Bauweise; doch von Bildwerken ist hier, außer ein Paar Thierköpfen und einem menschlichen Figürchen an den Ecken und Giebeln, nichts mehr zu sehen.

Den von Leopold in Wien eingeführten Minoriten erbaute dessen Sohn, Friedrich der Streitbare, gleichfalls ein Kirchlein auf dem noch jetzt nach diesen Mönchen benannten Platze, das jedoch schon wieder 1252 ein Raub der Flammen wurde.

Während des Zwischenreiches entstand 1267 durch den Nürnberger-Baumeister Michael Haß die Kirche und das Nonnenkloster zur Himmelpforte;[24] und Ottokar von Böhmen gründete 1276 von Neuem die Kirche und das Kloster der Minoriten. Die Kirche derselben aber, zum heiligen Kreuze genannt, kam jedoch erst 1330 gänzlich zu Stande. Das Nähere über sie kann demnach erst später besprochen werden.

Dies sind nun die wichtigsten Bauwerke Wiens, welche unter den Babenbergern entstunden. Nur wenige Ueberreste, wie wir gesehen haben, sind davon erhalten. Sie lassen aber, zusammengehalten mit den noch unversehrten Kirchen- und Klosterbauten dieser Dynastie in Klosterneuburg, Heiligenkreuz, Lilienfeld und Zwettel, ziemlich gut auf das Verschwundene schließen.

Der romanische Styl blieb die ganze Periode hindurch vorherrschend, und nur in den Bauwerken seit Leopold des Glorreichen findet man Spuren eines Uebergangs in die germanische Kunstweise, wie denn dies auch die wenigen und höchst seltenen österreichischen Siegeln und Münzen derselben genügend offenbaren. Die Siegeln des Markgrafen Leopold des Heiligen und der Herzoge Heinrich Jasomirgott, Leopold des Tugendhaften, Leopold des Glorreichen und Friedrich des Streitbaren zeigen einen ganz geharnischten Reiter, (s. Abbildung) dessen Kopfbedeckung oder Helm ohne Verzierung, bei den ersten drei offen, bei den letzteren aber geschlossen ist; den Armschild, ein längliches Dreieck, schmückt ein einfacher Adler, bei den späteren Herzogen oft auch der steyer'sche Panther oder die Binde; so auch das Streitfähnlein. Die Zeichnung an denselben, wie die beiliegenden Siegeln zeigen, ist höchst dürftig und steif, fast noch an die Kindheit der Kunst erinnernd; die technische Ausführung aber beurkundet schon mehr Gewandtheit.

Einen weit bedeutendern Fortschritt in der Kunst gewahrt man an dem ältesten Siegel der Stadt Wien (siehe dasselbe zu Ende dieses Abschnittes), das den einfachen Adler mit weit ausgebreiteten Flügeln und der Unterschrift: Sigillum Civium Winnensium enthält und von 1237 herrührt, da Kaiser Friedrich der Zweite dieselbe zu einer freien Reichsstadt erklärte. Ein Exemplar in rothes Wachs abgedruckt findet sich an Albert des Ersten Niederlags-Ordnung vom Jahre 1281, im städtischen Archive.

+ LIVPOLDV · DI · GRA · ARCHIO · AVSTRIE

+ FRIDERICVS · DEI · GRACIA · DVX · AVSTRIE

Von den Münzen aus dieser Zeit scheinen mir besonders zwei Silber-Pfennige bemerkenswerth. Der Eine, fast in der Größe eines halben Batzen, in einseitig hochgetriebener Arbeit den steyer'schen Panther und neben dessen links gewendetem Kopf den Bindenschild zeigend, gehört offenbar den Regierungsjahren Leopold des Glorreichen oder Friedrich des Streitbaren an, denen Wien sein ehemaliges Münzrecht, von welchem im nächsten Buche das Nöthige berichtet werden soll, zu verdanken hatte. Der zweite ist eine Münze Ottokar's. Das Gepräge ist viel flacher als bei dem vorigen, und über dem darauf erscheinenden Löwen ist das österreichische Wappen angebracht.

Die Gelehrsamkeit war dazumal noch ausschließend auf die Klöster beschränkt. Einiges Studium der lateinischen, griechischen und arabischen Sprache, der Theologie, Astrologie und Geographie abgerechnet, betrieb man fast nur Geschichtschreibung. Alold, Capellan des Markgrafen Adalbert des Sieghaften, Richard von Klosterneuburg, Leopold von Lilienfeld, Conrad von Witzenberg, Abt zu Melk, und Ortilo, ein Oberhaupt der von Heiligenkreuz nach Lilienfeld abgeordneten Cisterzienser-Mönche, sind die genanntesten niederösterreichischen Geschichtschreiber jener Zeit. Leider mengten sie jedoch sehr häufig Volkssage und Geschichte, besonders der Letztere, so innig zusammen, daß ihre Chroniken, als Quellen, nur behutsam zu benützen sind. Weit über sie ragt Otto, Bischof von Freysingen, der Verfasser eines berühmten Chronicon und der Geschichte des Kaisers Friedrich des Ersten, hervor. Otto, ein Sohn des Markgrafen Leopold des Heiligen, wurde in der Burg am Kalenberge nächst Wien 1109 geboren; 1122 wurde er Probst zu Klosterneuburg und gieng in diesem Jahre noch auf die hohe Schule zu Paris; 1126 nahm er den Orden der Cisterzienser zu Morimund an, wurde 1131 zum Abt in diesem Kloster und 1137 zum Bischofe von Freysingen gewählt. Nach seinem Kreuzzuge 1147 starb er 1158 zu Morimund und wurde auch daselbst begraben. Diesem stehen würdig zur Seite: der wohl unterrichtete und parteilose Predigermönch Pernold, aus Wiens Dominicanerkloster, Capellan und Gewissensrath Margaretheus, Leopold des Glorreichen Tochter, und der um 1243 in Wien lebende wackere Sundheim.

Herrlich hatte sich unter den drei letzten Babenbergern die Wunderblume der Poesie entfaltet, und fünf Dichter, die sich größten Theils zu Wien aufhielten, machten sich in hohem Grade bemerkbar.

Heinrich von Ofterdingen, ein österreichischer Ritter, der um 1160 auf seiner Ahnen Schloß, nächst Wilhering, geboren wurde, von dem jedoch Zeit und Ort seines Todes unbekannt geblieben sind: der erhabene Lobsänger Herzog Leopold des Glorreichen auf der Wartburg, der Dichter des Königs Laurin oder des kleinen Rosengarten, wie er selbst am Schlusse des Gedichtes mit den Worten erwähnt:

„Heinrîch von Ofterdingen
dise âventiure getihtet hât.
daz sie sô meisterlîchen stât

des wâren im die fürsten holt:
si gâben im silber unde golt,
pfenninge unde rîche wât.
hie mit diz buoch ein ende hât etc."

und nach den neuerlichen Untersuchungen des Ritters Anton von Spaun wohl auch der Verfasser des unvergleichlichen Nibelungenliedes. [25]

Walther von der Vogelweide, der, um 1170 geboren, wie er selbst berichtet »in Oesterreich singen und sagen lernte,« einer der wackersten Minnesänger, von dem Uhland, sein gemüthlicher Biograph und selbst ein Dichter auf den Deutschland stolz seyn darf, so wahr bemerkt: »Er hat nicht blos den Mai und die Minne gesungen, vielmehr ist er gerade der vielseitigste und umfassendste unsrer ältern Liederdichter: er behandelt die verschiedensten Richtungen und Zustände der menschlichen Seele, er betrachtet die Welt, er spiegelt in seinem besondern Leben das öffentliche, er knüpft seine eigenen Schicksale, wenn auch in sehr untergeordnetem Verhältniß, an die wichtigsten Personen und Ereignisse seiner Zeit.« Friedrich der Katholische, der älteste Sohn Leopold des Sechsten, Herzogs von Oesterreich, war ein vorzüglicher Gönner Walther's, welcher aus einer adeligen, aber unbegüterten Familie entsprossen zu seyn scheint. Als derselbe 1197 auf der Kreuzfahrt nach Palästina starb, verließ er zwar Wien, lebte einige Zeit, viele Lande durchziehend, als fahrender Sänger und 1208 finden wir ihn an dem glänzenden Hof Hermann's, Landgrafen von Thüringen, wo er, gleich Heinrich von Ofterdingen, Theil nahm an dem berühmten Sängerstreit auf der Wartburg, und sohin 1212 durch König Friedrich den Zweiten ein Reichslehen erhielt; aber bald nachher begab er sich wieder in Oesterreichs Hauptstadt zurück und fand an Herzog Leopold dem Glorreichen und dessen Oheim Heinrich von Mödling ihm wohlgewogene Herrn. Nach Wilhelm Grimm's Meinung soll er an Friedrich des Zweiten Kreuzzuge Theil genommen und auf demselben das Spruchgedicht »Freidank« verfertigt haben. Nach Leopold's Tod 1230 verließ er neuerdings den Hof von Wien und starb bald darnach zu Würzburg. [26]

Jans der Enenkel, ein geborner Wiener wie er selbst singt:

„Her Jans der Enenkel heiz ich:
des mac ich wol vermezzen mich
daz ich ein rehter Wiener bin etc."

lebte um 1190 bis 1250. Er schrieb das sehr geschätzte Fürstenbuch von Oesterreich und Steyer, oder eigentlich eine gereimte Chronik von den Markgrafen und Herzogen von Oesterreich und Steyermark, die mit dem Ursprunge Oesterreichs beginnt und bis zum Jahr 1246 reicht, wo Friedrich der Streitbare in der Schlacht umkam; dann eine Welt-Chronik in Versen, deren Ende also lautet:

„Der ditz getihte gemachet hât
der sitzt ze Wiene in der stat
mit hûse und ist Johans genant.
in der kronken er ez vant.
Jans der Enenkel sô hiez er.“ [27]

Ulrich von Lichtenstein, der herrliche Sänger des Frauendienstes und des Itwitz oder Frauenbuches, ein Sohn Dietmar's aus der steyermärkischen Linie dieses berühmten Hauses. Als Herzog Heinrich's von Mödling Edelknecht erhielt er zu Wien die Ritterwürde von Leopold dem Glorreichen, als dieser bei der Hochzeit seiner Tochter mit dem Fürsten Anhalt-Sachsen drittehalbhundert Knappen den Ritterschlag ertheilte.

„Dâ gap der edel fürste wert
wol drithalb hundert knappen swert:
daz was fürstenlich getân.
grâven, vrîen, dienestman,
wol tûsent rittern oder mêr,
den gab der edel fürste hêr
silber, golt, ros unde kleit
durch sîne hôhe werdekeit.
fünf tûsent ritter oder baz
des werden fürsten brôt dâ az.
dâ was buhurt, tanzes vil
und ander vil manc ritterspil.“

Zweimal zog Ulrich abenteuernd durch die Lande. Zuerst als Königin Venus von Venedig nach Wien und bis an die Taja, der deutschen Erde Gränzmarke; dann als König Artus, der vom Paradiese gekommen, um die Tafelrunde wieder herzustellen. Die Beschreibung dieser, zu Ehren seiner Dame, mit wahrhaft königlichem Aufwande unternommenen Züge, nebst 58 eingestreute, äußerst liebliche Minnelieder machen den Hauptinhalt seines Frauendienstes aus. Sehr gemüthlich beklagt er darin den Tod Friedrich's des Streitbaren in der Schlacht gegen Bela; er hatte wohl selbst in derselben mitgefochten. Ulrich starb am 26. Jänner 1275 oder 1276. [28]

Ottokar von Horneck, ein Edler aus Steyermark und Dienstmann Otto's von Lichtenstein (Ulrich's Sohn) wie er selbst singt:

„Mîn herre Otte von Liehtenstein
der tugenthaft und der reine,
den ich mit dienste meine
und dem ich bin mit triuwe holt,
welich herre umb mich daz versolt,
als er mir guot hât getân,
des muoz ich immer frum hân etc.

Dieser schätzbare Verfasser einer Reimchronik, welche als die wichtigste Quelle für die Zeit des Zwischenreiches, Ottokar's von Böhmen und Rudolph's von Habsburg, deren Zeitgenosse er war, gelten kann, war ein Schüler des am Hofe des Königs Manfred beliebten Minnesängers Conrad von Rotenberg. Den Namen Horneck legte dem Sänger, aus welcher Ursache ist unbekannt, erst Lazius bei; aber Ottaker nennt er sich selbst in seinem Werke, das 1745 Hieronymus Petz in dem dritten Bande seiner Scriptoren abdruckte. [29]

Alle diese Dichter sind um so mehr der Beachtung werth, da sie uns, als Zeitgenossen, den damaligen Zustand Wiens und seiner Bürger mit der lebhaftesten Farbenpracht vor Augen spiegeln. Noch 1041 ein dürftiges, all seiner früheren Herrlichkeit beraubtes Dörfchen der Magyaren, erscheint Wien, mit überraschender Eile des Gedeihens, schon 1137 urkundlich wieder als Stadt; und von Heinrich Jasomirgott zur Residenz gemacht und vielfältig verschönert, vergrößerte es sich allmälig dermaßen, daß Leopold der Glorreiche, als er zu Anfang des dreizehnten Jahrhunderts von Papst Innocenz dem Dritten einen Bischofsitz für Wien verlangte, dasselbe mit vollem Rechte, nach Köln, als die größte und mächtigste Stadt in Deutschland anführen konnte. Auch das Nibelungenlied zeichnet Wien aus, indem es Etzel's Hof und Beilager mit der schönen Chriemhilde dahin verlegt.

Dieses schnelle Emporkommen hat Wien unstreitig seiner dem Handel vorzüglich günstigen Lage an der Donau zu verdanken, welche die zwischen 1096 bis 1213 hier vorüber gewogten Kreuzzüge und die fortwährend darauf erfolgten Wallfahrten nach Palästina, so wie die Ehebündnisse mehrerer österreichischer Herzoge mit kaiserlichen Prinzessinnen aus Constantinopel, den damaligen Hauptplatz des europäischen Handels, mächtig förderten. Auch die bedeutenden Geldvorschüsse und Unterstützungen der Herzoge an die ärmere Bürgerschaft, um ihrem Gewerbsbetrieb einen größeren Aufschwung zu geben, trugen viel dazu bei. So erzählt Enenkel: Leopold der Glorreiche habe eines Tages seinem vertrauten Dietrich dem Reichen, einem Wiener-Bürger, der nie sein Geld gezählt, sondern es nur mit Schaufeln geschöpft und gewogen habe, in der Zeit besonders lebendigen Gewerbs- und Handelsverkehres seinen Schatz von mehr denn dreißigtausend Mark Goldes übergeben, um es den Kaufleuten und Bürgern zu leihen „daz sie arbeiten damit und werdent damit reich!“

Als das Reich der Lateiner entstand, lenkte zwar Venedig den Handel zum Theil von der Donau ab und durch das ägeische ins adriatische Meer hin; allein Wien litt dabei nicht viel. Bald knüpften ihre Kaufleute mit dieser Republick einen unmittelbaren Verkehr an. Häufig finden wir nun in Wiens Urkunden der Venedigerstraße erwähnt, und bald erhob sich dort ein deutsches Kaufhaus, das insbesondere die Wiener unablässig besuchten. Auch Ungarn begünstigte sehr den Handel mit Wien. So bestätigte 1270 zu Bykche König Stephan der Fünfte die für die hiesigen Kaufleute sehr vortheilhafte Zollordnung seines Vaters Bela des Vierten von 1260, und gab dem Wiener-Bürger Seyfried Leubul (Leubel) zur Nachachtung des dortigen Handelsstandes, Brief und Siegel darüber. Auch König Ladislav der Cumane gab solche Bestätigungen, vorerst kraft seines Freundschaftsbundes mit König Rudolph von Habsburg, zu Pesth, auf der Insel Tschepel, am 23. Mai 1277, und dann später an den Hausgrafen, als Vorstand des Handelsstandes zu Wien und in Oesterreich, ebendaselbst am 20. Juli 1279; und der letzte Arpade, Andreas der Venetianer, hob 1297 für die Wiener Kaufleute gar alle Neuerungen und Bedrückungen in Zollsachen auf. [30]

Metalle aller Art, edle und gemeine, vorzüglich Zinn und Quecksilber, Holzwaaren, Häute, Lein- und Wollengewebe, Tücher, Sattlerarbeiten und Waffen, waren die vorzüglichsten Ausfuhrsartikel, meistens aber nur zum Transit in Orient. Eingeführt wurden Spezereien, Gewürze, Seide und seidene Gewänder, Goldstoffe, Prunkgeräthe u. dgl.

Unter Wiens Gewerbsleuten zeichneten sich dazumal die Goldschmiede, Bogner und Pfeilschnitzer, Waffenschmiede, Sattler, die Wildwerker (Kürschner) Weber und Flämminger (Färber) vorzüglich aus. Letzteren gab Leopold der Glorreiche ein eigenes Privilegium, das späterhin bei Gelegenheit des Münzrechtes besprochen werden wird.

Hinsichtlich der Stadtgesetze verweisen wir auf die schon früher vorgeführten Urkunden, als: auf Leopold's des Glorreichen Stadtrecht von 1221, Friedrich's des zweiten goldene Bulle von 1237, die Synodal- und Judengesetze von 1267, die zwei Gnadenbriefe Kaiser Rudolph's des Ersten von 1278 und auf Albrecht's des Ersten Niederlagsordnung von 1281.

Von stadtobrigkeitlichen Personen treffen wir in diesem Zeitraume folgende an, und zwar: Bürgermeister: Paltram vom Stephansfreithof um 1276, Christoph Poll von 1280 bis 1284. — Stadtrichter: Conrad Chambart, um 1217, Otto der ältere von Neuburg 1258, Ritter Otto Haymons Sohn 1259, Rüdiger 1262, Paltram 1269, Ritter Otto Haymons Sohn 1272, Heunlo von Tulna 1275, Ritter Otto Haymons Sohn 1277, Ritter Reimboto 1281, Conrad von Harmarcht 1282, Ritter Reimboto, oder Reimbert Cleib 1283. — Judenrichter: Ritter Reimboto, um 1281. — Münzmeister: Dietrich um 1228, Chunling 1260, Chuno 1262 bis 1272, Leopold in der Hochstraße von 1275 bis 1281.

Pfarrer von St. Stephan: Eberhard (Huber?) 1147—1150, Eberger oder Heberger, 1158, Sieghard, zugleich Domherr zu Passau um 1214, Heinrich um 1216 bis 1226, Meister Leopold, bis 1252, Gebhard oder Gerhard, zugleich auch Caplan des Papstes, starb 1271, Bernhard oder Wernhard, auch Werner von Prambach, seit 1283 zugleich auch Domherr zu Passau; 1285 erhielt er diesen Bischofsitz und starb am 27. Juli 1313.

Aebte des Stiftes Schotten: Sanctinus bis 1169, Finanus (Fintanus) bis 1195, nach Einigen bis 1197, Gregor bis 1202, Ulrich bis 1204, Markus I. bis 1208, Matthäus bis 1220, Markus II. bis 1230, Dirmicius bis 1234, Felix bis 1247, Philipp der Erste bis 1272, Johann der Erste bis 1274 oder 1276, Wilhelm der Erste bis 1280, Thomas der Erste bis 1284.

Anmerkungen.

1 Vergl. Conrad von Witzenberg. Hier. Pez. Script. rer. austr. T. II. p. 291.
2 Haselbach. P. Pez. Script. rer. Germ. T. II. col. 917.
3 Otto Frising. L. VII. Chron. C. 9.
4 Noch heute befindet sich über dem Thore des fürstlich Esterhazyschen Palastes die Aufschrift:

Soli Deo Gloria
Domus haec a. S. Leopoldo Marchione
Austriae olim habitata
Successu temporis ad nobilem familiam
Estoras devoluta
Per Cel. Sac. Rom. Imp. Principem
Paulum Estoras R. Hung. Palat.
comparata
in hanc formam a fundamentis
pro familiae decore aedificata est
Anno Domini M. DC. XCV.

5 Dies beweiset folgende Urkunde aus dem Münchner Archive, welche Herr Archivar Buchinger so glücklich war 1827 im Original aufzufinden, und Freiherr von Hormayr in den Wiener Jahrbüchern der Literatur 1827, Anzeige-Blatt Nro. XL. Seite 23, obgleich nicht ganz frei von Fehlern, hatte abdrucken lassen. — „Markgraf Leopold setzt, in dieser, durch seines Bruders Adalberts Hand auf den Altar St. Stephans zu Passau die Peterskirche in Wien, wofür ihm der Bischof Reginbert im rechten Tausch einen Weingarten zu Wartberg übergab, und die Hälfte des Kirchengutes neben der Stadt, den Ort ausgenommen, wo die Ställe hingebaut wurden, mit der Verfügung, daß die Peterskirche und die übrigen Kirchlein der Wiener Pfarre von nun an dem Wiener Pfarrer unterstehen sollen." — Hier der Urtext: Notum sit cunctis Christi fidelibus tam futuris quam presentibus, qualiter Marchio L. per manum fratris sui A. advocati tradidit super altare sancti Stephani prothomartyris, ecclesiam beati Petri apostoli in Winnensi loco positam. recipiens a venerabili pataviensis ecclesie episcopo R. in legitimum concambium vineam unam Wartberch sitam et dimidiam partem dotis juxta Civitatem positam exceptis curtilocis, ubi stabula sunt constructa, eotenore ut supradicta ecclesia et cetera oratoria, in eadem parrochia consecrata deinceps in Winnensis plebani sint regimine. Et ut hec amodo inconvulsa permaneant superdictus Marchio impressione sigilli sui sancivit et Episcopus sub banno sue auctoritatis confirmavit. Hujus rei testes sunt: Ernustus frater Marchionis. Theodoricus comes. Leutoldus Comes Adelrammus aduocatus. Otto Chadoldus. Walchun de Griezpach. Diepaldus de Chagerre Ministeriales vero Hadmarus Adalbero Chunradus Marcwardus et filius ejus Vdalricus Heinricus de Guncinesdorf Ministeriales episcopi Theodericus. Ebo. Perhtoldus Aderant etiam capellani episcopi Adalbertus prepositus, Cenobii beati Nycolai. Perhtoldus prepositus tituli beati Ypoliti. Lvdegerus prepositus tituli beati Georii. Lanzo Archipresbyter. (Gottfridus.) Acta sunt hec Mutaren Anno ab incarnatione domini M^o. C^o. XXXVII°

6 Otto Frisingens. de gest. Frid. I. L. I. c. 32. — Chron. Claustroneoburg. ad A. 1146.

7 Die auf die Stiftung der Schotten-Abtei in Wien bezüglichen Urkunden Heinrichs Jasomirgott, sind in Freiherrn von Hormayr's Wien, Urkundenbuch Nro. 5. 7. 8. und 9 aus dem Archive derselben abgedruckt. Hinsichtlich der Lage dieser Abtei außer der Stadt, siehe die Anmerkung Nr. 22.

8 Siehe den Aufsatz: Dürrenstein, Richard Löwenherz Gefängniß, im historischen Taschenbuche auf 1811, wo die Stellen der deutschen und englischen Schriftsteller über dieses Ereigniß in einer Abhandlung sorgfältig zusammen gestellt sind.

9 Des Salzburger Erzbischofes Adalbert Briefe über König Richards Gefangenschaft, Zurückstellung des Lösegeldes, und Leopold's Tod, finden sich in Hansitz Germania sacra II. 954; jene aber Innozenz des Dritten an Richard und Leopold den Glorreichen v. 1198, bei Baluze I. 230 und 242 abgedruckt.

10 Duellius historia ordinis teutonici.

Anmerkungen.

11 Dieses berühmte Stadtrecht Leopold's des Glorreichen war bisher, ein vielfach entstelltes Bruchstück welches Laz in seiner Vienna lieferte, abgerechnet, bis in die neueste Zeit unbekannt. Freiherr von Hormayr hat es zum erstenmale, 1827, in den Wiener Jahrbüchern der Literatur, Bd. 39, Anzeigeblatt Seite 15, vollständig bekannt gemacht. Es findet sich auf der Münchner Hofbibliothek, auf dem Einbande einer alten Handschrift in Kleinfolio, aus der Abtei St. Nicola bei Passau, welche des Bernardi episcopi Faventini summula super decretalibus enthält.

12 Friedrich des Zweiten Majestätsbrief für die Stadt Wien, unter goldener Bulle, vom April 1237, ist nicht mehr im Original vorhanden, wahrscheinlich schon nicht mehr seit Albrecht dem Ersten, da derselbe nach gebändigtem Aufruhr den Wienern ihre alte Privilegien zerriß; es findet sich jedoch eine alte lateinische und deutsche Abschrift in den unter Friedrich dem Schönen 1320 begonnenen und 1434 durch den Burgermeister Hanns Steger fortgesetzte Handfeste der Stadt Wien, das Eisenbuch genannt. Auch von der Bestätigung von 1247 besteht keine Urschrift mehr. Hieronymus Pez fand eine alte Abschrift in dem Cisterzienserstift Wilhering, die er seinem gelehrten Freunde Chrisostomus Hontholer für die Jahrbücher Liltenfelds mittheilte.

13 Ueber Friedrich's des Streitbaren Tod, sieh vorzüglich: Pernoldus, Ennenkel, und Ulrich von Lichtensteins Frauendienst, Lachmanns Ausgabe. Berl. 1841, Seite 525 ff.

14 Pernoldus ad Ann. 1248, wie überhaupt für das ganze Zwischenreich wichtig.

15 Acta Concilii apud Lazium Comment. Rer. Viennens. L. 2. c. 5. — Lambec. Comment. Biblioth. Caesar. L. 2. cap. 3.

16 Johann von Winterthur, der anonyme Predigermönch von Leoben, Hagen, Tritheim und Guillimann setzen die Begegnung Rudolphs mit dem Priester auf der Jagd zwischen 1263 und 1268. Wer erinnert sich nicht hierbei an Friedrich Schillers herrliches Gedicht: Graf von Habsburg!

17 Vid. Diploma in Leibnitz. Mantiss. Jur. Gent. Dipl. P. II. p. 100. — Goldast. de Reg. Boh. App. Doc. N. 30.

18 Lambachers österreichisches Interregnum, Nro. 90, aus einem Codex der Canonie Dürrenstein und Nro. 91 aus dem großen Stadtbuche und einem Neustädter Codex, den auch schon Hergott benützt hatte. Die Originalien sind nicht mehr vorhanden.

19 Ueber die zweite Marchfelderschlacht siehe Cod. Rudolph. Cenn. Ep. 33. p. 419 et ib. L. II. Ep. 32 p. 417. — Chronicon Leob. ad ann. 1278 und vorzüglich Ottokar Horneck.

20 Chron. Austr. plen. ad An. 1278.

21 Vergl. Lipowsky, Rumpler, Bened. Pillweins Künstlerlexicon.

22 So nennt ihn das Verzeichniß aller Bau- und Steinmetzmeister von Wien, welches auf zwei großen hölzernen Tafeln geschrieben, sich in dem hiesigen Baumeisterarchive, der vormaligen großen Bauhütte bei St. Stephan befindet. Es beginnt mit dem Jahre 713 (!); den Namen der Meister sind ihre Monogramme beigefügt und hin und wieder findet man auch dabei wichtige Bauten angeführt. In der sechsten Reihe dieser Tafeln treffen wir diesen Künstler: „Octauianuß Wolckner von Krakau was paumaistr pei sant Steffen do man zalt Anno 1150." — Johann Schlager, in seinen „Alterthümlichen Ueberlieferungen von Wien" giebt zwar der St. Stephanskirche ein viel höher hinaufreichendes Alter und macht sie zu einer Stiftung des Bisthumes Passau; allein keine Urkunde, keine Chronik macht vor Heinrich's Jasomirgott Zeit von derselben Erwähnung. Zudem spricht die österreichische Chronik v. J. 852—1327, abgedruckt bei Freher, S. 319, wo es bei dem Jahre 1147 ausdrücklich heißt: Reimbertus Episcopus dedicavit Ecclesiam Viennensem. Deinde eodem anno obiit Episcopus Reimbertus, cui successit Conradus frater Heinrici ducis etc. ganz für die Entstehung dieser Kirche unter gedachtem Herzog. Eben so unhaltbar ist die Meinung, daß die St. Stephanskirche und die Schottenabtei schon damals inner den Ringmauern Wiens lagen. Herrn Schlager schlägt sich selbst durch seine ganz richtige Ortsbezeichnung der ältesten Stadtthore, vor und aus der Zeit mehrgedachten Herzoges, nach welcher diese Gotteshäuser offenbar noch außer der Stadt liegen mußten. Was weiters die, in dem Schottenstiftsbriefe von 1158 vorkommende Stelle: „Ut extra situm Monasterii a fossato Curiae nostrae, usque ad Ecclesiam sancti Joannis in Als etc. anbelangt, so ist ganz gewiß darunter der Stadt- (heutige tiefe) Graben zu verstehen; denn die Burg lag, in der Richtung gegen die Abtei, wohl schon zu nahe an demselben, als daß sie noch einer besonderen Schutzumgränzung bedurfte. Jedenfalls waren aber gewiß beide Gotteshäuser zum Schirme gegen feindliche Angriffe, wie man dies noch häufig bei alten Kirchen in Märkten und Dörfern sieht, mit tiefen Gräben oder Ringmauern umfangen. — Ogesser, S. 5, hat irrig Wolzner gelesen. Der geschichtliche Werth dieser Tafeln wird dadurch, daß sie 1627 von Simon Unger von Strandorf, 1641 durch Hanns Herstorfer, und vielleicht auch später noch Umstaltungen erlitten hatten, wobei Namen und Jahre gewöhnlich nicht gut wegkommen, sehr vermindert. — Siehe mein Werk: Der Stephansdom in Wien und seine alten Denkmale der Kunst. Wien 1832 in Folio, mit 44 Kupfern.

23 Gedachte Baumeistertafeln.

24 Dieselben.

25 Ueber Ofterdingen und das Nibelungenlied siehe unter andern: A. Wilh. von Schlegel im deutschen Museum Bd. 1. — Lachmann: Ueber die ursprüngliche Gestalt des Gedichtes von der Nibelunge Not, Berl. 1816. — Anton Ritter von Spaun: Heinrich von Ofterdingen und das Nibelungenlied, ein Versuch den Dichter und das Epos für Oesterreich zu vindiciren. Linz 1840. — Ueber den Sängerkrieg auf der Wartburg vergleiche: Koberstein, über das wahrscheinliche Alter und die Bedeutung des Gedichtes vom Wartburgerkrieg, Marburg 1823.

26 L. Uhland: Walter von der Vogelweide (Darstellung des Lebens und Charakters dieses Dichters und seiner Gedichte) Stuttg. 1822. — K. Lachmann: Walter's v. d. Vogelweide Gedichte. Berl. 1827.

27 Khautz: Versuch einer Geschichte österreich. Gelehrten. Lpz. 1755 Seite 3—18. — Hieronymus Megiser: Fürstenbuch von Oesterreich und Steyerland von Jansen, dem Ennenkel. Linz 1618. — Adr. Rauch: Rerum Austriacarum Scriptores Vol. 1. pag. 233 ff.

28 Ulrich von Lichtenstein, mit Anmerkungen von Theodor von Karajan, herausgegeben von Karl Lachmann, Berl. 1841. 8. Tiek: Frauendienst, oder Geschichte und Liebe des Ritters und Sängers Ulrich von Lichtenstein. Berl. 1818.

29 Khautz: Versuch einer Gesch. österr. Gelehrten. Lpz. 1755, S. 18—26. Hier Pez: Script. Rer. Aust. T. III.

30 Die sämmtlich hier angeführten Zollordnungen der Könige von Ungarn bewahrt noch das Wiener Stadt-Archiv.

Drittes Buch.

Vom Jahre Christi **1284** bis **1519**.

Drittes Buch.

Wien unter den Habsburgern bis zum Tode Maximilian's des Ersten.

Erstes Kapitel.

Der Hauptstamm der Habsburger.

Nach des letzten Babenbergers Hinscheiben hatten sich durch den Abgang eines rechtmäßigen Herrschers und die Umtriebe der Factionen, durch den Hochmuth des Adels, die Verhetzungen der benachbarten Fürsten und die abgedrungene Nachgiebigkeit des fremden Ottokar, viele Unordnungen, widerrechtliche Anmaßungen und höchst schädliche Eigenmächtigkeiten in Wien so wie in ganz Oesterreich eingeschlichen; Mißbräuche die mit einer guten Regierung nicht bestehen konnten. Diesen Unfug möglichst schnell wieder abzustellen war Albrecht's erstes Augenmerk. Kaiser Rudolph, sein Vater, dessen Besitzungen in der Schweiz,

Drittes Buch.

Wien unter den Habsburgern bis zum Tode Maximilian's des Ersten.

Erstes Kapitel.

Der Hauptstamm der Habsburger.

dem Elsaß und in Schwaben lagen, hatte ihm aus seinen Vasallen einige verständige Männer als Räthe zur Unterstützung in den Regierungsgeschäften seines neuerworbenen Landes mitgegeben, worunter sich vorzüglich Eberhard von Waldsee und Hermann von Landenberg auszeichneten. Diese begannen nun eine neue Regierungsverfassung zu entwerfen und mehrere zweckdienliche Verordnungen zu veröffentlichen, wodurch aber freilich mancherlei angemaßte Vorrechte und Freiheiten des Adels und des Volkes eingeschränkt wurden. Doch es sei mir erlaubt, den Erfolg dieser politischen Umstaltung in der schlichten Sprache eines älteren Chronikschreibers hier folgen zu lassen:

„Diese Herren nun (die mit Albrecht angekommenen Räthe) verfasseten eine neue Regimentsordnung und beflissen sich, durch heilsame Gesetze Alles wieder in guten Stand zu bringen, wodurch dann den Ländständen und der Stadt Wien ihre Freiheiten einiger Maßen beschnitten würden. Doch vergaßen sie auch hierbei ihrer selbst nicht, und verheirateten ihre Söhne mit den reichsten Herren-Töchtern im Lande, gewohnten sich auch nach und nach des Fürsten, bei dem sie Alles allein gegolten, Andern um Geschenke und Gaben zu verkaufen. Also wurden diese Fremblinge reich und groß, und die Eingebornen gerieten hingegen in Armuth und Abnehmen: wie denn der Eine von Waldsee seinen Kindern an 10,000 Mark Silber jährlich Einkommen soll verlassen haben, da er doch nicht so viel Pfennige in's Land gebracht. Die Landesherren in Oesterreich verdrosse es, daß die Schwaben beim Fürsten Alles gelten und sie das Nachsehen haben sollten; meist aber, daß sie durch dieselben verhindert und verdrängt, sich der Jugend des Fürsten nicht nach ihrem Gefallen mißbrauchen, und, wie sie etwa beim vorigen Unwesen zum Theil gewohnt waren, ihren Muthwillen nicht ungestraft verüben konnten. Demnach fiengen sie an im Jahr 1290 auf Jene öffentlich zu schelten, und befließen sich, dieselben bei Jedermann verhaßt zu machen. „„Sie seind Herkömmlinge““ sagten sie, „„aus ihrem Vaterland Entloffene. Weil sie in Schwaben nichts zu leben gehabt, sind sie in das fruchtbare Oesterreich kommen, daß sie den Inwohnern die Früchte hinwegfressen und wie die Schwammen Alles in sich ziehen. Diese Ausländer werden hervorgezogen, und wir hingegen unterdrückt und von den gemeinen Landesberathschlagungen ausgeschlossen. Nur ihre Stimmen gelten, und sie vermögen Alles allein. Ihnen werden die besten Herrschaften durch Heirath zugeeignet, die doch bei ihrer Ankunft nicht so viel Eigenthum im Land gehabt, daß sie einen Fuß setzen könnten. Unser Fürst ist ihr Gefangener, den sie für uns verschließen, und ist uns aller Zutritt versaget. Wenn es also fortwährt, so werden wir in Kurzem so viel Fürsten als Schwaben im Lande zählen.““

„Diese und dergleichen Reden stießen sie täglich gegen den Pöbel aus. Endlich traten sie einmüthig vor den Fürsten und begehrten ungescheut öffentlich, er solle die Schwaben aus dem Rath thun, mit dem Anhang: es seyen noch wohl unter ihnen, die solche Aemter besser versehen könnten. Dem Herzog Alberto kam dieß Begehren gar fremd vor; jedoch verbisse er den Unwillen und wiese sie gütlich ab.“

„In Steiermark waren auch Viele übel gesinnt gegen Albertum, und als der Herzog sich dahin verfüget, ward indessen eine heimliche Verbindniß wider ihn in Oesterreich angesponnen. Die fürnehmsten Häupter derselben kamen zu Triebensee, gegen Tulln über gelegen, zusammen: als Luitold von Khünring, Erbschenk zu Oesterreich, Conrad von Sumeran, Niclas von Liechtenstein, und einer von Falkenstein, Oesterreicher; Friedrich und Wolfgang von Stubenberg, Hardneid von Wildon, Ulrich von Pfannenberg, aus Steyer; aus Krain: Wilhelm von Scherfenberg, Otto von Weiteneck und Ulrich von Hainburg. Ihr Vorhaben war, Albertum und seine Schwaben zu verstoßen und den König aus Böheim einzusetzen. Nach welchem, als sie die Bündniß bestätiget, und der Winter damit zugebracht worden, sie zum Herzogen geschickt, und mit trotzigen Worten ihre alte Freiheiten, Rechte und Gewohnheiten wollten bestätiget haben; mit dem Beisatze: daß alle Ausländer vom Rath und vom Hof abgeschafft, und hinführo die Inwohner derselben Würden genießen sollen.“

„Herzog Albertus merkte wohl, daß es allein um die Schwaben zu thun wäre, die ihn bei den Landständen verhaßt machten. Weil er aber mit Jenen wohl versehen war, diese aber für unruhige Köpfe erkannte, stärkte er sich in seinem Vorsatz, ihnen nicht viel Gehör zu geben. Damit er aber ihre Gemüther erkundigte, ließe er sich vernehmen: er wolle ihnen willfahren, doch sollen sie ihm unter den Schwaben allein drei, Hermannum von Landenberg, Eberhardum von Waldsee und Henricum seinen Bruder lassen, als die man nicht ihrer Ehren entsetzen dörfte, weil sie dem Lande Oesterreich durch ansehnliche Heirathen und Schwägerschaften sich verwandt und sonst wohl verdient gemacht hätten. Als sie hierauf antworteten: Sie wollten lieber hundert Andere als diese drei leiden, erzürnte sich der Herzog, und sagte: Er wolle um ihres Drohens Willen nicht den geringsten Stallbuben von sich lassen. Ihm gebühre zu gebieten und nicht zu bitten, ihnen aber zu gehorchen, und nicht Gesetze und Ordnung zu geben. Sie sollen ihm nichts mehr hiervon sagen, oder seiner Ungnade gewärtig seyn. Mit welchen harten Worten er sie ihres Weges ziehen ließ.“

„Die Wiener, von den Landständen aufgewiegelt, begunten inzwischen Anno 1291 auch je mehr und mehr aufzurühren, wie sie denn zu vorerwähnter Versammlung ihre Gesandten mitgeschickt hatten. Nunmehr liefen sie ungescheut bei ihnen ab und zu, und ließen sich wider den Fürsten aufs heftigste verreizen, weil ihnen die Stände auch auf allen Fall große Hilfe und sonst goldene Berge versprachen. Der gemeine Pöbel hierdurch erregt und bewegt, fieng an das Hofgesind zu trotzen und zu pochen, auch sowohl wider den Fürsten als wider die Schwaben allerhand Schmachreden auszugießen, und auf allen Plätzen sich öffentlich zu rottiren. Unter Andern ließen sich die Schuster vernehmen: Sie wollten den Schloßgraben mit ihren Leisten ausfüllen und darüber hinlaufen.“

„Den Herzog Albertum ermahnten die Seinigen, er sollte zur Stillung des unruhigen Pöbels etwas nachgeben, durch die Finger sehen, und der Zeit, sie mit Fug abzustrafen, erwarten. Er aber, tapfern und standhaften Gemüths, sagte: Er wollte durchaus nicht durch seiner Unterthanen Drohung sich schrecken oder umstoßen lassen. Er wisse wohl, wenn er ihnen jetzt das Wenigste nachließe, daß sie dadurch zur Schwierigkeit nur desto kecker werden, und alle Jahre, jetzt Dieses, dann Jenes begehrend, einen Aufruhr erwecken würden. Doch schickte er letztlich zu ihnen, und ließ sie fragen: Was die Ursache ihres Auflaufes, und wohin es damit angesehen wäre? Hierauf antworteten sie mit allgemeinem Geschrei: Man solle dem Fürsten sagen, wofern er sie nicht bei ihren alten Freiheiten verbleiben lasse, wollten sie anderst zur Sache thun und ihm ferner keinen Gehorsam leisten.«

»Dem Herzog sollte aus Schwaben Hilfe zukommen. Er befand aber nicht rathsam dieselbe zu erwarten. Demnach begab er sich mit seiner Gemahlin, Kindern und Hofgesind aus der Stadt auf den Kalenberg; daselbst stärkte er sich vollends, und verlegte alle Wege gegen der Stadt, also daß keine Lebensmittel hinein, kein Bürger aber aus der Stadt heraus kommen durfte. Er schrieb auch von diesem Handel seinem Vater dem Kaiser, wie auch seinen Verwandten, Schwägern und guten Freunden, die dann ihm Hilfe zu schicken nicht säumten. Die Landstände hingegen hatten zwar von den Bundesverwandten, der Königin in Hungarn und Böhmen, wie auch vom Herzog Otto in Bayern und vom Erzbischof von Salzburg sich einer Hilfe versehen, auch den Wienern solche versprochen; aber weil Jene nicht zuhielten, konnten sie auch diesen nicht beispringen. Weil nun die Stadt gesperrt, gleichwohl aber ein großes Volk darin war, mußte es nothwendig zur schweren Hungersnoth gerathen, zumal man sich auf keine Belagerung nicht versehen hatte. Dannenhero liefen die Handwerksleute und Taglöhner den Reichen in die Häuser, begehrten, man sollt' ihnen Brot verschaffen oder sie wollten sie gefangen und gebunden zum Fürsten führen. Der Rath und die vermöglichsten Bürger vertrösteten das Volk auf Hilf und Zufuhr, die in wenig Tagen ankommen würde. Weil aber die Theurung täglich zunahm, und der Bauch, so keine Ohren hat, sich mit Worten nicht wollte abspeisen lassen, liefen und griffen endlich die Hungrigen zu den Waffen, und es wäre zum blutigen Gefechte gerathen, wenn nicht etliche Geistliche in's Mittel getreten, und den Rath versprochen hätten, wofern in sechs Tagen keine Rettung beschehe daß sie alsdann mit dem Fürsten sich vertragen wollten.«

»Inzwischen, weil die Bürger sich von den Landherren geäffet und in großer Gefahr befanden, begunte sich bei ihnen die späte Reue zu regen. Demnach baten sie den Abt zu den Schotten (Wilhelm den Zweiten), daß er zu den Fürsten reisen und ihnen Verzeihung ausbitten sollte, welche sie, ob sie wohl gröblich mißgehandelt, jedennoch durch Mitfürbitte der frommen Fürstin Elisabeth zu erlangen verhofften. Der Abt ließ sich ihre Noth und Reue zu Herzen gehn, kam zu Herzog Albertum, nahm die Herzogin zu sich, und erweichte durch ihr holdseliges Zusprechen sein ohnedies leicht versöhnliches Gemüth. Die von Wien folgten ihm nach mit bloßen Häupten und Füßen, fielen auf die Knie, und baten mit Heulen und Weinen um Erlassung der wohlverdienten Strafe ihrer begangenen Thorheit, und versprachen ihm als ihrem lieben gnädigen Landesfürsten künftighin all schuldige Treue und Gehorsam. Herzog Albertus durch seine Gemahlin, des Abts und der Bürger so klägliches Bitten, auch

den erbärmlichen Anblick dieser Fußfälligen bewegt, verzieh ihnen dergestalt, daß sie all ihre Freiheitsbriefe ihm zustellen sollten. Da sie dieselben brachten, ließ er die Fürnehmsten seines Hofes zusammenkommen und alle jene Briefe ablesen; da er dann, was er ihm und seinen Erben nachtheilig zu seyn vermeinte, zu Stücken risse. — Also gieng es den Wienern wie jenem äsopischen Hunde, dem das Stück Fleisch aus dem Maul entfiel, als er nach dessen größerem Schatten schnappte!« [1]

Somit war nun die Eintracht zwischen dem Herzog und seiner Hauptstadt hergestellt, und Albrecht zog wieder in seine Residenz ein, nachdem der Stadtrichter, der Bürgermeister, die Rathgeber und die ganze Gemeinde der Wiener Bürgerschaft ihm und seinen Erben Gehorsambriefe ausgestellt und aller öffentlichen und heimlichen Bündnisse entsagt hatten. Bald gaben ihm die Wiener, ihren Fehler wieder gut machend, genügende Proben treuer Ergebenheit: denn da er wider die noch immer unruhigen Landsassen eine Kriegsmacht aus Schwaben kommen zu lassen gedachte, erklärten die Bürger einmüthig: »er möge dies unterlassen, denn sie wollten ihm, selbst mit Gefahr und Schaden, beistehen und zu ihm halten in Noth und Tod.« Darob gerührt ertheilte Albrecht durch Meister Ottens von Möbling Hand, seines obersten Schreibers, am ersten Sonntage in

17*

der Fasten, da man singt: Invocavit (11. Februar) 1295, der Stadt Wien eine Handfeste, in welcher er sie das Haupt und die Säule des neuen Fürstenthumes nennt. Er erneuert in selber die alten, der nunmehrigen Landsäßigkeit nicht widerstreitenden Rechte und setzt unter andern folgende Gerechtsame und Satzungen fest: „Der eingesetzte Richter soll der Stadt nichts zu Schaden thun. Die Ebenteuer von alter guter Gewohnheit soll die Stadt behalten. Die Marschälle des Hofes sollen kein Quartier aufschlagen bei den Bürgern, am wenigsten bei Witwen, Hausgenossen und Münzern. — Gewaffnet in der Stadt umzugehen ist verboten, und Fremde, die einen Bürger beleidigen, sollen aus derselben entfernt werden. Juden dürfen kein Amt verwalten. Um was immer ein Bürger angesprochen wird, es mag Eigen oder Burgrecht seyn, wenn es im Burgfrieden ist, das richtet der Stadtrichter, ausgenommen die Hausgenossen, deren Gerichtsstand der Münzmeister ist; ferner in Lehenssachen, über die der Lehensherr, und bei Weingärten, über die der Bergmeister richtet. — Der Burgfried soll bis an das Ziel des Stadtgerichtes gehn. — Die Schule bei St. Stephan soll der Stadtrath verleihen und einen Schulmeister setzen, von welchem die andern Schulmeister in der Stadt abhangen. In der Stadt gemachte Schulden sollen auch da bezahlt werden. Vom Wasser weggeschwemmtes Gut soll den Eigenthümern zurückgestellt werden. — Bürger sollen an ihrem Weinbau nicht beirret werden, da der Stadt zu Wien Ehre und Nutzen allermeist in den Weingärten liegt, mit denen sie geehrt und geziert ist. Es sollen zu Rathsherren zwanzig gottesfürchtige, getreue, weise, nützliche und vorsichtige Männer gewählt und beeidet werden; sie sollen den Kauf und Markt besorgen, können mit Willen des Landesfürsten vermehrt oder vermindert werden, sollen in der Stadt haussäßig seyn, Weib und Kinder haben, und der Stadt Ehre behüten; auch keine Gaben annehmen. Die Bürger dürfen auch Lehen nehmen und leihen. Der Richter, wenn er geklagt wird, soll aus dem Rathe gehen; er soll auch nach geendigtem Richteramte Rathsherr bleiben, nicht aber Jener, der vorhin kein Rathsherr war. Rathshandlungen sollen stäts verbleiben und der Rath soll alle Wochen ein oder zweimal gehalten werden. Die Räthe sollen die jungen Bürger zügeln, und haben das Recht, sie mit Gefangenschaft zu strafen; zum dritten Mahl sogar im Kärnthner-Burgthurm (turn ze Chärnär puritor) zu unterst einsperren, und wenn ein solcher nicht Bürgschaft leistet und sich nicht bessert, ihn auch zu verbannen. — Kläger sollen schwören, daß sie ohne Betrug handeln wollen. Kein festes Gebäude soll bei der Stadt auf eine Rast Weges aufgeführt werden. ꝛc. Ferner bestätigte auch Albert in dieser Urkunde den Wienern die Burgmauth und verlieh ihnen zwei Jahrmärkte: im Sommer vierzehn Tage vor St. Jakob, dann sieben Tage vor und sieben Tage nach Maria-Lichtmeß, und den Kaufleuten, welche diese besuchten, wurde Schirm und freies Geleite, strenges Maß und Gewicht, so wie Freiheit von der Stadtmauth zugesichert; nur Fälscher, Diebe, Räuber und Mordbrenner waren von dieser Freiheit ausgenommen.“ [2]

Die inneren Unruhen Oesterreichs boten dem Grafen Iwan von Güns günstige Gelegenheit dar, zur Befriedigung seiner Beutelust in das Land einzufallen. Landenberg war ihm zwar mit einem tüchtigen Heere entgegen geschickt; allein unkundig mit der eigenthümlichen Kampfweise der Ungern, ward er mit all den Seinen von ihnen umzingelt und gefangen genommen. Albrecht zog nun selbst gegen den Grafen, und mit mehr Glück, zu Felde. In kurzer Frist hatte er neun und dreißig Ortschaften und Schlösser erobert, und darunter auch Güns, des Grafen Iwan Hauptsitz. König Andreas glaubte sich hierdurch veranlaßt, die Verheerungen seines Reiches vergelten zu müssen. Er setzte daher mit achtzigtausend Mann über die Leytha und führte die Drangsale des Krieges fast bis an die Thore Wiens. Durch Vermittlung einiger Bischöfe jedoch kam bald der Friede zu Stande, vermöge dessen Albrecht zwar alle eroberten Plätze wieder herausgab, die Burgen der Grafen von Güns aber geschleift wurden. Beide Fürsten verbanden sich nun 1291 zu einem Schutz- und Trutzbündniß.

Kurze Zeit hierauf begannen auch in der Steyermark ähnliche Unruhen, wie zuvor in Oesterreich, loszubrechen. Auf einem Landtage zu Gratz schlossen dessen Edle ein Bündniß mit dem Erzbischofe von Salzburg und boten das Land dem Herzoge Otto von Bayern an. Eine schreckliche Verheerung im reizenden Ennsthale war die Folge davon. Albrecht's Macht verscheuchte aber rasch die Gegner aus dem Lande. Zu Judenburg leisteten ihm die Stände von Neuem den Eid der Treue; Friedrich von Stubenberg aber, das Haupt der Unzufriedenen, mußte zur Fristung des Lebens alle seine Burgen ausliefern.

Inzwischen war Albrecht's Vater, Kaiser Rudolph, am 15. Juli 1291 zu Germersheim gestorben. Von den Söhnen Rudolph's war Oesterreichs Herzog allein noch übrig, nebst dem jungen Prinzen Johann, einem Sohne seines Bruders Rudolph aus Schwaben. Albrecht hatte zwar Schritte gemacht um zur Kaiserwürde zu gelangen; allein durch die Ränke des Mainzer Erzbischofes Gerhard wurde Graf Adolph von Nassau, am 6. Mai 1292, auf den Thron der Deutschen gesetzt. Die Reichsstände aber waren seiner übelverstandenen Regierung bald überdrüßig und verbanden sich mit Albrechten wider ihn. Am 2. Juli 1298 kam es am Hasenbühel, nächst Worms, zur Schlacht, und Adolph verlor gegen Albrecht Sieg, Reich und Leben. Am 24. August erfolgte darauf Albrecht's Krönung zu Aachen. Auf seinem ersten Reichstage zu Nürnberg, am 21. November 1298, belehnte er seine Söhne, von denen sein Erstgeborner Rudolph das Regiment führen sollte, mit den Herzogthümern Oesterreichs, Steyermark, Krain und der windischen Mark; bei welcher Gelegenheit, wie Horneck erzählt, ein Wiener Bürger, Ritter Breitenfelder, Schwiegervater des Otto Haymo, Haupt des früher erwähnten Aufstandes und thätiger Theilnehmer an der Adelsverschwörung zu Trübensee, des Kaisers Scepter hielt.

Schon zwei Jahre früher war Albrecht's Tochter Agnes dem Könige Andreas dem Dritten von Ungarn mit großer Pracht angetraut worden; nun vermählte sich auch Oesterreichs neuer Herzog, Rudolph, mit Frankreichs schöner Königstochter Blanca. Im Jahr 1300 kam sie mit ihrem Gemahl und ihrer Schwiegermutter, der römischen Kaiserin Elisabeth, unter großen Freudenbezeugungen des Volkes in Wien an. Rudolph des Sanftmüthigen kurzwährende

Regierung ist für diese Stadt denkwürdig durch die Errichtung mehrerer Kirchengebäude. So hatte ein Sohn Otto Haymos, aus dem ritterlichen Geschlechte von Neuburg, der gleichzeitig mit Oesterreichs Uebergang an das habsburgische Fürstenhaus verstorben und die Pfarre im Siechenals (am heutigen Thurn) gestiftet hatte, — ebenfalls Otto geheißen, um 1301 bei seinem Herrenhause eine Capelle zu Ehren der Himmelskönigin Maria (die jetzige St. Salvatorskirche) gegründet. Rudolph selbst und seine Gemahlin Blanca errichteten 1303 das Nonnenkloster zu St. Clara nächst dem Kärnthnerthore, das jedoch schon wieder 1529 eingieng und zum Bürgerspitale einbezogen wurde. Eben so hatte diese Herzogin auch die große Minoritenkirche, zu welcher König Ottokar schon den Grund gelegt, zu erbauen angefangen, an deren Vollendung sie aber am 19. Mai 1305 der Tod verhinderte. Sie liegt daselbst begraben.[3] Auch die Capelle des heiligen Virgilius auf dem Stephansfriedhofe (welche nachmals die Capelle der heiligen Helena unter der St. Magdalenakirche genannt wurde) ward in diesem Jahre erbaut. Schon früher, am 20. August 1302, vertauschte Griffo, Ritter und Bürger, sein Patronats-Recht von der St. Ulrichskirche zu Zaismannsbrunn (jetzt die Vorstadt St. Ulrich) gegen gleiche, der Schotten-Abtei eigenthümliche Rechte auf die Kirche Maria am Gestade und für ein dabei gelegenes Haus mit dem Thurm; späterhin nach dem neuen Besitzer „das Greifenhaus“ genannt.

Um diese Zeit soll auch die Kaiserin Elisabeth bei Hallstadt in Oberösterreich eine Salzgrube entdeckt und dabei eine Salzpfanne errichtet haben, ein Ereigniß, das auch für Wien den wohlthätigsten Einfluß hatte, da jährlich eine bestimmte Menge dieses Salzes um geringen Preis hieher geliefert wurde.

Der Tod des letzten Premysliden führte Rudolphen 1306 nach Prag. Er verehelichte sich dort mit Wenzel's junger Wittwe, der Polin Elisabeth Raizga, und sah sich als König anerkannt; jedoch nur wenige Monate trug er Böhmens Krone, da er schon, kaum drei und zwanzig Jahre alt, am 4. Juli 1307 starb.

Eben eifrigst obgleich fruchtlos bemüht seinem Sohne Friedrich dieses Reich nun zuzuwenden, ereilte Kaiser Albrechten ein empörend blutiges Ende. Gar wohlgemuth begieng er den ersten Mai 1308 zu Baden im Aargau, und ritt nun nach dem Mittagsmahle gegen Rheinfelden, um seine Gemahlin Elisabeth zu besuchen. Unterwegs, gerade im Angesichte der Habsburg, da er seinem Gefolge vorgeeilt war, wurde er durch seinen eigenen, sechzehnjährigen Neffen Johann, wegen vermeintlicher Vorenthaltung seines Erbes, zur Rache verleitet, erdolcht. Seine Helfer waren die Herren von Wart, Eschenbach, Palm und Tegerfeld. Alle starben als Flüchtlinge im Elend; ersterer auf dem Rade. Was aus Johann, seiner entsetzlichen That wegen Paricida genannt, geworden sei, schwebt im Dunkeln. Er soll lange Zeit als Bettler verkleidet in den Wäldern herumgeirrt, dann sich zu dem Papste Clemens dem Fünften nach Avignon begeben haben, der ihn zwar von seiner Schuld absolvirte; aber der zeitlichen Strafe wegen an Kaiser Heinrich wies, von dem er dann in ein Augustinerkloster zu Pisa verwiesen wurde, wo er am 13. Dezember 1313 starb.

Als er noch in den Wäldern herumschweifte, soll er ein junges Weib bei sich gehabt und mit ihr einen Sohn, Lathon, erzeugt haben, den der Geschichtschreiber Thomas Ebendorfer von Haßelbach, als einen alten blinden Mann am neuen Markte in Wien in einer von ihm verfertigten Hütte Almosen sammeln sah. [4]

Da, wo Albrecht's Blut floß, erbaute seine fromme Tochter Agnes den Hochaltar des Klosters Königsfelden, in dem sie bis an das Ende ihres Lebens als Nonne verweilte.

Dies war das Ende des ersten österreichischen Herzogs aus dem erlauchten Hause Habsburg, nach einer sechs und zwanzigjährigen strengen aber weisen und gerechten Regierung. Er liegt in Speyer begraben. Nun hatte zwar der älteste seiner noch lebenden Söhne Friedrich der Erste, auch der Schöne genannt, die Regierung von Oesterreich angetreten; aber er führte sie gemeinschaftlich mit seinen Brüdern: Leopold, der Ritterschaft Zierde, mit Albrecht dem Weisen, Heinrich dem Leutseligen und Otto dem Fröhlichen. Wie nun Heinrich der Siebente von Luxenburg am 6. Jänner 1309 zum Kaiser erhoben war, begaben sich die drei älteren Brüder sogleich nach Speyer und empfiengen da von ihm nicht nur die Lehen über die Länder, welche ihr Vater besessen, sondern auch über die Gebiete in Schwaben, welche früher ihrem Vetter Johann als Erbgut bestimmt waren.

Die Abwesenheit der Fürsten von ihrem Lande, welche sich noch durch die von ihrer Mutter immerfort angestachelte Verfolgung der Mörder ihres Vaters verlängerte, gab dem unruhigen österreichischen Landadel, aufgehetzt durch den nieder-baier'schen Otto, Anlaß sich gegen seine Herren zu empören. Die Aufrührer, an deren Spitze die reichen Zelkinger und Pottendorfer traten, nahmen einige landesfürstliche Schlösser. Auch in Wien hatte sich für sie eine Parthei gebildet, die unter dem Schützenmeister Berthold damit umgieng, denselben die Thore der Stadt und der Burg, wo sich die beiden jüngeren Herzoge befanden, zu eröffnen. Allein die größere Zahl der, ihren Landesfürsten treu ergebenen Wienern hatte nicht so bald geheime Kunde von den Umtrieben einiger ihrer Mitbürger erlangt, als sie dieselben gefangen nahmen und, geleitet von dem wackeren Hubmeister Greif Zelm, mit verdoppelter Sorgfalt die Stadt bewachten, und so die Anschläge der Empörer gänzlich vereitelten. Darüber wuthentbrannt verwüstete der Landadel alle Weinberge rings um Wien, plünderte auf der Straße den Kaufschatz der Bürger und schnitt ihnen die Zufuhr der Lebensmitteln ab. Zugleich fiel auch Otto von Baiern in Oesterreich ein und belagerte Neuburg am Inn.

In dieser bedrängten Lage kamen dem Lande die wohlgesinnten Steyrer zu Hülfe. Durch sie gelang es dem Landeshauptmann Ulrich von Walsee, gemeinschaftlich mit dem Abte Ulrich von Melk, den Meuterern ihre Beute wieder abzujagen und Ruhe herzustellen. Herzog Friedrich kam 1310 eiligst nach Wien zurück und hielt nun, die Treue und Anhänglichkeit reich belohnend, gegen die Schuldigen, nach damaliger Sitte, ein strenges, grausames Gericht. Den ungetreuen Adeligen wurden ihre Güter eingezogen; einige büßten es sogar mit dem Leben. Johann Stadlauer, ein reicher vornehmer Bürger, wurde an den Schweif eines Pferdes gebunden, so vor die Stadt hinaus geschleift und mit dem Rade hingerichtet; Wilhelm und Gottfried Salzer, auch Salfator genannt, wurden geblendet und ihnen die Zungen abgeschnitten; viele verloren die rechte Hand, womit sie den Herzogen Treue geschworen hatten. Auch Otto-Haymo hatte sich höchst verdächtig gemacht. Er ward aus dem Lande verwiesen und seine Güter fielen der Kammer zu.

Nun zog Friedrich mit einem ansehnlichen Heere gegen Bayern, um sich an Herzog Otto zu rächen; Pfalzgraf Rudolph und Bernhard Bischof von Passau aber legten sich in's Mittel, und so kam 1311 bald ein Friede zu Stande, den eine Heirath zwischen Otto von Oesterreich und Elisabeth, der Tochter des Herzogs Stephan von Bayern, befestigte.

Im Jahre 1312 entstand eine so große Theuerung in Wien, daß der Metzen Weizen 120 Wiener-Pfennige oder ein halbes Talent, die Gerste 70, das Korn und der Hafer 60 kosteten, wodurch viele Menschen vor Hunger starben. Dafür war im folgenden Jahre ein solcher Ueberfluß, daß der Metzen Weizen nur 6, und der Metzen Korn 4 Pfennige kosteten; auch gab man für ein leeres Faß so viel Wein als dasselbe halten konnte. Herzog Friedrich und seine Brüder stifteten in diesem Jahre die große Karthause zu Mauerbach.

Am 24. August 1313 starb Kaiser Heinrich der Siebente in Italien, wahrscheinlich an beigebrachtem Gifte. Nun bewarb sich mit vollem Eifer Herzog Friedrich um die Kaiserkrone. Allein die Churfürsten zerfielen durch die Einflüsterungen Johann's von Böhmen, der nicht ohne Grund befürchtete, Friedrich dürfte dann als Kaiser seine Ansprüche auf Böhmen, welche sein Vater nicht mehr ausführen konnte, wieder geltend machen, in zwei Partheien, und so erhob am 19. und 20. Oktober 1314 eine zwiespaltige Wahl Friedrich den Schönen und Ludwig den Bayer gleichzeitig zu Königen der Deutschen. Da der Pabst sich für keinen erklärte, kam es zum Krieg, der lange mit abwechselndem Glücke geführet wurde. Um dies nachdrücklicher thun zu können, forderte Friedrich, der sich inzwischen 1315 mit Elisabeth von Aragonien vermählt hatte, von der Geistlichkeit seiner Länder den zehnten Theil ihrer Einkünfte, so wie auch den zehnten von sämmtlichen Weingärten; und im folgenden Jahre, 1316, mußten zudem auch alle Bürger und Einwohner ihr Vermögen eidesstätig bekennen und davon den zehnten Theil als eine außerordentliche Steuer entrichten.

Um diese Zeit befand sich das Stadtgericht oder die Schranne noch am St. Petersfriedhof; das Rathhaus aber lag 1315 bis 1323 in der Wollzeile, zwischen dem Zwettelhofe und dem jetzigen erzbischöflichen Palaste.[5] Früher soll es an der Stelle des Selbischen Hauses am Graben (der heiligen Dreifaltigkeitssäule gegenüber) gestanden haben, wofür die daran stoßende vormalige Rathstraße freilich wohl einen geringen Anhaltspunkt gewährt. Nun aber gab Friedrich (1316) den Bürgern und dem Stadtrath Otto-Haymo's der Kammer anheimgefallenes Haus sammt der Capelle und den Stiftungen, wie es ihnen Otto zugedacht, woraus dann das jetzige Magistratsgebäude entstund.

Im Jahre 1319, nachdem eine Feuersbrunst Wien schrecklich verwüstet hatte, finden wir bereits urkundlich das Nonnenkloster St. Nicola vor dem Stubenthor erwähnt, welches bei der ersten Belagerung der Stadt durch die Türken zerstört wurde; und 1320 erbaute eine fromme Matrone ein Kirchlein zu Ehren der heiligen Anna sammt einem Pilgerhause in der Pippinger- nun Annagasse.

Endlich nach acht Jahren gräulicher Verwirrung brach der verhängnißvolle 28. September 1322 an. Friedrich der Schöne, ohne die Hilfsvölker seines Bruders Leopold abzuwarten, der den Grafen Montfort züchtigend, zu lange in Schwaben verweilte, bot auf der Fahwiese zwischen Ampfing und Mühldorf dem Gegenkönig Ludwig, an dessen Seite Johann König von Böhmen so wie an der seinen Carl Robert von Ungarn stand, die Schlacht an; — aber sie gieng verloren, und Friedrich sammt seinem Bruder Heinrich und viele Edle des Heeres wurden gefangen. Zwanzig Trautmannsdorffe blieben auf dem Felde der Ehre. Herzog Heinrich gerieth in die Hände des Königs Johann, der ihn erst nach Jahr und Tag gegen Entrichtung eines schweren Lösegeldes aus der härtesten Haft entließ, so daß er bis an sein Lebensende († 3. Februar 1327) nicht wieder froh ward. Friedrich aber wurde auf die Feste Trausnitz gebracht und drei Jahre hindurch in Gefangenschaft gehalten, indessen ob ihres Gemahles harten Schicksals Elisabeth von Aragonien durch unaufhörliches Weinen um das Licht der Augen kam.[6]

Herzog Leopold, von heftigem Schmerz fast verzehrt, bot Alles auf um den geliebten Bruder zu befreien und führte den Krieg wider den Gegenkönig mit Kraft und Eifer fort; allein erst nach seinem Siege bei Burgau, am 13. März 1325, ließ sich Ludwig zu einem Vergleiche herbei, vermöge welchem Friedrich der deutschen Kaiserkrone entsagte und somit freigelassen nach Wien zurückkehrte. Mit unbeschreiblichem Jubel ward er von seinen Unterthanen empfangen. Er sollte jedoch nicht lange in ihrem Kreise verweilen. Die ihm befreundeten Fürsten, sein Bruder Leopold, ja selbst der Pabst, waren über dessen Thronentsagung höchst unzufrieden, und letzterer bedrohte ihn sogar mit dem Bannfluche, wenn er nicht widerrufen würde. Unvermögend so sein Wort zu erfüllen, kehrte Friedrich freiwillig in sein Gefängniß zurück. Ludwig, von dieser Treue innigst gerührt, umarmte seinen Gegner als Freund und Bruder; vertraute ihm, während er nach Brandenburg aufbrach, um dem hartbedrängten Sohne beizustehen, die eigenen Länder an; und hob am 5. September 1325 den Trausnitzer Vertrag auf. Beide Fürsten sollten nun zugleich im Reiche herrschen, ein und dasselbe Siegel führen, wie Brüder Tisch und Bette gemeinsam haben; und nach einem weiteren Vertrage, vom 7. Jänner 1326, sollte Ludwig seinen Römerzug antreten und in Italien, Friedrich aber in Deutschland herrschen. Als jedoch fünf Wochen darauf Herzog Leopold am 13. Februar 1326 einem hitzigen Fieber erlag, zeigte Ludwig gegen Friedrich bei ihrem letzten Zusammentreffen zu Innsbruck eine fühlbare Kälte, und Friedrich, auf seinen Antheil an der Regierung des deutschen Reiches verzichtend, zog sich nach Oesterreich zurück.

Auch da sollten ihm die letzten Jahre seines trüben Lebens noch verbittert werden. Er mußte gegen den eigenen Bruder Otto zu Felde ziehen, der auf Theilung der Erbländer dringend, viel Kriegsvolk aus Ungarn und Böhmen nach Oesterreich zog, welches dasselbe gräßlich verwüstete.

Friedrich, dessen Gemüth seitdem tief verletzt war, zog sich nach wieder hergestellter Ruhe nun ganz in die Einsamkeit zurück und lebte mit seiner blinden Gemahlin theils in der von ihm gestifteten Karthause Mauerbach, deren erste Brüder aus dem steyer'schen Kloster Seitz kamen und von ihm einen Hof in Wien zunächst St. Petersfreithof erhielten, der noch heut zu Tage Seitzerhof genannt wird, theils in der Burg des romantischen Waldthales Gutenstein, wo er am 13. Jänner 1330, sechs Monate vor seiner Gemahlin, aus dieser Welt schied. Friedrich wurde in Mauerbach zur Erde bestattet, Isabella aber fand in der Wiener-Minoritenkirche, deren Bau sie zu Ende gebracht hatte, ihr Grab.

Drei Jahre vor seinem Hinscheiden gründete Friedrich noch das Kloster und die Kirche der Augustiner nächst der Hofburg, und zwar in Folge eines Gelübdes, weil ein am Hofe Ludwig's lebender Augustiner, Namens Conrad, viel dazu beigetragen haben soll, daß er so bald die Freiheit erhielt. [7]

Schon früher hatte dieser Orden bereits vor dem Werderthore in der kleinen Fischervorstadt, die sich bis zum heutigen Schanzel hin erstreckte, das St. Johannes-Kirchlein besessen, welches einige für jenes Gotteshaus halten, das Severin, wie Eugippus erwähnt, zu Ehren dieses Heiligen nahe bei den Stadtmauern erbaut habe; wogegen aber Rasch mit Recht behauptet, es sei nicht einmal so alt als die Schotten-Abtei, da dasselbe sonst wohl, gleichwie Hernals, Siechenals und St. Johann im Lazareth, in dem Stiftungsbriefe dieses Klosters gewiß erwähnt worden wäre. Am Tage der Heiligen Philipp und Jakob 1327 bezogen nun gedachte Mönche unter ihrem Prior Hermann ihr neues Kloster. Der Kirchenbau aber begann erst im Todesjahre Friedrich's, 1330, und ihr voriges Kloster im oberen Werd wurde in ein Spital umgestaltet.

Auch noch andere fromme Stiftungen fanden ihr Daseyn in Wien während der Regierung dieses Kaisers. So stiftete Herzog Otto der Fröhliche das Kloster zu St. Laurenz für Nonnen des Dominicaner-Ordens, das Friedrich und Isabella in ihren Testamenten von 1327 und 1328 mit ansehnlichen Vermächtnissen begabten. So entstand durch den reichen Wiener-Bürger Zink 1326 die Kirche der heiligen Dreifaltigkeit; [8] der deutsche Orden erbaute in seinem Hause in der Singerstraße eine Kirche zu Ehren der heiligen Elisabeth, und Ulrich von Tirna mit seiner Gattin Perchta die heilige Kreuz-Capelle bei der St. Stephanskirche. [9]

Das städtische Archiv in Wien bewahrt noch ein höchst merkwürdiges Denkmal Friedrich's: das sogenannte Eisenbuch, welches er am 21. Jänner 1320 einführte, damit in selbes alle Rechte und Ordnungen, Armer und Reicher wegen, sollen hineingeschrieben werden. [10]

Der Tempelorden fand übrigens, auf Philipp des Schönen Anlaß, durch Friedrich auch in Oesterreich seine Auflösung. Die Güter desselben fielen meistens den Johannitern zu.

Nun waren nur mehr die Herzoge Albrecht und Otto im Besitze Oesterreichs. Sie strebten mit regem Eifer, insbesondere Letzterer, inmitten einer sturmbewegten Zeit die Segnungen eines dauernden Friedens über ihr Reich zu verbreiten, und hielten männlich aus, obgleich Habsburgs Feinde es darauf angelegt zu haben schienen, sie meuchlings zu verderben. Noch war Friedrich kaum zwei Monate verschieden, als Albrecht selbst und Otto's Gemahlin, Elisabeth von Bayern, bei einem Mahle zu Wien vergiftet wurden. Sie starb sogleich; Albrecht fand Rettung, blieb aber lebenslang lahm an Händen und Füßen und wurde beinahe fünfzig Jahre lang von den heftigsten Schmerzen gequält, die jedoch seine bewunderungswürdige Standhaftigkeit nicht zu erschüttern vermochten.

Einige Raubzüge, welche die Böhmen gleich zu Anfang der Regierung dieser Herzoge gegen Oesterreich unternahmen, fanden bald ihr Ende durch die Grafen von Retz und die Herren von Meißau. Auch die Streitigkeiten, welche die herzoglichen Brüder mit Kaiser Ludwig dem Fünften hatten, waren bald geschlichtet, und mit ihm ein enges Freundschaftsbündniß angeknüpft. Zweimal besuchte der Kaiser Wien, 1335 und 1346. Weil er aber von dem Pabste mit dem Banne belegt war, mußten bei seinem festlichen Empfange jedesmal das Geläute der Glocken und die Töne der Orgel verstummen. Herzog Albrecht blieb ihm auch dann noch ergeben, als 1346 der böhmische Prinz Carl durch die Wahl der Churfürsten förmlich als Gegenkaiser auftrat; und erst, als am 11. Oktober 1347 Ludwigen auf der Bärenjagd ein Schlagfluß tödtete, erkannte Oesterreichs Herzog Carl den Vierten als Kaiser an, ließ sich von ihm 1348 zu Seefeld belehnen, und führte dessen Tochter Katharina als Braut seines Sohnes Rudolph nach Wien.

Schon am 24. Juni 1330 hatte Albrecht die große Karthause zu Gamming gegründet und derselben reichliche Einkünfte zugewiesen. Der erste Grundstein zu diesem Gebäude aber wurde erst am 13. August 1332 gelegt. Als die Mönche in ihrer frommen Demuth die Annahme fernerer Geschenke von ihm, mit der Aeußerung „sie hätten ohne dies schon genug für sich und ihre Nachfolger,“ dankbar ablehnen wollten, sprach er folgende denkwürdige Worte: „Nembt, die wîl man iuch gibt gerne. Ez kumbt di Zît, daz sîn allez ze wênig wirt werden. Mîne kinder, waz ich in wirde geben, daz hüetet und pflegt gar eben.“ [11] — Im nächstfolgenden Jahre (1331) am St. Gallentage gab Herzog Otto der Fröhliche dem von ihm in Steyermark gestifteten Kloster einen Hof in Wien, am grünen Anger, und erlaubte ihnen alle Jahre fünfzig Fuder Weins dahin einzuführen. Gleichzeitig vergrößerte auch der Herzoge Schwester Agnes, welche an den König von Ungarn, Andreas den Dritten, vermählt war, das Kloster zur Himmelpforte und ließ die Kirche zu Ehren der heiligen Agnes einweihen. [12]

Auch das Bürgerspital vor dem Kärnthnerthore wurde von den Landesfürsten kräftig unterstützt. Im Jahre 1334, da sich Herzog Otto mit Anna, einer Tochter des Königs Johann von Böhmen, vermählte, war dasselbe schon so sehr in Aufnahme gekommen, daß man darinnen bereits sechshundert Arme verpflegen konnte.

18*

Im Jahre 1335 war Herzog Heinrich der Fünfte von Kärnthen-Tirol ohne männliche Erben verstorben. Kärnthen fiel nun vermöge des zwischen Kaiser Rudolph dem Ersten und Herzog Mainhard errichteten Vertrages an Oesterreich. Heinrich's Tochter Margaretha, ihres seltsam gestalteten Mundes wegen Maultasche genannt, behielt Tirol; doch fiel auch dieses späterhin, durch Albrecht's kluges Benehmen, Oesterreich anheim.

Die Kirche der Augustiner in der Stadt kam erst 1339 ganz zu Stande. Indessen erbauten Herzog Otto der Fröhliche und die St. Georgsritter um 1337 an dieselbe die Todencapelle, worin wahrscheinlich bis zur Vollendung der großen Kirche einstweilen der Gottesdienst abgehalten wurde. Gleichzeitig entstand durch Meister Jakob, einem Arzte von Wien, und dem Pfarrer zu Himberg das St. Kolomannkirchlein außer dem Kärnthnerthore, der es dann dem Bürgerspitale schenkte. Um dasselbe wurde sonach ein Gottesacker angelegt, an den noch heute eine steinerne Säule erinnert. [13] Wahrscheinlich nur ein Jahr später, 1338, wurde von der Bruderschaft der Notare und Beamten in Wien, der sogenannten Schreiberzeche, über die Virgilius-Capelle die St. Magdalenakirche erbaut. Mehrere gleichzeitige Urkunden erwähnen „der Bruderschaft Gemein der Schreiberzech auf dem neuen Chärner in Sand Magdalena Chapellen, gelegen auf Sand Stephansfreythof.“ [14]

In demselben Jahre starb am 3. September Herzog Otto's Gemahlin Anna; er selbst folgte ihr wenige Monate später, am 26. Februar 1339. Er liegt mit beiden Gemahlinen in Neuburg begraben.

Nun war nur mehr Albrecht der Zweite übrig, der wegen seiner vielen vortrefflichen Einrichtungen der Weise, seiner vorhin schon erwähnten körperlichen Gebrechen aber, der Lahme genannt wurde. Albrecht war, gleichwie der glorreiche Leopold, den Wienern ein wahrer Vater. Als weiser Gesetzgeber regelte er beinahe alle Zweige des Stadt-Wesens. So hatte er schon am 5. März 1324 das Wasserrecht zwischen seinem Amtmann Niclas zu Wien und den Kaufherren, Bürgern und Fremden geordnet. — Am 24. August 1331 und 7. Dezember 1350 gab er den Wiener Fleischern eigene Ordnungen. — Am 1. Mai 1337 verschrieb er den hiesigen Bürgern den Werd an der Donau, welcher vormals dem Otto Haymo eigen war, um sechshundert Pfund Pfennige. — Am Erichtag vor Gottesleichnamstag 1339 befahl er, daß von nun an in Wien nur zwei Wachsglet mehr seyn sollen, nämlich des alten Hansgrafen seine in der hintern Bäckerstraße, und die da liegt an der Ecke in der Wollzeile zunächst Jansens Haus in dem Strohhof. — Die große Handfeste Wiens, in welcher die Briefe Leopold's, des Kaisers Rudolph und des Herzoges Albrecht des Ersten, erneuert, und in Uebereinstimmung mit denselben viele neue Satzungen aufgestellt wurden, fertigte er am 24. Juli 1340. Besonders merkwürdig sind hierunter jene, welche den Handel und die Gewerbe berühren und also lauten: „Kein Gastgeber darf Kaufmannschaft treiben. — Vereine der Handwerker sind verboten, und nur die alt hergebrachte Innung der Laubherren und der Hausgenossen wird gestattet. Uebervortheilungen sind mit Geld zu strafen; die Bäcker aber bei solchen zu schupfen oder in das Wasser zu tauchen nach altem Herkommen. — Fleischhacker und Bäcker können keinen Fremdling, der dienen will und die Gebühr in die Zeche gibt, zurückweisen. — Fütterer, welche den Hafer zu hoch ansetzen, und Schneider, welche ihre Arbeit übertheuern, hat der Rath zu strafen und soll für sie die Preise bestimmen. — Da wohl bekannt ist, daß die Fischer die größten Unfüge treiben, so wird denselben weder im Sommer noch im Winter einen Mantel, eine Gugel noch einen Hut zu tragen erlaubt: sie sollen vielmehr bei Sonne, Wind und Regen mit bloßem Haupte auf dem Markte, so lange sie Fische feil haben, stehen, damit sie um so mehr eilen und den Leuten besseren Kauf geben. — Gerechtes Maß bei Wein, Bier und Meth zu geben wird strenge anbefohlen; sonst soll das Getränke verschüttet oder in das Spital gegeben werden. Die Einführung des ungerischen und wälschen Weines in den Burgfrieden wird untersagt; doch ist ehrbaren Leuten vergönnt zu ihrem eigenen Gebrauche vier Urnen im Hause zu halten« rc. — Am 23. August desselben Jahres erfolgte Albrecht's Ordnung für die Wiener Schneider; am 13. März 1345 die Freiheit der Wiener Kaufleute über die Niederlage zu Bruck an der Leitha, und 1348 die Scheidung der Kaufleute von den Krämern. Eben so bestätigte er des Kaisers Friedrich des Ersten Freiheit von 1312 mittelst Urkunde vom 23. Jänner 1348, und erlaubte den Bürgern und Kaufleuten sechs geschworene Unterkäufel zu haben. — Am Dienstag nach St. Pankraz 1351 befahl er, daß aller Kaufschatz der nach Oesterreich geführt wird, nach Wien gebracht und da verkauft werden soll; deßgleichen verordnete er in demselben Jahre, daß Niemand über die Zeyrike fahren soll, außer die von Linz, Enns, Freistadt, Wels und Gmunden, und daß auch diese nur ihr eigenes Gut darüber führen dürfen, um den Handel in Wien nicht zu verkürzen. — Am Mittwoch vor St. Johannes zur Sonnenwende 1351 erlaubte er dem Bürgermeister und Rath der Stadt zum Nutzen vom Sommer bis Weihnachten von Wein und Getraide ein Umgeld aufrichten zu dürfen; und am St. Agathatag 1352 führte er endlich die Weingartenbau- und Hauerlohns-Ordnung ein. Nach dieser durfte kein Weingarten von dem Eigenthümer vermiethet, sondern mußte durch seine eigenen Leute oder Taglöhner (Sonntagsknechte, wie sie damals hießen) bearbeitet werden. Die Arbeitszeit war vom Aufgang bis Niedergang der Sonne festgesetzt und nur an einigen sehr heißen Stätten war es den Arbeitern vergönnt, den Mittag unter Dach zuzubringen. An Lohn bekamen die Schnitter und Inschneider sechs, die Hauer und Gruber fünf Pfennige. [15]

Neben diesen weisen Anordnungen zeigen sich aber noch immerhin arge Verwechselungen der gesetzlichen Strafe mit persönlicher Rache. Als Albrecht im Jahre 1348 gefährlich erkrankt war, beschuldigte ein schwäbischer Priester, aus Rachesucht wegen einer Beleidigung, durch heimliche Briefe den herzoglichen Küchenmeister Stibor der Giftmischerei. Ohne weitere Untersuchung hielt man denselben sechs Monate lang bei Wasser und Brod im schweren Kerker an. Da klärte ein glücklicher Zufall des Mannes Unschuld auf. Er wurde frei gelassen und wieder in seinen Dienst eingesetzt; aber ein fürchterliches Strafgericht ergieng über den falschen Ankläger. Vierzehn Tage hindurch wurde er auf einer hohen Säule in einem eisernen Käfige am hohen Markt zur Schau ausgestellt und dann am Stephansfreythofe lebendig eingemauert. [16]

Ein schreckliches Erdbeben im Jahre 1349, das viele Burgen und Dörfer Oesterreichs in Trümmer legte, war der Vorbote der großen Pest. Furchtbar wüthete ein zweites am 11. October 1356, wo auch das, Albrechten feindlich gesinnte Basel, welches eben der Herzog belagerte, in Ruinen versank. Jetzt, meinten seine Kriegsräthe, wäre es an der Zeit den Uebermuth der stolzen Stadt zu züchtigen. Er aber blickte ernst hin auf die Gräuel der Verwüstung und sprach: „Da sey Gott für, daß ich die noch ärger ängstige, die Gottes Hand so schwer getroffen. Laßt uns vielmehr ihnen in der Noth beistehen. Erst wenn sie wieder aufgebaut haben ist es Zeit mit ihnen zu rechten.“

Schon um das Jahr 1348 begann jener schreckliche allgemeine Ausbruch der Pest, welche, wie Schlötzer sagt, das Menschengeschlecht von Sina bis Grönland verdünnt hat. Es starb ein Drittel, ja vielleicht sogar die Hälfte unserer Generation aus, und seit der Sündfluth hatte wohl nie noch der Tod auf Erden so grauenvoll gewürgt. Im Jahre 1349 drang sie auch in Oesterreich ein und wüthete in solchem Grimme, daß in Wien allein an vielen Tagen 500 bis 700, an einem Tage 960 und an einem anderen, nach der Leobener Chronik, sogar tausend zweihundert Menschen erlagen. Herzog Albrecht begab sich zur Verwahrung gegen diese Seuche nach Purkersdorf. Es ergieng zwar durch ihn der Befehl, die an der Pest Verstorbenen in den Kirchhöfen der Stadt nicht zu begraben; allein man beerdigte sie noch immer viel zu nahe außer derselben, auf dem obgenannten Colomanns-Gottesacker, wo sechs große Gruben gegraben, und in Eine allein vierzehntausend Leichen gelegt wurden, ohne die zu rechnen, welche anderswo ein heimliches Begräbniß fanden. Die Anzeigen der Seuche waren, daß die Angesteckten rothe oder schwarze Flecken, bisweilen auch geschwollene Drüsen unter den Achseln und an den Schamtheilen bekamen, welche ihnen gewöhnlich schon am dritten Tage den Tod brachten. Den schwangeren Frauen war diese Krankheit vorzüglich gefährlich. Kinder starben gewöhnlich unter Singen und Lachen. Dieses Uebel währte von Ostern bis Michaelis. Der Verstorbenen Güter kamen oft an den vierten Mann. In vielen Häusern war Alles ausgestorben, und zu manchem Nachlasse fand sich gar kein Erbe. Auch der Gottesdienst stand stille, da fast alle Geistliche, bei St. Stephan allein vierundfünfzig, ausgestorben waren. Uebrigens war das Jahr zwar fruchtbar, es wurde aber dennoch Alles theuer, da es an Arbeitern gebrach, und man einem Schnitter täglich zwölf, einem Hauer zehn Pfennige bezahlen mußte.

Ein bis zur fanatischen Wuth gesteigerter Wahn schrieb fast in ganz Europa den Ausbruch dieser Pest den Juden zu. Man beschuldigte sie allenthalben, die Brunnen vergiftet zu haben; und so wurden denn viele Tausende derselben auf die grausamste Weise ermordet. In Oesterreich machten sich insbesondere Krems, Stein und Mautern, um Michaelis 1349, bemerkbar, in dem unmenschlichsten Verfahren gegen dieses unglückliche Volk. Viele dieses Stammes zündeten die eigenen Häuser über sich an und wollten lieber in den Flammen umkommen, als Opfer der erfinderischen Grausamkeit ihrer Verfolger werden. Herzogs

Albrecht Weisheit wußte dies in Wien zu verhindern durch seinen Judenbrief. Kraft dessen kam in hebräischer Sprache der merkwürdige Juden-Revers in das städtische Eisenbuch, den ich in des Freiherrn von Hormayr's mitgetheilter Uebersetzung mitzutheilen mir erlaube:

„Revers der Sammung der Juden zu Wien, mit Willen ihres Leibs, unbezwungen und mit ganzem Herzen, daß sie sehen die Noth der ehrsamen Bürger und den Zwist darüber und wie ihnen das hart sey und wie sie dazu thun wollen, mit Gottes Gnad und mit ihrer Gnad. Darum geben sie hinführ zu leihen ein Pfund Wiener Pfenning und drei Pfenning und sechszig Pfenning und wieder einen und dreißig Pfenning um einen Helbling für die Woche, den Reichen wie den Armen. Das haben sie gethan zu Wien am Freytag am Neumond im Juli des Jahres 5098 als die Welt erschaffen ward und das sind die Namen der jüdischen Meister: der arme Habgini, Sohn Eleazars; seine Seele sei in den sanften Gärten der Verschämten, als er nie ward. Der betrübte Sabgia Habgim, Sohn Seors; sein Gedächtniß soll seyn in der zukünftigen Welt. Der betrübte Moise, Sohn eines Meisters Gamaliel; dessen Seele soll umfangen seyn mit den lebendigen Seelen.“

Auch um die Verschönerung der Stadt durch Erhebung der Kirchengebäude hat sich Albrecht der Zweite verdient gemacht. Er begann die St. Stephanskirche zu vergrößern und zu erweitern, indem er einen neuen Chor, der am 23. April 1340 von dem Passauer Bischof Albrecht eingeweiht wurde, und eine Capelle daselbst errichten ließ, wie wir später umständlich berichten werden. Im Jahre 1319 war die St. Michaeliskirche abgebrannt. Er ließ sie wieder herstellen und gegen das Presbyterium verlängern; auch begabte er sie mit einem Hause zunächst des Pfarrhofes, in der alten Rath- jetzigen Breunerstraße gelegen. Dann gründete er 1349 ein adeliges Frauenstift zu St. Theobald, nun St. Joseph, auf der Laimgrube, dessen Kirche später zu einer Pfarre erhoben wurde und der Umgegend den Namen St. Theobaldsgrund mittheilte. Der Pfarrhof stand an der Stelle des jetzigen Getreidekastens der Stadt Wien. Endlich im Jahre 1357, da auch Ritter Griso die Kirche St. Maria am Gestade sammt den dazu gehörigen Besitzungen am Salzgries dem Bischof Gottfried von Passau für achthundert fünfzig Pfunde Wiener-Pfennige überließ, stiftete Albrecht das Kloster und die Kirche St. Dorothea, nächst den Augustinern in der Stadt. Er erlebte aber die Vollendung dieses Baues nicht, da er am 20. Juli 1358 in Wien verschied und am 23. in Gamming an der Seite seiner bereits 1351 verstorbenen Gemahlin Johanna begraben wurde; dieses Haus Gottes aber erst 1360 gänzlich vollendet wurde.[17]

Rudolph der Vierte, Albrecht's ältester Sohn, hatte schon als Jüngling Ungewöhnliches erwarten lassen, so daß ihn seine Zeitgenossen bald den Sinnreichen, Unermüdeten, so wie späterhin den Stifter nannten; Benennungen, deren er sich während seiner kaum siebenjährigen Regierung vollkommen würdig machte. Obgleich ihm Katharina, eine Tochter Kaiser Karl des Vierten, angetraut war, hatte er doch immer sein Hauptaugenmerk dahin zu richten, daß durch den ehrgeizigen, nur auf die Vergrößerung Böhmens bedachten Schwiegervater die Vorrechte seines Hauses nicht geschmälert würden. Es gelang ihm öfter durch zeitgemäße Nachgiebigkeit, mehr aber noch durch festes, entschlossenes Entgegentreten. Die Untheilbarkeit der Herzogthümer aufrecht zu erhalten war sein Hauptgrundsatz. Daher nannte er sich, die Vorrechte Oesterreichs geltend zu machen, Erzherzog: ein Titel, der seitdem bei seinen Nachkommen unangefochten blieb, obgleich er selbst mehrmalen, auf Kaiser Karl's Andringen, zeitweise darauf verzichtet hatte, jedoch nur immer gegen dessen ausdrücklichen Revers: daß die etlichen Dinge, so er Kaiser und Reich zu Ehren und zu Liebe gethan, ihm und seinen Nachfolgern bei künftigen römischen Kaisern unschädlich seyn sollen.« — Darum führte er auch in jeder Provinz die Erbämter ein; bestellte als allgemeiner Landesherr („von kaiserlicher Machtvollkommenheit, die Wir von dem heiligen römischen Reiche haben," — wie er sich ausdrückt) die Erzämter und einen Erzkanzler, den Bischof von Gurk, welche ihn auch umstanden, als er am Hofe zu Wien auf goldenem Stuhle die Huldigung annahm und der Schotten-Abtei ihre Briefe bestätigte. Fünf Adler, nicht Lerchen wie einige behaupten, zierten sein neues Wappenschild. [18]

Gleich im ersten Jahre seiner Regierung, 1358, war Rudolph für die Verschönerung und Vergrößerung der St. Stephanskirche in Wien auf das Eifrigste bedacht. Er vollendete (wie wir später in der Kunstgeschichte ausführlicher darthun werden) nicht nur den von seinem Vater angefangenen Bau des unteren Kirchtheiles, der dann zu Ehren aller Heiligen eingeweiht wurde, sondern begann

auch einen neuen erweiternden Bau in der Oberkirche, wozu er vermöge seines eigenen Briefes am 7. April 1359 den ersten Stein zur Grundfeste legte. Großes Verdienst erwarb er sich auch durch die Gründung der beiden hohen Thürme, wovon jedoch leider in der Folge nur Einer ausgebaut wurde. Es verdankt demnach dieses herrliche Gotteshaus Rudolphen, wenigstens dem Plane nach, seine jetzige Gestalt. Der tägliche Arbeitslohn für einen Werkmann betrug damals nicht über fünf Pfennige. Ungeachtet dieser Wohlfeilheit waren aber die Auslagen so groß, daß man selbst das Volk um einen Beitrag ansprach, und Peter Bischof von Marchopel verlieh 1359 denjenigen einen Ablaß auf vierzig Tage, welche bei diesem Kirchenbaue hilfreiche Hand bieten würden.[19]

Schon im Jahre 1356 hatte Rudolph der Vierte, noch als herzoglicher Prinz, seine ehemalige Wohnung in dem Burgthurme neben dem Wiedmer- oder Holzthore in die noch jetzt bestehende Hof-Capelle umgestaltet, wobei dieses Thor geschlossen und dafür rechts neben der alten Burg das Burgthor auf dem damals freien Platze eröffnet wurde. Im Jahre 1359 bewirkte er von dem Papste Innocenz dem Sechsten die Erlaubniß, zur Vermehrung des Gottesdienstes in dieser Capelle eine Probstei errichten zu dürfen. Gar bald aber sah er ein, daß hier der Raum für so viele Geistliche und das Volk zu klein sey: er übertrug sie daher, nachdem er hierzu die Einwilligung des Pabstes Urban des Fünften erlangt hatte, unter dem Titel: „Aller Heiligen“ am 16. März 1365 nach St. Stephan.[20] Die Probstei hieng unmittelbar von dem päbstlichen Stuhle ab, weßwegen ihr Oberhaupt, dessen Ernennung sowohl als die der ursprünglichen vierundzwanzig Chorherrn sich der Landesfürst vorbehielt, jährlich am Peter- und Paultag sechzehn Goldgulden in die päbstliche Kammer entrichten mußte; rücksichtlich der Seelsorge aber war der Probst, als Pfarrer von St. Stephan, dem Bischofe von Passau unterworfen. Er war gefürstet und berechtiget Infel, Stab und andere Zierden, den Bischöfen gleich, zu führen; war Erzkanzler von Oesterreich, und hatte die Gerichtsbarkeit über alle seine Unterthanen. So schrieb er sich auch: „Wir von Gottes Gnaden Probst zu aller Heiligen zu Wien, Erzkanzler zu Oesterreich“ — und durfte ritterliche Wehr und Harnisch tragen. Die Chorherren hingegen, deren Würden der Custos, Dechant und Cantor waren, führten nur ein kleines, stumpfes Scheidemesser bei sich, dessen sie sich bei Tische bedienten. Ihre Kleidung bestand anfänglich in einem rothen langen Talare, worüber sie ein Roket und einen rothen Mantel „die Chappen“ trugen, auf dessen linke Seite ein spannlanges, zwei Finger breites goldenes Kreuz geheftet war. Seit 1366 tragen sie sich aber, auf Urban des Fünften Befehl, gleich wie die anderen Domherren. Zur Wohnung wurde ihnen der Zwettelhof angewiesen, welchen Rudolph 1361 von dem Kloster Zwettel um 500 Pfund Wiener Pfennige zu diesem Zwecke gekauft hatte. Zu gleicher Zeit übertrug er auch einen beträchtlichen Schatz von Reliquien, die er auf seinen Reisen gesammelt hatte, nach St. Stephan.

Ein Jahr vor dem Ankaufe dieses Hofes hatte Rudolph zuerst die Brüder vom Berge Carmel in Wien aufgenommen und ihnen zur Wohnung jenes Gebäude an der St. Johanneskirche im Werd eingeräumt, wo vormals ein Spital war, das jedoch schon 1346 mit jenem vor dem Wiedmerthore vereiniget wurde. In demselben Jahre erhielt auch die neuhergestellte St. Marien- oder Rathhauskirche die Einweihung durch den Patriarchen von Aquileja; und 1363 kam die noch jetzt in Wien übliche Fronleichnams-Procession, welche schon um 1334 Heinrich, Pfarrer bei St. Stephan, eingeführt hatte, durch den Landesfürsten in höhere Aufnahme, indem er anordnete: „Den Gottsleichnamstag soll man auf gleiche Weise begehen wie den Weihnachtstag; dann soll man alles das Heiligthum das da ist, und alle die Fahnen die da sind, und alle Himmel und dreißig Kerzen und zehn Windlichter umtragen in der Stadt, und dazu sollen kommen alle Pfarrer, alle Klöster und alle Kapellane, und alle Pfaffen mit sammt den deutschen Herren, Johannesrittern (Malthesern), Heiliggeistern und Spitälern in der Stadt und in den Vorstädten, mit all ihrer schönsten Gezierd auch gen St. Stephan gehn, und mit der ehegenannten Procession umgehen.“ Gleichzeitig wurde auch von Rudolph seines Vaters Stiftung zu St. Theobald in ein Kloster des dritten Ordens St. Clara von der Buße umgestaltet.

Auch eine anderartige, für Oesterreich höchst erfreuliche Begebenheit sollte das Jahr 1363 verherrlichen. Es war die Gewinnung Tirols. Margaretha Maultasche übergab dieses schöne Land sogleich nach ihres Sohnes Meinhard's Tod an Rudolph, und gieng mit ihm nach Wien, wo sie in dem nach ihr benannten Dörfchen, der jetzigen Vorstadt Margarethen, den Rest ihres Lebens zubrachte.

Gleich bedacht war auch Rudolph auf das Municipalwesen und den Handel in Wien; ja er übertraf hierin bei weitem seinen Vater. So gab er am Allerheiligen-Tage 1358 dem Bürgermeister Leopold Polz einen Schirmbrief für die Güter der Stadt, welche sie in Aichau und Lachsenburg besaß. — Am Samstag nach Allerheiligen 1358 erfolgte sein Ausspruch, daß die Bürger zu Wiener-Neustadt ihren Wein nur zwischen St. Michaels- und St. Martinstag nach Wien führen und verkaufen dürfen. — Am Samstag nach Margarethen 1359 belehnte er Seifrieden Reicholf mit einem Theil des Werdes und den Gütern vom Rothenthurme gegenüber: den Schiltgraben und der Röhrschütt. — Am 22. October 1359 verbot er Holz und Flöße auf der Donau stromaufwärts zu führen. — Am 27. November 1359 gab er Bruck an der Leitha dieselben Rechte hinsichtlich des Handelsverkehres mit Wien, wie Heimburg. — Am Donnerstag vor unserer Frauen Verkündigung 1359 führte er das Umgeld, eine Art Consumtionssteuer, auf Getraide, Vieh, Getränke und dergleichen, bleibend ein, und verzichtete dagegen auf das Vorrecht, die umlaufende Münze jährlich zu verändern. — Am St. Peter- und Pauls-Abend (28. Juni) 1360 hob er das Burgrecht, welches in Abgaben von den um die Burgen gelagerten Schützlingen bestand, gänzlich auf, indem er anordnete: daß alle Abgaben der Bürger in der Stadt und in den Vorstädten Wiens, „das ein Haupt ist des Herzogthumes Oesterreich, die Wohnung seiner Fürsten, und das er mit solcher Liebe umfangen habe, daß er nur dort bleiben wolle im Leben und Tod,“ um acht Pfund Pfennig für ein Pfund Geldes alles Burgrecht, Ueberzins oder Dienst abgelöst werden könne von allen Hausbesitzern, es seien Bischöfe, Aebte, deutsche Herren, Johanniter, Mönchsorden oder auch Hospitäler. Wer sich dieser Ablösung weigert, dessen Haus ist dann ledig von allem Burgrechte. Auch befahl er, daß alle öden, verfallenen Häuser, gegen dreijährige Befreiung von der Schatzsteuer, binnen Jahresfrist neu erbaut werden sollen. — Am 2. August 1360 setzte er fest, daß die von Wien allein mit ihrem Grundinsigel über alle Gründe fertigen, und hierwegen ein Pfund Geldes mit acht Pfennigen abzulösen berechtiget seyn sollen. — Am 20. Juli 1361 erfolgte seine Handveste „daß man von allen Häusern in der Stadt Wien Burgfrieden mitleiden solle,“ und hob so alle Steuerfreiheit für Geistliche und Weltliche auf; alle mußten gleich den Bürgern die Abgaben entrichten, auch die Amtsleute und Rathsgenossen; nur die eigentlichen Kirchen- und Klöstergebäude, so wie die Hofräthe, so lange sie in dieser Eigenschaft am Hoflager seyn mußten, waren davon ausgenommen. Auch verordnete er, daß wenn Erbgüter an Kirchen, Klöster oder Weltpriester vermacht werden, diese binnen Jahresfrist wieder an Jemanden verkauft werden müssen, der alle städtischen Lasten trägt. Alle Gerichtsbarkeit in Wien wurde auf das Hofgericht, Stadtgericht, den Münz- und Judenrichter zurückgeführt und die Freiungen (Asyle) für Verbrecher im Allgemeinen abgeschafft; die Burg, St. Stephan und das Schottenkloster blieben jedoch noch solche. — Am St. Niclastag 1361 untersagte er nicht nur allen fremden Kaufleuten sondern auch den eigenen Bürgern, die steyer'sche Straße über Zeyring zu befahren, welche ausschließlich den Städten ob der Enns angewiesen war; Laibach vorbei zu fahren war strenge verboten. — Am 20. Juli 1361 löste er in Wien und den Vorstädten unter den Bürgern, Kaufleuten und Handwerkern alle Zechen, Innungen oder Zünfte auf, und verfügte, daß alle fremden Bürger und Kaufleute, Schneider, Kürschner, Goldschmiede, Maler, Schnitzer, Sattler, Schmiede u. a. m. sich hier niederlassen und mit einer dreijährigen Steuerfreiheit, ihr Gewerbe zu betreiben, berechtigt seyn sollen. — Am 16. Jänner 1364, gegeben zu Neuburg Markthalben (Korneuburg), verbot er, weder zu Fischament noch Albrechts, noch an einer andern Urfahr, Kaufgüter überzuführen: alles soll nach Wien gebracht werden. — Am 12. April 1364 bekräftigte er, daß kein gesprochenes Urtheil in seinem Zuge aufgehalten, kein letzter Wille beirret, und die Bürgerskinder durch seine Empfehlung zu keiner Heirath genöthiget werden sollen. — Am 10. Juli 1362 schloß er mit dem Könige von Polen, Casimir dem Großen, eine Uebereinkunft zum ungehinderten Handel zwischen Wien und Krakau. — Am 30. September 1364 befahl er den Zehendherren, den Wienern ihren Maisch ohne Einspruch von dem Weingebürge führen zu lassen, und den Zehend von ihnen erst in der Stadt abzunehmen; auch untersagte er die Verpachtung der Weingärten unter dem Gebirge, zu Döbling, Grinzing, Siefering, Nußdorf und Heiligenstadt, zur Erhaltung eines mittlern Arbeitslohnes. — Endlich am St. Augustinstag 1364, gegeben vor Ried zu Felde unter dem Heere, erfolgte seine Ordnung für die Fleischhacker, mit dem Befehle, daß künftig nur der Stadtrath berechtigt seyn solle, den Handwerkern Ordnung und Gesetze zu geben.[21]

Wenige Tage nach Uebertragung der Probstei nach St. Stephan, am 12. März 1365, fertigte Rudolph mit seinen Brüdern Albrecht und Leopold die Stiftungsurkunde der Wiener Universität aus, unter Bestätigung des Pabstes Urban und des Bischofes Albrecht von Passau. Die hohen Schulen zu Athen, Rom und Paris waren hierin seine Vorbilder. Zum Kanzler und obersten Aufseher derselben wurde der jedesmalige Probst von St. Stephan oder Aller-Heiligen erklärt, und die Gesammtheit der Universität aber in vier Nationen, jede mit einem Procurator, getheilt, welche den Rector zu wählen hatten. Es bestand zwar schon damals eine höhere Lehranstalt neben der Stephanskirche, wo jetzt das Churhaus steht, worin die lateinische und griechische Sprache, die Dicht- und Redekunst, auch die Philosophie vorgetragen wurden. Diese Schule ließ Rudolph noch ferner bestehen, und errichtete seine Universität in die Nähe des Stubenthores, wo nebst den übrigen Kenntnissen jener Zeit auch die Rechtsgelehrsamkeit und die Arzneikunde gelehrt wurden. Gerne hätte er auch die Theologie hinzugefügt; allein Kaiser Carl der Vierte verhinderte es, damit Wien nicht vollkommen die Nebenbuhlerin seiner Universität zu Prag werden konnte.

Zwistigkeiten, welche mit dem Beherrscher Padua's, Franz von Carrara, ausbrachen, nöthigten Rudolphen, bei dem Cane grande della Scala zu Verona, und bei Bernabo Visconti, dem Zwingherrn Mailands, Beistand zu suchen. In letzterer Stadt ergriff ihn ein hitziges Fieber, das ihn am 27. Juli 1365 im sechsundzwanzigsten Jahre seines Lebens rasch dahin raffte. Sein Leichnam wurde in eine schwarze Ochsenhaut eingehüllt nach Wien gebracht und in die von ihm neu erbaute Gruft seiner Collegiat-Kirche, die er laut einer Urkunde von 1363 für sich und seine Nachkommen zum Begräbniß-Orte erwählt hatte, beigesetzt.

Nach Rudolph des Vierten Tod waren nunmehr zwei habsburg'sche Fürsten vorhanden. Albrecht der Dritte, seiner langen Haare wegen, welche er in Flechten trug, „mit dem Zopfe" genannt, und Leopold der Dritte. Beide traten anfänglich die vereinigten Herzogthümer an. Da aber Albrecht, dessen erste Gemahlin Elisabeth, Kaiser Carl's des Vierten Tochter, kinderlos verstorben war, und des Nürnberger Burggrafen, Friedrich von Zollern, schöne Tochter Beatrix, mit welcher er sich erst 1375 vermählt hatte, ihm nur einen einzigen Sohn, Albrecht, gebar; Leopold hingegen von Viridis, des Bernabo Visconti Tochter, sich einer sehr zahlreichen Nachkommenschaft zu erfreuen hatte, so gieng man dieser Familienverhältnisse wegen später von dem heilsamen Grundsatze der Untheilbarkeit der Länder ab. Albrecht behielt blos Oesterreich ob und unter der Enns; die übrigen Provinzen aber verblieben Leopolden, der hierdurch Stammherr der tirolisch-steier'schen Linie wurde.

Unermüdet wurde von den Brüdern des Verstorbenen nach ihrer Zusicherung, welche sie ihm schon 1364 feierlichst gegeben hatten, der Bau der St. Stephanskirche fortgesetzt. Die Einkünfte der Probstei jedoch waren bald so geschmälert, daß viele Chorherren sich genöthigt sahen, das Canonicat zu verlassen und andere Pfründen zu suchen. Die übrigen erhielten von Herzog Albrecht 1367 mit Genehmigung des Domprobstes die Erlaubniß, die Seelsorge, welche sonst andern Priestern oblag, zu übernehmen und die Pfarreinkünfte unter sich zu theilen; auch überlies er ihnen 1368 die Nutzung des Zolles zu Mauthausen zur Verbesserung ihrer Lage.

Im Jahre 1370 herrschte eine ansteckende Seuche in Wien, welche viele Menschen dahin raffte, und 1381 kam abermals die Pest nach Oesterreich. Sie wüthete besonders in Wien so sehr, daß bei St. Stephan allein fünfzehntausend Menschen begraben wurden. Wegen Mangel an Arbeitsleuten fielen die Weingärten um Wien sehr tief herab im Preise, und selbst die Weine wurden so wohlfeil, daß man ein Faß desselben für zwölf Schillinge haben konnte. Doch wurde, einer Salzburger Chronik bei H. Pez zu Folge, 1383 von der Regierung die erste Art von Tranksteuer eingeführt, da man für jedes nach Wien eingebrachte Fuder Wein ein Pfund Pfennige bezahlen mußte; und zu großer Verwunderung jener Zeit waren von dieser Steuer weder Mönche noch Nonnen, weder Ritter noch Knechte, auch nicht des Herzoges Hofleute ausgenommen.

Endlich am 20. Februar 1384 erhielt Albrecht von dem Pabste Urban dem Sechsten die Erlaubniß, auch die Theologie bei der hiesigen Universität einzuführen. Die ersten Lehrer dieser Facultät waren die berühmten Doctoren Heinrich von Hessen und Heinrich von Oyta, welche durch des Herzogs Kanzler, den Bischof Berthold von Freisingen, von Paris nach Wien berufen wurden. Nun übertrug Albrecht die Universität in die Nähe der Dominicaner, wo er für dieselbe drei weitläufige Gebäude an demselben Platz erkauft hatte, den diese gelehrte Anstalt seit beinahe einem halben Jahrtausend noch immer einnimmt. Sie war damals mit einunddreißig Professoren versehen, unter denen drei Theologen, vier Rechtsgelehrte, drei Mediciner, ein Mathematiker und zwanzig Lehrer der Sprachen und der Philosophie waren. [22]

Gleichzeitig kam auch durch Conrad Hölzler und einige andere Mitglieder des Stadtrathes ein Haus oder Kloster für Schwestern der heiligen Magdalena von der Buße mit der Kirche zu St. Hieronymus in der Singerstraße zu Stande. Letztere erhielt die Weihe am 20. November 1387 durch Simon Bischof von Castora. Diese Büßerinnen waren Frauenspersonen, die ihrem öffentlichen, unzüchtigen Leben entsagten und aus freiem Antriebe in dieses Kloster traten, um durch Gebet und Arbeiten von Grund aus sich zu bessern. Sie verrichteten die Gebete in deutscher Sprache, durften das Kloster wieder verlassen um sich zu verehelichen, wenn ein ordentlicher Mann um Eine warb, und es schadete diesem nicht an Ehre, Recht und Profession; ja es durfte Niemand weder ihr noch ihm deßhalb bei schwerer Strafe einen Vorwurf machen. Die Behauptung des Aeneas Sylvius, daß man solche Büßerinnen, welche das Kloster verließen um neuerdings Unzucht zu treiben, in die Donau warf und sie ertränkte, scheint ohne Grund zu seyn. Herzog Albrecht ertheilte am 24. Februar 1384 dieser Stiftung, worin er unter anderm erwähnt: „Item in dasselbe Haus soll man ewiglich empfangen und einnehmen solche arme Frauen, die aus dem offenen Frauenhause sich für ihre Sünden Gott zu Buße ergeben wollen“ — ewige und gänzliche Freiung von aller Steuer, Mauth, Zoll, Lehen; und setzte sich selbst, den Bürgermeister und einen Officialen zu Vögten.

Im Jahre 1385 übergab Herzog Albrecht das Kloster und die Kirche St. Nicola in der Singerstraße den Cisterzienser-Mönchen, die da eine geistliche Schule errichteten; und die Klosterfrauen mußten sich mit ihren Ordensschwestern zu St. Nicola vor dem Stubenthore vereinigen. Ebenso versetzte er 1386 die Carmeliter-Mönche aus der Fischervorstadt im Werd in die Stadt auf den Hof und erkaufte dazu acht Häuser, damit sie eine geräumige Kirche und ein ansehnliches Kloster erbauen konnten.[23] Michael von Hochstetten, ihr erster Prior, gab am 13. April 1392 dem Schottenabte eine Versicherung über die auf gedachten Häusern haftende Grundherrlichkeit. Um 1389 schenkte der Herzog der juridischen Fakultät ein Haus, welches noch jetzt die Juristenschule in der Schulerstraße genannt wird, und um das Jahr 1394 findet sich auch schon die St. Pauluskirche in Erdberg und das Spital zu St. Marx (Marcus), von einem unbekannten Wundarzte gestiftet, vor.

Albrecht unternahm schon 1377 einen Ritterzug wider die heidnischen Preußen, von dem er eben ruhmgekrönt nach Wien zurückkehrte, als ihm sein einziger Sohn und Nachfolger geboren wurde. Auf dieser Heerfahrt hatten ihn, nebst vielen andern Edlen aus Oesterreich und Steyermark, auch drei Lichtensteine begleitet. Hohes Verdienst hatte sich dieses Haus bereits um Fürst und Vaterland erworben; ein neues errang es, da Hanns von Lichtenstein am 9. Juli 1386 in der Schlacht bei Sempach wider die Schweizer mit Herzog Leopold und sechshundert sechsundfünfzig Adeligen fiel; aber die höchste Stufe des Ansehens erreichte dessen Sohn Hanns, allgemein nur „der gewaltige Hofmeister“ genannt. Auf dessen Bitte bewilligte Pabst Bonifaz der Neunte am 20. Jänner 1393 einen eigenen Seelsorger für die kurz zuvor erweiterte Kirche Maria am Gestade, welcher er eine bedeutende Zahl von Kleinodien und Heiligthümer verehrt hatte, nachdem er schon früher, am 5. Juli 1391, von dem Passauer Bischof Georg von Hohenlohe für das Lehen der Muttergottes-Capelle daselbst das Pfarrkirchenlehen zu Altlichtenwerd erhalten, das mit Poisdorf, Pausbrunn und Ringelsdorf von dem Domcapitel zu Wien an die Lichtensteine gekommen war, und nun die Vorstadt Lichtenthal bildet.

Eben dieses berühmte Haupt der Lichtensteine traf mitten in des Glückes Fülle ein harter Schicksalsschlag. Bei der ersten Haft Wenzel des Faulen, welcher nach Carl dem Vierten den deutschen Thron und jenen von Böhmen einnahm, aber durch seine argwöhnischen Launen und Gewaltthätigkeiten, die an Wahnsinn gränzten, sich selbst manch hartes Geschick bereitete, — auf irgend eine unbekannt gebliebene Weise mitverflochten, wurde er plötzlich ergriffen und mit seinem Bruder Hartneid sammt dessen Söhnen ohne Urtheilsspruch in ein Gefängniß geworfen, daraus zwar wieder, auf Fürbitte des Burggrafen von Nürnberg und des Grafen von Cilly, entlassen; aber er mußte die meisten seiner Herrschaften der herzoglichen Kammer abtreten, so daß ihm fast nur mehr Feldsberg, Poisdorf, Mistelbach, Rabensburg und Ulrichskirchen blieben, und es ward ihm verboten nach der Ursache dieser Behandlung zu fragen.

Albrecht des Dritten Lieblingssitz war Lachsenburg. Er ließ es um 1390 von dem berühmten Meister Michael Weynburm (Weinwurm) erbauen, dem die Kirche Maria am Gestade ihre Erweiterung und wahrscheinlich auch die Marien-Säule vor Wiener-Neustadt, zwischen 1382 und 1384, ihr Daseyn zu verdanken hat. Viele schöne Marmorstatuen aus dem bereits in Verfall gerathenen Schlosse auf dem Kalenberge zierten diese Burg, die mit großen Thiergärten und Fischweihern umfangen war. Hier starb der Herzog am 29. August 1395, und wurde sonach in die Gruft bei St. Stephan beigesetzt, wohin ihm auch im nämlichen Jahre Katharina, die Wittwe Rudolph's des Vierten, gefolgt war.

Albrecht der Dritte hatte sich durch seine väterliche Sorge für Handel und Industrie um Oesterreich und vorzugsweise um Wien nicht mindere Verdienste als die nächsten Vorgänger erworben, und unter dessen weisen Regierung herrschte allgemeine Ruhe und Sicherheit, während in dem übrigen Deutschland das Faustrecht ungestraft seine rohe Macht ausübte.

Wenige Monate schon nach dem Hinscheiden seines Bruders Rudolph, am 25. November 1365, verhieß er den Wienern, zwei Jahre hindurch von ihnen keine Steuern zu begehren. — Am 5. October 1366 verfügte er, daß sie von Venediger Waare dieselbe Abgaben entrichten sollen, wie die von Villach, Judenburg, Neustadt u. a. — Am Donnerstag vor St. Thomas 1367 befahl er, daß den Kaufleuten, welche die rechte Straße von Wien gegen Venedig und umgekehrt nicht fahren, ihre Waaren weggenommen und contrabant seyn sollen. — Am Erichtag vor St. Coloman 1367 gab er mit seinem Bruder Leopold der Stadt Wien einen Freiheitsbrief um das Tafern-Recht. — Am St. Afratag 1368 verordneten Beide, daß die Zahl der Fütterer (Victualienhändler) auf 60 beschränkt werden sollen, und erlaubten Jedermann Krebse und Aalen in die Stadt zu führen. — Eben so geboten sie, am Samstag vor St. Philipp und Jacob 1369, daß Niemand mit Kaufmannschaft wider der Wiener Rechte und Freiheiten eine unrechte Straße fahren soll; und eben so erneuerten sie am St. Michaelstag 1369 den Befehl, daß kein ungerischer, wälscher oder anderer fremder Wein in den Burgfrieden der Stadt Wien bei schwerer Strafe geführt werden soll. — Zugleich gaben sie am Erichtag vor St. Coloman 1370 den Wienern die Freiheit, in ihren Tafernen allein wälschen oder andere fremde Weine ausschenken zu dürfen; und am St. Lambrechtstag 1370 verordneten sie: daß man von den Bürgern zu Wien den Zehend bei der Presse nehmen soll. — Am St. Maria Magdalenatag 1372 gab Albrecht den Befehl, daß im Wiener-Burgfrieden aller Wein nach dem Wiener Maß, wovon acht ein Viertel geben, soll ausgeschenkt werden. — Am Sonntag vor St. Thomastag 1373 bestätigte er den Wiener Flämmingern (Färbern) ihre alten Rechte und Freiheiten. — Am St. Mathias-Abend des Apostels 1373 ertheilte er den Wiener Kaufleuten die Erlaubniß, von jedem Wagen, der Kaufgut von oder nach Venedig führet, zwei und dreißig Pfennige, und von einem Fardel (kleinen einspännigen Fuhrwerk) sechs Pfennige zu nehmen. — Zur Vermeidung vorgekommener Gebrechen und unredlicher Eides-Ablegung wegen der jährlich zu entrichtenden Stadtsteuer setzte Albrecht am Mittwoch vor St. Michael 1374 fest: „daß Jedermann, wer er auch sey, von jedem Eimer Most und anderthalb Eimer

Maisch, den er in die Stadt oder Vorstadt führet, einen Pfennig den Wiener-Bürgern geben soll; die Juden allein ausgenommen, die mit Rücken zu Wien seßhaft sind, die sollen es zu geben nicht gebunden seyn von ihrem Bauwein, noch von dem Wein, der ihnen statt Geldschuld gegeben wird; auch soll kein anderer Jud dessen überhoben seyn ohne Gnade. Ferner jeder Gast (Fremde), wer er sey und von welchem Lande er immer gekommen, der in oder aus der Stadt zu Wien Handel treibet, soll den Wiener Bürgern geben von jedem beschlagenen Wagen mit Kaufmannschaft ein halbes Pfund Wiener Pfennige, und von einem unbeschlagenen Wagen sechzig Wiener Pfennige; die herzoglichen Städte jedoch, die dem Staate wirklich ihre Habe versteuern, sollen davon ausgenommen seyn. Was aber jene Leute sind, die nicht Weinbau haben, noch Kaufmannschaft treiben, die sollen mit der Stadt Wien leiden, was der Herzog, sein Rath und der Stadtrath erfinden, was ihrer Habe billig und bescheiden sey. Von diesen Auffäßen sind ausgenommen die herzoglichen Herren und deren Hofgesinde. — Am Erichtag vor dem heiligen Palmtag 1375 entschied Albrecht zwischen dem Abt und Convent des Schottenklosters zu Wien und Bürgermeister und Stadtrath daselbst, des Blutbannes wegen: daß der Richter der Stadt zu Wien das Blut und den Tod zu richten habe über des Abtes Holden und seine Diener, die ihm von seinen Gründen dienen, in der Masse, als er andere richtet in dem Stadtgerichte zu Wien. Es soll auch der Richter dem Abt von seinen Gütern nichts nehmen, um die Wandel die ein Schuldiger gegen ihn verwirkt hat, und die ihn mit dem Rechten von ihm gesprochen sind; der Richter mag auch nach den Schuldigen stellen, und wenn er ihn ergreift, mag er ihn behalten, so lang, bis er mit ihm abkommt, und soll auch der Abt ihm das gönnen, daß er sich von seinem Hab ledige nach den Rechten und Gnaden, doch also, daß es dem Abt und Kloster an der Freiung unschädlich sey, nach ihrem Brief, den sie um diese Freiung haben.« — Am St. Philipp- und Jacobs-Abend 1375 bestätigte der Herzog der Stadt Wien den Freiheits-Brief Friedrich's des Ersten von 1312, wegen der Kaufleute und der Frohnwagen; und Jenen Albrecht's des Zweiten von 1348 wegen der Unterkäufel. — Am Erichtag nach St. Johann in der Sonnenwende 1375 bewilligte er, daß der Wiener Bürgermeister und Rath zur Bezahlung der Stadtschulden eine Steuer auf die Bürgerschaft anschlagen dürfe. — Am St. Michaelstage 1382 erfolgte sein Freibrief für die Stadt Wien zur Begehung zweier Jahrmärkte, im Sommer vierzehn Tage vor und vierzehn Tage nach Christi Auffahrtstag; — dann im Winter vierzehn Tage vor und vierzehn Tage nach St. Katharinatag. Dabei soll immer ein Wettlauf und das Scharlachrennen statt haben. — Am St. Thomas-Abend 1389 gab er den Befehl: daß, da auf die Stadt Wien eine Summe Pfennige gelegt wurde, alle die in der Stadt Gewinn und Nutzen mit allerlei Handel haben, sie mögen Freibriefe haben oder nicht, an dieser Summe mitleiden sollen, das Hofgesinde ausgenommen; wenn aber dasselbe mit andrer Habe als mit seinem Erbe Kaufmannschaft und Gewerbe treibe, so soll es davon auch nach Gebühr mitleiden. — Am Montag vor St. Peter und Paul 1389 erließ er das Mandat: daß die Wiener Kaufleute nicht über den Charst, sondern über den Semmering und für Villach fahren sollen; und am Sonntag St. Jacobstag desselben Jahres: daß Niemand verbotene Kaufmannswaaren nach Pettau bei Confiscation führen soll. — Am St. Lucientag 1391 verordnete er: daß Jederman, der bei und in der Stadt Gewerbe und Handel treibet, mitleiden soll; und endlich am Freitag nach St. Veit 1393: daß die Wiener Kaufleute allein über den Charst nach Venedig fahren mögen. [24]

Alle diese Urkunden liefern den klarsten Beweis, wie väterlich besorgt Albrecht der Dritte um seine Residenz war, und wie sehr die Wiener Ursache hatten, den Tod dieses Fürsten innigst zu betrauern.

Des Verstorbenen einziger Sohn, der achtzehnjährige Albrecht der Vierte, hatte kaum sein Erbe angetreten, als auch schon des bei Sempach erschlagenen Herzogs Leopold Erstgeborener, Wilhelm, als nunmehriger Aeltester des Fürstenhauses, die Mitregierung über Oesterreich ansprach. Er vermochte dies auch um so leichter durchzusetzen, da er einen zahlreichen Anhang des Volkes in Wien und den Adel des Landes für sich hatte, und Albrecht ohnedies sehr zur Nachgiebigkeit gestimmt war, den man mit Abtretung des Fürstenthumes Krain zu beschwichtigen suchte.

Ueber Herzog Wilhelm waltete bisher ein düsteres Mißgeschick. Er hatte die Liebe Hedwigens, der Erbin des polnischen Thrones gewonnen, nicht aber die Zuneigung ihrer Stände, die den Großherzog von Litthauen, Jagello, zum Herrscher wollten. Wilhelm ließ sich zwar mit dieser schönen Fürstin heimlich vermählen, aber dies beförderte keineswegs sein Unternehmen. Die Fürstin wurde sogleich wieder von ihm getrennt und er so grausam verfolgt, daß er sich zur Erhaltung seines Lebens eiligst aus Krakau flüchten mußte. Gewaltsam ward nun Hedwig dem Jagello angetraut, der sich 1386 hatte taufen lassen und nun den Namen Wladislaw führte. Erschüttert von tiefem Schmerz gieng Wilhelm nach dem eben von den Osmanen aufgeregten Orient, — und in die Heimath wiedergekehrt, lebte er fortan der Trauer seines Herzens, in der Einsamkeit sich mit einem Löwen beschäftigend, den er aus Palästina mitgebracht und gezähmt hatte, und der sich späterhin an dem Sarge seines Herren zu Tode hungerte. Erst als Hedwig dahin geschieden war, schritt er zur Vermählung mit Johanna von Neapel-Anjou; brachte aber mit ihr ein freude- und kinderloses Leben zu.

Am 26. November 1395 verlieh dieser Fürst seinem treuen Gefährten und Kämmerer Lorenz den halben Theil des Werdes an der Donau, den vormals die von Tirna, dann Hanns von Lichtenstein zu Nicolsburg inne gehabt und der darauf an die herzogliche Kammer gefallen war. Dieser verkaufte denselben sonach an Bürgermeister und Rath der Stadt Wien, worüber am 28. Mai 1396 die herzogliche Genehmigung erfolgte.

Auch drei andere für Wien wichtige Urkunden erschienen im Jahre 1396 von diesem Herzoge, seinem Bruder Leopold und ihrem Vetter Albrecht gemeinsam ausgefertigt. Sie bestätigte nämlich am Mittwoch nach dem Sonntag Reminiscere den Wiener Jahrmarkt, und am Samstag vor St. Agnes die alten Freiheiten der Stadt; zugleich aber ordneten sie an: „Daß Bürgermeister und Stadtrath alljährlich soll erneuert werden und ihre Wahl von der Gemeinde der ganzen Stadt zu geschehen habe; auch sollen von nun an nicht mehr Brüder oder Vetter, noch Schwäger oder Eidame im Rathe beisammen sitzen, und dieser soll aus allen Classen gemischt seyn, und nicht durchgehends aus Erbbürgern oder Kaufleuten und Handwerkern bestehen.« [25]

Um diese Zeit entstand die St. Ivo-Kirche an der Juristenschule; denn 1397 lesen wir in Urkunden, daß Colomann Kolb, Rector der hiesigen Universität, sein Haus zunächst dieses Gebäudes für zwei Magister und einen Kapellan gewidmet habe.

Im Jahre 1398 übergab Albrecht eine Zeit lang die Regierung ganz in die Hände seines Vetters Wilhelm und unternahm eine Reise nach Jerusalem zum heiligen Grabe. Ungeachtet der vielen Gefahren, die ihn umschwebten, kam er doch glücklich wieder in die Heimath zurück und brachte eine große Menge Seltenheiten mit sich, wodurch er von dem staunenden Volke mit dem Beinamen »das Weltwunder« begrüßt wurde.

Schon früher haben wir bereits des, eines Fürsten unwürdigen Benehmens Wenzel des Faulen erwähnt. Im Dezember 1393 sahen sich sein eigener Bruder Sigismund, König von Ungarn, so wie die Markgrafen Jobst von Mähren und Wilhelm von Meißen genöthigt, gegen die Folgen seiner unköniglichen Handlungen ein Schutzbündniß einzugehen. Im Mai 1394 wurde er in seiner eigenen Burg gefangen gehalten und von dem Oberstburggrafen Heinrich von Rosenberg bewacht, sonach aber, da er den Verbündeten hier nicht sicher genug verwahrt schien, nach Wildberg in Oberösterreich, einer starken Burg der Starhemberge gebracht, wo er jedoch wieder der Haft entrann. Abermals seine Macht gröblich mißbrauchend setzten ihn endlich die Reichsfürsten am 20. August 1400 förmlich ab und erhoben statt seiner den Pfalzgrafen Rupert auf den deutschen Thron. Nun nahm ihn auch Sigismund sein Bruder wieder gefangen und gab ihn in Gewahrsam der Herzoge Wilhelm und Albrecht von Oesterreich nach Wien, die ihn dann in ein wohlbefestigtes Gebäude zunächst der Stadtmauer am Kienmarkt einsperrten. Dieses Haus, einst der Familie Stoß gehörig, später aber das Praghaus genannt, wahrscheinlich nach den aus Böhmen eingewanderten Herren von Prag, Freiherrn von Windhag, Sachseneck und Weitra, ist das jetzige Salzamtsgebäude und war in früherer Zeit mit einem starken Thurme versehen. Hier saß Wenzel nahe an fünfzehn Monate gefangen, bis es ihm gelang, am St. Martinstage 1403 daraus heimlich zu entweichen. Die Sage nennt den Fischer Hanns Grundel als seinen Retter. Wenzel soll sich von seinem Kerker mittelst eines Seiles über die Stadtmauer herabgelassen haben, worauf der Fischer ihn schnell über die Donau brachte, wo Hanns von Lichtenstein der Jüngere zur Stadlau mit fünfzig Schützen schon seiner harrte und ihn dann über Nikolsburg nach Prag geleitete. [26]

Im Jahre 1402 hatte die Donau ihre Ufer so sehr überschritten, daß sie auf eine Meile breit das Land überschwemmte, und Felder, Gärten und Häuser verwüstete. Diese Hochfluthen wiederholten sich, und vom Tage Peter und Paul an blieb das ausgetretene Wasser zehn Tage in gleicher Höhe stehen. Diese

Verwüstungen verursachten im darauf folgenden Jahre eine solche Theuerung in Wien, daß der Metzen Getreide auf den bisher unerhörten Preis von sieben bis zehn Talenten oder Gulden stieg, auch viele Leute wegen ungesunder Nahrung starben.

Demungeachtet sah sich Albrecht gezwungen, einer nothgedrungenen Heerfahrt gegen die mährischen Räuber wegen seinen Unterthanen eine allgemeine Steuer, von jedem Pfunde Geldes zwölf Pfennige, aufzulegen. Die Markgrafen von Mähren, Jobock und Prokop, stritten nämlich um den Besitz von Znaym, dessen sich Letzterer endlich bemeisterte. Zur Behauptung dieses Städtchens aber bediente er sich der berüchtigten Faustritter Johann Sockol, Hyneck Goldstrinsky und Hinko des dürren Teufels, die dadurch kühn gemacht, in Oesterreich bis an die Wälle Wiens, die schrecklichsten Gräuel verübend, umherstreiften. Albrecht brach daher, um diesem Uebel zu steuern, mit sechszehntausend Mann gegen diese Wüthriche auf und half König Sigismunden von Ungarn Znaym, ihren Hauptsitz, belagern. Dort aber bekam er meuchlings Gift, das ihn auf dem Rückwege nach Wien, erst siebenundzwanzig Jahre alt, am 14. September 1404 zu Klosterneuburg dahin raffte. Ueber seinen hinterlassenen achtjährigen Sohn, Albrecht den Fünften, führte Herzog Wilhelm die Vormundschaft; jedoch auch dieser starb schon am 15. Juli 1406, nachdem er Oesterreich kurz zuvor noch von den Einfällen ungerischer Räuberhorden befreit und die hierdurch mit König Sigismund eingetretenen Irrungen gütlich ausgeglichen hatte.

Des neuen Fürsten Minderjährigkeit verursachte im Lande und in der Hauptstadt traurige Unruhen. Vorerst nahmen die Söhne Leopold des Dritten von der tyrolisch-steyermärkschen Linie neuerdings eine Ländertheilung vor, so daß Leopold dem Vierten die Gebiete am Rhein, in Schwaben und der Schweiz dem Herzog Ernst Steyermark, Kärnthen und Krain, Friedrichen Tyrol und Albrecht dem Fünften nur Oesterreich zufiel. Diesem huldigten die Stände in der Burg zu Wien, und sein ältester Vetter Leopold übernahm mit Zustimmung derselben die Vormundschaft, worüber jedoch dessen Brüder sogleich ihre Unzufriedenheit so heftig äußerten, daß zur Verhütung häuslicher Zwiste auf Ansuchen der Landstände auch Herzog Ernst der Vormundschaft beigesellt wurde.

Eine am 5. November 1406 in der Judengasse ausgebrochene und drei Tage lang fortwährende Feuersbrunst, während welcher der Pöbel alle Judenhäuser rein ausplünderte, war eine blos vorübergehende Unordnung ohne Folgen.

Ernsthaftere Unruhen ergaben sich in Wien 1407. Allgemein beklagte man sich über die vormundschaftliche Regierung Leopold's: man beschuldigte ihn, daß er durch allzugroße Auflagen die Unterthanen aussauge und statt des Vormundes den Herren spiele. Die größte Erbitterung war dadurch erregt, daß er von der Geistlichkeit und der Bürgerschaft eine große Summe Geldes eintrieb und keine Rechnung ablegen wollte, wohin es verwendet worden sey. Kurz, man wollte ihn entfernt wissen und den Herzog Ernst allein zum Vormund Albrecht's haben. Dieser hatte kaum die für ihn günstige Stimmung des Volkes vernommen, als er auch sogleich von Gratz nach Wien eilte und gewaltsam die Vormundschaft an sich riß. Höchst erbittert hierüber zog Leopold nach Wiener-

Neustadt, warb Söldner an und bedrohte die Wiener mit offenem Kriege. Er war nicht ohne allen Anhang. Berthold von Wehing, der damalige Bischof von Freisingen, ein Freund Leopold's, begab sich von Wien nach Enzersdorf und wußte durch schlaue Rednerkünste viele Edle des Landes, welche sich schon für Ernst erklärt hatten, wider Leopolden zu gewinnen. Auch Wien war in zwei Partheien getheilt: die Handwerker und der Volkshaufe wollten Leopolden; die Rathsherren und die ansehnlichsten Bürger waren für Ernst. So kam es bald zu Volksaufständen. Der Rath sah sich zur Strenge gezwungen und so wurden am 5. Jänner 1408 fünf Handwerker: Wolfgang, ein Krämer am lichten Steg, der Schneidermeister Hermann, ein Gürtler, Riemer und Waffenschmied als Aufwiegler des Volkes auf dem Hohenmarkte enthauptet.

Immer mehr steigerte sich die Erbitterung der Partheien. Da erkannten die Häupter derselben endlich die Nothwendigkeit einer Ausföhnung. Es kamen daher zu diesem Zwecke die Landstände und Abgeordneten der Städte in Klosterneuburg zusammen. Hier aber wußte sie Leopold so künstlich zu gewinnen, daß Ernst sich genöthigt sah, nach Steyermark zurückzukehren. Wie im Triumph zog Leopold nun in Wien ein. Doch die Ruhe war von keiner Dauer. Friedrich von Waldsee, dessen Treue und Anhänglichkeit für die Herzoge Ernst und Albrecht allgemein bekannt war, wurde durch Schießpulver, das man unter sein Bette gestreut und angezündet hatte, getödtet. Jedermann beschuldigte Leopolden und den Bischof von Freisingen dieser That. Hiervon benachrichtigt eilte Ernst neuerdings nach Wien, wo dessen angesehenste Männer und des Ermordeten Bruder Rembert von Waldsee sich sogleich, zum großen Mißvergnügen des Pöbels, mit ihm verbanden; während die übrigen Städte und die Landstände es noch mit Leopolden hielten.

Um den unvermeidlichen Ausbruch eines Bürgerkrieges abzuwenden, kamen nun wieder Abgeordnete der Stände und Städte, zuerst in Wiener-Neustadt, dann in St. Pölten zusammen, die sich jedoch nicht zu vergleichen vermochten. Man gieng dem Anscheine nach friedlich auseinander; als aber die Wiener Abgeordneten: Bürgermeister Conrad Vorlauf und die Räthe Rudolph Angerfelden, Hanns Rock, Stephan Poll, Friedrich Dorfner, Wolfhard Schadnitzer, Niklas Flußhard und Niklas unterm Himmel, über den Rieberberg in den Forst von Burkersdorf herunter kamen, stürzte plötzlich ein starker Haufe ihrer Gegenparthei, worunter sich Hanns von Laun, Burghard Truchseß, Stephan Seebegk, Hanns und Thomas die Neudecker, Hanns Freytl, Schart Muscharat, Wilhelm Feuerschütz, Abel Tranesdorfer und Merten der Jude befanden, auf sie los und nahm sie, trotz des tapfersten Widerstandes, bei welchem der reiche Flußhard erstochen wurde, widerrechtlich gefangen. Man führte sie zuerst in das Schloß Kogel, dann nach Kreuzenstein, endlich nach Ternberg. Erst nachdem sie zweitausend Gulden Lösegeld zugesichert hatten, ließ man sie am 20. Juni nach Wien ziehen, wo auch sogleich Herzog Leopold eintraf. Bald stellte dieser an den Stadtrath neue Forderungen. Er begehrte die Einreißung eines Stückes der Stadtmauer und die Wegnahme der Ketten, welche in den Gassen gegen den Auflauf des ihm holden Pöbels, gezogen waren; was ihm aus gutem Grunde verweigert werden mußte. Da nun bald darauf das Volk, welches den Rathsherren wegen der vorgenommenen Hinrichtung äußerst gram war, Bürgermeister und Stadtrath bei dem Herzoge anklagte, daß diese, um das von Wucherern geborgte Lösegeld zu bezahlen, ein ungerechtes Umgeld auf den Wein gelegt und böse Anschläge gegen seine Person angezettelt hätten, — ergriff Leopold sogleich diesen Vorwand und ließ am 7. Juli 1408 den Bürgermeister Vorlauf nebst fünf Rathsherren: Hanns Rock, Conrad Rampersdorfer, Rudolph Angerfelden, Mosbrunner, Schrul und Stichl, ins Gefängniß werfen und am 11. Juli früh Morgens auf einer am Schweinmarkte errichteten Blutbühne hinrichten.

Vorlauf bot zuerst dem Nachrichter sein edles Haupt dar, indem er sagte: Er sey in der Treue gegen seinen rechtmäßigen Herrn, den Herzog Albrecht, jederzeit ihr Vorlaufer gewesen, er wolle es auch im Tode seyn!« Die Leichen blieben auf dem Blutgerüste bis gegen Sonnenuntergang; dann wurden sie von ihren

SEARS. SC.

Angehörigen nach dem Stephansfreithof gebracht. Noch sieht man ihren Grabstein aus rothem Marmor mit messingenen Wappen und Buchstaben in der St. Stephanskirche zunächst der prächtigen Ruhestätte Kaiser Friedrich's des Dritten, auf dem Fußboden, dessen nun schon schwer lesende Aufschrift also lautet:

Sta, fle, plange, geme mortalis homo, lege, disce
Quod labor, atque fides, quid mundi gloria, quid spes
Prolis, divitiae, quid honor prosit, tribuatque!
Ecce brevi saxo tres cives cerne sepultos:
Conradum Vorlauff, Kunz Rampersdorffer, et Hanns Rock.
Magnificos etenim cunctis, hac urbe priores,
Officiis celebres, quos virtus, nomen honoris,
Emeritos vexit; fortunae sed rota fallax
Acephalos feria dedit una, quos amor unus
Foedere civili conjunxit sic; quod utrinque
Hic prior, ille prior contendunt flectere colla:
Sustulit infaustum sed Vorlauff, tunc prioratum.
Anno Dni. MCCCC octavo post Margarethae.

Durch dieses ungerechte Verfahren hatte sich Leopold allenthalben in hohem Grade verhaßt gemacht. Herzog Ernst und Rembert von Waldsee zogen nun offen gegen ihn zu Felde. Leopold rüstete sich zur Vertheidigung, und schon drohte eine neue, verheerende Wetterwolke des Krieges loszubrechen, als es endlich der weisen Klugheit und Friedensliebe des Bischofes von Trient und vormaligen Domprobst bei St. Stephan, Georg von Lichtenstein, gelang, 1409 die Sache dahin auszugleichen, daß zwölf der ansehnlichsten Landstände den entscheidenden Ausspruch thun sollten. Dies geschah. Der unruhige Bischof von Freisingen, wohl die Hauptursache, daß nie ein dauernder Friede bisher zu Stande gekommen, mußte Wien verlassen; dann wurde der zu Stande gekommene Vergleich allerseits unterzeichnet und auch von dem als Mittler aufgetretenen König Sigismund von Ungarn bestätiget. Des jungen Albert's Vormünder kehrten hierauf nach Wien zurück, und die Stände schworen ihnen dort gemeinschaftlich den Eid der Treue. So ruhte nun zwar das Schwert, aber nicht der wechselseitige Groll in den Herzen der herrsüchtigen Brüder.

Erst aus einem gränzenlosen Unheile sollte dem armen, bedrängten Lande wieder Heil erwachsen. Es war die Pest, welche im August 1410 mit furchtbarer Wuth sich über Oesterreich ausbreitete und erst um Maria Lichtmeß 1411 wieder verschwand. Sie war diesmal vorzüglich jungen Personen gefährlich und hatte in Wien viele Tausende hingerafft. Alle Studenten ergriffen die Flucht, und auch der junge Albrecht wurde von Wien weg nach der Burg Starhemberg, im Piestingerthale, gebracht. Diese günstige Gelegenheit benützte der von Vaterlandsliebe beseelte Rembert von Waldsee. Er bemächtigte sich mit seinem Freunde Leopold von Eckartsau des Bergschlosses und führte den Prinzen

der, obgleich erst vierzehn Jahre alt, durch seine hohe kräftige Gestalt, durch seinen Muth und frühreifen Verstand allgemein beliebt war, mit dessen Einwilligung nach Eggenburg, von wo aus er einen Aufruf an die Landstände erließ, daß sie die stets uneinigen Vormünder abschaffen und die Regierung dem bereits heranreifenden Albrecht selbst übergeben sollten. Eiligst fanden sich die Stände dort ein, und nach einhelligem Beschlusse wurde Albrecht der Fünfte als Selbstherrscher ausgerufen. Herzog Leopold dürstete nach Rache, als er dies Ereigniß erfuhr; sein schnell darauf erfolgter Tod bewahrte aber das Land vor Verfolgung. Erst vierzig Jahre alt gelangte er am 3. Juni 1410 zu St. Stephan in die Gruft seiner Ahnen. Herzog Ernst zog sich ruhig zurück, und als Sigmund bald darauf den Kaiserthron bestieg, erklärte er Albrechten am 13. October 1411 nach eben zurückgelegtem vierzehntem Jahre für mündig wegen Nothdurft des Landes und weil „nach einem gemeinen Landrecht in Oesterreich, ein Vater seines Sohnes Alter über diese Zeit nicht verschieben möge.“

Mit unbeschreiblichem Jubel und großen Feierlichkeiten wurde Albrecht in Wien empfangen. Hier trat er sogleich die Regierung an. Rembert von Waldsee und Piligermus von Buchheim wurden mit Einwilligung der Stände zu Ministern, Andreas Plank, des Herzoges ehemaliger Lehrer, zum Kanzler, und Johann von Buchheim, Johann von Ebersdorf, Caspar von Starhemberg, Leopold von Eckartsau, Ottensteiner und Niklas Sebeck aber zu Räthen ernannt. Höchst würdig betrat der junge Herrscher seine Laufbahn. Während der Bruderzwiste um die Vormundschaft wurde Oesterreich fast in eine Räuberhöhle umgestaltet. Vor allem suchte er demnach Ruhe, Ordnung und Sicherheit wieder herzustellen und ließ sich besonders eine strenge Handhabung der Gerechtigkeit angelegen seyn. Allenthalben griff er die Raubritter an, zerstörte ihre Felsennester und überlieferte die Verbrecher dem Henker. Ja selbst über schuldbelastete Lieblinge ließ er mit unerbittlicher Strenge das eiserne Gesetz walten. So hatten der Truchseß von Grub und der Schildknappe Trachter durch Verfälschung von Urkunden Erbschaften an sich gebracht. Der Trug wurde endeckt, und Albrecht überlieferte sie ohne Gnade dem Feuertode.

Dagegen war er gegen seine getreuen Unterthanen wahrhaft väterlich gesinnt. Was insbesondere Wien betrifft, so half er durch zeitgemäße Anordnungen dem gesunkenen Handel und Gewerbsfleiß bald wieder auf, wie er denn unter andern 1412 den Tuchbereitern und Fischern, 1413 den Irhern und Lederern, 1418 den Schlossern und Sporrern, 1419 den Schneidern, 1421 den Badern, 1423 den Kohlmessern, 1428 den Webern, Portenwirkern und Huffschmieden, 1429 den Bäckern, Müllern und Melblern, 1432 den Oelerern und Schmerblern, 1417 und 1435 den Kaufleuten und Krämern, 1436 den Fleischern, 1436 und 1438 den Bognern und Pfeilschnitzern, und 1439 den Mauerern und Zimmerleuten neue Ordnungen, Rechte und Freiheiten gab. [27]

Schon im Jahre 1412 am St. Jacobstag bestätigte er der Stadt alle ihre alten Freiheiten, und am Samstag nach Bartholomä ertheilte er einen strengen Befehl wegen ordentlicher Bebauung der Weingärten in deren Burgfrieden. 1434 ließ er einen neuen Meßeimer zu Jedermanns Nachachtung im

Rathhause aufstellen, worüber das oftterwähnte Stadteisenbuch berichtet: „daß unter Hanns Steger, Bürgermeister zu Wien und Kellermeister in Oesterreich, ward ein neuer Meßeimer, Vater des Gewichts, gemacht, zur Abteuchung der Gewichte des Landes, und ward zum ewigen Gedächtniß in den Rathsthurm gesetzt und ist alser ganzer ein Centner und achtundzwanzig Pfund schwer.“ Und endlich am St. Ulrichstag 1439 erschien dessen Ordnung und Freiheit der Stadt Wien über das Donaubrückengefälle. Diese Urkunde zeigt klar, daß die Brücken über die Donau bei Wien, auf Albrecht's und der Bürger Kosten erbaut, zuerst unter ihm einen bleibenden Stand und ihre jenseitigen Ufer eine feste Verbindung mit der Stadt erhalten haben. Ein gefaßter (beschwerter) ausländischer Wagen mußte hin und her über die Donau-Brücke von jedem Roß oder Ochsen sieben Wiener Pfennige Mauth entrichten; ein solcher inländischer fünf; leere Wägen von jedem Zugthier zwei Pfennige; jeder Reiter und lediges Pferd zwei; jeder Fußgeher einen Pfennig; Ochsen und Kühe, zwei Pfennige von jedem; von kleinem Vieh, Kälber, Schafe, Schweine rc. von vier Stücken einen Pfennig. Eine Jungfrau Braut hatte für ihre Person zwölf, eine Wittwe Braut vierundzwanzig Pfennige zu bezahlen. Arme Leute geben nichts, als jedem der beiden Brückenhüter ein Kränzchen und einen Helbling. Die Brücke zunächst der Stadt im Werd (Schlagbrücke) war frei; jedoch mußte jedes Haus im Werd (der jetzigen Leopoldstadt) alle Quatember vier Pfennige zum Brückengefälle beisteuern. Für Rosse oder sonstiges Vieh, das in dem Werd von der Stadt aus auf die Weide getrieben wurde, zahlte man von vier Haupt einen Pfennig, herüber aber nichts.[28]

Nicht weniger bestrebte sich Albrecht, das Privatrecht und die Gerichtsbarkeit zu ordnen und zu verbessern. Ja seine Fürsorge erstreckte sich selbst auf die, schwerer Verbrechen beinzichtigten Gefangenen im Kärnthnerthurme. Mitten im Kriegsgetümmel, zu Breslau am 11. September 1438, befahl er sie menschlich zu behandeln, ihnen gesündere Nahrung und im Erkrankungsfalle selbst Wein zu reichen.

Wie wahr ist demnach Sigmund des Königs von Ungarn Lob: „daß er jene Reiche für glücklich schätze, denen ein Beherrscher zu Theil würde, wie Herzog Albrecht von Oesterreich!“

Dieser weisen Regierung hatte man auch das Emporkommen mancher Kirchen und Stiftungen zu verdanken. Im Jahre 1414 setzte Albert, auf Anrathen seines Kanzler Andreas Plank, der zugleich Vorsteher des Stiftes für Weltgeistliche bei St. Dorothea war, daselbst regulirte Chorherren des heiligen Augustin ein. Sie wurden von St. Pölten hierher berufen, und ihr erster Probst hieß Aegidius. Gleichzeitig wurde von dem Bäckerhandwerk ein gemauertes Kreuz an der steinernen Brücke, welche über den Wienfluß auf die Wieden führt, gesetzt. Dann ließ 1415 die Bürgersfrau Elisabeth Warthenauer die jetzige St. Annakirche erbauen, und Herzog Albrecht beendigte 1416 den Bau der St. Michaelskirche, welche 1350 zum drittenmal abgebrannt war.[29]

Schon lange hatten sich die gerechtesten Klagen über den argen Wucher der Juden, ihre falschen Eidschwüre, ihre große Vermehrung und ihren, durch die beständige Geldnoth der Fürsten erworbenen Reichthum erhoben. Der Haß, den man gegen sie hegte, schrieb ihnen aber auch den Abfall vieler Gläubiger, den Diebstahl von Christenkindern, Brunnenvergiftung, die Herbeiziehung der Pest und hundert andere Unglücksfälle, die sich ereigneten, unverdient zu, so daß dieser endlich 1420 in eine allgemeine Verfolgung gegen sie ausartete. Es verbreitete sich nämlich ein Gerücht: der reiche Jude Israel in Enns habe von einer dortigen Meßnersfrau zu Ostern einige geweihte Hostien erkauft und sie zur spöttischen Nachahmung der christlichen Religion unter seine Glaubensgenossen ausgetheilt. Das Aergerniß darüber war so allgemein, daß in Einer Nacht alle Juden in ganz Oesterreich verhaftet wurden. Viele ließen sich, die bevorstehende Strafe fürchtend, taufen; von den Uebrigen wurden die Aermeren aus dem Lande gejagt, die Reichen aber zum Tode verurtheilt und ihr Besitzthum eingezogen. In Wien zerstörte man ihre Synagoge, und am St. Georgstage 1421 wurden zu Erdberg auf der Wiese, wo gewöhnlich die Hinrichtungen durchs Feuer geschahen, hundert und zehn Personen dieses Glaubens verbrannt. Am Pfinztag vor dem Palmtag 1422 erklärte Albrecht „daß Bürgermeister und Stadtrath alle die Häuser in der Stadt Wien, welche den Juden sind angehörig gewesen, so oft man sie verkauft, versetzt oder in andern Weg damit handelt, als städtisch mit ihrem Grundsiegel fertigen sollen.“

Inzwischen war es dem getreuesten Freunde seines Fürsten, dem eben so staatsklugen als tapferen Rembert von Waldsee, im Vereine mit Kaspar Schlick gelungen, den römischen Kaiser und König von Ungarn Sigmund, der nach seines Bruder Wenzels Tode auch König von Böhmen geworden war, zu vermögen, daß er dem Albrecht seine einzige Tochter Elisabeth, die künftige Erbin von Ungarn und Böhmen, zur Gemahlin gab. Die hohe Braut kam nach Wien und wurde am 26. April 1422 bei St. Stephan dem Herzoge angetraut. Zwei Jahre später, am 10. Juni 1424, starb Albrecht's zweiter Vormund, Herzog Ernst, zu Gratz. Er hinterließ zwei Söhne, Friedrich den Fünften, nachmaligen Kaiser, und Albrecht den Sechsten, welche später traurige Auftritte in Wien veranlaßt haben.

Johann Hußens Schicksal, der seiner Lehre wegen zu dem Concilium nach Constanz, mit Zusicherung freien Geleites, berufen ward, aber dennoch den Feuertod erdulden mußte, veranlaßte bei seinen zahlreichen Anhängern in Böhmen große Unruhen. Der blinde Johann Zizka von Trocznow, der Mönch Prokop der Große und der abtrünnige Priester Prokop der Kleine, stellten sich an die Spitze, und bald begann einer der verderblichsten Kriege, der nicht nur Böhmen sondern auch die benachbarten Länder heimsuchte.

Albrecht traf dagegen die geeignetsten Maßregeln. Schon 1418 befahl er seinen Unterthanen, alle im Lande herumstreifenden Hussiten, es seien Pfaffen oder Laien, den Gerichten auszuliefern; 1421 ließ er die waffenfähigen Männer von sechzehn bis siebzig Jahre beschreiben und bildete aus ihnen eine Landwehr; auch nahm er von den Abteien und Städten ein Darlehen und legte auf alle Weingärten eine außerordentliche Abgabe; zudem ließ er, um Wien gegen einen Ueberfall dieser gefürchteten Feinde zu verwahren, an dessen Donau-Ufer

Schanzen und Brückenköpfe anlegen. Wie nöthig dies war zeigte sich bald. Prokop der Große fiel kurz darauf, alles ringsumher verheerend, mehrmalen in Oesterreich ein. Ungeachtet der tapfersten Gegenwehr gelang es ihm sogar, im Jahre 1428 bis Jedlersee an der Donau, im Angesichte Wiens, vorzudringen. Nach einem vergeblichen Versuch, hier über den Strom zu gelangen, zog er jedoch über Stockerau wieder ab. Auch Prokop der Kleine wagte 1430 einen Einfall in Oesterreich, wurde jedoch gänzlich geschlagen. Erst das Treffen bei Krzib und Lipan am 3. Mai 1434 endigte den Hussitenkrieg, und Sigmund wurde als König anerkannt. Am 16. März 1433 stiftete Albrecht den Orden vom Adler mit der Devise: „Thue recht und scheue Niemand," zur Bekämpfung des sich mächtig erhebenden religiösen-politischen Fanatismus; und am vierten Tage nach Michaelis ward endlich der Bau des St. Stephanthurmes vollendet, nachdem über demselben vierundsiebenzig Jahre verflossen waren.[30] Auch die St. Ruprechtskirche, schon dem Einsturze nahe, wurde 1436 von dem kärnthnerschen Ritter Georg von Auersberg aus eigenen Mitteln wieder hergestellt, wie dies die Inschrift in diesem Gotteshause:

GEORGIVS. AB. AVERSBERG.
NOBILIS. CARNIOLVS. PENE.
CONLAPSAM. RESTAVRAVIT. ANNO.
MCCCCXXXVI.

bezeugt. (Siehe dasselbe Seite 35.) Gleichzeitig ließ Anton Köppel die Barbaracapelle in der oberen Brunnenstraße erbauen.

Sigmund überlebte Böhmens Unterwerfung nur kurze Zeit. Er starb schon am 9. December 1437. Nun wurde Albrecht am 1. Jänner 1438 in Stuhlweißenburg zum König von Ungarn und am 29. Juni in Prag zum König von Böhmen gekrönt, nachdem er zuvor schon, am 18. März, von den deutschen Churfürsten zum römischen Kaiser erwählt worden war. Jedoch kaum ein Jahr lang trug er diese Kronen. Ungarn wurde durch die Türken bedroht, wider welche er in Siebenbürgen schon früher mit gutem Erfolge gekämpft hatte. Murads Siege nöthigten ihn neuerdings seinen Heldenmuth zu bewähren. Da ergriff ihn die Lagerseuche, ein Uebel, das er durch den Genuß der Melonen unheilbar machte. So starb er auf der Heimreise nach seinem geliebten Wien zu Neßmely bei Comorn am 27. October 1439, zwei Töchter: Anna und Elisabeth und eine schwangere Wittwe hinterlassend. Er liegt zu Stuhlweißenburg begraben.

Nach Albrecht des Fünften Tode kam sogleich sein nächster Anverwandter, Herzog Friedrich der Fünfte, aus Gratz nach Oesterreich und berief einen Landtag nach Perchtolsdorf, bei dem sich auch dessen Bruder Albrecht der Sechste einfand. Es wurde Albrecht's Testament eröffnet, und sohin nach dessen Inhalt beschlossen: „Wenn die Kaiserin Wittwe Elisabeth einen Sohn gebäre, so

21*

soll Friedrich bis zur Mündigkeit desselben die Regierung über Oesterreich als Vormund führen; käme aber kein Sohn zur Welt, so soll das Land erblich an Friedrich und Albert heimfallen. Dieser Landtagsschluß ward in eine eigene Urkunde eingetragen und von den beiden Herzogen und den Ständen unterfertigt. Zu Wien huldigte man beiden Brüdern am 6. Dezember; dann begab sich Friedrich, der am 2. Februar 1440 zum römischen Kaiser gewählt wurde, nach Wiener-Neustadt, das er zu seiner Residenz erkoren hatte.

Nicht so erwünscht gieng es in Ungarn und Böhmen. Bei der drohenden Türkengefahr und dem unbezähmbaren Partheigeiste im Innern des Landes trugen der große Johann Humyady und mehrere Große des Reiches sich mit dem Plane, zur Rettung Constantinopels und als Vormauer der Christenheit wider den Erbfeind zwei mächtige Reiche, Ungarn und Polen, zu vereinigen. Elisabeth sollte deßhalb den König Wladislav heirathen, und man ordnete eine Gesandschaft nach Polen ab, als kurz darauf am 22. Februar 1440 dieselbe zu Comorn, bei offener Thüre und in Gegenwart vieler Magnaten, den kräftig blühenden Ladislav gebar. Bittere Reue erfüllte die Ungern bei dem Anblick des königlichen Kindes über die voreilige Sendung nach Polen, und sogleich suchten sie dieselbe rückgängig zu machen, während Ulrich Graf von Cilly, Elisabethens Oheim, aus Oesterreich her mit einem Kriegsgewitter drohend, viele der Mächtigsten des Reiches gewann, so daß Ladislav, im dritten Monat seines Lebens, auf dem Schooße seiner Mutter die heilige Krone empfieng. Indessen hatten die Abgeordneten auf den Wink einer Gegenparthei mit den Polen abgeschlossen. Bald kam Wladislav noch Ofen und fand so großen Anhang, daß sich die königliche Wittwe genöthigt sah, nachdem sie sich der Reichskrone bemächtiget hatte, mit dem Thronerben anfänglich nach Preßburg und dann aus dem Lande nach Wiener-Neustadt zu Kaiser Friedrich zu flüchten, der nun auch über ihren Sohn die Vormundschaft und Erziehung führte.

Ebenso Nachtheiliges für das Königskind ergab sich auch in Böhmen. Die Utraquisten wollten Friedrichen die Krone Böhmens aufbringen; aber er erklärte sich offen für Ladislav's Recht und verhinderte auch Albrechten von Bayern ihrem Anerbieten zu willfahren. So ward denn in Böhmen Georg Podiebrad, und in Ungarn, nachdem am 24. Dezember 1442 die Königin Elisabeth zu Preßburg dahin geschieden war und Wladislav in der Schlacht mit den Türken bei Varna am 10. November 1444 den Tod fand, Johann Humyady Corvin zum Reichsverweser ernannt.

Beide Reiche forderten nun mehrmalen die Auslieferung ihres jungen Königs. Friedrich verweigerte sie. Mißvergnügen darob fachte die Flamme des Krieges an. Humyady stand, ehe man sich es versah, vor den Thoren Wiens, dessen dem feindlichen Anfalle am meisten ausgesetzte Vorstadt St. Nicolai vor dem Stubenthor (ein Theil der jetzigen Landstraße) sich durch einen breiten Wall und starken Zaun zu schützen suchte. Nun berannte er Neustadt, Friedrich's Residenz, brandschatzte Baden, Mödling, und seine Horden verheerten Alles bis hin zum Rinderberge. Gleichzeitig bedrohten die Böhmen das österreichische Gebiet jenseits der Donau, das noch seit dem Hussitenkriege verödet lag. Allenthalben erstanden wieder Raubritter und mißmuthige Lanzenknechte, welchen Friedrich's Geiz den Sold vorenthielt, erpreßten als müßige Landstreicher von dem Volke das zehnfache ihrer Forderung. Handel und Wandel, Feld- und Weinbau lagen darnieder. Ja es kam so weit, daß, um nur Ein Beispiel anzuführen, die Wegelagerer Ludwenko und Pankraz von Galicz ungestraft an der March fürstliche Rechte ausüben konnten. Sie hatten ihr heimliches Gericht, forderten Steuern und Abgaben, gaben fremdes Gut den Meistbietenden zu Lehen u. s. w. Sieben Jahre dauerte dieses arge Unwesen. Nicht durch die Macht der Waffen — durch 4000 Goldgulden, welche Friedrich an die Räuber bezahlte, vermochte er, schmachvoll genug, dem Lande Frieden zu verschaffen!

Wie sehr des Fürsten Schwäche auf die Moralität des Landes, insbesondere auf das reiche Wien, nachtheilig einwirkte, zeigt uns ein Bild dieser Hauptstadt aus jenen verhängnißvollen Tagen, das einer der gelehrtesten Männer dieser Zeit, Aeneas Sylvius Bartholomäus Piccolomini von Siena, Kaiser Friedrich's Geschichtschreiber und Minister, der sonach im Jahre 1458 als Pius der Zweite den päpstlichen Stuhl einnahm, davon entworfen hatte.

Offenbar ist zwar dieses Gemälde, abgesehen davon, daß er Alles mit dem Auge eines Italieners sah, dem der Norden unfreundlich und fremdartig erscheinen mußte, mit zu vieler greller Satyre, die oft in leidenschaftsvolle Bitterkeit, ja sogar in manchen Dingen wohl gar in Unbilligkeit ausartet, dargestellt; ein Fehler, in welchen er als Friedrich's Freund und Rathgeber um so leichter gerathen konnte, da die Wiener diesem Herrscher eben nicht sonderlich hold waren; aber etwas gemildert, kann es immerhin als ein guter Spiegel jener Zeit gelten. Das Bedeutendste daraus möge hier in der ältesten deutschen Uebersetzung stehen, welche Albrecht von Bonstetten 1491 verfertigte:

„Wien verfasset mit der rinkmur (Ringmauer) bi zweentusennt schritt; aber sie hat zemal vil grosser vorstett, ansichtig ouch mit graben umgeben. Die statt hat ein vil grosser graben und hoch dicke zinnen, darau vil thürmen und bollwerk zu dem krieg geschickt. Die burgerhüser (Bürgerhäuser) sind hoch und wol gezieret, von gutem und starkem gebüwe (Bauart), wite säle, in denen sie gehaizte gemach haben, und von jenen stuben genennt werden, dann die scherpfe (Schärfe) des winters bezwingt sie des. Durch die erlüchten (erleuchten) allenhalb glesine venster, und die thüren sind schier alle isnl (eisern), und singend die vögeli in den stuben. In den hüsern ist vil köstliches hußgerätes (Hausgeräthe); den pferden und dem vich (Vieh) allerhand geschlechtes sind geschickte stell (Ställe). Hoch sind der hüser angesicht und zierlich anzuschowen (anzuschauen); allein ist dieser ding enzierung, das (daß) die hüser vast mit schindlen verdeckt sind klainer siten, die andern gebüw (Gebäude) sind uß stainer mure, und die hüser alle jnnen und ussen (außen) gemalet. Wo du jn ain huß gast, vermainest dich jngan eines fürsten huse. Der edlen und der prelaten hüser sind alle frie, und der gewalt der statt hat in denen nichts ze handeln. Die winkeller sind als wit und tüff, das man spricht, das Wien nit minder under als uff der erde gebuwen sige (erbauet sei). Die strassen und gassen sind besetzt mit hartem gestain, das die nit durch die reder der wägen zerbrochen mögen werden. Den himelschen hailgen und dem ewigen Gott sind gestiftet groß, wit (weite) und köstliche tempel mit bugstain (behauenen Steinen) gebuwen, wundersam von der ordnung der sülen (Säulen) und ansichtig. Die hailigen hand (haben) ouch alda vil köstliches heiltums mit silber, golde und edlem gestain verklaidet, die kirchen hand zemal groß gezierde, und richliche klainet (reiche Kleinode); die priester sint von gut überflüssig. Den gewalt uber die priesterschaft hat ain propst zu Sant Steffand und ist allein under ainem römischen kaiser. Die statt ist im bistum Bassow (Passau), und die tochter ist grösser dann die muetter. Vil hüser in der statt habent in inen gewicht (geweihte) kirchen und kappeln und aigen priester. Da sind die vier bettelorden, aber betteleie ist wit von inen. Die schotten, gaistlich korherrn Sant Augustins ordens, die werdent all für rich (reich) gehalten; ouch klosterfrowen und gaistlich gewillet jungfrowen; alda ist ein kloster zu Sant Iheronimen (Hieronymus) gehaissen, darin entpfacht (nimmt man auf) allein bekerte offen dirnen, die tag und nacht in tütscher zungen (deutscher Sprache) ir lobgesang verbringen, und wo die aine wiederumb in sünd fiele, und das ußkündig, wurd die in der Tunow (Donau) ertrenknet; aber sie fürend ein hailig schamig leben, und wirt selten böses ußgehört gan von irem mund. Allhie ist ouch eine hoche schul, in den frien (freien) künsten, in der göttlichen geschrifft, und in den geistlichen rechten. Es ist ein nüw (neues) studium, und von pabst Urbano dem Sechsten erst zuegelassen. Ain groß schar der studenten flüsset da zu uß Ungär und obertütschen landen. Ich habe alda gewesen sin, zween fürpündig theoligen erfaren (zwei der berühmtesten Theologen) Hainrichen von Hessen, der ze Paris gestudiert und Doctor worden, ist im anfang des studiums dahin kummen, und der erst, der den stul besessen und geregiert hat, und vil bücher die wol gemerken sint geschrieben; der ander ist gewesen Niclaus von Dinchelspühel, ein Schwab, aines guten lebens und in seiner lere clar, des (dessen) prediginen noch hütt (heute) begirlich von den gelerten wirt gelesen; und ist noch da Thomas Haselbach, nit ain untouglicher theologus, des kunst ich wol lobte, wo er nit 22 iare Isaye (Isaias) an dem ersten capitel hette gelesen, und ist noch nit an das ende kommen. Das aller gröst laster des studiums ist, das sie viel ze hohen fliß (Fleiß) in der dialectik haben, und die züt (Zeit) in sachen mit grosser früchten verzerend. Die da in den freien künsten maister werden, ouch allein in denselben examiniret und behöret, haben weder in der rhetorik noch in der aritmetik dhainen fliss (Fleiß), wiewol sie eittlich verß und epistel, die ander gemacht hand, unziemlich zu maistern zwingent. Die oratorie und poetri (Rede- und Dichtkunst) ist bei inen ganz unerkannt; der all ir fliß ist in eleneis und unnüzen swaze, wie wol der viel sind, die die bücher Aristoteles und ander philosophen hand, doch gebruchent sie sich darüber ander commenten: über das so gebent die studenten der wollust groß acht und fliß, sind des wins und der spiß (Speise) begirig. Wenig komment darfür gelert, werdent ouch nit in straff gehalten, louffend hin und herwider, und thund den burgern vil widerwärtigkeit an, darzu thut sie das gesprech der frouwen (Frauen) bringen. Das volk der statt wirt geacht sin (seine) fünfzig tusend communicanten. Der rad wirt von 18 mannen erwellet, und dann der richter, der den rechten ob ist, und der burgermeister dem die sorg der statt befohlen; die nimpt der fürst, welche er vermaint, die jm allertriwest sigind (die ihm die getreuesten scheinen), und die müssen dann jm insunderheit schweren. Dhain maisterschaft ald (oder) ampthern sind da sust (sonst), dann die zöll und der bruch des wines (Weines) innemend, wirt denen alles zugehörig, deren der wewalt järich ist. Es ist unglouplich (unglaublich) zu sehen, wie vil der sint die teglich spiß (Speise) jn die statt fürend; derselben und von krepsen tund (thuen) vil wegen vol war kommen, gebachen brot, flaisch, visch, vogel on zal, und vesperzit kumpt (beginnt es Abend zu werden), so ist nichts mer verkousiges uff dem markt. Der wiment (Weinlese) wert (währet, dauert) bi 40 tagen, under denen ist dhain tag, wegen (Wägen) mit most gand (gehen) da zwai oder drümal hin jn, und uber 1200 roß brucht man ouch täglich im wiment uff den derffern. Uber Sant Martinstag ist jedermann fri (frei) den win uß alle land ze führen. Es ist nit glouplich ze sagen, mit was grosser villi (Menge) win jngefürt wirdet, der alda ze Wien getrunken wirt oder aber wider den natürlichen fluß die Tunow (Donau) uß jn ander lannde mit großer arbait gefüret. Von dem win der ze Wien verkouffet wirt, ist der 10te pfennig des fürsten, darvon jm järlich zwelf tusend gulden jn die kamer fallent. Jn übrigen habent die burger wenig beschwernuß. Aber witer (weiters) als in ainer so großen und edlen statt werden zemal vil unbillicher sachen gehandelt. Tag und nacht so sint spenne (Händel), stöß und zwitrecht, jez die hantwerkcher wider die studenten, jez die hoflüt (Hofleute) wider die hantwerckher, aber die handtierer und arbaiter wider ander tund sich wapnen. Selten kain hailgen tag verruckt ane todslag, und wo ain ufrur, ist niemanz, der da schaide; weder burgermeister noch fürst hat fürsorg, als billig were, ze solchen bösen dingen. Wer sinen win im huß verkoufft, dem schatt (schadet) es nit an seinem gerüche und guten lümben (Rufe und gutem Leumund). Schier alle burger achten des winhuses und der taffernen (Taverne), machent warm stuben, rüstent zu voll küchinen (halten gute Küche) und lichte frölwi (leichte Dirnen) und gebent jnen etwas umbsust (umsonst) zu essen, das sie dester das mögint (mehr mögen) trinken, geben aber jnen dester ain minderi maß (kleineres Maß). Das Volk ist ganz dem lib (Leib) genaigt und ergeben, und was es die wuchen (Woche) mit der hand und swerer arbait gewunnen hatt, das tut es am fürtag (Feiertage) alles verzeren, und ist ain zerzerte unzierliche gemaind. Guter dirnen ist ain grosse schar, dhain frow hat selten an ainen man begnügen, und so die edlen zu den burgern kumment, so züchent sie jre wiber zu jhnen jn haimlich rede, und so si win uffgetragen, so gand sie uß dem huse, wichende den edlen. Vil töchteren nement jnen an (ohne) wissen jr vetter menner und die wittibe (Wittwen) under dem jar der klag und des laids vermehlent sich anders nach jrn willen. Wenich sind in der stadt, der uräni (Urahn, Urgroßältern) die nachburgerschaft erkennt hat; da ist selten dhain alt geschlecht, es sint alles frömde und nüw (neu) herkomen lüte. Die richen kouffüt (reichen Kaufleute,) so die alt worden sint, nement megde zu der Ee (Ehe), die bald darnach wittibe werden verlassen. Dieselbigen nement danne jre hußknecht ze mannen;

als wer gester arm gewesen, hüt rich (heute reich) gefunden; und dawider die selbigen, so die jr wider überlept hant, nemment sie aber ander und macht sich also je ains dem andern nach. Es ist selten ain sun (Sohn) der seinen vatter erbe. Es ist ain gesatz under jnen, das ein jegliche frow den halbtail jrs abgestorbenen manns den nachkommenden halber gibt; alle testament sind da fri, also das die manne jren wibern und harwider die wiber jren mannen ir gut testirent und vermachent. Der erbschaftenempfacher (Erbschleicher) sind gar vil, die alten lüten daran liebkosent, das sie erben verschrieben werdint. Sie sagten ouch, das da vil frowen wesent, die jre manne, so sie jnen uberflüssig worden sint, mit vergiftung abweg richtent. Es ist offen, das vil burger erschlagen sind von den edlen, die jre wiber mit worten geschreckht, der liebhaber am hof gewesen sind. Uber des leben sie an (ohne) aller geschriben gesazt, sprechent, sie halten und gebruchen der alt sitten und gewohnhaiten, die sie ouch ufft (oft) nach jren sin darthunt oder ußlegent. Da ist die gerechtigkeit köuffig; wer mag, sündet an pin, die armen und die blossen (Entblößten) strafft allain das gericht. Offen schwüre und aid tunt sie bequemlich halten; das da geschworen jez ist, wo das mag gelouguet (geläugnet) werden, hat khain krafft. Lichent (leihen) barschaft und geld uß uff etwas zits, also was sie des schaden entpfahent (empfangen), so das zil uß ist, thunt sie mit dem aid, was summ (Summe) des schadens sie behalten, und bringent die schuldner dardurch ze grossen kosten. Die pfand (Pfänder) so man tut versetzen, was die bringent, wirt nüz geacht den wucher; und den bann fürchtend sie nit, wie dann das tut verlümbigen. Allein schaden die diebstall. So bi (was bei) dem dieb gefunden, werden auch (fällt anheim) dem richter. Uber das thund sie die hailig zit (Feiertage) mit khainer geistlichkeit eren. All hoch zit verkoufft man flaisch, und die wägner (Fuhrleute) firent (feiern) khainen tag. In Oesterrich sind sust vil stette, doch khaine grosses namens, vil lantzherren mächtig und edel, under denen zum ersten den höchsten namen hat die graven von Schawenburg und Maidburg; mit richthumb sind aber über sie geacht die von Walbsee, Lichtenstain, Buchow (Buchheim) und mit ainem klainen namen habent, Pottendorfer, Starhemberger, Eberstorfer, Eckerzainer (Eckardsaue), Hochenberger und ander mer. Aiziger, wie wol die bi den lezsten sint, werdent sie doch hüt (heute) an macht und gewalt die andern übertreffen, und bi den ersten gehalten. Alda sint vil gozhüser (Gotteshäuser) grosser und richer, uber das die bisthum Salzburg, Bassow (Passau), Regenspurg, Freisingen, die da ouch vil groß landes und schlossen jn Osterrich jnhalten und besizent und zierliche hüser, sint alle der fürsten von Oesterrich räte, und thunt die als jre obren verehren. Man wölle kriegen (Krieg führen) oder frölich hofen, so thun sie doch die fürsten von Oesterreich als künige (wie Könige) in jrem fürstenthumb halten.“ — [31]

Wie sehr sticht dagegen des Dichters Seifried Helbling's merkwürdige Schilderung eines ächten Wieners oder vielmehr Oesterreichers in Tracht und Gesinnung ab, welche er in seinem jungen Lucidarius machte, nachdem er zuvor die um 1289 — 1299 eingedrungenen ausländischen Sitten, insbesondere in der Kleidung an seinen Landsleuten scharf bekrittelt hatte:

„Herre, bescheidet mir noch mêr
eine vrâge der ich ger.
ich sach einen löblîch tragen
gewant; dâ von wil ich sagen.
ez was gesniten wol unt eben
vor hinden und enebeu,
in rehter lenge hin ze tal.
weder ze breit noch ze smal
truoc er ein gürtel umbe sich.
der rinc was guot, den sach ich,
von wîzem helfenbeine,
ze grôz noch ze kleine.
dâ hienc ein guot mezzer an:
als ichz gesehen hân,
diu klinge moht wol guot sîn;
daz heft was klein flederîn.
wol stuont im al sîn kleit.
daz muoder was ze rehte breit
oberhalp des vordern gêrn.
der ermel wolt er niht entbern
als im der arm was gestalt.
sîn mantel guot zwivalt;
der under niden für gie.
sîn hâr er schône wahsen lie
dar in rehter lenge.
sîn hûbe niht sô enge,
sie dahte im sîner ôren tür;
dâ gie niender krustel für,
alsô doch vil mangem tuot.
wol und eben stuont sîn huot;
der was niht ze spaehe.
swer gegen im was gaehe
und im bot sîn vreidekeit,
dem het er schiere widerseit.
er was gên dem guoten guot,
gên dem übelen hôchgemuot,
vrîmüetic under schilde,

ze rehte guotes milde,
erkantes herzen gein got,
wol behalten sîn gebot,
getriuwe wârhaft staete,
in noeten guoter raete.
gein schimpf kan er gebâren wol,
verswîgen swaz geligen sol.
er ist bedaehtic sîner wart.
sîn lîp sîn guot ist unverspart
vor êre, diu im sanfte tuot.
vor allem meile ist er behuot.
eiâ, herre getriuwer.
nû wart ich allez iuwer,
daz ir mir saget wer er sî:
im ist michel êre bî.' —
'lieber kneht, ich sage dir,
dû hâst rehte gezeiget mir.
fürbaz soltû dîn frâgen lân.
er ist ein rehter Osterman!'' [32]

Nebst Helbling, Suchenwirth und Teichner haben auch einige Chronikschreiber des Mittelalters über den Aufwand, die Ausländerei und den unstäten Modewechsel in der Kleidung der Wiener Klage erhoben. Dieser Tadel scheint jedoch mehr den Adel als die Bürgerfamilien zu treffen. Der unermüdete Forscher Johann Schlager, [33] welcher zu diesem Zwecke mit wahrhaft eisernem Fleiße die drei, noch im Wiener Archive vorhandenen Bürger-Geschäfts-Codices von 829 Blättern durchsuchte, welche nahe an 2500 Testamente von 1396 bis 1430 enthalten, fand keine Spur eines übertriebenen Kleider- oder sonstigen Aufwandes, der dem geordneten Hausstande der Bürgerfamilien hätte nachtheilig werden können; und weder der Erbbürger (Stamm- oder Rathsbürger) noch der Handwerker scheint etwas blos zur Schau gebracht zu haben, was er nicht nach seinen Vermögens- und Erwerbskräften besitzen und genießen konnte. Die bürgerliche Kleidung für beide Geschlechter zeichnete sich damals in Wien durch freien Faltenwurf, lebhafte Farbe (grün, licht- und dunkelblau, roth, braun und grau) und durch Pelsverbrämung von Herwelein (Hermelin), Medrein (Marder), Kuniglein (Kaninchen), Ellesein (Iltis), Lucksein (Luchs), Fuchsein (Fuchs), Wülflein (Wolf), Aichhornein (Eichhorn), Maschanein (Lammfell), Hesein (Hasenbalg), Pilichwemlein (Bauchfell der Pilichmaus), Vechein (Vech), Wildkeczein (Wildkatze) u. s. w. aus. Blos der Gürtel hielt die Kleider an dem Körper fest. Heftlein und Knäuflein kommen übrigens nur als Zierden des Kleides vor, nicht aber um dasselbe an den Leib fest anschließen zu machen. Von den einzelnen Kleidungsstücken sind zu erwähnen: Das Pfayd (Hemde), das sich wieder in das Brustpfayd, Schsel-, Layt-, Achlats-Pfayd (Hemd mit Aermeln), das Seidlpfayd (Hemd ohne Aermel), das Ueberstoßpfayd, Nyderpfayd und Padpfayd unterscheidet. — Das Jöpplein oder Wambeis (Joppe oder Wamms), eine Art Weste für Männer mit Aermeln und langen Parten. — Der Leib-Rock, welcher bei Männern bis an die Waden, bei dem weiblichen Geschlechte wegen Ermanglung von Strümpfen bis zur Erde reichte. — Die Hose, welche theils nur bis zum Knie reichte, theils, nach der Form des Schenkels und der Waden geschnitten, über die Knöchel in den Schuh reichte. Schuhe wurden allgemein, Styval (Stiefel) blos von dem Reitersmann getragen. — Das Suckl (bei Pez scriptores. T. III. Sukenie), ein Ueberwurf, in der Form eines langen Kragens, für das weibliche Geschlecht. — Der Seidl, eine Art Schaube, die von beiden Geschlechtern so wie von Geistlichen und Weltlichen getragen wurde, und sich nur von dieser darin unterschied, daß sie blos bis zum Ende des Rückgrades reichte, und statt der Aermeln nur aufgeschnittene Aermelanfänge (sogenannte Stumpfen oder Flügen) hatte. — Die Schaube, für Männer und Weiber, ein Ueberrock, der bis an das Knie reichte und gewöhnlich nur halblange Aermel hatte. — Der Mantel, für beide Geschlechter. Er kommt als Seydlmantel (ohne Aermel), Ratsmantel, Radmantel, Glockenmantel, zwifacher und Raysmantel vor, der oft mit Franzen, Schellen und Knäuflein besetzt und bei adelichen Frauen nicht ungewöhnlich aus Sammtstoff verfertigt war. — Die Kopfbedeckung der Frauen bestund aus dem langen Sloyer (Schlayer) und einer Abart desselben, dem Drum, das nur bis zum Nacken reichte. Beide hatten mehrere „Bach“, Falten (4 bis 15) und Endlein, Preislein (Säume); ferner dem Sturz, eine Art Haube, und dem Umgepend oder Vmbpentlein (dem Stirnbande von Seide, Harraß und Jöltsch), womit der Schlayer an den Kopf befestigt wurde. — Die Haube, die Gugel und der Hut war eine gemeinsame Kopfbedeckung für Männer und verheirathete Frauen. Erstere war von Tuch und oft mit Pelzwerk verbrämt; die Gugel unterschied sich von ihr dadurch, daß sie auch die Ohren einhüllte; der Schaubhut der Frauen wurde gewöhnlich sehr breit getragen. Auch der Gürtel gehörte beiden Geschlechtern an. Gewöhnlich mit Silber beschlagen, war er bei den Männern mit der Geldtasche und dem Schwertmesser behangen; den Gold- oder Silberborten-Gürtel der reicheren Frauen zierte nicht selten auch ein „korallein“ Paternoster. Schellen an Rock, Seidl und Mantel kommen nur selten vor.

Als Stoffe zu ihrer Kleidung bedienten sich die Einwohner Wiens der inländischen, um 1441 aber auch der italienischen Leinwand, des Tuches und der übrigen Schaaf- und Baumwollenzeuge, als: Schmaerdin, Wokasin, Cyndalin, Synabossen, doppel- und einfachen Harraß, Reithum, Rifen und Grimgelz, wie sie in Albrecht des Fünften Krämerordnung vom Jahre 1432 aufgeführt erscheinen. Einfache Seidenstoffe kommen wohl manchmal auf Aermeln Gultern (Bettdecken), Chüssen (Kopfpolstern), Drun und Schleyern, nie aber auf vollständigen Kleidern vor. Nur Edelfrauen bedienten sich zu solchen der wälschen

Seidenzeuge: Zigaboni, Recunadi, Trisadi, Putradi, Samat, Damaschk, Atlas, Zendal, Taffaot und Schamlot; dann der guldein und Silbertafeln. Scharlach vom Kopf bis zu den Füßen war die gewöhnliche Hoftracht für Herrn und Frauen.

Das Kleid macht den Mann, oder mit andern Worten: die Außenseite des Menschen verräth sein Inneres, ist ein bekannter praktischer Satz, dessen Wahrheit wohl nicht zu bestreiten ist. Was demnach Aeneas Piccolomini von Wiens Sitten vorbringt, verdächtigt schon aus dieser urkundlich nachgewiesenen Kleidertracht, die eben so weit entfernt von eitlem, sich überhebendem, prahlsüchtigem Hochmuthe als schmutziger Vernachläßigung, den Bürger- und Mittelstand dieser Stadt in einfacher, würdiger und wohlanständiger Hülle zeigt.

So nimmt er den Wienern ihre Eß- und Trinklust übel, und »daß sie sich nicht (wie Freiherr von Hormayr ironisch genug bemerkt) wie die Italiener vom Geschrei, oder wie die Spanier vom Müssiggang und von einer Zwiebel ernähren!« — Aber liegt das nicht vielmehr im Klima, das, wie Jedermann bemerkt der sich längere Zeit in Wien aufhält, auf die Verdauung mächtig einwirkt? Zudem, wer schlägt die Gaben aus, die ihm ein gesegnetes Land in Hülle und Fülle so wohlfeil spendet! — Schon ein scharfblickender Reisender aus Norddeutschland machte die Bemerkung: »Man wirft den Wienern Sinnlichkeit, einen großen Hang zum Wohlleben und zum guten Essen und Trinken vor. Allein sei es die Folge des Klimas oder der Reiz der Nachahmung oder die bequeme Gelegenheit, hier auf alle nur mögliche Art seine Laune zu befriedigen: kurz bei einem etwas längern Aufenthalte finden Fremde an dieser Seite des National-Charakters allmälig weniger zu tadeln, und eifern wohl gar hierin mit den Eingebornen in die Wette.«

Er wirft dem Volke seine Raufhändel vor, und scheint auf jenes Ereigniß von 1451 anzuspielen, wo wirklich ein solcher Exceß durch den Muthwillen der Studenten mit den Bürgern sich ergab. Vom Universitätsplatze bis hin in die Wollzeile und Riemerstraße war plötzlich Alles im förmlichen Gefechte. Es wurden sieben Studenten von den Bürgern gefangen genommen und nach der Schranne vor den Stuhl des Stadtrichters Erasmus Ponheimer gebracht. Dieser, ein zornmüthiger Mann, wollte, um ein Beispiel für Landfriedenbruch zu geben, sie sogleich hinrichten lassen. Nur mit genauer Noth gelang es dem Rathe Neuperg ihn von dieser Bluthat abzuhalten; — und so wurden denn die übermüthigen Jünglinge in das unterste Verließ des Kärnthnerthurmes geworfen. Der Rector, welcher sich durch diesen Vorgang in seiner akademischen Freiheit verletzt sah, schloß nun augenblicklich die Hochschule, und es würde wahrscheinlich eine Auswanderung der Lehrer und Schüler erfolgt seyn, wenn nicht Friedrich den Vermittler gemacht hätte. Solch ärgerliche Vorfälle ereigneten sich jedoch sehr selten in Wien. Was aber Piccolomini, der Italiener, an diesen geringfügigen Händeln gar so Auffallendes finden konnte, ist unbegreiflich: er, welcher doch das grausame Wüthen der Welfen und Gibellinen, die blutigen Auftritte der Bianchi und Neri, ja die gräßliche Partheiwuth fast aller Städte seines Vaterlandes vor Augen haben mußte!

Auch hinsichtlich der Weinschanken in Wien zeigt sich dieser Gelehrte übel belehrt. Alle Bürger Wiens hatten von alter Zeit her das Recht ihre eigenen Weine in den Kellern bei Hause auszuschenken. Ein eigenes Taffernrecht jedoch, nämlich die Befugniß fremde Weine aller Gattung so wie auch italienische und ungarische Weine (damals Osterwein genannt), Süß- und Kräuterwein, Raynfal, Malvasier, Muskatel ꝛc. in der Trinkstube und über die Gasse auszuschenken, besaß aber ausschließend nur die Stadt. Das Dasein solch einer Stadttaferne reicht bis in das dreizehnte Jahrhundert hinauf; Erneuerungen und Bestätigungen dieses Rechtes gaben Albrecht der Zweite in seiner Handfeste für Wien vom 24. Juli 1340, wie auch Albrecht der Dritte gemeinsam mit Leopold mittelst Urkunde, gegeben am Erichtag vor St. Colomann 1367. Die älteste bekannte Stadttafferne befand sich in der Wollzeile, jetzt das Haus Nr. 778, und gab höchst wahrscheinlich dem Stadttheile, in welchem sie lag, den Namen Stubenviertel. Außerdem gab es aber noch viele gemeine Trinkstuben mit Gärten nahe vor dessen Thore, die eigene Namen, wie z. B. Chaltekt, Hercz, Kleber, Baengk hatten; und auch der Ober- und Unterwerd (Rossau und Leopoldstadt) waren damit reichlich versehen.[34]

Was die von ihm erwähnten öffentlichen Dirnen (freien Töchtern, schönen Frauen, gemeinen Weiber, oder Hübschlerinnen) betrifft, so führt selbe schon Rudolph von Habsburg als eine eigene Klasse der Einwohner an, in einer Stelle des Strafgesetzes für Wien vom 20. Juni 1278, welche auch Herzog Albrecht der Zweite in seiner Handfeste vom 23. Juli 1340 also wörtlich wiederholt: „Wir tun auch behain gepot von den gemainen weiben, wan ez wer unwirdig und unzeitlich daz man sew in die pant der Ee beslusse. Doch wellen wir, daz si nieman an schulde laidig; swer si aber laidigt, den sol der Richter puezzen, nach des rates rat.“

Nach dem alten Stadtgebrauche und der Sitte der Zeit waren ihnen eigene Funktionen zugewiesen. So hatten sie bei feierlichen Einzügen und Empfängen angesehener Fremden Blumensträuße auszutheilen; bei Durchreisen hoher Häupter ihre Wohnungen zum Empfange bereit zu halten; um das Sonnenwendfeuer am Festtage Johann des Täufers zu tanzen, und durch Wettläufe, zweimal des Jahres, das Scharlachrennen (von welchem später Ausführlicheres folgt) zu verherrlichen. Auch zwei gemeine, offene Frauenhäuser bestanden dazumal in Wien. Sie lagen vor dem Wiedmerthore am Gries, d. i. am breiten sandigen Ufer des Wienflusses, da, wo jetzt das Theater steht, und erstreckten sich bis gegen den Hügel der Laimgrube hinter das Spital zu St. Merten. Das früher erbaute gab der dortigen Weingarten-Ried den Namen Frauneck, der zuerst um das Jahr 1344 vorkömmt. Um 1395 scheint noch immer nur eines dieser Häuser vorhanden gewesen zu sein, da in dem Lehenbriefe des Herzogs Albrecht des Vierten von diesem Jahre, in welchem er seinem Kammermeister Hanns Ruckchendorfer das Kampfschildamt in Oesterreich und Bernhard Weitra's ledige Güter verleiht, ausdrücklich erwähnt wird: „daz gemain Frawenhaus ze Wien ausgenommen!“ Das zweite führen die Urkunden erst um 1410 vor, und man unterschied sie nun nach ihrer Lage in das vordere und hintere Frauenhaus. Sie hatten eine

Frauenmeisterin, einen Frauenrichter, der nach Friedrich's Erklärung in einer Urkunde von 1476 »mit der Oberkait (Jurisdiction) gen Hof und in des Kaisers Hofmarschallichamt« gehörte, und eine Frauenwirthin. Die Belagerung Wiens durch die Türken 1529 bereitete diesen Frauenhäusern ihr Ende. Sogleich tauchte zwar ein neues im Innern der Stadt, im tiefen Graben, wieder auf, aber es verschwand für immer nach zehn Jahren; denn 1539 finden wir schon in den Stadtbüchern aufgeführt: »den newen Traidkasten im Ellendt an der hohen Pruggen (nun ein Theil des Gebäudes Nr. 227) so zuvor ain offenes Frawenhaus gewesen.« [35]

Piccolomini's Angabe vom gänzlichen Mangel eines alten eingesessenen Bürgerstandes in Wien ist eben so urkundlich unrichtig. Wien hatte so gut wie andere große Städte Deutschlands seine Erbbürger (Ur- oder Rathsbürger), die mit eigenen Vorrechten begabt waren. Ihre Söhne, als geborne Bürger, hatten nicht die Verpflichtung auf sich erst den Bürgereid abzulegen, wie es den Handwerkern oblag, welche nach Wien einwanderten und um das Bürgerrecht warben; das ihnen dann oft erst nach Stellung eines Bürgen für ihr Wohlverhalten, gegen Entrichtung eines halben Pfundes Wienerpfennige ertheilt wurde. Die Erbbürger waren Grund- oder Burgrechtsherren über viele Stadthäuser und fertigten darüber den Hausinhabern die Besitzurkunden aus. Sie waren nach dem ältesten österreichischen Landrechte Ritterlehensfähig, und viele aus ihnen als Tirna, Würfel, Herbot auf der Säule, Griffo, Urbetsch, Hölzler Floyt ꝛc. wirkliche Besitzer von Ritterburgen; wie denn auch die meisten Weingärten rings um die Stadt, ja selbst bis in die ferneren Gebirgsgegenden hin, ihr Eigen waren. Endlich durfte nur aus ihnen der innere Stadtrath gewählt werden. Erst unter Rudolph dem Vierten bekamen ihre Rechte einen empfindlichen Stoß, indem dieser Herzog mit Urkunde vom 28. Juni und 2. August 1360 befahl, daß alle Käufe und Belastungen der Häuser in dem Burgfrieden nur vor dem Stadtrathe geschehen sollen. Noch mehr verloren sie von ihren Vorrechten durch die Vormünder Albrecht's des Vierten, die Herzoge Wilhelm und Leopold, welche, wie wir schon früher mitgetheilt haben, am 24. Februar 1396 die jährliche Erneuerung des Bürgermeisters und Stadtrathes durch die Wahl der ganzen Stadtgemeinde, und zu deren Besten auch die Aufnahme von Kaufleuten und Handwerkern in den Rath angeordnet hatten. Bald waren sie nur mehr auf das Monopol des Weinschankes beschränkt, und das betrieben sie fort, bis ein Mandat von 1563 auch dieses aufhob, wo dann die Erbbürger, als eine besondere Körperschaft, für immer aus Wien verschwanden.

Was endlich Piccolomini vom Mangel geschriebener Gesetze und von der widernatürlichen Verwirrung des Erbes vorbringt, widerlegt sich von selbst durch die, gehörigen Ortes schon bekannt gemachten Anordnungen, welche die Fürsten Oesterreichs mit weiser Umsicht in nicht unbedeutender Zahl und fast für alle Zweige des Rechtes erlassen haben. Es erübrigt nun nichts mehr, als gelegentlich hier einige Bemerkungen über die damaligen Richtplätze in Wien und dem Scharfrichter beizusetzen. Nach altem Herkommen ward die verbrecherische That, zum warnenden Beispiele, gewöhnlich an Ort und Stelle wo sie begangen worden bestraft, wenn nicht der Tod darauf gesetzt war. So das Zungen- und Ohren-Abschneiden, das Augenausprechen (Blenden), das Finger- und Handabhauen, das Zwicken des Leibes mit glühenden Zangen, das Brandmarken auf die Stirne und in die Backen ꝛc. Für die Todesstrafen jedoch waren eigene Richtstätten. So geschah das Ersäufen an der mittlern Donaubrücke am Tabor; das Verbrennen auf einer Heide bei Erdberg, die Gänsweide oder auch der Donau-Gries genannt; das Viertheilen und Kopfabschlagen am Hohenmarkt, an dessen unterm Theile gegen den Lichtensteg zu bei einer Steinsäule, die noch auf Wolmuet's Plan von Wien, 1547, zu sehen ist; zuweilen aber auch am Schweinsmarkt (Lobkowitzplatz). Die älteste Stätte für Galgen und Rad war die oberste Höhe des Wienerberges. Sie erscheint schon urkundlich im Jahre 1372.

Der unglückliche Vollzieher des peinlichen Strafgerichtes (Scherg, Diebsscherg, Züchtiger, Freimann und Nachrichter genannt) war auch in Wien wie aller Orten als ein ehrloses, von der Gemeinde ausgestoßenes Wesen betrachtet, und deßhalb auch bei jeder Hinrichtung, wenn sie nicht schnell und genügend gelingen wollte, der größten Lebensgefahr ausgesetzt; wie denn noch 1501 solch ein Scherge von dem Volke erschlagen wurde, weil beim Köpfen eines Missethäters der erste Streich mit dem Schwerte mißlang. Der Scherge fand anfänglich durch Sammeln unter den Zuschauern auf dem Richtplatze und durch Rotirung aus dem Frauenhause seinen Lohn; von 1450 an bezog er jedoch statt obiger Zuflüße eine Jahresbesoldung aus der Stadtcasse, und es war ihm mit seinem Gesindl (Knechten), da er auch nebenbei den Fang herrenloser Hunde und das Abhäuten des gefallenen Viehes betrieb, eine eigene abgesonderte Wohnung zugewiesen. Ein solches Schergenhaus erscheint 1422 in der Himmelpfortgasse, wo auch die Untersuchungsgefängnisse der Stadt sich befanden, daher es später den Namen Diebhaus trug; ein zweites lag, um 1440—1488, in der Wipplingerstraße. [36]

Auf Ehrenstrafen scheint der Scherge keinen Einfluß genommen zu haben. Als eine solche für das weibliche Geschlecht erscheint um 1473—1485 das Bachstain- (Backstein-)Tragen. Die eines öffentlichen Aergernisses Ueberführte mußte nämlich eine schwere Steinlast durch die Stadt bis zum Ende des Burgfriedens tragen, den sie dann nie wieder betreten durfte. Auch das Bäckerschupfen gehört hierher. Bäcker, welche ungenießbares oder im Gewichte zu geringes Brot buken, wurden in einen geschlossenen Korb gesetzt, welcher am Ende eines, in Gestalt einer einfachen Schaukel angebrachten langen Balkens hieng, und so in die Donau oder sonst in eine Pfütze getaucht. Schon Albrecht der Zweite ordnete im Jahre 1340 an: „Die Bäcker sollen geschupft werden, nach altem Gebrauch,“ — was natürlich ein viel höher hinaufreichendes Alter dieser Strafe voraussetzt, die erst unter Kaiser Joseph dem Zweiten eingestellt wurde. — [37]

Am 13. August 1430 wurde durch den Probst Simon von Klosterneuburg auf höchst feierliche Weise der Grundstein zum zweiten unausgebaut gebliebenen St. Stephansthurme in Wien gelegt. Das Eisenbuch im Archive des Magistrates enthält, Blatt 160 über dieses Fest folgende gleichzeitige Aufschreibung. Anno 1450, am phintztag vor unser lieben Frawen tag Assumptionis ist der grundstain des Newen Turns an unser Frawen abseiten zu sant Stephan hie gelegt worden mit grosser solempnitét, und am ersten hat der erwirdig geistlich herr Johannes abbt zum Heil. krewtz gesungen die amt in denern der heiligen Driualtikait, und nach demselben amt sind die erwirdigen prälaten, her Peter abbt zu Lilienfeld, her Simon Imturn, brobst zu Klosternewburg, her Niclas brobst zu sant Dorothe mit sambt dem egenannten abbt Johansen, in irn ornaten, maister Kristan von Hueber, lerer der heiligen geschrifft, die zeit techant, her Niclas Schell custos, maister Wolfgang von Knütelfeld cantor, und die andern korherren und alle briesterschafft sant Stephan mit dem heiligtum in einer prozeß gegangen aus der kirchen, ab in die gruntuest des turns, die als auf zehen dawmellen tief gegraben was gegangen, und der vorgenannt her Simon brobst, mit samtjm die egenannten prälaten habent da gelegt den ersten stain des turn, und jr opfer drauf getan in dem namen des allmächtigen gots, und der erber Hanns Puchspawn, stainmetz, ist des gepaws rechter pawmeister und ain anfenger; dabei auch sein gewesen die wolgeborn edlen graf Pernhart von Schawnbergk, lantmarschall in Oesterreich, her Sigmund von Eberstorf, obrister kamrer und hubmaister in Oesterreich, her Hanns Ungnad, unsers genedigisten hern kunig Fridereichs römischen künigs, hertzogen zu Oesterreich, zu Steir 2c. kammermaister, her Hainraich Entzestorfer, auch der erwirdig maister Conrad von Hallstat dietzeit Rector und menig hochgelert lerer und maister der hochwürdigen schul hie, und die ersamen weisen hern Conrad Holtzler, burgermaister, her Hanns Steger ritter, münssmaister in Oesterreich, Erasme Ponheimer richter, Hanns Haringseer, Jörg Schuchler, Simon Pöltl kirchmaister, Peter Strasser, Thomas Swartz, spitelmaister, Arnold Galander, Ulrich Metzleinsdorfer, Conrad Phuntsmaschen, Friedreich Gerungen, Lewpold Weiß, Hainraich Entzesfuelder, Jörg Epischaus, statkammrer, Christan Wissinger, Hainraich Inglstetn, Hanns Kanstorffer kellermaister, Oswalt Weinperger und Ulreich Sochter des rats und vil ander frummer erber leut geistlicher und weltlicher, und die gruntfest ist ganz zu ebner erden ausgemawert worden in gutem trukchem wetter mit praiten stain und werchstükchen und mit gutem zeug, als in sechs wochen.«

Merkwürdig ist bei dem Anfange dieses Thurmbaues eine Verordnung Friedrich's des Dritten, die, weil eben damals ein sehr saurer, fast ungenießbarer Wein gewachsen war, Jedermann, der ihn nicht trinken wollte, zur Pflicht machte, ihn nach St. Stephan auf den Freithof zu bringen, auf daß man den Kalk damit ablöschen und das Fundament recht haltbar bauen könne. Die humoristischen Wiener nannten diesen Wein den Reifbeißer, weil sie besorgten, die Säure und Schärfe desselben möchte selbst die Reife ihrer Fässer angreifen.

Ein Jahr zuvor am 28. April wurde von Johannes Bischof zu Gurk die Hofkapelle eingeweiht, welche Friedrich der Dritte an der Stelle der Rudolphischen hatte erbauen lassen, und fast gleichzeitig, am 14. October 1449, brach ein fürchterliches Wetter los, das viele Menschen und Thiere erschlug. Ein Blitzstrahl zerstörte in dem Stephansthurme das Hornwerk, welches jedoch wieder, 1450, von dem Orgelmeister Erhard hergestellt wurde. Dieses Horn war eine ungeheure mit einem Blasbalge versehene Pfeife, nach deren Ertönen sich Niemand mehr auf der Straße ohne Laterne betreten lassen durfte.

Constantinopels Fall durch die Türken war um diese Zeit schon wie entschieden. Da erhob sich ein Mann als Kreuzprediger, dessen überströmende Beredtsamkeit die Völker mit neuem, entschlossenem Muthe gegen den Erbfeind der Christenheit beseelte. Es war der Franziskaner-Mönch Johann Capistran. Als Abgesandter des Papstes gieng er über Venedig nach Deutschland und kam so, nachdem er fünf Tage lang bei Friedrich und dem jungen Ladislav in Wiener-Neustadt verweilt hatte, barfüßig und in armseliger Kutte, ohne Freund und Geld, nur das Kreuz in der Hand haltend, am 6. Juni 1451 in Wien an, wo ihn die Hochschule und der Magistrat, in Begleitung eines zahlreichen Volkes, feierlich am Thore empfiengen und in das Kloster seiner Brüder, der Minoriten, geleiteten. Achtundzwanzig Tage verweilte er hier und predigte am Stephansfreithofe auf der Kanzel, welche heute noch besteht und seit 1738 mit dem Steinbilde dieses Glaubenshelden geschmückt ist; dann wendete er sich nach Brünn und weiter nach Ungarn, von zahlreichen Kreuzfahrern begleitet, welche die Wiener freigebig mit allem Nothdürftigen versahen.

Am 22. Juli 1451 gab Kaiser Friedrich das Kloster St. Theobald den Franziskaner-Mönchen von der Observanz, und dessen Katharinakirche erhielt jetzt den Namen zu St. Bernardin; die Klosterfrauen St. Klaren-Ordens von der Buße aber wurden in die Stadt in das Haus „zum Stoß im Himmel" versetzt, wo seitdem ein Marmordenkstein zu sehen ist, der den Namen Jesu versinnlicht, wie ihn Capistran's Lehrer, Bernardin, zu malen und zu verehren pflegte.

Nun traf Friedrich Anstalten nach Italien zu gehen, um dort die deutsche Kaiserkrone zu empfangen und seine Braut Eleonora von Portugal heimzuführen. Er schrieb einen Landtag nach Wien aus, in der Absicht: während seiner Abwesenheit eine Regierungsverwaltung für Oesterreich aufzustellen; doch die Stände verwarfen seinen Antrag und drangen auf die Auslieferung Ladislav's. Friedrich jedoch, der die guten Früchte der Vormundschaft noch länger genießen wollte, kehrte ohne bestimmte Antwort nach Neustadt zurück, empfahl fünf seiner getreueste Anhänger, dem Grafen Ulrich von Schaumberg, und den Herren Georg von Buchheim, Rüdiger von Starhemberg, Sigmund von Ebersdorf und Konrad Eizing, die Fürsorge für das Land und reiste ohne weiters am Vorabende des heil. Apostels Thomas mit dem jungen Ladislav nach Italien ab. Während der Kaiser am 16. März 1452 in Rom gekrönt wurde, hielten die mißvergnügten Oesterreicher in Wien unter sich Rath und beschlossen, ihren Erbherren allenfalls auch mit Gewalt Friedrichen abzunöthigen. Zuerst versuchten sie eine Entführung. Doch die Unternehmungen zu Florenz, Rom und Neapel mißlangen und hatten die Folge, daß Ladislav nur noch strenger bewacht und sein Lehrer Niklas von Krottendorf, der hierzu die Hand geboten hatte, in ewiges Gefängniß geworfen wurde.

Schon am 23. Dezember 1451 zeigte Friedrich der Vierte auf seiner Romfahrt von Knittelfeld aus den Wienern sein Befremden, daß sie die Burg zu

Wien ohne sein Wissen besetzt hatten; aber Bürgermeister, Richter, Stadtrath, die Genannten und die Gemeinde antworteten darauf am 2. Jänner 1452 ganz kurz und unumwunden: „Thun eur kuniglich gnaden zu wissen, das wir uns der burg mit besaczung noch in ander wis nicht underwunden haben; wie aber mit unsers gnädigsten erbherren kunic Laslann burg hie zu Wien gehandelt sei, des werden seiner gnaden oberster haubtman und die verweser seines landes Oesterreich, von den vier partheien darzu gegeben, eur kuniglich gnaden underweisung thun.“ Durch das Mißlingen der Entführung stieg nun nur noch höher der Erbitterung Flamme bei den Unzufriedenen empor, an deren Spitze sich die Grafen Friedrich und Ulrich von Cilly und Ulrich von Eytzing gestellt hatten.

Demungeachtet versuchte man noch einmal, als der Kaiser auf der Heimreise die Steiermark betrat, ihm eine Gesandtschaft, mit der Bitte um Auslieferung des Landesfürsten, entgegenzuschicken. Da aber auch diese fruchtlos blieb, ward ihm förmlich der Krieg angekündet. Friedrich zauderte auch jetzt noch die Uebermüthigen zu züchtigen, und begnügte sich, nach seiner Ankunft in Wiener-Neustadt einen Herold an die Wiener abzusenden, um sie wegen verletzter Unterthanenpflicht vor sich zu laden. Diese jedoch ließen den Abgesandten trefflich bewirthen und ihm dann höhnisch die Thore zum Abzuge öffnen. Schlimmer ergieng es dem Notar, der kurz darauf den Bann verkünden sollte. Er büßte sein eitles Thun nach vielen Unbilden im harten Gefängnisse. Nun brach der Krieg wirklich los. Die Wiener erstürmten das Schloß Ort; Friedrich's thätiger Freund Rüdiger von Starhemberg dagegen hielt das linke Donau-Ufer im Zaume und wagte sogar einen Angriff auf die Taborbrücken, der die Wiener nicht in geringen Schreck versetzte; aber er ward glücklich abgeschlagen und die Mißvergnügten wurden hierdurch nur noch trotziger und unternehmender.

Cilly und Eytzing hatten nun ein bedeutendes Heer, worunter sich allein fünftausend Wiener befanden, zusammengebracht und zogen damit gegen Neustadt, welches sie am 28. August 1452 erstürmten. Schon waren die Vorstädte gewonnen, schon drangen die Belagerer mit wildem Ungestüme bis an die Zugbrücke des Wiener-Thores, — da erschien plötzlich vor demselben Andreas Baumkircher, der mit unerhörter Tapferkeit, und obgleich aus dreizehn Wunden blutend, dem andringenden Feind so lange glücklichen Widerstand leistete, bis die Brücke abgeworfen und das Schutzgitter konnte herabgelassen werden. Ohne diese Hochthat wäre der Kaiser gefangen worden.

Neustadt war nicht auf eine lange Belagerung vorbereitet; es wurde daher zu Unterhandlungen geschritten. Durch den Markgrafen Carl von Baden gelang endlich eine Ausgleichung. Am 10. September 1452 wurde der schöne dreizehnjährige Ladislav von Friedrich der Vormundschaft entlassen und bei der zierlichen Steinsäule außer dem Wiener-Thor durch vier kaiserliche Räthe dem Grafen von Cilly übergeben. Mit lautem Jubel wurde der junge König nach Berchtoldsdorf in das Nachtlager und Tags darauf nach Wien geführt, wo ihm schon am Wienerberge die Geistlichkeit, die Ritterschaft, die Universität, der Stadtrath und eine ungeheure Menge jauchzenden Volkes feierlich entgegen kamen und ihn vollends in die Burg begleiteten.

Am 10. November 1452 fand in Wien eine allgemeine Versammlung der Stände Oesterreichs, Ungarns und Böhmens statt, wobei auch einige Gesandte des Kaisers und mehrere Reichsfürsten erschienen. Johann Hunyady und Georg Podiebrad wurden in ihren Statthalterschaften bestätigt, und Graf Cilly übernahm die Landesverwaltung Oesterreichs.

Am 6. Jänner 1453 erneuerte Kaiser Friedrich für alle Prinzen seines Hauses den Erzherzogs-Titel. Bald darauf ließ sich Ladislav in Ungarn huldigen, und am 28. October erfolgte dessen Krönung zum König von Böhmen in Prag.

Ungeachtet seiner Jugend wußte sich Ladislav durch kluges, mäßiges, leutseliges Benehmen das volle Vertrauen und die anhänglichste Liebe seiner Unterthanen zu gewinnen. Dagegen machte sich Cilly, der, um Ladislaven ja nie aus den Augen zu verlieren, seine Wohnung im Hause zunächst der Burg von dem Volke der Cillyerhof (nun Amalienhof) benannt — nahm, durch Gelderpressungen und Eigenmächtigkeiten aller Art so verhaßt, daß sich Ladislav bald genöthigt sah ihm das Hoflager zu verbieten. Eyzing trat nun in Cilly's Würden — leider aber auch in seine Fußstapfen. Kaum zwei Jahre wußte er sich zu behaupten. Im Gefühle, Allen verhaßt und dem Sturze nahe zu seyn, besaß er Klugheit genug, noch zur rechten Zeit sich selbst auf seine Schlösser zu verbannen. Nun, 1455, wurde Graf Cilly wieder zurückberufen. Kein Hinderniß lag nunmehr dessen Allgewalt im Wege. Der gefürchtete Hunyady, welcher mit Capistran Belgrad gegen des Sultans Mohamed Heer siegreich vertheidigt hatte, war am 11. August 1456 an der Lagerseuche in den Armen dieses gottbegeisterten Mönches verschieden, welcher ihm selbst dann am 23. October in die Ewigkeit folgte. Dennoch lauerte Cilly's argwöhnisches Auge fortan auf Hunyady's Söhne Ladislav und Mathias. Ihr steigendes Ansehen schien ihm in der Folge verderblich zu werden. Er zettelte daher zur Verhütung dessen einen Mordplan gegen sie an; aber ehe derselbe in Ausführung kam, ward er verrathen und Cilly, selbst in eigener Schlinge gefangen, von den Hunyaden jämmerlich getödtet. König Ladislav, das Wiedervergeltungsrecht erkennend, verzieh zwar den Brüdern; aber ihre Feinde wußten es doch endlich dahin zu bringen, daß sie eingezogen, Ladislav enthauptet und der vierzehnjährige Mathias anfänglich in Wien, dann zu Guttenstein in strenger Haft gehalten wurde.

Auch der Kaiser und König Ladislav geriethen über den Nachlaß Cilly's, welcher der Letzte seines Stammes war, in offene Fehde. Friedrich zog nach Cilly, hatte aber dort neuerdings das Mißgeschick belagert zu werden; doch ward von dem wieder in Gnaden aufgenommenen Eyzing bald Friede gestiftet.

Indessen hatte Ladislav das siebzehnte Jahr seines Alters erreicht. Lebhaft drangen nun die Stände aller drei Nationen in ihn sich zu vermählen, um seinen Reichen einen Erben zu geben. Die Wahl fiel auf Magdalena, der Tochter König Carl des Siebenten von Frankreich, den Johanna d'Arc, die Jungfrau von Orleans, wieder in sein Reich eingesetzt hatte. Schon war eine auserlesene Gesandtschaft in Paris — da starb Ladislav am 23. November 1457

23*

zu Prag so plötzlich, daß man den Verdacht kaum unterdrücken kann, er sey von den Utraquisten, welchen er sehr abgeneigt war, vergiftet worden. Der Dom zu St. Veit in Prag birgt seine Asche. Mit ihm erlosch der österreichische oder Hauptstamm des Hauses Habsburg und nun fiel das Erbe der steyer'schen Nebenlinie zu.

Von Ladislav hat die Stadt Wien folgende Urkunden aufzuweisen: Die Handfeste über das Hausgrafenamt, vom 15. Mai 1453. — Die Bestätigung der Handfeste Albrecht's über das Donaubrücken-Gefäll, vom 26. Mai 1453. — Die Bestätigung von Herzog Rudolph des Vierten Freiheit, daß man alle öden Häuser und Gründe, es seien Herren- oder Bürgershäuser binnen Jahresfrist bauen oder der Stadt verkaufen soll, vom 7. Juni 1453. — Dessen Verbot der Einfuhr fremden Bieres, vom 9. April 1455, und endlich dessen Bestätigung aller Freiheiten, welche von Albrecht dem Ersten an, die Herzoge von Oesterreich der Stadt Wien verliehen haben, vom 24. September 1455.

Zweites Kapitel.

Die Habsburger der steyer'schen Linie.

Nach Ladislav's unerwartetem Tode hatte offenbar Kaiser Friedrich der Vierte, als der Aelteste des Stammes, nach den Haussatzungen, die deutlich genug Primogenitur und Untheilbarkeit aussprachen, das unbestreitbare Recht der Alleinherrschaft über Oesterreich; allein sein leichtfertiger Bruder Albrecht der Sechste, der sich wenig um Recht und Gesetze bekümmerte, und ihr Vetter Sigmund, von der tyrolisch-habsburg'schen Linie, ein Spielball in Albrecht's Händen, suchten gleichfalls Ansprüche auf das Erbe geltend zu machen. Dies brachte höchst traurige Ereignisse über Wien und Oesterreich, von dem sich nun auch sogleich die beiden Königreiche Ungarn und Böhmen trennten. In Böhmen wurde der Statthalter Georg Podiebrad durch die Utraquisten auf den Thron erhoben; Ungarn aber erhielt an Mathias Corvin, dem Sohne des mächtigen Johann Hunyady, einen König, nachdem derselbe noch als Ge-

Zweites Kapitel.

Die Habsburger der steyer'schen Linie.

fangener von Gutenstein nach Prag gebracht, und später von Podiebrad befreit worden war.

Bei diesem Vorgange sahen sich die Verweser Oesterreichs: Eyzing, Wallsee, Schaumburg, Maidburg und der Stadtrath in Wien genöthigt, die Burg daselbst mit ihren Söldnern stark zu besetzen und den ankommenden Fürsten zu erklären, daß sie keinen dahin einlassen und keinem Folge leisten würden, bis ihr Erbstreit vollkommen geschlichtet wäre. Diese genehmigten auch den Entschluß, setzten auf den 4. Mai 1458 einen Landtag fest und nahmen ihre Wohnungen in Bürgershäusern: der Kaiser bei Peter Strasser, Albrecht im Pragerhause am Kienmarkt und Siegmund bei Bürgermeister Lorenz Hayden auf der Freiung. Albrechten, der sich inzwischen durch einen Ritterzug gegen den Räuber Ludwenko, welcher die Umgegend der Stadt sehr beunruhigte, beliebt zu machen suchte, so wie seinem Vetter Sigmund schien es jedoch bald mißfällig, die herzogliche Burg in den Händen der Bürger zu wissen. Sie thaten daher vor ihren Hofleuten vorschnell einen Schwur, nicht früher mehr ihre Wohnung zu betreten, bis sie einen Imbiß in der Burg eingenommen hätten. Sie suchten selbe zu überrumpeln; aber die Bürger, davon unterrichtet, besetzten sie nur noch stärker, und Albrecht und Sigmund mußten schmählich abziehen. Um dem Schimpf eines gebrochenen Schwures zu entgehen, sahen sie sich gezwungen, mit den Bürgern gütlich zu unterhandeln, damit diese ihnen gestatteten, waffenlos und allein in die Burg zu gehen, da schnell ein Mahl einzunehmen und so, nach erfülltem Gelübde, in ihre Wohnungen zurückzukehren. Aehnlichen Vorfällen vorzubeugen, gestattete nun der Stadtrath allen dreien Fürsten in der Burg zu wohnen, jedoch wurde jedem seine besondere Abtheilung darinnen angewiesen und sie mußten sich wechselseitig geloben, daselbst ohne Uebervortheilung zu leben.

So rückte endlich die Zeit des Landtages heran. Die Stände begaben sich in das Augustinerkloster zu dem Kaiser und den beiden Erzherzogen; doch schneller als sie zusammengekommen löste sich die Versammlung wieder auf, da gegen Albrecht's Ehrenwort, dessen Kriegsrotten, bei 1500 Mann stark, mit Gewalt das Burgthor sprengten und in die Stadt eindrangen. Hocherzürnt hierüber entfernte sich der Kaiser augenblicklich nach Neustadt. Doch kam Ende Juni 1458 ein Vergleich zu Stande, nach welchem Friedrich das Land unter der Enns, Albrecht das Land ob der Enns und Sigmund einen Theil von Kärnthen erhielt. Wien sollte gemeinsam dem Kaiser und dem Erzherzoge Albrecht huldigen; Letzterer aber verzichtete schon im August auf diese Stadt und führte seinen vormaligen Freund Eytzing gefangen mit sich fort, da dieser, wie er vermeinte, es doch mehr mit dem Kaiser als mit ihm gehalten habe.[38] König Podiebrad war von jeher Eytzing's Freund. Dessen Haft erzürnte ihn so sehr, daß er sogleich mit Feuer und Schwert in Oesterreich einfiel und die Städte Krems und Korneuburg belagerte. Lange sah Friedrich diesem ungerechten Wüthen unthätig zu; endlich entschloß er sich doch, auf dringendes Bitten seiner Unterthanen, eine Unterhandlung mit dem König von Böhmen einzuleiten, die schnell den Frieden herbeiführte.

Während Friedrich's getreuer Freund und Rathgeber, Aeneas Silvius Piccolomini am 19. August 1458 auf den päbstlichen Stuhl gelangt war, und Eleonora dem Kaiser in der Neustadt am 22. März 1459 den ritterlichen Maximilian gebar, übte das Faustrecht im Lande ungeahndet die gräßlichsten Thaten aus. Conrad Fronauer hielt das feste Schloß Ort wie sein Eigenthum besetzt, schrieb Steuern aus, besetzte die Ufer der Donau und alle Fahrwege, belegte jedes Schiff und jeden Wagen mit hohen Abgaben und brandschatzte (da alle Mißvergnügten, die herrenlosen Söldner und die raubsüchtigen Adeligen sich zu ihm schlugen) im kühnen Uebermuthe das Land von der Enns bis Mödling. Zu diesem Unheile kam der Verfall der Münze. Die gehaltlosen Schinderlinge oder Hebrenko, wie sie das Volk spottweise nannte, zogen eine unerhörte Theuerung nach sich, und waren auch Ursache, daß die damit ausbezahlten Miethlinge, welche man spät genug gegen Fronauer aufgeboten hatte, über die Verkürzung des Soldes mißvergnügt, zu diesem übergiengen. Fronauer trat kurz darauf an Albrecht's Seite, und so war dessen Bruch mit dem Kaiser entschieden.

Mit treuer Anhänglichkeit waren die Wiener nun dem Kaiser ergeben. Friedrich, zum Zeichen seiner Zufriedenheit, bestätigte daher ihrer Stadt am Samstag nach St. Ulrich des Beichtigers Tag 1460 unter goldener Bulle alle Freiheiten, welche sie von seinen Vorfahren erhalten hatte, und verlieh ihr, mit Urkunde (Samstag vor St. Michael 1461 ein eigenes Wappen von welchem im nächsten Kapitel das Umständliche folgt) mit dem ausdrücklichen Befehle, daß sich die Hofkanzlei gegen die Wiener der Courtoisie bedienen solle: „Ehrsame, weise, besonders liebe, getreue!" [39]

Friedrich wollte auch mit den mißvergnügten Landständen zu einer Ausgleichung kommen. Ein zu diesem Zwecke in Wien gehaltener Landtag lief fruchtlos ab. Nun versuchte der König von Böhmen in Ollmütz zu Gunsten des Kaisers eine Vermittelung; aber auch diese gelang nicht, und die unruhigen Stände forderten den Erzherzog Albrecht, dessen Verschwendung das Land ob der Enns bereits ausgesaugt hatte, förmlich auf, sie in Schutz zu nehmen. Dieser Schritt war Albrechten sehr willkommen. Ungesäumt zog er mit einer wohlbewaffneten Macht geradezu gegen Wien heran, schlug bei Laxenburg sein Lager auf, und bot Alles auf, um dessen Bürger von ihrem rechtmäßigen Herren abwendig zu machen. Da es ihm jedoch nicht gelang, rückte er, erbost über ihre Beharrlichkeit, bis St. Nicolai, in der Vorstadt Landstraße, heran und begann das Stubenthor und den Biberthurm anzugreifen. Allein die Wiener vertheidigten ihre Mauern und Vorwerke mit so großer Tapferkeit, daß Albrecht sich gezwungen sah, nach einem dreistündigen Gefechte wieder abzuziehen. Dennoch setzte der Erzherzog später seine Absichten auf die Stadt also durch, daß er das Volk gegen den Stadtrath und die Armen gegen die Reichen aufhetzte. Sein erlesenes Werkzeug hiezu war Wolfgang Holzer, einst des Eytzinger's vertrauter Diener, der dann zum Rathsherren und Hubmeister der Stadt und bald darauf auch zum Münzmeister erhoben wurde, und den sein Zeitgenosse Michael Beheim also schildert:

„Es was ein arger loter, der
gehaissen was schussel spüler,
der sich dann Wolffgang Holtzer nant.
ains peken sun, ist mir pekant,
ain ubler, schnöder letzer,
ain ketzer aller ketzer.“ 40

Böhmens Gesandte vermittelten zwar am 6. September 1461 einen Waffenstillstand auf zehn Monate zwischen dem bedrängten Kaiser und Erzherzog Albrecht; allein bald fand Friedrich dessen Bedingungen so hart, daß er schon nach drei Monaten denselben, auf Podiebrad's Beistand bauend, wieder aufkündete, und dann seinem Bruder einige Städte wieder abnahm. Nun wurde das Elend gränzenlos, da beide Fürsten Gehorsam forderten und jene mit Feuer und Schwert verfolgten, die dem andern Theil anhiengen. Vorzüglich verübten Albrecht's Kriegshorden die furchtbarsten Gräuel. Viele Ortschaften standen bald ganz verlassen, und Wien selbst war in großer Aufregung. Ein Landtag, auf Jacobi 1462 ausgeschrieben, blieb ohne guten Erfolg. Die Mißvergnügten unter den Ständen und Bürgern hatten sich indessen inniger verbunden. Gleich in der ersten Sitzung bei den Augustinern in Wien mußte der ehrwürdige Bürgermeister Christian Prenner, der bisher die Stadt trotz Albrecht's Verlockungen dem Kaiser noch erhalten hatte, die Ohnmacht des Gesetzes gegen rohe Gewalt erfahren. Eine Schaar tollbreister Miethlinge Albrecht's drang in die Versammlung und vereitelte die Berathung. Nun trat man in dem Franziskanerkloster auf der Laimgrube zusammen; aber hier entspann sich eine Uneinigkeit zwischen den Landständen und dem Rathe der Stadt Wien, welche zur Folge hatte, daß des andern Tages der Arzt Hanns Kirchheimer mit sechzig Bewaffneten in die Rathsstube drang, den Bürgermeister gefangen nahm und den Wolfgang Holzer als obersten Viertelmeister und Beschützer Wiens aufwarf. Die Getreuen baten nun ihren Landesherren, persönlich nach Wien zu kommen, um dem Unwesen zu steuern. Alsbald eilte nun der Kaiser aus dem Mürzthale über Neustadt mit einem Heere herbei, und stand schon am 22. August in der Nähe des Siechenhauses zu St. Marx (Marcus) vor Wien, zum Einzuge bereit; als Holzer mit unerwarteter Verwegenheit vor dessen Augesicht die Stadt verschloß und ihn erst nach viertägigen eiteln Vorspiegelungen und Unterhandlungen, während welchen er vierhundert Reiter Albrecht's zum Schottenthore hereingeschwärzt hatte, in dieselbe einließ. Friedrich, bedacht den Rath und die Bürger wieder zu vereinigen, veranstaltete am 7. September unter dem Vorsitze seiner Commissarien eine neue Bürgermeisterwahl. Sie fiel auf Sebastian Ziegelhauser; entsprach jedoch nicht dem Zwecke der Mißvergnügten. So mußte denn derselbe nach dreizehn Tagen von seiner Würde wieder abstehen und sie dem Volksliebling Holzer überlassen. Dieser leistete sogleich dem Kaiser den Eid der Treue und Friedrich, dadurch beruhigt, entließ seine Söldner, ohne sie zu bezahlen. Die so dem Elende Preis gegebenen Krieger verlegten sich daher auf Raub und machten die ganze Umgebung von Wien unsicher. Ursache genug zur neuen Aufreizung des Volkes! Aber statt Abhülfe zu schaffen, forderte der Kaiser nur immer neue Abgaben zur Zahlung der Söldner, und da er zugleich wegen verweigerter Auslieferung eines Verbrechers, der an einer ehrbaren Bürgersfrau Gewalt ausgeübt hatte, der Stadt, sehr zur Unzeit, den Blutbann entzog, brach plötzlich die Flamme der Empörung dermaßen aus, daß die Wiener Friedrichen Anfangs Oktober durch einen förmlichen Absagebrief den Gehorsam aufkündigten und seine Burg belagerten.

Michael Beheim, der als treuer Diener des Kaisers die Beschwerden dieser neunwöchentlichen Belagerung mit erduldet hatte, beschreibt sie in seinem Buch von den Wienern, durch dessen Herausgabe sich Th. G. von Karajan große Verdienste um die vaterländische Geschichtskunde erworben hat, mit der genauesten Umständlichkeit, so daß man wohl nicht unterlassen darf, hier einige Hauptzüge vorzuführen.

„Am 2. October 1462 in der Nacht rückten die Wiener außerhalb des Wiednerthores gegen die Burg und errichteten da ein Bollwerk. Pebringer, der in diesem Theile der Burg Viertelmeister war, hatte kaum von diesem Beginnen Nachricht erhalten, so ließ er sogleich alle Schutzwehren und Wälle besetzen: während der Zeugmeister Zirkendorfer unter fortwährendem Kugel- und Pfeilregen des Feindes mit mehrern Tollkühnen, worunter auch Beheim war, Kopf über auf einer Leiter den Thurm im Zwinger hinanstieg, der zur Brücke neben dem Wiednerthor führte, wo man dann Pechkränze auswarf, um in die Ferne zu sehen, und brennende Pfeile abschoß zur Entzündung der Schanzkörbe. Die Wiener zu dieser Stunde auf solche Gegenwehr nicht gefaßt, zogen sich für dießmal bald zurück. Doch schon nächsten Tages wiederholten sie nach allen Richtungen hin den Angriff. Vorzüglich litten dabei die Gemächer der Kaiserin, die sich sonach wegen drohender Gefahr in ein Kämmerlein hinter der Burgcapelle flüchten mußte. An diesem Tage, wo viele von den Belagerern das Leben einbüßten, ward von den Kaiserlichen Veit von Griech hart in die Brust verwundet. Am 5. October rückten die Wiener in dreifacher Reihe gegen die Burg, und in der Stadt verübten die Aufrührer eine schonungslose Plünderung in den Häusern der kaiserlich Gesinnten. Später wurde der Jungfrauenthurm hart bedrängt, zahllos wie Schneeflocken fielen Pfeile, Kugeln, Stabschlingen und Steine dahin. Von den Ersteren waren viele vergiftet, und zur Verschlimmerung der Wunden hohl geschliffen oder kurz geschiftet. Die Hackenbüchsen ungerechnet, waren sechs und sechzig Steingeschoße gegen die Burg gerichtet und die größten Mörser schoßen drei Centner schwere Steine. Aber auch die Belagerten übten reichlich das Vergeltungsrecht. Sie schoßen brennende Pfeile auf die vielen Schindeldächer der Stadt und setzten so manche Häuser in Brand; auch waren bisher von ihnen vierundachtzig wirksame Steinschüße gethan worden, die immer regsame Thätigkeit der zahlreichen Hackenbüchsen und Handgewehre ungerechnet; wie denn schon eigentlich Zirkendorfer, Jörg Hell,

Pesnitzer, Gertschge und andere aus Kurzweile mordeten. Der bisher fruchtlosen Belagerung müde, wendeten sich die Wiener um Rath an Albrecht, der nicht lange auf sich warten und am 2. November zwei große Geschütze vor die Burg bringen ließ. Voll Erbitterung über diese That ruft hier Beheim aus:

Ai! wi maht er die schmerczen
tragen an seinem herczen,
das er wider sein aigen plut
und flaisch also tobet und wut!
welt er seins pruder kaiser mit
der sach haben geschonet nit,
noch seines pruder weibes,
des tugentlichen leibes,
da moht er doch des iungen pluots,
des hohen und auch edlen guots,
seins pruder kinds geschonet han!
ich kunt aber da nit verstan,
daz kains schonens da were,
es was alz mit gevere.
kaiser, kaiserin, daz kindlein
und die lieben iuncfraliu vein
sah man in disen noten stan.
maht man si all verderbet han,
daz wer allez geschehen,
als ich des gleich was sehen.

Ungeachtet Albrecht's Ankunft nahm jedoch die Belagerung keinen schnelleren Verlauf. Erfolglos legte man Minen an; rasch wurden sie durch die strenge Wachsamkeit der Belagerten unschädlich gemacht. Ueberhaupt war deren Thätigkeit ohne Gränzen. Der Kaiser selbst legte Hand an als ein Geschütze in das Gewölbe eines Thurmes gebracht werden mußte, und half Pulver bereiten. Allmählich fand sich nun aber in der Burg großer Mangel an Nahrungsmitteln ein. Man trat mit dem Feinde in Unterhandlungen, aber sie wurden von keinem Erfolge gekrönt. So sahen sich die Bedrängten bald einer gräßlichen Hungersnoth bloßgestellt. Hunde, Katzen, ja selbst ein Geyer, der dreißig Jahre lang in der Burg verpflegt ward, wurden aufgezehrt, und nur ein Rabe entgieng durch sein kluges Wesen, womit er sich allgemein beliebt gemacht hatte, einem ähnlichen Schicksale. Selbst die kaiserliche Familie erlitt bitteren Mangel. Als einst, erzählt ein anderer Chronist, des kleinen Kronprinzen ganzes

Mittagsmahl ein kleines Gerstenbrod war, lief er zur Kaiserin und bat um einen Krametsvogel; worauf Eleonora mit Thränen erwiderte: „Ach Kind, danke Gott, wenn wir nur immer Brod genug zu essen haben!" Der Hofschneider Kronberger, welcher sich bei Einschließung der Burg zu lange in der Stadt verweilt hatte, erfuhr den Wunsch des Prinzen, kaufte einiges Geflügel, sprang damit bei Nacht, die Wache überlistend, in den Burggraben, wurde an einem Seile in die Burg hinaufgezogen, und brachte somit auf einige Tage Vorrath. Auch sein Sohn, ein Student, verschaffte sich für seine ganze Barschaft von vier Gulden Federvieh, verbarg es unter seinem Mantel und brachte es wie sein Vater in die Burg. Zur Belohnung machte ihn später der Kaiser zum Edelmann, und Maximilian zu seinem Günstling, dem er allmählich sechzehn geistliche Präbenden gab.

Endlich erschien König Georg Podiebrad von Böhmen zum Entsatz. Sein Sohn Victorin führte die Vorhut. Bei Fischamend vereinigte sich dieser mit den Treugesinnten des Kaisers und erstürmte dann, obgleich vergebens, am 13. November Wiens Vorstädte und den äußern Wall, zwischen St. Theobald, St. Ulrich und dem Schottenthore. Inzwischen war jedoch durch König Georg's Vermittlung die Belagerung aufgehoben, ein Tag nach Korneuburg verlegt zur gänzlichen Ausgleichung der beiden Brüder und endlich Friede gemacht, den Albrecht selbst dem Volke von der Kanzel in der St. Stephanskirche verkündigte. Durch diesen ward Albrechten Wien und das ganze Land unter der Enns auf acht Jahre zugesprochen, wofür er jedoch dem Kaiser jährlich vierzehntausend Goldgulden entrichten und die eroberten Schlößer zurückstellen sollte.

Am 4. December verließ endlich der Kaiser die Burg; dessen Abzug Prinz Victorin bedeckte, der des Morgens mit den Böhmen in die Stadt gerückt war und ihn nun nach Nußdorf geleitete. Friedrich setzte hier über die Donau, um jenseits an der großen Brücke seinen Befreier zu bewillkommen und fuhr mit diesem nach Korneuburg; Leonore aber mit dem kleinen Prinzen begab sich nach Wiener-Neustadt. Sehr frech und ungezogen benahm sich Wiens Pöbel bei dieser Gelegenheit. Zudem plünderten Albrecht's Reisige mehrere Wägen der Kaiserin, und Holzer all die Häuser derjenigen, welche mit Friedrich's Hofstaate abgezogen waren.

Albrecht ließ sich am Stephanstage von den Wienern förmlich huldigen. Sie fanden jedoch kein Ende ihrer Leiden. Dieser Erzherzog wußte durchaus nicht seine Ausgaben nach den ordentlichen und billigen Einkünften zu ordnen, sondern steigerte dieselben immer mehr. Da er durch seine angewohnte Verschwendung des Goldes nicht genug auftreiben konnte, so jagte er sogleich nach seiner Besitznahme Wiens alle Kaiserlichgesinnten, oder die als solche angegeben wurden, aus der Stadt und zog ihr Vermögen ein. Selbst den Bürgern, die seine Parthei so eifrig genommen hatten, legte er die drückendsten Steuern auf. Zudem erfüllte er durchaus die Bedingungen des Friedens nicht, weßwegen sich auch der Kaiser immerfort als Herr in Wien und des Landes unter der Enns benahm, welches die Söldner beider Theile nun wieder grausam verheerten. Indessen hatte Albrechten der zu Regensburg versammelte Reichstag in die Acht

24*

erklärt, und da er sich hierüber bei dem Pabst Pius dem Zweiten beschwerte, legte dieser auf ihn und die Wiener, welche Theil an der Belagerung genommen hatten, auch den Bannfluch der Kirche.

Alle diese Umstände machten die Anhänglichkeit des Volkes für Albrecht sehr fühlbar sinken. Selbst der Bürgermeister Wolfgang Holzer war besorgt für seinen Schatz. Er trat daher mit dem Probste Georg von Preßburg, des Kaisers Anhänger, in Unterhandlung und erbot sich endlich für eine Summe von sechstausend Gulden den Erzherzog in der Burg aufzuheben und an den Kaiser auszuliefern. Erwünscht für sein Vorhaben lagen eben von dem kaiserlichen Heerhaufen Grafenegger's der Hauptmann Augustin Tristam mit vierhundert Reitern in der Nähe Wiens. Diese führte er nun zu diesem Zwecke, nachdem er Tags zuvor viele Rathsherren und die angesehensten Bürger für seinen Anschlag gewonnen hatte, einige aber, welchen er nicht traute, wie den Stadtrichter und den Arzt Kirchheimer, durch List eingeschlossen hielt, am Charsamstag Morgens zum Stubenthor herein und stellte sie am Hofe auf. Allein Albrechten ward Holzers Anschlag, ehe das Volk hievon konnte hinlänglich aufgeklärt werden, noch zu rechter Zeit hinterbracht. Als daher Reinbrecht von Ebersdorf sogleich bei St. Michael die Sturmglocke läuten und aller Orten ausrufen ließ: „Dem Fürsten drohe durch das fremde Kriegsvolk Gefahr!" stürzte das Volk wüthend auf die Reiter los, tödtete viele und nahm die andern gefangen. Holzer, der sein Unternehmen scheitern sah, ergriff die Flucht, wurde aber, obgleich er sich als Hauer verkleidet hatte, in Nußdorf erkannt und gebunden nach Wien gebracht. Nun ließ auch Albrecht die vormaligen Bürgermeister Prenner und Ziegelhauser, den Reicholf, Burghauser, Angerfelder, Hollabrunner, Odenacker und andere Rathsherren und angesehene Bürger einziehen. Es erfolgte eine kurze Untersuchung, nach welcher am 15. April 1463 der Hauptmann Augustin Tristam auf dem Hohenmarkte, und die Rathsherren Reicholf, Ziegelhauser, Burghauser, Odenacker und Hollabrunner auf dem Hof enthauptet, Holzer aber geviertheilt wurden. Als Letzterem der Leib geöffnet ward, erhob er noch das Haupt um sein eigenes Herz zu sehen, worauf er dann verschied. Sein Kopf wurde vor dem Stubenthore, wo er die kaiserlichen Reiter hereingelassen hatte; die Viertheile seines Leibes aber an den Heerstraßen aufgesteckt, und sein Haus der Plünderung des Pöbels Preis gegeben. Die übrigen gefangenen Rathsbürger wurden zwar freigelassen; doch mußten sie sich schriftlich als Holzer's Mitschuldige bekennen, welchen Erzherzog Albrecht nur aus Gnade das Leben gelassen habe, und die Summe von vier und zwanzig tausend Gulden erlegen, wodurch sie mit Weib und Kinder in die tiefste Armuth sanken.[41]

Indessen wurde der kleine Krieg zwischen den entzweiten Brüdern, ungeachtet der Bemühungen ihrer Schwester, der Markgräfin von Baden, und der Kaiserin Eleonore Frieden zu stiften, noch immer zum empfindlichen Nachtheile des Landes fortgeführt. Ein Landtag zu Tuln lief fruchtlos ab. Friedrich, der nun immer mehr Anhänger gewann, war nicht mehr zur Nachgiebigkeit geneigt, und schon reifte ein neuer Anschlag zur Auslieferung Albrecht's an den

Kaiser heran, als Gottes Hand diesem verderblichen Bruderzwiste plötzlich ein Ziel setzte. Albrecht, zweimal vom Schlage gerührt, starb noch nicht ganz fünf und vierzig Jahre alt am 2. December 1463. Keine Thräne benetzte den Sarg, als er in die Fürstengruft bei St. Stephan hinabgesenkt wurde. Albrecht, von seinen Zeitgenossen der Verschwender genannt, war seines erlauchten Hauses unwürdig.

Niederösterreichs Stände unterwarfen sich sogleich dem Kaiser Friedrich; die Wiener aber beriethen sich, wie sie eine Aussöhnung mit ihm zu Stande bringen könnten. Mehrere Räthe des Kaisers wollten ihn zu scharfer Ahndung gegen die Hauptstadt bewegen; er aber sprach sich aus: „Daß er Gnade für Recht ergehen lassen wolle!“ Wie nun dies die Wiener vernommen hatten, schickten sie unverweilt eine Deputation von siebenzig Rathsherren und Bürgern, an deren Spitze der Bürgermeister Friedrich Ebner trat, nach Neustadt, wo sie von den dortigen Einwohnern mit den schmählichsten Vorwürfen überhäuft wurden. Als die Abgeordneten bei dem Kaiser zur Audienz kamen, fielen sie auf die Knie, flehten um Verzeihung und um Gewährung einiger Bitten, die sie schriftlich übergaben, insbesondere aber um Aufhebung der Reichsacht und um Loszählung von dem Kirchenbanne. Der Kaiser ließ sie zwar anfänglich ohne Antwort weggehen; allein bei einer zweiten Audienz nahm er sie gütig auf und ertheilte ihnen den Bescheid: „Er wolle Güte der Rache vorziehen. Wenn sie ihm und seinen Erben sich mit dem Eide der Treue verpflichten würden, solle ihnen Alles verziehen, und wenn sie fortan ihre Pflicht getreu erfüllten, Alles vergessen seyn.“ Die Wiener gelobten dieses aus vollem Herzen; und sonach begleiteten sie am 3. Februar 1464 fünf kaiserliche Räthe und zwei päbstliche Legaten nach der Hauptstadt. Die Ersteren nahmen sie in Eid und Pflicht und die Letzteren sprachen sie des Kirchenbannes los und ledig.

Noch waren die Unruhen nicht ganz beigelegt. Vielen Einwohnern Wiens, welche, durch Albrecht veranlaßt, noch in Verbannung lebten, gestattete der Kaiser die Rückkehr und die Wiedereinsetzung in ihr Eigenthum; alle diejenigen aber, welche im Besitze der Vertriebenen Güter waren, wollten nichts herausgeben. Hierdurch entstand eine neue Gährung, über die jedoch bald des Kaisers Beharrlichkeit siegte. Die Wiener schwuren neuerdings den Eid der Treue, und somit war diese langwierige Fehde zwischen Fürst und Volk im Jahre 1464 beendiget.

Wiens Umgegend hatte auch jetzt noch, wie zuvor, von herumstreifenden Räuberhorden, die sich aus den zahlreichen herrenlosen Söldnern gebildet hatten, viel zu erleiden. Alle Straßen waren durch sie unsicher gemacht. In Gräben und Verhauen gelagert, überfielen sie die Wanderer und die Frachtwägen, so jeden Verkehr erschwerend. Man zog gegen sie aus. Smikosky, Schwollj, Vetiau und Gehach, die Verwegensten, wurden zwar gedemüthigt, und viele Andere flohen nach Ungarn: aber der Rest erhob von Zeit zu Zeit immer wieder das Haupt. Erst dem Kaiser Maximilian war es vorbehalten, sie gänzlich auszurotten.

Zu diesen Drangsalen der Wiener gesellten sich noch neue: 1464 schwoll die Donau so hoch an, daß von der Lobau und den übrigen Inseln kaum noch die höchsten Wipfel der Bäume zu erblicken waren; — und am 1. September 1467 verloren sie ihre milde Fürsprecherin, die Kaiserin Eleonora. Sie starb in der Neustadt, nachdem sie fünfzehn Jahre in kummervoller Ehe zugebracht hatte, im dreiunddreißigsten ihres Alters, und hinterließ den achtjährigen Maximilian und eine zweijährige Tochter Kunigunde.

Um diese Zeit errichtete Kaiser Friedrich den nach vierundsiebenzig Jahren wieder erloschenen Ritterorden des heiligen Georg's und ernannte Johann Siebenhierter zu dessen Meister. Das Ordenshaus lag bei St. Nicola in der Singerstraße an der Ecke gegen den Anger. Dann unternahm er am 16. November 1468, wie er angelobt hatte, als er von den Wienern in der Burg belagert worden war, eine Wallfahrt nach Rom, wo er die Heiligsprechung des österreichischen Markgrafen Leopold des Frommen und die Errichtung des Bisthums zu Wien erwirkte. Papst Paul der Zweite gab zu letzterem am 18. Jänner 1469 seine Einwilligung; aber Kriegsunruhen verzögerten dieses Unternehmen so sehr, daß es erst 1480 unter Sixtus dem Vierten zu Stande kam, nachdem ein Jahr früher der bereits ernannte erste Wiener-Bischof Leo von Spauer, früher Vorsteher des Bisthums zu Brixen, verstorben war. Die Verkündigung der päbstlichen Bullen geschah am 17. September 1480. Alexander Bischof von Forli, der Nuntius des Pabstes, nahm, von sechszehn Diakonen und der gesammten Clerisei umgeben, seinen Sitz vor dem Hochaltare zu St. Stephan und ließ, in Gegenwart der kaiserlichen Räthe, von seinem Secretäre die Bullen öffentlich ablesen; dann wurde Thomas Prekokar von Cilly als Domprobst eingesetzt, und der Nuntius hielt unter Vortragung der päbstlichen Bullen und in Begleitung des Erzbischofes von Gran, einstweiligen Verwalters dieser Kirche, des hohen Adels, der Universität und der Ordensgeistlichen, einen feierlichen Umgang durch die Stadt. Nach der Zurückkunft in die Kirche wurden beide Bullen durch die Notarien unter dem unausgebaut gebliebenen Thurme angeheftet und ein Hochamt, das der Nuntius zu Ehren des heiligen Geistes absang, beschloß das Fest. An demselben Tage noch verließ das passauische Consistorium Wien. An dessen Stelle wurde ein neues geistliches Gericht, dessen erster Official, Leopold Pranz, Domherr zu Wien war, errichtet. Auch wurde die Zahl der Pfarren, die künftig zu dieser Diöcese gehören sollten, festgesetzt. Das Bisthum selbst aber wurde von Johann, Erzbischof zu Gran, bis 1482 provisorisch verwaltet, wo dann Bernhard von Rohr das Erzbisthum zu Salzburg freiwillig an ihn abtrat und dafür das hiesige Bisthum übernahm, in welchem er am 20. December 1484 von Pabst Innocenz dem Sechsten bestätigt wurde.[42]

Ein Hauptgegenstand von Friedrich's Verwendung während dessen Anwesenheit zu Rom aber waren seine Ansprüche auf Böhmen und Ungarn, durch welche er bald in die ärgste Verlegenheit gerieth.

Kaiser Friedrich der Vierte hatte nämlich nach langem Zwiste 1463 die Krone von Ungarn, welche er seit Ladislav's Tode in Verwahrung gehalten, nun endlich dem König Mathias Corvin gegen sechzigtausend Ducaten ausgeliefert und seine Rechte auf dasselbe dergestalt abgetreten, daß ihm der Titel eines Königs von Ungarn, Dalmatien und Kroatien verbleiben und, falls

Mathias ohne Erben stürbe, das Reich wieder an ihn oder seinen Sohn Maximilian gelangen solle. Mittlerweilen hatte den, bereits von Pius dem Zweiten mit dem Banne belegten König Georg von Böhmen dessen Nachfolger, Pabst Paul der Zweite, im Jahre 1464 vollends der Königswürde entsetzt, die eigenen Unterthanen gegen ihn aufgemahnt und ein gegen die Türken geworbenes Heer nach Böhmen gesandt, das jedoch die schmählichste Niederlage erlitt. Auf dem Reichstage zu Nürnberg erklärte sich nun auch Friedrich, undankbar genug, gegen seinen Befreier aus der belagerten Burg. Höchst erbittert darob sandte sofort Georg 1468 ein Heer unter seinem Sohne Victorin nach Oesterreich, das bis in die Nähe Wiens streifte. Doch unerwartet trat nun Podiebrad's eigener Schwiegersohn Mathias Corvin feindlich gegen ihn auf. Siegreich drängte er Victorin aus Oesterreich und Mähren hinaus, ließ sich in Brünn zum König von Böhmen krönen und empfieng von den Schlesiern und Lausitzern die Huldigung.

Tief erschüttert über all den Undank und Verrath verfiel bald darauf König Georg in eine unheilbare Krankheit. Nur für das Beste seines Reiches bedacht, wollte er dasselbe nach seinem Hintritte nicht der Willkühr blosstellen und erwählte sonach im Juli 1469, großmüthig seine eigenen wackeren Söhne übergehend, den jagellonischen Prinzen Wladislaw, einen Urenkel Carl des Vierten, mit Beistimmung aller Partheien zum Nachfolger, um so Böhmen durch das mächtige Polen zu schützen. Am 22. März 1471 starb König Georg und Wladislaw wußte sich auf dem neuen Thron gegen Mathias so fest zu behaupten, daß dieser zwar Mähren und Schlesien, aber von Böhmen nichts als den angemaßten Königstitel behielt und endlich nach einem langwierigen Kriege alle Ansprüche auf dieses Reich aufzugeben gezwungen war. Friedrich, ein Nebenbuhler beider Fürsten, sah sich nun in die widerwärtigste Lage versetzt. Nothgedrungen mußte er einen Ausspruch thun — und so erklärte er sich denn auf dem Reichstage zu Regensburg für Wladislaw. Hiermit war der Krieg mit Mathias Corvin entschieden. Unverweilt sandte dieser eine starke Rotte Kreuzbrüder oder Kuruzen, wie man sie fast allgemein nannte (ein zusammengerottetes räuberisches Gesindel, das man sonst nur zum Kampfe gegen die Türken benützte) nach Oesterreich, welche allenthalben so unmenschlich wütheten, daß Friedrich, um sie nur schnell wieder aus dem Lande zu bringen, sich 1473 zu einem Frieden gegen die Zusage bequemte, den König Mathias mit Böhmen gleich Wladislaw zu belehnen. Allein da dieses Versprechen nicht gehalten wurde, fiel Mathias im Juni 1477 unerwartet mit 70,000 Mann in das von aller Hülfe entblößte Oesterreich ein. Die Feste Trautmannsdorf unterlag sogleich seiner Macht, und in kurzer Zeit hatte er sich alles Land von der Leytha bis Klosterneuburg und Kornneuburg, ja selbst Tuln und Mautarn unterworfen. Nur Krems, Stein und Wien hielten sich. Letzteres seit dem Vorabende des Festes Mariä Himmelfahrt siebenundzwanzig Wochen hindurch von Mathias, welcher sein Hauptquartier in der Vorstadt Nikolsdorf aufgeschlagen hatte, hart belagert und durch strenge Absperrung der Hungersnoth Preis gegeben, bewährte diesmal felsenfeste Treue für den Landesfürsten, der sich nach Linz geflüchtet hatte; und weder Versprechungen noch Drohungen noch die Künste der Verführung brachten es dahin, daß es seine Thore öffnete.

Kaiser Friedrich, von eigener Kriegsmacht entblößt und von aller Reichshülfe verlassen, sah sich nun wieder gezwungen, wenn er nicht ganz Oesterreich verlieren wollte, da bereits des ungerischen Königs Feldherren, Stephan Báthory und Paul Kinisy schon am Vorabend des Festes Simon und Judä die Huldigung in den eroberten Orten ausschrieben, unter jeder Bedingung bei Mathias um Frieden anzusuchen; der dann auch unter Vermittelung der Königin Beatrix und des Bischofes von Agram Gabriel Rangonius am 4. Dezember 1477 zu Kornneuburg zu Stande kam. Dem zu Folge erhielt Mathias die Lehen als König und Kurfürst von Böhmen, und Friedrich mußte für Oesterreichs Räumung von dem feindlichen Kriegsheere das schwere Geldopfer von hunderttausend Goldgulden bringen, für welche Summe, falls die Zahlungstermine nicht gehörig eingehalten würden, Mathias sich auf jede Weise von Wien und von den Ständen bezahlt machen konnte. [43]

So schmählich stand es um das Haus Oesterreich in dessen Stammlande. Aber es sollte nicht so untersinken in dem Strome der Zeit. Ein neuer Glücksstern gieng demselben in Nordwest auf. Während in dringendster Noth Kaiser Friedrich von dem Zwettler-Abte sechzig Gulden und von der Stadt Steyer neunzig Ducaten ausborgte, — vermählte sich dessen Sohn, der herrliche letzte Ritter Maximilian am 20. August 1477 mit Marien, der Tochter des am 5. Jänner desselben Jahres bei Nancy von den Schweizern erschlagenen Carl des Kühnen, der reichsten Erbin von Europa, durch die er Burgund und die Niederlande gewann.

Aus dieser Zeit hat uns der gelehrte Ascolitaner und Panegyrist des Mathias Corvin, Anton de Bonfinis, ein Gemälde von Wien hinterlassen, das einiger eigenthümlicher Züge wegen nicht übergangen werden darf, obgleich hierin manche Irrthümer des Aeneas Sylvius Piccolomini wörtlich wiederholt werden. [44] „Wien (erwähnt er) gehört wohl unter die schönsten Städte der Barbaren, obgleich viele sie an Größe übertreffen. Sie liegt halbzirkelrund an der Donau, und gleich als wollte dieses mächtige Wasser der Stadt größere Zierde gewähren, bildet es Inseln, darinnen viele herrliche Gärten, mit Fruchtbäumen besetzt, die Bürger erlustigen und die Jugend zur Freude, zu Mahlzeiten und zu Tänzen einladen. Die Stadtmauer hat über zweitausend Schritte im Umfange und ist von innen und außen mit Schanzen und Bollwerken befestigt, damit das grobe Geschütz nicht so leicht schaden könne. Rings um den Wall ist ein schöner Spaziergang; auch gewahrt man dort viele herrliche Thürme, deren einige aus gehauenen Quadersteinen viereckig, andere aus gebrannten Ziegeln rund aufgeführt sind und deren Fenster mit Gittern, die Eingänge aber mit eisernen Thüren versehen sind. Die Schußlöcher stehen dreißig Schuhe hoch und fassen jedes Geschütze. Die Gräben können leicht und schnell mit Wasser gefüllt werden. Neben den Stadtthoren stehen feste viereckige Thürme, die selbst den heftigsten Angriff aushalten. Die Stadt liegt, einem Palast ähnlich, im Mittelpunkte der sie umgebenden Vorstädte, deren mehrere an Schönheit mit ihr wetteifern. Betrit man das Innere der Stadt, so glaubt man nur zwischen den manigfaltigen Gebäuden einer riesigen Königsburg zu wandeln. Ueberall zeigt sich an den wohlgebauten Wohnungen Sehenswerthes. Der schaulustige Fremde gelangt hier fast gar nicht weiter! Jedes Haus hat einen Vor- und Hinterhof, im Innern weite Säle, aber auch wohlverwahrte Winterstuben; denn von dem nahen Gebirge wehen immer rauhe Winde. Die Gaststuben sind gut eingerichtet und schön getäfelt und sind statt der Sommerlauben mit Oefen versehen. Alle Fenster haben Glastafeln, welche mit Eisenstäben gegen die Diebe beschirmt sind. Unter der Erde gibt es tiefe, weite Keller und geheime Räume für die Vorräthe. Die Gewölbe über der Erde sind den Apothekern, Niederlagen und Kramläden gewidmet. Verschwenderisch zeigt sich die Pracht in Fenstern und Spiegeln, ja sie übertrifft jene der Alten. In den Sälen und Sommerstuben halten sie viele Singvögel, so daß der, welcher durch die Straßen zieht, wohl vermeinet mitten in einem grünen, lustigen Wald zu seyn. Auf den Marktplätzen, Gassen und Querstraßen ist überall reges Leben. Die Kirchen und Stifter sind mit großen Kosten auferbaut, insbesondere der St. Stephansdom und Unser-Frauen-Kirche, wo Alles, worauf nur immer der Blick fällt, Bewunderung erregt. Der Stephansthurm überragt die ganze Stadt und all ihr Gebiet. Der Dom selbst ist achteckig, oben wie eine Pyramide zugespitzt, unten aber breit, einem Apfel zu vergleichen. Die Bilder und Kunstwerke aus Stein dieses Domes sind wohl nirgends schöner anzutreffen. Die Klöster der Mönche und Nonnen mehren die Herrlichkeit der Stadt. So du das Schottenkloster mit der Kirche und die Paläste der Fürsten beschauest, wirst du betheuern, daß der Römer Hoffahrt auf die Nordländer gekommen sey. An diese Stelle haben jene Geschlechter sich geflüchtet, die zu Padua, zu Verona, zu Vicenza und in der Lombardei weit und breit geherrscht. Hier haben die Scaligers und Carraras Häuser und hier prangen noch ihre Wappen; hier die Denkmale vieler Adelsgeschlechter, deren Angehörige in den Fahrten Friedrich's Barbarossa und anderer Kaiser nach Rom, Burgen und Land in Italien erhalten und sich da niedergelassen haben. Vor den letzten Kriegen wurden in Wien, Kinder nicht mitgerechnet, 50,000 Seelen und 7,000 Studenten gezählet. Neben dem inneren Rathe, welcher aus achtzehn Personen besteht, sind zwei Obrigkeiten: der Stadtschuldheiß, der die Streithändel des Volkes schlichtet und Bürgermeister genannt wird, und der Stadtrichter, welcher den Blutbann über die Verbrecher ausübt. Außer diesen sind keine andere Obrigkeiten als der Einnehmer des Umgeldes vom verkauften Weine. Jeder mag in seinem Hause Gastwirth seyn ohne Unehre, ja jener gilt insbesondere für Reich und adelich, dem alles dazu Nöthige auf eigenem Grund und Boden wächst, denn das Land hat vortrefflichen Weinbau und das Volk trinkt ihn gerne, vermehrt sich fleißig und liebt über alles die Genüsse des Lebens. Daher übt an den Feiertagen der Wein bei selben solch eine blinde Macht aus, daß Zank und Schlägereien dabei nichts Ungewöhnliches sind, so daß es nicht gerathen ist, weder bei Nacht noch Tag unbewehrt umherzugehen. Das von dem Handwerker im Verlauf des ganzen Jahres mit Mühe und Arbeit sauer Verdiente, wird in der Fasnacht in jubelnder Lust durchgebracht; und hat nun einmal der Wein die Köpfe erhitzt, so beginnt bald der Streit zwischen Hofleuten und Handwerkern, Bürgern und Studenten, und Niemand vermag dann sie zur Ruhe zu bringen. Die Menge und der beständige Wechsel der Fremden ist so groß, daß sich kaum die Leute der nächsten Nachbarschaft kennen. Daher sind auch wenig alte Familien vorhanden; aber eine große Anzahl von Kaufleuten. Wenn sie alt werden, heirathen sie meistens die schönsten und jüngsten Mädchen, die bald Wittwen werden und dann ihre Liebhaber ehlichen. Die Eheleute können nach Belieben durch Schenkung oder Testament einander betreuen, es sey dies erworbenes oder ererbtes Gut. Es gilt für keinen Wucher auf Pfänder auszuleihen. Das Criminalgericht verfährt sehr grausam. Die zum Feuertode Verurtheilten legt man lebendig auf den Scheiterhaufen, so daß sie nur langsam ein Raub der Flammen werden. Das beim Dieb gefundene gestohlene Gut fällt dem Stadtrichter zu. Es wird hier außerordentlich viel Geld verdient, allein Alles geht schnell wieder drauf, auf die Tafel, auf Putz und schöne Bauten. Die Weiber handeln gleichwie die Männer und besuchen ungescheut die Marktplätze. Wiens ganze Umgebung ist ein ungeheurer, herrlicher Garten mit schönen Rebenhügeln und Obstbäumen geschmückt, an welchen anmuthige Vorberge mit den freundlichsten Landhäusern liegen, die jeden Genuß des Lebens gewähren. Die nahen Bergesabhänge ergötzen das Auge des Wanderers unbeschreiblich durch die Menge von Burgen und Edelsitzen, von Dörfern und Meiereien. Der Freundlichkeit und Abwechslung wegen würde man aber leicht die Gegend zwischen Wien und Neustadt, um welche sich eine weite Ebene ausbreitet, jeder andern vorziehen. Ja wäre Friede im Lande, möchte man lieber in Oesterreich als in Italien wohnen! Aber der ist von hier entflohen. Kurz vorher hatte es Krieg mit Böhmen, nun mit Ungarn.«

Im Jahre 1483 wurde nächst dem Stephansdome ein Schwibbogen aus Quadern, und zwar von der Wohnung des Meßners bis hinüber an die Brandstätte erbaut und den Caplänen zur Unterkunft eingeräumt. Dieser hatte an jeder Längenseite acht, und im Friedhofe hinein drei große Spitzbogenfenster, woraus man in der Octav der Kirchweihe die Reliquien, nachdem sie täglich in einer Prozession unter Absingung gewisser Antiphonen oder Kirchenlieder herumgetragen wurden, dem Volke zeigte und erklärte, weßwegen dieses Gebäude der Heilthumstuhl genannt wurde. Derselbe ward 1700 bis auf ein Stück abgebrochen, an welchem man noch über dem mittleren Fenster im Steine gehauen las: »Niclas Scheller, die Zeit Kirchenmeister, 1483.« Im Jahre 1792 verschwand er gänzlich.[45]

Mittlerweile war es zwischen dem Kaiser und König von Ungarn wieder zum Bruche gekommen. Friedrich in dringendster Geldnoth belegte seine Unterthanen mit außerordentlichen Auflagen. Alle Mauthen wurden erhöht und eine drückende Schatzsteuer traf sogar, was bisher noch nicht geschehen war, auch die Dienstleute. Demungeachtet konnte Mathias mit seiner Forderung nicht befriediget werden. Er fiel daher, um sich selbst bezahlt zu machen, mit einem Heere in Steyermark und Kärnthen ein. Rasch hatte er sich der Städte Pettau,

Rackersburg, Fürstenfeld und Cilly bemächtigt und streifte nun bis nach Salzburg, wo er von dem wider den Kaiser höchst aufgebrachten Domkapitel freudig empfangen und die wichtigsten Plätze eingeräumt erhielt. Ja dasselbe forderte ihn förmlich zum Schutze gegen Friedrich auf, der ihren Erzbischof, Bernhard von Rohr, zu entfernen strebte, um an dessen Stelle den 1472 von dem König Mathias abgefallenen und mit großen Schätzen und wichtigen Staatsgeheimnissen nach Wien entflohenen Erzbischof Johann von Gran einsetzen zu können. Ein neuer Antrieb für Mathias nach Oesterreich vorzubringen. Bald schwärmten die Ungern nun wieder bis Zwettel, und nur die drohende Türkengefahr im Süden verschaffte Friedrichen eine kurze Waffenruhe vom Anfange Mai bis Ende Juni 1481. Schon am 27. April 1481 hatte Kaiser Friedrich Wien verlassen. Er sah es nicht wieder. In Neustadt verweilend flüchtete er sich bei der steigenden Gefahr nach Gratz, Linz und Innsbruck. Viele Städte und Schlösser sahen sich nun gezwungen, um sich gegen Räuber zu schützen, ungerische Besatzung einzunehmen. Im October 1482 ergaben sich Heimburg und Enzersdorf. Wien war somit dem Feinde blosgestellt; doch begnügte sich Mathias, noch zu sehr mit den Türken beschäftiget, der Stadt zu Wasser und zu Lande die Zufuhr abzuschneiden, und gestattete ihr gegen Entrichtung von dreitausend Gulden einen siebenmonatlichen Waffenstillstand. Wie übel es nach Verlauf desselben im Jahre 1483 um Wien stund, berichtet das Tagebuch des damaligen Decans der medicinischen Facultät, Dr's Johann Tichtel mit folgenden Worten: „Wir sind in Wien von der Zeit an, da Heimburg in die Hände des Königs fiel, nicht nur allein von Außen von dem Feindes-Heere ganz umringt, sondern auch im Innern reiben uns Hunger und Krankheiten gänzlich auf. Nirgend wird uns erlaubt Lebensmittel zuzuführen. Unsere Stadt gleicht einem Raubneste, aus dem wir in die benachbarten Gegenden, um Lebensmittel mit Gewalt zu erhaschen, bewaffnet ausfallen müssen. Vom 13. Juli an bis auf den zwanzigsten wurde täglich die nöthige Nahrung mit gewaffneter Hand aus der Nachbarschaft hergeholt.“ Solch ein kühner Raub ward am 17. Juli von Peter Pum, einem Stipendiatus, mit mehreren Soldaten und Bürgern ausgeführt, wo dreihundert mit Früchten wohlbeladene Wägen in die Stadt eingebracht wurden. Wenn gleich durch diesen erbeuteten Vorrath dem Tode durch Hunger zeitweilig eine Schranke gesetzt war, so sorgte für selben desto mehr eine gräßliche Pest, welche seit Egidi 1481 noch fortan wüthete, und verursachte, daß sich auf der hiesigen Hochschule weder zur Prüfung noch zum Studiren Jemand einfinden wollte.

Nachdem nun Mathias Corvin mit den Türken eine fünfjährige Waffenruhe abgeschlossen hatte, ward die Sperre immer enger um Wien zusammengerückt. Er besetzte rings um die Stadt die Berge, nahm St. Veit und befestigte es mit Gräben, bemächtigte sich auf der Südseite Badens und gegen Westen der Stadt St. Pölten, welche er mit Mauern umgeben und durch seinen Heerführer Tobias Czernohorsky (Tschernahora) von Boskowitz befehligen ließ. Diese Stadt, so wie das alte Mautern, wo er eine Mauth von einem Goldgulden errichtete und so die Fahrt auf der Donau sperrte, erlangte er durch freiwillige Uebergabe

25*

des dem Kaiser abgeneigten Passauer Domcapitels, der demselben, statt des bereits gewählten Friedrich Mauerkirchner, den Kardinal Georg Häusler zum Bischof aufgedrungen hatte. Von der Nordseite endlich, woher den Wienern die meisten Lebensbedürfnisse zufloßen, hatte Mathias Enzersdorf, Stockerau, Korneuburg, Tuttendorf und Klein-Enzersdorf im Besitz, wo er allenthalben Verschanzungen anlegte. So umgarnt suchte er Wien durch Hunger zu bezwingen. Dringend in dieser Noth um Hilfe flehend, wendeten sich die Wiener an Kaiser Friedrich; aber nur mit leeren Verheißungen sandte er ihren Abgeordneten Siebenbürger zurück und äußerte sich nebenbei: „Sie sollten nun auch versuchen, wie der Hunger quäle, den sie ihn in der belagerten Burg hatten erleiden lassen.“

Bald stieg nun in der bedrängten Stadt das Brod von drei auf zwanzig Pfennige, das Pfund Rindfleisch auf zehn, ein Huhn auf vierzig, ein Ei auf drei Pfennige; Kalb- und Lammfleisch war nicht mehr zu bekommen. Die Weingärten um Wien blieben ganz unbebaut: eine sehr empfindliche Sache, da dessen Einwohner, um ihren Durst zu löschen, schon damals jährlich 562,500 Eimer bedurften. Später war selbst um vieles Geld kein Brod zu erhalten und der Mutt Weizen wurde um achtzehn Talente und noch theurer verkauft. Die Universität hatte noch einen geringen Vorrath und theilte diesen mit den bedürftigen Bürgern; allein ihre Geldnoth war bereits so groß, daß sie selbst die Kleinodien den Büßerinnen bei St. Hieronymus zu versetzen gezwungen waren.

Das Landvolk wagte zwar viele Versuche, Lebensmittel in die Stadt zu bringen, allein alle fielen unglücklich aus. Da entschlossen sich die noch unbezwungenen Städte Krems und Stein, von den Edlen des Landes ob der Enns unterstützt, im April 1484 sechszehn bewaffnete Schiffe auszurüsten und mit diesen, wohlbeladen mit Mehl, Fleisch und anderen Lebensbedürfnissen, den Wienern zu Hilfe zu kommen. Drei davon sollten vorerst den Versuch machen. Ungeachtet der gefährlichen Verschanzung an der Donau bei Stockerau kamen sie glücklich bis Klosterneuburg. Da aber hatte der Feind sein Geschütz kreuzweise gegen sie gerichtet, und als sie daher diesen Ort berührten, wurde eines davon, das größte, dermassen beschossen, daß die Trümmer in die Luft flogen und vierzehn Mann dabei umkamen. Die andern zwei, so wie am 7. Mai, auch die übrigen Schiffe kamen mit der kostbaren Zufuhr glücklich über Nußdorf herab in den Werd zum lautesten Jubel der Halbausgehungerten.

Am Pauli Bekehrungstag, den 25. Jänner 1485 begann König Mathias Wien förmlich zu belagern, nachdem schon am 4. Dezember des verwichenen Jahres dessen Heer im untern Werd gesehen ward, wo die Ungern bei der mittleren Donaubrücke und dann beim neuen, erst am 25. April 1483 zu Stande gebrachten Donau-Einlaß oder Wiener Canal sogleich Schanzen aufgeworfen hatten. Der König hatte sein Lager vor dem Schottenthore zunächst des Döblingbaches aufgeschlagen; sein Oberfeldherr Stephan Zapolya, der das Schloß zu St. Veit bewohnte, hielt am Wienerberg, und der Woywode Laurenz breitete sich mit einem dritten Heere längs der Donau aus. Alsbald wurde nun zur offenen Gewalt geschritten. Die Ungern bestürmten den Werd (die jetzige Leopoldsstadt) und thaten, obgleich vergeblichen, Anlauf an mehreren Stellen gegen die Stadtmauer in dieser Gegend; dann giengen sie auf die Landstraße los, brachen den Verhau, nahmen das wohlbefestigte Kloster der Nicolaierinnen und drangen bis zur steinernen Brücke bei dem Stubenthore vor, nachdem sie die Vorstadt selbst in Brand gesteckt hatten. Vier Monate lang verzog sich so die Belagerung der Stadt. Die Bürger und die Besatzung thaten zwar häufige Ausfälle, allein sie fielen meistens so unglücklich aus, daß sie mit großem Verluste zurückgedrängt wurden. Dazu war die Hungersnoth immer fühlbarer. Schon am 4. April hatte man gänzlichen Mangel an Mehl und Getreide, und es war nur mehr Pferdefleisch, das Pfund um 6. Pfennige, zu bekommen; ja die Armen mußten sich schon mit Hunden, Katzen und Mäusen ernähren! In dieser verzweifelnden Lage begehrte Alles die Uebergabe der Stadt an König Mathias, ungeachtet sich die kaiserlichen Hauptleute Tiburz von Zinzendorf, Caspar von Lamberg, Bartholomä von Starhemberg, Andreas von Gall, Ladislav Prager und Alexander Schiffer, immer noch auf Hilfe des Kaisers hoffend, sich dessen widersetzten. Mächtig erhoben sich nun wieder die zahlreichen Feinde des Kaisers, und des Mathias Anhang in der Stadt war so groß, daß er es wagen durfte, während eines kurzen Waffenstillstandes als Wagner verkleidet in die Stadt zu kommen; um sich mit den Häuptern seiner Parthei zu besprechen. Noch zeigt eine uralte, aber unverbürgte Sage sein Standbild in dieser Verkleidung am sogenannten Winterbierhause, gegenwärtig dem Hrn. Zuckerbäcker Höfelmayer gehörig, welches die Ecke der Landskrongasse gegen die Tuchlauben bildet. Hier soll Mathias erkannt und von den kaiserlichen Hauptleuten verfolgt worden seyn, so zwar, daß er nur mit Noth durch einen Aufruhr, welchen seine Anhänger rasch in der Nähe erregt hatten, glücklich wieder zum Stubenthor hinaus entwischen konnte.

Schon am 13. Mai hatte sich die Universität mit dem Rector Meister Laurenz Frohmann, den Prälaten Johann von den Schotten und Clemens Klopfensteiner von St. Dorothea, dem Official des Bisthumes Leopold Pranz und anderen geistlichen Vorständen im Rathhause versammelt, und durch den Bürgermeister Oen das dringende Ansuchen der Bürgerschaft, um ihre Vermittelung bei dem König, der den Gelehrten gar hold war, vernommen. Und als auf ihre Anfrage bei dem Fiscal des Kaisers, Doctor Johann Keller, derselbe die Orakel gleiche Antwort gab: „Ich kann das Verlangen der Bürger nicht mißbilligen; aber ich rathe weder dafür noch dagegen; denn ich bin selbst bei ihnen in Gefahr; wenn sie dem Wunsche der Bürger entsprechen wollen, werden sie keine Sünde begehen!“ begaben sich endlich am 14. Mai die Abgeordneten der Hochschule mit dem Probste von St. Dorothea und dem Prior der Carmeliter zu dem König in's Lager. Sie brachten die frohe Nachricht zurück, daß Mathias für die Universität sehr günstig gesinnt und auch geneigt sey, mit der Bürgerschaft in Unterhandlung zu treten und die Feindseligkeiten einstweilen einzustellen. Indessen war auch von den Bürgern der Entwurf wegen Uebergabe der Stadt an den König zu Stande gebracht worden. Sechs der angesehensten Bürger: Niclas Täschler, Perman, Zeller, Kaspar Schneider, Hornberger und Leubenpöck händigten sie ihm am 21. Mai ein, und er genehmigte sie dahin, daß, wenn nicht mit Ende des Monats Entsatz käme, um welchen sie schon am 11. Mai bei dem Kaiser angesucht hatten, ihm Wien am 1. Juni offen stehen solle; doch wolle er der kaiserlichen Besatzung mit Hab' und Gut, mit Roß und Harnisch freien Abzug gewähren und die Stadt bei ihren Rechten, Freiheiten und alten Gewohnheiten belassen. Die Burg wurde somit von des Kaisers Beamten verlassen und für den König von Ungarn zugerichtet.

Sechs Tage vor dem Frohnleichnamsfeste (am 26. Mai) besuchte des Königs Mathias vielgeliebter natürlicher Sohn, Johann Corvin, die Stadt, besah ihre Denkwürdigkeiten, bediente sich eines der im Rufe stehenden Wiener-Bäder, und kehrte dann am Abend wieder in das Lager zurück.

Der erste Juni 1485 brach endlich an, ohne daß von Kaiser Friedrich ein Entsatz erfolgt war. Da rückten mit der Morgenröthe achttausend wohlausgerüstete Ungern, Reiter und Fußvolk, langsamen Schrittes und bedächtig die Wälle und Thore besetzend in Wien ein. Wenige Stunden darauf ließ ein immer lauter sich erhebendes Siegesgejauchze die Ankunft des großen, unüberwindlichen Königs Mathias Corvin erwarten. Die Geistlichkeit mit unzählichem Volke war ihm entgegen geströmt; der Bürgermeister und Stadtrath und die

Volke war ihm entgegen geströmt; der Bürgermeister und Stadtrath und die

Universität erwarteten ihn an der Brücke vor dem Stubenthor. Voll freudigen Stolzes und siegestrunken, in der Fülle einer dreiundvierzigjährigen Kraft, erschien er, in der prachtvollen mit Gold und Edelsteinen geschmückten Tracht seines Volkes, umgeben von dem Grafen von Zips, Peter Garay, dem Feldherrn Laurenz und vielen andern Großen von Ungarn, Mähren und Schlesien, und ließ sich, wie im Triumpfe, in die Hauptstadt und Burg seines Feindes einbegleiten! Als der feierliche Zug über den Stephansplatz und Graben nach der Burg sich hinschlang, erbebte auf einmal so entsetzlich die Erde, daß die Häuser einzustürzen drohten und ein wüthender Sturmwind wirbelte ungeheuere Staubwolken auf; aber das Volk, durch lange Hungersqual fühllos gemacht, erschaute nur des neuen Herren Pracht und fiel im Jubel über die vielen mit Lebensmitteln belasteten Wägen her, die auf dessen Befehl für dasselbe nachfolgten.

Am 5. Juni hielt auch die Königin, von der Geistlichkeit und den Behörden feierlichst begleitet, ihren Einzug. In der St. Stephanskirche, wo sie Mathias mit den Großen seines Reiches erwartete, hielt der berühmte Gottesgelehrte Meister Niclas von Kreuznach eine gediegene Anrede, welche sonach der König in lateinischer Sprache erwiderte. An dem nämlichen Tage empfieng Mathias von dem Burgermeister und Stadtrath, am 24. Juni aber von den Ständen den Huldigungseid.

Wien, in dessen St. Stephanskirche am 15. November 1485 zum erstenmale das Gedächtnißfest des heiligen Leopold's gefeiert wurde, gefiel den Ungern besonders gut, und auch Mathias hielt sich fast beständig in dieser Stadt auf; doch wollte ihm die Burg nicht behagen. Er ließ sich daher auf gemeiner Stadt Unkosten einen Palast in der Kärnthnerstraße, da wo sich die Weihburggasse dahin ausmündet, erbauen, welcher späterhin von den Jagdscenen womit er bemalt war den Namen „Hasenhaus“ erhielt. Ebenso besaß der berühmte Stephan Zapolya der reichen Familie Reicholf großes Haus neben dem Magistratsgebäude in der Salvatorgasse, und Peter More eines in der Hochstraße (später Herrengasse) zunächst der Schaufellucken und dem Garten der mindern Brüder.

Mathias bestätigte zwar am 19. Mai 1488 den Wienern ihre alten Freiheiten und Handfesten, worin er sich König zu Ungarn und Böhmen, Herzog zu Oesterreich und Schlesien, Markgraf zu Mähren und in der Lausitz nannte; allein dieser neue Herr verfuhr keineswegs mit ihnen gelinde: vielmehr ließ er die Reichen der Stadt zu sich rufen, schalt sie derb darüber aus, daß sie ihren Kaiser mit ihrem Reichthum nicht unterstützt hatten, legte ihnen schwere Strafgelder auf, und schloß sie von den Stadtämtern aus. Auch belastete er die Stadt überhaupt mit ungewöhnlichen Steuern und Abgaben, und setzte an die Stelle des auf der Flucht am 21. März 1487 zu Tittmaning verstorbenen Bernhard von Rohr seinen Liebling Urban Dozy, welcher bisher die Bisthümer zu Sirmien, Wardein, Raab und Erlau verwaltet hatte, zum Bischof von Wien ein.

Um diese Zeit, 1488, beschloß man, keine Hinrichtung mehr in der Stadt, sondern lediglich auf der Anhöhe des Wienerberges, zunächst der Spinnerin am

Kreuze, der noch jetzt gewöhnlichen Richtstätte, vornehmen zu lassen. Der Pranger, der eiserne Käfig und der Narrenkotter befanden sich auf dem hohen Markte, in der Nähe des Fischhofes; das Amthaus aber, wo auch die schweren Verbrecher untergebracht waren, in der Rauhensteingasse, zunächst des Himmelpfortklosters, wo jetzt das Haus „zum goldenen A. B. C.“ liegt.

Während des Königs Mathias Regierung wurde Wien zweimal von großen Feuersbrünsten heimgesucht. Mit der Königin waren viele neapolitanische Edelleute, begleitet von Kundigen der Astrologie und Alchymie (zwei Lieblingsneigungen des Mathias) nach Wien gekommen. Durch Unvorsichtigkeit einiger dieser Goldmacher brach am 7. Juli 1488 in ihrem Hause bei St. Pankraz Feuer aus, von dem über hundert Häuser, wie auch der Schottenthurm ergriffen wurden, so daß dessen größte Glocke einschmolz; und gleich im nächsten Jahre entstund eine Feuersbrunst bei einem Bäcker am hohen Markt, die über zweihundert Häuser in Asche legte.

Indessen währte der Krieg in Oesterreich immer fort. Nur Neustadt, Krems, Retz, Eggenburg, Laa und Aleusteig widerstanden noch den Waffen der Ungern. Ersteres fiel im August 1487, und Krems wurde in demselben Jahre durch ein kleines Heer entsetzt, welches der Kaiser unter dem Befehle des Herzogs von Sachsen, seines Neffen, nach Oesterreich gesendet hatte. Vermöge eines Waffenstillstandes, der dadurch vom 22. November 1487 bis Frohnleichnam 1489 erzweckt wurde, behielt Mathias bis zum gänzlichen Ersatz der Kriegskosten alle seine Eroberungen, die jedoch an den Kaiser ohne Lösegeld zurückfallen sollten, im Falle der König vor dem Abschlusse eines Friedens mit Tod abgienge.

Nur mit geringem Glücke wurde an demselben gearbeitet; erst dann eröffnete sich für diese langersehnte Himmelsgabe eine Aussicht, als Friedrich 1489 seinen Sohn Maximilian, der bereits seit 16. Februar 1486 zum römischen König erwählt worden war, nach Linz berief, dem Mathias große Auszeichnung und Willfährigkeit erwies. Im Rathe des Herrschers aller Herrscher war es jedoch nicht so beschlossen, und Oesterreich sollte bald auf andere Weise des fremden Fürsten entlediget werden! Des Königs Gesundheit war seit dem Anfange des Jahres 1490 sehr erschüttert worden, und in gleichem Grade mit seinen Leiden steigerte sich auch seine Zornmüthigkeit und sein nichts verschonender Argwohn. So nahte der Palmsonntag heran. Mathias ließ sich in die Capelle seiner neuen Burg zu Wien hinunter tragen und wohnte, obgleich sehr unwohl, sechs volle Stunden der kirchlichen Feier bei. Sonach ertheilte er dem Botschafter von Venedig die Abschieds-Audienz, und da die Königin noch immer nicht vom Kirchenbesuche zurückgekommen war, obgleich die Mittagstunde schon herannahte, begehrte er von dem Vorschneider, angegriffen von der langen Fasten, die der religiöse Fürst sehr strenge hielt, etwas frische Feigen. Augenblicklich wurden ihm welche gebracht, aber sie waren faul. Hierüber gerieth er in so heftigen Zorn, daß ihm die Sinne schwanden. Wie nun die Königin kam, wollte er nicht mehr speisen, klagte über Schwindel und daß ihm das Gesicht vergehe, und als man ihn zu Bette gebracht hatte, rührte ihn der Schlagfluß, an dem er unter schweren Leiden erst am dritte Tage, den 5. April 1490, verschied. Mathias Corvin hatte ein Alter von siebenundvierzig Jahren erreicht. Sein Leichnam wurde von Wien auf der Donau nach Ofen und von da nach Stuhlweißenburg geführt, wo er am 25. April beigesetzt ward. Die Donau war, wie die Chroniken berichten, in der Stunde seines Todes aus ihrem Ufer getreten, und die Raben (Abzeichen seines Geschlechtes) hatten schauerlich krächzend die Burg zu Ofen verlassen und ihren Zug nach der Grabstätte der Könige von Ungarn genommen.

Nach Mathias Tode brachte der römische König Maximilian schnell im deutschen Reiche ein Heer zusammen, fuhr damit die Donau herunter und besetzte beinahe ganz Oesterreich bis Wien. In diese Stadt schickte er vertraute Männer um die Einwohner zu gewinnen. Die Wiener ergriffen diesen Anlaß; mit Freuden sammelten sie sich in großen Haufen und bewaffneten sich. Da der ungerische Stadt-Commandant Stephan Zapolyn diese Stimmung bemerkte und täglich mehr von dem nahen Anrücken Maximilian's hörte, warf er vierhundert Mann von seinen Kriegern in die Burg und begab sich mit den übrigen nach Ungarn. Nun besetzten die Wiener Bürger die Thore und schickten Abgeordnete nach Klosterneuburg zu Maximilian mit der Einladung, Wien in Besitz zu nehmen. Der Erzherzog eilte am 19. August 1490 sogleich mit den Hofleuten und seiner Leibwache hieher, wurde beim Rothenthurm-Thore feierlichst empfangen, und am folgenden Tage wie im Triumphe nach St. Stephan zu einem Dankfeste für die Erlösung aus dem feindlichen Joche geführt. Am 23. August leistete der Stadtrath und die Bürgerschaft am hohen Markte freudenvoll den Eid der Treue, und gleichzeitig donnerte das Geschütz wider die Besatzung der Ungern in der Burg. Sie wehrte sich einige Tage sehr beharrlich und schlug mehrere Stürme ab, bei deren letztem Maximilian in die Schulter verwundet wurde; doch da bei den Zerwürfnissen, in welches ihr Vaterland gerathen war, jede Aussicht auf Entsatz fehlte, verlangten sie freien Abzug, der ihnen auch gewährt wurde; und so räumten sie dann am zehnten Tage der Belagerung Maximilianen die Burg, der dann am 29. September den Wienern ihre Freiheiten bestätigte.

Indessen war Wladislav, König von Böhmen, von den Ungern wider die mit dem Kaiser Friedrich errichteten Verträge zu Pest als König ausgerufen worden. Maximilian eilte daher, sein Recht an diese Krone durch die Waffen zu behaupten. Bald war durch ihn das westliche Ungarn von der Donau bis an den Plattensee besiegt. Am 18. November fiel die Königstadt Stuhlweißenburg in seine Hände, und selbst die Hauptstadt Ofen zitterte schon vor dem Helden. Da entspann sich wegen der Beutetheilung ein schmählicher Streit zwischen Reiterei und Fußvolk und letzteres zog sich, Maximilian verlassend, unter zügellosen Ausschweifungen nach Oesterreich zurück. So mußte er alle Früchte seines Sieges aufgeben, und der Friede vom 7. November 1491 gewährte ihm nichts als den Königstitel Ungarns und die Anwartschaft auf die Nachfolge, falls Wladislav ohne männliche Erben stürbe.

Kaiser Friedrich der Vierte überlebte nicht lange die glückliche Wendung seines Geschickes. Für Jedermann unzugänglich lebte er im Schlosse zu Linz der Andacht, der Sterndeuterei und Alchymie. Eine geringe Verletzung hatte die traurige Folge, daß ihm der rechte Fuß abgenommen werden mußte. Der Genuß von Melonen zog ihm während der Heilung ein heftiges Fieber zu, an dem er neunundsiebenzig Jahre alt im dreiundfünfzigsten seiner Regierung starb. Es ist noch eine gleichzeitige Beschreibung der eben so imposanten als historisch merkwürdigen Leichenfeier dieses Fürsten vorhanden, von der wir hier nur einige Stellen in deutscher Uebersetzung mittheilen wollen:

„Im Jahre des Heiles 1493 Montags den 19. August beschloß Kaiser Friedrich der Vierte in seiner Burg zu Linz um die Mittagsstunde seinen letzten Lebenstag; worauf sein Leib nach geschehener Einbalsamirung in die dortige Kirche zur heiligen Jungfrau Maria gebracht, und daselbst die kaiserliche Leichenfeier geziemend begangen wurde.

Nachher ward der Leichnam auf der Donau nach Wien geführt, wo sich der Kaiser seine bestimmte Grabesstätte (von der in der Kunstgeschichte ausführlich gesprochen wird) gewählt, und am 28. August unter Begleitung des Adels mit feierlichem Fackelzuge der vier Mendicanten- und übrigen Orden im Chore der Cathedralkirche zu St. Stephan beigesetzt; wornach die Exequien, Vigilien, Messen und Trauerreden, wie es der kaiserlichen Majestät gebührte, gehalten wurden.

Von der Zeit der Ueberbringung des Leichnams bis zur Zeit der feierlichen Bestattung (7. Dezember) verfloßen 15 Wochen, weniger drei Tage, während welcher Zeit in dieser Kirche 8422 Messen unter Absingung der Psalmen gelesen wurden. —

Vor allem war, am Tage des Leichenbegängnisses, die Emporkirche von der Morgen- nach der Abendseite an den beiden Wänden mit schwarzen Tüchern behangen, und es waren an demselben 672 brennende Wachskerzen angebracht. In der Mitte der Kirche war eine Capelle mit vier Säulen errichtet, und über derselben brannten 346 Wachskerzen. Unter derselben war über einer Tumba ein weißes damastenes Seidentuch mit einem goldenen Kreuze gebreitet, und über diesem ein anderes schwarzseidenes mit einem anderen großen goldenen Kreuze. Darauf lagen: Das kaiserliche Schwert, der Scepter, das Diadem oder die Krone, der Reichsapfel und das goldene Vließ. Vor der Tumba stand der Reichsherold Bernhard Sittich in goldenem Gewande, und rund herum 48 Brüder mit schwarzen Kappen und brennenden Fackeln. —

Die Todten-Vigilien wurden am Tage des heiligen Nicolaus durch den Bischof von Vesprim und den Bischof von Rosenau und vierundzwanzig anderen infulirten Prälaten in pontificalibus abgehalten.

Am Tage darauf, den 7. December 1493, celebrirte Friedrich, Erzbischof von Salzburg das erste Todtenamt; das zweite aber zu Ehren der heiligen Jungfrau sang der Bischof von Vesprim und Wien, und nebst bei assistirten vierundzwanzig Bischöfe, Prälaten, Aebte und infulirte Pröbste in pontificalibus. Eine ausgezeichnete Trauerrede zum Lobe des Kaisers wurde von Bernhard Berger gehalten.

Während des Offertoriums opferten die sechzehn dem Reiche und dem Hause Oesterreich unterworfenen Provinzen. Für jede trug ein Adeliger das Panier, ein zweiter den Helm, ein dritter den Schild mit dem Wappen und zwei führten ein großes, vom Kopfe bis zu den Füßen mit einem schwarzen Tuche bedecktes Pferd; überdies aber giengen vor jedem Einzelnen zwei von Adel in schwarzen Kleidern mit brennenden Fackeln. Diesen folgte derjenige, der das Reichspanier, den Helm mit dem Adler, das Diadem oder die Krone, den Reichsapfel, Scepter und das Schwert opferte; dann der Herold, der zurücktretend des Kaisers Mantel über die Tumba auseinander breitete. —

An demselben Tage wurden auch von den Ordensgeistlichen, welche dem feierlichen Zuge beiwohnten, so wie von den Weltgeistlichen 682 Messen gelesen und jedem dafür 28 Kreuzer gegeben. Nach vollbrachter Handlung geleiteten die Fürsten den erlauchten römischen König in seine Burg in Wien, und so endigte sich diese kaiserliche Leichenfeier.« [46]

Erst am 1. November 1513 wurde der Leichnam des Kaisers aus der Gruft bei St. Stephan erhoben und von dem Bischof Wiens, Georg von Slatkonia, in Gegenwart der Stände, der Geistlichkeit, Universität und des Stadtrathes von Wien in dem von Niklas Lerch verfertigten, prächtigen Grabmal feierlichst beigesetzt. Die Leichenrede hielt der Superintendent Johann Cuspinian, und die Stadt Wien ließ bei dieser Gelegenheit eine silberne Denkmünze mit des Kaisers Bildniß prägen.

Unter den zahlreichen Briefen und Urkunden, welche das Wiener Stadtarchiv von Kaiser Friedrich dem Vierten besitzt, sind insbesondere bemerkenswerth: Seine Bestätigung der alten Wiener Freiheiten, gegeben zu Wien am 15. Juni 1460 unter goldener Bulle. — Sein Wappenbrief für die Stadt Wien, gegeben zu Leuben am 26. September 1461. — Sein Bestandbrief, wegen Ueberlassung des Gefälles von den drei Donaubrücken an den Stadtrath gegen jährliche Abgabe von tausend Pfund Pfennige, gegeben zu Wien am 17. März 1477. — Sein Brief, daß die von Wien eine Salzkammer aufrichten mögen: gegeben zu Gratz am 3. Februar 1479, und dessen Befehl daß in keinem anderen Orte als im Rathhause Rath gehalten werden soll: gegeben zu St. Florian am Pfingsttag vor St. Elisabeth 1468. [47]

Nachdem er in dem österreichischen Staate die Ruhe hergestellt hatte, vermählte sich Kaiser Maximilian, der schon seit zwölf Jahren Witwer war, am 16. März 1494 mit der Tochter des Herzoges Galeazzo von Mailand, der schönen, strengen Blanca Maria.

Um diese Zeit entstand in Wien außer dem Stubenthor ein Spital für kranke Studenten, welches gleich im folgenden Jahre großen Nutzen gewährte; denn 1495 entstand in Wien und Oestereich eine neue Krankheit, wovon, wie Pater Fuhrmann nach einer Melker-Chronik sagt, man vorher noch nie etwas gehört oder gewußt hatte. Ursprünglich soll diese Seuche, nach der allgemeinen Meinung, mit den Seefahrern aus der neuen Welt herüber nach Spanien, von da durch die Soldaten und Kaufleute nach Neapel und ganz Italien, und weiter nach Frankreich, Deutschland, Oesterreich und sonderlich nach Wien ge-

26*

kommen seyn. Wahrscheinlicher aber stammt dieses Gift, so wie jenes der Pocken, aus Afrika, von wo es durch der Portugiesen Handel mit Guinea nach Italien kam. Es war ein abscheulicher Zustand, »maßen die damit Behafteten am ganzen Leib ausgeschlagen und voll böser Rauden und Schöbigkeit worden, womit Einer oft Jahr und Tag behafft gewesen; viel tausend aber seind davon gestorben. Es hulf kein einziges Mittel außer das Bad und einige Unguenten, womit doch Vielen geholfen worden; und als dieses Uebel im ganzen Land grassirte, hat ein Hauersmann nächst Krems ein Brünnlein von kristallklarem Wasser in seinem Weingarten entdeckt, welches als ein treffliches Antidotum wider diese Seuche befunden worden. Es geschah daher weit und breit ein großer Zulauf von denen Leuten, und das Wasser ward wie Balsam um's baare Geld verkauft. Wegen dieser Seuche seind zu Wien in der Universität die gewöhnliche Lectiones unterlassen worden, und seind in diesem Jahre alle Schulen lange Zeit gesperrt gewesen. Man nannte diese Krankheit damals die böse Blattern, oder Lembt (Lähmung) der Glieder.« Es erhellt hieraus, daß die Lustseuche leider nur zu bald nach Oesterreich gekommen war.[48]

Im Jahre 1499 gedieh der Wein so reichlich, daß man nicht Fässer und Geschirre genug dafür auftreiben konnte. Man mußte also in der Eile große Behälter aus Brettern zusammen schlagen, um ihn darein zu füllen, und diese nannte man Weinstuben. Die Weinlese dauerte Tag und Nacht so lange, daß es bereits zu schneien anfieng. In Wien kostete die Maaß Gebirgswein (wovon im Jahre 1460 das Seitel oder die Viertel-Maaß 14 Pfennige gekostet hatte) 2 Pfennige, der Landwein gar nur einen Pfennig das ganze Jahr lang. Auch wurden von der Lese- bis zur folgenden Pfingstzeit allein auf der Donau 27,000 Fässer Wein nach Oberösterreich und Bayern geführt. Dafür brachte das Jahr 1501 ein trauriges Ereigniß. Am 14. August nämlich verursachte die ausgetretene Donau eine zehn Tage lang dauernde, verheerende Ueberschwemmung in der Gegend von Wien; alle an ihren Ufern liegenden Ortschaften litten großen Schaden, man mußte mit Schiffen in den Gassen derselben herumfahren, der Fluß selbst führte unausgesetzt Trümmer von Häusern, Hausgeräthe und todte Menschen in seinen tobenden Wellen mit fort.

Wahrscheinlich in Folge eines Befehles Maximilian's an den Wiener Stadtrath, gegeben zu Mecheln am 10. März 1509, »daß man um den dritten Theil der verfallenen Güter die Stadtthürme ausbessern und unterhalten soll,« erfolgte im Jahre 1511 die neue Auferbauung des durch die Zeit schon hart mitgenommenen Rothen-Thurmes. Ober demselben war die Inschrift angebracht:

Quam felix urbs est, quae pacis tempore bellum
    Ante oculos ponit, et sua quaeque notat
Incassum vigilat, qui custodire putabit
    Urbem armis, si non arma Dei affuerint.
Sed Deus et virtus tutantur Maximiliani
    Caesaris haec urbis moenia cum populo.

Nebenbei standen zwei Schildhalter, deren jeder eine Fahne in der Hand hielt: in der einen war das Landeswappen, in der andern das Stadtwappen, zwischen beiden aber das Wappen des deutschen Reiches, Oesterreichs und Burgunds, so wie die Jahreszahl 1511 befindlich. Er stand bis zu Joseph's des zweiten Zeiten, wo er der bequemeren Zufahrt wegen abgebrochen wurde. Mitten unter dessen Bogen hing eine wirkliche, später aber eine aus Holz gebildete Speckseite, neben welcher folgende Knittelverse an der Wand geschrieben standen:

„Welche Frau ihren Mann oft raufft und schlägt,
Und ihn mit solcher kalten Laugen z'wächt, (wäscht)
Der soll den Pachen lassen henken,
Ihr ist ein anderer Kirchtag zu schenken.
Welcher kommt durch diese Porten,
Dem rath ich mit getreuen Worten,
Daß er halt' Fried in dieser Stadt,
Oder er macht ihm selbst Unrath:
Daß ihn zween Knechte zum Richter weisen
Und schlagen ihn in Stock und Eisen.“ 49

Die Sage berichtet, ein hoher Stadtrath habe diese Speckseite aufhängen lassen, damit sich derjenige ehrenwerthe Bürger sie holen könne, der genügend bewiese, daß er kein Siemann (seinem Weibe nicht unterthan) wäre. Jahre vergiengen, ehe sich ein Wiener Ehemann getraute, dieselbe sich eigen zu machen. Da kam einem wackeren Schustermeister, im Gefühle seiner Manneswürde, ein plötzliches Gelüste darnach. Schon stand er auf der Leiter um sie herabzulangen; doch plötzlich besann er sich, stieg wieder herab und zog den Rock aus. Auf die Frage: Warum er dies thue? antwortet er sehr naiv: „Nun, meine Frau würde mich arg ausschelten, wenn ich einen Fettfleck in das Kleid brächte.“ Und so blieb die Speckseite seit diesem mißlungenen Versuch fortwährend unberührt hangen.

Als ein Maßstab über den damaligen Werth des Geldes und den Preis der Lebensmittel mag hier folgendes Verzeichniß der gewöhnlichsten Marktwaaren stehen, welches sich noch vor dem Jahre 1514 in Wien erhalten hat. Ein Metzen Mundmehl kostete 20 Pfennige, ein Metzen Hafer 15, ein Metzen Gerste 13, ein Metzen Roggen 10 Pfennige; ein Kapaun 5—6 Pf., ein Spannferkel 5 Pf., eine Gans 6 Pf., ein Huhn 2—3 Pf., eine Henne 4 Pf., ein Pfund Rindfleisch 2 Pf., ein Pfund Kälbernes 2 Pf., ein Pfund Schöpsernes 1½ Pf., ein Pfund geräucherter Speck 4 Pf., ein Pfund frischer Speck 3 Pf., ein Pfund Hausen oder Hecht 6 Pf., ein Pfund Karpfen 4 Pf., ein Pfund Schaiden 4 Pf., ein Pfund Butter 7 Pf., ein Pfund Käse 3 Pf., ein

Pfund Kerzen 4 Pf., ein Laib Brod für drei Menschen 1 Pf., eine Fuhr Holz 25 Pf., eine Maaß Obers (Sahne) oder Milchrahm 2 Pf., eine Maaß Wein 3—4 Pf., eine Maaß Honig 5 Pf., fünf Eier einen Pfennig. — Der Dienstboten Jahrlohn betrug 6 Gulden, der jährliche Zins einer Bürgerswohnung 12 Gulden.[50]

Kaiser Maximilian's einziger Sohn Philipp, König von Spanien, war am 25. September 1506 gestorben und hatte die beiden Prinzen Carl und Ferdinand nebst der Prinzessin Maria hinterlassen. Zwischen diesen seinen Enkeln und den Kindern des Königs Wladislav von Ungarn, Ludwig und Anna, eine Doppelheirath zu stiften, war jetzt der politische Zweck dieses großen Regenten. Mehrere Jahre schon war über diese Sache durch des Kaisers Vertrauten Johann Spießhammer (Cuspinian), Anwald und Geschichtschreiber Wiens und Oesterreichs, unterhandelt worden. Am 10. Mai 1515 ward sie endlich beschlossen. Nun unternahm sogleich Wladislav mit seinen Kindern und seinem Bruder Sigmund, König von Polen, die Reise nach Wien. Maximilian kam ihm entgegen. Die Zusammenkunft erfolgte bei dem Schlosse Trautmannsdorf auf freiem Felde, dessen Stelle lange ein gewaltig hoher Baum bezeichnete. Vorerst trafen die Könige ein. Der sechzigjährige Wladislav saß in einer Sänfte, die Prinzessin Anna in einem prächtig verzierten, mit sechs Schimmeln bespannten Staatswagen. Der Polenkönig, ein stattlicher, lebensfroher Herr, und sein junger Neffe Ludwig tummelten rasche Pferde, deren Geschirre von Gold und Edelsteinen strotzten. Die Großen ihrer Reiche umgaben sie. Unzähliches Volk aus Ungarn, Böhmen, Mähren und Schlesien, aus Polen, der Tatarei und Moskau hatte sich auf der Ebene ausgebreitet. Da erschallte von dem schattigen Waldhügel des Hards herab fröhliche Kriegsmusik, und strahlender Glanz von mehr denn fünftausend Rüstungen verkündete die Ankunft des Kaisers. Maximilian, schon den Sechzigen nahe, wurde in einer mit Gold und Purpur geschmückten Sänfte getragen. Die Gesandten von Spanien und England, die Herzoge aus Baiern, Württemberg, Mecklenburg und andere Fürsten des deutschen Reiches verherrlichten seine Gegenwart. Ein Heer von Adeligen aus dem deutschen Reiche und allen Provinzen Oesterreichs bildete das Gefolge. Bei dem Baume angelangt, reichte der Kaiser den beiden Königen und den Kindern die Hand und rief, in lateinischer Sprache freudig aus: „Dies ist der Tag, den der Herr gesendet. Lasset uns freudig und fröhlich seyn!“ — Wladisalv konnte vor Rührung nicht zu Worten kommen und brach in Thränen aus; Sigmund erwiderte den Gruß mit männlicher Herzlichkeit; Ludwig und Anna schmiegten sich voll kindlichem Zutrauen an Maximilian. Drei mächtige Völker: die Deutschen, Magyaren und Slaven ließen zum ersten Male ihren vereinten Jubel ertönen!

Weit über eine Stunde währte die Unterredung. Dann zog sich der Kaiser nach Lachsenburg zurück, der König von Polen übernachtete zu Enzersdorf, Wladislav mit den Kindern aber verweilte in Trautmannsdorf.

Am frühesten Morgen des 17. Juli traf Kaiser Maximilian mit seinen erhabenen Gästen bei Schwechat zusammen, und nun erfolgte der Einzug in Wien mit unerhörter Pracht. Aus der Stadt zogen dem Kaiser und den Königen auf eine Viertelmeile Weges entgegen an tausend fünfhundert Bürger und Bürgerssöhne, alle in Scharlach gekleidet; vor ihnen her ritten sechs mit ritterlicher Würde geschmückte Rathsherren in silbernem Harnisch, um die Fürsten im Namen der Stadt mit Gruß und Geschenken zu bewillkommen. Nach diesen kamen fünfhundert deutsche Lanzenknechte mit langen Spießen und Handröhren, alle schön und gleich gekleidet. Bis an die steinerne Brücke vor dem Stubenthor giengen sämmtliche Ordensgeistliche, die alle Heiligthümer ihrer Kirchen mit sich trugen. Diesen folgten die Schulknaben in großer Menge, deren jeder eine mit dem ungerischen, polnischen und österreichischen Wappen bemaltes Fähnlein trug. Hierauf kam die übrige Clerisei von Wien, dann alle Studenten, Professoren und Doctoren der Universität, endlich die Zechen oder Handwerkszünfte mit ihren Fahnen, sechzig an der Zahl.

Von Außen her gegen die Stadt eröffnete den Zug ein großer Haufe Reiterei von den verschiedensten Völkern; dann die ungerischen und polnischen Edelleute mit Feldmusik; sonach der Adel von Oesterreich in voller, blanker Rüstung, und zweihundert Trompeter und Heerpaucker. Diesen folgten die vornehmsten Räthe des Kaisers und der Könige. Jetzt kam der König von Polen mit dem Prinzen Ludwig zu Pferde, und darauf der Kaiser und der König von Ungarn. Beide wurden in Sänften getragen, und alle Vier waren umgeben von vielen Magnaten und Edelleuten aller Länder, die neben ihnen zu Fuß einher schritten. Die ungerische Prinzessin Anna und ihre Damen fuhren in prächtigen Kutschen. Vierhundert deutsche Reiter, wohlbewehrt und geschmückt, schlossen den Zug, der zuerst nach St. Stephan gieng, wo ihn die Clerisei am Riesenthore empfieng und der Bischof von Wien, Georg von Slatkonia, den Segen sprach, und so, nach dem ambrosianischen Lobgesang, in die Burg aufbrach. Der Kaiser Maximilian und Wladislav mit den Kindern blieben daselbst; Sigmund aber bezog jene in der Kärnthnerstraße, die Mathias Corvin erbaut und wo er sein Leben beschlossen hatte.

Am 22. Juli 1515 war die Vermählung. Schon um 9 Uhr früh, erzählt uns Johann Spießhammer [51] der Gesandte Maximilian's (der sich nach damaliger Sitte Cuspinianus schrieb, was ungefähr dasselbe bedeutet) wallete in schönster Ordnung der majestätische Vermählungszug nach St. Stephan. Der Kaiser, Sigmund König von Polen und der königliche Bräutigam Ludwig waren zu Pferde, König Wladislav wurde in einer Sänfte getragen, die beiden Bräute aber fuhren in Wagen. Zahlreicher Adel begleitete sie. Das Innere des Domes, besonders das Presbyterium, war kostbar ausgeschmückt. Der Kaiser, die Könige und der junge Prinz, in Goldstoff gekleidet, standen rechts. Maria und Anna in der Mitte desselben; ihnen zur Linken der Cardinal von Gran als apostolischer Legat, der Cardinal von Gurk, der päpstliche Nuntius, vierzehn Bischöfe und viele Prälaten, alle auf einem reich mit Gold durchwirkten Teppiche. Slatkonia hielt das Hochamt, und Michael Bartolin, des Cardinals von Gurk Capellan, die Anrede. Während dessen bekleidete sich Maximilian bei dem Grabmale seines Vaters, Friedrich's des Vierten, mit dem kaiserlichen Ornate, den man auf eine Million Goldgulden schätzte, und ließ

sich dann durch den Cardinal von Gran mit Anna, der Tochter des Königs von Ungarn, für einen seiner Enkel, Carl oder Ferdinand, trauen; bei welcher Handlung er die Prinzessin, die ihm einen sehr kostbaren, künstlichen Blumenstrauß verehrte, also anredete: »Wiewohl Wir itzt Euer Liebden das Wort gegeben, daß Ihr Unser Gemalin seyn sollet, so ist doch solches geschehen im Namen Unserer beiden abwesenden Enkel und in der Meinung, Euer Liebden an einen von denselben zu vermählen, den Wir auch hiermit Euch ehelich versprechen. Und weil mein Enkel Carl die Königreiche Castilien und Arragonien, sein Bruder Ferdinand aber das Königreich Neapel zu erben und zu erwarten hat, so erklären und nennen Wir hiemit Euer Liebden eine Königin, und wollen Euch zu einer solchen gekrönet haben!« — Hierauf setzte er ihr eine goldene Krone auf das Haupt, und es erfolgte die wirkliche Vermählung des ungerischen Prinzen Ludwig mit der Erzherzogin Maria. Nach Beendigung derselben erhielten mehr denn zweihundert Jünglinge den Ritterschlag, und ein frohes »Herr Gott Dich loben wir!« beschloß die kirchliche Feier. Kurz nach aufgehobenem Mittagsmale wurde sonach auf dem festlich geschmückten neuen Markte ein Turnier von sechs ritterlichen Paaren, den Markgrafen Georg und Casimir von Brandenburg, Adolph von Bibra, David von Knöningen, Hans Grafen von Hardeck und Hans Jakob von Landau, abgehalten; und Abends feierte Maximilian die Heirath seines Lieblings Sigmund's von Dietrichstein mit der schönen Barbara von Rottal. Er und Wladislav führten die Braut zum Altare, und zwischen ihnen saß sie bei dem Ehrenmale, das durch die Gegenwart der beiden Könige, der königlichen Jugend, der Königin von Dänemark, den Herzogen von Baiern, Braunschweig und Meklenburg, des Markgrafen von Brandenburg, zwei Cardinälen, dreizehn Bischöfen, sechzehn Fürsten, vielen Grafen und einer großen Menge von sonstigen Edlen verherrlicht wurde. Mehr denn dreihundert der erlesensten Gerichte trug man dabei in goldenen und silbernen Schaugeschirren auf, und die Pokale schimmerten im Glanze der Edelsteine. Fest auf Fest folgte nun, bis am 29. Juli die Fürsten aus Wien schieden und endlich im unzertrennlichen Freundschaftsbunde am 3. August zu Neustadt von einander giengen.

Schon sieben Monate darnach, am 13. März 1516, starb König Wladislav und hinterließ seinem Sohne Ludwig den Thron von Ungarn und Böhmen. Dessen uneinige Vormünder und eine unselige Partheiwuth verhängten über diese beiden herrlichen Reiche unberechenbares Unheil. Ludwig's Ehe mit Maria von Oesterreich blieb kinderlos. Eilf Jahre nach der zu Wien beschlossenen Doppelheirath fiel er bei Mohacz in der blutigen Schlacht wider Suleiman, am 29. August 1526, mit der Zierde seiner Ritterschaft. Auch Maximilian überlebte diesen hochwichtigen Tag, der Böhmen und Ungarn späterhin an Oesterreich brachte, nur vier Jahre. Schon auf dem Reichstage in Augsburg, zu dem Martin Luther vorgeladen war, fühlte sich der Kaiser unwohl. In trüber Ahnung eines nahen Todes besuchte er noch einmal Tirol und kehrte dann nach Oesterreich zurück. In Wels angekommen erkrankte er vollends, und schon am 12. Jänner 1519 war seine große Seele der Erde entwichen. Maximilian hatte nicht ganz das sechzigste Lebensjahr erreicht und nahe an sechsundzwanzig Jahre geherrscht. Er liegt nach seiner Anordnung zu Neustadt, wo er noch am 20. November 1517 der Stadt Wien ihre Freiheiten und Handfeste bestätigt hatte, prunklos vor dem Hochaltare der Burgkirche begraben, und unzertrennlich, wie im Leben so auch im Tode, sein getreuer Freund und Rathgeber Sigmund von Dietrichstein ihm zur Seite.

IMPERATOR
MAXIMILIANVS
SEARS.SC.

Drittes Kapitel.

Das Wappen und Münzwesen der Stadt; die Salvators-Medaille.

Bis zu Kaiser Friedrich's des Dritten Zeiten, der am Samstage vor St. Michael 1461 der Stadt Wien ein eigenes Wappen der Art gab: „daß selbe in dem Schilde mit dem gulden Adler in dem schwarzen Veld, so sie vorher löblich gebrauchet und geführet hat, um hiefür zu ewigen Zeiten denselben Adler mit zweien Haubten geziert mit ihren Diademen und zwischen derselben Haubten ain kaiserlich Cron, auch von Goldt in demselben schwartzen Velt des Schiltes, alß die mit Farben hiemit des Briefs ausgestrichen sein, in Insigl, Sekreten, Banniren, Heerhütten, führen, anschlagen und maln, ritterleichen und erbern Sachen, ze Schimpff und ze Ernst gebrauchen mügen,“ [52] — bediente sich die Stadt theils des goldenen, einköpfigen Adlers im schwarzen Schilde, theils des weißen Bindenschildes im rothen Felde, und zuweilen auch des weißen Kreuzes auf rothem Grunde, und zwar entweder ganz für sich bestehend, oder auf der Brust des einköpfigen Adlers.

Letzteres, das sich bis auf unsere Zeit erhalten hat, führt die Stadt zum Andenken jener weißen Kreuze, welche Pabst Urban 1095 auf der Kirchenver-

27 *

Drittes Kapitel.

Das Wappen und Münzwesen der Stadt; die Salvators-Medaille.

sammlung zu Clermont unter jene ausgetheilt hatte, welche einen Zug zur Rettung des heiligen Landes aus den Händen der Ungläubigen zu machen gelobten, und wobei das Land unter der Enns und dessen Städte, durch welche die Kreuzfahrer nach Palästina ihren Zug nahmen, sich besonders auszeichneten. Wie sehr die Neigung für dieses Kreuz, selbst nach Erscheinung des obgedachten Wappenbriefes Kaiser Friedrich's, sich noch aussprach, beweiset besonders das 1464 angefertigte große Stadtsiegel, das, übrigens ganz nach dieses Fürsten Vorschrift in Erz gegraben, jedoch mit oder ohne Genehmigung Friedrich's auf der Brust des doppelten Adlers das Kreuz zeigt.

Erstere Siegeln, nämlich den einfachen goldenen Adler im schwarzen Schilde und das weiße Bindenschild auf rothem Grunde, entlehnte die Stadt von dem Landesfürsten.

So zeigen die seltenen Siegel der Babenberger, namentlich Heinrich Jasomirgott, Leopold des Glorreichen und Friedrich des Streitbaren, einen geharnischten Reiter im vollen Galopp, dessen Helm geschlossen und ohne Verzierung ist; den Armschild schmückt der einfache Adler, die Streitfahne eine Binde und oft auch der steyer'sche Panther. Von der Habsburgischen Linie führt Albrecht der Erste, Herzog von Oesterreich und römischer König, in den Urkunden von 1287 den Bindenschild; so auch 1306 Rudolph der Dritte, und 1310 Friedrich der Schöne, als Herzog von Oesterreich. Das kleine Sekretssiegel desselben als römischer König von 1322 hat blos den einfachen, einköpfigen Adler. Ein anderes Siegel von 1313 mit der Umschrift: S. Leopoldi Ducis fratris Friderici Regis Rom., zeigt allein den Bindenschild. Ebenso haben auch die Armschilde in den Reitersiegeln der Herzoge Otto und Albrecht des Zweiten von 1331, des Herzoges Albrecht des Lahmen von 1356, Rudolph des Vierten von 1363 und Albrecht des Fünften, als Kaiser der Zweite, von 1417 die weiße Binde im rothen Felde. Alle diese Reitersiegeln sind so ziemlich den Babenberg'schen ähnlich, nur daß den zugeschlossenen Helm eine Krone mit Pfauenfedern schmückt; im Schilde führt der Reiter fast immer die Querbinde, auf der Lanzenfahne jedoch wird man auch den steyer'schen Panther gewahr.

Von dem großen Siegel mit dem einfachen Adler ohne Kreuz hat das Wiener Stadt-Archiv nur ein Exemplar aufzuweisen, was aber um so merkwürdiger ist, als dasselbe zugleich das älteste Stadtsiegel ist. Es hängt an Albrecht des ersten Niederlagsordnung, gegeben am St. Jakobs-Abend 1281, ist in rothes Wachs abgedruckt und hat die Umschrift: Sigilum Civium Wiennensium. (Siehe dasselbe Seite 122.)

Seit der zweiten Hälfte des vierzehnten Jahrhunderts bis etwa 1462 erscheint fast ausschließlich in den Stadturkunden das Siegel mit dem einfachen Adler, welcher auf der Brust den Kreuzschild hält. Die Umschrift lautet: S. Consulum Civitatis Wiennen.

Was endlich das Siegel mit dem weißen Bindenschilde im rothen Felde, ob dem sich ein zugeschlossener gekrönter Helm mit Pfauenfedern befindet, betrifft, so ist zu bemerken, daß die Stadt sich desselben von jeher nur ausschließend bei Fertigung von Grundbuchs-Urkunden bediente. Dieses Siegel selbst ist das kleine Secretssiegel Rudolph des Vierten und kam bei dem städtischen Grundbuche seit 1360, da dieser Herrscher, laut Urkunde, gegeben am Samstag vor St. Stephanstag desselben Jahres, bei der Stadt Wien ein ordentliches Grundbuch einführte, in Aufnahme. Es hat die Umschrift: „S. Fundi Civitatis Wienne“ und erhielt sich in seiner ursprünglichen Gestalt bis 1773, von welcher Zeit dann das gegenwärtige, mit der allein nur abgeänderten Umschrift: „Gemeiner Stadt Wien Grundbuchsinsiegel“ eingeführt wurde.

Als Wappenhälter bediente sich die Stadt seit der ältesten Zeit eines Engels, wie solchen auch die Titel-Vignette zeigt.

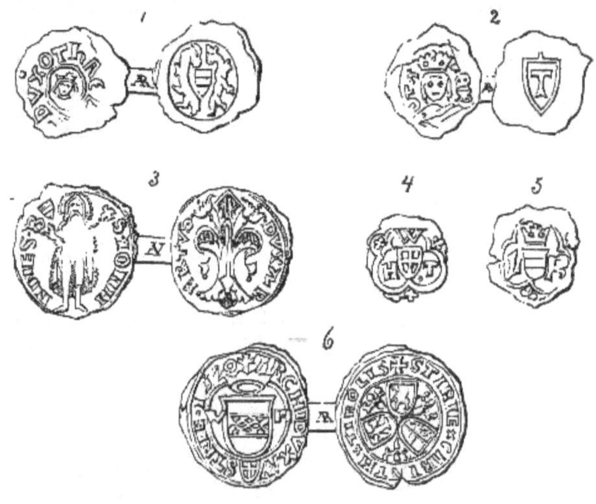

Das von Ludwig dem Kinde im Jahre 906 erlassene Zollgesetz für die Schifffahrt auf der Donau, Traun und Enns nennt uns auch zugleich die bei dem damaligen Verkehre in unseren Gegenden gangbar gewesenen Münzen, nämlich den Solidus (Schilling), den fränkischen kleinen Schild, die geränderte kleine Münze. Ohne Zweifel war das Münzrecht bezüglich auf Oesterreich in der Zeit der ersten Babenberger blos Regale der höchsten weltlichen Macht, des deutschen Kaisers. Wenigstens ist in dem berühmten Freiheitsbriefe Friedrich's Barbarossa vom Jahre 1156, wonach Oesterreich zum Herzogthume erhoben wurde, keine Erwähnung von einem dem neuen Herzoge zustehenden Münzregale. Gleichwohl läßt sich der Bestand einer völlig organisirten Münze in Oesterreich schon für die Zeit Herzog Leopold des Tapfern (Virtuosus), also für die Jahre 1177—1194 mit Sicherheit nachweisen. Ja es wird schon 1166 namentlich der Wiener Münze gedacht, so daß mit Bestimmtheit angenommen werden kann, es seyen schon unter Heinrich Jasomirgott in Wien Münzen geprägt worden, wie solchen auch die Titel-Vignette zeigt.

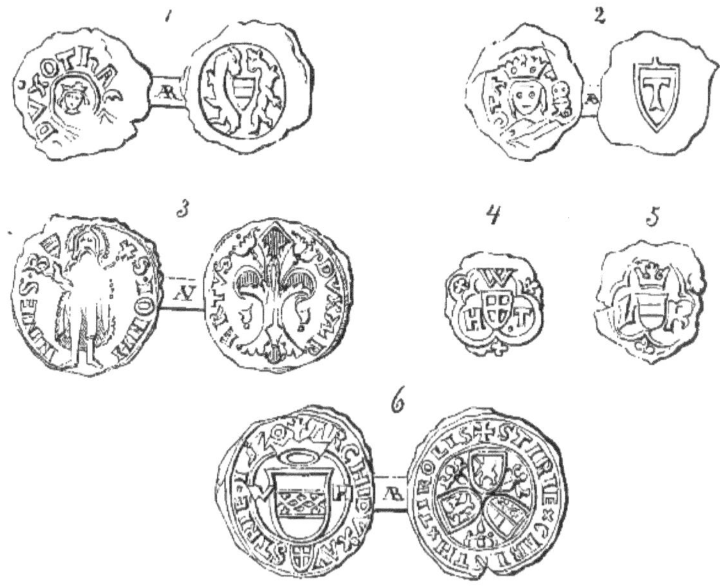

wie denn bereits unter Friedrich dem Katholischen der herzoglichen Münzer zu Krems urkundlich 1198 gedacht wird. Daß aber die Stadt Wien, als besondere Körperschaft, schon unter den Babenbergern und den ersten Habsburgern neben den Herzogen das Münzrecht besessen habe, wie früher geglaubt wurde, ist ein durch die neuesten Forschungen Primisser's und Karajan's gründlich widerlegter Irrthum älterer Schriftsteller. Es kann also in den ältesten Zeiten immer nur von der herzoglichen Münze die Rede seyn, welche sich übrigens bei den damaligen Verkehrverhältnissen in Schrott und Korn wie in der Benennung nach jener der benachbarten Staaten, namentlich Baierns, richtete. Unter Leopold dem Glorreichen endlich gewinnen wir durch den Brief desselben an die Flandrenser (Flämminger, Färber) von 1208 bereits einige Einblicke in das damalige Wesen der Münze, indem dort bereits von einem herzoglichen Münzmeister, Münzkämmerer, Stempelschneider, Münzern und Metallarbeitern die Rede ist, übrigens vom Herzoge ausdrücklich gesagt wird, daß er jene Bürger, welche Flämminger genannt werden, in Wien eingesetzt habe, um bei ihrem Amte Markt-, Stadt- und Landrecht zu genießen wie alle anderen Bürger. Es geht daraus überzeugend hervor, daß die Färber (Flammänder) zur herzoglichen Kammer und insbesondere zur Münze gehörten. Ihr Antheil an der Münze ist aber, da sie erwiesen wirklich mit dem Färben von Stoffen (Tuch, Hüten) zunächst beschäftigt erscheinen, beim ersten Anblicke räthselhaft, klärt sich aber auf, wenn die damaligen Handels-, Gewerbs- und Geldverhältnisse näher in das Auge gefaßt werden. Die Flammänder-Tücher waren schon in den frühesten Zeiten, namentlich seit den Kreuzzügen, durch die ganze handeltreibende Welt berühmt und erwiesen schon im dreizehnten und vierzehnten Jahrhundert auch in Wien sehr gesucht. Die für den Verkehr des Norden mit dem Oriente so entscheidend wichtige Lage des Platzes Wien hatte die Flammänder frühzeitig darauf aufmerksam gemacht und zu Niederlassungen veranlaßt, theils zum unmittelbaren Absatze ihrer Erzeugnisse in Wien selbst, theils als wichtiger Lagerplatz für den weiteren Verkehr mit demselben. In ihre Hände mußten denn auch namhafte Geldsummen geflossen seyn, wie sie solcher auch als Stammkapital zu ihrem ausgedehnten Betriebe bedurften. Eben dieser Besitz mochte ihnen bald in allen Geldangelegenheiten, so namentlich auch in Münzsachen, eine entscheidende Stimme gesichert und ihr hierbei an den Tag gelegtes redliches Gebahren mehr Vertrauen gewonnen haben, als den Juden, welche im Lande zu halten den österreichischen Herzogen schon mit dem großen Freiheitsbriefe von 1156 zugestanden worden war, welche aber bei unersättlichem Wucher das Zutrauen bald verwirkt hatten. Der Herzog wendete sich daher in Geldangelegenheiten ohne Zweifel lieber an jene wenigstens anfänglich gewiß mit bescheidenerem Gewinne sich begnügenden Flammänder, deren Freiheiten wir auch mit den steigenden Geldbedrängnissen der Herzoge erweitert finden. Die Einigung der Laubenherren (Tuch- und Wollenstoff-Händler) und Hausgenossen wird daher bei der Verbreitung der vielbeliebten Niederländer-Stoffe, insbesondere der flammändischen Kleider-Stoffe, bald in überwiegender Anzahl aus Flammändern bestanden seyn, welche urkundlich erwiesen auch das Färberrecht besaßen, daher die gleiche Bedeutung von Flammänder und Färber nicht mehr befremden kann. Die Sorge, das durch sie ins Land gebrachte Geld auch in diesem zu erhalten, mochte bei den damals herrschenden Ansichten in der Finanzgebahrung bald dahin geleitet haben, selbe durch das Zugeständniß jeder möglichen Förderung an das Land und den Regenten zu knüpfen, wie sie denn auch schon sehr frühe als völlig eingebürgert in Wien erscheinen. Ihr Antheil an dem Münzgeschäfte ist daher eben so begreiflich, als die Stellung, welche sie hierbei neben ihrem eigentlichen Handelsgeschäfte einnahmen, aus der nachfolgenden Darstellung des Geschäftsumfanges der bei der Münze unmittelbar Betheiligten näher bezeichnet wird.

Die Münze gehörte unmittelbar zur Kammer, wurde daher mit der letzteren oft gleichbedeutend genommen; der Bereich beider umfaßte auch die Ueberwachung der Maße und Gewichte im ganzen Lande, was um so natürlicher ist, als z. B. die Benennung Pfunde (von Pfennigen) ursprünglich gewiß noch nicht ein blos leerer Sammelbegriff, sondern vielmehr bestimmt maßgebend war. Ingleichen war die Kammer zur Ueberwachung des Verkehres mit edlen Metallen im ganzen Lande berufen. Der vom Herzoge selbst ernannte und vom Kammergrafen eingesetzte Münzmeister war es nun, welcher nebst dem Kammergrafen und Anwalt das oberste Münzgericht bildete. In Bezug auf die Münzbeamten hatte er nach dem Kammergrafen die umfangsreichsten Rechte; selbst der Anwalt des Herzoges war ihm mehrfach untergeordnet. Seine Jurisdiction, von jener des Stadtrichters strenge geschieden, umfaßte die Münzstätte und namentlich die Schlagstube so ganz, daß selbst jeder dahin flüchtende Fremde Asylrecht genoß und nur seiner (des Münzmeisters) Gewalt verfallen war, welches Recht schon von Kaiser Rudolph dem Ersten auch auf die Häuser der Hausgenossen ausgedehnt wurde. Ihm stand jedoch nur das Ernennungsrecht bezüglich des eigentlichen Manipulationspersonales zu. Er hatte in gewissen Zeitabschnitten die Gewölbe fremder Kaufleute und Wechselbänke zu untersuchen, das Strafrecht gegen Falschmünzer (mit dem Tode) zu vollziehen und auch alle äußeren Münzgeschäfte der Hausgenossen zu überwachen. Die Leitung des ganzen inneren Münzbetriebes war ihm und dem Anwalt untergeordnet, welcher letztere in Beziehung auf das Prägegeschäft selbst, wie auf die Aufzahlung, des Herzogs Person vertrat und in letzterer Hinsicht sogar den Münzmeister zu controlieren hatte. Beide hatten als Nutzungen gewisse Antheile von jedem Gusse.

Nun folgten in der Reihe jener bei der herzoglichen Münze Angestellten, welche nicht unmittelbar bei der Münzerzeugung mitwirkten, jedoch auf die Münzung selbst den nächsten und wirksamsten Einfluß nahmen, die Hausgenossen, keineswegs identisch mit den Färbern (Flammändern), vielmehr häufig neben und nebst diesen genannt. Ihre älteste Erwähnung fällt um 1228. Sie gehörten unmittelbar zur Kammer und durften nur vom Münzmeister gerichtet werden, ausgenommen bei Friedensbruch und wenn sie auf fremdem Markte jemanden zufällig verwundet oder getödtet hatten und nach Wien zurückgebracht wurden. Ihnen allein war gestattet Gold, Silber und alte Pfennige zu kaufen und damit Wechselgeschäfte zu treiben, wofür sie wohl eigene Wechsler halten, das Geschäft aber nicht verpachten durften; jedoch alles nur zum Nutzen der Münze, nicht auf eigene Rechnung. Die Hausgenossenschaft war erblich, durfte verkauft und verpfändet werden, gieng aber bei gewissen Münzübertretungen verloren und war bei einjähriger ungehinderter Ausübung ersessen (erloschen). Sie hatten die Verpflichtung des Jahres wenigstens dreimal zu gießen, die Münze thätigst zu fördern, gehorsam und verschwiegen zu seyn. Das Wechselgeschäft und Antheil am Gusse warfen ihre Nutzungen ab. Ihre Anzahl war zeitweilig beschränkt auf 68 und 48. In einem besonderen aber leicht erklärlichen Verhältnisse zu den Hausgenossen standen die Goldschmiede. Für die Anfertigung der Prägeeisen waren die Eisenhüter und Eisengraber, außerdem aber die Versucher und Brenner, Gießer, Zain=, Schrott= und Setzmeister bei der Münzmanipulation thätig.

Der älteste Münzhof in Wien war auf dem noch jetzt so genannten Hofe, und zwar nicht wie bisher angenommen, auf dem Platze des dermaligen Hofkriegs=Gebäudes, sondern wie Karajan bündig nachgewiesen hat, da, wo sich nun die Nunziatur befindet und einst die Pangrazen=Kapelle stand. Ein zweiter älterer Münzhof war in der Wollzeile, ungefähr am Orte der heutigen Briefpost; ein Schlaghaus auf dem hohen Markte in der Nähe der Landskrone.

In oben bemerkter Art organisirt stellte sich nun der innere Betrieb der herzoglichen Münze wenigstens in der Mitte des fünfzehnten Jahrhunderts dar. Wie sie sich nach und nach hierzu herangebildet, kann auf dem dermaligen Standpunkte der zur Oeffentlichkeit gelangten Quellen nicht nachgewiesen werden, wie denn überhaupt noch manche Einzelnheiten einer festeren Begründung bedürfen, um über den Antheil der einzelnen Individuen an dem Münzgeschäfte ein vollkommen klares Bild zu gewinnen. Es ist dieses vornehmlich in Bezug auf die Flammänder (Färber) im Verhältnisse zur Münze überhaupt und zu den Hausgenossen insbesondere der Fall. Die Letzteren, wie die Flammänder (Färber), werden mit Beginn des dreizehnten Jahrhunderts so ziemlich zugleich am ersten erwähnt, ohne daß, wenigstens bis in die späteren Zeiten herab, beide Körperschaften als identisch mit einander angenommen werden können. Ob nicht vielleicht ursprünglich die aus wichtigen Handelsrücksichten in Wien ansäßigen reichen Flammänder ausschließend mit jenem Antheile an der Münze betraut waren, welcher für die Hausgenossen als einem geschlossenen Körper oben angedeutet wurde, und ob vielleicht die Flammänder erst später bei der überhand genommenen Eifersucht gegen das Vergeben von Würden und Aemtern an Ausländer (wenn sie auch eingebürgert wurden) durch die reicher und selbstständiger gewordenen Wiener Handelsleute selbst wo nicht verdrängt, doch wenigstens ganz oder großentheils ersetzt wurden, daher also allerdings Flammänder mit Hausgenosse nicht mehr begriffsgleich war, beide sonach neben einander als verschiedene Körperschaften genannt wurden, kann gegenwärtig noch nicht entschieden werden.

Was dagegen die Münzoperationen vom höheren Standpunkte der Finanzverwaltung aus betrachtet, anbelangt, so eröffnet sich darüber ein, je mehr in das fünfzehnte Jahrhundert herabreichend, um so unerfreulicheres Bild von der Beschränktheit und Befangenheit (milde gesagt) der damals hierüber herrschenden und geltend gemachten Ansichten. Das ursprünglich dem Kaiser allein zugestan=

dene Münzregale wurde bald leichtfertig an Herzoge, Fürsten, Grafen, Bischöfe und Städte verschleudert und dadurch bei äußerst verschiedenartigem Münzfuße für den Handelsverkehr eben so viele Verwirrung veranlaßt, als dem Umlaufe der schlechtesten Münzen Thür und Thor geöffnet, wogegen die verschiedenartigsten Gesetze fast nichts vermochten. Wir finden in Oesterreich überdies insbesondere eben so traurige Spuren von Mißbräuchen der mit unmittelbarem Antheile an dem Münzgeschäfte Betrauten, namentlich der Hausgenossen, als die Herzoge selbst sich eines nicht sehr löblichen, wenn auch damals allgemein befolgten Kunstgriffes bedienten, der eine Entwerthung des Geldes zur unmittelbaren Folge haben mußte, zumal da er bei den geringeren, somit insbesondere bei dem unteren Volke im Umlaufe befindlichen Münzgattungen zunächst angewendet wurde. Man prägte nämlich die Pfennige so dünne aus, daß sie durch den Verkehr bald ganz abgenützt und unbrauchbar wurden. Nach kurzen Zwischenräumen nun (nach einem halben oder ganzen Jahre, meistens im Juni) wurden die „alten Pfennige“ verrufen und mußten um einen weit geringeren Preis als sie ausgegeben waren in die herzogliche Münze abgeliefert werden, um dort umgeprägt und neuerdings mit einem größeren Nennwerthe als ihnen zukam ausgegeben zu werden. Dieser unrühmliche Vorgang, welchen wir nach unsern Begriffen als einen förmlichen Münzbetrug erkennen müssen, konnte die nachtheiligsten Folgen nicht lange verhehlen, wurde aber gleichwohl als ein „altherkömmliches Recht, Freiheit und Gewohnheit bei der herzoglichen Münze“ betrachtet, auf welches erst Herzog Rudolph der Vierte im Jahre 1359 verzichtete, indem er dem Gefälle dafür Ersatz gab durch das sogenannte Umgeld, eine zumeist auf Getränke gelegte Verzehrungssteuer, gleichwohl sich aber vorbehielt, nach Belieben wieder zum Münzverrufe zurückzukehren. Aber ungeachtet Herzog Albrecht der Vierte 1368 die Umgelds-Ordnung seines Bruders erneuert, und insbesondere den Juden jeden Handel mit Gold und Silber verboten hatte, so gab dennoch die schlechte Beschaffenheit der Münze fortan zu gegründeten Klagen Anlaß. Zur Regelung eines bestimmten Fußes, nach welchem die neuen Münzen auszuprägen wären, wurde dann ein vom Münzmeister und den Hausgenossen abgefaßtes Gutachten den Herzogen Wilhelm und Albrecht dem Vierten überreicht, welches diese mit geringen Abänderungen 1399 gut geheißen haben. Es wurde dort insbesondere festgesetzt, daß künftig ein Gulden hundert neun Pfennige gelte, und daß man bei allen herzoglichen Aemtern im Kauf und Verkauf so wie auch zur Bezahlung von Geldschulden zwei neue für drei alte Pfennige annehmen müsse. Doch blieb noch fürderhin der innere Werth der Pfennige vom Marktpreise des ungeprägten Silbers sowie von augenblicklichen Befehlen des Herzogs und von der Treue seines Münzinstitutes abhängig. Unter König Ladislav († 1457) finden wir aber eine, die Vorzeit noch weit überbietende schlechte Münzverwaltung, die ihre tiefste Tiefe erreichte unter Kaiser Friedrich dem Vierten. Hanns von Rohrbach und Hanns von Spaur hatten nämlich eine ganz elende Scheidemünze, von dem Volke mit Erbitterung „Schinderlinge“ genannt, in Vorschlag und bald darauf in Umlauf gebracht. Sie war so geringen Inhaltes, daß sie nur im zwölffachen Betrage gegen die frühere echte

Münze angenommen wurde, wornach die Preise aller Lebensbedürfnisse in gleichem Maße stiegen. Das Land wurde mit einer großen Menge solcher Schinderlinge überschwemmt, zumal da Friedrich so viel als die Münzstädten nur zu liefern vermochten prägen ließ, und statt der Abzahlung von Schulden, seinem Bruder und mehreren seiner Unterthanen, so dem Baumkircher, Weißpriach, Ellerbach, Gravenegger u. s. w. gestattete, solche Münzen und zwar mit seinem (des Kaisers) Bildnisse und seiner Umschrift anfertigen zu lassen. Die Münzmeister waren nun zu Pächtern der Münzstätte des Kaisers geworden und mehrere flohen aus Furcht oder bösem Gewissen in das Ausland. 1459 war denn hierüber die allgemeine Unzufriedenheit schon auf einen besorglichen Höhepunkt gestiegen, zumal als auch der Truppensold mit Schinderlingen ausgezahlt wurde. Da gleichwohl nichts wirksames dagegen geschah, und bloß leere Vertröstungen vorgebracht wurden, so hatte diese Stimmung der aufs Höchste gestiegenen Unzufriedenheit, in Verbindung mit anderen Unglücksfällen, endlich jene traurigen Ereignisse im Gefolge, worüber die Geschichte jener Zeit betrübende Kunde gibt. Die Münze aber blieb fortan in einem ungeregelten Zustande und schwankenden Werths bis endlich Karl des Fünften Reichsmünzordnung vom Jahre 1524 durch ganz Deutschland, also auch für Oesterreich, durch einen gesicherten Stand des Münzwesens wirksame Abhilfe brachte, und die Hausgenossenschaft erloschen war.

Was nun insbesondere das, für die Zeit der Babenberger und der ersten Habsburger durchaus nicht erweisliche Münzrecht der Stadt Wien selbst betrifft, so finden wir erst zur Zeit der Regierung Herzog Albrecht des Dritten urkundliche Belege für den Bestand desselben. Dieser Herzog hatte nämlich unterm 26. Juni 1375 der Stadt Wien, in Würdigung des unverschuldeten Nothstandes in welchen sie gerathen war, gestattet, zur Abtragung der ihr dadurch erwachsenen Geldschuld auf sich selbst und die Bürgergemeinde eine genannte Summe Geldes zu schlagen. Wahrscheinlich aus wiederholten solchen Bewilligungen hatte sich endlich jenes der Stadt Wien zustehende sogenannte Pfennigrecht herausgebildet, welches Friedrich der Vierte als Strafe der Widerspenstigkeit entzog, später aber, jedoch unter Beschränkungen, wieder zugestand. Es mußte nämlich von nun an jedesmal beim Kaiser die Erlaubniß zur Ausmünzung erbeten und der Schlagschatz (Münz- und Prägekosten), wenn er nicht ausdrücklich erlassen wurde, erlegt werden. Die Stadt mußte ihr Silber auf der Wiener-Münze des Kaisers und zwar nach dessen Korn und Aufzahl von den Hausgenossen prägen lassen. So gestattete er namentlich 1484 der Stadt, mit Erlassung des Schlagschatzes, sechshundert Mark Silber ausprägen zu lassen. Zwar hatten nach dem Ableben Kaiser Maximilian des Ersten die sogenannten neuen Regenten vor der Ankunft des Erzherzogs Ferdinand in Wien neue Münzen prägen lassen; doch brachte 1522 das Blutgericht zu Wiener-Neustadt, wo auch der ungesetzlich ernannt gewesene und als Falschmünzer überwiesene Münzmeister Johann Schwarz geköpft ward, dieser Münze ein schnelles Ende. —

Ueber die ältesten österreichischen und insbesondere Wiener Münzen und ihre Gestalt herrscht in den Annahmen viele Unsicherheit, da es an hinlänglich bestimmten und charakteristrenden Merkmalen zur Erkenntniß derselben gebricht.

Wo aber solche vorhanden sind, bieten sie bei der Vergleichung mit andern Münzen durch die Gleichartigkeit des Gepräges und Zierwerkes zumal an den Rändern den Maßstab, um solche auch bei dem Abgange völlig bestimmter Zeichen wenigstens annäherungsweise einzureihen. Wir treffen nun gestützt auf solche Erkennungszeichen in Oesterreich zuerst Brakteaten (einseitige Blechmünzen) neben Halbbrakteaten (auf allen zwei Seiten mit Gepräge versehene Blechmünzen). Jene, in welchen ein Adler sich zeigt, ohne weiteres gleich für Babenbergisch anzunehmen, dürfte immerhin etwas gewagt erscheinen. Dagegen bietet der österreichische Bindenschild schon ein sicheres Kennzeichen und überdies, bei der Gleichartigkeit der Randverzierungen, ein Mittel, auch andere ähnlichen Gepräges jener Zeit zuzuschreiben. So wird eine solche viereckige Blechmünze, welche in der Mitte den einfachen rechtsschauenden Adler zeigt, dem Herzog Heinrich von Mödling († 1223) zugeschrieben. (?) Es finden sich runde Halbbrakteaten, welche auf dem Avers einen vorwärts gekehrten Widderkopf mit abwärts stehenden Hörnern und darüber die österreichische Binde darstellen. Die letztere findet sich auf anderen derartigen Münzen in einem verzierten Doppelkreise, dann wieder zweimal neben einem Kreuze über einem Bogen, unter welchem ein Kügelchen; auch dreimal, und zwar mit den Spitzen zusammengestellt, dazwischen drei Lilien eingetheilt. Anderswo erblicken wir wieder den Bindenschild auf jeder der drei Seiten einer Krone; dann umgeben von sechs Würfeln; endlich innerhalb eines breiten Randes, umgeben von sieben unten verbundenen Dreiecken. Ein Friesacher Pfennig, auf dem Avers die Herzogsgestalt mit der Umschrift: DVX. LIVPOLD ∞, auf dem Revers Namen und Zeichen der Stadt Friesach in Kärnthen zeigend, wird mit annehmbarem Grunde Herzog Leopold dem Glorreichen zugeschrieben. Aus der Zeit der Herrschaft Ottokar's über Oesterreich finden wir einseitige Pfennige. Avers: OTHACARVS. DVX., in der Mitte das gekrönte Brustbild. Revers: Bindenschild, zu beiden Seiten der böhmische Löwe. (Siehe die Abbildung Nr. 1.) Von ebendemselben gibt es Brakteaten, wo die österreichische Binde entweder frei im Felde oder im Schilde des Königs oder auf der Brust des Löwen erscheint. Ein Pfennig, Avers: OTA-KER und gekröntes Brustbild; Revers: in einem herzförmigen Schilde ein T (Zeichen der Münzstätte in Tuln?) ist besonders beachtenswerth. (Siehe die Abbildung Nr. 2.)

Von König Rudolph dem Ersten (dem Habsburger) finden sich Münzen, die auf Oesterreich insbesondere deuten, nicht vor. Dagegen von seinem Sohne Albrecht dem Ersten, als Reichsverweser (1278—1282) Halbbrakteaten, Avers: Ein schreitender Elephant mit einem Thürmchen auf dem Rücken; Revers: vier kleine Bindenschilde ins Kreuz gestellt, — auf anderen der habsburgische Löwe, zurücksehend, darüber das österreichische Wappen schräg gelegt. Derselbe mit Oesterreich belehnt, erscheint auf Münzen zu Pferde, in der ausgestreckten Linken den österreichischen Bindenschild haltend. Unter Albrecht dem Weisen (1339—1358) erscheint der erste österreichische Goldgulden. (Siehe die Abbildung Nr. 3.) Avers: DVX. ALB-ERTVS, in der Mitte, schön gezeichnet, die florentinische Lilie; Revers: S. IOHA-NNES. Der heilige Johannes, bärtig, mit Schein und Mantel, zur Rechten die österreichische Binde. Von demselben Fürsten gibt es auch Pfennige, welche das österreichische Wappen, umgeben von den zwei Fischen von Pfirt (1324 erworben), zeigen.

Herzog Rudolph der Vierte (1358—1365) ließ Halbbrakteaten prägen, welche bald das Brustbild mit der Zinkenkrone über dem Herzogshute, bald einen Schlachthelm mit Krone und Pfauenbusch, daneben aber R-V. zeigen. Ob ein ähnlicher Brakteat mit einem gekrönten Helme mit Pfauenbusch, daneben das österreichische Wappen und ein T (Tuln, oder Hanns von Tyrna, schon 1356 Münzmeister?), dem Herzog Rudolph oder seinem Vater angehöre, ist ungewiß.

Wenn auch eben nicht selten vorkommend, doch höchst wichtig für Wien ist aus jener Zeit der hier Nr. 4 abgebildete Pfennig. Das Kreuz im Herzschild zeigt das Wappen von Wien, welches letztere auch der Buchstabe W andeutet. H und T sind ohne Zweifel die Initialen des eben erwähnten Hanns von Tyrna, welcher 1356—1377 Hub- und Münzmeister war. Wenigstens ist schon aus der Zeit Albrecht's des Fünften († 1439) urkundlich gewiß, daß zur Erkennung, unter welchem Münzmeister ein Pfennig geschlagen wurde, die Zeichen des Münzmeisters ausgeprägt werden mußten. Welchem der Herzoge: Albrecht dem Dritten, Vierten und Fünften, von 1375—1439, die einzelnen Pfennige jener Zeit angehören, wo sich A-L-B nebst dem Bindenschilde zeigt, ist schwer einzutheilen. Die Pfennige Herzogs Wilhelm als Vormund über Albrecht den Vierten († 1404) zeigen innerhalb einer dreibögigen Einfassung die österreichische Binde, darüber den Herzoghut, an der Seite W-AL, in den äußeren Winkeln Blätter. Ein ähnlicher einseitiger Pfennig mit L-R gehört ohne Zweifel dem König Ladislav Posthumus, † 1457 (Siehe die Abbildung Nr. 5.) Friedrich des Vierten Münzen, welche wie erwähnt im schlechtesten Rufe standen, sind leicht erkennbar an dem F oder F-R-I um das österreichische Wappen. Er pflegte übrigens auch schon den Münzen Jahreszahlen und sein beliebtes A. E. I. O. V. beizusetzen. So gibt es von ihm Groschen mit folgender Zeichnung: Avers: FRIDERIC'. RO: IMPERT'. A. E. I. O. V. der gekrönte Doppeladler. Revers: NOVVS. GROSSVS. AVSTRIE. 1481. In vierbögiger Einfassung, ins Kreuz gestellt, die Wappen von Oesterreich, Steyermark, Krain und Kärnthen. Andere Münzen zeigten im Avers: FRID-IRIC-IMP. langes Kreuz mit vier kleinen Wappen. Revers: + ANNO ∘ DOMINI ∘ 14 ∘ 7 ∘ 6 ∘ Monogramm, dazwischen A-E-I-O-V. Mathias Corvin ließ Münzen mit dem österreichischen Wappen und der heiligen Maria prägen.

Von Maximilian dem Ersten finden sich Goldgulden von 1514 und 1516, welche den heiligen Leopold DIVVS. LEOPOLDVS und im Reverse ARCHID. AVSTRI. STIRI um das Wappen zeigen. Selbst unter ihm noch zeigten sich Brakteaten mit dem österreichisch-burgundischen Wappen in einem Perlenkreise (1477—1482). Seine Wiener Groschen vom Jahre 1510 zeigten das vom Herzogshute bedeckte österreichische Wappen, an den Seiten W-H, unter den Wappen von Wien. Revers: Wappen von Steyermark, Kärnthen und Tirol.

Ein gutes Gepräge zeigten übrigens die 1520 und 1521, also vor der Ankunft Ferdinand des Ersten, in Wien geprägten Groschen, und bezeichnen den Uebergang des Mittelalters in die neue Zeit.

Das Werthsverhältniß der älteren Münzen zur Gegenwart ist schwer zu bestimmen, und selbst die Vergleichung des Werthes gekaufter oder veräußerter Objekte gibt nur sehr annäherungsweise einen Maßstab. Die alten Abstufungen zur Bestimmung der Geldwerthe waren: Pfund oder Talent. Es umfaßte zu verschiedenen Zeiten 20—24 Schillinge (solidus), ein solcher aber 12 Denare oder Pfennige. Als kleinste Scheidemünzen gab es auch Helblinge, Heller, obolus. Wie viel Pfunde (ein idealer Begriff, keine bestimmte ausgeprägte Münze) aus einer Mark Silber geprägt wurden (durchschnittlich in Oesterreich zwei Pfund), war zu verschiedenen Zeiten und nach den verschiedenen Münzstätten äußerst ungleich und richtete sich nach dem Marktpreise des Silbers. Gold zu Silber stand aber ungefähr wie Zwölf zu Eins.[53]

In der zweiten Hälfte des dreizehnten Jahrhunderts stifteten Otto und Haymo, zwei Brüder und ansehnliche Bürger Wiens, die Capelle zu Unsrer lieben Frau nächst dem heutigen Magistrats-Gebäude. Von 1340 an erscheint sie als Rathhaus-Capelle und 1360 wurde sie mit gedachtem Gebäude durch Zubau verbunden. Im fünfzehnten Jahrhundert wurde unter dem Volke, ja selbst in Urkunden, die Benennung Maria Ottenhaym's Capelle üblich. Dies vermochte den Papst Leo den Zehnten, unterm 10. Juni 1515 ein Breve zu erlassen, kraft welchem er, um diesem Unfug zu steuern, anordnete, daß diese Capelle künftig zu St. Salvator genannt werden solle.[54]

Dies gab Veranlassung zur Ausprägung der ersten Salvators-Medaillen durch den Wiener Stadtrath, was auch um so mehr geschehen durfte, als demselben, wie schon früher erwähnt wurde, Kaiser Friedrich der Vierte neuerlich mit Urkunde von Linz am 28. October 1484 das Recht zu münzen eingeräumt hatte.

Diese Schau- oder Gedächtnißmedaille wurde anfänglich nur bei Gelegenheit einer neuen Bürgermeisterwahl, welche regelmäßig alle drei Jahre vor sich gieng; seit 1578 aber bis zur Regulirung des Magistrates im Jahre 1783, als Neujahrs-Verehrung an die Rathsmitglieder, unter dem Titel Rathspfennig, vertheilt. Dies gründet sich auf einen Rathschluß vom 20. April 1578, durch welchen alle früheren Bezüge der Rathsmitglieder an Wein, Confect, Fischen ꝛc. für die Zukunft eingestellt, dagegen angeordnet wurde: „daß an deren Statt einem jeden Herrn Stadtanwald, Herren Bürgermeister und Richter ein goldener Salvator-Pfennig von acht hungarischen Goldgulden mit gemeiner Stadt Wappen, und einem jeden Herrn des Innern-Raths durch den Stadtrath gleicherweise ein solcher Pfennig, sechs Dukaten schwer, zum neuen Jahr verehret und zugestellt werden solle.“

Nach erstgedachter Regulirung hörte die regelmäßige jährliche Vertheilung dieser Medaille unter die Rathsmitglieder gänzlich auf, und man findet nun häufig, daß dieselbe theils an Mitglieder des Magistrats und anderer Behörden, welche sich um die Stadt Wien verdient gemacht haben, theils an alte, würdige Bürger vertheilt worden ist. Ein Verfahren, welches 1811 durch die N. Oest. Landesregierung, mit der Bemerkung, daß zur Erlangung der Bürger-Medaille, außer der genauen Erfüllung fünfzigjähriger Bürgerpflichten, noch andere Verdienste erforderlich seyen, neuerdings die Genehmigung erhielt.

Die Ausprägung der Medaille geschah von jeher, wie noch heute zu Tage, auf Kosten des Magistrats, in der landesfürstlichen Münzstätte. Von den vielen Aufzeichnungen hierüber in den gleichzeitigen Oberkammeramts-Rechnungen der Stadt Wien möge hier nur ein Beispiel stehen: „Anno 1600 den 30. December zalt ich, Johann Georg Prügel des Innern Rats und Ober-Stadt-Kammerer, dem Georgen Kholler, Röm. Khay. Mt. Münnz Schmidtmaister allhie, wegen das Er zu Gemainer Statt etliche gulden verehrpfenning, als drei: ieden per Acht: und dreizehn, ieden per Sechs Dukaten schwär, so zum neuen Jar denen herrn des Innern Rats gehörig, mit ermelter Gemainer statt Wien Wappen und salvator geschlagen und gemünzt; bringen ainhundert zwen Dukaten, von iedem drei Khreizer in gelt, benanntlich fünff gulden, vierundzwaintzig pfening.“

Prägestempel zu dieser Medaille verfertigte aber nach gedachten Rechnungen 1575 Nikolaus Engel, Siegelschneider; 1580 Hanns Jakob, Siegelschneider; 1581 Cornelius Glocking, Bürger und Goldschmied; 1605 Kaspar Hainler, Siegel- und Wappenschneider, auch Kais. Majestät Münz- Eisenschneider; 1649 Erhard Lina, bürgerlicher Petschier und Eisenschneider; 1700 H. Fuchs, Münzgraveur; Mathäus Donner, Anton Widemann.

Leider sind von allen diesen Meistern, mit Ausnahme der Letzteren drei, sämmtliche Original Stempel, zum großen Schaden der Kunst, in dem Strome der Zeit untergegangen; und selbst die ausgeprägten Medaillen von denselben sind große Seltenheiten. [55]

Der Avers der Salvator Medaillen zeigt das Brustbild des Heilandes mit der Umschrift: Salvator Mundi; ihr Revers aber ist dreifach verschieden. Die ältesten Medaillen haben darauf das Stadtwappen; jene von Fuchs und Widemann eine Ansicht Wiens von der Burgseite, ob welcher der kaiserliche Adler schwebt, mit der Umschrift: „Sub umbra alarum tuarum,“ und der Unterschrift zwischen dem Binden- und Kreuzschilde: „Munus R(ei) P(ublicae) Viennens(is).“ Der Revers endlich von jener Medaille, wozu Donner den Stempel schnitt, zeigt gleichfalls die Stadt Wien, von dem Auge der göttlichen Vorsicht bestrahlt, und vorne ist, zur Rechten der Stadt, der Flußgott Danubius mit Oesterreichs Standarte; zur Linken aber die Nimphe des Wienflusses, eine Fahne mit dem Kreuzschilde, den Erzherzoghut und den Szepter haltend, abgebildet, und zwischen beiden ganz unten liest man ebenfalls: Munus R. P. Viennens.

SALVATOR MUNDI

Viertes Kapitel.

Kunst, Literatur, Bürgerleben, Gesetze, Obrigkeiten.

Fast gleichzeitig mit Herzog Albrecht des Ersten Belehnung mit Oesterreich und Steyermark, jedoch ein Paar Jahrzehnte später als im übrigen Deutschland, fand auch in Wien der rein germanische Kunststyl, besonders in der Architektur, so entschiedenen Eingang, daß gleich mit seinem Aufkommen Werke von solcher Großartigkeit und Vollendung entstanden, welche die ganze Folgezeit hindurch von nichts Höherm übertroffen werden konnten. Weit über zweihundert Jahre von den für alles Schöne und Nützliche hochbeseelten Landesfürsten auf das sorgfältigste gehegt und gepflegt, blühte er hier, ungeachtet fortwährender Kriege und harter Drangsale des Bürgerzwistes, in unverwelklicher Frische fort,

Viertes Kapitel.

Kunst, Literatur, Bürgerleben, Gesetze, Obrigkeiten.

bis auch ihn, fast mit des letzten ritterlichen Kaisers Maximilian des Ersten Tod († 1519), das Loos traf „daß alles Irdische vergeht!“

Obenan im Bereiche bildender Kunst in dieser Periode steht der Kirchenbau, dessen geheimnißvolles Wesen Friedrich von Schlegel so treffend mit diesen wenigen Worten erfaßt: „Es gleichen diese Wunderwerke der Kunst am meisten den Werken und Erzeugnissen der Natur selbst; und so unergründlich reich die Struktur, das Gewebe und Gewächse eines belebten Wesens dem untersuchenden Auge ist, eben so unübersehlich ist auch der Gestalten-Reichthum eines solchen architektonischen Gebildes. Alles ist gestaltet, gebildet und verziert, und immer höhere und mächtigere Formen und Zierden steigen aus den ersten und kleineren. Und so besteht das Wesen der altdeutschen Baukunst in der naturähnlichen Fülle und Unendlichkeit der inneren Gestaltung und äußern blumenreichen Verzierungen. Daher die unermüdlichen und unzähligen steten Wiederholungen der gleichen Zierrathen; daher das Pflanzenähnliche derselben, wie an blühenden Gewächsen. Und daher auch das Innigergreifende, das rührend Geheimnißvolle, das freudig Liebliche und Belebende des Eindrucks bei dem Erstaunen über die Größe. Diese Baukunst hat eine Bedeutung und zwar die höchste; und wenn die Malerei sich meistens nur mit schwachen, unbestimmten, mißverständlichen, entfernten Andeutungen des Göttlichen begnügen muß, so kann die Baukunst dagegen, so gedacht und so angewandt, das Unendliche gleichsam unmittelbar darstellen und vergegenwärtigen durch die bloße Nachbildung der Naturfülle, auch ohne Anspielungen auf die Ideen und Geheimnisse des Christenthumes, welche allerdings auf die Entstehung und Ausbildung der Kirchenbaukunst nicht geringen Einfluß gehabt haben.“

Wien ist im Besitze von zehn Kirchen germanischen Styls, und zwei davon prangen noch fast unversehrt in alter Herrlichkeit.

Vor allem ist die über allem Ausdruck herrliche Metropolitankirche zu St. Stephan zu nennen, welche mit den Domen von Köln, Straßburg und Freiburg das wundervolle, vierfache Kleeblatt bildet, womit die germanische Baukunst mit dem glücklichsten Erfolge ihren erhabensten Aufschwung nahm. Des Herzogs Heinrich Jasomirgott's Bau von 1147, den wir bereits besprochen, erlitt 1258 und 1275 durch Feuersbrünste großen Schaden, so daß die Kirche schon unter König Ottokar, um ihren Einsturz zu verhüten, in den Grundmauern bedeutend verstärkt werden mußte. Bei dieser Gelegenheit entstand auch die Vorlage des Riesenthores mit seinen wunderlichen Thiergestalten in den kleinen Vertiefungen; und so blieb die Kirche bis zu Albrecht des Zweiten Regierung. Dieser Herzog begann dieselbe sehr zu vergrößern. Er ließ die Westseite, an welche 1326 durch Ritter Ulrich von Tyrna zur Linken die Kreuzcapelle, durch ihn selbst aber zur Rechten die heutige Eligius-Capelle angebaut wurden, beträchtlich erhöhen und die Unterkirche erweitern. Auch errichtete er um 1340 einen Chor, [56] der jedoch unter Rudolph dem Vierten, welcher seines Vaters Bau im unteren Kirchentheile mit gänzlicher Schließung der Gewölbe und mit Aufsetzung des hohen Daches beendigte und einen neuen Bau, nach verändertem Plane, in der Oberkirche um 1359 begann, wieder abgerissen werden mußte. Rudolph, dem die Kirche, wenigstens dem Plane nach, ihre jetzige Gestalt verdankt, setzte seinem Unternehmen die Krone auf durch die gleichzeitige Gründung der beiden hohen Thürme.[57] Meister Wenzla,[58] ein armer aber kunsterfahrener Mann aus Klosterneuburg, dem das Riesenwerk auszuführen anvertraut wurde, stellte die Thürme über die Vorsprünge des Kreuzes der Kirche, und brachte bis zu seinem 1404 erfolgten Tode den Thurm der Mittagsseite auf zwei Drittel in die Höhe. Ulrich Helbling stand ihm dabei werkthätig zur Seite; Heinrich Kumpf und Christoph Horn verfertigten die zahlreichen Zierarbeiten. Rudolph's Nachfolger, insbesondere Kaiser Albrecht der Zweite, setzten mit Eifer den Kirchenbau fort; und vorzüglich war dies mit dem großen Thurme der Fall, an dessen Vollendung nach Wenzla's Tode Meister Peter von Brachadicz thätigst bis 1429 arbeitete. Aber erst seinem Nachfolger (vielleicht Sohne?) Hanns von Brachadicz, der nach ihm als Kirchenbaumeister erscheint, war es vorbehalten, am vierten Tage nach Michaelis 1433 dessen Spitze zu krönen.[59] Dieser Meister förderte auch den von Rudolph angefangenen und allein noch unvollendeten oberen Kirchentheil bis 1439, der aber erst unter König Mathias von Ungarn, als er in Wiens Besitz war, ganz zu Stande kam; und Hanns Puchsbaum, welcher 1446 zum Baumeister von St. Stephan aufgenommen wurde, begann dann den Bau des unvollendet gebliebenen Thurmes, wozu am 13. August 1450 Simon Probst zu Klosterneuburg feierlichst den Grundstein legte. Puchsbaum lebte noch 1454. Nach ihm übernahmen Lorenz Spening, Gilg Paum, Simon Achtleitner, Lienhart Steinhauer von Erfurt, und mit dem Beginne des sechzehnten Jahrhunderts Seifried König von Constanz, Georg Khlaig von Erfurt und Anton Pilgram von Brünn den Bau. Im Jahre 1516, da Gregor Hauser Baumeister bei St. Stephan war, der mit dem k. k. Hauptmann Leonhard Hauser den 1514 durch Ungewitter und Erdbeben stark beschädigten Giebel des ausgebauten Thurmes 1519 wieder herstellte, und zu diesem Zwecke sechs höchst interessante Grundrisse und Aufrisse der beiden Thürme auf Pergament verfertigte, die noch das Wiener Stadtarchiv aufbewahrt, — war man endlich gezwungen, den weiteren Bau des zweiten Thurmes aufzugeben. Später, erst 1579, wurde er mit einem kleinen Aufsatze von Hanns Saphoy überbaut und erhielt ein Kupferdach.[60]

Die Kirche, durchaus von Quadersteinen erbaut, zeigt die Form eines lateinischen Kreuzes. Ihre Länge, von der äußeren Mauer der Vorlage des Riesenthores bis zu jener welche den hohen Chor umfaßt, beträgt 55 Klafter 3 Schuh; die größte Breite im Kreuze von einem bis zu dem anderen Eingange unter den Thürmen aber 37 Klafter. Die äußere Mauer ist 13 Klafter 1 Schuh hoch.[61] Zwischen mächtigen Strebepfeilern prangen einunddreißig hohe bis an das Gewölbe reichende Glasfenster, welche die verschiedenartigsten Rosenverzierungen zeigen und über sie steigen zu beiden hohen Dächern empor. Jenes der Unterkirche, von Rudolph dem Vierten herrührend, hat eine Höhe von 17 Klafter 3½ Schuh; das andere von Kaiser Friedrich dem Dritten erbaute: 11 Klafter 1 Schuh. Beide sind von Außen mit Gängen und mit piramidenförmigen Giebeln von höchst zierlicher Steinmetzarbeit umgeben. Die

SEARS.SC.

Stirnseite der Kirche liegt gegen Westen. Sie hat eine Breite von 23 Klaftern 3 Schuh und zeigt ein sehr gemengtes Werk altdeutscher Baukunst. Die beiden Heidenthürme und der von demselben eingeschlossene Theil des Gebäudes mit dem Riesenthore sind, wie bereits früher erwähnt wurde, noch ehrwürdige Ueberreste aus der Zeit Heinrich's Jasomirgott; das Spitzfenster jedoch ober dem gedachten Thore, so wie die Standbilder der Heiligen und die Gallerie an der oben wagrecht geschlossenen, 16 Klafter 2 Schuh hohen Wand gehören offenbar dem 14. Jahrhundert an. Die Kreuz-Capelle zur Linken und die Elizius-Capelle zur Rechten bilden die äußersten Flügel der vordern Ansicht. Jede hat ein großes, aus dem Viereck konstruirtes Rosenfenster von vorzüglicher Schönheit. An ihren mit zierlichen Thürmchen geschmückten Eckpfeilern gewahrt man die Steinbilder des Herzogs Rudolph des Vierten und seiner Gemalin Katharina auf Löwen stehend, mit ihren Wappenträgern; und über sie erheben sich zwei andere Capellen von gleich gut gelungener Architektur, die zu Ehren des heiligen Bartholomeus und Johann des Täufers geweiht sind. Die im reichsten Schmucke des Mittelalters prangende Unterkirche hat zwei, in Form kleiner Capellen, von Anton Pilgram um 1510 erbaute Eingangshallen, die durch ihren edlen architektonischen Schmuck nicht wenig zur Erhöhung der Reize der Längenseite beitragen. Weit überwiegend ist aber die Pracht der innern Pforten, die unmittelbar in die Kirche führen, und über denen in einem großen von Heiligen umstandenen Spitzbogen-Rahmen herrlich gearbeitete Steinbilder angebracht sind. Jene des Einganges, zu nächst des Bischofhofes, stellen den Tod und die Krönung Mariens, und die beim Singerthore die Bekehrung und Enthauptung des Apostels Paulus vor. Zu beiden Seiten dieser Eingänge stehen ebenfalls die Statuen Rudolph's und seiner Gemahlin Katharina.[62]

An der Mittagsseite ragt der hohe ausgebaute Thurm mächtig empor. Er ist von Quadersteinen erbaut, und sorgfältig ist dessen Masse durch die manigfaltigsten Steinzierarten verhüllt. Seine Höhe betrug (bevor der Thurm seiner Schadhaftigkeit wegen zur Wiederauferbauung, bis so weit die Helmstange reichte, in den Jahren 1839 und 1840 mußte abgetragen werden, von welchem Baue später das Nöthige folgt) nach der am 5. Juli 1839 vorgenommenen Messung mit Innbegriff des Kreuzes und Adlers 71 Klafter 5 Schuh 11¾ Zoll Wiener-Maß.[63] Er neigte sich sehr merklich nordwärts, und die Abweichung der Spitze von der vertikalen Lage betrug genau 3 Schuh 1¼ Zoll.[64] Von gerader Seite betrachtet scheint der Thurm ein kegelförmiges Ansehen zu haben, was sich aber sogleich verliert, wenn man sich an eine seiner Ecken stellt, indem hierdurch die unzählbaren Spitzsäulen und Thürmchen, die aus einander hervor zu wachsen scheinen, von der Hauptmasse sich absondern und dem erhabenen Kunstwerke eine größere Freiheit geben. Unbeschreiblich herrlich ist das Verhältniß der einzelnen Theile des Thurmes zum Ganzen, das in zahlreichen, fast unmerklichen Absätzen sich immer mehr zur schönen durchbrochenen Piramide verjüngt. Zu unterst führt das Primglöckleinthor (also genannt, weil man hier zur Prime zu läuten pflegte) unmittelbar durch den Kern des Thurmes in das Innere der Kirche. Die dadurch gebildete Halle ist minder reich geschmückt als bei den untern Eingängen; zudem fehlen auch größtentheils die Statuen, welche für die zierlich bedachten Nischen bestimmt waren. Ueber den dreifachen Eingangsbogen erheben sich zwei neben einanderstehende Fenster, unter denen die Wappen der Provinzen Oesterreichs angebracht sind; dann schwingt sich ein großer dreieckiger Giebel empor, der zum Theil das erste bei 50 Schuh hohe Glockenfenster bedeckt. Dann folgen zwei Giebel mit dem zweiten, bis zur Uhr reichenden Fenster; und nun theilt sich der Stamm des Thurmes von der Spitze ab, die hier mit einem freien Gange umgeben ist, welchen zwölf freistehende Thürme schützen. An jenen gegen Nord-Osten zeigt man noch die steinerne Bank, von welcher Rüdiger Graf von Stahremberg während der zweiten Belagerung Wiens durch die Türken das feindliche Lager zu besichtigen pflegte. Der obere Theil des Thurmes ist eine achtseitige Spitzsäule, welche sich dreimal verjüngt, und mit dem Adler und Kreuze endet. Ursprünglich stand über der, 13 Fuß 10 Zoll im Durchmesser haltenden steinernen Rose, 6½ Schuh empor ragend der stark mit vergoldetem Kupferbleche überzogene steinerne Thurmknopf, von 3½ Fuß in der Diagonale, mit einem einfachen Kreuze.[65] Neben des Thurmmeisters Wohnung ist der Aufgang in das Innere desselben. Bis zur Höhe des Kirchendaches führt eine Wendeltreppe in einem Eckpfeiler des Thurmes über 553 steinerne Stufen; sonach tritt man in seinen Kern selbst. Die Mauerdicke beträgt hier bei zwei Klafter und der ganze Durchmesser acht Klafter, woraus sich ein Verhältniß des letzteren zu ersteren, wie vier zu eins ergibt. Höher hinauf leiten theils hölzerne, theils gußeiserne Stiegen.

Der gegenüberstehende, unausgebaut gebliebene Thurm zeigt im Wesentlichen mit dem Vorigen eine ähnliche Einrichtung und mißt bis zur obersten Plattform 23 Klafter 5 Schuh. Auch dessen Eingangshalle entspricht ganz der gegenüberstehenden an der Südseite. Zwei steinerne Stiegen, unter dem alten Orgelfuße und im Frauenchore, von 244 Stufen führen in sein Inneres.

Gleich hinter diesen Thürmen beginnt der hohe Chor. Er besteht aus einem Haupt- und zwei Nebenchören, deren jeder eine besondere Vorlage hat. Der erstere, mittlere, weit über die andern vorragend, ist fünfseitig und hat fünf hohe Fenster; jeder der Seitenchöre aber nur zwei.

Wunderbar ergreifend ist der Anblick des Inneren der Kirche. Zwölf hoch emporstehende Pfeiler tragen das Gewölbe der 19 Klafter 2 Schuh breiten Unterkirche und sondern das freie Schiff von den Abseiten. Die Breite desselben beträgt nur etwas weniges mehr als die einer Abseite. Im hohen Chore, dessen Gewölbe ebenfalls in zwei Reihen sechs freistehende Pfeiler stützen, zieht sich der Haupt- und jeder Nebenchor in gleicher Breite hin. Die Höhe des Schiffes mißt 14 Klafter 2 Schuh, jene der Abseiten 11 Klafter 3 Schuh. Die Pfeiler sind besonders sehenswerth, da sie nicht allein mit vielen Vorsprüngen und Säulen, wie in andern Kirchen germanischen Styles, sondern auch mit Steinbildern verziert sind, an denen man noch Spuren alter Bemalung antrifft. In den Zwischenweiten von Pfeiler zu Pfeiler bilden mehrere ihrer Glieder immer einen schönen Spitzbogen. Fast schmucklos zeigt sich dagegen der

hohe Chor. Merkwürdiger sind dagegen die Capellen. Jene zunächst der großen Thürme haben eine Art Kreuzgewölbes, dessen sämmtliche Gurten sich in der Mitte in einen weit herabhängenden, nach unten spitz geschlossenen Knopf endigen, der ganz frei steht, so zwar, daß sich das Gewölbe in sich selbst trägt. Von jenen zu beiden Seiten des Riesenthores ist die von Tyrna 1326 erbaute im Innern ganz modernisirt; [66] die alte Albertinische, jetzt Eligius-Capelle genannt, hat jedoch ihre innerliche alterthümliche Form in voller Reinheit noch erhalten, und ihre mit ausgesuchtem Laubwerk geschmückte Fensterbogen, ihr großes Rosenfenster und ihre vielen Statuen machen sie zur schönsten Capelle des Domes. Ueber den Rundbogen des Riesenthores sind die Aufgänge zu dem Musikchore, in die Heidenthürme und in die beiden obern Capellen; und hier erblickt man noch einige zum Theile vermauerte Säulen mit reich verzierten Capitälern der Unterkirche aus der Zeit Heinrich's Jasomirgott. Von den Werken der Bildnerei dieser Kirche wird weiter unten gesprochen.

Gleich nach dem Dome ist als ein noch vollkommen erhaltenes Denkmal alter germanischer Kunst die Kirche Maria Stiegen (oder am Gestade) vorzuführen. Die Sage läßt in der Gegend des jetzigen Gotteshauses schon im Jahre 882 eine kleine Capelle zu Ehren der heiligen Jungfrau durch fromme Donauschiffer entstehen, welche später durch die Hunnen verwüstet, 1149 aber wieder, zum Gedächtniß der glücklichen Zurückkunft des Herzogs Heinrich Jasomirgott aus dem gelobten Lande, soll erbaut worden seyn. Mit Gewißheit jedoch kann man angeben, daß über sie schon 1158 die hiesigen, von gedachtem Herzoge gestifteten Benediktiner aus Schottland das geistliche Patronatsrecht ausübten. Im Jahre 1303 erscheint sie als ein Eigenthum des Ritters Bernhard Greif, dessen Nachkommen sie bis 1357 besaßen. Wohl noch unter diesen Besitzern bekam die ganze Unterkirche, bis zu den Stufen, die das Schiff von dem Chore trennen, ihre gegenwärtige Gestalt. Hierauf kam die Kirche durch Kauf an das Bisthum Passau, und es wurde dann zwischen den Jahren 1391 und 1437 durch die Bischöfe Georg von Hohenlohe und Leonhard von Leining mit Unterstützung des Herzogs Albrecht des Dritten und seiner Nachfolger Albrecht des Vierten und Wilhelm der jetzige hohe Chor erbaut.

Am 2. Juni 1394 legte Meister Michael Weynburm (Weinwurm), herzoglicher Baumeister zu Lachsendorf (Lachsenburg), den ersten Grundstein zu diesem Neubaue. Jedoch schon 1415 finden wir an dessen Stelle den Meister Dietrich Etzenfelder, der den hohen Chor gänzlich ausbaute. Der Thurm aber wurde viel später durch Meister Benedikt Khölbl binnen drei Jahren 1437 vollendet. Alle diese Daten, die hier den Kunstfreunden zum ersten Male vorgeführt werden, sind dem Grundbuche der Stadt Wien, und zwar dem Buche der Käufe D. fol. 57, 201 und 207 entnommen. Zudem enthält auch ein Wiener-Codex von 1418, nach Herrn Johann Schlager's Mittheilung, folgende Notiz: „Die 2da Jun. Mgr. lapicida Michahel posuit prim. lapidem ecle. beate virginis Marie in littore 1398." — Von dem Meister Benedikt Khölbl aber ist noch eine Supplick vom 29. Februar 1437 vorhanden, in welcher er ausdrücklich erwähnt: „So hab ich drei Jar an unser Fraun Kiriche auf der

Stetten allhier gearbeit und als ain maistr Stainmeß alle sorg, schwere lasst, mühe und arbait auf mich genommen, den getragen, und solich thurmsgebew mit auffraissung der maß jn stainwerich, zuerichtung und aufziehung des zewgs und gehauten stain, versetzung und verpindung derselben mit meinen gesellen nach höchsten meinem vleiß mit aller notturfft das eisenwerich und andren versehen und jch also mit der hilf und aus genad Gottes solich gegen volendet des beeb Herrn Stat Camrer und Herrn Kirichmaister sampt dem verständigen werichleuten allhie besichtigt und beschaut und also jch hoff unverdenklich gefunden.«

Im Jahre 1805, wo alle Passau'schen Güter in Oesterreich dem innländischen Religionsfonde zufielen, verlor gedachtes Bisthum auch das Besitzrecht dieser Kirche, und es wurden seitdem von den vorhandenen Stiftungen täglich einige Messen gelesen. Vier Jahre später wurde die Kirche bei Gelegenheit der feindlichen Invasion zu einem Fruchtmagazin verwendet; nach der Hand aber, auf Befehl des Kaisers Franz des Ersten, durch die k. k. niederösterr. Civil-Baudirection, mit weiser Schonung des Alterthümlichen, wieder hergestellt. Am 23. December 1820 wurde sie der Versammlung des heiligen Erlösers (den Redemtoristen) übergeben und am nächstfolgenden Tage feierlich eingeweiht.[67]

Hinsichtlich des Planes und der äußern Anlage ist die Kirche keineswegs musterhaft zu nennen. Auffallend ist schon das Mißverhältniß ihrer Länge von 36 Wiener-Klafter zu einer Breite im Chore von 6, und im Schiffe gar nur von 4 Klaftern, im Lichten gemessen; aber noch mehr störend ist die schiefe Richtung, die der Chor und die Unterkirche gegen einander haben. Freilich muß dies großen Theils dem, für die freie Entwickelung eines Baues höchst ungünstigen Platze, der auf einer Seite von einer Reihe Häusern beengt ist und gegen Norden zu einen gähen Abhang hat, zugeschrieben werden. Die Kirche ist demnach nicht durch ihren Bau, wohl aber ihrer decorativen Theile wegen merkwürdig.

Aeußerst zierlich und einfach zeigt sich die Fronte des Gebäudes, zu der eine Stiege vom tiefen Graben und Salzgries heraufführt. Ueber sechs Stufen gelangt man zu ihrer, an jeder Seite mit vier Säulchen geschmückten Pforte, dem Haupteingange der Kirche, ob deren runden Wölbung die Statuen der beiden Heiligen, Johannes des Evangelisten und des Täufers, in knieender Stellung; unter derselben aber in drei kleinen Rundbögen die Kirchenlehrer angebracht sind. Ein reichverzierter, steinerner Baldachin, welcher nach oben in eine Spitze zuläuft, auf dem ein Patriarchenkreuz thronet, bedeckt schirmend diesen Eingang, und über ihn erhebt sich bis an das Gewölbe reichend ein breites, mächtiges Fenster, dessen Spitzbogen eine herrliche, aus dem Dreieck construirte Rose einschließt. Auch der ebenfalls mit einem Steinkreuze versehene dreieckige Giebel ist schön und zweckmäßig verziert. Ihn umschließt ein zart durchbrochenes Steingeländer, und an seinen Seiten ragen zwei prächtige freistehende Thürmchen in die Lüfte.

Fast schmucklos sind die beiden Längenseiten, mit ihren achtzehn mächtigen Strebepfeilern zwischen den hohen Spitzbogen-Fenstern. Nur jene, gegen Süden gelegene, gewährt durch ihre beiden Eingänge, wovon der untere ebenfalls einen schönen Steinbaldachin aufzuweisen hat, einige Abwechslung. Hier, im Kreuze, wo sich in ziemlich schiefer Richtung der hohe Chor von der Unterkirche scheidet, erhebt sich der wahrhaft bewunderungswürdige, dreißig Klafter hohe, siebeneckige Thurm, zu dessen Giebel 224 Stufen führen, und welcher sich oberhalb der Uhr in eine durchbrochene, aus Blättern und Zweigen geschlungene Kuppel immer enger zusammenschließt, bis er in einen großen Blumenkelch endiget, aus dem sinnvoll ein eisernes, stark vergoldetes Doppelkreuz hervorragt. Der Thurm mißt im Durchschnitte bis zur Gallerie 7, bis zur Uhr 6 Klafter, und verengt sich von hier allmählich bis auf ein Klafter. Die Rückwand des hohen Chores ist dreiseitig gebildet.

Einen sehr freundlichen Eindruck macht das Innere der Kirche, welche nur aus einem Schiffe ohne Abseiten besteht. Sie wird durch 26 sehr hohe und schmale Glasfenster, mit den manigfaltigsten Rosetten verziert, erleuchtet, und zwischen denselben erheben sich 24 schlanke, mehrstämmige Wandsäulen, bestimmt die beiden Spitzgewölbe zu tragen. Das im Presbiterium, zwölf Klafter hoch, zeigt die einfache Kreuzesform und an seinen vier Schlußsteinen, sehr sinnig, die Zeichen der heiligen Evangelisten; jenes der Unterkirche ist um 2 Klafter niedriger, aber reich mit Kappen und Gurten ausgestattet. Beachtenswerth sind auch die vielen hier aufgestellten alten Steinbilder. Der hohe Chor hat an jedem seiner Wandpfeiler eine Apostelstatue unter einem durchbrochenen fünfeckigen mit Piramidchen gezierten Spitzdächlein, und auch das Schiff bewahrt zweiundzwanzig beinahe lebensgroße Statuen unter ähnlichen durchbrochenen Schirmen, von denen die meisten, je zwei und zwei, neben einem der zwölf Wandpfeiler stehen.

Nicht minder merkwürdig sind die steinernen Sitze zu beiden Seiten der Kirchenwand, die mit sinnreichen Verzierungen ausgeschmückt prangen, und der Musikchor mit seinem prächtigen Steingeländer, auf welchem man die Jahreszahl 1515 liest.

Schon früher geschah des Baues der Pfarrkirche St. Michael durch Leopold den Glorreichen im Jahre 1221 Erwähnung. Dieses Gotteshaus aber brannte schon 1276 gänzlich ab; und kaum von Herzog Albert, des großen Rudolph's von Habsburg Sohn, um 1288 aus dem Schutte gezogen und mit der jetzigen Johanneskapelle erweitert, traf es 1319 neuerdings das Loos der Verwüstung durch Feuer. Im Jahre 1340 begann man dasselbe wieder aufzubauen und verlängerte es gegen Osten mit dem neuen hohen Chor, der aber erst unter Albert dem Weisen 1416 gänzlich zu Stande kam. Nur letzterer, ein geräumiges hohes, lichtes Gebäude, und der mit schönen altdeutschen Zierrathen und Gallerien geschmückte Thurm an der südlichen Ecke der leider ganz modernisirten Vorderseite, welcher jedoch 1608 durch den k. k. Hofsteinmetz Balthasar Parchhauser restaurirt wurde, gehören dieser Kunstperiode an. Von dem älteren Bau dieser Kirche wurde schon früher gesprochen.

Die alte Minoriten- oder jetzige italienische Kirche. An der Stelle der von Friedrich dem Streitbaren erbauten, aber 1262 und 1276 durch Feuersbrünste zerstörten Kirche gründete König Ottokar von Böhmen einen neuen Tempel

des Herrn zu Ehren des heiligen Kreuzes; aber erst zweien Frauen, Blanka von Frankreich, Gemahlin Rudolph's, Königs von Böhmen, und Isabella von Arragonien, Friedrich des Schönen Gattin, war es vorbehalten, diesen Bau durch Meister Karl Schimpfenpfeil von Stockholm zwischen 1305 und 1330 vollenden zu lassen. Der ganze hohe Chor mit der berühmten Scala sancta ist bei der unglücklichen Umwandlung dieser Kirche im Jahre 1784 zu Grunde gegangen, und nur eine doppelte Reihe von zweimal vier schön gegliederten, hohen Pfeilern, die durch Spitzbogen verbunden sind, erinnern noch an ihre alte Herrlichkeit. Das Schiff und die Abseiten haben gleiche Höhe und Breite. Noch wohl erhalten zeigt sich die westlich gelegene, äußere Fronte. Sie hat zwar keine Thürme und bloß kahle, schmucklose Strebepfeiler; aber ihre drei Eingangsthüren sind in dem schönsten und reinsten Style entworfen. Besonders ist die Mittelpforte merkwürdig, deren ganze Breite sammt den Pfeilern 4 Klafter 2 Schuh 11 Zoll, ihre Höhe aber bis auf die Spitze des Giebels 5 Klafter 5 Schuh 10 Zoll beträgt. Ihre Bogen, Leisten, Stäbe und Hohlkehlen sind nicht minder schön geordnet, als reich und zierlich die Ausschmückung mit Bildwerken ist. Unter prächtigen Baldachinen stehen hier an den äußersten Pfeilern die Jungfrau Maria und der Erzengel Gabriel, und ebenso auch sechs Heilige auf den die Halle bildenden Säulen. Den höchst zierlichen Mittelpfeiler nimmt

des Herrn zu Ehren des heiligen Kreuzes; aber erst zweien Frauen, Blanka von

die Mutter Gottes mit dem Kinde ein, und ganz oben im Bogen gewahrt man den Gekreuzigten; in den beiden Nebenbogen aber die denselben umgebenden Personen in vortrefflicher Steinarbeit. Der mitten zwischen dem ehemaligen südlichen Hauptchore und der nördlichen Vorlage aufgeführte achteckige Thurm, obwohl dem alten Baue angehörig, ist nicht von Bedeutung. [68]

Eine Hofcapelle hatte schon Albert der Erste gleichzeitig mit der Wiederherstellung der vom Herzoge Leopold dem Glorreichen erbauten, aber 1275 durch eine große Feuersbrunst zerstörten Burg, deren Bau Meister Martin Buschperger von Osnabrück leitete, im Jahre 1298 errichtet. Auch Rudolph der Vierte ließ 1357 das Zimmer, wo er geboren war, in eine Capelle verwandeln; die jetzt noch vorhandene ist aber offenbar jene, welche Kaiser Friedrich der Vierte 1449 auf dem Grunde der vorigen hatte herstellen lassen. Die kleine, hinten dreiseitig geschlossene Capelle hat zwar nichts Ausgezeichnetes, ist aber durch die Fürsorge der Kaiserin Maria Theresia, welche sie 1748 im alten Style glücklich herstellen ließ, im Inneren noch wohl erhalten. Von Außen

die Mutter Gottes mit dem Kinde ein, und ganz oben im Bogen gewahrt

sieht man nur mehr die Vorlage des Altares mit zwei Strebepfeilern und einigen Statuen unter Spitzdächelchen; alles Uebrige ist rings umbaut.

Die Augustinerkirche (hier noch in ihrer alten Gestalt nach einem äußerst seltenen Holzschnitt aus der Zeit der ersten Belagerung Wiens durch die Türken mit der Burg und dem alten Holzthore abgebildet) deren Baumeister Dietrich Landtner (von Piern?) zwischen 1330 und 1339 geführt hat, gründete Friedrich der Schöne in Erfüllung eines Gelübdes, welches er im Kerker auf der Trausnitz

gethan, mit seinen Brüdern. Ihr Aeußeres ist nun gänzlich umgestaltet, nur an der Nordseite ist noch der alterthümliche Bau zu sehen, und auch ihr Thurm gehört der neueren Bauart an. Im Inneren hat sie noch ihre Abtheilung in Schiff und Chor beibehalten. Zwei Reihen von hohen schlanken Pfeilern, in edlen Verhältnissen aufgeführt, trennen das Erstere von den gleich hohen Abseiten. Dies ist aber auch Alles, was von dem alten Baue noch vorhanden ist. Weit merkwürdiger ist die rechts neben dem Chore angebaute Todtencapelle, welche Herzog Otto der Fröhliche und die Georgenritter 1337 errichten ließen. Drei in der Mitte der Capelle angebrachte Pfeiler sondern dieselbe in zwei Schiffe ab, deren Schlußsteine mit den Zeichen der Evangelisten geziert sind; und gegen Aufgang besitzt jedes Schiff eine besondere dreiseitige Vorlage. Beachtenswerth sind auch die unter den Spitzbogenfenstern in fortlaufender Reihe

sich dahinziehenden, prachtvoll verzierten altdeutschen Bogen von höchst gediegener Steinmetzarbeit.

Die St. Elisabeth-Capelle im deutschen Hause, als deren Baumeister Georg Schiffering, ein Steinmetze aus Nördlingen, genannt wird, entstand 1326. Das Innere der kleinen Capelle ist im altdeutschen Style sehr reich ausgestattet. Von Außen zeigen sich nur drei hohe, spitze und oben durchbrochene Fenster, zwischen welchen sich einige Spitzsäulen und ein Giebel von alter Arbeit erheben. Alles ist jedoch mit neuen Zusätzen vermengt.

Die Pfarrkirche am Hof, die ehemalige Carmeliterkirche, welche Albert der Dritte im Jahre 1386 erbauen ließ, ist im Innern und von Außen auf contrastirende Weise durch die Jesuiten modernisirt worden. Nur an der nördlichen Außenseite sind noch einige Strebepfeiler und Spitzbogenfenster von dem ursprünglichen Baue des Meisters Lucas Schwendtner von Magdeburg vorhanden.

Auch von dem, auf Grundlage der alten um 700 erbauten und durch Georg von Auersberg 1436 erneuerten, St. Ruprechtskirchlein ist durch dessen Erneuerung in jüngster Zeit, die Grundformen etwa abgerechnet, nichts Bemerkenswerthes übrig geblieben.

Besser hat sich die in das Rathhaus eingebaute St. Salvator-Capelle Otto-Haims Stiftung, zum wenigsten in ihrem Innern, erhalten. Sie besteht eigentlich aus zwei kleinen, durch einen offenen Bogen verbundenen Capellen. Jene zur Linken, bedeutend niedriger und mit einem vielgurtigen Kreuzgewölbe versehen, wurde im Jahre 1301 von zwei reichen Wiener Bürgern Otto und Haimo zu Ehren Mariens erbaut; die zur Rechten aber, ein weit späterer Zusatz, hat neben höheren Wänden nur ein einfaches Gewölbe. Die Vorlage ist dreiseitig und mit hohen Spitzfenstern versehen. Der zierliche Eingang in die Capelle mit den in Stein gehauenen Brustbildern des Welterlösers und der heil. Maria entstand um 1515.

Als ein ziemlich wohlerhaltenes Bauwerk dieser Periode ist noch die schöne Denksäule am Wienerberge, „Spinnerin am Kreuze“ genannt, anzuführen. Sie ruht auf drei achteckigen steinernen Stufen, und ihre vier Hauptvorstellungen beziehen sich auf des Mittlers Leiden. Meister Hanns Puchsbaum erbaute sie 1451—1452 auf Kosten des Stadtraths an der Stelle eines älteren, durch Hunyad's Schaaren im Jahre 1446 zerstörten Kreuzes. Ursprünglich wurde dieses Denkmal (das offenbar mit dem Wiener Stadtrechte vom Jahre 1296 in Berührung steht, das da ausspricht: „Ez soll auch der purkfried gen an daz ziel, da der stat gerichte hin get, als ez von alter gewonhait herchomen ist“) bald „daz new stainein Kreucz ob Meurling am Wienerperg“ bald auch, insbesondere von 1488 an, „die Marterseul“ genannt. Die sonderbaren Benennungen: „Spine-, Spinner-, Spinnenkreuz und Spinnerin am Kreuz“ erhielt es erst seit 1720, und über deren Bedeutung herrscht gänzliche Dunkelheit. Im Jahre 1599, da diese Säule ganz schadhaft geworden, ließ sie der Stadtrath durch die Bildhauer Lorenz Murmann und Valerian Gerold herstellen und mit vier Steinbildern versehen. Im Jahr 1598, da die Christen Raab wieder erobert hatten, wurden auch hier wie in alle Kreuzsäulen Oesterreichs die Verse

eingehauen: „Sagt Gott dem Herrn Lob und Danckh das Raab wieder khommen in der Christen Handt!“ 70

Alle übrigen altgermanischen Bauten in Wien, als: das Clarenkloster von 1303; das Nonnenkloster St. Laurenz um 1330 von Herzog Otto dem Fröhlichen gestiftet; die St. Dorotheen-Kirche von 1357; die Kirche zu St. Hieronymus, gestiftet von dem Magistrate um 1383; die Paulskirche von 1394; die Annakirche von 1414; der Heilthumstul, von 1483, bei St. Stephan, der in der jährlichen Kirchweih-Octave zur öffentlichen Ausstellung der Reliquien diente, u. a. sind nun spurlos verschwunden.

Aus der großen Anzahl von Wiener-Baumeistern des 14. und 15. Jahrhunderts haben sich vorzüglich bemerkbar gemacht: Um 1298 Martin Buschperger aus Osnabrück, Erbauer der Burg; um 1305—1330 Karl Schimpfenpfeil aus Stockholm, Erbauer des Minoritenklosters; um 1303 Friedrich Himberger aus Straubing, Baumeister über das St. Clarakloster; 1313 Niklas Scheibenböckh, der die Rathhauscapelle erbaute; um 1326 Georg Schiffering aus Nördlingen, Erbauer der Elisabethkirche im deutschen Hause; um 1330 bis

eingehauen: „Sagt Gott dem Herrn Lob und Danckh das Raab wieder khom-

1339 Dietrich Ladtner, Baumeister über das Augustinerkloster; um 1340 Conrad Schrank aus Ingolstadt, der das schöne Kloster Neuberg in der Steyermark erbaute; um 1359—1404 Wenzla aus Klosterneuburg, Baumeister bei St. Stephan; 1385—1417 Ulrich Helbling, Heinrich Kumpf und Christoph Horn, Steinmetzmeister bei St. Stephan; um 1386 Lukas Schwerdtner aus Magdeburg, Erbauer der Carmeliterkirche am Hof; um 1390—1397 Michael Weynwurm (Weinwurm), des Herzogs Albrecht Baumeister, durch den die Kirche Mariastiegen, die schöne Lachsenburg im Lachsendorf, und wohl auch die köstliche Neustädtersäule, zwischen 1382 und 1384, zu Stande kam; um 1398 Bruder Hanns, Baumeister bei den Mindern-Brüdern; dann um 1404 bis 1429 Peter von Brachadicz, Baumeister bei St. Stephan; 1412—1417 Dietrich Etzenfelder, Baumeister bei Mariastiegen; 1432—1439 Hanns von Brachadicz, Vollender des St. Stephansthurmes; 1446—1454 Hanns Puchsbaum, Begründer des unausgebaut gebliebenen Thurmes bei St. Stephan, Erbauer der Denksäule am Wienerberg ꝛc.; um 1430—1437 Niclas Keßl, Erbauer der alten Schranne am Fischmarkt; Benedikt Khölbl, Erbauer des Thurmes zu Mariastiegen; um 1444—1465 Hanns Hindberg, Werkmeister der Stadt Wien: baute an der Burg und am Stadtkasten; um 1451—1459 Peter von Wien, Erbauer des Rathhauses 1457, eines Thurmes außerhalb dem heiligen Geistspitale auf der Wieden und eines Brunnen am Hof, bei der Kirche zu St. Pankraz; um 1455—59 Lorenz Spening, Baumeister bei St. Stephan; um 1458 Hanns Kewschen, Stadtwerkmeister; um 1461 Gilg Pawm (Paum), Kirchenbaumeister bei St. Stephan; um 1461—1465 Jörg vom Hof und Thomas Pirching, welche an dem Vollwerke und den Brustwehren vor dem Stubenthor arbeiteten; um 1463—1468 Hanns Retsch, der an dem Thurme bei St. Nikolas baute; um 1478—1481 Simon Achleitner, Kirchenbaumeister bei St. Stephan; um 1481—1492 Peter Retzing, Steinmetz und geschworner Werkmeister der Stadt Wien; um 1485—1490 Lienhard Steinhauer von Erfurt, Baumeister bei St. Stephan; um 1505 Seifried König von Constanz; um 1506 Jörg Khaig von Erfurt; um 1511 Anton Pilgram von Brünn; um 1516—1520 Gregor Hauser, sämmtlich Baumeister bei St. Stephan. Vom Letzteren bewahrt noch das Wiener Stadt-Archiv sechs meisterhaft auf Pergament gezeichnete Pläne der beiden großen St. Stephansthürme, als: Einen Grundriß des unausgebaut gebliebenen Thurmes mit des Künstlers Monogramm, 2 Schuh 7 Zoll breit, 2 Schuh 4 Zoll lang; einen zweiten, diesem fast gleich, mit dem Zeichen G+H unter den Eingängen, nur daß das Gewölbe und die drei Stiegen zur Rechten nicht hineingezeichnet sind, von der nämlichen Größe; einen Aufriß des unausgebauten Thurmes mit erstgedachtem Zeichen unter den Eingängen, dessen Höhe, die sich bis zum Kranz erstreckt, ein Klafter 4 Schuh 5⅓ Zoll, seine untere Breite 2 Schuh 8 Zoll, die geometrische Kranzesbreite aber 1 Schuh 8 Zoll beträgt; einen Aufriß, Bruchstück desselben Thurmes, von 5 Schuh 9 Zoll Höhe; einen Grundriß des ausgebauten Thurmes, 1 Schuh 11 Zoll lang und 1 Schuh 8 Zoll breit; endlich einen Aufriß des ausgebauten Thurmes bis über den ersten großen Giebel von 1 Fuß 11½ Zoll unterer Breite, ohne

Zeichen. Eines höhern Alters hat sich der im hiesigen Baumeister-Archive befindliche Aufriß des großen Thurmes zu erfreuen, obgleich nicht, wie Einige wollen, zugegeben werden kann, daß er bei Erbauung desselben als Schmutzriß gedient habe. Er ist ebenfalls auf Pergament gezeichnet und 15 Schuh 1 Zoll Wiener Maß lang. [71]

An Bildnereien germanischen Styles hat Wien nur wenige, aber dafür höchst ausgezeichnete Werke vorzuführen. Sein ältestes Denkmal: das Grabmal der Gemahlin des Böhmenkönigs Rudolph, Blanka von Frankreich, welche die Minoritenkirche stiftete und bei ihrem 1305 erfolgten Tode selbst dessen Errichtung unter der heiligen Stiege, verordnete, ist leider seit der Erneuerung oder vielmehr Zerstörung dieses Gotteshauses im Jahre 1784 spurlos verschwunden. Oben auf dem großen Marmor-Sarcofage lag Blanka in Nonnentracht und ihr zur Seite das Knäblein, welches zugleich mit der Mutter in's bessere Leben hinübergieng. Die Ecken des Sarges umstanden Engeln, und unten am Fußgestelle desselben sah man in halb erhabener Arbeit eine Reihe von Mönchen des Ordens der minderen Brüder in betender und klagender Stellung über den frühen Verlust ihrer Stifterin. Herrgott hat uns von diesem herrlichen Denkmale eine dürftige, ungenaue Abbildung hinterlassen.

Die nachbenannten Sculpturen sind jedoch noch alle vorhanden, als:

Das Grabmal von Otto des Fröhlichen lustigem Rathe Nithart Otto Fuchs an der Außenseite bei St. Stephan, bei dem Singerthore. Dieses Kunst-

Fuchs an der Außenseite bei St. Stephan, bei dem Singerthore. Dieses Kunst-

denkmal, welches erst geraume Zeit nach dieses Minnesängers Tod, etwa um 1334, aus Sandstein von einem unbekannten Meister errichtet wurde, aber schon stark verstümmelt ist, zeigt auf dem Deckel der Tombe, welche 6 Fuß 10 Zoll lang, 3 Fuß breit und 2 Fuß 2 Zoll hoch ist, das Bild Nithard's in Lebensgröße, in adeliger Kleidung und mit dem Schwerte umgürtet, und neben ihm lag früher ein Fuchs, der sein Geschlechtswappen andeutete, und zu seinen Füßen ein Löwe. Von der berüchtigten Schlägerei, die ihm den Namen des Bauernfeindes erworben, und die an den Seitenwänden der Tombe in halb erhabener Arbeit abgebildet war, haben sich nur wenige Figuren erhalten. Das Ganze verräth einen tüchtigen Meister. Sehr edel ist die Form der Hauptfigur und an derselben der Faltenwurf sehr verständig angeordnet.

Die prächtigen Basreliefs ober den Eingängen der Unterkirche zu St. Stephan von Ulrich Helbling, Heinrich Kumpf und Christoph Horn, über die bereits das Nöthige vorgetragen wurde.

Das Cenotaphium des Herzogs Rudolph des Vierten und seiner Gemahlin Katharina in demselben Dome an der Epistelseite des Frauenalters, wahrscheinlich um 1395 in Sandstein von einer unbekannten, kunstgeübten

wahrscheinlich um 1395 in Sandstein von einer unbekannten, kunstgeübten

Tschischka, Wien. 31

Hand angefertigt. Es hat eine Länge von 9 Fuß 9 Zoll und eine Breite von 4 Fuß 4 Zoll. Die Figuren der Seitenwände sind nicht mehr vorhanden. Es ist demnach nur noch der Sargdeckel zu beachten, auf welchem die liegenden lebensgroßen Abbilder des Herzogs und seiner Gemahlin zu sehen sind. Sie haben Zinkenkronen auf dem Haupte und zu ihren Füßen Löwen als Embleme der Kraft und des Adels. Rudolph hat über den Harnisch einen weiten faltigen Mantel; über Katharinens knapp an dem Leibe liegenden, reichen Kleide ist ein Hermelin-Umwurf ausgebreitet. Der herzogliche Helm mit den Pfauenfedern und das Modell der Stephanskirche, was die Mitte zwischen beiden Gatten einnahm, ist, da der Sargdeckel hier der Länge nach zersägt, und um ihn dem jetzigen Aufstellungsorte anzupassen, schmäler gemacht wurde, für immer verloren gegangen. Auch von der Umschrift ist nur mehr ein Bruchstück zu sehen. Sie lautete: Alberti Ducis Australis jacet inclyta Proles Conjugis Jpsius de Ferretisque Joanne Hoc tumulata loco populo recolenda devoto. [72]

Die Kanzel bei St. Stephan. An ihr, deren künstliche Ausarbeitung nicht genug bewundert werden kann, ist Alles, mit Ausnahme der aus Holz geschnitzten Bedachung, welche die Gestalt eines achteckigen, mit einer hohen Spitze gekrönten Thürmchens zeigt, in dessen einzelnen Abtheilungen die sieben heiligen Sakramente bildlich dargestellt sind, von höchst zierlicher Arbeit in Sandstein. Die Brüstung der Kanzel enthält vier, mit schön durchbrochenem Zierwerke bedeckte Vertiefungen, aus denen die höchst ausdrucksvollen Brustbilder der vier Kirchenlehrer in Lebensgröße hervorschauen. Auch der Kanzelfuß bietet überall Durchsichten dar, und ist mit freistehenden Pfeilern und Bogen versehen, zwischen welchen bei zwanzig sechs Zoll hohe Heiligen-Statuen stehen. Nicht minder besehenswerth ist das steinerne Treppengeländer, auf welchem, ganz mit zierlichen Rosen geschmückt, hinaufkriechende Eidechsen und Frösche abgebildet erscheinen. Dieses vortreffliche Werk deutscher Kunst, welches eine Höhe von 27 Fuß 6 Zoll hat, wurde 1430—1432 unter des Baumeisters Hanns von Brachadicz Leitung durch die geschickten Steinmetzen Andreas Grabner, Conrad von Himberg, Peter von Nürnberg, Georg Achmüler, Johann Pehem und Hanns von Partsheim (Pfortsheim), wie dies aus Stephan Wirsing's Baurechnung vom Jahre 1430 zu ersehen ist, verfertigt. Das unter der Kanzeltreppe angebrachte lebensvolle Brustbild des Thurmvollenders ist wahrscheinlich von Peter von Nürnberg, und zeigt ihn als einen Mann von ungefähr fünfzig Jahren; die köstlichen Büsten der Kirchenlehrer aber dürften der Hand Andreas Grabner's angehören, der in gedachter Rechnung immer mit den vorzüglichsten Arbeiten betheilt erscheint. [73] Vordem hatte der Dom nur eine hölzerne Kanzel, wie die noch im Archive der Stadt Wien aufbewahrte Original-Kirchenmeisterrechnung von 1417 beweiset, da Otto Weiß Verweser des Baues bei St. Stephan war, wo es ausdrücklich heißt: „Item den Tischler vor ain predigstuel new ze machen, und den altn abzeprechen.“

Offenbar rührt von demselben Meister, der die Kirchenväter an der Kanzel verfertigt hatte, auch die geistreiche Baumeister-Büste unter dem schon durch seine herrlichen Laub- und Bogenverzierungen beachtenswerthen Orgelchore bei

31*

dem St. Peter- und Paulsaltare des Domes her, wie dies der ganz gleiche Styl erkennen läßt. Diese unübertreffliche Büste ist hart am Fuße dieses Chores, da, wo sich seine Knospe entfaltet, in einer fensterähnlichen Oeffnung angebracht. (Siehe dieselbe zu Anfang dieses Kapitels.) Sie zeigt einen bereits alten Mann, der in der rechten Hand den Zirkel, in der linken ein Winkelmaß hält. Das edle, durch kräftige Züge ausgezeichnete Haupt, zu dessen beiden Seiten lange Haare herabwallen, ist mit einer Mütze bedeckt; der Hals aber frei, und die Brust mit einer Schnürweste verhüllt, über welche sich ein faltenreiches Oberkleid ausbreitet. Was nun die Zeit des Entstehens dieses berühmten Orgelfußes betrifft, so steht derselbe, wie jedem Bauverständigen von selbst einleuchtet, mit dem unausgebaut gebliebenen Thurme durch eine gemeinschaftliche Stiege dergestalt in Verbindung, daß er nur mit diesem gleichzeitig und zwar zwischen den Jahren 1450—1454 entstanden seyn kann. Daß die Büste Hansen Puchsbaum, den Gründer dieses Thurmes, vorstellt, darf demnach um so unbedenklicher angenommen werden, als auch dieselbe das gleiche Monogramm an sich trägt, welches mit jenem in den Baumeister-Tafeln, wo der Name Puchsbaum in Nußbaum entstellt erscheint, vollkommen übereinstimmt.

Der Taufstein bei St. Stephan in der Katharina-Capelle. Das zwölfeckige, aus rothaderigem Marmor gehauene Becken dieses ausgezeichneten Kunstwerkes mißt im Durchschnitte 5 Fuß, und die Außenseite desselben zieren, halb-

erhaben gearbeitet, die Apostel, welche mit kühnem und guten Erfolges sicherem Meisel geistreich ausgeführt sind. Rings am oberen Rande ist der Spruch: Ite in orbem universum et predicate Evangelium omni Creature; qui crediderit et baptizatus fuerit, salvus erit, qui vero non crediderit, condemnabitur. Marci ult. cap. und die Jahrzahl 1481, da das Werk vollendet wurde, eingegraben. An dem Fußgestelle von Sandstein, minder gut gearbeitet, befinden sich die Statuen der Evangelisten in sitzender Stellung. Meister Haimreich von Wien hat diesen Taufstein verfertigt. [74]

Das Steinbild im Klein-Mariazellerhofe. Dieses gut gearbeitete hocherhabene Steinbild hat Bezug auf die Schenkung dieses Hauses, 1482, durch einen Hohenberg und einen Tyrna an die Benediktiner von Klein-Mariazell. Es stellt die heilige Jungfrau dar mit dem Kinde unter einem Thronhimmel

sitzend. Dem Beschauer rechts zeigt sich eine Versammlung von Mönchen und Nonnen, an deren Spitze zunächst des Thrones der Abt, mit einer Rolle in den Händen, kniet. Zu seinen Füßen ist das Tyrna'sche Wappen. An der linken Seite vorne kniet der Geber aus der Familie Hohenberg (wie das Wappen zu seinen Füßen ausweiset), das Modell eines Hauses in den Händen

Es stellt die heilige Jungfrau dar mit dem Kinde unter einem Thronhimmel

haltend; und hinter ihm bemerkt man die übrigen Wohlthäter des Klosters, in deren Händen man Brod, Wild, Geld u. dergl. gewahr wird. Die im Hintergrunde an den Bergen angebrachten Gebäude dürften wohl auf das Kloster und die Kirche St. Pankraz, so wie auf die Burg Schwarzenberg hindeuten. Dieses schöne Werk eines nicht bekannten Meisters, voll malerischer Wirkung und von vortrefflichem Steinschnitte, hat durch öfteres Bemalen mit Oelfarbe schon stark gelitten.

Das Steinbild des 1842 abgebrochenen Taschnerhauses am Lichtensteg, welches durch den Ankauf dieses Gebäudes Eigenthum des Magistrats geworden, und nun an der Ecke des Rathhauses, gegen die hohe Brücke hin, aufgestellt ist. (Siehe die Titelvignette.) Eine jugendliche Engelgestalt, die Flügel ober dem Lockenkopfe zusammenschlagend, das Haupt etwas zur Seite geneigt, hält zwei Schilde, auf denen sich die Wappen Oesterreichs und der Stadt Wien befinden. Eine ehrene Kette, an der ein Schloß hängt, bindet sinnbildlich (wie für die Ewigkeit der Wiener Treue) den Schild des Landesfürsten an jenen der Bürger. Der Steinschnitt an diesem Werke, welches 6 Fuß hoch und 4 Fuß breit ist, verräth einen kunstgeübten Meisel. Es entstand in den dreißiger Jahren des 15. Jahrhunderts durch den Ritter Conrad Hölzler.[75]

Der Sarcophag des Kaisers Friedrich des Vierten in der St. Stephanskirche. Dieses unstreitig größte Meisterwerk des Domes und vielleicht auch seiner Zeit entstand mit Beihilfe mehrerer Künstler durch den berühmten Straßburger Bildhauer Niklas Lerch, den der Kaiser um 1467 nach Wien berufen ließ.[76] Noch

bei Friedrich's Leben brachte dieser den Sargdeckel fertig; das Ganze aber wurde erst im Jahre 1513 vollendet. Das Grabmal, aus rothem weißadrigem Marmor gehauen, ruht auf einem zwei Schuh hohen Piedestale und ist rings von einem 19 Fuß 2 Zoll langen und 11 Fuß 2 Zoll breiten Marmorgeländer umgeben, das ganz durchbrochen ist und mit kleinen Säulen und Statuen gezierte Portale darstellt. Seine Länge beträgt 12 Fuß 3 Zoll, die Breite 6 Fuß 4 Zoll, die Höhe 5 Fuß. Das Ganze ist in acht Felder eingetheilt, so zwar, daß die Vorder- und Rückseite nur eines, jene der Längenseiten aber drei Felder einnehmen. Jedes derselben ist mittelst zweier kleiner Säulen von den nebenstehenden abgetheilt, und in dem Zwischenraume steht immer die über einen Schuh hohe Statue irgend eines Reichsfürsten. Nach Herrgott's Meinung stellen sie der Reihe nach vor: Brandenburg, Trier, Köln, Mainz, dann einen Unbekannten, Burgund, Austrasien, die Heiligen Leopold und Agnes, als Patrone und Fürsten Oesterreichs, endlich die Fürsten von Böhmen, Pfalz und Sachsen. In den Vertiefungen der acht Felder sind Vorstellungen in schöner halberhabener Arbeit abgebildet, die sich auf die vorzüglichsten frommen Stiftungen des Kaisers beziehen, wie die beigefügten Aufschriften bezeugen. Auf der Südseite steht: 1) Ordo. Divi. Pauli. Heremite. Nov. Civi. Die beiden heiligen Altväter, Paul der Einsiedler und Antonius der Große, um welche Paulinerordensgeistliche knieen. (Stiftung des Paulinerklosters zu Neustadt). — 2) Mo. Dve Virgi. Obebug. Lavac. Psv. Descrip. Die Himmelskönigin mit dem Jesusknaben auf dem Schooße, vor welcher zwei Bischöfe und einige Domherren beten. (Unterordnung der Benediktiner-Abtei Obernburg in Oberkrain, 1461, dem von ihm neu errichteten Bisthume). — 3) Divi. Petri. Nove. Civita. Fres. Predica. Der heilige Apostel Petrus mit den Schlüsseln und der päbstlichen Krone auf dem Haupte, sammt zwei infulirten Prälaten und knieenden Geistlichen. (Einräumung des St. Peters-Klosters für die Dominikaner in Neustadt, 1444.) — Auf der Nordseite: 4) Ordo S. Georgii. Nove. Civitatis. Die Ordensritter des heiligen Georgs knieen um diesen Blutzeugen, der sitzend vorgestellt ist, mit dem Drachen unter seinen Füßen und einem Schwerte in der linken Hand. (Stiftung des St. Georgsordens 1468.) — 5) Canonici. Com. Epo. Nove Civi. Die Mutter Gottes mit dem Jesuskinde wird von einigen Domherren und zwei Bischöfen verehrt. (Gründung des Bisthumes in Neustadt, 1468.) — 6) Canonici Regv. S. Vlrici Nove Civitatis. Einige Chorherrn des heiligen Augustin und zwei infulirte Pröbste knieen um den heiligen Udalrich. (Einführung der Augustiner-Chorherren, 1478 zu Neustadt.) — Auf der vorderen Seite unter dem Haupte des Kaisers: 7) Divi. Leonardi In. Grecio. Fratres. Ordi. Minorvm. Theils Nonnen, welche vor dem Muttergottes-Bilde knieen, theils vor dem heiligen Kreuze betende Conventualen. (Stiftung der Minoriten und der Dominikanerinnen in Graz.) — Endlich auf der untern Seite zu den Füßen des Kaisers: 8) Imp. Fri. Tvn. Hae. St. Mino. Ordi. S. Bernardi. Nove. Civitatis. Die allerheiligste Dreifaltigkeit und die Krönung der Himmelskönigin, um welche zwei infulirte Aebte und viele Cisterzienser-Geistliche sich versammelt haben. (Stiftung der Cisterzienser in

Neustadt. Höchst merkwürdig durch die Darstellung der drei göttlichen Personen in gleicher Gestalt.

Die Gesimsleisten sind mit den mannigfaltigsten Zierarbeiten, mit Vögeln und wilden Thieren, und auf den vier Ecken und Seitensäulen mit Figuren, theils in sitzender und aus Büchern lesender, theils in anbetend-knieender Stellung geschmückt. Ober diesem sind ringsum dreißig Wappenschilde der Erbländer Oesterreichs aufgestellt, und über sie breitet sich der Sargdeckel aus. Auf der Fläche desselben ist die hocherhabene Gestalt Friedrich's im kaiserlichen Ornate, mit den Wappen des Hauses Habsburg, Oesterreichs und des deutschen Reiches umgeben, abgebildet. Ihm zur Linken sieht man auf einem fliegenden Zettel, welcher den Zepter umschlingt, die Buchstaben A. E. I. O. V., deren sich Friedrich als Sinnbild bediente, und die er selbst also erklärte: En! Amor. Electis. Injustis. Ordinat. Vltor. Sic Friedericus ego rex mea jura rego.[77] Gegenüber auf einer anderen Rolle, die von einem Adler getragen wird, ist des Kaisers Monogramm, womit er seine Urkunden eigenhändig zu bezeichnen pflegte, und gerade über seinem Haupte zeigt sich unter einem Schirmdächlein das Bild des heiligen Christoph mit dem Jesuskinde auf der Schulter, nebst noch zwei Heiligen. Mehr gegen den Rand zu erscheinen wieder sieben Wappenschilder, als: das alte und neue kaiserliche Wappen, das lombardische, die zwei österreichischen Schilde, dann das Wappen von Steyermark und von Habsburg. An dem Rand des Deckels endlich läuft folgende Inschrift: Fridericvs. Tercivs. Romanor. Imperator. Sp. Avgvst. Avstrie. Stiric. Karinthie. Et. Carniole. Dvx. Dns. Marchie Sclavonice. Ac. Portvsnaonis. Comes. In. Habspvrg. Tirol. Pherret. Et. Kibvrg. Marchio. Bvrgovie. Et. Lantgravi. Alsacie. Obiit.

IMP FRI: FVN: HAE: ST: MINO: ORD: S. BERNARD NOVE: CIVITATIS

Anno. Dni. MCCCC.... wobei die Jahreszahl mit XCIII. auszufüllen vergessen worden ist, da der Kaiser 1493 starb. So einfach die Anlage dieses bewunderungswürdigen Kunstdenkmales ist, so reich ist die Ausführung in allen, selbst den kleinsten Theilen, und das Ganze prangt in einer Ueberfülle von mehr denn 240 Figuren, die alle mit dem sorgfältigsten Fleiße und besonderer Geschicklichkeit in den Stein gehauen sind. Alles ist wie aus einem Gusse, die einzelnen Figuren sowohl, als die Gruppen gleich vortrefflich gehalten, und der schöne Hauptgedanke des Künstlers: „daß das Gebet aller jener frommen Verbrüderungen, welche der Kaiser in's Dasein gerufen, für sein Seelenheil zum Himmel empor steige", ist überall sichtbar durchgeführt. Friedrich der Dritte oder eigentlich der Vierte und Maximilian der Erste sollen dafür vierzigtausend Ducaten ausbezahlt haben.

Die Steinmetzen und Baumeister machten das ganze Mittelalter hindurch bis über das Jahr 1550 hinaus in Wien unter dem Namen der großen Bauhütte bei St. Stephan eine vereinigte Gilde, wie das noch ungedruckte Wiener Maurer- und Steinmetzrecht von 1435 und die Innungs-Ordnungen von 1453, 1537 und 1550 genügend bezeugen. Ich verweise demnach zur Uebersicht auf die bereits genannten Künstler, die sich wohl Alle beiden Kunstzweigen gewidmet haben: war doch selbst der berühmteste Bildhauer seiner Zeit Niklas Lerch, der 1493 zu Wiener-Neustadt starb, vor dem Beginn von Friedrich's Grabmal Werkmeister des großen Baues zu Straßburg.

Als eigentliche „Pilthawer" kommen in den Wiener-Zeitbüchern nur vor: 1417 Peter Kitl, 1426 Jörg Friedrich Mainharz, 1489 Lorenz Gamenz, 1490 Michael Helmus; als „Biltsnitzer" (Bildner in Holz): 1484 Wilhelm Rollinger und 1498 Leopold Frischmut.

Sehr merkwürdige Ueberreste letztgedachten Kunstzweiges sind die geschnitzten Chorstühle bei St. Stephan.[78] Sie stehen der Länge nach in doppelter Reihe zu beiden Seiten des mittleren Theiles des Chores an den freistehenden Pfeilern, und jede Seite enthält zwanzig Vorder- und dreiundzwanzig Rücksitze. Bewunderungswürdig sind die an allen ihren Theilen angebrachten Schnitzarbeiten, und insbesondere verdient der architektonische Theil der Hinterwand, 11 Schuh 7 Zoll hoch, der ausgezeichnetsten Erwähnung. Jeder Sitz, von 2 Schuh $4\frac{1}{2}$ Zoll Breite, ist hier von dem andern durch eine reichverzierte Säule, auf der immer eine gut geschnitzte Heiligenstatue unter einem Spitzdächlein steht, getrennt. Die Lehnen selbst theilen sich, vom Sitze aufwärts, in drei Felder. Zunächst dem Haupte des Sitzenden sind, in Halbrundbogen, die manigfaltigsten Laubverzierungen angebracht, und ober diesen gewahrt man in viereckigen Tafeln sehr reinlich ausgearbeitete Schnitzbilder aus der Lebens- und Leidensgeschichte des Heilandes, über welche sich endlich mit dem manigfaltigsten und ausgesuchtesten Schmucke versehene fensterähnliche Oeffnungen erheben, die mit sehr zierlichen Spitzbogen enden. Eben so manigfaltig mit Schnitzwerk sind auch die vorderen kleineren Chorstühle ausgestattet. An den Seitentheilen derselben sieht man Basreliefs mit Vorstellungen aus der heiligen Schrift, und über Diesen wunderliche Thiergestalten. An der Brüstung, reich mit Laubwerk geschmückt, erblickt man in der Mitte das österreichische Hauswappen und jenes der Stadt Wien; an einem Rücksitze zur Linken ist aber das lombardische Wappen angebracht. Bemerkenswerth ist, wie bei dem ganzen Werke der treffliche Künstler, um alle Monotonie zu entfernen, auf die geschmackvollste und sinnreichste Weise jedem einzelnen Theile eine andere, sich nirgend wiederholende Gestalt zu geben wußte. Ueber den wackeren Verfertiger derselben, wahrscheinlich nach Niklas Lerch's Zeichnungen, gibt die städtische Oberkammeramts-Rechnung vom Jahre 1484 Auskunft: „Wilhelm Rollinger, Piltsniczer, so daz Gestuel und Sniczerei hincz Sant Stefan macht, daz Burgerrecht geben." — Von früheren geschnitzten Stühlen in diesem Dome macht die Kirchenmeister-Rechnung des Jahres 1426 Erwähnung: „Item so hat Maister Michl angehebt zu machen an den Stueln von Mathei Apli. uncz auf Galli, facit 12 Pfd 20 Pf. Item von Galli uncz auf dem Weinachtag, facit 17 Pfd. 32 Pf.

Unter der nicht unbedeutenden Zahl von Künstlern, die in Wien während dieser Zeit in Metall arbeiteten, sind als Erzgießer bekannt: Magister Conradus ub Urbe Monaco, der 1279 die große Fürstenglocke bei St. Stephan, auch Zwölferin genannt, gegossen; Meister Erhart von Wien, durch den zwischen 1424—1457 die Bierglocke und die Feuer- oder Rathsglocke in eben dieser Kirche entstand; Meister Felix Fabian, der Verfertiger der hundertundsechzig Zentner schweren Pummerin, um 1472; und Meister Custom von Stockach, berühmter Glockengießer, der für die Kirche St. Michael um 1479—1490 arbeitete. Keines ihrer Werke hat sich jedoch erhalten. Weit zahlreicher zeigen sich die Goldschmiede, deren Gedeihen bei den beständigen Unruhen, welchen die Stadt während der Regierung unter Albert dem Fünften, Ladislaus und Friedrich dem Dritten fast das ganze fünfzehnte Jahrhundert hindurch ausgesetzt war, einen hohen Begriff von dem damaligen Reichthume ihrer Bürger gibt. Es arbeiteten aber hier: Von ungefähr 1350—1419 Otto Vörsch von Pabenpergk (Bamberg), Hans Vorer, Hans Hawnolt von Fürth; von 1400—1425 Hans Schienagel, Eckhart Refar, Hans Rabitz, Hans During, Urban Dachsawer; von 1400—1427 Heinrich Flemming, Mert Dachauer, Konrad Hupphauf Hans Siebenbürg; von 1430—1441 Eckhart von Wien, Thoman Sybenburg Niclas Eisenkegl, welche alle drei auf Rechnung des Stadtrathes prächtige Köpfe (Pokale) zu Ehrungen für Herzog Albert den Fünften und dessen Gemahlin Elisabeth, so wie für Kaiser Friedrich den Dritten verfertigten; um 1445 Hainreich, der ebenfalls im Auftrage des Bürgermeisters für König Ladislaus ein reich verziertes Waschbecken arbeitete, wofür ihm für Gold, Silber und Arbeit 25 Pfd. 65 Pf. ausbezahlt wurden; um 1449 Albrecht Nopper; von 1449 bis 1465 Mert Apphl, der mehrere herrliche Köpfe im Werthe von 190 Pfund, und eine köstliche Scheuen, die den Bürgermeister und Stadtrath 111 Pfund Pfennige kostete, für Kaiser Friedrich dem Dritten gemacht hatte; um 1449—1455 Urban Dietzenperg, Peter During, Hans Leucht; um 1466—1479 Hans Schuchler, Heinrich Nogelhuet, Sigmund Rogtner, Bernhard Liecht, Leonhard Perger, Ludwig und Hans Pappenhaim; um 1479—1486 Jörg Jordan, von dem man in der Oberkammeramts-Rechnung von 1486 liest: „Unser aller-

32*

genedigsten Frawen der Kunigin von gemain Stadt auch vereret ain silbreins vergult Tringkgeschirr, und ist gleich ainer haidinschen Plumen, gemacht von Jörgen Jordan Goldsmit, und zalt 96 Pfd. 7 Schillinge Pfennlg"; um 1482 Siegfried Reiter, welcher in diesem Jahre eine prachtvolle silberne und reichvergoldete Monstranze für die St. Stephanskirche verfertigte, die noch jetzt vorhanden, aber 1602 renovirt worden ist; endlich von 1486—1499 Hans Okerl, Wenzel Mautlich, Hans Kegel, Wolfgang Oesterreicher und Bernhard Pöltinger, der ebenfalls im Jahre 1493 drei schöne silberne und vergoldete Scheuen auf Rechnung der Stadt Wien, im Preise von 295 Pfd. Denare, zur Verehrung an den römischen König Maximilian den Ersten von hochgepriesener Arbeit lieferte. [79]

Die Goldschmiede Wiens übten in dieser Periode zugleich auch die Siegelschneidekunst (größtentheils in Silber) aus, die insbesondere seit Rudolph dem Vierten, vorzüglich was die Technik betrifft, solch einen Aufschwung nahm, daß

Vierten, vorzüglich was die Technik betrifft, solch einen Aufschwung nahm, daß

sie noch jetzt als unübertroffen dasteht. Welch schönes Relief mit immer correcter werdender Zeichnung zeigen schon die großen vier Zoll im Durchschnitte haltenden Majestätssiegeln der deutschen Kaiser: Rudolph des Ersten, Albrecht des Ersten, und Friedrich des Schönen, im vollen Krönungsornate, mit dem Reichsapfel und dem Szepter in den Händen, auf einem reichverzierten Throne sitzend; und die sie an Größe noch überwiegenden Siegel der älteren Herzoge habsburgischen Stammes, welche einen ganz geharnischten Reiter in vollem Galopp darstellen, dessen zugeschlossener Helm eine Krone mit Pfauenfedern, den Schild aber die Querbinde, und die Lanzenfahne der steyer'sche Panther schmückt! Weit übertroffen aber werden sie durch jene, die von Rudolph dem Vierten, der sich zuerst den Erzherzogtitel beilegte, herrühren. Sein großes einfaches Reitersiegel, von fünf Zoll im Durchmesser ist von den vorigen darin unterschieden, daß ringsum in Halbrundbögen in von Engeln und bärtigen Greisen getragenen Wappen des Hauses Oesterreich angebracht sind, und daß der Reiter linkshinsprengend auf seinem Schilde sowohl als auf dem Fähnlein die Querbinde führet. Pferd und Reiter, so wie die Verzierungen an denselben sind sowohl der Zeichnung als Ausführung nach sehr gelungen zu nennen; und nur an Pracht der Ausschmückung wird dasselbe von seinem berühmten, fast gleichgroßen Doppel-Siegel-Siegel (S. Abbildung auf S. 252.) überboten. Auf der Einen Seite erblickt man Rudolphen im vollen Harnisch und mit den erzherzoglichen Insignien: dem Mantel, Hute und Szepter geschmückt, unter einem von Wappen seines Hauses umgebenen Throne auf Hirschen stehen. Um sein Haupt liest man: Ruodolfvs Nat. I. Die Omĩ. Sanctor.; und um den Rand herum: Ruod. Dei. Gra. Sac. Romani. Imperii. Archimagister. Venator. Alberti. Ducis. Et. Iohanne. Ducisse. Primogenitus. Die Rückseite (S. Abbildung auf S. 254.) zeigt ihn auf die schon früher beschriebene Weise zur Rechten hin reitend mit der Umschrift: Ruodolfvs. Quartvs. Dei. Gratia. Palatinvs. Archidvx. Austrie. Stirie. Karinthie. Svevie. Et. Alsatie. Ac Portvs Naonis. Natus. Anno. Domini. MCCCXXXIX. Rings um den äußersten Rand aber schlingt sich die Schrift: Imperii. Scutum. Ferturque Cor. Austria. Tutum. Primus. Frideric. Testatur. Cesar. Aug. Illud. Scriptura. Quam. Roborat. Aurea. Bulla. — Meister Janko aus Prag kommt in den Zeitbüchern um 1354 als herzoglicher Goldschmied vor. Sollte wohl dieser Rudolph's Prachtsiegel verfertigt haben? Für die Kunst sehr merkwürdige Siegel aus dem vierzehnten Jahrhundert sind noch das Universitätssiegel der Stadt Wien, von 2 Zoll 5 Linien im Durchschnitte, einen reich verzierten architektonischen Fronton darstellend, in dessen oberer Abtheilung Maria mit dem Jesuskinde und zwei betenden Engeln, in der untern aber ein Lehrer mit seinen Schülern, und zu beiden Seiten Männer, welche den Kreuz- und Bindenschild halten, abgebildet sind. (Siehe dasselbe zu Ende dieses Abschnittes.) Das Siegel der hiesigen Schottenabtei (von 1 Zoll 9 Linien), welches unter einem künstlich durchbrochenen Baldachin den segnenden heiligen Bischof Benedict darstellt. Das Secretssiegel der Stadt Wien, mit dem einfachen Adler und dem Kreuzschilde auf der Brust; und das Grundbuchssiegel derselben, mit dem herzoglichen Helm und dem Bindenschilde, von dem schon früher das Nähere vorgeführt

wurde. Die höchste Stufe aber erreichte die Siegelschneidekunst in Wien unter Kaiser Friedrich dem Dritten. Nebst dessen großem römischen Reichs-Siegel (5 Zoll im Durchmesser haltend), das ihn auf der Hauptseite im vollen Krönungsornate, unter einem prächtigen Thronhimmel sitzend darstellt, und rückwärts in der Mitte den kaiserlichen Adler und ringsum in sieben Halbrundbogen die Wappen Oesterreichs zeigt, gehören wohl zu den ausgezeichnetsten Werken dieses Kunstzweiges: Das nur um einen halben Zoll kleinere Majestätssiegel des jungen Ladislaus von 1454, mit den sieben Hauptwappen seines Hauses auf der Rückseite; und jenes gleich große Doppelsiegel, dessen sich Friedrich als Oesterreichs Herrscher seit 1459 bediente. Es stellt ihn vorne als Kaiser auf dem Thron sitzend, rückwärts aber umgeben von seinen Wappen und Monogrammen in einen weiten Talar gehüllt und mit der Krone auf dem Haupte, im Schritte rechts hinreitend vor. Alles an diesen drei köstlichen Siegeln erinnert unwillkührlich an Lerch's meisterliche Sculpturen in Wiens St. Stephanskirche und

FRIDERICVS DEI GRA ROMANOR REX SEMP AVGVS AVSTRIE STIRIE KARINTIE ET
CARNIOLE DVX COMES Q TIROLIS
A E I O V

ROMA CAPVT MVNDI REGIT ORBIS FRENA ROTVNDI
A E I O V

im Neukloster von Wiener-Neustadt. Meister Neithard, Goldschmidt, hat sie in Silber gegraben. Ein nicht minder merkwürdiges Kunstwerk ist Friedrich's goldene Bulle (von Meister Stephan Huppawer?) in getriebener Arbeit, wovon hier eine Abbildung (Seite 255.) vorliegt. Auch Peter During, der 1464 das große Friederizianische Stadtsiegel (verliehen am Samstag vor St. Michael 1461) verfertigt hatte, war, wie sein Werk bezeuget, ein wackerer Künstler.[80]

Von österreichischen Münzen sind in dieser Periode für die Kunst in Wien merkwürdig: Eine kleine Medaille, welche im Avers das Brustbild des Kaisers Friedrich des Dritten, dessen Haupt mit einer gefältelten Haube bedeckt ist, und die Umschrift: Friedericus III. Roman. Imper. Semper. August.; im Reverse aber in der Mitte den kaiserlichen Adler und ringsum die sieben Hauptwappen der österreichischen Provinzen enthält. — Die Schaumünze auf die Begräbnißfeier dieses Kaisers von 1513. — Ein viereckiger Jetton mit dem vortrefflich gearbeiteten Brustbilde Maximilian's des Ersten im Avers; dann dem Bindenschild und der Inschrift: Max. I. Imp. M. D. II. im Revers. — Endlich die große zierliche Medaille auf die Verlobung des Kaisers Maximilian des Ersten im Namen einer seiner beiden Enkeln Carl oder Ferdinand mit Anna der Königstochter von Ungarn, vom Jahre 1515. Die Hauptseite mit dem linksgewendeten Brustbilde des Kaisers von der Inschrift: Imp. Caes. Divus. Maximilianus. P. F. Aug. umschlossen, so wie die Gegenseite mit dem rechtsgekehrten gekrönten Brustbilde der königlichen Prinzessin und der Umschrift: Anna. Re. Pan. Fi. In. Rom. Imp. Maxi. Desponsata, zeugen von der Hand eines kunstgeübten Meisters, der aber leider wie die Verfertiger der übrigen Schaumünzen unbekannt geblieben ist.

Nun wenden wir uns zur Malerei des Mittelalters in Wien. Historische Bilder (Altarblätter rc.) malten hier: um 1398 Hans Sachs; 1421 Meister Niclas von Wien; 1430 Janko Pechaimb (der Böhme); 1434 Andre von Paryß (Paris); 1438 Meister Ulreich; 1440—1458 Michel Rutenstock (schöne Heiligenbilder für die Fahnen zu St. Stephan); 1451—1463 Hans von Zürich (einen heil. Bernhard für die mindern Brüder); 1471—1475 Kurz Pant (Kaiser Friedrich's des Dritten Bild); 1471—1494 Hans Kaschawer (Altarbilder für St. Stephan); 1475—1500 Hans Ruprecht von Werd (Gemälde für die Rathsstube, für die Kirchen St. Michael und St. Hieronymus rc.); 1496 Hans Gruntmann, Jörg Wildperger; 1499 Meister Jörg von Wien (ein Marienbild für die St. Stephanskirche) u. a. — Miniaturen: um 1420—1424 Meister Mathes; 1471 Ruprecht Weiß und Merten Hefflinger; 1474 Michael Kolb; 1496 Vinzenz Handl; 1498 Hans Gaßmann, u. a. — Glasgemälde aber: um 1290—1309 Meister Eberhart, dem seiner Kunstfertigkeit wegen Herzog Albrecht der Erste im Jahre 1291 die Ausbesserung der Glasfenster in der von Leopold dem Glorreichen zwischen 1220 und 1222 errichteten Capella speciosa zu Klosterneuburg anvertraute; dann um 1340 Meister Michel; 1416—1430 Meister Stephan, der schöne Glasgemälde für die Herzogen-Capelle und für die Frauen-Abseite der St. Stephanskirche verfertigte; 1463—1471 die Meister Caspar und Hainreich, beide Glasmaler bei St. Stephan; 1484 Hans

Rat, welcher schöne Gläser für die städtische Rathsstube und den Heilthumstuhl malte; 1486 Niclas Walch, der hier, nach Art der Venezianer, eine Glasschmelze errichtete, wodurch die Gegend in der sie lag (ein Theil der heutigen Vorstadt Jägerzeile) den Namen Venediger-Aue angenommen hatte; 1490—1498 Antoni von Rein (Rhein?), Glasmaler bei Maria Stiegen und Maria Otto-Haims Stiftung (St. Salvator); endlich 1490—1504 Wilhelm Gotzmann, der „gesmelte" Wappen für das Rathhaus, die Bürgerstube und „Schuel" (Universität) lieferte u. a. [81]

Bei dieser nicht unbedeutenden Zahl von Malern und bei der notorisch bekannten Menge von Flügelaltären, welche die Kirchen Wiens im Mittelalter aufzuweisen hatten und von welchen ich hier nur einige aus dem St. Stephansdome anführe: als den Altar zu Ehren des heiligen Stephan von 1340, die Gottsleichnamsaltäre von 1348 und 1398, den St. Sigismund- und St. Wolfgangsaltar von 1391, den eilftausend Maiden-Altar von 1397, den Zwölfboten- und heiligen Drei-König-Altar von 1405, den St. Jakobs-Altar von 1418 u. v. a. — ist es auffallend, daß nur so wenige, der Stadt kunsteigenthümliche, altdeutsche Gemälde bis auf unsere Zeit gekommen sind.

Das Eine, ein Votivbild, befindet sich auf dem Speisealtar bei St. Stephan. Auf Goldgrund, in welchem zierliche Arabesken eingegraben sind, sieht man die Himmelskönigin stehend, in blauem Mantel, mit dem göttlichen Kinde auf dem Arme dargestellt. Ueber ihrem Haupte halten zwei Engel eine goldene Krone, und zu ihren Füßen sieht man mehrere knieende und betende Personen, in verhältnißmäßig ganz kleinem Maßstabe, ohne Zweifel die Familie des Gebers, eines unbekannten Wiener Bürgers, der es 1493 der Kirche schenkte. [82]

Das Andere, in der Schatzkammer-Capelle dieser Kirche, ist ein kleiner, schön geschnitzter Flügelaltar, welcher 1507 von dem Bischofe von Chiemsee, Ludwig Ebner, zu Ehren des heiligen Valentin consecrirt wurde. Die Gemälde desselben, St. Katharina, Barbara, Leodegardus, Rochus, Elisabeth und Erasmus vorstellend, sind vortrefflich ausgeführt. Die Meister von beiden Werken sind nicht bekannt. Eben so wenig kennt man auch den Verfertiger der berühmten Glasmalereien, welche nun in den Eingangshallen unter den großen Thürmen bei St. Stephan zu sehen sind. Sie zeigen, noch ziemlich wohlerhalten, die Figuren der Habsburgischen Fürsten K. Rudolph der Erste, K. Albrecht der Erste und Friedrich der Schöne sind mit dem kaiserlichen Adler im Schilde; K. Albrecht der Zweite, Herzog Rudolph der Zweite, als Böhmenkönig mit dem Löwen im Wappen; die Herzoge Heinrich der Sanfte, Leopold, Otto der Fröhliche, Rudolph der Vierte, Friedrich und Leopold der Biderbe, mit dem österreichischen Bindenschilde abgebildet. Neben denselben sind auch die nicht minder schönen Glasgemälde: die heilige Katharina und Barbara, so wie die Steinigung des heiligen Stephan und die Anbetung der heiligen Drei-Könige vorstellend, eingesetzt. Sie zierten einst die kleine Bartholomäus-Capelle. [83] Die sonstigen bunten Glastafeln des Domes sowohl als der Kirche Maria-Stiegen aus dieser Zeit enthalten leider nur mehr unzusammenhängende Bruchstücke alter Glasmalerei.

Was endlich die Xylographie betrifft, so finden wir zu Ende des fünfzehnten Jahrhunderts einen Meister mit dem Monogramme M. G. W., der für die beiden Aufdrucker (Buchdrucker) Valentin Heyenperger und Hans Winterburg, wovon der Erstere schon 1471, Letzterer aber 1496 als Bürger Wiens erscheint, schöne Holzschnitte verfertigte. Da dieser Meister selbst den fleißigen Forschungen des geschätzten Verfassers der Geschichte der Holzschneidekunst, Herrn Joseph Heller entgieng, so erlaube ich mir auf ein Werk aufmerksam zu machen, das mehrere seiner besten Holzschnitte enthält. Es führt die Aufschrift: „In diesem Püechlein ist verzeichnet das Hochwirdig Heiligtumb, so man in der Loblichen stat Wienn In Osterreich alle jar an sontag nach dem Ostertag ze zaigen pfligt" 1502 und neuerdings 1514 bei Johann Winterburg in klein Quart gedruckt. Es enthält die Beschreibung und Abbildung in zierlichen Holzschnitten von 276 Reliquien. Nebstdem finden wir an der Fronte des Buches, in der ersten Auflage, einen ganz geharnischten Ritter mit dem Stechfähnlein, und ihm zu beiden Seiten die Wappen Oesterreichs und der Stadt Wien; dann die St. Stephanskirche, den Heilthumstuhl und eine Abbildung der Steinigung des heiligen Stephan, nach der Darstellung der Reliquien. Hierauf folgt ein Ablaß-Kalender, und den Schluß macht ein schauerliches Wappen des Todes, unter welchem man liest: M. G. W. ALL HERNACH. 1502. — Die zweite Auflage unterscheidet sich von der erstern nur darin, daß statt des geharnischten Ritters auf dem Titelblatte der heilige Blutzeuge Stephan, von dem österreichischen und dem Wiener Stadt-Wappen umgeben und ebenfalls mit dem obigen Monogramm bezeichnet, erscheint. — Briefmaler kommen nur zwei in Wien vor: 1498 Jobst Choßman und 1501 Jakob Waffenburger.

Nebst erstgenannten Aufdruckern und folgenden, als: Hieronymus Binder (Doliarius), Hans Syngriener, Hans Kohl, Egyd Aquila, Hans Helm (Cassis), Leonard und Lukas Alantsee, gehören noch Magister Johannes Wienner und Stephan Koblinger, beide Wiener, dieser Periode an. Sie übten die Buchdruckerkunst jedoch in Vicenza aus, Ersterer um 1476, Letzterer zwischen den Jahren 1479—1482. Noch früher, schon um 1466, soll der Wiener Bürger Ulrich Haan, ein Schüler Scheffers, die Buchdruckerkunst in Rom eingeführt haben. Der bisher bekannte früheste Wiener-Druck ist, nach Michael Denis, der Traktat der Distinction von Dr. Hans Pfarrer zu Maygen, Domherr zu Wien und zu Passau von 1482.

Auch die Musik nahm nun in Wien, insbesondere unter Maximilian dem Ersten, einen mächtigen Aufschwung. Dieser vortreffliche Kaiser liebte die Tonkunst im hohen Grade, und die größten Meister in der Composition sowohl als im Gesange und auf den Instrumenten sah man an seinem Hofe nach Cuspinian's Ausdruck, „wie Pilze nach einem Regen auf einmal hervorschießen." Die üblichsten Saitenspiele waren: die Laute, Leier, Harfe, Rotte und Fidel (Geige); und von den Blase-Instrumenten: die Floiten, Pusunen, Clarons, Cornemuse (Sackpfeife) und die Holi, eine Art Pfeifen, zu welchen der Sumber, eine Handtrommel, geschlagen wurde; welche letztere vorzüglich bei dem damals so beliebten Mumentanze (Maskenballe) und bei festlichen Aufzügen nicht fehlen durften. Durch des Kaisers Aufmunterung aber wurden geschickte Köpfe zur Erfindung ganz neuer Instrumente geführt, welche bei einem Hochamte in Wien 1515 zur nicht geringen Verwunderung der Zuhörer angewandt wurden. Maximilian hatte vier Kapellmeister. Josquin de Prés (de Pratis), der berühmteste Tonsetzer und Musiklehrer seiner Zeit. Sehr geschätzt sind seine Missen, welche schon 1515 und 1516 unter dem Titel: Messe tre libri date alla luce in Fossombrione da Ottavio de Petrucci erschienen. — Peter de la Rue, von dem schon im Jahre 1520 Werke gedruckt wurden. — Heinrich Isak und Georg Slatkonia, von Laibach gebürtig, der als Bischof von Wien und als ein in der Kirchenmusik sehr erfahrener Mann, zu deren Aufnahme er viel beigetragen, am 26. April 1522 starb. (Siehe dessen Brustbild unten.) Bruder Hans, aus dem Orden der minderen Brüdern, um 1470; und Meister Purchard Tischlinger, um 1507, zeichneten sich als gute Organisten und Orgelbauer aus; beide aber übertraf Valentin Klepsinger, Organist bei St. Stephan, der noch 1529 lebte.

Fast gleichen Schritt mit der Kunst hielt auch die Literatur dieses Zeitraumes in Wien. Schon 1237 hatte Kaiser Friedrich der Zweite eine Hauptschule bei St. Stephan in Wien gestiftet, welcher die Schulen bei den Schotten und bei St. Michael untergeordnet waren. Herzog Albert bestätigte dieselbe 1296 und gab ihr eine Disciplin. Auf diese fußend, legte Rudolph der Vierte

übertraf Valentin Klepfinger, Organist bei St. Stephan, der noch 1529 lebte.

Fast gleichen Schritt mit der Kunst hielt auch die Literatur dieses Zeit-

1365 seine Wiener-Universität an, deren Einführung Pabst Urban der Fünfte zwar bewilligte, aber davon das theologische Studium ausschloß, welches jedoch durch Urban des Sechsten Genehmigung schon 1384 unter Herzog Albrecht's des Dritten Regierung dazu kam, der dann dieser hohen Schule eigene Privilegien und Statuten ertheilte. Diese Fürsorge der Landesfürsten zur Emporbringung der Wissenschaften wurde durch den besten Erfolg gekrönt. Bald sah Wien eine glänzende Schaar der gelehrtesten Männer in sich versammelt, die mächtig auf die allgemeine Bildung und Verbreitung nützlicher Kenntnisse einwirkten. Allmählich entstanden wissenschaftliche Anstalten. So legte 1435 Johann von Gmunden den Grund zu einer Universitätsbibliothek; Johann Winterburger errichtete hier 1493 die erste Buchdruckerei; und Kaiser Maximilian der Erste stiftete die k. k. Hofbibliothek, indem er die von Kaiser Friedrich dem Vierten durch Aeneas Sylvius, nachmaligen Pabst Pius den Zweiten, und Georg Peuerbach gesammelten Manuscripte und den von ihm selbst erkauften Vorrath von Büchern in eine Sammlung vereinigen ließ und sie dann 1495 der Aufsicht des ersten in Deutschland gekrönten Dichters Conrad Celtes übergab. Sein Nachfolger war 1508 Johann Cuspinian; und schon unter diesem ward die Bibliothek mit dem Bücherschatze des Königs Mathias Corvin und der gewählten Sammlung des Celtes namhaft bereichert. Ja mit dem Anfange des sechzehnten Jahrhunderts findet man sogar schon eine gelehrte Donau-Gesellschaft in Wien, die ihr Augenmerk vorzüglich auf die Verbreitung der Philosophie und Mathematik gerichtet hatte. Da G. Tanstetterus Colimitius ihr Gründer war, wurde sie Sodalitas Colimitiana genannt. Celtes, Cuspinian, Guthrath u. a. waren deren Mitglieder; später auch Johann Panetianus, welchen Kaiser Maximilian der Erste 1505 zum Poeten an der hiesigen hohen Schule gekrönt hatte.

Das diesem Werke vorgesteckte Ziel erlaubt uns, aus dem üppigen Kranze von Schriftstellern, die in diesem Zeitraum hier lebten und wirkten, nur eine kleine Zahl der vorzüglichsten vorzuführen. Diese sind:

Nithart, oder Nithart Otto Fuchs, wie er vom 15. Jahrh. an auch genannt wurde, aus einem edlen bairischen Geschlechte, ein berühmter Minnesänger. Er kam um das Jahr 1230 nach Wien, an den Hof Friedrich's II. des Streitbaren und scheint um 1234 daselbst gestorben zu sein. Sein an der Außenseite der St. Stephanskirche befindliches Grabdenkmal haben wir bereits oben mitgetheilt. Er war der Gründer einer eigenen Gattung von Gedichten, die man am besten mit dem Ausdruck: 'höfische Dorfpoesie' bezeichnet. — Der Inhalt seiner Lieder gab zu dem Namen 'Bauernfeind' Veranlassung, der ihm in späterer Zeit beigelegt wurde.[84]

Seifried Helbling, ein dem Ritterstande angehöriger Oesterreicher, geboren um 1230, der seine Jugend wahrscheinlich am Hofe irgend eines mächtigen Ministerialen, etwa Liutholts von Harbeck oder eines Kuenringers zugebracht, später am Nußberge bei Nußdorf nächst Wien seinen Wohnsitz aufgeschlagen hatte und um 1308 starb. Seine zwölf satyrischen Gedichte, zwischen den Jahren 1289 und 1299 verfaßt, sind höchst wichtig für die Kenntniß der inneren Zustände Oesterreichs im dreizehnten Jahrhundert. Ihr poetischer Gehalt ist gering, doch fehlt es nicht an einzelnen Schönheiten. Nur sieben sind vollständig und acht in Gesprächsform gedichtet. Die ganze Sammlung trägt die später erst hinzugefügte Ueberschrift: „Dacz ist der junge Lucidarius.“ [85]

Weigand von Theben oder der Pfaff von Kalenberg. Er lebte um 1334 am Hofe Herzogs Otto. Seine Schwänke erscheinen oft gedruckt; zuerst wohl 1521 (?), ohne Ort, in 8., erneuert in von der Hagens Narrenbuch. Sein Tod fällt um das Jahr 1350.

Peter Suchenwirt, der zu jener besondern Classe von Dichtern gehörte, die zugleich Herolde, Persevanten oder deren Gehülfen waren, und welchen oblag die Unterschiede, Visirung und Blasonnirung der Wappen auszulegen und auch gereimte Wappenbeschreibungen zu verfassen. Er lebte und dichtete um die Mitte bis ans Ende des vierzehnten Jahrhunderts in Oesterreich, meistens zu Wien, am Hoflager der Herzoge, von welchen er Albrecht den Zweiten oder Lahmen († 1358) noch gekannt, Albrecht den Dritten († 1395) aber überlebt hat. Sehr wichtig für die Geschichte seiner Zeit sind seine historisch-biographischen Darstellungen und gemüthlich seine allegorischen Gedichte und Lehrsprüche. [86]

Heinrich der Teichner. Dieser schätzbare Spruchdichter lebte mit Peter Suchenwirt, dessen Freund er war, gleichzeitig, während der zweiten Hälfte des vierzehnten Jahrhunderts in Wien. Er scheint n großer Dürftigkeit gelebt zu haben, da er, wie er selbst erwähnt, oft des Lohnes wegen erzählen und singen mußte; doch hatte er ein hohes Alter erreicht. In seinen Dichtungen ist Geisteskraft und männliche Besonnenheit nicht zu verkennen. Peter Suchenwirt sagt unter andern „in der Red von dem Teichner, darnach er gestorben ist“ sehr wahr von ihm:

„Er hat mit keuschait seinen leib
Unz an sein end behalten,
Göttlicher weisheit walten
Begund er für der werlde spot.
Im liebet in dem herzen Got
Für alle werltleich ere.
Sein rat, sein weise lere
Ist in der werlde garten
Gesät mit worten zarten
Der werlt zu trost und Got zu lob.
Mit guten sitten swebt er ob
Allen den, die getichtes pflegen.“ [87]

Michael Beheim. Dieser Dichter, aus einer wohlhabenden, wahrscheinlich in Pilsen ansäßig gewesenen böhmischen Familie abstammend, die während der ersten Hälfte des vierzehnten Jahrhunderts durch den Krieg vertrieben, nach Schwaben auswanderte, wurde am 27. September 1416 zu Sulzbach im heutigen Königreiche Württemberg, Oberamts Weinsberg, geboren. Er trieb anfänglich das Weberhandwerk; dann ward er ein Krieger bei seinem Grundherrn Konrad von Weinsberg um 1439 und lag nun nebenher der Dichtkunst ob. Nach Konrad's Tod am 18. Jänner 1448 kam er als Kriegsmann in die Dienste Albrecht's von Brandenburg, und später in jene des Königs Christian von Dänemark, Albrecht des Dritten von Baiern, Albrecht des Sechsten von Oesterreich, des Königs Ladislaus und endlich des Kaisers Friedrich des Dritten, wo er als „unsers hern des römischen Kaisers poet und tichter“ und wohl auch dessen Krieger, sein höchst merkwürdiges Buch von den Wienern (1462—1465) schrieb, das für den kritischen Forscher der Geschichte dieses Kaisers eine der schätzbarsten Quellen ist. [88]

Heinrich von Langenstein, aus Hessen gebürtig, ein Doctor der Sorbone, der hier schon im Entstehungsjahre der Universität, 1365, Professor der Philosophie, 1385 Lehrer der Theologie, 1392 Rector war und 1397 starb. [89]

Heinrich von Oyta, ein Deutscher, der zu Paris Doctor geworden, dann auf der zu Prag von Kaiser Karl dem Vierten 1366 gestifteten hohen Schule Vorlesungen gehalten, und 1383 zum Lehramte der Theologie nach Wien berufen war, wo er im Rufe großer Gelehrsamkeit, ebenfalls wie sein erstgedachter Amtsgenosse und Freund, 1397 starb.

Johann von Gmunden. Dieser berühmte Mathematiker, nach den genauesten neuen Forschungen nicht zu Gmunden am Traunsee, sondern zu Schwäbisch-Gmunden oder Gmünd geboren, erscheint schon 1406 in Wien als Magister der freien Künste und der Philosophie, bei deren Facultät er 1423 zum Decan erhoben wurde; 1434 lehrte er an der hiesigen Universität Theologie und 1435 legte er, wie schon bemerkt wurde, den Anfang zur jetzigen akademischen Bibliothek; bald hierauf ward er Vicekanzler bei der hohen Schule, erhielt dann ein Canonicat bei der St. Stephanskirche und 1439 die Pfarre zu Laa, einer landesfürstlichen Stadt in Niederösterreich. Er starb 1442 und ist in Wien bei St. Stephan begraben. Er ist der erste unter den Deutschen der Astronomie trieb, in welcher Wissenschaft er auch Professor war und sehr wackere Schüler zog. Sein vorzüglichster, Georg Pruner von Ruspach (einem Dorfe in Niederösterreich) vermachte seine Bücher und schönen mathematischen Instrumente der akademischen Bibliothek. Unter Johanns zahlreichen mathematisch-astronomischen Werken ist insbesondere sein Kalender von 1439 höchst merkwürdig.

Georg von Peurbach (einem Flecken sechs Meilen von Linz) wurde am 30. Mai 1423 geboren. Schon in zarter Jugend ist er auf der Wiener Universität Magister geworden; hierauf besuchte er die berühmtesten anderen hohen Schulen, wo er mit dem Cardinal Cusa und Johann Bianchini in freundschaftliche Verbindung kam; später kehrte er wieder nach Wien zurück, wurde Professor der Mathematik und als solcher Wiederhersteller und Verbesserer der Astronomie. Er starb am 8. April 1461 und liegt zu Wien in der Stephanskirche begraben. Seine zahlreichen, gehaltvollen Werke handeln größtentheils von Astronomie. Johann Regiomontan, der zu seiner Zeit die Zierde Deutschlands genannt wurde, war dessen Schüler.

Thomas Ebendorfer, von seinem Geburtsorte gewöhnlich Haselbach genannt, wurde zu Ende des vierzehnten Jahrhunderts geboren; ein gelehrter Theologe und in den freien Künsten wohl bewandert, der von 1417 an gegen zwanzig Jahre Professor an der Universität war; 1432 wurde er auf das Baseler Concilium geschickt, wo er sich durch seine Gelehrsamkeit großes Ansehen erwarb; 1451 begleitete er den Kaiser Friedrich nach Italien, und von da zurückgekehrt, starb er 1464 zu Wien. Außer vielen theologischen Schriften hinterließ er eine schätzbare Chronica Austriae, welche Hieronymus Petz in seine Sammlung aufnahm.

Johann Stab, von Wien gebürtig, einer der ausgezeichnetsten Meßkünstler der Universität. Er war Kaisers Maximilian des Ersten Cosmograph und Geschichtschreiber. Der berühmte Erasmus nennt ihn einen wohlerzogenen, sehr gelehrten Mann. Auch die Musen waren ihm hold, weßwegen ihn gedachter Kaiser zum Poeten krönte. Stabius, wie er sich nach der Mode seiner Zeit nannte, verblich am 1. Jänner 1522. Georg Tannstetter, nachheriger Professor der Mathematik in Wien, war sein Schüler, und Johann Habel, Professor der freien Künste, der ein lateinisches Lobgedicht auf ihn verfertigte, sein vertrautester Freund.

Andreas Stiborius, aus Baiern, des Obigen College, war ebenfalls ein trefflicher Mathematiker, Philosophe und Theologe; er verfertigte sehr viele Schriften über Geometrie, Perspective, Astronomie, Magie und Metaphysik, von welchen, wie von jenen des Stabius, Tannstetter ein langes Verzeichniß mittheilte.

Johann Ricutius Vellini, von seiner Vaterstadt Camerino, deutsch Johann Camers genannt, ein Minorit, Regens im Wiener Convente seines Ordens und Professor der Theologie an der Universität, einer der gelehrtesten Philologen aus der Zeit Maximilian's des Ersten. Camers war insbesondere in der griechischen Sprache so erfahren, daß er mit dem großen Griechen Marcus Musurus, Erzbischofe zu Malvasia in Morea, in dessen Sprache Briefe gewechselt hatte.

Joachim von Watt (Vadianus), den Joseph Scaliger den größten Gelehrten Deutschlands beizählt, kann seines vielfältigen Wissens wegen ein Polyhistor genannt werden. Er studirte auf der hohen Schule zu Wien, wo er dann von Kaiser Maximilian zum Poeten gekrönt, Magister der Philosophie und Doctor der mediciniſchen Fakultät wurde und in diesem Wissenschaftszweige Vorlesungen hielt.

Benediktus Chelidonius, Abt des Schottenstiftes. Er kam aus dem Kloster St. Aegyd zu Nürnberg hieher. Er war gekrönter Poet, des Kaisers Maximilian Geschichtschreiber und Vertrauter, der ihn oft zu Gesandtschaften und anderen Staatsgeschäften gebrauchte. Seine Dichtungen vom Doctor Ecken zum Drucke vorbereitet, sind mit Kupfern von Albrecht Dürer ausgestattet. Der Staatsmann Willibald Pirkheimer war sein wärmster Freund. Ein von ihm gedichtetes, allegorisches Singspiel: „Der Kampf der Tugend mit den Lüsten" wurde im Schottenkloster von den Schülern der Musikschule (die schon um 1410 von Abt Thomas dem Zweiten eingeführt worden war) vor Kaiser Carl dem Fünften und dessen Schwester Maria, der Gemahlin Ludwig's Königs von Ungarn und Böhmen, mit großem Beifalle aufgeführt, und dann mit Holzschnitten und Musik-Noten geschmückt und mit einer Widmung an den jungen Grafen Niklas Salm in Druck gelegt. Benedikt starb am 8. September 1521.[90]

Konrad Pickel, geboren 1459 im Dorfe Wipfeld unweit Schweinfurt, ist unter dem, nach damaliger Sitte latinisirten Namen Protucius Celtes in der gelehrten Welt allgemein bekannt. Er war der erste Deutsche, welcher als Dichter gekrönt wurde. Es geschah durch Kaiser Friedrich den Dritten zu Nürnberg am 1. Mai 1487. Er starb 1508 zu Wien als Lehrer der Dichtkunst. Noch jetzt ist sein Grabdenkmal an der Außenseite der St. Stephanskirche zunächst des unausgebaut gebliebenen Thurmes beim Ablerthore zu sehen. Oben auf dem Steine ist halberhaben gearbeitet sein Brustbild zu sehen. (Siehe dasselbe oben Seite 259). Das Epitaphium lautet:

Deo. Op. Max.
Con. Celti. Protucio Poë. Ostrofranco.
Ex testamento pie positum.
In laurea (VI VO) corona.
Ob. Ann. Christi M. D. VIII. II. Non. Febr.
Vixit Ann. XLVIIII. die III.[91]

Johann Cuspinian, eigentlich Spießhammer. Dieser berühmte Geschichtschreiber wurde 1473 zu Schweinfurt geboren, studirte zu Wien unter Celtes, hielt sodann Vorlesungen über Medicin und schöne Wissenschaften, ward von Kaiser Maximilian dem Ersten zum Dichter gekrönt und von ihm so hochgeschätzt, daß er ihn zum Wiener Stadtanwalt machte und oft zu Gesandtschaften verwendete. Sein Familiengrabmal befindet sich in der St. Stephanskirche außer dem eisernen Gitter der Eugens- oder Kreuzcapelle. Der gut gearbeitete Grabstein ist von rothem Marmor. Auf dem oberen Theile desselben ist sein und seiner beiden Frauen, Anna und Agnes, Brustbilder in halberhabener Arbeit zu sehen, mit den Ueberschriften:

Anna. Mater	Joan. Cuspi. Doc. Quondam.	Agnes Altera.
Octo. Liberorum.	Civi. Vienn. Prefectus.	Conivnx.

Hierauf ist zu lesen:

Excolvi. Primvm. Musas. Et. Apollinis. Artes.
Nempe. Fvi. Medicvs. Tvncq. Poëta. Simul.

Postea. Me. Rebvs. Natvm. Maiorib. Auxit.
Caesar. Et. Ornavit. Praesidis. Officio.
Illa. Igitvr. Nostro. Sint. Verba. Inscripta. Sepvlchro.
Vnica. Vixit. Olim. Cvspinianvs. Eram.
Historiae. Immensae Monvmenta. Aeterna. Reliqvi.
Vivvs. In. Is. Semper. Cvspinianvs. Erit.
Vixit. Ann. LXI. Ob. Ann. MDXXIX Mens.
April. Die XIX.

Ganz unten zeigen sich seine acht Kinder in betender Stellung um seinen Sarg versammelt, auf dem ihre Namen eingehauen erscheinen:

Sebastianvs Foelix	Nicolavs Chrisostomvs
Leopoldvs Anastasivs	Anonymus
Anna Theodora	Joanna Agatha.
Helena Alexandra	Barbara Sophia.

Der ganze Stein ist 5 Fuß breit und $6\frac{1}{2}$ Fuß hoch. [92]

Schließlich sind noch jene merkwürdigen Werke anzuführen, die Kaiser Maximilian selbst verfertigt und besorgt hat, und die nicht wenig zur Vermehrung des Ruhmes seines thatenreichen Lebens beitrugen. Lambecius theilt uns hierüber aus einem gleichzeitigen Codex folgendes Register mit: „Vermerkt die puecher die Kaiser Maximilian selbst macht. 1. Grab, 2. Eremporten, 3. Weise Künig, 4. Tewerdank, 5. Freidank, 6. Triumpfwagen, 7. Stammcronik, 8. Der Stam, 9. Artalerei, 10. Die sieben Lustgezirk (Lustgärten), 11. Wappenpuech, 12. Stalpuech, 13. Platnerei, 14. Jägerei, 15. Valcknerei, 16. Kücherei, 17. Kellnerei, 18. Vischerei, 19. Gärtnerei, 20. Pawmeisterei, 21. Moralität, 22. Andacht, 23. Sant Jörgen. [93]

Bereits in dem vorigen Abschnitte haben wir gesehen, wie sehr die Landesfürsten sich angelegen seyn ließen, Handel und Gewerbe in ihrer Hauptstadt durch weise, zeitgemäße Gesetze empor zu heben. Es liegt uns demnach nur mehr ob, auch jene Freiheiten vorzuführen, welche fremde Fürsten den Wiener Bürgern ertheilten.

Carl König von Ungarn gab den Wiener Kaufleuten eine Urkunde zu Temesvar am 24. Februar 1318, vermöge welcher sie nach Entrichtung der gewöhnlichen Mauth mit ihren Waaren sicher nach Ungarn handeln könnten; welche auch Ludwig der Erste von Ungarn zu Vissegrad am 23. März 1346 mit dem Beisatze bestätigte, daß sie alle Waaren nach Ungarn einführen und gegen Entrichtung der gewöhnlichen Mauth und Dreißigstgebühr unter königlichem Schutze handeln können. Eben dieser König gab zu Preßburg am 4. April 1378 an die Reichsstände den Befehl, daß die Beamten und Zöllner zu Wasser und zu Land von den Bürgern und Kaufleuten, welche von Wien nach Ofen handeln, über die bestimmten und gewöhnlichen Mauthgebühren keine weitere Bezahlung abfordern sollen; und durch einen weitern Befehl von Ofen am 28. April 1380 verbot er seinen Mauthnern, daß sie von den österreichischen Kaufleuten, welche von Wien nach Ofen zu Land und zu Wasser handeln, über die gewöhnlichen Zollgebühren, bei schwerer Strafe, nichts erpressen sollen. Ebenso ertheilte auch Casimir König von Polen am 10. Juli 1362 schon den Wiener Kaufleuten die ungehinderte Handelsfreiheit mit seinen Unterthanen; und Carl der Vierte römischer Kaiser und König von Böhmen sprach ihnen mit Urkunde d. d. Wien am 13. April 1368 das Recht zu, daß sie ihre Weine durch Mähren nach Böhmen und Polen führen mögen, wie denn auch die Kaufleute von Böhmen, Mähren und Polen berechtigt seyn sollen, ihr Getreide nach Oesterreich zu führen. Die Kaufleute von Wien und Oesterreich mögen auch ihren Wein in Mähren abladen und nach ihrem Nutzen verkaufen.

Am 14. Mai 1381 erließ zu Ofen die Königin Elisabeth von Ungarn den Befehl, daß die Mautheinnehmer bei schwerer Strafe mit willkürlichen Forderungen über die festgesetzten Mauthgebühren die Kaufleute von Wien und Oesterreich nicht beschweren sollen. Auch von Sigmund König von Ungarn hat die Wiener Kaufmannschaft drei Urkunden aufzuweisen. Am 30. Juni 1388 befahl er zu Ofen, daß die zu Raab und Ovar die Wiener Kaufleute nicht anhalten und arretiren sollen. Am 28. August desselben Jahres und Ortes verbot er den Kaufleuten zu Altenburg und Raab, daß sie die Kaufleute von Wien und Oesterreich nicht aufhalten und ihre Waaren in Beschlag nehmen sollen, indem die Unterhandlungen mit dem Herzoge in Oesterreich wegen einiger Irrungen schon angefangen haben. Endlich am 6. October 1402 hob er das bisherige Verfahren: die aus Oesterreich, besonders von Wien kommenden Kaufleute mit ihren Waaren anzuhalten und in Beschlag zu nehmen, gänzlich auf, und erlaubte, wegen des guten Einverständnisses mit dem Herzoge Albrecht, welchen er zum Verweser des Reichs ernannt hatte, daß nach entrichteten Mauth- und Dreißigstgebühren alle Kaufleute ungehindert und sicher handeln mögen in und durch Ungarn.

Eben so verordnete auch der Statthalter im Königreiche Ungarn, Johann von Hunnyad, mit Urkunde, gegeben zu Ofen am 11. September 1447, daß nach wieder hergestelltem guten Einvernehmen zwischen dem Königreiche Ungarn und dem Herzogthume Oesterreich, die Kaufleute und Einwohner von Oesterreich, wenn dieselben zu Preßburg die Dreißigstgebühr bezahlt haben, zu Ofen keine mehr zu entrichten haben; daß ferner die Waaren oder Personen der Oesterreicher nicht sollen angehalten oder in Beschlag genommen werden; auch nicht unter dem Vorwande, weil die Ungern in Oesterreich ebenfalls sind übel behandelt worden. Nicht minder versicherte Graf Ulrich von Cilly mit Brief von Perchtoldsdorf am 9. September 1450 die Bürger und Kaufleute von Wien mit ihren Dienern seines Schirmes, so daß sie mit ihrem Kaufschatze durch sein Gebiet gehen, und nach Venedig ohne alle Irrung und Hinderniß ziehen können, doch die gebührenden Mauthen und Zölle entrichten sollen. Endlich bestätigte König Ladislav von Ungarn und Böhmen, Herzog zu Oesterreich am 24. Februar 1453 alle Freiheiten, welche seine Vorfahren die Könige Bela, Stephan, Ladislav, Andreas, Ludwig und Sigmund den Bürgern und Kaufleuten zu Wien gegeben, und bestimmte abermals alle Abgaben und Zollgebühren, welche zu Wasser und zu Lande sollen entrichtet werden, wobei er alle willkürlichen Forderungen der Mauthner verbietet. Eine ähnliche Bestätigung gab auch Erzherzog Ferdinand, als König von Ungarn, den Wiener Kaufleuten zu Preßburg am 27. November 1528. [94]

Was insbesondere die Gewerbe betrifft, so waren dieselben das ganze Mittelalter hindurch, kurze Unterbrechungen in den Jahren 1340 und 1361 abgerechnet, im Zunftverbande, wie denn auch ein höchst merkwürdiger alter Codex des Wiener Stadt-Archives auf 232 Folio-Blättern ihre Ordnungen, Gesetze und Rechte von 1368 bis 1533 vorführt. Wir theilen aus diesem Manuscripte den Schluß mit, da er uns in Kenntniß setzt, welche Innungen damals schon bestanden und wie sie geheißen haben: „Vermerckht die Ordnung aller Hantwercher hie zu Wien, wie die an Gotzleichnamstag in Proceß nacheinander geen sullen. Anno 1463. Zimerlewt, Slosser, Sparer, Ringkler (Sporer, Ringschmiede); Nadler, Eisenzieher (Eisendrahtzieher); Wiltpreter, Hünerai'r, Keser (Wildprät- Eier- und Käsehändler); Viltzhueter (Hutmacher); Wolflacher (Wolleschläger); Tuchmacher und Tuchbraitter; Koler (Kohlmesser); Refler (Flickschuster hinter St. Pangraz); Trager pei dem Rotenturn; Messer, Meltrager (Mehlmesser); Vastzicher, Wagenfurer (Faßzieher); Hafner, Zieglknecht; die vor Widmertor, die vor Schottentor (Weinschenker daselbst); Obser (Oebstler, Obstverkäufer); Kewffel am Hof; Mentler und Joppner (Kaufschneider); Tuchscherer; Chuntter (Kumetmacher); Wagner, Grichtmacher (Verfertiger kleiner Karren); Tischler, Drechsel, Holtzschuster (Holzschuhe- und Blasebälge-Verfertiger); Schussler (welche Schüßeln, Schaufeln, Gabeln u. dgl. Holzwaaren verfertigten und verkauften); Pader und jr Gesind; Sailer; Pewtler, Velverber (Beutler und Fellfärber); Hantschuster (Handschuhmacher); Gürtler und jr knecht; Paineingürtler (welche die Borten beschlugen, und sowohl beschlagene als unbeschlagene Borten verkaufen durften); Taschner; Zingiesser (Zinnwaren-Verfertiger); Irher (Weißgerber); Puchueler (Pergamentmacher); Sliemer (die Papier in Oel tränkten); Riemer, Lebrer; Zeinstrikcher (Draht- oder Gitterstricker); Ratsmid (welche die Räder mit Eisen beschlugen); Satler und jr knecht; Swertfeger; Pintter (Binder); Letzelter (Lebküchner); Verber (Färber); Fletzer und jr knecht (Floßmeister); Vischer und jr knecht; Schuester und jr knecht; Huessmit und jr knecht (Hufschmiede); Plattner (Harnischmacher); Brunner oder Sarbürcher (Panzermacher); Helmsmit (Helmschmiede); Pogner, Pfeilsnitzer und jr knecht (Bogen- und Pfeilmacher); Parchanter (Parchetmacher); Weber; Seiden- und ander Schniermacher; Maler, Schilter, Glaser, Goldslager, Seidematter (Sticker) Smerbner (welche Smere verkauften); Oler (Oelerer, Oelhändler); Kerzenmacher, Stammetzer, Mawrer und jr g'sellen; Salzer (diese waren einundzwanzig behauste Bürger am Salzgries und bei dem rothen Thurme, die bis 1621 befugt waren Salz zu verkaufen); Mülner; Peckchen (Bäcker); Melber und jr knecht (Mehlhändler), Sneider und jr knecht; Fleischhackher und jr knecht; Kramer; Wachsgiesser; Leinbater (Leinwandhändler); Kursner und jr knecht (Kürschner, Rauhwaarenhändler); Munsser und jr knecht (Münzarbeiter), und Goltsmit und jr knecht (Goldschmiede). — [95]

Von Volksfesten, welche das Mittelalter hindurch in und um Wien üblich waren, machten sich folgende vorzüglich bemerkbar:

Das Scharlachrennen, oder das Fest der laufenden Pferde. Es entstand unter Albrecht dem Dritten, bei Gelegenheit, als er 1382 die den Wienern schon 1296 zugestandene Freiheit, zwei Jahrmärkte in der Stadt abhalten zu dürfen, bestätigte und zugleich beifügte: »Auch soll man ingleichen derselben jarmarkt ainen Scharlach rennen, also, wer der erst dartzu ist, das deß der Scharlach sei; was man auch darauf Laufferpherd zu denselben Jarmärkten pringet, die sullen mautfrei gen.« Seitdem wurde diese Volksbelustigung zweimal des Jahres, nämlich am Christi-Auffahrtstage im Mai, und am Katharinatage im November abgehalten. Schon am Vortage verkündete ein Ausrufer, von einem Trompeter begleitet, auf dem Altane des Schrannen-Gebäudes das Abhalten des Rennens und die dabei zu gewinnenden Preise; dann wurden die laufenden Pferde im Rathhause aufgezeichnet, und die Gebühr für jedes mit einem ungerischen Gulden erlegt. Am Festtage selbst setzte sich mit frühestem Morgen der Zug von der Stadt nach St. Marx (Marcus) in schönster Ordnung in

waren, machten sich folgende vorzüglich bemerkbar:

Das Scharlachrennen, oder das Fest der laufenden Pferde. Es entstand

Bewegung. Voraus ritt der Stadttrompeter mit dem Ausrufer, hierauf kamen die geschmückten, laufenden Pferde, deren Zahl gewöhnlich von vier bis auf zehn stieg, mit ihren Führern; dann die laufenden Männer und Frauen — gewöhnlich junge Bursche aus dem Pöbel und öffentliche Dirnen; — sonach folgten die jungen (erst aufgenommenen) Bürger, die Armbrust-, Büchsen- und Hackenschützen in Reih und Gliedern mit ihren Fahnen, Pfeiffern und Spielleuten; die Träger der Preise, als des scharlachrothen Tuches, der beiden Stücke Barchent, der Spansau, und seit 1485 auch der „neuen" Armbrust, welche als Preis der Hannsgraf dazu gab; endlich der Bürgermeister im Gallaharnisch und die mit goldenen Ehrenketten und Kleinoden behangenen Rathsherren zu Pferde. Indessen wurde auch zu St. Marx Alles zu dem Feste vorbereitet, die Stange gut befestigt, woran dann das Scharlachtuch aufgehangen ward, und die Stricke gespannt zum Loslassen der laufenden Pferde und der wettrennenden Personen. Hier angekommen nahm dann der Bürgermeister und Stadtrath Platz an einem Tische, die bewaffnete Bürgerschaft stellte sich auf, um Ordnung zu machen; der Scharlach wurde neuerdings ausgerufen, das Zeichen gegeben, und das Wettlaufen begann im Umkreise des noch heute sogenannten oberen und unteren Rennweges. Für das schnellste Pferd war das Scharlachtuch gewöhnlich im Werthe von 22 bis 30 Pfund Wiener-Pfennige; für das zweite und dritte, die Armbrust, im Preise von 2 Pfund sieben Schillingen und die Spansau bestimmt. Die Gaben für die laufenden Männer und Frauen bestanden in den zwei Stücken Barchent.

In gleicher Ordnung kehrte nach vertheilten Preisen der Zug in die Stadt zurück, wo dann um zehn Uhr (der damaligen, selbst bei Hof gewöhnlichen Stunde des Mittagessens) ein Freuden-Mahl bei dem Bürgermeister das Fest beschloß.

Die Drangsale der ersten Belagerung Wiens durch die Türken machten im Jahre 1529 dem Scharlachrennen für immer ein Ende.[96]

Zu Herzog Otto des Fröhlichen Zeit feierten die Wiener jährlich das Veilchenfest. Wer immerhin im Frühlinge auf freiem Felde das erste Veilchen fand, zeigte dies sogleich dem Herzoge an, der sich dann, von seinem Hofstaate und den Wienern begleitet, an den Ort hin begab um dieses erste Kind des Frühlings zu begrüßen. Dann hielt die Jugend um dasselbe einen munteren Reihentanz, man sang ein Maienlied, und das sittsamste Mädchen aus der Umgegend durfte sich es abpflücken. Der Ursprung dieses Festes reicht aber viel höher hinauf. Unter den Gedichten des oben gedachten Nithart hat sich ein hierauf bezüglicher Schwank erhalten, mit der Ueberschrift: 'der Viol.' Es begab sich nämlich, daß er einst das erste Veilchen fand. Er bedeckte es mit seinem Hute und lief voller Freude in die Burg, um seiner Herrin zu sagen, 'daß er den Frühling gefunden habe.' Ein Bauer, der ihn belauscht hatte, nahm aber inzwischen das Veilchen weg, besudelte die Stelle und deckte den Hut wieder darüber. Mit einem großen Gefolge von Hofleuten, Pfeifern und Fidlern geleitete Nithart die Herzogin an den bezeichneten Ort. Als sie aber den Hut aufhob, um mit ihrer reinen Hand das Veilchen zu pflücken, fand sie eine ganz andere Bescheerung, und brach in laute Verwünschung aus über diese Schmach. Wüthend über den Possen, den man ihm gespielt hatte, erreichte er das Dorf, und siehe da — die Bauern sprangen eben gar lustig um das Veilchen. Da war er seiner nicht mehr mächtig, sprang unter sie, und schlug mehrere todt. [97]

Die Turniere und Stechen wurden in Wien von den Adeligen theils auf der Kampf-luckhen vor der Burg, theils auf dem neuen Markt, Hof, oder nach Wegräumung des mehrgedachten Cillyhauses auf dem hiedurch vergrößerten Burgplatz bei feierlichen Gelegenheiten abgehalten. Aber auch die berittenen Wiener-Bürger, wie bestimmt die Zeitbücher von 1436—1444 nachweisen, gaben solche Stechen auf der Brandstadt, welcher Platz damals, da der Gundelhof noch nicht erbaut war, sich weit geräumiger zeigte. Sie fanden regelmäßig am Faschingdienstag in Gegenwart des Bürgermeisters und Stadtrathes statt, und die junge Bürgerschaft wurde eigens durch Preise aus dem städtischen Aerar zu dieser Uebung aufgemuntert. Nicht selten findet man in den Ausgabebüchern der Stadt solche Rubriken wie z. B. 1436: „Item umb die klainod, die man den jungen Burgern zu der Vastnacht geschenket hat, zum Stechen 5 Pf. 45 Pfennige. 2c.

Weit älteren Ursprunges ist die Feier des Johannes- oder Sonnenwendfeuers in Wien, obgleich sie erst seit 1481 urkundlich nachgewiesen werden kann. Auf einem geräumigen Platze, vermuthlich am Hofe, wurde nämlich durch von Haus zu Haus veranstaltete freiwillige Holzsammlungen am Tage Johannes des Täufers ein großes Feuer angezündet, worauf dann der jeweilige Bürgermeister und die Rathsherren, begleitet von den damals noch mit rother Kleidung und weißen Aermeln, mit Panzerkrägen, Panzerhemden und Hellebarden ausgestatteten Scharbienern um dasselbe ritten, und dann den gemeinen Frauen (öffentlichen Dirnen) und dem Volke, welche sonach um dasselbe tanzten, Bier verabreichen ließen, während sie sich selbst in dem städtischen bevorrechteten Bierhause am hohen Markt zunächst der Schranne damit gütlich thaten. Mit dem Jahre 1500 hörte alle obrigkeitliche Theilnahme an dem Johannesfeuer auf; aber erst am 20. Juni 1724 wurde es gänzlich eingestellt.

Uebrigens war es auch dazumal in Wien wie noch jetzt in Italien üblich, die drei Faschingstage durch Maskenzüge auf den Straßen zu feiern. [98]

Stadtobrigkeiten finden wir in diesem Zeitraum folgende, und zwar:

Bürgermeister.

Konrad Polle, von 1288—1305.
Heinrich Chronnest, 1306.
Heinrich von der Neizze, 1306—1310.
Niklas von Eslarn, 1312.
Niklas Polle, 1313—1315.
Hermann Huetzlein, auch Hermann von St. Pölten genannt, 1316—1318.
Otto von Wulfleinstorf, 1319—1323.
Niklas Polle, 1324—1326.
Stephan Kriegler, 1327—1328.
Heinrich Lange, 1329—1330.
Hermann Snätzler, 1332.
Dietrich Urwätsch, 1333—1336.
Konrad von Eslarn, 1337.
Berthold Polle, 1338—1339.
Konrad Wiltwercher, 1340—1343.

Ritter Hagen von Spielberch, 1344.
Reimprecht Zauruden, 1345—1347.
Friedrich Tirna, 1348—1349.
Dietrich Flußhart, 1350—1351.
Friedrich von Tirna, 1352.
Heinrich Würfel, 1353.
Dietrich Flußhart, 1354.
Leopold Polz, 1355.
Heinrich Straicher, 1356.
Haunold Schuchler u. Leopold Polz, 1357.
Leopold Polz, 1358—1359.
Heinrich Straicher, 1360.
Haunold Schuchler, 1361.
Johann von Tirna, 1362—1363.
Friedrich Rüschel, 1364.
Lukas der Popphinger, auch Hansgraf, 1365—1366.
Thomas Swemlein, 1367.
Niklas Würfel, 1368—1370.
Thomas Swemlein, 1371.
Ulrich Neßlein, 1372—1373.
Johann am Khienmarkt, 1374—1375.
Paul der Holzkäufel, 1376—1378.
Hanns von Khienmarkt, 1379—1380.
Paul der Holzkäufel, 1381—1386.
Michael Geuchram, 1387—1395.
Paul Würfel, 1396—1397.
Hanns der Rogl, 1398—1399.
Paul der Holzkäufel, 1400.
Perchtold Lang, 1401.
Paul Thessan und Paul Würfel, 1402.
Haunold Schuchler, 1403.
Konrad Vorlauf, 1404.
Paul Würfel, 1405.
Rudolph Augervelder, 1406.
Konrad Vorlauf, und nach seiner Enthauptung Hermann Bergamenista und Hanns Veltsperger, 1407—1408.
Hanns Veltsperger, 1409.
Albrecht Zetter, 1410—1411.
Rudolph Augerfelder, 1412—1419.
Hanns Mustrer, 1420—1421.
Ulrich Gundloch, 1422.
Konrad Holzler, 1423—1424.
Hanns Scharfenberger, 1425—1426.
Paul Würfel, 1427.
Niklas Untermhimmel, 1428—1429.
Konrad Holzler, 1430—1433.
Hanns Steger, 1434—1439.
Konrad Holzler, 1440—1441.
Andreas Hiltprant, 1442.
Hanns Steger, 1443.
Hanns Haringseer, 1444—1446.
Hanns Steger, 1447—1449.
Konrad Holzler, 1450—1451.
Oßwald Reicholf, 1452.
Niklas Teschler, 1453.
Oßwald Reicholf, 1454.
Konrad Holzler, 1455.
Niklas Teschler, 1456—1457.
Jakob Storch, 1458—1460.
Christian Prenner, 1461.
Derselbe, dann Sebastian Ziegelhauser und Wolfgang Holzer, 1462.
Wolfgang Holzer, und nach dessen Hinrichtung Friedrich Ebmer, 1463.
Ulrich Mätzlenstorfer, 1464—1466.
Andreas Schönbruckner, 1467—1472.
Hanns Heml, 1473—1479.
Ritter Laurenz Hayden, 1480—1481.
Stephan Een (Oen), 1482—1486.
Leonhard Radauner, 1487—1489.
Paul Kheckh, 1490—1493.
Friedrich Geldrich von Rauenspurckh, 1494—1496.
Paul Kheckh, 1497—1499.
Wolfgang Rieder, 1500—1501.
Leonhart Lakhner, 1502.
Wolfgang Zauner, 1503.
Paul Kheckh, 1504—1507.
Wolfgang Rieder, 1508—1510.
Hanns Sueß, 1511.
Leonhard Pudmonsdorfer, 1512.
Hanns Kuchler, 1513.
Friedrich Piesch, 1514.
Hanns Kaufman, 1515.
Hanns Süeß, 1516.
Hanns Rinner, 1517.
Leonhard Pudmonsdorfer, 1518.
Wolfgang Kirchhofer, 1519—1520.

Stadtrichter.

Ritter Grifo, 1287.
Konrad von Harmercht, 1288—1289.
Otto, Haymos Sohn, aus der Familie von Neuburg, 1290.
Ritter Greif, 1296.
Pilgrimus, 1298—1299.
Heinrich Chrannest, 1301—1312.
Hermann, ein Sohn Rudolphs Huetzleins von St. Pölten, 1313.
Heinrich Chrannest, 1315—1318.

Stephan Kruogler und Heinrich Chrannest, 1320.
Weichard bei den mindern Brüdern, 1322.
Stephan Kruogler, 1323.
Konrad Chrannest, 1324.
Otto von Eslarn, 1325.
Stephan Kruogler, 1326.
Niklas Polle, 1327.
Konrad Gartner, 1328.
Gottschalk von Innsbruck, 1330.
Konrad von Eslarn, 1331.
Dietrich der junge Chleber, 1333.
Berthold Polle, 1336.
Hermann Syrfeyer von St. Pölten, 1337.
Dietrich Urbätsch, 1338.
Niklas Mäserl, 1339.
Dietrich Urbätsch, 1340—1341.
Haunold Schuchler, 1342.
Jakob von Eslarn, 1343.
Dietrich Flußhard, 1344—1345.
Hanns von Tiernah, 1346.
Dietrich Flußhard, 1347.
Konrad von Eslarn, 1348.
Leopold Schuechler und Lukas Schadmitzer, 1349.
Heinrich von Eslarn, 1350.
Niklas Würfel, 1351.
Konrad Urbätsch, 1352.
Leopold Polz, 1353.
Niklas Würfel, 1354.
Michael Virdung, 1355.
Michael Schuchler, 1356.
Johann Schmauzer, 1357—1358.
Johann am Khynmark, 1359.
Michael Vierdung, 1360.
Friedrich Rueschl, 1361—1362.
Paul Ernst und Paul von Paurberch, 1363.
Konrad Urbätsch, 1364.
Leopold Polz, 1365—1366.
Michael Vierdung, 1367—1368.
Michael Vierdung, 1372.
Paul von Paurberch, 1374.
Hermann Müllendorf, 1375—1378.
Niklas May, 1379.
Wolfhart Pob, 1380—1382.
Ortolph Vierdung, 1383—1384.
Wolfhart Pob, 1385—1387.
Johann von Eslarn, 1388.
Wolfhart Pob, 1391.
Paul Würfel, 1392—1395.
Ruger Snürer und Ulrich Nyß, 1396.
Ortolph Vierdung, 1399—1400.
Haunold Schuchler, 1401.
Peter Angerfelder, 1402—1407.
Albert Zittor, 1408—1410.
Niklas Grawer, 1411.
Wolfgang Leytner, 1412.
Wolfgang Purckhartsperger, 1413—1414.
Stephan Poll, 1415.
Hanns Scharpfenberger, 1416—1419.
Hanns Schüßl, 1420.
Konrad Hölzler, 1421—1422.
Hanns Mustrer, 1423.
Niklas Untermhimmel, 1424—1425.
Konrad Perwinder, 1426.
Hanns Steger, 1427—1428.
Konrad Perwinder, 1429.
Stephan Wirsing, 1430.
Leonhard Neuhofer, 1431—1433.
Hanns Swab, 1434.
Haunold Schuchler, 1435—1436.
Andreas Hiltprandt von Meran, 1437—1439.
Oßwald Reicholf, 1440—1441.
Hanns Haringseer, 1442.
Niklas Teschler, 1443—1445.
Georg Schuchler, 1446—1448.
Erasmus Ponhaymer, 1449—1451.
Georg Schuchler, 1452—1453.
Jakob Starch, 1454—1455.
Georg Spishauser, 1456—1457.
Hanns Angerfelder, 1458.
Sebastian Ziegelhauser, 1459.
Laurenz Haiden, 1460.
Martin Euthaymer, 1461.
Laurenz Schönberger, 1462.
Hanns von Kircheim, 1463.
Georg Spishauser, 1464—1465.
Martin Enthaymer, 1466—1471.
Thomas Tengk, 1472—1476.
Hanns Mustetter, 1477—1479.
Laurenz Taschendorfer, 1480—1485.
Christoph Pempflinger, 1486.
Jakob Hornperger, 1487.
Laurenz Taschendorfer, 1488—1489.
Hanns Ibermann, 1490.
Sigmund Siebenbürger, 1491—1493.
Laurenz Taschendorfer, 1494—1496.
Laurenz Hutendorfer, 1497—1502.
Sigmund Pernfueß, 1503—1508.
Laurenz Hütendorfer, 1509—1511.
Martin Siebenbürger, 1512.
N. Pelchinger, 1513.
Hanns Rinner, 1514—1516.
Martin Siebenbürger, genannt Kopin und Jodokus Nagel, 1517.
Jodokus Nagel, dann Andreas Pachole, 1518.
Georg Tugentlich, 1519—1520.

Judenrichter.

Ritter Hagen von Spielberg, 1329.
Haunold Schuchler, 1348.
Merten (Martin), 1349.
Leopold Polz, 1365.
Ritter Hagen von Spielberg, 1371.
Niklas Magseit, 1378.
Hanns Pitreich, 1384.
Hanns Polz, 1388.
Ortolph der Schuchler, 1391.
Peter Günzburger, 1392.
Ortolf Bierdung, 1395.
Ortolph Schuchler, 1396.
Perchtold Lang, 1399.
Hanns Rockh, 1406.
Ulrich Gundloch, 1420.

Münzmeister.

Seifried Leubel oder Lurblo, 1287—1289.
Cuno bei den mindern Brüdern (Minoriten), 1290.
Ulreich, 1292.
Gundal oder Gundel, 1296.
Friedrich und Seifried Leubel, 1300.
Ulrich Fünfkirchen, 1301—1302.
Wernhard Chranest, 1304.
Hermann von St. Pölten, 1320.
Leopold Polz, 1324.
Niklas von Eslarn, 1326.
Wernhard Chranest, 1332.
Dietrich Urbätsch, 1339.
Heinrich Schuchler, 1340.
Heinrich Würfel, 1349.
Friedrich Tirna, 1351.
Jans von Tirna, 1356—1373.
Hanns von Khienmark, 1380.
Michel Geuchram, 1387—1395.
Dietrich Prenner, 1403.
Derselbe, dann Paul Würfel, 1408.
Ulrich Gundloch, 1422.
Hanns Steger, 1447—1448.
Niklas Teschler, 1456.
Hanns Heml, 1475.

Pfarrer bei St. Stephan.

Nach Wernhard's Beförderung 1285 zum Bischofe zu Passau überkam diese Pfarre Gottfried I., Protonotarius des Herzoges Albrecht, der zugleich Domherr zu Passau und Pfarrer bei St. Ulrich in der Neustadt war und 1295 starb. Ihm folgten Gottfried II., Niklas Kramer und Konrad Greifensteiner; aber schon 1308 treffen wir Albrechten, den Sohn Albrechts des Zweiten, Herzoges von Sachsen, und Agnes, einer Tochter des Kaisers Rudolph von Habsburg, als Pfarrer dieser Kirche. Da jedoch dieser 1320 zum Bischofe von Passau erwählt wurde, so kam die Pfarrei an den aus Luzern gebürtigen Domherrn von Passau und Freisingen, Heinrich, der am 11. Juni 1336 starb. Albrecht, Graf von Hohenberg und Leopold von Sachsengang waren die letzten Pfarrer zu St. Stephan vor Entstehung der Wiener-Probstei. Letzterer legte diese Würde nieder, als sie Herzog Rudolph der Vierte errichtete. Zur Entschädigung bekam er die Pfarre zu Nußbach, die er auch bis an sein Ende verwaltete. Er starb in Wien 1366 und liegt bei St. Stephan begraben.

Die Pröbste bei St. Stephan.

Johann Mayerhofer war der erste Probst. Er starb 1402 als Bischof von Gurk, welche Infel er 1376 erlangte. Gleicher Beförderungen hatten sich auch die zwei nächstfolgenden Pröbste zu erfreuen.

Berthold von Wehing, zugleich Domherr zu Passau und Pfarrer zu Großrußbach, wurde 1381 Bischof von Freisingen und 1404 Erzbischof von Salzburg. Er starb 1410 zu Klosterneuburg und liegt in der Freisinger-Capelle begraben.

Georg von Lichtenstein, Freiherr von Nicolsburg aber erhielt 1390 das Bisthum zu Trient, und neun Jahre vor seinem Tode († 1420) den Cardinalshut.

Anton Wachinger war der vierte Probst. Er starb 1406. Nun folgten:

Wilhelm Thuers, Freiherr von Astern, unter dem 1430 die hiesige Universität die Erlaubniß erhielt, in der St. Stephanskirche das Doctorat zu ertheilen. † 1439.

Konrad Zeideler, † 1442.

Alexander, Herzog von Massovien, Kaiser Friedrich's des Dritten Mutterbruder, der auch Cardinal, Patriarch zu Aquileja und Administrator der Bisthümer zu Trient und Chur war, † 1444. Er liegt im Frauenchore bei St. Stephan begraben. Im Jahre 1445 übergab Kaiser Friedrich die Propstei dem Grafen Albrecht von Schaumburg. Da er jedoch erst vierzehn Jahre alt war, verwaltete Johann Polzmacher, Probst zu Brünn, und später der Domherr Jodocus Hausner einstweilen die Probstei. Nach seinem Tode, 1470, blieb sie bis 1477 unbesetzt; dann erhielt selbe Johann Peckenschlager, der Sohn eines armen Schmiedes aus Breslau, nachdem er zuvor seiner erzbischöflichen Würde zu Gran, die er sich durch seltene Tugend und Gelehrsamkeit erworben, freiwillig entsagt hatte. Er starb 1489 als Erzbischof von Salzburg, und war der letzte Probst vor Errichtung des Wiener-Bisthumes. — Nun folgte 1480

Thomas Prekoker von Cilia,

1491 Virgilius Kanzler, der 1503, und

Johann Putsch, welcher 1518 starb.

Bischöfe von Wien.

Leo von Spauer, dann bis 1482 provisorisch verwaltet, von Johann, Erzbischof zu Gran.

Bernhard von Rohr, † 1487.

Urban Doczi bis 1490 und von dieser Zeit bis 1499 Johann Vitez.

Bernhard von Polhaim und Wartenburg, welcher früher Doktor der Rechte, 1478 Rektor der Universität zu Padua, dann Domherr zu Passau, und 1499 Probst zu St. Margareth von Dömes in Ungarn war. Er starb am 13. Jänner 1504. Von nun an bis 1509 versah

Franz Bakacs, Bischof zu Raab, das Wiener Bisthum, und dann blieb es vier Jahre ohne Oberhaupt. Im Jahre 1513 erlangte es Georg von Slatkonia aus Laibach, der nebstbei auch sein voriges Bisthum Biben, die Probstei zu St. Niklas in Rudolphswerd und die Pfarre St. Martin in Marautsch, mit Einwilligung des Papstes Leo des Zehnten beibehalten durfte. Slatkonia, ein in der Tonkunst sehr erfahrener Mann, war auch des Kaisers Maximilian des Ersten Rath und Musikdirektor. Er starb 1522. Sein Grabstein, bei St. Stephan, zeigt ihn in ganzer Gestalt, sehr zierlich in rothem Marmor gehauen. Demselben ist sein Brustbild entlehnt, das früher Seite 259 zwischen jenen des Cuspinian und Celtes zu sehen ist.

Aebte des Stiftes Schotten.

a) Schottländer.

Wilhelm der Zweite, bis 1309.
Nikolaus der Erste, bis 1318.
Johann der Zweite, bis 1319. (?)
Mauritz, bis 1337.
Heinrich der Erste, bis 1343.
Nikolaus der Zweite, bis 1346.
Philipp der Zweite, bis Februar 1347.
David, bis 1348.
Wilhelm der Dritte, bis 1349.
Clemens, bis 1372.
Donatus, bis 1380.
Donaldus, bis 1392.
Heinrich der Zweite, bis 1399.
Patrizius, bis 1400.
Albert, bis 1401.
Johann der Dritte, bis 1403.
Thomas der Zweite, bis 1418.

b) Deutsche.

Nikolaus der Dritte, der erste österreichische Abt, erwählt am 13. August 1418, ein großer Gelehrter. Er bezweckte viel Gutes, löste die verpfändeten Güter wieder ein, besserte die beschädigten Gebäude aus, und wird daher in der alten Schotten-Chronik als zweiter Stifter der Abtei betrachtet. Er starb am 8. August 1428.

Johann der Vierte, von Ochsenhausen, der auf dem Baseler Concilium die Rechte des

Stiftes gegen die Anmaßungen der ausgewanderten und sich in Regensburg niedergelassenen Schottländer-Benediktiner, welche ihre früher aufgegebenen Rechte auf die Abtei wieder geltend machen wollten, mit dem glücklichsten Erfolge vertheidigte, und 1443 jenen Theil des noch bestehenden Kreuzganges in der Abtei, welcher von der Pforte in den Speisesaal führt, erbaut hatte, † am 19. Oktober 1446.

Martin, ein sehr gelehrter Mann, bis 1460.

Hieronymus, bis 1466.

Johann der Fünfte, früher Professor der heiligen Schrift an der hohen Schule zu Wien und Abt zu Maria-Zell, bis 1468.

Mathias Fink, vorher Sekretär Kaiser Friedrichs des Dritten und des Königs Ladislaus von Ungarn, bis 1475.

Leonhard, ein großer Gelehrter und vorher Abt zu Maria-Zell, bis 1479.

Stephan Kolb, bis 1481.

Placidus, bis 1482.

Christoph, bis 1485.

Gallus, bis 1486.

Johannes (der Sechste) Hintenus von Lambach, bis 1500.

Johann der Siebente, aus Kremnitz, ein großer Musik-Kenner, bis 1518.

Benediktus (der Erste) Chelidonius, ein gekrönter Dichter, von dem schon früher gesprochen wurde, bis 1521. [99]

35*

35*

Anmerkungen.

1 Dies ist die Ursache, warum das sonst so reiche Archiv der Stadt Wien durchaus keine Original-Urkunden der Hohenstauffischen Kaiser und der Babenberger, ja nicht einmal von Rudolph von Habsburg aufzuweisen vermag. Die älteste, wichtige Urkunde ist des Herzoges Albrecht des Ersten Niederlagsordnung für Wien vom Jahre 1281.

2 Urkunde des Wiener Stadt-Archives.

3 Vigil. Greiderer in Germ. Francisc. T. I. p. 510.

4 Haselbach. Chron. Austr. L. 3. col. 776.

5 Stephan Chriglar verkauft an Herrn Hertleyn Richter ze Preßburch das Haus in der Wollzail, daz da stozzet ze negst an das Rathaus ꝛc. 1315. — Christein des Hainreichs des Alten Chrannest Tochter gibt ihrem Ehewirt Maister Tyloni ihr Haus in der Wolzeil ze nekst an dem Rathaus ꝛc. 1323. Ex Tab. archiepisc. ad an. 1315 et 1323.

6 Histor. Carthus. Mauerbacensis, apud H. Pez. T. II. col. 343.

7 Arenpeckii Chron. Austr. apud H. Pez. col. 1241.

8 Laz. Rer. Vien. Lib. 3. c. 6. et Lib. 4. c. 3.

9 Laz. Rer. Vien. Lib. 4. c. 2. pag. 136.

10 Dieser berühmte Codex, das Eisenbuch genannt, von Herzog Friedrich dem Schönen 1320 eingeführt und 1434 von dem Bürgermeister und Kellnermeister Hanns Steger fortgesetzt, enthält, durchaus auf Pergament geschrieben, die wichtigsten Urkunden der Stadt Wien, mitunter auch solche, wovon keine Original-Urkunden mehr vorhanden sind. Die damaligen Häupter der Stadt sind im Beginne des Buches aufgezeichnet, als: Conrad von Haarmarkt, Hubmeister; Heinrich Chranest, Richter; Otto der Wilfersdorfer, Bürgermeister; Walchun, Stadtschreiber; Conrad der Hannsgraf; dann die Herren: Niklas und Otto von Eslarn, Hermann von St. Pölten, Andreas von Kienmarkt, Stephan der Chrigler, Niklas der Poll, Dietrich der Chleber, Rudolph der Kitzel, Dietrich unter den Lauben, Jakob der Chranest, Pilgrim Mundorfer, Heinrich von Gratz, Michael Wisent und der kurze Leopold.

Anmerkungen.

11 Anonymi Carthus. Gemnicens. Chron. Albert. ducis Austr. II. apud Pez. T. II. col. 376.

12 Fischer: Brev. Not. Vien. P. I. cap. XVI. p. 193.

13 Tabular. Xenodochii civici. — Die Säule hatte die Inschrift: Daz pau ist volpracht zu lob Gots vnd in den eren Mariam vnd zu trost aller gelaubigen seelenhail vnd ist volpracht in die sancti Jacobi Apostoli A. D. MCCCC. XXII.

14 Tab. Beneg. ad S. Magdalenam.

15 Alle diese Urkunden bewahrt das Archiv der Stadt Wien.

16 Anonym. Leobiens. Chron. Lib. VI. in contin. germ. ap. H. Pez. T. I. col. 969.

17 Chron. Monast. Mellicensis ap. H. Pez. T. I. col. 248.

18 „In den Zeiten, wo Alles, was gelten sollte, griechisch oder römisch seyn mußte, machte man Lerchen aus den Adlern, knüpfte sie an die zehnte oder Lerchenlegion, die eine Weile Vindobona's Besatzung war, und besserte sogar die neue Entdeckung in die Chronik des alten, ehrlichen Ortilo hinein!" sagt vortrefflich Freiherr von Hormayr. — Die fünf Adler in Rudolph's Schild zeigen sich aber unwiderleglich an dessen Baue der St. Stephanskirche, so wie an einer höchst merkwürdigen gleichzeitigen Tafel des Wiener-Archives, welche die Namen der Genannten und den vier Stadtvierteln und mehrere Satzungen über Weinbau, Kohlenbrennerei, Fütterer und andere Handwerker, enthält.

19 Man vergleiche sonst noch über Rudolph's Antheil an dem Baue dieser Kirche: die österreich. Chronik bei Hier. Pez, T. I. col. 1149. — Die Chronik des Klosters zu Tegernsee, ebend. T. I. col. 469. — Das alte Todtenverzeichniß der Kathedrale zu Neustadt, bei P. Steyer. col. 280. — Haselbach: Chron. aust. bei Pez. T. II. col. 406, 805; und den Brief des Pfarrers zu St. Stephan, Leopold Sachsengang an Papst Innocenz den Sechsten, abgedruckt bei Tilmetz, S. 139.

20 Tabular. Capit. Cathed. Eccles. Vienn. S. Stephani. — Steyerer in Comment. ad vitam Alberti II. c. 3. pag. 25 et in Addit. c. III. a col. 488. 506. et 514.

21 Alle diese Urkunden bewahrt das Wiener Stadt-Archiv.

22 Conspect. Univers. Vien. — Fischer, Brev. Not. II. p. 36. — Specimen Hist. Cancell. Univers. Vien. p. 35.

23 Geben auch mit Kraft des Briefs .... die Capellen und das Gesezze in dem Münzhof und den Münzhof darzu, gelegen ze Wiene in der Stadt auf den Hof, darin bei alter verlauffener Zeit unser Vorvordern gesezzen und wohnhaft gewesen sind, und fur das Haus, das da genannt ist Musthals sune Haus des Juden, das der ein unser lieber Bruder, Herzog Rudolf dem Got gnad, den vorgeschriebenen unser Frawen bruder ze Wiene gemaint hett, haben wir in geben, und geben jn auch mit Kraft dies Briefs die nach geschrieben Häuser, des ersten Hans des Pauleins Haus, darnach Peters des Suchenwirt Haus, Lienhard Maler Haus, Ulric des Schusters von Scherding Haus, Dietrich des Schusters Haus, Maister Dietrichs des Pogner Haus, der Helblerin auf dem Hof Haus, und Jäckleins von Amstätten Haus, die all um das Kloster gelegen sind, und etlich auf den Hof stössent, mit der Beschaidenhait, daß sie denselben Münzhof mit der Capellen und Gesezze und jren Chirichhof, und auch ander vorgeschriben Hewser und Hofstet mit jren Rechten und Zugehörung gehaben und besitzen sullen und mügen lediklich &c. Siehe diese Urkunde bei Leop. Fischer: Not. Urb. Vind. P. I. p. 115.

24 u. 25. Alle diese Urkunden bewahrt das Wiener Stadtarchiv.

26 Appendix ad Chron. Hageni ap. H. Pez. T. I. col. 1165.

27 Handwerks-, Ordnungs- und Eidbuch der Stadt Wien von 1368 bis 1538 im Stadtarchive.

28 Diese Urkunden liegen im Stadtarchive.

29 P. Barnabas Angerer, von dem Ursprunge der Michaelskirche in Wien. 8. Ohne Jahrszahl.

30 Anonymi Vienn. Chron. I. c. col. 550.

31 Aeneæ Sylvii Piccolomini Opera, edit. Basil. 1571. in fol. p. 718. et ejusd. Epist. edit. Norimberg. 1586. 4.

32 Seifried Helbling, herausgegeben von Theodor G. von Karajan, in Haupt's Zeitschrift, 4. Band.

33 J. E. Schlager's Wiener-Skizzen des Mittelalters. Neue Folge III. 1846. S. 293.

34 J. E. Schlager's alterthümliche Ueberlieferungen von Wien, Seite 14 ff.

35 J. E. Schlager's Wiener-Skizzen. Neue Folge III. S. 345.

36 Dieselben. Neue Folge II. 1842. S. 160—167.

37 Dieselben. 1. Band. S. 253.

38 Haselbach in Chron. Austr. ap. H. Pez. II. col. 890. — Fugger, 5. Buch, 12. Kap. S. 646—652.

39 Beide Urkunden befinden sich im Wiener Stadtarchive.

40 Michael Beheims Buch von den Wienern, herausgegeben von Th. G. von Karajan, S. 3. Vers 23 bis 28; das auch für den ganzen Zeitraum von 1462—1465 benützt wurde.

41 Wolfgangus de Styria ap. H. Pez. II. col. 452 et seq.

42 P. Xystus Schier wiener-Bischöfe. — Tab. Praep. — Duellii Excerp. Genealog.

43 Ueber Wiens Belagerungen durch Mathias Corvin vergleiche: das gleichzeitige Tagebuch des Doctors der Medicin, Tichtel; die Jahrbücher der hiesigen Universität; des Anton von Geusau Geschichte der Belagerung Wiens durch König Mathias von Ungarn, 1805; und J. P. Kaltenbaecks Belagerung Wiens durch Mathias Corvinus, aus den Fakultätsakten der Universität in der Austria für 1842. S. 144.

44 Ant. Bonfinii rer. Ungar. Decad. IV. Lib. V. 593 seq.

45 Ein nun schon höchst seltenes Werk: In diesem Büchlein ist verzeichnet das Hochwürdig Heiligtumb so man In der Loblichen stat Wienn In Oesterreich alle iar an sontag nach dem Ostertag ze zaigen pfligt. Wienn bei Joh. Winterburg 1502. 4. enthält eine genaue Abbildung dieses Bauwerks in Holzschnitten, wovon J. Schlager eine Copie in seine Wiener Skizzen Bd. I. aufnahm. Vergl. P. Fischer: Brev. Not. urb. Vin-

dob. P. IV. Cap. VIII. p. 93. — Ogesser, S. 97, und des Verfassers Werk: Die Metropolitankirche zu St. Stephan. Wien, Gerold 1843. 2te Auflage.

46 Georg's Megerle v. Mühlfeld und Em. Th Hohler's Neues Archiv für Geschichte, Staatskunde, Literatur und Kunst. Erster Jahrgang. Blatt Nr. 17 von 1829.

47 Sämmtliche Urkunden befinden sich im Stadtarchive.

48 P. Mathias Fuhrmann: Alt und neues Wien. II. Theil. S. 722. Chron. Mollicense col. 273.

49 Fischer: Brev. Not. Urbis. Vind. P. II. p. 19.

50 Aus dem Stadtarchive.

51 Cuspinian's Diarium bei Freher. — Odop. Card. Gurc.

52 Diese Urkunde bewahrt das Wiener Stadtarchiv.

53 Diese schätzbaren Bemerkungen über das Münzwesen der Stadt Wien im Mittelalter sind aus der gelehrten Feder meines lieben Freundes Herrn Joseph Feil geflossen.

54 Diese päbstliche Bulle bewahrt das Wiener Stadtarchiv.

55 Des Mathäus Donner und Anton Widmann's Original-Stempel sind seit 1816 in das Archiv hinterlegt worden und ein neuer zum amtlichen Gebrauche von Conrad Lange angefertigt worden.

56 Quem chorum (sagt Peter Bischof zu Marhopol in seinem Ablaßbriefe für die Besucher dieser Kirche) hodie (28. April 1340) reverendus in Christo et Dominus noster Albertus Episcopus. Patavien. nobis eidem assistentibus consecravit. Dat. Viennæ Ann. 1340. Non Cal. Maj.

57 Haselbach's österr. Chronik bei Pez. Rer. Austr. T. II. col. 406. 805.

58 So nennt ihn Hanns Mosbrunner in seiner Kirchenmeisterrechnung vom Jahre 1404. In den früheren Beschreibungen des Domes legte man ihm den Namen Georg Hauser bei, eine Angabe, die mein Freund Alops Primisser schon in des Freiherrn von Hormayr's Geschichte Wien's siegreich bestritten hat. Die sechs Pergamentrisse im Wiener Stadtarchive, welche zu diesem Irrthume Anlaß gegeben haben, sind unverkennbar von dem Baumeister Gregor Hauser erst bei der Ausbesserung der Thüren 1519 gezeichnet worden.

59 Nach den Original-Kirchenmeister-Rechnungen, welche im Archive der Stadt Wien aufbewahrt werden. Die älteste ist von 1404. Wenzla kommt in dieser zuletzt am Samstag nach Jacobi des Apostels vor. Seinem Gedächtniß zu Ehren wurde in der nächsten Woche ein feierliches Seelenamt abgehalten, und am Samstag derselben, nämlich am St. Stephanstag, „im snit als er erhaben ist", führt Peter von Brachawitz (Brachabiez), der wohl schon früher dem durch Alter sehr geschwächten Meister als Gehülfe beigegeben war, die Oberleitung des Baues. — Die übrigen Rechnungen sind von 1415, 1416, 1417, 1420, 1422, 1426, 1427, 1429 und 1430. In der Woche „Esto mihi" 1429 verschwindet Peter plötzlich aus der Rechnung, und am Samstag Invocavit trifft man Hannsen als Werkmeister. Es ist derselbe Hanns von Brachadiez, den der unermüdete Forscher J. E. Schlager so glücklich war in dem städtischen Grundbuche (Buch der Obligationen C. vom Jahre 1439 fol. 370 verso) als Vollender des Thurmes aufzufinden. Die Urkunde, welche in dessen Wiener Skizzen N. F. III. 1846 mitgetheilt wurde, lautet also: „Anno domini MCCCCXXXVIIII. tempore dominorum Michel Lydenvelder et Dyetz Starchant. Peter Spiegler hat versazt sein haus, gelegen bey den Himmelporten zu Wien, zenagst Mathesen Helbling des Stainmeczn haus an ain tail, vnd an dem andern zenachst Kunczen Wiser des peckchen haws, dem erbern weisn Kunraten Rottinger diezeit ainer des Rats ze Wien an statt vnd als Gerhab'n Junkfrawn Annen maister Hannsen von Brachadiez des pawmaister zu sand Stephan seligen tochter vnd Irn erben, umb zway vnd dreißig phunt vnd sechs Schilling wien. phenn. Die herkomen sind von dem egen. haws daz der Kunr. Gerhab mitsambt Margareten, Marten des Jegerhofer Hausfraw auch des egen. maistr. Hannsn tochter, dem vorgen. Spiegler verkaufft haben, vnd sind zu bezaln auf den nagst kunftigen sand Veitstag an verziehen. Actum an Montag nach sand Jacobstag im Snit — Anno xxxviiij (27. Juli 1439) Wer nach dessen Tod bis zum Jahre 1446, da Hanns Puchsbaum vermöge der bei Tilmez S. 93 angeführten Aufnahmsurkunde Werkführer bei St. Stephan war, den Bau leitete, bleibt noch zu erforschen. Die frühere Annahme, Anton Pilgram von Brünn sey der Vollender des hohen Thurmes, ist demnach ganz ungegründet und ihm gebührt nur, nach der meines Erachtens hier richtigen Aufzeichnung in den Baumeistertafeln, ein kleiner Antheil bei der Aufführung des neuen unausgebaut gebliebenen Thurmes. — Ueber die 1433 erfolgte Vollendung des großen Thurmes übrigens giebt die gleichzeitige Chronik eines Unbekannten, in Pez Script. R. A. T. II. col. 550 mit den Worten Auskunft: „Anno mill. trices. tertio hat man den Chnopff auf den Turn ze Sant Stephan gesazt, das die höch dez Turns ist vollbracht worden." — Siehe zu dem auch Feil's kritischen Aufsatz über den Stephansdom, in Schmidl's österr. Blättern für Literatur und Kunst 1845, S. 165 ff.

60 Die hier nach Buchsbaum folgenden Kirchenbaumeister sind theils den Gewährbüchern des städtischen Grundbuches, theils den Tafeln des hiesigen Baumeister-Archives entnommen.

61 Sämmtliche Maße sind nach des rühmlichst bekannten Architekten Ladislaus Rupp, eines Wieners, und des geschickten Architekturzeichners Chr. Wilder aus Nürnberg geometrischer Aufnahme des Domes im J. 1825 und 1826; in manchen Theilen berichtigt durch den sel. Stadtbau-Inspector Anton Behsel. Vergl. mein mit 45 Kupfertafeln versehenes Werk über den Dom. 1832. in Folio.

62 Alle diese Steinbilder, sowie jenes beim Riesenthor, waren wohl anfänglich mit Gold und bunter Farbe bemalt.

63 Cuspinian giebt 480 Werkschuh, Ressiyko 448, der Almanach von Gotha, Jahrgang 1811, 425; Jeckels Altographie $431\frac{1}{2}$, Aman 420 Wiener Fuß als die Höhe des Thurmes an. Des Stadtbau-Inspectors Behsel und des Architekturzeichners Chr. Wilder 1826 und 1827 angestellte Messungen geben 72 Klafter 1 Fuß 3 Zoll Wiener Maaß als Resultat, welches auch, die kleine Abweichung von 1 Fuß 3 Zoll abgerechnet, fast mit jener übereinstimmt, die bei Gelegenheit der Aufrichtung des Wetter-Ableiters am Dome veranstaltet wurde.

64 Siehe Darstellung des Verfahrens bei Berechnung der Abweichung des Thurmes bei St. Stephan von der vertikalen Lage 1810 von Marschner und Bilsack.

65 So sah den Thurm Aeneas Sylvius Piccolomini, der ihn mit folgenden Worten rühmte: „Divi Stephani delubrum admirabilius est, quam nostris exprimi verbis queat. Cujus turrim cum aliquando inspexissent Bosnensium Legati, et tum artificium, tum altitudinem admirati essent, in eam sententiam verba profuderunt, ut turrim illam pluris constitisse dicerent, quam regnum Bosnae venundari posset." De Germ. Cap. 16.

66 Später wurde sie die siebenbürgische genannt, nach dem angesehenen Bürger Sigmund Siebenbürger, der für selbe mehrere Stiftungen machte, und auch hier 1506 beerdigt wurde. Das hier befindliche Grabmal des berühmten Feldherrn Eugen Prinzen von Savoyen gab ihr die Benennung Eugens-Capelle; doch legt man ihr auch oft den Namen Kreuz-Capelle bei, nach dem großen geschnitzten Crucifix, welches ihren Altar schmückt.

67 Nach den Akten dieser Kirche im Stadtarchive. — Vergl. auch das Büchlein: „Ueber die Kirche von Mariastiegen von Böckh nach Bergenstamm, Wien 1829. 8. 2te Auflage.

68 Die Maaße der Minoriten- oder italienischen Kirche sind sämmtlich nach des Architekten Ladislaus Rupp Aufnahme.

69 Siehe das Büchlein: Ursprung der Kirche St. Salvator nächst dem Rathhause in Wien, (von Bergenstamm) 1812; und die Wiener-Archivesakten über diese Capelle.

70 J. E. Schlager's Wiener-Skizzen I. Bd. S. 203 ff.

71 Die hier aufgeführten Künstler sind den Baumeister-Tafeln, den städtischen Archivs- und Grundbuchs-Akten entnommen.

72 Gerbert Topogr. P. I. L. III. c. II. fol. 171. — Tilmez: Die St. Stephanskirche, deutsche Ausgabe S. 289, zu dessen Zeit die Inschrift noch vollständig zu lesen war.

73 Vergleiche die Kirchenmeister-Rechnungen von 1430.

74 Dieselbe, von 1530: „Item Meister Heinrichs Marmeltaufstein putzt zu St. Stephan." Zu Folge des Trautsohn'schen MS. stand dieser Taufstein ursprünglich in der Mitte der Kirche hinter dem St. Marcus-Altar, der 1461 „in den Ehren Aller gläubigen Seelen" eingeweiht wurde. Im Jahre 1662 wurde er in die Herzogen-, jetzige Eligius-Capelle, und 1780 an seine jetzige Stelle versetzt.

75 J. E. Schlager's alterthümliche Ueberlieferungen von Wien, S. 151.

76 Dieser berühmte Künstler starb 1493 zu Wiener Neustadt. Duellius, de fundat. templi Cathedralis Neostad. p. 32 führt seine Grabschrift also an: Anno domini 1493, am Tag vor St. Janat. Hinr. starb der kunstreiche Maister Niklas Lerch, der Chayser Friedreichs Grabstein gehauen hat und erhelt, werichmaister des großen Baus ze Straßburg und daselbst Bürger. — Siehe auch Cuspiniani de Caesaribus p. 412; die Beschreibung dieses Monuments vom Grafen Nogarola aus Vicenza, und jene bei Wicardus Bartholinus, im hodoeporico Matthiae Gurc. Episcopi ap. Freher SS. RR. Germ. T. II. p. 620. In meiner Folio-Ausgabe über den St. Stephansdom, 1832, führen die Tafeln 36—40 dieses Grabmal vor.

77 Nach Emil Trimmel's neuester Entdeckung im Hofkanzlei-Archive. Früher wurden sie sehr mannigfaltig gedeutet, wie z. B. Austria Erit In Orbe Vltima. — Austriae Est Imperare Orbi Vniverso. — Aller Ehren Ist Oesterreich Voll. — Alles Erdreich Ist Oesterreich Unterthan.

78 In des Verfassers Folio-Ausgabe über den Dom von 1832 bilden sie die Kupfertafeln 25—33.

79 Nach den gleichzeitigen Aufschreibungen des Oberkammeramtes der Stadt Wien.

80 Die hier angeführten Siegeln sind in Wachsabdrücken im Wiener Stadtarchive vorhanden.

81 Nach den Zeitbüchern des städtischen Oberkammer- und Kirchenmeisteramtes, des Grundbuches ꝛc.

82 Des Weihbischofes Breitenbücher MS. in der Bibliothek des hiesigen Metropolitan-Domcapitels.

83 Abgebildet in des Verfassers Folio-Ausgabe des St. Stephansdomes von 1832.

84 Nithart's Gedichte, Lieder und Schwänke finden sich abgedruckt in der sogenannten Manessischen Sammlung II. S. 71—86 und in von der Hagen's Minnesängern. Vergl. seine Biographie von Wilh. Wackernagel ebendas. Bd. IV, 434—448.

85 Seifried Helbling, herausgegeben von Th. G. von Karajan, Leipzig 1844. 8. (Im 4. Bande der Zeitschrift für deutsches Alterthum.)

86 Peter Suchenwirt's Werke aus dem vierzehnten Jahrhundert, von Alois Primisser. Wien 1827. 8.

87 Ueber Heinrich den Teichner, einen Wiener Spruchdichter des vierzehnten Jahrhunderts, von Julius Max Schottky. Wiener Jahrbücher der Literatur Bd. I. 1818 Anzeigeblatt, Seite 26.

88 Michael Beheims Buch von den Wienern 1462—1465 von Th. G. von Karajan 1843. gr. 8.

89 Ueber Heinrich Langenstein, Heinrich von Oyta, Johann von Gmunden, Georg von Peurbach, Thomas Haselbach, Johann Stab, Andreas Stiborius, Ricutius, Bellini und Joachim von Watt, siehe Khautz Versuch einer Geschichte österreichischer Gelehrten. Frankfurt und Leipzig, 1755. 8. und Histor. Cancelar. Univers. Vienn.

90 H. L. Kraus: Die Pfarre und Kirche St. Laurenz im Schottenfeld. 1826. S. 117.

91 De vita et scriptis Conradi Celtis Protucii praecipui renascentium in Germania literarum restauratoris, primique Germanorum poetae laureati opus posthumum B. Engelberti Klüpfelii Friburgi Brisgoviae 1827. 4. II. P., und die Recension hierüber in den Wiener Jahrbüchern der Literatur Bd. 45. S. 141. Eine Abbildung des Grabsteines befindet sich in den zu Nürnberg 1822 erschienenen Beiträgen zur Kunst- und Literaturgeschichte von Heller und Jäck, und in meiner Beschreibung des Stephansdomes, Kupfertafel XXXXI.

92 Siehe die 40. Kupfertafel desselben Werkes.

93 Lambec. Coment. de B. c. V. lib. II. pag. 968.

94 Sämmtliche Urkunden bewahrt das Wiener Stadtarchiv.

95 Eid- und Handwerksbuch der Stadt Wien von 1368—1533 im Stadtarchive.

96 J. E. Schlager's Wiener-Skizzen I. Bd. 1836. 8. pag. 1.

97 Gerh. v. Rhoo Annal. Austr. L. III. — Odoporicon Card. Gurc. — Fugger's Ehrenspiegel des Hauses Oesterreich, Lib. 3. c. 5. pag. 317. — Von der Hagen's Minnesänger 3, 202. — Des Hanns Sachs Fastnachtspiel: Der Neidhard mit dem Fetzhel.

98 J. E. Schlager's Wiener-Skizzen. I. Bd. 1836. 8. p. 267—270.

99 Die Bürgermeister, Stadtrichter, Judenrichter und Münzmeister erscheinen hier zum ersten Male vollständig und urkundlich erwiesen; so auch die Pfarrer, Pröbste zu St. Stephan und Bischöfe von Wien. Die Reihenfolge der Aebte des Stiftes Schotten ist dem Büchlein über die Pfarre und Kirche St. Laurenz im Schottenfeld von Pfarrer H. C. Kraus, Pfarrer daselbst und Capitular des Stiftes Schotten (Wien 1826, 3te Auflage) entnommen, erhielt jedoch manche wichtige Berichtigung.

Viertes Buch.

Vom Jahre Christi 1520 bis 1740.

Viertes Buch.

Wien unter den Habsburgern, von Ferdinand dem Ersten bis zum Tode Carl des Sechsten.

Erstes Kapitel.

Die Habsburger aus der spanischen Linie.

Kaiser Maximilian hatte in seinem Testamente unter Anderm angeordnet, daß die von ihm aufgestellten Beamten der österreichischen Provinzen bis zur Ankunft eines seiner Enkel, Carl's oder Ferdinand's aus Spanien, einstweilen ungestört in ihren Aemtern und Würden verbleiben und die Landesverwaltung fortführen sollten. Allein bei der im Monat Februar 1519 gehaltenen Stände-Versammlung nahm die Sache eine ganz andere Wendung. Mit einer Dreistigkeit ohne Gleichen vernichtete eine kühne Parthei der Stände, von einem Trupp unruhiger Wiener Bürger unterstützt, das Testament des Landesfürsten, zwang die darin aufgestellten obrigkeitlichen Personen, an deren

Viertes Buch.

Wien unter den Habsburgern, von Ferdinand dem Ersten bis zum Tode Carl des Sechsten.

Erstes Kapitel.

Die Habsburger aus der spanischen Linie.

Spitze der Landeshauptmann Georg von Rottal und der Kanzler Hans Schneidböck standen, aus der Stadt nach Neustadt zu fliehen, und führte schnell eine neue Landesverwaltung ein. Vierundsechzig Ausschüsse, aus jedem der vier Stände sechzehn, maßten sich die gesetzgebende, und ein Directorium von sechzehn Gliedern, aus jedem Stande vier, die ausübende Gewalt an. Diese Afterregenten forderten den Eid der Treue, plünderten den öffentlichen Schatz, prägten Münze, bedrängten auf das härteste die Anhänger der alten Regierung, sowie sie sich verschwenderisch freigebig gegen ihre Ergebenen bezeugten; und statt des Stadtrathes erhoben sich nun auch hundert Handwerker, welche alle Aemter und Einkünfte Wiens sich zueigneten. Persönliche Herrschsucht, Eigennutz, Rache, vielleicht auch fremder Einfluß von dem sich als Nebenbuhler Carl's um die Kaiserkrone bewerbenden Franz des Ersten, Königs von Frankreich, und die darauf gestützte Hoffnung, daß nicht so bald einer der so weit entfernten Erzherzoge nach Oesterreich kommen dürfte, scheinen die eigenmächtigen Gewaltschritte der Stände und Wiener Bürger herbeigeführt zu haben. Die Häupter dieser Meuterei waren die Barone Michael Eytzinger, der Landmarschall Hans von Puchheim, Martin Capin von Hermannstadt, gewöhnlich 'der Doctor Siebenbürger' genannt, der seit 1505 drei Mal Decan der juridischen Facultät und von 1512—1517 Stadtrichter war, ein grundgelehrter Mann, aber des Kanzlers Hans Schneidböck ärgster Feind, da ihn dieser seines leidenschaftlichen Verfahrens wegen bei einem Prozesse hatte absetzen lassen, — ferner der frech-verwegene Gärber Hans Rinner, der abgedankte Pedell und Cursor an der Hochschule Hans Herkules, Niclas Zimmerer, eines Fleischers Sohn, und Benedikt Judinger, welch Letztere die Bürger und den Pöbel von Wien auf ihre Seite gebracht hatten.

Die von ihren Posten vertriebenen Landesverwaltungs-Mitglieder hatten sogleich den Erzherzogen Carl und Ferdinand den Umsturz der Regierung in Oesterreich berichtet; und auch die Eingedrungenen sendeten Abgeordnete an ihre Herrscher, die denselben zwar Audienz, aber nur unbestimmte, trockene Antworten und Verweisung auf gelegnere Zeit ertheilten. Sonach, am 10. September 1520, ordnete Carl den Kammerrichter Sigmund Grafen von Haag, Kasparn von Volkersdorf, Landmarschall in Oesterreich, und Wilhelm von Zelking, Hauptmann zu Heinburg, nach Wien ab, die Wahl des Hanns Rinner zum Bürgermeister und seiner Mitgesellen in den Stadtämtern aufzulösen und eine neue nach altem Rechte zu veranstalten.

Endlich, nachdem Carl in Aachen am 23. October 1520 die deutsche Krone empfangen, dann auf dem Reichstage zu Worms am 28. April 1521, und weiter zu Brüssel am 30. Jänner, 1. und 18. März 1522 der berühmte Theilungsvertrag zwischen den Brüdern zu Stande gekommen war, vermöge welchem Carl für sich Spanien, Neapel und Sicilien, die Niederlande, Burgund, und Indien; Ferdinand aber Oesterreich ob und unter der Enns, Steyermark, Kärnthen und Krain, das adriatische Küstenland, Tirol und die Vorlande, Elsaß und das von dem geächteten Herzog Ulrich verwirkte Würtemberg, behielt: — erschien Letzterer im Frühling 1522 in Oesterreich und feierte am

27. Mai das Beilager mit der ungarischen Erbprinzessin Anna zu Linz mit außerordentlicher Pracht. Unerwartet traf er am 12. Juni zu Klosterneuburg ein, umgieng dann Wien und begab sich nach Neustadt, wohin er auf den 8. Juli die wirklich eingesetzten Regenten und Alle diejenigen vorladen ließ, die an der eigenwillig eingeführten Veränderung der Landesverwaltung Antheil genommen hatten, um darüber Rechenschaft abzulegen. Erzherzog Ferdinand hörte an diesem Tage beide Partheien auf offenem Markte, und am 23. Juli erfolgte das Urtheil: daß jene, die dem Testamente des Kaisers Maximilian entgegen die alte Regierungsform umgestoßen hatten, als Aufrührer erklärt und dem Landesfürsten mit Leib und Gut verfallen seien. Ferdinand sah sich vor, daß die Verbrecher Reue bezeugen und um Gnade flehen würden; allein sie verblieben in Trotz und Starrsinn. Im gerechten Unwillen darüber ließ er sie nun gefangen nehmen, und dann am 9. August die Barone Puchheim und Eytzinger, am 11. aber den Martin Siebenbürger und die Wiener Bürger Rinner, Friedrich Püsch, Stephan Schlagnitweit, Martin Flaschner und den von den Aufrührern bestellten Falschmünzer Johann Schwarz auf dem Platze des offenen Gerichtes in Neustadt durch das Schwert hinrichten. Ihr Sachwalter Doctor Gamp wurde auf drei Jahre des Landes verwiesen; die übrigen in die Untersuchung genommenen Bürger hielt man aber noch lange in strenger Haft.

Schon vor Martin Luther's Religions-Reformation hatte in Wien der Passauer Official Hans Kaltenmarker ähnliche Lehren behauptet und verbreitet; und gleichzeitig mit diesem berühmten Reformator eiferten Philipp Turriano, Comthur zum heiligen Geist am Hospital an der Wien, so wie die beiden Cistercienser Jakob und Theobald, heftig wider den Ablaßverkauf und den Bilderdienst. Die neue Lehre hatte in Wien nicht so bald Eingang gefunden, als sie auch schon mächtig um sich griff. Aus den Klöstern St. Jakob, St. Laurenz, zur Himmelspforte entsprangen mehrere Nonnen, und eine bedeutende Zahl von Geistlichen verehelichten sich, nach dem Vorgange Luthers. Dem Erzherzoge Ferdinand, mit übergroßer Strenge und Unduldsamkeit in den Grundsätzen des Katholicismus in Spanien erzogen, mußten natürlich solche Vorgänge ein Gräuel dünken und seine Verabscheuung erwecken. Er fand sich daher bestimmt, in Wien ein Glaubensgericht aus zwölf Gliedern der Hochschule zusammen zu setzen, welchem Bischof Johann von Revellis vorstand. Die Stadträthe Caspar Tauber und Hans Voystler, der Hospital-Priester Jakob Peregrin und Johann Päsel, ein Priester aus Wiener-Neustadt, waren die ersten, welche vor dieses Gericht gezogen wurden. Durch Widerruf und Kirchenbuße entledigten sie sich der Strafe; Tauber aber, der bald wieder abgefallen war, mußte 1523 den Flammentod erleiben. Diesem blutigen Opfer der Religionsmeinung folgten bald andere nach. Balthasar Hubmayer von Friedberg, einer aus der Secte, welche das weltliche Reich Christi wiederherstellen und alle Fürsten und bösen Obrigkeiten erschlagen wollte und die Erwachsenen zum zweiten Male taufte, hatte sich nach Nikolsburg begeben, und dort unter dem Volke gefährliche Schwärmereien, unter dem Schutze der Herren

Leonhard und Hans von Lichtenstein erregt, welche sich bald auch über Oesterreich ausbreiteten. Ferdinand begehrte daher des Hubmeyer's und seines Weibes Auslieferung. In schweren Ketten wurden sie nach Wien gebracht, wo beide lange in dem Kärnthnerthurme schmachteten. Später war in Greifenstein's Kerkernacht eine Schlange, die er bezähmt hatte, seine einzige, treue Gefährtin. Die berühmtesten Gottesgelehrten bemühten sich, ihn zum Widerruf zu bewegen; alles aber war fruchtlos, — und so wurde er dann am 10. März 1528 auf der Heide bei Erdberg verbrannt; sein Weib aber, das ihn noch in der Todesstunde zur Standhaftigkeit ermuntert hatte, wenige Tage darnach im untern Werd mit einem Steine am Halse über die Brücke in die Donau gestürzt. Seine eifrigsten Anhänger, ein Schuster und ein Bauer, fanden gleichfalls den Tod auf dem Scheiterhaufen. Mitten aus dem Gepraßel der Flammen ließen sie den Gesang der Wiedertäufer: „Komm heiliger Geist!" erschallen, und das zur Schwärmerei aufgeregte Volk vermeinte eine weiße Taube gesehen zu haben, die aus der verzehrenden Glut sich hoch in die Luft aufschwang.

Weit furchtbarer als selbst die inneren Gährungen, welche die Kirchenspaltung herbei geführt hatte, zeigte sich des Unglücks Gewittersturm, welcher nun von Osten über Oesterreich hereinbrach und die ganze Fülle seines Grimmes insbesondere über Wien ergoß.

Suleiman, der Sieger über Persien, Syrien und Aegypten, hatte kaum (im Todesjahre Maximilian's) den Thron seines Vaters Selim bestiegen, als er den kühnen Vorsatz faßte, sich das ganze Mittel-Europa zu unterjochen. Während nun der bei der Palatinswahl übergangene Johann von Zapolya, Graf von Zips und Woywode von Siebenbürgen, racheschnaubend die verderblichsten Entwürfe schmiedete, erstürmte Suleiman unerwartet am 29. August 1521 Belgrad, nahm dann Peterwardein und rückte immer weiter in Ungarn vor. Endlich am 29. August 1526 bot ihm König Ludwig in Mohacz sumpfiger Ebene, unweit von Fünfkirchen und Essek, eine Schlacht an, welche sich jedoch durch Suleiman's Uebermacht und die vorsätzliche Unthätigkeit des unzufriedenen Grafen Zapolya zum Nachtheile der Ungern entschied. Ihr Oberfeldherr und Erzbischof Paul Tomori von Colocza, viele Bischöfe und Großwürdenträger blieben auf dem Platze, und der unglückliche Ludwig kam auf der Flucht im Moraste um. Kaum vermochte sich der Palatin Bathory mit viertausend Mann unter dem Schutze der Nacht zu retten. Den Türken war somit der Weg nach Laybach, Gratz oder Wien geöffnet, und wirklich streiften sie schon bis an den Platten- und Neusiedlersee, alles mit Feuer und Schwert verheerend, als Suleiman, auf die Nachricht von ausgebrochenen Unruhen in Asien, eben so plötzlich wieder abzog.

Doch bald fand sich für ihn wieder eine Gelegenheit, Ungarn zu verwüsten. Da der König von Ungarn Ludwig der Zweite in der Schlacht umgekommen war, ohne einen Leibeserben zu hinterlassen, so machte Ferdinand, als Gemahl von dessen einziger Schwester und vermöge der von Friedrich und Maximilian mit Ungarn geschlossenen Erbverträge, seine Ansprüche auf die Krone geltend. Allein Johann Zapolya wußte es durch Umtriebe bald dahin zu bringen, daß er selbst von einem großen Theil des Adels zum König gewählt, und als solcher am 11. November 1526 zu Stuhlweißenburg gekrönt wurde. Doch mehr des Palatins Bathory Haß wider Zapolya als die Anerkennung des Erbrechtes lenkte schon am Reichstage zu Preßburg, 26. December 1526, die Wahl einer zahlreichen Gegenparthei auf Erzherzog Ferdinand, welcher auch von den Böhmen sogleich als König anerkannt wurde. Ferdinand versprach den unger'schen Gesandten, welche ihm diese frohe Kunde hinterbrachten, mittels Urkunde d. d. Wien 19. Jänner 1527 des Reiches Freiheiten, Sprache und Nationalität zu bewahren und den Türken Belgrad wieder zu entreißen, und begab sich Anfangs August persönlich nach Ungarn, wo er zu Gran und Ofen für Wien einen Freiheitsbrief und die Polizeiordnung unterfertigte. Zapolya fand er, ihm gegenüber, im offenen Felde. Aber schon am 21. August 1527 lieferte ihm Altgraf Niclas Salm nächst Tokay solch eine bedeutende Niederlage, daß er, später auch bei Erlau und Szinye überwunden, sich nach Polen flüchten mußte. Zapolya suchte nun seine Rettung im Bunde mit Suleiman, der seitdem die Ruhe in Asien wieder hergestellt hatte, und sandte 1528 den Palatin von Siradien, Hieronymus Laszky, an die Pforte, um wegen Ungarns Besitz gegen einen Jahres-Tribut zu unterhandeln. Der Sultan und sein berühmter Großwessir Ibrahim giengen in dessen Vorschlag ein, und so brach denn am 10. Mai 1529 Suleiman mit einem Heere von dritthalbhunderttausend Mann und dreihundert Geschützstücken von Constantinopel auf. Die verhängnißvolle Ebene von Mohacz war es wieder, wo Johann Zapolya von sechstausend Reisigen begleitet dem Sultan huldigend die Hand küßte. Am 7. September besetzten die Türken Ofens Thore und sieben Tage darnach wurde Zapolya, aber nicht durch den Sultan selbst, sondern geringschätzig genug nur durch den Segbanbaschi und den Bevollmächtigten Suleiman's in Ungarn, Aloisio Gritti, auf den Thron der Arpaden gesetzt. Nun ward Semendras Statthalter, Mohammedbeg, zur Lichtung und genauen Kunde des Landes voraus gegen Wien gesendet, und am 21. September 1529 überschritt Suleiman bei Ungerisch-Altenburg die Gränze.[1] Dreißigtausend Akindschi d. i. Renner und Brenner, von den Deutschen Sackmann genannt, unter Michaloghli's Oberbefehl, bedeckten zugleich die Gegend um Wien. Verstümmelte Körper der Landleute und Rauchsäulen von brennenden Dörfern bezeichneten den Weg dieser Wüthriche, die Alles vernichtend bis gegen Linz und in die Steyermark schwärmten.[2] Paul Bakics und Sigmund Weichselberger jagten ihnen, so wie sie sich der Stadtmauer näherten, mit zweihundert Reitern sogleich entgegen, tödteten welche und machten einen Gefangenen, der dann am 22. September bei der Schlagbrücke in die Donau geworfen ward. An den nächsten zwei Tagen, dem 23. und 24. September, sahen sich die Wiener gezwungen ihre Vorstädte zu zerstören, mit deren Holzwerk sie die Basteyen befestigten; die Akindschi aber verbrannten das Karthäuserkloster vor Wien, die Taborbrücke und ermordeten jämmerlich die Siechen des Spitals zu St. Marx. Ein Ausfall, den man mit fünfhundert Reitern bei dem Stubenthor gegen sie unternahm, fiel so unglücklich aus, daß drei davon getödtet, sieben aber, hierunter der Fahnenjunker des Grafen Hans von Hardeck, Christoph von Zedlitz, in die Gefangenschaft der Türken geriethen, die dann sieben Christenköpfe, drei der ihrigen und vier der Siechen von St. Marx, auf Spieße gesteckt dem Sultan bis Ebersdorf entgegen tragen mußten. Suleiman befrug sie um die Stärke der Besatzung und Ferdinand's Aufenthalt, und auf die Antwort: „daß sie zwanzigtausend Mann stark und ihr Herrscher im Lande ob der Enns sey“, erwiederte er: „Er sey Willens dem König nachzuziehen bis er ihn finde; jedenfalls wolle er aber am Michaelstage sein Mahl in Wien zu sich nehmen. Bei freiwilliger Uebergabe der Stadt wolle er Leben und Gut schonen, im Gegenfalle aber selbst das Kind im Mutterleibe ermorden lassen!“ [3] Zedlitz und drei der Gefangenen behielt er bei sich, die übrigen aber ließ er wohlbeschenkt mit dieser Botschaft frei in die Stadt ziehen.

Am 26. September war endlich Wien ringsum von den Türken eingeschlossen. Auf der Simmeringer Heide, da wo jetzt das Neugebäude steht, erhob sich Suleiman's Prachtzelt, bewacht von fünfhundert Ssolak's und umlagert von sechs Rotten regelmäßiger Reiterei und zwölftausend Janitscharen, dem Kerne des osmanischen Heeres. Zur Linken des Hauptquartiers nach Schwechat hin, war das Lager des Beglerbeg von Anatoli; von Simmering bis an den Wienerberg jenes des Großwessirs Ibrahim Pascha; rechts von Simmering aber das des Defterdars. Von hier etwas entfernt lagen die Zelte der ungarischen Verräther, als des Kronhüters Peter Pereny, des Bischofes von Gran Paul Varday, des gelehrten Freundes Zapolya's Simon Athinai und des Sultans Reichsverweser in Ungarn Aloisio Gritti, eines natürlichen Sohnes des gleichnamigen Dogen von Venedig. Von einem zwölf Schuh tiefen Graben und eben so hohem Erddamme umgeben, breitete sich in der Queer von St. Marx bis zum Wienerberg hin die Artillerie aus, versehen mit dreihundert Kanonen, Karthaunen, Falkaunen, Schlangen und Singerinnen. Die übrigen Befehlshaber des in sechzehn Lagern gescharten Heeres waren also vertheilt. Hinter dem Wienerberge der Pascha von Belgrad, Kutschuk Balibeg, welcher die Vorhut, und von hier gegen die Stadt herum bis zum Siechenhaus, der Klagbaum genannt, Chosrew der Pascha von Bosnien, der die Nachhut leitete; vor dem Burgthore bei St. Ulrich der Beglerbeg von Rumili mit den Kroaten, Bulgaren und Serbiern; gegen Döbling der Sandschak Statthalter von Semendra, und von Sporkenbühel, dem jetzigen Himmelpfortgrund, bis gegen Heiligenstadt jener von Moßtar; vor dem Stubenthore der Pascha Statthalter von Rum (Amasia), und längs der Donau bis Nußdorf der Kasim Woiwoda mit den Martolosen und Naßadisten (Gränzern und Matrosen der Donauflotte). [4]

Solch einer Macht nun sollte Wien Trotz bieten, dessen damals auf das äußerste vernachläßigte Festungswerke nur in einer uralten kaum sechs Schuh dicken Mauer mit baufälligen Thürmen und Bollwerken und einem fast ganz ausgetrockneten Graben mehr geeignet den Feinden zur Anlegung von Minen beförderlich zu seyn, bestanden. Wiens Schutz und Schirm war demnach mehr auf den Felsenmuth der Vertheidiger hingewiesen — und es siegte. Unter den Vordermännern derselben ist zuerst Philipp, Pfalzgraf vom Rhein zu nennen, der die Stelle seines Vetters Friedrich's, Pfalzgrafen vom Rhein, Herzogs in Baiern, vertretend, die Truppen des Reichs befehligten, dessen letzte zwei Fähnlein von Nürnberg (welche zwischen Traismauer und Tuln fünftausend Flüchtlinge aus Wien begegnet hatten, die hernach den Sackmann in die Hände fielen und grausam niedergemetzelt wurden) erst am 25. September voll kühnen Muthes vor den Augen der Türken in die Stadt eingezogen waren. Als vier mächtige Stützen im Oberbefehle standen ihm zur Seite: der königliche Rath, Kämmerer und Verwalter der obersten Feldhauptmannschaft der österreichischen Lande Graf Niclas von Salm, ein unter den Waffen grau gewordener Held, doch noch immer voll riesiger Kraft; sein Freund und Schwiegervater Wilhelm Freiherr zu Roggendorf, Herr auf Hernols, königlicher Rath, Kämmerer und Feldmarschall; Maximilian Beck von Leopoldsdorf, Doctor der Rechte, Rath, Obrister, Proviantmeister und Vicedom in Oesterreich unter der Enns; Ulrich Leyser, Kriegsrath und oberster Zeugmeister in Niederösterreich. — Freiherr Georg von Puchhaim zu Rops und Krumbach war König Ferdinand's Statthalter im Lande Oesterreich unter der Enns. Von seinen Kriegsräthen thaten sich insbesondere hervor: Freiherr von Fels, Obrist über sieben Fähnlein; Hans von Greißenek, Erbkämmerer in Kärnthen und Stadthauptmann von Wien; Niclas Rabenhaupt von Sucher, n. ö. Kanzler; Eck von Reischach, Obrist über sechs Fähnlein; Niclas von Thurn, Obrist über Reisige und Spanier; Hans Katzianer, Landeshauptmann in Krain und Obrist der leichten Reiterei; die Böhmen Bernhard und Kaspar von Ritschan, der oberste Zeugmeister in Oberösterreich Otto von Achterdingen, und der Unterfeldmarschall Hans Pfaltrer. Unter den übrigen Hauptleuten und Offizieren glänzten hervor: Ruprecht Graf von Manderscheid, Wolfgang Graf von Oettingen, Rudolph von Pappenheim, des h. R. Reiches Erbmarschall; Hans von Hardegg, Erbschenk in Oesterreich; Rochus von Trautmannsdorf; Wilhelm von Herberstein, Oberststallmeister, und mehrere Schwarzenberge, Starhemberge, Auersberge, Lichtensteine, Wolkensteine ꝛc. sämmtlich aus Oesterreich; die Kärnthner Georg Wildenstein, Christoph Saller, Bernhard Lochner; dann die Steyermärker: Wilhelm Gall, Christoph Lamberg, Melchior und Andreas Stadler; die Böhmen: Wilhelm Kinsky, Peter von Prosetz, Melchior Krekhwiz; die Spanier: Melchior de Villaret, Juan de Aquilera, Don Juan de Salamanca; endlich aus Wiens Bürgerschaft: ihr tapferer Hauptmann Leonhard Hauser; der Bürgermeister Wolfgang Treu; der Stadtrichter Paul Bernfuß, sowie die Rathsherren Sebastian Eyseler, Sebastian Schranz und Wolfgang Mangoldt. [5]

Noch vor dem Erscheinen der Türken wurden die Vorstädte, welche damals ganz nahe an den Ringmauern der Stadt, etwa an der Stelle des heutigen Glacis lagen und nebst einigen Kirchen, Klöstern, Spitälern und Wirthschaftsgebäuden aus beiläufig achthundert Häusern und einigen sogenannten Luken bestanden, niedergerissen, unter deren Gebäuden das Bürgerspital vor dem Kärnthnerthore, das Hospital der Ritter zum heiligen Geist jenseits der Wien, das Stubentenspital bei St. Sebastian vor dem Stubenthore, das St. Mertensspital und die Frauenhäuser vor dem Burgthor, das Franciskanerkloster zu St.

Theobald, St. Nicola auf der Landstraße, das Nonnenkloster zu St. Magdalena vor dem Schottenthor, die Kirche sammt dem Spital im Fischerdörfel und der prächtige Klosterneuburgerhof an der Donau die vorzüglichsten waren. Auch das Schloß am Kalenberge, einst der Sitz der babenberg'schen Regenten, wurde geschleift. Man vermauerte und verrammte die Stadtthore, bis auf jenes unter dem Salzthurme, das zu Ausfällen eröffnet blieb. Innerhalb des Walles von dem Stuben- bis zum Kärnthnerthore legte man in der Entfernung von zwanzig Schuhen einen neuen zweiten Graben mit einem Damme an; das Donau-Ufer verpfahlte man mit Pallisaden, und zwischen der Schlachtbrücke und dem Salzthurme ward ein neues starkes Bollwerk erbaut. Um die feuergefährliche Wirkung der Kugeln möglichst zu vermindern wurden die Holzdächer in der Stadt abgetragen, das Pflaster aufgebrochen und überall Lärmzeichen und Sicherheitswachen aufgestellt. Eine außerordentliche Steuer, dem ganzen Lande auferlegt, zu der jeder Bischof fünf, die Prälaten und Grafen vier, alle Adelichen, Pfarrer und vermögliche Bürger einen Gulden; Bauern, Knechte rc. von jedem Talent einen Kreuzer, Taglöhner zehn Pfennige und jeder Communikant einen Pfennig erlegen mußte, war zur Deckung der Vertheidigungskosten bestimmt. Man beeilte sich, hinreichende Lebensmittel und große Wasservorräthe in die Stadt zu schaffen, und suchte so viel wie möglich, alle unnützen Zehrer aus der Stadt zu schaffen. Die ganze Besatzung bestand aus 21,700 Mann und 2,200 Pferden. An großem Geschütze waren nur zweiundsiebenzig Stücke, und zwar: sechs doppelte Haubitzen, drei große Rothschlangen, fünf kleine Mörser, eine große und zwei kleine Steinbüchsen, drei Karthaunen, fünf Singerinnen, zwei Falkonetlein, eilf Halbschlangen und vierunddreißig Falkaunen vorhanden.

Am 26. September erfolgte in der Stadt die Austheilung der Quartiere auf den Wällen. Pfalzgraf Philipp vom Rhein stand mit vierzehn Fähnlein Reichstruppen am Stubenthore und seine Wehrlinie zog sich von dem rothen Thurme bis zur Hälfte des Kärnthner-Viertels. Von hier über das Kärnthnerthor hinüber bis zum Augustinerkloster hatte Eck von Reischach, Hauptmann über dreitausend Mann Reichsvolk zu Fuß, den Befehl. Weiter von diesem Klostergebäude bis in den Burggarten befanden sich die Steyerer unter Abel von Holneck und Hans von Purgstall. Die Hut über das Burgthor und die Burg selbst war dem Freiherrn von Fels (Vels) Obrister über sieben Fähnlein Oesterreicher, anvertraut, und ihm zur Seite war in den übrigen Gärten und bis zum Schottenthore hin Maximilian Leyser gelagert. Zu ihrer Unterstützung waren auf den vier Hauptplätzen der Stadt fünfhundert österreichische Reiter, als Lärmwache unter Wolfgang von Roggendorf vertheilt, und zu beiden Seiten des Schottenthores waren zwei Viertel der Bürger aufgestellt; die beiden andern aber dem Bürgermeister und Stadtrichter zur Feuerwache untergeben. Ritter Hans von Greißeneck und Leonhard Hauser befehligten sie. Hinter dem Schottenthor bis zum Werderthor bewachten die Wehrmauer Reimprecht von Eberstorf mit einem Fähnlein Stadtsoldaten, Hans Entzeweiser und Reinhard Isauer, Hauptleute des österreichischen Aufgebotes des zehnten Mannes; und auf der Bastei im Elend zweihundert Spanier unter dem Befehle des Don

Loys de Avalos, Maestro del Campo. Letztere wurden jedoch, als der Feind seine stärkste Macht gegen das Kärnthnerthor wendete, ihrer Halbhaken wegen dahin beordert, und dieselben hier durch ein Fähnlein Kärnthner ersetzt. Der Thurm im Elend (Fremdenherberge) war mit einem starken Bollwerk und vorzüglichem Geschütze versehen, aus dem man den türkischen Nassaden (kleinen Donauschiffen) großen Schaden verursachte. Vom Werderthore über den Salzthurm bis zum rothen Thurm hin reichte das Quartier von vier Fähnlein böhmischer Söldner unter des Hoftrabantenhauptmannes Ernest von Brandenstein's Befehl, dem die Reiterei des Grafen Johann von Harbegg zugetheilt war. Hierunter befanden sich die ungerischen Edelleute Georg Hatalini, Georg von Seredi, Honori Adam und Johann Norowszky, die einzigen Ungern, welche Wien mitvertheidigen halfen.

Mittlerweile hatten sich die Janitscharen in die abgebrannten Mauern der Vorstädte geworfen und fiengen nun beim Kärnthnerthore zu graben und zu sprengen an; denn es war bei dem Angriffe der Türken eigentlich nur auf die Linie von dem Bollwerke bei dem Kloster der Augustiner bis zu dem zwischen dem Kärnthner- und Stubenthore gelegenen Thurme abgesehen. In dieser Gegend bereiteten sie über vierzig tiefe Laufgräben, deren Wände sie mit aufgehäuftem Mist und Brettern wider die Kugeln der Belagerten möglichst zu sichern suchten. Unaufhörlich beschossen die Türken von hier die Stadt mit großen Feldstücken, mit Handröhren und Flitschbögen, insbesondere aus zwei Batterien, deren eine mit acht Falkaunen besetzt vor der Gestätte des neuen oder Laßlathurmes (in der Gegend des jetzigen Starhemberg'schen Freihauses an der Wien), die andere bei der Spitalmühle errichtet war. Ihre Geschoße waren insbesondere gegen den Stephansthurm und andere hohe Gebäude der Stadt gerichtet. Zugleich schnellten sie unabläßig solch einen dichten Hagel von Pfeilen, von welchen einige schön bemalt, ja sogar mit Perlen besetzt waren, in die Stadt, daß Niemand, besonders in der Kärnthnerstraße, sicher gehen konnte.

Am 27. September fuhren fünfhundert türkische Nassaden von Simmering die Donau aufwärts bis zur Langen- und der Wolfsbrücke. Dies veranlaßte die Brandlegung der Taborbrücke und die Abtragung der Schlagbrücke, wodurch denn auch Pfalzgraf Friedrich vom Rhein, Herzog in Baiern (auf dem Reichstage zu Speyer zum obersten Feldhauptmann wider die Türken ernannt), der von Krems aus in Begleitung seines Bruders Wolfgang, des Landgrafen Georg's von Leuchtenberg, Gangolf's Herrn von Hohen-Gerolseck, Kuny Gozmann's und Jacob von Werdenau's, mit etlichen hundert Reitern sich an diesem Tage in die Stadt werfen wollte, sein Vorhaben aufzugeben genöthigt war.

Am 28. September fielen drei Fähnlein Deutsche und Spanier zum Burgthore aus und säbelten ein Paar Hundert Türken nieder, worunter sich auch ein Tschausch und zwei Jajabaschi (Hauptleute) befanden; Nachmittags um zwei Uhr aber nöthigten die Spanier acht feindliche Schiffe, welche mit Gewehren und Büchsen wohl beladen vom Kalenberg herabfuhren und bei der langen Brücke landen wollten, eiligst zurückzukehren, da sie denselben vom Werderthore aus mit ihren Büchsen hart zusetzten. Von diesem Abend an, bis zum 15. October ließ man alle Uhren und Glocken in der Stadt verstummen, und nur auf dem Preim- oder Primglöcklein, welches seit Erbauung des St. Stephans-Domes die Chorherrn zur Prim (Frühmette) rief, wurden die Viertelstunden angeschlagen.

Am Michaelstage unternahm Eck von Reischach mit zweihundert Fußknechten und fünfhundert Reitern einen Ausfall durch das Kärnthnerthor auf die feindlichen Batterieen, die aber von den Janitscharen und Asaben so tapfer vertheidigt wurden, daß man bald auf den Rückzug bedacht war. Dieser Ausfall, nur eine halbe Stunde früher unternommen, hätte unfehlbar den Großwessir in die Hände der Belagerten gebracht, der um diese Zeit der Stadt zur genauern Besichtigung sich sehr genähert hatte. Auch Oberst Loys d'Avalos fiel mit einer Compagnie Spanier bei demselben Thore aus. Sie tödteten viele Türken, die sich in den Weingärten um Trauben zu lesen zerstreut hatten, und zogen sich dann mit dem einzigen Verlust ihres Fähnrichs Antonio Comargo in die Stadt zurück.

Heftiger Regen mit Frost und Sturm stellte sich am folgenden Tag ein; dennoch unternahm es Perwanebeg, Oberst einer Rotte Söldlinge, die Stadt von der Schlagbrücke zu berennen. Er hob die Wache der deutschen Lanzenknechte auf, von denen einige getödtet, die übrigen aber in die Stadt zurückgedrängt wurden.

Am 1. October, während der Großwessir Ibrahim und alle Aga sich zum Sultan zur Aufwartung nach Eberstorf verfügten und dreihundert Lanzenknechte vor dem Schottenthore erfolglos mit dem Feinde kämpften, gab ein Ueberläufer, den man beim Biberthurm in die Stadt eingelassen hatte, die erste genaue Auskunft, daß eine der Minen zur Linken des Kärnthnerthurmes, die andere rechts gegen das St. Clara-Kloster (dem heutigen Bürgerspital) hin angelegt seyen. Sogleich wurden nun an diesen Stellen Gegenminen errichtet, und schon am nächsten Tage war man so glücklich die dem Kärnthnerthurm so bedrohliche Mine, kaum eine Stunde, ehe sie zum Sprengen fertig war, aufzufinden und zu vereiteln. Zwei gegen diesen Thurm gerichtete Steinbüchsen tödteten den Edelmann Ulrich Altenhauser. Am 3. October verjagten die Lanzenknechte die Türken aus dem Frauenhause, und am 4. October wurde durch anhaltendes Schießen der Kärnthnerthurm seiner Brustwehre entblößt, und man mußte von ihm aus zu schießen aufhören, bis er wieder mit Holz verbollwerkt war. Des folgenden Tages erhielten die Bege von Semendra und Bosnien Befehl mit den Sipahi neue Minenarbeiten vorzunehmen und die Akindschi trugen Sturmleitern herbei und Reisbündel um den Graben zu füllen. Die Belagerten aber beschloßen für nächstkommenden Tag, den 6. October, einen Ausfall zu unternehmen. Nach dem darüber abgehaltenen Kriegsrathe sollten achttausend Reisige, Spanier und Böhmen des Nachts zur Zerstörung der feindlichen Minen und Vertreibung der Janitscharen aus den Schanzen, theils unten im Stadtgraben, theils oben im bedeckten Wege vom Salzthurm herüber bis zum Kärnthnerthore den Türken entgegen ziehen; zwei Fähnlein aber sich hin gegen St. Ulrich wenden und den Feind im Rücken überfallen. Man schritt aber zu spät zur Ausführung. Als Sigmund Leyser mit seiner Schaar zum

Burgthor kam, hatten zwar seine Vorgänger schon einige Vortheile erkämpft, aber es war bereits der Tag angebrochen, im Lager entstand großer Lärm und von allen Seiten fielen nun über sie die Türken her. Das unzeitige Geschrei eines Feiglings: »Umzukehren, um nicht von der Stadt abgeschnitten zu werden!« führte eine allgemeine Flucht der Lanzenknechte herbei, die weder des Hauptmanns Wolf Hagen Ermahnungen, noch der Zuruf der Besatzung von der Mauer, sich als wackere Söldner doch zu wehren, hemmen konnte. Wolf Hagen, der Edelmann Georg Steinpeiß, der Spanier Garcia Gußman und fünfhundert andere Krieger waren Opfer dieses unglücklichen Ausfalles; die Türken aber hatten den Tod des tapferen Ramasan, des Alaibegs von Güstendil zu betrauern.[7] Ueberhaupt erfolgte an diesem Tage ein viermaliger Sturmlärm und der tapfere Eck von Reischach wurde von drei Kugeln getroffen, die jedoch an seinem guten Harnisch ohne Beschädigung abprallten. Am 7. October sprengten die Türken die Mauern, welche dem Kloster St. Klara gegenüber lagen, in einer Ausdehnung von dreizehn Klaftern. Zum Troste der hartbedrängten Besatzung langte jedoch um Mitternacht ein Schreiben vom König Ferdinand und Pfalzgrafen Friedrich von Baiern an, das einen Entsatz der Stadt binnen acht Tagen zusicherte. In der Nacht des 8. Octobers machte sich Suleiman auf einen Ausfall vorbereitet, der jedoch nicht erfolgte.[8] Heißer gieng es am 9. October her. Um die dritte Stunde des Nachmittages flogen zu beiden Seiten des Kärnthnerthores zwei mächtige Minen hoch in die Lüfte, von welchen insbesondere jene zur Linken des Thurmes gegen das Bollwerk Eck's von Reischach solch einen breiten Wallbruch machte, daß in einer Reihe vierundzwanzig Bewaffnete Sturm laufen konnten, der nun auch erfolgte. Mehrere Spanier und Deutsche fanden unter dem Schutte der gesprengten Mauer ihr Grab, und die Minen hätten offenbar die schrecklichste Verwüstung angerichtet, wenn nicht, da man entgegen grub, acht Tonnen Pulvers wären weggenommen worden. Mit wüthender Gewalt liefen die Türken dreimal die Mauer hinan, aber immer wurden sie zurückgeworfen, denn Graf Niclas von Salm und Johann Katzianer mit vier Fähnlein Oesterreicher, Kärnthner und Spanier standen felsenfest und unerschütterlich. Unter fortwährendem Donner der Karthaunen, die der türkischen Reiterei arg mitspielte, und der freudigen Feldmusik, welche von dem Stephansthurme und dem St. Klaren-Platze herübertönte, mußten sie schmählich einen blutigen Abzug nehmen. Dennoch wagten sie schon wieder, weder sich noch den Belagerten einen Tag Ruhe gönnend, am 11. October einen dreimaligen Sturm an einer neugesprengten Stelle der Kärnthnerthor-Mauer, welche aber ebenfalls von dem tapferen Wilhelm von Roggendorf und Eck von Reischach so muthig zurückgeschlagen wurde, daß zwölfhundert Türken dabei umkamen. Einen dritten Sturm, noch grimmiger als der vorige, unternahm der Feind am 12. October zwischen acht und neun Uhr früh, als eben ein mächtiges Stück Mauer zwischen dem Kärnthner- und Stubenthore an dem Thurme Eck's von Reischach durch Minen zertrümmert zu Boden stürzte. Diesen wehrte ritterlich und kühn ein Fähnlein Spanier ab.

Immer mehr stellte sich ein großer Widerwille gegen das fruchtlose Stürmen bei den türkischen Soldaten ein. Schon mußten sie von den Paschen mit Prügel und Schwert dazu angetrieben werden; denn nach dem Kriegsgesetze des Islams, welches nicht mehr als dreimaligen Anlauf gegen den Feind forderte, war der Sache bereits genug gethan. Dabei war die Furcht im Heere, das nur sparsam mit Proviant versorgt war, bei herannahendem Winter von einer Hungersnoth heimgesucht zu werden, nicht ohne Grund. Zudem verlautete es, Kaiser Carl und König Ferdinand seien mit einer starken Kriegsmacht zum Entsatze Wiens im Anzuge. Dies erwägend, beschloß denn Suleiman noch einmal zu stürmen, und falls auch dieser Anlauf mißlingen sollte, gänzlich von der Stadt abzuziehen.

Am 13. October, während sich die Türken unter fortdauerndem Kugel- und Pfeilregen für nächstkommenden Tag zum Sturmlaufen vorbereiteten, fielen Paul Bakics und Johann Katzianer mit deutschen Reitern gegen Nußdorf hin aus. Des Ersteren Oberstlieutenant Emerich Magnus wurde vorausgesendet und wußte so geschickt durch Scheinflucht eine große Anzahl Türken in die Weinberge zu verlocken, wo die beiden Anführer im Hinterhalte lauerten, daß sie insgesammt in Gefangenschaft geriethen. Hierunter war auch des Ibrahim Barbier, der sich dann mit schwerem Gelde auslöste.

Mit dem 14. October war endlich für die Belagerten der Tag der Erlösung gekommen. Um sieben Uhr des Morgens, nachdem Suleiman noch zuvor die Minen und Breschen besehen hatte, von denen sich jene rechts des Kärnthnerthores gegen St. Klara und links desselben gegen das Stubenthor hin, genügend sturmfähig zeigten, wurden die entmuthigten Türken unter kriegerischer Musik und dem Donner des Geschützes fast gewaltsam von dem Großwessir Ibrahim, dem Beglerbeg Anatoli's, Behrampascha, dem Aga der Janitscharen zum letzten Anlaufe in drei Haufen zusammengerottet. Die Türken hatten drei neue Minen angelegt. Jene, welche die Burg sprengen sollte, war kurz vorher noch entdeckt und ihres Pulvers, bei 26 Tonnen, entledigt worden; jene aber rechts und links vom Kärnthnerthore flogen mit dem Gebets-Ausrufe um die Mittagsstunde hoch auf in die Lüfte und legten vierundvierzig Klafter des Walles in Bresche. Ihr fürchterlicher Knall war die Losung zum Sturme, der bis um zwei Uhr auf dem Posten Eck's von Reischach und des Grafen Niclas von Salm fortwährte. Der Türken letztes Aufflimmern des Muthes erlosch nun. Nicht vermögend den felsenfesten Muth der Belagerten zu brechen, ließ Suleiman zum Rückzug blasen. Mehr denn dreihundertundfünfzig Leichen seiner Krieger bedeckten die Breschen; aber auch die Christen hatten viele Opfer zu beklagen. Dem Grafen Salm war durch den Absprung eines Steines der rechte Schenkel zerschmettert worden, eine Verwundung, an deren Folgen er am 4. Mai 1530 zu Marcheck starb.[9] Eine Stunde vor Mitternacht, nachdem die Stadt noch einmal durch ein fürchterliches Geschrei aufgescheucht ward, erfolgte nun der Befehl für das türkische Heer, zum allmählichen Aufbruche. Das Lager mit den wenigen Ueberresten der Vorstädte wurde in Brand gesteckt, die gefangenen Priester und schwächlichen Greise in das Feuer geworfen, bei tausend Weiber niedergehauen, zahllose Kinder an die Zäune gepfählet, und die wehrhaften

Männer mit Stricken um Hals und Leib mit in die Gefangenschaft fortgeschleppt. Weithin erhellte die auflodernde Brandfackel in finsterer Nacht die mit Blut gedüngte, mit verstümmelten Körpern besäete Umgegend, und durch das Geheule der Windsbraut drang herzzerreißend das Jammergeschrei der unglücklichen Schlachtopfer.

Mit unbeschreiblichem Jubel begrüßten die Wiener den jungen Tag des 15. Octobers 1529. Das Geläute der Glocken, welche seit dem 29. September verstummt waren und nun die Gemeinde zu einem feierlichen Hochamte zu Ehren des Höchsten in den St. Stephansdom riefen, wo von den mächtigen Tönen der Orgel begleitet ein inbrünstiges „Herr Gott, dich loben wir!" angestimmt wurde; das freudige Schmettern der Trompeten und Heerpauken auf allen Plätzen und der Donner des Geschützes von den halbzerstörten Wällen verkündeten klar, daß sie sich frei und ledig fühlten von aller Gefahr des türkischen Joches.

Im Lager, wo man eben mit dem Einschiffen des Geschützes und mit Auszahlung des Sturmsoldes für die Janitscharen beschäftigt war, frug Suleiman den gefangenen Fähnrich Junker von Zedlitz, der sich durch seine Waffenkünste in besondere Gunst des Sultans gesetzt hatte, was der Lärm in der Stadt zu bedeuten habe? Als ihm derselbe derb und unumwunden erklärte: „Es sey dies der Gebrauch bei ihnen so sie Trost, Hülf oder Ueberwindung ihres Feindes erlangen, zu thun, das der Gemeine man widerumb fröhlich werde!" entließ er ihn, seine Freimüthigkeit ehrend, der Haft und sandte ihn wohl beschenkt in die Stadt zurück. [10]

Der Türken Abzug erfolgte sehr langsam. Der Sultan gieng am 16. October mit dem Hauptheere, mit dem Gepäcke und der Beute voran, der Großwessir deckte den Rückzug, noch zwei Tage jenseits des Wienerberges haltend. Merkwürdig ist dessen Beantwortung des Schreibens der Kriegscommissarien wegen Auswechslung der Gefangenen, welche ich mir erlaube nach des Freiherrn von Hammer-Purgstall's Uebersetzung hier vorzuführen: „Ibrahimpascha, von Gottes Gnaden erster Wessir, Secretär und höchster Rath des glorreichsten, großen und unüberwindlichsten Kaisers, Sultan Suleiman's, Haupt und Verwalter seines ganzen Reiches, seiner Sclaven und Sandschake, Generalissimus seiner Heere. Wohlgeborene, großmüthige Oberste und Hauptleute! Mit Empfang Eures, durch Eueren Boten uns zugeschickten Schreibens haben Wir den Inhalt desselben entnommen. Wißt, daß wir nicht gekommen, um Euere Stadt in Besitz zu nehmen, sondern um Eueren Erzherzog aufzusuchen, den wir aber nicht gefunden, und daher so viele Tage hier versessen, ohne daß er erschienen. Uebrigens haben wir gestern drei aus Eueren Gefangenen ledig gelassen, weßhalb Ihr mit den Unsrigen, in Euerer Gefangenschaft befindlichen deßgleichen thun wollet, wie Wir es Eueren Boten Euch mündlich anzuzeigen aufgetragen haben. Ihr könnet also einen der Eurigen herausschicken, Eueren Gefangenen nachzuforschen, und deßhalb Unserer Treue willen ohne Sorge und Furcht seyn, denn daß denen von Ofen nicht Treue gehalten worden, ist nicht unsere, sondern ihre Schuld gewesen. Gegeben vor Wien, in der Hälfte Octobers."

Wie viel diese prahlerischen Versicherungen galten, zeigte sich noch an demselben Tage. Drei Kriegsknechte (ein Krainer, Preßburger und Wiener), die sich als befreite Christensclaven ausgaben und in die Stadt eingelassen wurden, erregten Verdacht durch das viele türkische Geld, welches sie in den Weinschenken verthaten. Auf die peinliche Frage gestanden sie, daß sie zu den Türken übergelaufen und, um die Stadt an fünf Orten anzuzünden, eine große Summe Geldes von Ibrahim erhalten hätten, der dann die so bedrängte Stadt zu überrumpeln und einzunehmen gedachte. Sie wurden geviertheilt. Ibrahim, der nun auch seinen letzten Anschlag, der Stadt durch Verrath Meister zu werden, scheitern sah, folgte nun unverweilt dem Sultan. So endigte sich die erste Belagerung Wiens durch die Türken. Bei zwanzigtausend, hierunter der Kern der Janitscharen und Sipahi, waren in neunzehn großen und kleinen Stürmen geblieben, über zwanzigtausend hatte die Lager-Seuche hinweggerafft; die Besatzung aber zählte tausend fünfhundert, die Wiener-Bürgerschaft nahe an siebenhundert Todte.

Die Sage, daß die Türken durch Minen bis an das Haus zum Heidenschuß genannt gekommen, dort aber von den Bäckern entdeckt worden seyen, und daß dasselbe deßwegen seinen Schild, den reitenden Türken und jenen Namen bekommen habe, entbehrt jedes Grundes. Die Minen der Türken reichten nie weit unter die Stadtmauer hinein, und das Haus hatte jenen Namen schon lange vor der Belagerung, von der alten Wiener-Familie Hayden, wie dies selbst eine Urkunde vom 10. October 1528, mithin ein Jahr vor der Belagerung, beweist, wo Jakob Nagel, der heiligen Geschrifft Doctor, die Zeit Preceptor und der Convent des Gotshawses zum heiligen Geist, sich mit den Schotten als Grundherren abgefunden hatte, „wegen irer zwey Hewser hie ze Wien, genannt im Khiell, gegen den Haws über, da der Haydt scheust.“ Eben so unwahr ist die Sage, daß die Besatzung um Schonung des St. Stephansthurmes bei dem Sultan angesucht und die Willfahrung ihrer Bitte nur dadurch erlangt habe, daß sie sich herbeiließ dessen Spitze mit dem Halbmond zu krönen. Ein solcher, nun im bürgerlichen Zeughause aufbewahrt, schmückte wirklich einige Zeit, nach dem Vorbilde vieler andern christlicher Gebäude, diesen Thurm; allein die Aufstellung desselben erfolgte erst 1591 und schon 1686 wurde er wieder abgenommen.

Kaum waren die Türken abgezogen, so wurden die Wiener durch ein anderes, unerwartetes Ereigniß in Schrecken gesetzt. Die Reichstruppen, welche die Stadt vertheidigen geholfen, begehrten mit großem Ungestüm fünffachen Sold, weil sie fünf Hauptstürme tapfer abgeschlagen hatten, und drohten im Falle der Verweigerung die Stadt zu plündern. Zum Glücke verfiel der Fähnrich Paul von Gumpenberg darauf, seine Fahne hochschwingend, auszurufen: „Wer sich mit doppeltem Solde begnüget, der folge mir!“ — worauf sich Viele zu ihm gesellten, die Uebrigen aber sich für den Augenblick zur Nachgiebigkeit genöthigt sahen. Nach wenigen Tagen jedoch brach das Unheil von Neuem los, und Pfalzgraf Friedrich, der mit anderen Reichstruppen von Krems über Korneuburg herabgekommen war, sah sich genöthigt, ihnen einen dreifachen Sold und die Nachlassung alles dessen, was sie während der Belagerung an Lebensmitteln und Montur erhalten hatten, zuzusichern. Die Anstifter des Tumultes wurden jedoch später entdeckt und auf unmenschliche Weise hingerichtet; die meuterischen Truppen aber am 23. und 25. October aus Wien entfernt.

Da nun die Stadt auch von diesen Feinden befreit war, fieng man an, die hart mitgenommenen Gebäude wieder herzustellen. Noch lange aber blieben die Vorstädte und benachbarten Dörfer im Schutte begraben liegen. Vorzüglich hatten die Kirche und das Kloster der Dominicaner während der Belagerung viel gelitten. Erzherzog Ferdinand ließ sie 1530 vollkommen wieder herstellen. Am 1. März eben dieses Jahres wurde für das zerstörte Bürgerspital vor dem Kärnthnerthore der Stadtgemeine das Kloster und die Kirche zu St. Clara eingeräumt, worüber dann Ferdinand am 20. December 1539 zu Wien eine förmliche Schenkung ausfertigte. Den Nonnen aber, welche mit ihrer Oberin Anna Welser von Villach zurückgekommen waren, wurde das Pilgrimhaus und die Kirche zu St. Anna übergeben. Drei Jahre später, 1533, vereinigten sich die Frauen von St. Magdalena vor dem Schottenthor, welche sich nach St. Nicola in die Stadt geflüchtet hatten, mit den Laurenzerinnen, und ihr letztverlassenes Kloster verwandelte Wiens Bischof Johann Faber in eine Stiftung für arme Studenten.

Kaum hatte sich Wien etwas erholt, als Suleiman im Frühling 1532 dasselbe neuerdings bedrohte. Mit einer weit stärkeren Macht als 1529 überfluthete er die schöne Steyermark. Doch zu Güns fand er durch den Edelmann Niklas Jurichich den tapfersten Widerstand, der ihn nöthigte, lange vor diesem kleinen Städtchen zu verweilen. Indessen brach Michaloghli mit seinen Akindschi, Rennern und Brennern, über den Semmering in Oesterreich ein, gesonnen die Gräuel der Verwüstung bis an die Mauern Wiens auszubreiten. Schon schwärmten diese Wüthriche über Mariazell bis an die Enns hin, schon stürmten sie durch das Piestingerthal heran, — da trat ihnen am 19. September 1532 Pfalzgraf Friedrich, der mit einer auserlesenen Schaar Reichsvölkern über die Donau gegangen war, bei Loibersdorf und Schönau unerwartet entgegen und rieb sie mit des Grafen Ludwig Lodran's und Katzianer's Beihülfe, gänzlich auf. Kein Mann entgieng dem Schwerte, selbst Michaloghli fiel. Sein Roßschweif und sein kostbarer Turban mit den großen goldenen Geierflügeln wurde Ferdinanden überbracht, der, schon 1531 zum römischen König erwählt, mit Kaiser Carl dem Fünften eben eine Reichsarmee von zweimalhundert sechzigtausend Mann von Regensburg heranführte. Der 4. October war von den Fürsten zum Eintreffen in Wien bestimmt. Rogendorf, der vorangeeilt war und die Stadt voll Soldaten fand, wies die Spanier und deutschen Lanzenknechte, um für den Hofstaat Raum zu gewinnen, zu den übrigen Truppen der Reichsarmee, die sich längs der großen Donaubrücke bis weit über den Bisamberg hinauf gelagert hatten, hinaus. Dagegen lehnten sich jedoch dieselben auf und griffen zu den Waffen; aber Rogendorf's energisches Eingreifen, von der Bürgerschaft wacker unterstützt, wußte es bald dahin zu bringen, daß die Meuterer, als man ihnen Gnade zusicherte, bald die Gewehre streckten. Unter dem Donner des Geschützes von den Wällen und dem tausendstimmigen Jubel des Volkes zog nun Kaiser Carl der Fünfte mit seinem Bruder Ferdinand bei dem rothen Thurme in Wien ein, wo er, unter öfterer Musterung der Armee, bis 13. November

verweilte. Suleiman, durch Michaloghli's und seiner Akindschi Untergang sowie durch Carl's mächtiges Heer in panischen Schrecken versetzt, nahm alsbald in fluchtähnlicher Eile den Rückzug. Kaum konnte ihn Zapolya, der sich schon für verloren hielt, dazu bewegen, sechzigtausend Türken jenseits der Donau aufgestellt zu lassen, damit ihm wenigstens noch ein Waffenstillstand gewährt würde. Mit solchem Heere dem Sultan eine Schlacht angeboten, — und der Türken Macht in Ungarn wäre für immer gebrochen gewesen. Allein Religionsangelegenheiten und eine bevorstehende allgemeine Kirchenversammlung ließen Carln den günstigen Augenblick versäumen. Er eilte nach Italien. Am 24. Februar 1538 kam der Friede zu Großwardein zu Stande. Zapolya behielt nach solchem einen großen Theil von Ungarn und ganz Siebenbürgen mit dem Königstitel. Ferdinanden blieb die Anwartschaft auf Alles nach dessen Hinscheiden. Demungeachtet ward, als Zapolya am 21. Juli 1540 starb, sein kurz zuvor geborener Sohn Johann Sigmund auf dem Felde Rakos zum König ausgerufen. Rogendorf, Ferdinand's Feldherr, war in seinem Unternehmen Ofen zu gewinnen unglücklich und büßte dabei sein Heer ein. Sonach erklärte Suleiman Ungarn als ein türkisches Sangiakat und Zapolya's Sohn als Zinsfürsten Siebenbürgens und der Theiß-Gegenden; Ofen aber blieb des osmanischen Reiches dritte Stadt von 1541, (da eben die Pest in Wien den dritten Theil der Einwohner hinwegraffte) bis 1686.

38*

Thurme in Wien ein, wo er, unter öfterer Musterung der Armee, bis 13. November

verweilte. Suleiman, durch Michaloghli's und seiner Akindschi Untergang sowie

Die glücklich abgewehrte Belagerung mußte erst Deutschland aufmerksam machen, wie wichtig Wien als eine Vormauer der Christenheit wider die Türken sey, und wie sehr es Noth thue, für dessen Befestigung ernste Sorge zu tragen. Nur wenig weiß man von dem früheren Fortificationszustande dieser Stadt. Ein städtischer Codex von 1418 macht uns mit neunzehn Thürmen bekannt, [11] welche sie damals, und wohl schon 1369 im Jahre des Schärdinger-Friedens besaß, wo sie einer Hauptreparation unterworfen wurden. Es waren aber diese: der rothe Thurm, ein unbekannter Thurm daneben, der Hafnerthurm im Auwinkel, der Anglbeckenthurm, der Piberthurm im Auwinkel, der Stubenthurm ober dem Stubenthore, der Kärnthnerthurm ober dem gleichnamigen Thor, der Widmerthurm ober dem Widmerthore, der Schottenthurm ober dem Thore gleiches Namens, der nun in das k. k. Arsenal verbaute Judenthurm, der Haunoldsthurm, der Würffelsthurm beim alten Gamingerhof, der Dratgangthurm (wo ein Drahtzug war), der Thurm auf der Goldschmidt im alten Arsenal, der Werderthurm ober dem gleichnamigen Thor, das früher den tiefen Graben schloß, Maister Petreims Thurm (wo eine Schießstätte der Armbrustschützen war, an der Stelle des jetzigen Polizeihauses), ein Thurm am heutigen Salzgries, der Salzthurm an der Stelle des Röhrbrunnens am Fischmarkte, endlich ein Thurm zunächst der Fischerthür. Nebst diesen Thürmen an den Stadt-Ringmauern erscheinen in den Fortifications-Rechnungen des vierzehnten und fünfzehnten Jahrhunderts vier Stadt-Bollwerke am Stuben-, Kärnthner-, Widmer- und Schottenthor. Da bald nach Erfindung des Schießpulvers und der dadurch erfolgten gänzlichen Umstaltung der Kriegskunst die Ringmauern mit ihren Thürmen und Gräben nicht mehr genügten, entstanden nun Basteien, Erker und Brustwehren; es wurden Thürme und Bollwerke um die Vorstädte herum erbaut und diese von Außen durch Schreckzäune geschützt. Aeußere Zaunthore der die Stadtmauern umlagernden Vorstädte waren, nach des fleißigen Forschers J. E. Schlager's grundbüchlichen Nachweisungen: das innere und äußere Alserthor, das Ulrichsthor, das Thor bei St. Tibolt, das Permannsthürl, Paukerthor, das Thürl beim Königsweiher, das Thor beim neuen Thurm, das Ochsenthor, das Thor bei St. Niclas auf der Landstraße und das Thor hinter den Irherrn (unter den Weißgärbern). Sonst kommen noch Vorstadtthore: bei St. Tibolt (auf der Laimgrube), in der Kumpflucken (vor dem Kärnthnerthor), bei St. Magdalena (in der Währingergasse), bei St. Niclas (auf der Landstraße), durch den neuen oder Laßlathurm (auf der Wieden) u. a. vor. Von den Vorstadt-Thürmen sind bekannt: jener bei St. Tibolt, das Permannsthürmlein (am Rennweg), der neue oder Laßlathurm auf der Wieden, der St. Niclas-Thurm (auf der Landstraße), der Scheiblingsthurm (unter den Weißgärbern), der Georgsthurm vor dem Schottenthore, und der Amtsthurm vor dem Kärnthnerthore. Bollwerke aber waren in den Vorstädten errichtet worden: 1435 beim Salzthurm (am Neuenthor), 1441 bei St. Anton (auf der Wieden), 1449 vor dem Stubenthore bei St. Niclas, auf dem Bettelbüchel, in der Alser- und Klosterneuburgerstraße, 1451 auf der Wieden und auf dem Neustift, 1455 am Frauneck (an der Wien), am Steiger auf der Landstraße, 1458 am Döblingerbache, vor dem

Stubenthore am Mist, im obern Werd (Rossau), beim St. Tibolt-Garten, auf der Hirschpeunt (in der Rabengasse), 1478 hinter Roulants Ziegelofen, 1478 ober den Fischern an der Donau (an der Augartenbrücke), im Werd (Leopoldsstadt), am Roßfreyhof (Roßau) &c.[12] Alle diese Werke verschwanden mit den übrigen Gebäuden der Vorstädte während der Belagerung im Jahre 1529; aber bald nach derselben entstanden um die innere, eigentliche Stadt der Zeit gemäß desto mächtigere Festungsbauten, deren bedeutendste zwischen die Jahre 1542 und 1547 fallen. Unzählige Arbeiter wurden dazu aus Oesterreich, Mähren, Böhmen und Ungarn herbeigeschafft; man leistete Robot und veranstaltete dafür Beisteuer-Sammlungen, wie denn auch die Reichsstände, insbesonders die Städte Augsburg, Nürnberg, Straßburg, Ulm, Köln, Kolmar, Schlettstadt, die Herzoge Moritz von Sachsen und Wilhelm von Baiern ansehnliche Beiträge hierzu gaben. So erhoben sich denn an der Stelle der einst allzunahe an die Stadt gelagerten Vorstädte ein Kranz von großartigen Basteien von denen die Hohlerstauden- und Dominicanerbastei 1542—1545, die Wasserkunstbastei 1551, die Kärnthnerbastei 1552, die Braunbastei 1555 und die Elendbastei 1561 vollendet wurden. Die erstgedachte Bastei, welche einzig auf Kosten der Bürgerschaft aus den Quadersteinen des zerstörten Klosters der Nicolaier-Nonnen auf der Landstraße erbaut ward, hatte folgende, von Wolfgang Lazius, dem verdienstvollen Geschichtschreiber Wiens verfaßte Inschrift:

D. O. M.
D. D. N. N. CAROLI ET FERDINANDI
PERENNIVM. AVGVST. SALVBER. IVSS.
HOC. PROPVGNACVLVM. A. FVNDA-
MEN. CONTRA. TVRCARVM. VIM. OR-
DINANTE. VIRO. CLARISS. LEONHARDO.
VELSIO SACRI. REGII. PALATII.
COMITE. ET. VTRIVSQ. MILITIAE. MA-
GISTRO. INSISTENTE. ETIAM. STEPHA-
NO. DENCKIO. CONSVLE. VIGILANTISS.
S. P. Q. VIENENSIS. CVRAE. HORVM
COMMISS. AD. EXTREMAM. MANVM. PER-
DVX. AERE. PVBLICO. ANNO CHRI-
STI. MDXLV. V. S. L. L. M.

Am 4. März 1558 erfolgte in Wien der kaiserliche Befehl, daß Niemand unter fünfzig Klafter weit von dem Stadtgraben ein Gebäude aufführen dürfe,[13] und zur selben Zeit wurde das neue Thor geöffnet, dessen Gewölbsstein für den größten in Wien und für ein Wahrzeichen der Stadt galt. Früher las man auf demselben: „Diser stain wigt 164 Ct. 51 Pf. LVIII.“ Dagegen ward das Werderthor verschüttet und verbaut, und allmählich fielen die an der Stadtmauer befindlich gewesenen Thürme als gänzlich überflüßig hinweg. Nicht minder war man auf die Befestigung der Wasserseite bedacht. Es entstand da der Hafen einer Donauflottille, die selbst einige Galeeren aufzuweisen hatte. Merkwürdig ist das Bild, welches uns 1548 Wolfgang Schmelzel [14] von Wiens Donau-Brücken vorführt:

„An die Wolfprucken kam ich bald.
Ich dacht, den gantzen Behamer waldt
Het man genomen, abgehaut,
Damit ein solche prucken paut;
Hat zweihundert und sechtzig schrit
Und dreizehn joch; doch pleibts offt nit:
Wenn geht der stoß und wasser geust,
Sölch gewältig holtzwerg als weg fleust.
Nit weit ich gieng auff trucknem landt,
Ein klaine prucken ich mehr fandt,
Acht joch hundert und sechzig schrit;
Ein alter pawer zottet mit,
Der fragt mich, was ich mäß und gelt?
Wie vil ein jede pruck schrit helt,
Sagt ich zu jm, und wundert ser,
Das Thonaw so weutleufig wer,
Wie man vermöcht solch gewaltig paw,
Vil prucken sunst seint in der aw.
Ich maint, wer schon gar bei der stat.
Er sprach: noch lenger prucken es hat,
Von Wolffprucken gen Wienn, glaubt mir:
Eine große halbe meil habt jr.
Die lange prucken schawt dort, secht!
Erst kumbt jr auff die Thonaw recht,
Da ist gar manches gewaltigs ploch,
Fünffhundert schrit lang, dreissig joch
Ist diese pruck ganz vest gepaut;
Nun zeucht die riemen, gebt die maut,
Hie khumb wir auff den Tauber ein,
Findt triegler hier, guten wein;
Bei diesem mauthaus frue und spat

Die Khünigkliche Majestat
Der maut den halben teil nimmt ein,
Den halben theil ein ersamen gmein.
Auff die Schlachtprucken gieng ich mit.
Hat fünff joch sechs und neunzig schrit;
Ich stundt und schaut gut abentheuer.
Die galeoten speiten feuer,
Auff den galern schossens gschwindt,
Ein schnell, böß und mutwilligs gstndt:
Si schifften, furen ubersich (stromaufwärts)
So rasch, daß es verwundert mich.
Wie ich die stat nun vor mir sach,
O edles Wienn, selbs in mir sprach,
Du bist die port und zir allzeit
Befestigung der Christenheit,
Der Türck mit ernst frü und spat,
Sein kopff an dir zerstoßen hat;
Drum alle flecken umb und umb
In diesem schön ertzhertzogthumb —
Ja auch die ganz Christenheit schier,
Dich lieben, hoffen hilff bei dir.
Das ich dich nun besichtgen sol,
Danck ich mein Got, bin freuden vol!"

Am 18. December 1540, da die Stadt sämmtliche Einnahmen und Auslagen der langen Donaubrücke auf eigene Rechnung übernommen, bewilligte Ferdinand zu Neustadt dem Bürgermeister und Rath, die seit der Belagerung öde gestandenen Gründe St. Johann in Siechenals und St. Nicola auf der Landstraße zu einem Lazareth und Gottesacker zu verwenden; und am 5. April 1552 verlieh er denselben alle Gründe vor dem Schottenthore bis hinüber zum Kärnthnerthore.

Bei fünfzehn Jahren hatte man an dem Festungsbaue gearbeitet, ehe das Werk vollendet war. Hermes Schallautzer, des Lazius Oheim, Oberbaumeister der Stadt, Francesco de Poco, römisch-königlicher Majestät Baumeister aus Mailand, Meister Dominico Illalio, Baumeister aus Kärnthen, der Meßkünstler Augustin Hirschvogl, dann der Bau- und Steinmetzmeister Bonifacius Wolmuet haben sich dabei besonders thatkräftig hervorgethan.

Augustin Hirschvogel, wie er sich eigenhändig schrieb, geboren zu Nürnberg 1506, gestorben 1552 zu Wien, ein Künstler, der sich zugleich als Oel- und

Glasmaler, so wie als Aetzkünstler und Ingenieur sehr vortheilhaft auszeichnete,[15] hat uns zwei große Prospecte der Stadt Wien hinterlassen, die um so merkwürdiger sind, als sie, mit sorgfältiger Genauigkeit aufgenommen, uns das getreueste Bild der damaligen Stadt vorführen. Die nebengedruckte Abbildung ist eine verkleinerte Copie des von der Burgseite aufgenommenen Prospectes. Als dessen hervorragendste Gebäude sind bezeichnet: 1. die kaiserliche Burg, 2. St. Stephan, 3. St. Dorothea, 4. die Augustiner-Kirche, 5. St. Hieronymus, 6. das Kloster der Himmelpförtnerinnen, 7. St. Johann, 8. St. Michael, 9. die Kirche der weißen Brüder, 10. die Kirche zu Unser lieben Frau am Gestade oder Maria-Stiegen, 11. das Kloster und die Kirche der mindern Brüder oder Minoriten, und 12. die Schotten-Abtei.

Auch Wiens ältester geometrisch aufgenommener Plan rührt von Hirschvogel her. Er ist mit dem Namen des Urhebers und der Jahreszahl 1547 bezeichnet, auf eine weiche, runde, vier Schuh 10¾ Zoll messende Holz-Tafel, die mit einem dünnen Kreidengrunde überzogen ist, mit Tusche gezeichnet und laviert, und dann mit fast durchsichtiger Oelfarbe sehr sorgfältig übermalt. Die innere Stadt darauf im Grundrisse gelegt, zeigt nur die Profile der Plätze und Gassen, und mit Ausnahme auch jene der Kirchen und einiger Gebäude. Ihre Festungswerke, zum Theil erst projectirt, so wie die Thore und wenigen Räume welche von der Esplanade darauf zu sehen sind, zeigen sich hingegen im Vogelperspective. Die Namen der auf dem Plane vorkommenden Gegenstände erscheinen im Originale, das als ein kostbares Denkmal im Wiener Stadtarchive aufbewahrt wird, sämmtlich an Ort und Stelle ganz ausgeschrieben; werden hier auf der Copie aber des engen Raumes wegen mit Ziffern bezeichnet, wie folgt: I. Burgckh-Passthei, II. Röm. Khunigl. Maj. Passthei, III. Schoten-Thor, IV. Juden Thurn, V. Beratschlagte Passthei durch Augustin Hirsfogel, VI. Werder-Thor, VII. Beratschlagte Passthei durch Augustin Hirsfogel, VIII. in oberm Berd (Werd), IX. Salczthor, X. Rot-Thurn, XI. im unterm Berd (Werd), XII. Piber-Passthei, XIII. Prediger Passthei, XIV. Stuben-Thor, XV. Jacober-Passthei, XVI. Im Winckl ein Kacze inwendich der Stat zu machen durch Augustin Hirsfogel beratschlagt, XVII. Heiners Passthei, XVIII. Kerner-Thor, XIX. Hern Linhardt Freihern von Fels seligen beratschlagte Passthei. — 1. Der Rö. Kü. Mt. ꝛc. unsers allergenedigisten Hern Burgckh, 2. Augustiner Closter, 3. Augustiner-Gassen, 4. Rö. kais. Mj. Zeughaus, 5. Graf von Salm, 6. Niderösterreichische Canczelei, 7. St. Dorothea, 8. S. Michael, 9. Schwein-Marck, 10. Burger-Spital, 11. S. Clara, 12. Am Rosmarck, 13. Neu Marckt und Mel-Gruben, 14. hinterm Neuenmarck, 15. hinter S. Dorothea, 16. die Ferbergasse, 17. die Rot-Straß, 18. die Preidn-Straß, 19. am Kolnmarckt, 20. Walckh-Straß, 21. Schavfel-Gaß, 22. das new Spital, 23. zum innern (mindern) Brüdern, 24. Zillerhof, 25. Lanthaus, 26. do der Wolf den Gensen predigt, 27. hinter S. Pougreicen (Pangraz), 28. aufm Puhel 29. aufm Mist, 30. aufm Steinfelt, 31. die hinter Schenckstraß, 32. die vorder Schenckstraß vor Zeiten Mentlerstraß, 33. Aifalt-Straß, 34. Schotten-Kirch, 35. Schottenhof, 36. Salczpurger-Hof, 27. im Elent, 38. auf der Hohen

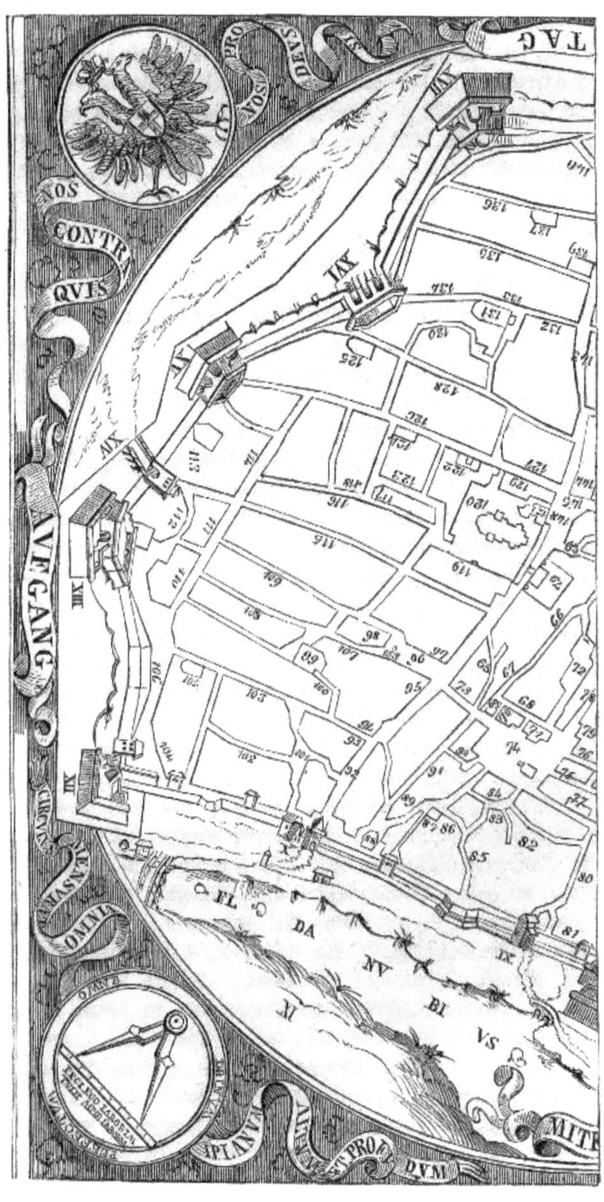
PRO NOS DEVS
NOS CONTR QVIS
AVEGANG
FL DA NV BI VS
DVM

MIT
SPES
NIDERGANG
INSIDIAN
NACHT
DEFESOR
NSPICE
AVGVSTINVS HIRSVOGL
ANNO M.D.XLVII

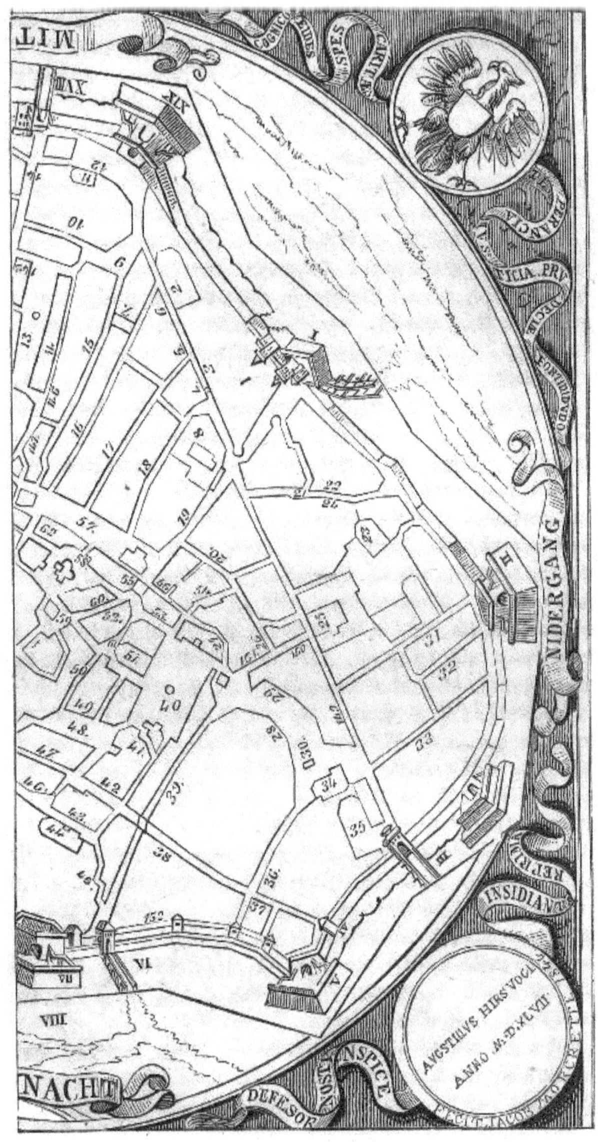

39*

Bruckhen, 39. im diesen Graben, 40. an der Hercogen-Hof, 41. am Leder-Hof, 42. unter den Ferbern, 43. zun sieben Prunen, 44. Unser Frauen Kirch, 45. auf unser Frauen Stiegen, 46. das Rathaus, 47. die Wildperger-Straß, 48. Juden-Placz, 49. der Schulhof, 50. Juden-Gessel, 51. die weißen Bruder, 52. untern Spenglern, 53. Pognerstraß, 54. Harhof, 55. Peilerthor, 56. Nagler-Gessel, 57. am Graben, 58. S. Peter Frithof, 59. alt Zeughaus, 60. Hub-Haus, 61. pei der Hollerstauden, 62. Freisinger-Hof, 63. untern Goltschmiden, 64. Prandstat, 65. Krammer-Gasse, 66. Pauern-Marck, 67. die Minczerstraß, 68. in der Lanczkron, 60. das Taschnergeßl, 70. das Hünergeßl, 71. Burger-Schran, 72. Chamer-Hof, 73. am liechten Steg, 74. am hohen Marckt, 75. Vilpinger-Straß, 76. Schiltergeßl, 77. S. Salvator, 78. untern Satlern, 79. Thuchleben (Tuchlauben), 80. auf der Fischer-Stiege, 81. am Salczgris, 82. zum ploben Hecht, 83. Rot Kros, 84. am Kin-Marckt, 85. zun sieben Schwiebögen, 86. das Pragerhaus, 87. St. Ruprecht, 88. Schabenrüßl, 89. Rotgeßl, 90. Fischhof, 91. das Kochgeßl, 92. am Steg, 93. zun guldn Hirsch, 94. zun guldn Wolf, 95. am Harmarckt, 96. am Lugeckh, 97. Junker Lasla, 98. Regenspurgerhof. 99. Heilge Kreizer-Hof, 100. Grashof, 101. auf der Muster, 102. untern Hafnern, 103. am altn Fleischmarckht, 104. im Au-Winkl, 105. S. Lorenz, 106. der Stat Zeighaus, 107. Kölnerhof, 108. in der hintern Peckenstraß, 109. die vorder Peckenstraß, 110. Collegium Universale, 111. Aula universitatis, 112. zun Predigern, 113. S. Jacob, 114. Römerstraß, 115. die Wollczeil, 116. die Schulstraß, 117. Juristen Schul, 118. S. Anna-Hof, 119. Pischofs-Hof, 120. S. Stephan, 121. S. Magdalena, 122. Teuczs Haus, 123. Plutgeßl 124. Parfotten, 125. S. Hieronymus, 126. in der Sinninger-Straß, 127. vor zeiten untern Schlossern, 128. in der Weihenburgk, 129. Burger-Schul, 130. auf der Dagken, olim auf der Hilm, 131. Himmel-Porten, 132. Avem Steig, 133. Trabantenstraß, 134. avem Ravenstein, 135. S. Johanns-Gassen, 136. in der Pipinger-Straß, 137. S. Anna, 138. 139. S. Johanns, 140. die Krugstraß, 141. die Kernerstraß, 142. Mel-Gruben, 143. 144. Hasnhaus, 145. der Stock im Eisn, 146. untern Seilern, 147. Rosengeßl, 148. am altn Roßmarck, 149. die Hochstraß, 150. im Strauchgeßl, 151. do der Heidn schust, 152. auf der Goltschmid, 153. des Marcus Curci Loch.

Um diesen Plan gemeinnütziger zu machen, radirte sonach Hirschvogel denselben in sechs Folio-Blättern in Kupfer, wovon sich gleichfalls die Platten im Stadt-Archive befinden, und gab ihn dann heraus unter dem Titel: Hanc Viennae quam vides geometricam faciem archimedem Siracvsanvm Avgvstinvs Hirsfogel a svo depictam radio imitatvs est Anno. M.D.XLVII. Cvm Gratia et Privilegio Imperiali impres. Viennae 1552, und dem Spruche unter dem Maßstabe: Feci ego laborem, tvlit alter honorem.

Auch von dem nachherigen Kirchenbaumeister zu St. Stephan, Bonifacius Wolmuet, bewahrt das Wiener Magistratsarchiv einen höchst schätzbaren Grundriß dieser Stadt aus derselben Zeit, vielleicht nur wenige Monate später, als der Hirschvogel's, angefertigt, wie denn dieß auch die Oberkammeramts-Rechnung von 1547 mit den Worten andeutet: „Maister Bonifaczy Wolmuet Stainmetz hat sich neben Hirschvogel zur Abreißung der Stadt, wie sy vor dem Türkhenkrieg Innen und Ausser der Rinckhmauer gestanden, mit sondern Vleiß verfaßt, darneben Ain Visier zu ainem Rundel formiert, und es Burgermaister und Rat ubergebn, derhalben Irr genaden Ime verehrt 25 Pfund Denar, so er am 24. Mai emphangen.“ Er hat die bedeutende Größe von sechs Schuh Höhe und sieben einen halben Schuh Breite, und ist unten rechts mit der Inschrift versehen: „Die fürstlich Stat Wien in Oesterreich, wie sie in ihrn Vmbschwaif oder Zarg bestossen auff recht geometrisches Maß in Gruntmaß gelegt und gerissen, sambt irn Nummeren, schritten, auslagn oder schmiegen. Nach der Mauer herumb mit den Pasteien, Thürmen und Graben, wie sie dan zum tail gemacht und noch zu machen vonnötn aus disem hienach gesezten Tailler oder Maßstab, deren 100 Clafftr inhalt der obgesezte Werkschuh abgetailt und die verkhürzung oder verjüngung zusammengezogen und gebracht, wie vor augn durch mich M. Bonifacius Wolmuet, Stainmez, Bürgr zu Wienn. Anno Dom. Im 1547.“ — Dessen größerer Umfang, der das Eingehen in die Einzelnheiten gestattete, die Grundlegung der fortificatorischen Werke, und insbesondere die Berücksichtigung der Vorstädte, von denen ein Theil in Vogelperspektive darauf abgebildet ist, geben ihm in archäologischer Hinsicht selbst einen Vorzug vor dem geometrisch richtiger gezeichneten Plan Hirschvogl's.

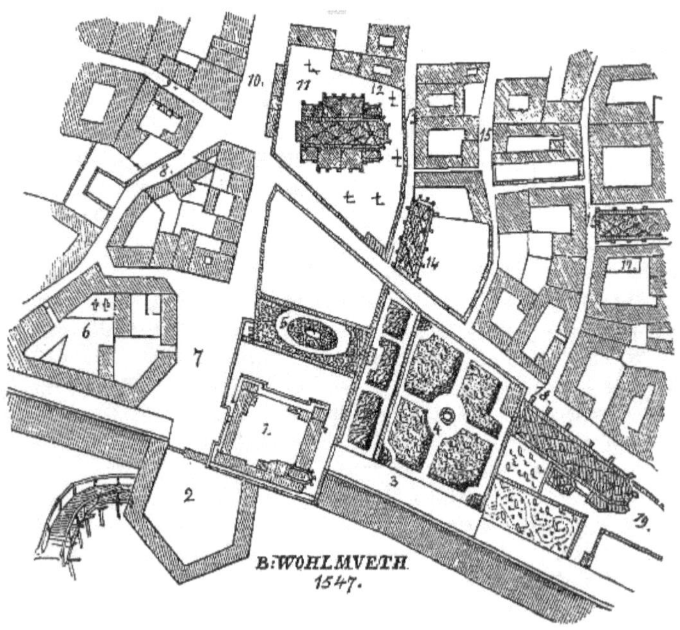

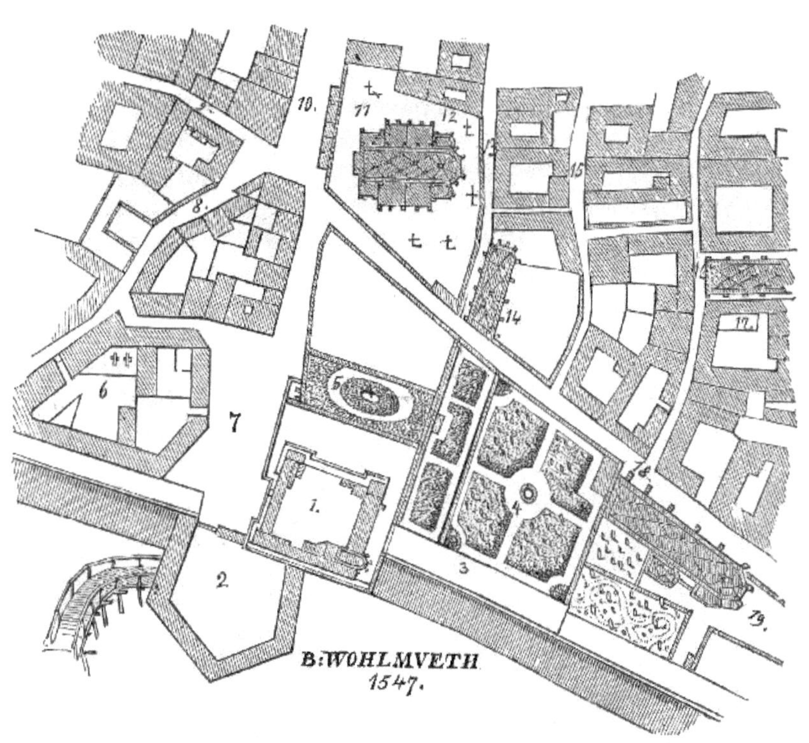
B:WOHLMVETH
1547.

Als Probe dieses Planes möge hier die landesfürstliche Residenz mit ihren nächsten Umgebungen stehen, die unter Ferdinand dem Ersten mehrfach erweitert und verbessert, doch immer noch die seit Leopold des Glorreichen Zeiten viereckige Gestalt mit vier Haupt- und mehreren Nebenthürmen beibehielt. Wir sehen auf diesem Bruchstücke (S. Abbildung auf S. 309.) 1. die kaiserliche Burg, 2. die Burgbastei, 3. den Althan, 4. und 5. die kaiserlichen Gärten, 6. den Zillyhof, 7. den Burgplatz, 8. die Schauflergasse, 9. die Herrengasse, 10. den Kohlmarkt, 11. die St. Michaels-Pfarrkirche, 12. den St. Michaels Pfarrhof, 13. die Prein- (jetzige Bräuner) Straße, 14. die neue Kirche, 15. die große Rosengasse, 16. die Dorotheengasse, 17. das Stift St. Dorothea, 18. die Hochstraße, und 19. das Augustinerkloster. — Ferdinand ließ 1559 auch die bisherigen Stallungen des Hofes zunächst der Burg zu einer fürstlichen Residenz seines Sohnes Maximilian des Zweiten herrichten, und kaufte dann das große Salm'sche Haus dazu.

Schon Seite 79 haben wir nach Augustin Hirschvogel's berühmter Rundtafel von Wien die damalige Ansicht der Aussenseite der Burg mit ihren Bastionen vorgeführt. Hier geben wir nun, nach Hans Sebald Lautensack, eine innere Ansicht derselben von 1552, in welchem Jahre Ferdinand das noch jetzt bestehende Prachtthor im Schweizerhofe mit der Ueberschrift:

jetzt bestehende Prachtthor im Schweizerhofe mit der Ueberschrift:

FERDINANDVS. ROM. GERMAN.
HVNG. BOEM. ETC. REX. INFA.
HISP. ARCHI. AVSTR. DVX. BVRG-
VND. ETC. A. MDLII.

erbauen ließ. Der große Raum vor demselben, welcher heute den inneren Burgplatz in sich faßt, wurde dazumal sehr häufig zu Turnieren und andern Ritterspielen benützt, von denen eines hier im Monate Juni 1560 mit vorzüglicher Pracht abgehalten wurde, und an Frankolin einen weitschweifigen Beschreiber fand.

Während dieser Bauten war Ferdinand unabläßig bemüht den Katholicismus mit aller Strenge bei seinem Volke aufrecht zu erhalten. Im Jahre 1543 erschien das Edikt, daß alle Buchdrucker und Buchhändler, welche ketzerische Bücher nach Oesterreich bringen würden, ersäuft, die Bücher aber verbrannt werden sollten. Diesem ungeachtet gewann die Lehre Luther's so viel Anhänger, daß gegen das Jahr 1549 beinahe eben so viele Lutheraner als Katholiken in Wien sich vorfanden. Um der Verbreitung dieser Lehre kräftig entgegen zu arbeiten, ließ Ferdinand am 31. Mai 1551 die ersten dreizehn Jesuiten (ein Orden, der erst kürzlich gestiftet, sich die Bekehrung der Ungläubigen zum besonderen Gelübde gemacht hatte), nach Wien kommen. Sie wohnten Anfangs bei den Dominicanern, unterrichteten hier und in Privathäusern die Jugend und erhielten 1554 das Carmeliter-Kloster auf dem Hofe, das sie sonach in ein Collegium verwandelten und in sechs Classen die lateinische Sprache und andere Wissenschaften zu lehren anfiengen, wofür sie jährlich 1200 Gulden Rheinisch vom Hofe empfiengen.

Schon am 1. August 1551 erschien das kaiserliche Mandat, daß alle Juden zu einem Unterscheidungszeichen von den Christen einen runden gelben Tuchlappen an dem Oberkleide auf der linken Brust tragen sollen; nun 1554 am 2. Jänner, wurden sie des schändlichen Wuchers und der Espionage für die Türken wegen, gänzlich abgeschafft; eine Verordnung, welche aber eben so wenig, wie jene vom 31. October 1567, 1. Februar 1572, 3. October 1614 und 7. Jänner 1625 wegen der Macht des Goldes streng in Vollzug gesetzt wurde. Am 20. Februar 1554 gab Ferdinand ein scharfes Manifest, wodurch dem Laien verboten ward, das Abendmal unter beiderlei Gestalten zu nehmen, und in demselben Jahre erschien des gelehrten Niederländers Peter Canisius berühmter Katechismus in Wien. Zugleich vermehrte Ferdinand das von dem Spanier Don Diaco de Sarava schon 1543 gestiftete Kaiserspital, durch Vermehrung des Fonds und Errichtung eines geräumigen Gebäudes nächst den Minoriten, wozu nun auch die vom Grunde aus neuerbaute St. Katharinakirche bestimmt wurde.

Durch Carl des Fünften Abdankung war Ferdinand 1556 Kaiser geworden. Mit dieser Würde, die er nur acht Jahre bekleidete, schien er, hinsichtlich der Religionsmeinung viel mildere Grundsätze angenommen zu haben. Er vollbrachte diese Zeit größtentheils unter den dornenreichen Verhandlungen zur

Vereinigung der Religions-Partheien und Protestationen gegen mehrere Disciplinar-Vorschriften des am 4. December 1563 geschlossenen Conciliums zu Trient; wie er denn auch von diesem und dem Pabste Pius dem Vierten die Verabreichung des Abendmahls in beiden Gestalten und die Priesterehe für seine Unterthanen verlangte, wovon aber nur das Erstere zugestanden wurde. Allmählig gewann hiedurch das Lutherthum in Wien und ganz Oesterreich durch alle Stände die Oberhand. Herrnals bei Wien war dessen Hauptsitz, und die Freiherrn von Jörger daselbst wechselten selbst Briefe mit Luther, der Superintendent von Planen, Matthias Hor, der hier unter freiem Himmel predigte, rühmte es als den wahren Sitz und Hort der gereinigten Lehre. Von dem zahlreichen Herrenstande Oesterreichs bekannten sich nunmehr fünf zum katholischen Glauben. Die Landhaus-Capelle in Wien wurde zur lutherischen Bethkirche umgestaltet. Bald darauf wurde den Lutheranern auch die hiesige Minoriten-Kirche eingeräumt, und mehrere Pastoren mit ihren Familien bewohnten einen Theil des Klosters.

Mit den Ständen von Ungarn und Böhmen wegen seines Sohnes Maximilian des Zweiten Nachfolge auf beiden Thronen in Unterhandlung, starb Ferdinand unerwartet zu Wien am 25. Juli 1564 an einem schleichenden Fieber. Ueber ein Jahr lang bewahrte man seine Leiche in der Burg-Capelle; dann wurde sie am 6. August 1565 bei St. Stephan mit großer Feierlichkeit eingesegnet und dann nach Prag abgeführt. Hier ruht er nun an der Seite seiner Gemahlin, der jagellonischen Anna, die ihm fünfzehn Kinder geboren hatte.

Wien hatte unter Ferdinandens wahrhaft väterlicher Regierung, die bei aller Beharrlichkeit gegen die neuen Grundsätze überall den Geist vermittelnder Mäßigung durchblicken ließ, viel gewonnen. Ihm verdankt es eine Stadtordnung, gegeben in der Reichsstadt Augsburg am 12. März 1526; eine allgemeine Handwerksordnung für folgende Gewerbe, als: Goldschmiede, Kirschner, Fleischhacker, Schneider, Bäcker, Müller, Steinmetze und Maurer, Maler, Schilderer, Glaserer, Goldschläger, Seidenmaterer und Aufdrucker, Parchanter, Bogner und Pfeilschnitzer, Helmschmiede und Plattner, Prünner oder Panzermacher, Hufschmiede, Schuster, Färber, Lebzelter, Binder, Schwertfeger, Messerer, Sattler, Zainstricker, Radschmiede, Lederer, Riemer, Irher (Weißgärber), Zingießer, Taschner, Gürtler, Beutler, Handschuster, Fellfärber und Nestler, Sailer, Barbirer, Bader, Drechsler und Schüßler, Tischler, Wagner, Kumetmacher, Tuchscherer, Käuflern am Hof und Joppnern, Zügelmacher, Nestler, Wollweber, Wollschläger und Tuchbereiter, Huterer, Nadler, Kettenmacher und Eisenzieher, Schlosser, Haubenschmiede, Nagel- und Zirkelschmiede, Flaschner Ringler, Ringmacher und Feilschläger, Sporer und Gebißmacher, Zimmerleute, Kämpler, Bürstenbinder, Häsieber (Haarsiebe-Macher), Würfler und Räuterer, Portenwirker, Kotzenmacher; Paternosterer (Rosenkränzmacher) und Ziegelbecker, gegeben im Schloße Gran am 5. December 1527; eine Bestätigung als König von Ungarn über alle von den vorigen Königen den Wiener-Kaufleuten verliehenen Freiheiten, d. d. Preßburg am 27. November 1528; eine Niederlagsordnung für Wien, welche jene von Maximilian dem Ersten mit der Erklärung bestätigt: „daß die fremden Kaufleute und Gäste (Fremden) von den andern kaufen und wieder verkaufen, jedoch die hier erkauften Waaren nicht hier verkaufen sollen, gegeben zu Wien am 3. März 1536; eine Dienstbotenordnung vom 24. October 1550, und eine Apothekerordnung vom 11. Juni 1564. Characteristisch für die Zeit ist auch sein strenges Mandat „wider die mit großem Zulauf von Personen aus allen Ständen begünstigten, oft im schändlichsten Betrug um Geld und Leumund befangenen Zauberer und Wahrsagerinnen," das er am 18. September 1544 erlassen.

Sehr wohlbedacht war auch Ferdinand auf das Wiener Bürgerspital. Am 20. December 1539 bestätigte er demselben die neue Besitzung bei St. Clara; am 28. December 1545 gab er dem Bürgerspitale zu St. Marx das Tafernrecht und die Umgeldsbefreiung, und am 22. October 1549 erhielt dasselbe die Erlaubniß des freien Eintriebes von 52 Ochsen aus Ungarn ohne Bezahlung der Dreißigst-Mauth und sonstigen Zolles.[16] So wie er denn auch für den Franciscaner-Orden über das St. Nicolai-Kloster um die Kirche in der Singerstraße, da das Bernhardiner-Kloster, so sie in der Vorstadt besessen, durch die Türken zu Grunde gegangen und den Ordensbrüdern die bisher zugetheilte St. Ruprechtskirche zu klein war, zu Prag am 20. Februar 1545 eine eigene Schenkungs-Urkunde ausfertigte. Wiens älteste geregelte Straßenpolizei, insbesondere so ferne sie die Pflasterung und Reinhaltung der Plätze und Gassen betrifft, war sein Werk.

Schon im Jahre 1552 war Ferdinand's ältester Sohn und nunmehriger Nachfolger in der Regierung, Maximilian der Zweite, aus Spanien in Wien angekommen. Er hatte einen Elephanten mitgebracht, den Ersten, welchen man hier zu sehen bekam, und der auch wegen seiner Seltenheit am unteren Eckhause des Grabens, auf der Mörung genannt, mit den Inschriften:

„Sincera pictura Elephantis
Quem Serenissimus Rex
Maximilianus
primo Viennae spectandum
exhibuit
Mense Aprili Anno MDLII.

Dieses Thier heißt ein Elephant,
Welches ist weit und breit bekannt.
Sein ganze Größe also gestalt
Ist hier gar fleißig abgemahlt,
Wie der König Maximilian
Aus Hispanien hat bringen lan,
Im Monath Aprilis fürwahr,
Als man zehlt 1552 Jahr.

in natürlicher Größe abgebildet wurde, welche Abbildung aber 1789 zerstört und nicht wieder hergestellt worden ist. Im Jahre 1559 wurde für diesen Erzherzog das Gebäude, welches jetzt die Stallburg heißt, erbaut. Nun als Herrscher war es seine erste Sorge der Stadt Wien ihre alten Ordnungen und Freiheiten zu bestätigen. Es geschah schon am 26. September 1564. Nur zwölf Jahre regierte dieser Fürst und gleich anfänglich wurde er in einen Krieg mit Suleiman verwickelt. Um die Stände Nieder-Oesterreichs zur Kriegsbeisteuer aufzufordern, berief er dieselben 1566 auf einen Landtag nach Wien. Hier benützten sie die günstige Gelegenheit und erwirkten von dem zur Duldung geneigten Maximilian die Erlaubniß zur Augsburgischen Confession sich offen zu bekennen. Der Krieg mit den Türken währte drei Jahre. Vor Szigeths Mauern, hochberühmt durch Niclas Zriny's Heldentod (7. Sept. 1566), erlag Suleiman dem Alter. Sein Nachfolger Selim schloß Frieden. Zapolya's Sohn erwirkte kurz vor seinem am 14. März 1571 erfolgten Tode einen Vergleich, nach welchem Siebenbürgen die freie Wahl eines Woiwoden haben, dieser jedoch der Krone Ungarns unterthan sein sollte. Die Wahl fiel auf Stephan Bathory, der später Polens Thron einnahm. Sein Vetter Sigmund übergab 1589 Siebenbürgen förmlich an Ungarn, von dem noch immer nur das gebirgige Oberungarn und die an Oesterreich und Steyermark gränzenden Gespannschaften die Fürsten des Hauses Habsburg als Könige anerkannten.

Mit wahrhaft hausväterlicher Sorgfalt ließ sich Maximilian der Zweite das Wohl seiner Länder und insbesondere das Beste der Stadt Wien angelegen seyn. Letzterer gab er viele zweckmäßige Polizei-, Sanitäts- und Gewerbsatzungen. Merkwürdig ist seine Polizeiordnung vom 31. October 1568; sein Circular von 1571 gegen den blauen Montag der Handwerker; sein Getreide-, Kohl- und Kalkmaß, so wie seine Ellen-, Gewicht-, Goldschmied- und Zinngießerprobe von 1570; sein Verbot der Bäder und des Viehhandels der Kroaten während der Pest, die eben 1570 gräßlich wüthete, von 1569; die Einsetzung eines Magisters der Sanität, und des Protomedicus der medicinischen Facultät von 1574; seine Marktordnung, vorzüglich wegen des Vorkaufes und der Holzzufuhr, von 1574; endlich sein Verwahrungs-Mandat gegen den, fast alle Augenblicke gestörten Frieden des Landhauses durch die bedrohte Strafe des Abhauens der Hand. Noch in unsern Tagen las man vor dem Umbaue des Landhauses über dessen Thor die Inschrift: „Der Röm. Kais. Maj. unsers allergnädigsten Landesfürsten ernstliche Meinung und Befehl ist: daß sich Niemand, wer der auch sein mag, unterstehe in oder vor diesem befreiten Landhaus die Wöhr zu blössen, oder balgen und zueschlagen, noch zu romorn; welche aber frevenlich darwider handlen, daß dieselben an leib und leben nach Ungnaden gestrafft werden sollen. Actum im 1571 Jahr.

Schon unter Maximilian dem Ersten finden wir, wie aus den Bestätigungen des Bischofs Michael von der Moldau d.d. 23. Juli 1512, des Bischofs Georg von Wien, d.d. 20. November 1515 und des Bischofs Johannes von Wien d.d. 30. Juli 1533 erhellet, zu Wien eine Priester-Bruderschaft zu Unser lieben Frau, welche auch die St. Peter- und Paulszeche genannt wurde;

unter Maximilian dem Zweiten entstand 1564 im Jesuiten-Collegium am Hofe die Bruderschaft der wälschen Nation oder der Nächstenliebe. Letztere stand unter des Kaisers besonderem Schutze.

Sechs Jahre nach der Erbauung des Jagdschlößleins Schönbrunn, und nachdem er den Prater von den verschiedenen Besitzern, den Klosterneuburgern, der Stadt Wien, den Dorotheern, den Nonnen zur Himmelspforte und den Jesuiten, für seine Jagdlust eingelöst hatte, welchen dann sein Nachfolger Rudolph der Zweite am 7. August 1592 (mit dem Mandat, „Niemand solle in Unserer Au, dem Prater, Sommers- oder Winterszeit gehen, reiten, fahren, holzen, jagen oder fischen ohne Willen des kaiserlichen Forstknechtes Hans Bengel)“ sperren ließ, — verschied Maximilian am 12. October 1576 auf dem Reichstage zu Regensburg.

Rudolph der Zweite hielt im folgenden Jahre als römischer Kaiser einen prachtvollen Einzug in Wien. Als er nach St. Stephan kam, hatte man veranstaltet, daß ihm vom hohen Thurme herab auf einem Rennseile ein Adler, den einige für ein künstliches Uhrwerk ausgaben, entgegen geflogen kam. Dieser Fürst lebte fast beständig in Prag, wo er auch am 8. August 1578 Wiens Privilegien bestätigte, beschäftigte sich dort mit übermäßigem Eifer nur mit wissenschaftlichen Gegenständen, besonders mit der Astronomie, von welcher er jedoch selbst mit dem berühmten Tycho Brahe auf die Astrologie verfiel, und überließ die Regierungsgeschäfte seinem Bruder Ernst. Unter dessen Statthalterschaft ergab es sich nun, daß am 19. Juli 1589 auf eine tumultuarische Weise über fünftausend Lutheraner aus Wien und der Umgegend sich auf dem Burgplatz versammelten und laut begehrten, daß die, den Ständen ertheilte Religionsfreiheit auf alle Bewohner Wiens und Oesterreichs solle ausgedehnt werden. Der Erzherzog versprach ihr Begehren dem Kaiser zu berichten, wonach sich der Schwarm wieder verlief. Dieser aber fand dies aufrührisch, ließ die Anstifter des Tumultes: Georg Janischitz, Ortolph Eysenhammer, Hieronymus Ortelius, Hans Schabner und Caspar Huetaffer verhaften und des Landes verweisen.

Beinahe die ganze Wiener Universität bekannte sich um diese Zeit zum Lutherthume, und der Adel zwang die eigenen Unterthanen zur Annahme der neuen Lehre. Um dem Abfall von dem Katholicismus Einhalt zu thun, begann daher Rudolph der Zweite im Mai 1578 die sogenannte Gegenreformation, welcher Schritt jedoch die Conföderation der Protestanten aller Länder nach sich zog. Dem Wiener Bischofe Melchior Clesel und dem Bischofe von Passau, Erzherzog Leopold, glückte es den Gebrauch des Abendmahles unter einerlei Gestalt wieder einzuführen, und vollkommen gelang die Gegenreformation zu Waidhofen an der Ybs, zu Krems und Stein und andern Orten, weßwegen Erzherzog Ernst von Pabst Sixtus dem Fünften den geweihten Hut und Degen empfieng. Dagegen brach im Lande ob der Enns zwischen den Jahren 1595 bis 1597 der bekannte Bauernkrieg aus, der erst auf dem Steinfelde bei Wilhelmsburg sein Ende erreichte. Hiezu gesellten sich neue Feindseligkeiten mit den Türken. Man focht anfänglich mit abwechselndem Glücke, doch bald war dasselbe den Türken günstig, so daß man 1596 selbst für Wien besorgt war, und der zwanzigste, zehnte, ja endlich sogar der fünfte Mann zu Schanzarbeit aufgeboten werden mußte. Muthlosigkeit, obgleich strenge bestraft, griff nun allenthalben um sich. Hinrichtungen in Wien waren an der Tagesordnung. So ward dem sonst wackeren Grafen Ferdinand von Hardeck am Hofe das Haupt abgeschlagen, weil er Raab ohne Noth den Türken übergeben hatte; und am 7. Jänner 1597 wurde der Feuerwerker Franz Diano, welcher bei Annäherung einer türkischen Truppe in der Schottenau die Basteien vom rothen Thurm bis zum Stubenthor in die Luft zu sprengen versprach, auf derselben Bastei enthauptet. Zwölf Officiere von Papa's Besatzung, welche unzufrieden über rückständigen Sold diese Festung den Türken verkaufen wollten, viertheilte man am Hofe, Graben und hohen Markte; drei andere aber fanden am Tabor auf der Landstraße und vor dem Stubenthor, lebendig an den Pfahl gesteckt, den Tod; auch Georg Paradeiser büßte die zu schnelle Uebergabe Canischa's am Hofe mit dem Leben; anderer Verurtheilungen nicht zu gedenken. Wien zum Glücke ward am 29. März 1589 Raab dem Ali Pascha durch Adolph Schwarzenberg und Niclas Palffy entrissen. Unbeschreiblich war der Jubel über die Wiedereroberung dieser wichtigen Festung. Kaiser Rudolph befahl zum Andenken an diese Begebenheit allenthalben an den Kreuzwegen Denksäulen zu errichten, mit der Inschrift:

„Sag Gott dem Herren Lob und Dank
Daß Raab ist kommen in der Christen Hand!"

Einige davon, wie z. B. jene in der Währingergasse zunächst des Beckenhäusels und an der steinernen Brücke am Wienflusse, sind bis auf unsere Zeit geblieben.

Während dieser Vorfälle wurde 1579 der seit 1511 unausgebaut gebliebene zweite St. Stephansthurm in Wien von dem Baumeister Hans Saphoy mit einem kleineren Aufsatze überbaut und mit einem Kupferdache versehen; und er und Schueler brachten um diese Zeit auch das untere Gewölbe dieses Domes, welches einzustürzen drohte, in guten Stand. In demselben Jahre erhielt die Kirche zu St. Johann dem Täufer im Lazareth ihre jetzige Gestalt, und am 22. Juni von dem Wiener Bischofe Johann Caspar ihre Weihe. Im J. 1581 wurde die bei der türkischen Belagerung zerstörte Kirche im Klagbaum durch die Gräfin Barbara von St. Georg und Pösing wieder hergestellt. Im J. 1582 stiftete die Erzherzogin Elisabeth, Kaiser Maximilian des Zweiten Tochter und Carl des Neunten, Königs von Frankreichs, Witwe, das Königskloster und die Kirche zu Maria der Engeln genannt nächst der kaiserlichen Stallburg, dessen Stifterin dann selbst dem Kloster als Aebtissin vorstand. Gleichzeitig räumte Rudolph der Zweite den Jesuiten die Kirche und das Gebäude zu St. Anna ein; und da die Pest 1583 das Nonnenkloster zur Himmelspforten gänzlich verödet hatte, ward dasselbe sonach 1586 von den regulirten Kanonisserinnen St. Augustins aus dem Jacoberkloster eingenommen. Um dieselbe Zeit entstand durch Ferdinand Weidner von Billenburg die schöne Capelle im fürstlich Schwarzenbergischen

Hause, und es wurde die noch bestehende große Uhrtafel am St. Stephansthurme errichtet, obgleich schon zwanzig Jahre früher eine Uhr dort war. Das Kloster der Büßerinnen zu St. Hieronymus endlich, welches 1553 eingegangen war, wurde 1586 den Franziscaner-Mönchen übergeben, die es noch heute besitzen. Ihren verlassenen Wohnsitz zu St. Nicola in der Singerstraße benützte hierauf der Stadtrath als ein Waisenhaus für Mädchen.

Nach dem erschrecklichen Erdbeben am 15. September 1590, das von 5 Uhr Abends bis um Mitternacht die ganze Stadt so heftig erschütterte, daß viele Gebäude, hierunter auch der Thurm im Jesuiten-Collegium, einstürzten und andere, wie die St. Stephanskirche, großen Schaden erlitten hatten: brach das schon lange gährende Mißverständniß zwischen Kaiser Rudolph und seinem Bruder, dem Erzherzoge Mathias, in offene Fehde aus. Rudolph, der von seiner Mutter, Johanna von Arragonien, den fast an Blödigkeit gränzenden Trübsinn geerbt hatte, zeigte durchaus großen Widerwillen gegen alle Regierungsgeschäfte, ja vermied sogar den Umgang mit Menschen. Solches Benehmen führte bittere Klagen und Verwirrungen herbei. Ungarn warf sich in die Arme des neuen Fürsten von Siebenbürgen, Stephan Botskay, welcher in Mähren einfiel und in Oesterreich große Verheerungen anrichtete, ja selbst Wien bedrohte. Im Lande unter der Enns und in Böhmen begann es ebenfalls zu gähren, und die deutschen Reichsfürsten waren eben mit Rudolph's Absetzung beschäftigt. Diese betrübte Lage zwang die Erzherzoge in Wien am 25. April 1606 den Hausvertrag abzuschließen, kraft dessen sie rücksichtlich der Schwäche des Kaisers dessen ältesten Bruder Mathias als des Hauses Haupt anerkannten. Dies führte rasch den Frieden herbei. Mathias ward Gubernator Ungarns mit ganzer Machtvollkommenheit; Botskay behielt Siebenbürgen, starb aber bald darauf ohne Erben. Wenige Zeit darnach erlangte Mathias auch die Statthalterschaft Oesterreichs, und nun im Bruche mit dem Kaiser nöthigte er Rudolphen vor Prags Mauern, ihm Ungarn und Böhmen gänzlich zu überlassen. Am 19. März 1609 ertheilte er den Oesterreichern die berühmte Capitulations-Resolution, wodurch die freie Religionsübung auch auf die Bürger und das Volk ausgedehnt wurde; wogegen Rudolph am 11. Juli und 20. August 1609 den Böhmen einen Majestätsbrief gab, der den Utraquisten und Protestanten unbedingte Glaubensfreiheit einräumte. Rudolph's Bestreben, dem Erzherzoge Leopold die deutsche und böhmische Krone, gegen die Ansprüche Mathias, zuzuwenden, löschte das letzte Aufflimmern seiner Macht. Zum zweiten Male erschien Mathias, am 15. Februar 1611, mit Heeresmacht vor Prag, und Rudolph sah sich genöthigt dem Bruder Böhmen gegen einen Jahresgehalt abzutreten. Schon am 20. Jänner 1612 starb Rudolph nach dieser Demüthigung und Mathias wurde nun auch deutscher Kaiser.

Sogleich wurde die Residenz wieder von Prag nach Wien zurück verlegt, wo der bereits 54jährige Mathias sich am 4. December 1611 mit seiner Nichte Anna, Tochter des Erzherzoges Ferdinand von Tirol, mit großem Prunk vermählte. Im nächsten Jahre 1612 führte Mathias auf Carl von Lichtenstein's Anrathen die barmherzigen Brüder in Wien ein, für die er im untern

Werd oder der damaligen Judenstadt (jetzt Leopoldstadt) um 1300 Gulden Rheinisch einen Gartengrund ankaufte, auf welchem Kloster, Kirche und Spital entstand.

Des Mathias Ehe blieb kinderlos. Er adoptirte daher, nachdem seine Brüder Maximilian und Albrecht auf die Nachfolge in der Regierung verzichtet hatten, den Erzherzog Ferdinand von Gratz, einen unerschütterlich katholisch gesinnten Fürsten, und ließ ihn in den Jahren 1617 und 1618 zum König von Böhmen und Ungarn krönen. Wie sehr ein entschiedenes Auftreten statt der bisher gezeigten Nachgiebigkeit den Katholiken nöthig war, zeigte sich nur zu bald. Denn, während die Türken neuerdings ganz Ungarn bedrohten und Mathias, da die Protestanten alle Hilfeleistung von sich ablehnten, mit der Pforte einen schmählichen Waffenstillstand eingehen mußte, erhoben sich zwei mächtige Feinde des Katholicismus: Erasmus Tschernembl, Herr auf Schwertberg und Windeck in Oesterreich, und Graf Mathias Thurn in Böhmen. Rache ob des abgenommenen Burggrafenamtes zu Carlstein hieß Letzteren das Gefährlichste ergreifen. Als Defensor der Protestanten gab er in einer Versammlung zu Prag dem Abmahnungsschreiben des Kaisers Mathias, alle Schuld jedoch auf die Statthalter wälzend, die feindseligste Auslegung, so zwar, daß man sich unverweilt zur vermeintlichen Nothwehre verband und am 23. Mai 1618 den obersten Burggrafen Sternberg sammt dem Kanzler Lobkowitz aus dem Rathssaale wegschleppte, dann aber den Kammerpräsidenten Slawata und den neuen Burggrafen von Carlstein, Martiniz, aus den Fenstern der königlichen Burg in den Schloßgraben stürzte. Dieser offene Angriff der Protestanten war der erste Anlaß zu den Leiden des dreißigjährigen Krieges. Unter sehr trüben Aussichten für die Katholiken begann er. Der Kaiser durfte es nicht wagen den Oberbefehl seines Heeres einem Inländer anzuvertrauen, so sehr hatte der Religionszwist alle Bande des Vaterlandes gelöst. Daher fiel seine Wahl auf den Lothringer Heinrich Duval, Grafen von Dampierre, und den Niederländer Carl Longueval, Grafen von Bucquoy. Schnell kam ihm Spanien zu Hülfe, und auch der katholische Theil des deutschen Reiches stellte unverweilt seine Ligue der protestantischen Union entgegen. Demungeachtet waren Mathias und sein Minister Clesel noch immer für Nachgiebigkeit gestimmt. Ferdinand jedoch, beseelt von dem Glauben seiner Väter, wußte kräftig dagegen einzugreifen, und, ein ausführliches Bedenken einlegend, den Minister (wie wir das Nähere in einem späteren Kapitel vorführen werden) zu entfernen. Von den Schmerzen des Podogra verzehrt starb bald darauf, am 20. März 1619, Kaiser Mathias, der so große Hoffnungen erregt und doch keine erfüllt hatte.

Schon mit dem Beginne dieses Jahrhunderts wurden in Wien die Capuziner aufgenommen, und Ernst Freiherr von Mollard ließ ihnen in der St. Ulrichsvorstadt ein Kloster mit einer Kirche bauen. Auch Mathias mit seiner Gemahlin Anna stifteten ein solches für diesen Orden am neuen Markte in der Stadt, mit der jetzigen Fürstengruft, das aber erst unter Ferdinand vollendet wurde.

Von den polizeilichen Satzungen des Mathias machen sich bemerkbar seine Badeordnung für das Badner-Bad vom 10. Mai 1613; seine Niederlagsordnung für Wien vom 12. August 1615 und dessen Ochsengries-Ordnung von 1617.

Unter den mißlichsten Umständen trat Ferdinand der Zweite das schwere Amt der Regierung an. Ein eilig zusammengerafftes Heer wider die Böhmen war bei Budweis und Krumau so gut wie eingeschlossen, und diese ließen die Aufforderung, ihre Beschwerden schriftlich beizubringen, gänzlich unbeantwortet. Die Oesterreicher verweigerten ihm die Huldigung; Gabriel Bethlen, der Fürst von Siebenbürgen, unterstützte die Protestanten; Graf Thurn aber fiel in Mähren ein, und von den protestantischen Ständen Oesterreichs mit Ungeduld erwartet, erschien er plötzlich am 5. Juni 1619 vor Wien, wo er sein Hauptquartier in der Vorstadt Margaretha nahm und von den Batterien bei St. Ulrich die Burg beschoß. Gleichzeitig streiften Bethlen's Reiter von Petronell bis über die Fischa herauf. In Wien selbst fachte die Fackel des Aufruhrs. An die Spitze der unzufriedenen Protestanten traten Tschernembl und Andreas Thonradtel, Herr auf Thernberg und Ebergassing. Sie sprachen laut und frech von der Wahl eines neuen Herrn und von der Einsperrung des alten in ein Mönchskloster. Alle Katholiken verzagten, selbst die treuesten Räthe riethen zur Nachgiebigkeit; nur Ferdinand blieb standhaft. Unwillig verwarf er den Rath sich in Sicherheit zu begeben. Fest entschlossen, in Wien den ärgsten Stürmen zu trotzen, warf er sich vertrauensvoll in der höchsten Noth hin vor das Crucifix, das noch heute

die kaiserliche Schatzkammer bewahrt, und erfüllt von dem inbrünstigen Gebete schien es ihm, als ob er den erhebenden Zuruf vernehme: „Ferdinand, ich werde dich nicht verlassen!“ — Gestärkt hierdurch trat er mit großer Geistesruhe den sechszehn protestantischen Landherren entgegen, welche eben, von Tschernembl und Thonradtel geleitet, aus dem Vorsaal zu ihm einstürmten, um die Willfahrung der schmählichsten Anträge zu ertrotzen, wobei mit unerhörter Verwegenheit Letzterer den König an den Knöpfen seines Wamses festhaltend und ihm eine

Schrift aufdringend, in die frechen Worte ausbrach: „Ferdinandel, gib dich; Wirst du nicht unterschreiben?!“ Aber in demselben Augenblicke hörte man auf dem Burgplatze Kriegstrompeten und Heerpauken erschallen. Die Meuterer liefen an die Fenster und sahen zu ihrem Schrecken einen Trupp königlicher, schwergerüsteter Reiter dahersprengen. Darob betäubt und angsterfüllt mäßigten sie nun sogleich die Sprache, gelobten ihre Beschwerden ordnungsmäßig vortragen zu wollen, und baten um sicheres Geleite zur Rückkehr in ihre Wohnungen, welches ihnen auch gewährt wurde. — Der Oberst Gebhart Saint Hilaire, ein Lothringer, war mit fünfhundert Reitern Dampierre's von dem bei Krems stehenden königlichen Heere plötzlich nach Wien aufgebrochen, und von den Böhmen unbemerkt, mit Hilfe der Bürger und Studenten, durch den damaligen

Letzterer den König an den Knöpfen seines Wamses festhaltend und ihm eine

Donau-Canal bei dem Schiffs-Arsenal in die Stadt gedrungen, hatte schnell den Burgplatz besetzt und so Ferdinanden gerettet. Dieses Regiment (einst Hohenzollern, nun Großfürst Constantin, das älteste der kaiserlichen Armee) erhielt zur Auszeichnung die Freiheit, so oft es auf dem Marsche Wien berührt, durch die Burg ziehen und auf dem Platze derselben drei Tage lang werben zu dürfen, was sonst keinem Regimente gestattet wird. Der Stadtrath hatte indessen eintausend fünfhundert Bürger und die Universität sechshundert Studenten zum Schutz des Königs und der Stadt bewaffnet. Die Empörer stäubten mit Blitzesschnelle auseinander. Auch die Belagerung Wiens ward bald aufgehoben. Auf die Nachricht von Dampierre's Sieg über Mannsfeld, wodurch Prag bedroht ward, brach Graf Thurn am 12. Juni 1619 plötzlich auf um Böhmens Hauptstadt zu sichern. Zwei Monate später, am 9. September, empfieng Ferdinand die Kaiserkrone, nachdem ihn kurz zuvor die Böhmen als Feind des Vaterlandes erklärt und den Pfalzgrafen Friedrich, das Haupt der akatholischen Union, zu ihrem Herrscher gewählt hatten.

Gabriel Bethlen, mit den Ständen Böhmens und Mährens im Bunde, hatte sich inzwischen der ungerischen Städte Kaschau, Neutra, Neuhäusel und Preßburg bemächtigt. Um Wien in dieser Gefahr zu decken, ließ in Ferdinand's Abwesenheit sein Statthalter, Erzherzog Leopold, Bouquoy's Heer schnell aus Böhmen abrufen, zog aber dadurch für die Stadt eine doppelte Gefahr herbei; denn Graf Thurn folgte demselben auf dem Fuße, und Wien, durchaus nicht auf eine lange Belagerung vorbereitet, sah sich im Augenblicke von Ferdinand's Rückkunft, am 2. November 1619, von achtzigtausend Mann umschlossen. Unerwartet jedoch entkam es für diesmal dem drohenden Unheile. Georg Rakotzy, Bethlen's Statthalter, wurde von Georg Hommonay bei Kaschau besiegt. Dies veranlaßte Bethlen schnell nach Ungarn aufzubrechen, wo er zwar zum König gewählt wurde, aber sich nur Fürst und Herr von Ungarn nannte und bald mit dem Kaiser einen Waffenstillstand abschloß. Graf Thurn sah sich dadurch ebenfalls zum Abzuge genöthigt.

Die mißliche Lage des Kaisers bekam nun bald eine günstigere Wendung. Herzog Maximilian von Baiern leistete ihm gegen Verpfändung des Landes ob der Enns den kräftigsten Beistand wider den Pfalzgrafen Friedrich und Böhmen. Maximilian vereinigte sich, während die Spanier in die Rheinpfalz brachen, bei Zwettel mit Bouquoy und rückte gegen Prag vor. Am 8. November 1620 kam es zur Schlacht am weißen Berge, wobei die Kaiserlichen und Liguisten den vollkommensten Sieg errangen. Friedrich, spottweise der Winterkönig genannt, weil seine Herrlichkeit nur einen Winter hindurch gewährt hatte, floh nach Holland, und Böhmen, Mähren und Schlesien leisteten unbedingte Huldigung. Ferdinand machte durch strenge Maßregeln die Rechte des Sieges in Böhmen geltend. Er sah den Protestantismus als die einzige Ursache der erfolgten Unruhen an und war fest entschlossen denselben auszurotten. So wurde denn für Böhmen Rudolph's Majestätsbrief widerrufen, und in Oesterreich, insbesondere in Wien, ward die von Ferdinand dem Ersten und Mathias gestattete Religionsfreiheit allmählig wieder aufgehoben. Man entfernte nun wieder die Prädicanten aus der Minoritenkirche, schloß das Betkirchlein im Landhause, das Besitzthum des Helmhard Jörger in Hernals wurde eingezogen und dem Wiener Domcapitel übergeben, und Wiens akatholische Bürger mußten sich entschließen, entweder binnen vier Monaten zur katholischen Kirche zurückzukehren, oder auszuwandern. Zum Glücke berührte der Bauernkrieg unter Stephan Fadinger, der damals im Lande ob der Enns gräßlich wüthete, durchaus nicht die Umgegend Wiens, und so konnte man auf mehrere neue Bauten bedacht seyn. Im J. 1622 begann der Bau des von der verstorbenen Kaiserin Anna gestifteten Klosters und der Kirche der Capuziner in der Stadt, dessen Beendigung aber erst 1632 erfolgte. Ferdinand der Zweite legte auch in demselben Jahre den Grundstein zum Carmeliter-Kloster in der Leopoldstadt, und 1627, kurz nach der schrecklichen Feuersbrunst, welche am 21. April 147 Stadthäuser in die Asche legte, — zum Paulaner-Kloster auf der Wieden. Im Jahre 1625 nahmen die Jesuiten von dem Universitäs-Collegium Besitz, bauten sich dabei eine Kirche, behielten aber nebenbei ihr früheres am Hof, welches Ferdinand zum Profeßhaus des Ordens erklärte. Später, 1627, schenkte er ihnen auch das Gebäude und die Kirche zu St. Anna zu einem Noviziathause; 1626 übergab er die Kirche zu St. Michael den Barnabiten; 1628 stiftete er das Camaldulenser-Kloster auf dem Kalenberge; 1630 ließ er die unbeschuhten Augustiner aus Prag hieherkommen, baute den Dominicanern ihre jetzige Kirche und stiftete 1633 das Kloster der sogenannten Schwarzspanier in der Alservorstadt. Durch seine Gemahlin Eleonora von Mantua wurde aber die Loretto-Capelle in der Augustiner-Kirche 1627 erbaut, welche dann in so großen Ehren gehalten wurde, daß man in der Gruft unter derselben die Herzen der verstorbenen Fürsten des Kaiserhauses beisetzte; auch erhielt durch sie 1633 die Kirche zu St. Joseph oder zu den sieben Büchern in der Stadt für Carmeliter-Nonnen ihr Daseyn: das jetzige Polizeihaus in der Sterngasse bis auf den Salzgries hinab. [17]

Inzwischen hatte der dreißigjährige Krieg den lebhaftesten Fortgang, ohne jedoch auf Wien einen besonderen Einfluß zu nehmen. Nach der Lützner-Schlacht, in welcher Gustav Adolph, König von Schweden, am 6. November 1632 fiel, sendete Wallenstein dessen goldene Kette und blutbeflecktes ledernes Collet in die Residenz, bei dessen Anblick Ferdinand in ungeheuchelte Thränen der Rührung ausbrach. Beide Stücke zieren noch heut zu Tage als kostbare Trophäen das hiesige kaiserliche Zeughaus. [18] Wallenstein's Ermordung zu Eger am 25. Februar 1634 veranlaßte, daß des Kaisers ältester Sohn Erzherzog Ferdinand, schon König von Ungarn und Böhmen und seit 1631 mit der spanischen Prinzessin Maria Anna vermählt, sogleich die Führung des Heeres übernahm. Sein glänzender Sieg bei Nördlingen am 16. August 1634 führte im nächsten Jahre, am 20. Mai, schon den Frieden zu Prag mit Sachsen und den meisten akatholischen Ständen herbei. Die Schweden, unter Banner, setzten aber nicht ohne Glück den Krieg fort. Sie überzogen Sachsen und bedrückten dieses unglückliche Land neun Jahre hindurch. Ungewiß des Ausganges welchen der Schweden-Krieg nehmen werde, starb Kaiser Ferdinand der Zweite am 15. Februar 1637 zu Wien, kaum 59 Jahre alt, nachdem die Churfürsten seinen Sohn Ferdinand zwei Monate zuvor zum römischen König erwählt hatten. Er liegt in Gratz begraben. Schon am 27. April 1621 bestätigte er der Stadt Wien ihre Ordnungen und Privilegien; am 18. Juli 1623 aber setzte er fest, daß beim Verkaufe bürgerlicher Häuser und Gründe die hiesigen wirklichen Bürger das Einstandsrecht haben, und jene, so nicht von katholischer Religion sind, nicht zu Bürgern angenommen werden sollen. Unter ihm nahmen 1622 die regelmäßige jährliche Begleitung der Frohnleichnams-Procession durch den Landesfürsten oder dessen Stellvertreter, 1632 die Wallfahrt von St. Stephan nach Mariazell, und 1637 der Kreuzweg nach Herrnals den Anfang. Was aber die Juden anbelangt, so wurden dieselben zu seiner Zeit ganz aus der innern Stadt gewiesen. Nur zwei Gewölbe, zur Aufbewahrung der Christenpfänder, waren ihnen darinnen zu halten gestattet. Sie schlossen deßhalb am 13. Juni 1626 einen Vergleich mit dem Bürgerspital »wegen ihrer Häuser im untern Werd, allwo sie von der Stadt hinaus mußten, enthalb der Schlagbrucken und von der Landstraße hinaus, bei der Stangen, gegen den schwarzen Bären und gegen die Taborstraße, bis zum Eck an die gemerkten Felder, von dannen gegen der Donau dem untern Werd über.« — In Real-, Personal- und Criminal-Angelegenheiten waren sie ganz dem Stadtrathe untergeben.

Kaiser Ferdinand der Dritte sah sich bemüßigt den Krieg mit Schweden fortzuführen; und bald gesellte sich auch ein neuer Feind, Frankreich, dazu. Wechselnd war das Kriegsglück. Die Schweden unter Leonard Torstenson drangen mehrmalen in Böhmen, Mähren und Oesterreich ein. Dies machte einen Ueberfall der Hauptstadt besorgen; man begann also ihre Befestigung zu vermehren, und um die Kosten dazu herbeizuschaffen, wurde eine Auflage von Einem Groschen auf jeden Eimer Wein gemacht, welcher vom Lande nach Wien oder in andere Städte und Märkte eingeführt ward. Im Jahre 1640 gieng auch Torstenson in starken Märschen wirklich auf Wien los, nachdem seinem Schwerte Krems, Stein, Dürrenstein, Kreuzenstein und Kornneuburg gefallen waren. Rasch war die Wolfsbrücken-Schanze an der Donau genommen; worüber im nahen Wien solch ein Schreck entstand, daß man Bürger, Studenten, und Handwerksbursche bewaffnete, das Geschütz auf die Basteien führte, und die junge kaiserliche Familie mit den Schätzen des Hofes eiligst nach Gratz flüchtete, wohin auch viele Adeliche, Geistliche und reiche Privatleute folgten. Der Kaiser jedoch beschloß in Wien zu bleiben, und Erzherzog Leopold Wilhelm, Ferdinand's jüngerer Bruder, trat an die Spitze des kleinen Heeres, zu dessen Verstärkung die Stände den fünfzehnten Mann verwilligten; so wie jedes Haus zur Stromeshut einen Mann stellen mußte.

Torstenson wollte indessen vor dem Abschlusse eines Bündnisses mit Rakotzy, dem Fürsten Siebenbürgens, der mit 22,000 Mann bei Preßburg stand, nichts Entscheidendes gegen Wien unternehmen. Aber vergeblich wurde den ganzen April hindurch verhandelt; sie konnten sich nicht vereinigen. Torstenson begehrte des Siebenbürgerfürsten rasche thätige Hilfe zur Einnahme von Wien,

41*

Linz und Gratz; jener aber wollte, daß die Schweden ihm vorerst Ungarn eroberten. Unmuthig darob brach Torstenson eiligst nach Brünn auf und ließ nur zweihundert Schweden in der eroberten Brückenschanze zurück, die dann am 29. Mai 1640 Erzherzog Leopold Wilhelm erstürmen und deren Besatzung gefangen nach Wien führen ließ.

Im Jahre 1642 ließ Kaiser Ferdinand der Dritte das Augustiner-Kloster auf der Landstraße zu Ehren der Heiligen Rochus und Sebastian, sowie ums Jahr 1646 das noch bestehende Schanzelthor erbauen.

Schon Ferdinand der Zweite hatte das Fest der unbefleckten Empfängniß Mariä jährlich zu feiern geboten: sein Nachfolger, ein eben so eifriger Verehrer dieses Festes, ließ 1647, um es noch feierlicher zu machen, auf dem Hofe eine marmorne Bildsäule der unbefleckten Empfängniß errichten, an deren Stelle aber 1667 die noch dort vorhandene metallene von Kaiser Leopold dem Ersten gesetzt worden ist.

Die endliche Ueberzeugung der Völker, daß der Waffen Gewalt über Glaubensmeinungen nicht zu entscheiden vermöge, führte am 14. October 1648 den westphälischen Frieden herbei, der Oesterreich die Abtretung von Elsaß an Frankreich kostete. Unter dem Donner der Geschütze und dem Geläute aller Glocken ritt der Ueberbringer desselben, Oberst Raufft, ein glücklicher Gegner Torstenson's, bejauchzet von der Volksmenge, vom rothen Thurm in die kaiserliche Burg ein, wo ihn Ferdinand mit einer goldenen Gnadenkette und dem kostbarsten Ring vom eigenen Finger beschenkte. Fünf Jahre später begann Ferdinand die Gegenreformation in seinen Staaten fortzusetzen, und seinem regen Eifer war es vorbehalten, die Glaubenseinheit in Wien und ganz Oesterreich beinah völlig wieder herzustellen.

Bisher hatte man die Juden im untern Werd jenseits der Schlagbrücke in Ruhe gelassen. Am 2. Juni 1649 aber entstand zwischen ihnen und den Studenten ein fürchterlicher Auflauf. Die Wache in gedachter Judenstadt hatte auf einen Studenten, der ihr nicht Rede stehen wollte, geschossen. Sogleich entstand durch dessen herzueilende Collegen ein solch wüthender Tumult, daß selbst der öffentliche Aufruf „bei längerer Unruhe die Rädelsführer aufzugreifen, sie ihrer Privilegien zu berauben und standrechtlich mit ihnen zu verfahren,“ nichts fruchtete. Die Juden mußten von den Studenten tödliche Mißhandlungen erleiden. Erst eine starke Truppen-Abtheilung der Hauptwache am Peter vermochte sie zu zerstreuen, und die Juden mußten fast einen Monat lang bei ihren Häusern im Werd und bei ihren Gewölben in der Stadt eine Sicherheitswache von dreihundert Mann unterhalten, deren jedem sie täglich zwölf Kreuzer zu verabreichen hatten.

Im Jahre 1651 begann der Bau des Klosters und der Kirche der Serviten in der Rossau; aber erst 1668 wurde er vollendet. Ihr Stifter war Ottavio Piccolomini. Im nächstfolgenden Jahre ließ Ferdinand der Dritte den Thurm der Augustiner-Kirche erhöhen; es entstand die Heiligen-Geist-Apotheke im Bürgerspital und die St. Barbarakirche im Convicte der Jesuiten; 1656 aber wurden das Schottenthor und die Löbelbastei errichtet.

In seinen letzten Lebensjahren hatte Ferdinand noch einen harten Schicksalsschlag zu erleiden. Sein gleichnamiger Sohn Ferdinand, welcher bereits zum Könige von Ungarn und Böhmen gekrönt und zum römischen König erwählt war, starb am 9. Juli 1654 an den Pocken. Drei Jahre später bereitete dem sterbenskranken Kaiser Vaterangst den Tod. Eben hatte er seinem Sohne Leopold die Regierungsgeschäfte übertragen und sich ermattet dem Schlummer hingegeben, als ihn plötzlich um die Mitternachtstunde Feuerlärm aufscheuchte. Hellauf loderte die Flamme aus der Kammerküche der Kaiserin und mit reißender Eile griff sie rings um sich. Sich nicht beachtend, wollte der Kaiser vor allem den kaum drei Monate alten Prinzen Ferdinand gerettet wissen. In der gräßlichen Verwirrung ergriff endlich ein Trabant die Wiege, stieß damit aber so heftig an die Wand, daß sie zerbrach und er mit dem kleinen Erzherzoge zu Boden fiel. Das Kind blieb zwar unbeschädigt, aber sein kaiserlicher Vater war nach vierthalb Stunden ein Opfer dieses Schreckens. Ferdinand der Dritte fand seine Ruhestätte bei den Capuciner-Mönchen in Wien, neben Mathias.

Wien verdankt diesem Kaiser, nebst der Bestätigung seiner alten Privilegien vom 9. April 1638, manche nützliche Anordnungen, als: 1637 für die Reinhaltung der Gassen und öffentlichen Plätze, so wie für das Wegschaffen des Kehrichts und des Schnees, 1639 für das Aufhacken des Eises vor den Häusern durch ihre Besitzer. Am 30. Jänner 1638, 28. August 1647 und 16. Februar 1648 erneuerte er die Marktordnungen und gab der Stadt eine eigene Mehlgruben- und Getreidemarkt-Ordnung; am 7. Jänner 1641 wurden die Exemptionen von der Taborbrückenmauth auf den Hof, die Hofleute und die Mendikanten beschränkt. Das Brückengefäll und Lerenbecheramt besaß die Stadt, welche einen eigenen Hauptmann am Tabor und in der Wolfsbrückenschanze in Eid und Pflicht hielt. Endlich erhielt durch ihn auch Wien am 5. August 1644 ein Mauthvectigal. [19]

In Ferdinand des Dritten Zeit fällt auch die Gründung des Brigitten-Kirchleins in der gleichnamigen Aue. Eine romantische Sage, die freilich wenig mit den damaligen Localverhältnissen zusammenstimmt, berichtet, daß während der Beschießung der Wolfsbrückenschanze, wo Torstenson zweihundert Schweden zur Vertheidigung zurückgelassen hatte, am Brigittentage eine schwedische Kugel, als eben Erzherzog Leopold Wilhelm betend auf den Knieen lag, in sein Gezelt geflogen sey, ohne ihn zu verletzen. Zum ewigen Andenken habe dann der Erzherzog an eben derselben Stelle, in der Form seines Gezeltes, eine Capelle zu Ehren der heiligen Brigitta erbauen lassen, nach welcher sonach auch die ganze Aue den Namen „Brigittenaue“ erhielt. [20] — Es ist dies der berühmte Volksbelustigungs-Ort, wo nun schon seit mehr denn anderthalb Jahrhunderten an dessen jährlichem Kirchweihfeste Wiens halbe Bevölkerung dahinströmmt und auf unabsehbarer Wiese unterm freien Himmel sich mit den Freuden der Tafel, mit Musik und Tanz ergötzt. Viel wird der Kunstreiter, der Gauckler bewundert, der Bänkelsänger und Bajazzo belacht; aber das ächte Element der heitersten Belustigung trägt das Wiener-Volk in sich selbst, in seinem unverwüstlichen Humor. Jedem Gegenstande weiß es augenblicklich seine komische Seite abzulauschen, und ihn auf so gemüthliche Weise bloszustellen, die wohl Lachen, aber durchaus keine Galle, vielweniger Aergerniß erregen kann. Fehlt übrigens ein solcher dem Manne, so greift er sich selbst an, und weiß über sich die drolligsten Späße zu machen. Hierin liegt auch die Ursache, warum selbst bei den größten Volksversammlungen in Wien selten Streitigkeiten vorfallen, und selbst wenn dies geschieht, selbe nicht, wie an andern Orten, halsgefährlich werden. Schnell findet immer Jemand das Lächerliche solch eines Zwistes heraus. Er bringt es zur Sprache — und man trennt sich in der heitersten Laune.

Zweites Kapitel.

Die drei letzten Habsburger.

Nach den alten Haussatzungen konnte der erst siebzehnjährige Leopold die Regierung in den Erbstaaten ungehindert antreten; die Besteigung des Thrones von Deutschland suchten ihm jedoch Frankreich und Schweden streitig zu machen, da die goldene Bulle das achtzehnte Jahr vorschreibt. Ungeachtet dieser Einwendungen erlangte er jedoch durch der Churfürsten Wahl 1658 die deutsche Kaiserkrone. Er war ein friedeliebender Fürst; doch ließ sich nicht erwarten, daß seine Nachbarn gleiche Gesinnungen mit ihm theilten. Ungarn vielmehr, zum Theil in der Türken Gewalt, war in größter Aufregung. Seine unverzügliche Sorgfallt für Wiens Befestigung hatte daher guten Grund. Kaum war

Zweites Kapitel.

Die drei letzten Habsburger.

die große Burgbastei ummauert, das Burgthor regelmäßiger hergestellt, das nun wieder verschwundene Thor außer dem rothen Thurm gegen die Schlagbrücke und die Gonzaga-Bastei zu Stande gebracht, so begannen auch schon wieder die Kämpfe mit den Türken, und leider schien Alles für Oesterreich eine ungünstige Wendung nehmen zu wollen. Achmet Kiuperli, der Großwesir, nahte sich bereits der Festung Raab. Er führte den Streich im Schilde, scheinbar die Steyermark zu bedrohen, und wenn die Täuschung gelungen, im raschen Fluge Wien zu überfallen. Graf Raymund Montecuculi kam ihm jedoch noch glücklich zuvor; rasch vereinigte er sein Heer mit den Reichstruppen, und am 1. August 1664 kam es bei St. Gotthard zur Schlacht, wobei die Türken sechzehntausend Mann einbüßten, und sonach schmählich die Flucht ergreifen mußten. Ein zwanzigjähriger Waffenstillstand krönte diesen Sieg.

Nach damaliger Gewohnheit befand sich bei der Kirche St. Michael ein Kirchhof. Diesen ließen die Barnabiten im Jahre 1660 eingehen, erbauten an dessen Stelle die beiden Michaelerhäuser, kauften auf dem Grunde Schöff einige Weingärten und verwendeten diese zu ihrem Kirchhofe. Die kleine Capelle mit dem Bildnisse Mariahilf, welche sie dabei errichtet hatten, fand bald so großen Zulauf, daß sie sich genöthigt sahen kurz darauf eine geräumige Kirche sammt einem Wohnhause für mehrere ihrer Geistlichen zu bauen. Allmählig kamen mehrere Bürgershäuser hinzu, und bildeten so die erste Anlage der jetzigen Vorstadt Mariahilf. Gleichzeitig berief Eleonora, des Kaisers Ferdinand des Dritten Wittwe, die Ursuliner-Nonnen von Lüttich nach Wien. Sie erhielten in der Johannesgasse ein Kloster, dessen Kirche am 3. September 1675 zu Ehren der heiligen Ursula eingeweiht wurde. Auch kam im Jahre 1660 durch Conrad von Starhemberg in dessen Hause an der Wien, welche Gegend vormals Conradswerd hieß, die St. Rosalien-Capelle zu Stande; die Jesuiten aber begannen ihre Kirche am Hofe umzugestalten und den prächtigen Fronton daran zu erbauen, wozu die Kaiserin Eleonora von Mantua noch vor ihrem Tode die nöthige Summe bestimmt hatte. Carlon vollendete das Werk binnen drei Jahren. Deßgleichen erbauten sich 1661 die von Kaiser Leopold wieder in Wien aufgenommenen unbeschuhten Carmeliten an der Stelle der Theobalds-Capelle auf der Laimgrube auf eigene Kosten Kirche und Kloster. Um 1620 war noch Ulrich Kerttenkalch Besitzer der neuaufgebauten Theobalds-Capelle. Von diesem gelangte sie an Ludmilla von Kielmannsegg und 1656 an Conrad von Richthausen, Freiherrn von Caos, der sie dann im Jahre 1661 gedachten Mönchen mit den dazu gehörigen Gründen käuflich überließ. Im J. 1662 entstand die schöne Capelle zu St. Bernhard im Heiligen-Kreuzer-Hofe, und am 8. December 1667 wurde die schon erwähnte metallene Bildsäule der unbefleckten Empfängniß Mariä am Hof von dem Bischofe zu Waizen, Franz Szegadi, eingeweiht.

Bald nach dem Antritte der Regierung hatte Kaiser Leopold an die alte Burg jenes Gebäude anbauen lassen, welches noch jetzt den Platz zwischen dem Schweizer- und Amalienhof einnimmt, und dasselbe zu seiner Wohnung gewählt. In diesem neuen Baue entstand am 23. Februar 1668 um zwei Uhr

Nachts plötzlich eine so heftige Feuersbrunst, daß sich der Kaiser mit seiner Familie und den Schätzen kaum zeitig genug zu retten vermochte. Das ganze Gebäude mit den kostbaren Geräthschaften, deren Werth man auf fünfmalhunderttausend Gulden anschlug, war um zwölf Uhr des folgenden Tages bis auf das unterste Geschoß gänzlich niedergebrannt.

Dies unglückliche Ereigniß gab Anlaß den Werd von den Juden zu befreien. Das Volk, seit langer Zeit über die Juden höchst erbittert, schrieb denselben die Schuld des Brandes zu, obgleich dieser offenbar durch die Unvorsichtigkeit eines Tischlers entstanden war. Nebenbei legte man ihnen aber auch zur Last: daß sie an verschiedenen Mordthaten Theil gehabt, daß sie Diebereien unterstützt und verhehlt; daß sie in den Kriegen mit den Schweden und Türken Spione in jüdischer Kleidung in die Stadt eingeführt und mit den Letztern verrätherischen Briefwechsel unterhalten, mit den ungerischen Rebellen im Einverständniß gewesen, und daß sie die Kinder unverehelichter Weibsleute und armer Frauen durch Kauf und auf andere schändliche Weise an sich gebracht, beschnitten und im Judenthume erzogen hätten, und dergleichen arge Beschuldigungen mehr. Kaiser Leopold entschloß sich daher sie nicht ferner mehr in seiner Residenz zu dulden. Am 30. Juni 1669 wurde demnach auf allen Straßen unter Trompetenschall vorläufig öffentlich bekannt gemacht, daß alle nicht mit Haus- oder Kaufschatz angesessenen Juden binnen vierzehn Tagen Wien räumen sollten, und am 14. Februar 1670 wurde dieser Befehl auf alle Juden ohne Ausnahme ausgedehnt, und ihnen bei Leib- und Lebensstrafe verboten, sich mehr am nächsten Frohnleichnamsabend in Wien blicken zu lassen. Nur der Judenrichter Marcus Schlesinger war davon ausgenommen. Er hatte dem Hofe wichtige Dienste geleistet und blieb, wie vordem, Hof-Factor. Gleich nach ihrer Entfernung gab der Kaiser der bisherigen Judenstadt und dem übrigen untern Werd den Namen Leopoldstadt, und dieselbe wurde nun mit kaiserlicher Resolution von 24. Juli 1670 dem Stadtrathe mit allen Gemeinde- und Privathäusern, nebst den beiden Synagogen, gegen Erlag von hunderttausend Gulden zur Befriedigung der Gläubiger der Juden, und weiterer zehntausend Gulden zur vollen Tilgung der Schulden und zum Entgelde für die Duldungssteuer der Juden, zum Eigenthum übergeben. An der Stelle der neuen Synagoge ließ der Kaiser zu Ehren des heiligen Markgrafen Leopold eine Pfarrkirche erbauen, wozu er am 18. August 1670 selbst den Grundstein legte. Die für diese Festlichkeit eigens geprägte Denkmünze wog achtundsechzig Kronen in Gold und es hatte sie der berühmte kaiserliche Kammer-Goldschmied Peter Bachmeyr verfertigt. Die Meister Strobel und Gerstenbrand hatten den Bau der Kirche binnen Jahresfrist vollendet und nun wurde das Patronats-Recht über sie dem Stadtrathe zugestanden. Dieser suchte nun die Judenhäuser, deren hundert zweiunddreißig vorhanden waren, mit christlichen Bewohnern zu versehen und bot die einzelnen Gebäude um sehr mäßige Preise zum Verkaufe aus. Demungeachtet wurden sie schwer an Mann gebracht, da es der neuen Vorstadt an Erwerbsmitteln gebrach. Leopold's Privilegium vom 15. October 1671, mittelst welchem er der Leopolbstadt einen Jahrmarkt zu Margarethen, einen Wochenmarkt mit Inbegriff des Getreides, der Rosse, so wie auch großen und kleinen Viehes, und einem Töpfergeschirr- (Häfen-) Markt zu St. Martin bewilligte, und zugleich gestattete, daß der bereits dahin versetzte Trödel- (Tandel-) Markt für immer hier zu verbleiben habe, half jedoch diesen Gebrechen bald ab, und schnell war nun diese Vorstadt in den blühendsten Zustand versetzt. Auch ein Zucht- und Arbeitshaus war in der Leopoldstadt entstanden. Der Stadtrath hatte dazu drei Häuser bestimmt und das neue Gebäude aus dem städtischen Aerar herstellen lassen. Zur Erhaltung dieser Anstalt bewilligte Kaiser Leopold unterm 14. Juli 1671, daß von den Comödien, Glückshöfen, Kegelbahnen und andern Spielen eine bestimmte Abgabe gefordert werden dürfe.

Montecuculi hatte in dem Kriege mit den Türken nur sehr flauen Beistand von den Ungern erlangt. Höchst aufgebracht hierüber faßte Leopold den weder gerechten noch staatsklugen Plan, dieses Königreich ganz auf deutschen Fuß zu setzen. Das ohnedies schon obwaltende Mißvergnügen der Ungern steigerte sich sonach in hohem Grade; es erfolgten große Unruhen und gefährliche Zusammenkünfte. Da nun im April 1670, wie es hieß durch ungerische Mißvergnügte, ein Versuch geschah den Kaiser mittelst des Dampfes gifthältiger Wachskerzen zu tödten, den aber der berühmte Adept Joseph Franz Borri, ein mailändischer Edelmann, zu rechter Zeit noch abwendete, — und Leopold hierauf noch schärfere Maßregeln gegen diese Nation ergriff, entspann sich endlich, unter dem Schutze Frankreichs und Venedigs, eine höchst gefährliche Verschwörung, deren Häupter fast alle Reichswürdenträger waren. Der kühne unternehmende Palatin Franz Wesseleny und der eben so heldenmüthige als geistreiche Banus Niclas Zriny hatten nichts weniger im Plane, als ein neues ungerisches Wahlreich, anfänglich unter türkischem und französischem Schutze, dann die innigste Vereinigung des Reiches mit Polen zur künftigen Verjagung der Türken aus ganz Europa. Ein früher Tod aber vereitelte ihr Unternehmen, und die Verschwörung war nunmehr in die Hände des Fürsten Franz Rakoczi, des Küstenlandes Markgrafen Franz Frangipani, Peter Zriny's und des durch seine Gemahlin Justine Forgáts allen Häuptern der Mißvergnügten verwandten Grafen Tattenbach, Statthalters der Steyermark, gegeben, durchaus Personen von höchst mittelmäßigen Eigenschaften und gemeinem Ehrgeize. Mehr als diese wäre der als gelehrter Staatsmann erprobte Judex Curiä, Graf Franz Nadasdy, Ungerns Crösus genannt, der Ausführung des Planes gewachsen gewesen; allein auch ihm lag nicht des Vaterlandes Heil sondern nur persönlicher Zweck am Herzen. Nach erreichtem Ziel seiner hochstrebenden Wünsche wollte er die Mitverschwornen dem Wienerhofe verrathen. Ihm kam ein in das Geheimniß vollkommen eingeweihter Diener Tattenbach's zuvor. Ob eines geringfügigen Diebstahls von seinem Herrn dem peinlichen Gerichte übergeben, gestand er, um sich zu retten, den ganzen Verrath. Tattenbach wurde sodann in Gratz auf dem Schloßberg festgesetzt. Zriny und Frangipani ließ ihr Gastfreund Kéri, nachdem sie zu ihm von Tschakathurn entflohen, am 18. April 1670 gefänglich nach Wiener-Neustadt abführen. Rackoczy eilte zu seiner Mutter, die ihm durch die Jesuiten Gnade erwirkte. Nadasdy aber wurde erst ein halbes Jahr später nachdem Wesseleny's Witwe, Maria Szetsi, zu Murany sich ergeben hatte, durch die dort gefundenen Papiere compromittirt, des Nachts von seinem Schlosse Pottendorf in das Wiener Landhaus in die Haft gebracht. Strenge und genau wurde über sie die Untersuchung gepflogen. Die Commission war aus Richtern beider Religionspartheien zusammengesetzt, und zwei der berühmtesten Rechtsgelehrten Wiens, Johann Eylers und Adam Ignaz Strella waren den Gefangenen zu Vertheidigern beigegeben. Nach gepflogener Verhandlung sandte man die Akten zur Begutachtung an das Reichskammergericht zu Speyer und an die Universitäten zu Ingolstadt, Tübingen und Leipzig, welche die Hochverräther zu den grausamsten Todesstrafen verurtheilten. Leopold dachte menschlicher. Selbst den weit billigern Ausspruch seines geheimen Rathes: auf den Verlust der rechten Hand und des Kopfes milderte er in einfache Enthauptung, Entadelung und Einziehung aller Güter der Schuldigen. Dem Nadasdy wurde das Urtheil am 25. April 1671 auf dem Landhause zu Wien vorgelesen, und sohin an ihm der Akt der Adelsentsetzung vorgenommen, wobei er schmerzlich ausrief: »Nehmet mir Ehre, Leben und Güter, nur lasset meinen Kindern die Ehre!« — Und der milde Leopold ließ sie ihnen auch. Bald wurde Ladislav Bischof zu Csanad, Thomas Obergespann und Kronhüter, Franz General in des Kaisers Heer. Sonach ward Nadasdy von dem Stadtquardihauptmann Arnold in einem geschlossenen Wagen auf das Rathhaus gebracht, wo er dann am 30. April 1671 früh Morgens in der alten Bürgerstube (dem jetzigen Locale der Registratur des Civil-Ge-

12 *

ı der alten Bürgerſtube (dem jetzigen Locale der Regiſtratur des Civil-Ge-

12 *

richts) in Beisein des Stadtrichters Johann Moser und seiner Beisitzer, dann des türkischen Tschausch, Hadschi Ibrahim, als Zuschauer, mit dem ersten Streich des Scharfrichters enthauptet wurde. Die Leiche Nadasdy's, der sich bis an sein Ende reuevoll und anständig betragen, ward sogleich in einen Sarg gelegt, im Hofe des Rathhauses öffentlich ausgestellt, dann mit Beginn des Abends zu den Augustinern auf der Landstraße und von dort nach Lockenhaus in das von ihm zum Erbbegräbniß bestimmte Kloster geführt. Zriny's und Frangipani's Häupter fielen an demselben Tage im Zeughause zu Wiener-Neustadt; Tattenbach's Hinrichtung zu Gratz erfolgte jedoch erst am 1. December 1671. [21]

Um diese Zeit, zwischen 1671 und 1672, entstand das neue Kärnthnerthor, und das alte Widmer- oder Kärnthnerthor wurde wieder gesperrt; 1673 ward die Kirche St. Anton von Padua im Zuchthause zu Stande gebracht und Kaiser Leopold stiftete die Kirche zu St. Margarethen unter den Weißgärbern; 1675 entstand die Pfarrkirche zu Nicolsdorf, welches dazumal Bernhardsthal genannt wurde; 1678 endlich erhielt die Schotten-Abtei die beständige Verwesung der Gumpendorfer Pfarre, welche sie vorher nur statt der Camaldulenser am Kalenberge versehen hatte.

Im letztgenannten Jahre, in welchem des Kaisers dritte Gemahlin, die Pfalz-Neuburgische Prinzessin Eleonora Magdalena Theresia, am 26. Juli durch die Geburt des Erbprinzen Joseph dem gänzlichen Erlöschen des Habsburg'schen Fürstenhauses Einhalt that, zeigten sich in dem unglücklichen Ungarn die ersten Spuren jener schrecklichen Pest, die dann im Frühjahre 1679 auch in Wien ausbrach und wie noch nie zuvor auf die Menschheit vernichtend einwirkte. Sie zeigte sich zuerst in der Leopoldstadt, verbreitete sich dann in die übrigen Vorstädte und zuletzt in die Stadt. Die hierdurch erfolgte Menschenverheerung war dieses Mal ungeheuer und dauerte fort bis zum December. Anfänglich wurde das Uebel nicht für gefährlich gehalten. Es galt lange als ein bösartiges hitziges Fieber, das nur die ärmere Volksklasse ergriff; weßhalb auch die kaiserliche Familie lange in Wien blieb. Erst am 9. August gieng der Kaiser mit dem Hofstaate auf den Kalenberg, um im Schlosse des heiligen Leopold den Grundstein zu der Kirche zu legen, dann trat er nach einigen Tagen, von seiner Gemahlin begleitet, eine Wallfahrt nach Mariazell an, und verfügte sich sonach von dort nach Prag, wohin ihm seine ganze Familie folgte. Allmählig wurde die Seuche allgemeiner. Die Mehrzahl der Vornehmen und Reichen flüchteten sich nun auf das Land. Bald wüthete sie mit schauerhafter Gewalt in der Stadt und in den Vorstädten. In ersterer selbst waren kaum dreißig Gebäude, die nicht Kranke hatten, und in sehr vielen starben ihre Bewohner gänzlich aus. Um Leute zum Dienste als Krankenwärter und Todtengräber zu gewinnen, wurde fruchtlos übergroßer Lohn geboten, ja selbst die Aerzte mußten gewaltsam in die Spitäler geführt werden. Die Plätze und Straßen, die Gassen und Gärten der Stadt und Vorstädte waren mit Todten und Sterbenden übersäet. Mensch floh den Menschen und selbst die vertrautesten Freunde hatten Scheu sich zu berühren. Ja auch die sonstigen Zufluchtsorte des Trostes, die Kirchen, standen leer und verödet, da man die Ansteckung befürchtete. Die sieben Thore der Stadt schienen nicht genug, um die an der Pest Dahingeschiedenen auszuführen. Nicht selten wurden Sterbende und Todte unter einander auf die Karren geworfen und in die zahlreichen Gruben, die an verschiedenen Orten gleich vor der Stadt gegraben werden mußten, mit Erde verscharrt. Schauderhaft komisch ist die Begebenheit, welche sich mit dem beliebten Bänkelsänger Augustin zutrug. Die Siechknechte, welche mit ihren Pestkarren zum Burgthor gegen St. Ulrich hinausfuhren, fanden ihn in seiner gewöhnlichen Trunkenheit ganz starr am Wege liegen. Nichts anders vermeinend als er ringe bereits mit dem Tode, warfen sie ihn auf den Wagen und sonach mit in die Pestgrube. Da diese noch nicht voll war, blieb sie, zu seinem Glücke, noch unverscharrt; und so schlief er dann ganz ruhig die Nacht hindurch in Gesellschaft der Ewigentschlummerten. Natürlich konnte er des Morgens beim Erwachen nicht begreifen, wie er dahin gekommen. Mit der Anstrengung eines Verzweifelten versuchte er sich von dieser gräßlichen Gesellschaft loszumachen; aber vergeblich, die Grube war noch zu tief, um ihr entspringen zu können. Und so schrie und lärmte er fortwährend bis mit Tagesbeginn die Siechknechte neue Opfer des Todes herbeiführten und ihn aus seinem peinlichen Nachtlager befreiten, das ihm aber so wenig geschadet, daß er noch viele Jahre darnach den lustigen Wienern zu Tanz und Mahl aufspielte.

Bald stellte sich ein gränzenloses Elend ein. Um die allmählig aussterbenden Krankenwärter zu ersetzen, fieng man alles herrenloses Gesindel auf und nahm endlich die Verbrecher aus den Kerkern, um sie in den Lazarethen zu gebrauchen. Herzzerreißend war es zu schauen, wie die verwaisten Kinder schaarenweise, die Luft mit Jammergeschrei erfüllend, den Pestwägen nachliefen, auf welchen ihre Eltern und Angehörigen hinaus geführt wurden. Ihre Zahl war so bedeutend, daß sie der Stadtrath in Wien nicht mehr unterzubringen vermochte, sondern sie in vielen Wägen aufs Land hinausführen lassen mußte, wo sie auf Kosten der Stadt verpflegt wurden. Bei dieser allgemeinen Noth hatte sich besonders Ferdinand Wilhelm Euseb Fürst von Schwarzenberg ausgezeichnet. Er ritt den ganzen Tag in der Stadt herum, ließ die Angesteckten in die Lazarethe bringen und die Todten begraben; mit aller Strenge bestrafte er die Uebertreter der Contumaz- und Polizeivorschriften, wie er denn in einer Woche neun Bösewichte vor den Stadtthoren aufhängen ließ, die in die ausgestorbenen und gesperrten Häuser eingebrochen waren und sie geplündert hatten. Viele Nothleidende unterstützte er aus eigenem Säckel.

Im October ließ der Stadtrath eine Säule mit dem Bilde der heiligen Dreifaltigkeit auf dem Graben errichten und gieng mit dem Volke in Procession dahin, um von Gott die Abwendung der Pest zu erbitten. Zu Folge eines feierlichen Gelübdes, welches Leopold am 25. October 1681 bei St. Stephan ablegte, wurde sonach statt derselben, welche von Holz war, eine von Marmor nach der Erfindung des Architekten Octavian Burnacini durch den kais. Baumeister Fischer von Erlach errichtet, wozu die Grundsteinlegung 1687, die Vollendung aber erst 1693 erfolgte. Die Säule ist von weißem salzburger

Marmor, hat eine Höhe von 66 Fuß und von unten die Form eines Dreieckes. An der Hauptseite des Fußgestelles ist eine in Form eines Berges zusammengesetzte Steinmasse, auf welcher die symbolische Figur des Glaubens erscheint, zu deren Füßen die symbolische Figur der Pest von einem Engel mit einer Fackel zu Boden gestürzt liegt. Oben auf dem Fußgestelle kniet Kaiser Leopold mit dem Antlitz gegen Himmel gerichtet. Die hier angebrachten Inschriften sind von dem Monarchen selbst verfaßt. Ueber dem Fußgestelle erhebt sich eine dreiseitige Pyramide, an welcher Wolken aufsteigen, worauf die neun Chöre der Engel und ganz oben die heilige Dreifaltigkeit erscheint. Sehenswerth sind

an dieser Säule die Gruppen, welche sich an dem Fußgestelle befinden und in erhabener Arbeit die Ankunft des heiligen Geistes, das Nachtmahl des Herrn, die Erschaffung des Menschen, und die von der Sündfluth übrig gebliebene Familie des Noah vorstellen. Diese Gruppen und die an der Säule befindlichen Engel sind besonders gut gearbeitet und gereichen den Bildhauern Strudl, Fruhwirth und Rauchmüller zur Ehre. Die Säule hat 66,646 Gulden gekostet und ist 1822 mit bedeutenden Kosten renovirt worden.

Mit der einfallenden scharfen Kälte im November ließ die Pest schon etwas nach, und im December endlich hörte sie gänzlich auf. Bald fanden sich nun

der Engel und ganz oben die heilige Dreifaltigkeit erscheint. Sehenswerth sind

an dieser Säule die Gruppen, welche sich an dem Fußgestelle befinden und in

wieder, insbesondere aus Schwaben und Baiern, betriebsame Menschen in Wien ein, zum Ersatze der Verstorbenen. Lebenslust kehrte allenthalben zurück. Am heil. Christtage wurden in der St. Stephanskirche allein fünfundneunzig Paar Brautleute getraut. In anderthalb Jahren war jede Spur jener gräßlichen Pest verwischt, die in Wien und dessen Vorstädten nahe an 123,000 Menschen zum Opfer sich ausersehen hatte.

Wien war kaum von dieser Geisel der Menschheit erlöst, als es leider nur zu bald eine gleich schreckliche zu peinigen begann. Die Unzufriedenheit der Ungern, welche man mit strenger Bestrafung ihrer verbrecherischen Häupter niederzudrücken vermeinte, hatte der Hoch- und Deutschmeister Johann Caspar von Ampringen, Gubernator des Landes, durch dem Zeitgeiste nicht entsprechende Anordnungen zum vollen Ausbruche kommen lassen. Es entstand eine förmliche Partheiwuth, und die Namen Kuruzz und Labanz, womit die Gegner einander bezeichneten, erregten bald Schauder durch ihre teuflischen Thaten, da beide Theile ihre Gefangenen lebendig zu spießen und zu braten pflegten. Emerich Tökely stand an der Spitze der unzufriedenen Ungern. Bald hatte er durch seinen bedeutenden Anhang, einen großen Theil des Landes sich unterworfen. Nun trug er dem türkischen Sultan an, sein Vasall zu werden, in so fern ihm derselbe zum förmlichen Besitze Ungarns verhelfen würde. Auch Ludwig der Vierzehnte, König von Frankreich, dem alten Plane seiner Dynastie gemäß, Oesterreich wie immer nur zu schwächen, unterstützte Tökely. Zu seinem Beistande ward in Polen ein Corps angeworben und unter französische Anführer gestellt. Auf dem 1681 erfolgten Landtage zu Oedenburg wurde nun zwar von Seite Oesterreichs alles aufgeboten, um das Mißvergnügen zu entfernen; man stellte die Palatinats-Würde, die Gewalt der Bane, die Grenz-Miliz wieder her; alle willkürlichen Steuern wurden abgestellt und den Protestanten Religionsfreiheit zugestanden. Alle diese Maßregeln aber kamen nun zu spät: Töckely's Anerbieten und die Aufreizungen des französischen Hofes hatten bereits die Pforte vermocht, sich 1682 vertragsbrüchig zum Kriege wider Oesterreich zu rüsten. Die Möglichkeit, daß der Krieg sich bis vor Wiens Mauern heranziehen könne, steigerte sich bei der mißlichen Lage der Sache fast zur Gewißheit. Kaiser Leopold bewarb sich sonach unverzüglich um Bundesgenossen, und es gelang ihm schon mit Anfang des Jahres 1683 von dem deutschen Reiche und vorzüglich von Baiern, Sachsen, Brandenburg und von dem König der Polen die Zusage einer thatkräftigen Beihülfe zu erhalten. Zur Erleichterung der Kriegskosten sendete der Papst durch den Cardinal Cibo einen Wechsel von 1,200,000 Kronen an den Wiener Hof. Aber auch im Lande machte man große Anstalten zur Vertheidigung Wiens. Der Adel und die Geistlichkeit in sämmtlichen Erbstaaten mußten den hundertsten Pfennig von ihrem Vermögen als Kriegssteuer beitragen. Die zu nahe an der Stadt gelegenen Häuser wurden abgerissen und die Festungswerke von dreitausend Landleuten ausgebessert, wozu sich in der letzteren Zeit auch aus freiwilligem Antriebe viele Bürger und selbst Geistliche gesellten.

Der Großwessir Kara Mustapha hatte inzwischen mit einem Heere von 275,000 Mann, den zahllosen Troß, welcher bei der Bagage und dem Proviant angestellt war, nicht mitgerechnet, den Marsch gegen Oesterreich angetreten. Am letzten Juni war er vor Raab angelangt, wo er verstellte Anstalten zu dessen Belagerung machte, aber ins Geheim eine Abtheilung seiner tatarischen und türkischen Reiter auf einem Umweg gegen den Neusiedlersee entsendete, von wo sie in Oesterreich verheerend einfielen und die immer noch Preßburg gegenüber stehenden Kriegsvölker des Kaisers abzuschneiden suchten. Herzog Carl von Lothringen, Ober-Feldherr derselben, ließ nun eiligst das Fußvolk auf das linke Ufer der Donau übersetzen und befahl demselben längs des Marchfeldes den Marsch nach Wien zu nehmen. Er selbst gieng mit der Reiterei geraden Weges aufwärts, wurde aber bei Petronell von den vorangeeilten Türken zu einem heftigen Gefechte genöthigt, wobei er zwar dieselben mit einigem Verluste zurück schlug, jedoch nicht verhindern konnte, daß einige Flüchtlinge bis nach Wien sprengten und dort die Nachricht von des Feindes Anmarsch schnell verbreiteten, was auch am 7. Juli von den Generälen Caprara und Montecuculi vollkommen bestätiget wurde.

Nun rief noch an demselben Tage Kaiser Leopold seinen Staatsrath zusammen, um geeignete Maßregeln gegen die gefährlichen Umstände zu nehmen. Ernest Rüdiger Graf von Starhemberg wurde zum Commandanten von Wien ernannt, und ihm ein eigens zusammengesetztes Rathscollegium beigegeben,

ernannt, und ihm ein eigens zusammengesetztes Rathscollegium beigegeben,

welches für das Wohl der Stadt Sorge zu tragen hatte. Hierauf verließ der Kaiser mit dem ganzen Hofstaate bei einbrechender Nacht Wien, um an dem linken Ufer der Donau nach Linz zu gelangen. Es war eine höchst gefahrvolle Flucht; denn die Krim'schen Tataren, welche damals noch unter Botmäßigkeit der Pforte standen und den Vortrab der Armee machten, gelangten in eben dieser Nacht schon bis auf den Kalenberg, wo sie das Camaldulenser-Kloster anzündeten und dann um den Kaiser aufzuheben mit Tages Anbruch, durch Verräther aufgereizt und geleitet, so hastig längs der Donau aufwärts sprengten, daß sie nur wenige Stunden später als Leopold bei Linz anlangten, welcher hierdurch sich genöthigt sah, bis nach Passau zu gehen.

Die Abreise des Kaisers aus Wien steigerte die Bestürzung des Volkes auf den höchsten Grad. Alles was Ansehen oder Reichthum besaß machte eilige Anstalten zur Flucht. Alle Gassen und Plätze waren wie durch einen Zauberschlag mit vollbeladenen Wagen und Pferden bedeckt. Sechs Stunden lang fuhr ein Wagen hinter dem andern über die Donaubrücken dem Hofstaate des Kaisers nach, und auch am folgenden Tage währten diese Auszüge fort, so daß man an diesen beiden Tagen über fünfzigtausend Menschen zählte, welche Wien verlassen hatten. Es war dieses für den ersten Augenblick wohl ein schreckerregendes Schauspiel, aber es gereichte der Stadt zum großen Vortheile, da sie während der langen Belagerung um so viel weniger Menschen zu ernähren hatte. Viele dieser Flüchtlinge, die sich im Gewirre verspätet oder die Straße nach Steyermark eingeschlagen hatten, geriethen leider den herumstreifenden Tataren in die Hände, und Sclaverei oder Tod war ihr Loos.

Am 8. Juli zog Herzog Carl von Lothringen mit der kaiserlichen Reiterei, welche bisher noch an Ungarns Gränze gestanden, durch die Stadt in die Tabor-Aue, und es langte auch Graf Rüdiger von Starhemberg hier an, der sogleich die noch nöthigen Anstalten zur Vertheidigung besorgte. Dichte Rauchwolken und Feuerwirbel, welche man am 12. rings um Wien aufsteigen sah, gaben Kunde von dem Anrücken des Feindes, welcher am 13. durch einen starken Trupp Reiterei die Umgegend Wiens beobachten ließ. Rüdiger von Starhemberg, nun nicht mehr an der Absicht des Feindes zweifelnd, ließ deßhalb noch an diesem Tage die Vorstädte der Weißgärber, Landstraße, an der Wien, Wieden, Laimgrube, St. Ulrich, Alsergrund und Roßau, sammt allen Kirchen, Klöstern und Palästen in Brand stecken, damit sie denselben nicht zur Schutzwehre dienen möchten. Nachdem man deren Geistlichkeit und Einwohner in der Stadt untergebracht hatte, wurden auch die Thore gesperrt und die Schlagbrücke abgeworfen.

Am 14. Juli mit Sonnen-Aufgang erschien das ganze türkische Heer auf dem Wienerberge, ein unübersehbares Gewühl von Menschen, Wägen, Pferden, Kameelen, Ochsen und Maulthieren, das sich allmählig rings um die Stadt bis nach Grinzing und Nußdorf ausbreitete, und in Gestalt eines Halb-Mondes das Lager aufschlug. Man zählte ungefähr 25,000 Gezelte, unter welchen jenes des Großwesirs in der Vorstadt St. Ulrich, der Kostbarkeiten wegen, mit welchen es geziert war, auf hunderttausend Realen geschätzt, insbesondere hervorschimmerte. [22]

Am 16. Juli zog der Herzog von Lothringen mit dem größten Theil seiner Armee über die Donaubrücken auf das jenseitige Ufer, und nur General Schulz blieb mit einem Corps der kaiserlichen Cavallerie zurück, mit dem gemessenen Befehl, die Leopoldstadt so lange als möglich zu vertheidigen. Allein noch an demselben Tage schlugen die Fürsten der Walachei und Moldau bei der Roßau in die Brigittenau, und von der Weißgerber-Vorstadt in den Prater Brücken über die Donau, die sie durch sechstausend Mann bewachen ließen, und über welche am 17. Juli sogleich Tataren und Türken setzten, um die kaiserliche Reiterei anzugreifen. Nach zweistündigem, höchst hartnäckigem Kampfe sah sich General Schulz gezwungen, der Uebermacht weichend, die Leopoldstadt dem Feinde Preis zu geben, der sie nun auch sogleich mit all ihren Kirchen, Pallästen und schönen Gärten (hierunter auch die kaiserliche Favorita, jetzt der Augarten genannt) in Schutthaufen verwandelte. So war denn nun die Stadt Wien am 17. Juli durch die Türken von allen Seiten eingeschlossen und aller Verbindung mit der kaiserlichen Armee und den Erblanden, so wie aller Zufuhr aus Böhmen und Mähren beraubt.

Ehe wir zu den Ereignissen der Belagerung selbst schreiten, wollen wir die Namen derjenigen vorführen, deren Muth und weisen Rathschlägen die Stadt ihre Rettung zu verdanken hat. Dem in vielen Schlachten erprobten Stadt-Commandanten Ernst Rüdiger Grafen von Starhemberg, welcher die ganze Belagerung hindurch die ruhmwürdigsten Proben unermüdeter Sorgfalt und weiser Umsicht an Tag gelegt hatte, standen die Generale Daun und Zriny, die Brigadiere Souches und Schärfenberg, der Marquis von Obizy, Obristwachtmeister der Stadtquardie; die Obersten, Herzog von Württemberg, Freiherr von Beck, Freiherr von Heister und Dupigny, mit ruhmvoller Tapferkeit zur Seite. Nebst diesen sind aus der großen Zahl von Freiwilligen Maximilian Graf von Trautmannsdorf, Carl Graf von Fünfkirchen, Gottfried Graf von Salaburg, Graf Vignancourt, Matthäus Graf von Colalto, Friedrich Freiherr von Kielmannsegg, der ein eigenes Corps von achtzig vortrefflich geübten Schützen errichtete, eine neue Art sehr wirksamer Handgranaten erfand und eine Pulvermühle in Thätigkeit setzte, und endlich der damalige Bischof von Wiener-Neustadt Graf Leopold von Kollonits, zu nennen. Ausgezeichnet war des Letzteren Sorgfalt für die Kranken und Verwundeten, denen er geistlichen Trost und reichliches Almosen gab. Durch die zum Kampfe Untauglichen ließ er Kleider, Schuhe und Strümpfe für die Krieger verfertigen, die Tag und Nacht auf den gefährlichsten Posten dem Geschütze des Feindes bloßgestellt waren. Als es an Geld gebrach und es ihm der Commandant eröffnete, ruhte er nicht eher, bis er theils aus seinem Vermögen, theils durch die Wohlthätigkeit anderer Großen, eine Summe von sechsmalhunderttausend Gulden für die Stadt zusammengebracht hatte, wozu der edelmüthige Fürst Ferdinand von Schwarzenberg allein fünfzigtausend Gulden beitrug, und nebstdem dreitausend Eimer Wein für die Verwundeten spendete.

Die Besatzung Wiens bestand aus dreizehntausend neunhundert Mann regulirter Truppen; der Stadtquardia, die tausend zweihundert Mann stark war, der waffenfähigen Bürgerschaft, welche 2382 Köpfe zählte und den Bürgermeister Johann Andreas von Liebenberg, so wie den Oberkämmerer Daniel Focky zu Obersten hatte; in 700 Studenten der Universität, über die sich der Rector Magnificus Laurenz Grüner, ein hiesiger Domherr, selbst den Obersten-Titel vorbehalten hatte; wobei der niederösterreichische Regierungsrath Freiherr von Wels den Rang als Oberstlieutenant, der Doctor Sorbait als Oberstwachtmeister und die Professoren Stanislaus Altmann, Johann Miller und Ignaz von Tiller als Hauptleute einnahmen; — ferner in einer Freicompagnie der Wirthe von 255 Mann, die Ambrosius Frank, des äußern Rathes Mitglied, errichtet; der Zunft-Compagnien der Fleischer und Bierbrauer mit 294, der Bäcker mit 155, der Schuster mit 288, und der übrigen ledigen Handwerksbursche mit 300 Mann; — endlich in der aus 250 Mann bestehenden Compagnie der Kaufleute und der kaiserlichen befreiten Niederläger, wie jener der kaiserlichen Hofbedienten und Hofbefreiten, gegen tausend Mann stark, welche der nieder-österreichische Buchhalter Wolfang Reuschel, ein siebenzigjähriger Greis, errichtet und Graf Maximilian von Trautmannsdorf befehligt hatte. Die ganze Vertheibigungsmannschaft bestand sonach in ungefähr zwanzigtausend Köpfen. Außer diesen befanden sich aber noch bei sechzigtausend Menschen in der Stadt, da sich viele Landleute hereingeflüchtet hatten.

Wie trefflich man, ungeachtet dieser Volksmasse, für die Lebensbedürfnisse der Stadt gesorgt hatte, zeigen deren Preise, wie sie während dieser bedrängten Zeit bestanden. Eine weiße Semmel von 8 Loth kostete 1 Kreuzer, das Pfund Rindfleisch 6 kr., Kalbfleisch 9 kr., Schweinefleisch 8 kr., Schöpsenfleisch 6 kr., Speck 14 kr., Leber 3 kr., ein Paar Hühner 24 kr., eine alte Henne 24 kr., ein Kapaun 2 fl., eine Gans 54 kr., eine Ente 30 kr., eine Maas vom geringsten Wein 3 kr., vom mittlern 6 kr., vom besten 8 bis 10 kr., ein dreipfündiger Laib Brod 4 bis 6 kr., ein Achtel Mundmehl 24 kr., Semmelmehl 18 kr., Pohlmehl 17 kr., Gries 24 kr., Gerste 20 kr., Erbsen 16 kr., Linsen 15 kr., das Pfund Schmalz 16 kr., frische Butter 15 kr., das Pfund Käse 4, 6 bis 8 kr., Kerzen 10 kr., Reis 9 kr., Stockfisch 11 kr., ein Häring 5 kr. — Der in der Stadt vorfindige, aufgezeichnete Wein betrug 169,000 Eimer. Diese Preise blieben bis gegen das Ende der Belagerung in voller Giltigkeit; erst dann riß eine Theurung ein, und das Pfund Rindfleisch kam auf 24 kr., ein Ei auf 7 bis 10 kr.

Gleich am 15. Juli, als dem ersten Tag der Belagerung, gerieth die Stadt in die größte Gefahr, da zwei Stunden nach Mitternacht im Schottenhofe eine große Feuersbrunst entstand, welche das Kloster und die Kirche mit den nächstgelegenen Häusern verwüstete und ein Sturmwind die Feuerbrände gegen das nahe Zeughaus trieb, worin tausend achthundert Fässer Pulver lagen. Nur die besonnene Entschlossenheit der Grafen Guido Starhemberg und Szöreny und der ersten Magistratspersonen Liebenberg und Focky, rettete durch schnelle Maßregeln die Stadt von der Entzündung der ungeheuern Pulvermasse, welche durch ihre Explosion die Stadt zerstört und den Feinden preisgegeben haben würde. Das Volk, welches dieses Feuer, das offenbar durch die noch in Brand gestandene Rossau herbei geführt wurde, für angelegt hielt, gerieth darüber in so arge Wuth, daß es einen in weibliche Kleidung vermummten Jüngling von sechzehn Jahren für den Thäter hielt und augenblicklich in Stücken zerriß; ein armer Mensch, Namens Thanon, lustiger Tischrath vieler Herrschaften, insgemein „Baron Zwiefel“ genannt, welcher in seinem Aberwitz das Feuer zu löschen mit einer Pistole in dasselbe schoß, wurde von einem rasenden Volkshaufen ergriffen, bis auf den Kirchhof zu St. Peter geschleppt und dort lebendig geschunden!!

Dießmal hatten die Türken bei weitem mehr und schwereres Geschütz, als bei der ersten Belagerung bei sich, und viele verkleidete französische Artilleristen trugen nicht wenig zu dessen besseren Beschickung bei. Sie machten zwar anfänglich einige schwache oder verstellte Angriffe beim Stuben- und Kärnthnerthor, ja selbst von der Leopoldstadt her, aber der ernstliche Angriff war auf die Linie von der Burg- bis zur Löbel-Bastei gerichtet, welche der nahen Anhöhe bei St. Ulrich wegen wirklich als der schwächste zur Vertheidigung sich zeigt. Schon in der Nacht vom 14. auf den 15. Juli hatten sie sich auf dem jetzigen Spitlberg festgesetzt, Batterien errichtet und Laufgräben eröffnet, mit welchen sie in den nächsten Tagen bis in die Nähe der Außenwerke vorrückten. Zugleich warfen sie Bomben, glühende Kugeln und Pfeile mit Brennstoff umwickelt in zahlloser Menge in die Stadt, welche aber alle, bei dem festen Baue der Häuser und da man die Vorsicht gebraucht hatte, die Schindeldächer zu entfernen und das Straßenpflaster aufzuwühlen, wenig Wirkung thaten. Die erste Bombe, welche bei der Kirche zu St. Michael niederfiel, wurde noch ehe ihr Feuer aussprühte von einem dreijährigen Kinde gelöscht.

Späterhin errichtete der Feind noch mehrere Batterien, wie z. B. nächst der Schlagbrücke, in der Höhe des Rothen-Hofes (der heutigen Josephstadt) ꝛc., fieng auch wieder an, mit Minen die Außenwerke umzustürzen und dann Sturm zu laufen, welches bis in die Mitte des Augusts fortdauerte, ohne daß er dadurch etwas erhebliches ausrichtete; denn die Belagerten schlugen seine Stürme tapfer ab, machten unter der Leitung des Stadthauptmanns Hafner und des Bartholmä Camuzzi, eines vormaligen venezianischen Hauptmannes, Gegen-Minen, und thaten häufige Ausfälle, wobei sie seine Arbeiten zerstörten, die schadhaften Stellen ausbesserten und somit, zu Kara Mustapha's Aerger, der sich jeden dritten Tag in einer mit eisernen Platten wohl verwahrten Sänfte in die Approschen tragen ließ und die Seinigen zum neuen Sturme aufmunterte, die Belagerung in die Länge zogen.

Wunder von Tapferkeit und Ausdauer ergaben sich damals an der jetzigen Stätte des Volksgartens und der Bellaria, wie überhaupt vom alten Widmer- bis zum Schottenthore. Ewig unvergeßlich bleiben die Kriegsthaten: wie Starhemberg's Regiment gegen viermal wiederkehrenden Sturm die Spitze des bedeckten Weges vor dem Burgravelin vertheidigt; wie der löwenkühne Herzog von Württemberg die Feinde im Graben angegriffen und zurückgeschlagen; wie sich obgedachter Hafner als Beschützer des Ravelins und Grabens der Löbelbastei bezeigt, und wie Hauptmann Heistermann auf der Burgbastei mit nur fünfzig Mann die brennenden Pallisaden gelöscht und zugleich unzählbare Schaaren von heranstürmenden Türken siegreich zurückgeschlagen hatte. Sie zeigten sich ihres Oberfeldherrn würdig. Dreimal des Tages und einmal des Nachts machte

Starhemberg gewöhnlich die Runde um die Stadt und deren Wälle. Hier gänzlich den feindlichen Kugeln bloßgestellt, ward er am Haupte und Arme verwundet; dennoch begab er sich schon am dritten Tage wieder auf alle Posten und bestieg wie gewöhnlich den St. Stephansthurm, auf dem man noch seinen Steinsitz zeigt, um die Bewegungen des Feindes zu erspähen. Seine Argusäugige Wachsamkeit, seine Ruhe in der größten Gefahr und seine muthige Zuversicht hielt alles aufrecht. Obgleich milde und freundlich im Umgange, war seine Kriegsdisciplin strenge bis zur Härte. Murrende Soldaten mußten auf der Stelle um ihr Leben spielen, und einem Lieutenant, der die Türken zur Nachtzeit vor der Löbelbastei sich hatte verschanzen lassen, ließ er nur die Wahl zwischen dem Galgen oder mit nur vierundzwanzig Mann diese Arbeit des Feindes wieder zu vernichten. Welch ächten kriegerischen Geist er unter den Belagerten hervorgebracht, möge von vielen nur ein Zug andeuten. Während dem Rasen des Sturmes trank ein Student, auf dem Parapet tanzend und laut aufjauchzend, auf das Verderben der andringenden Türken. Urplötzlich kam ein langer, vergifteter Pfeil daher gesaust, der an der Flasche stecken blieb, welche der Kühne noch immer am Munde hielt. Herzhaft that er abermals einen Trunk und höhnte der bösen Absicht des Feindes mit einer unartigen Verbeugung. Starhemberg ließ während der Belagerung alle Glocken Wiens schweigen, nur die von St. Stephan allein war auserlesen, mit dumpfem Schlag Sturm- und Feuersnöthen zu verkünden, auf welches Unheilszeichen Alles, was Waffen zu tragen vermochte, sich eiligst auf die Sammelplätze, den Hof, neuen Markt und die Freiung zu begeben hatte.

Am 16. August setzten sich die Türken in den Stadtgraben vor der Löbelbastei fest; sie wurden zwar nach einigen Tagen wieder daraus vertrieben; aber ihre fortwährend erneuerten Minen und die darauf folgenden wüthenden Stürme verschafften ihnen endlich den Besitz des Burg-Ravelins, von wo aus sie die Burg- und Löbel-Bastei, wie nicht minder die dazwischen liegende Courtine, mit verstärkter Gewalt beschießen und bestürmen konnten.

Ein großer Theil der Besatzung war bereits durch die lang dauernde rastlose Vertheidigung aufgerieben worden, und die noch übrig gebliebene waffenfähige Mannschaft fast muthlos gemacht. Dazu kam eine äußerst bösartige ansteckende Ruhr, welche sich so rasch verbreitete, daß beinahe kein Haus ohne Kranke war. Der würdige Bürgermeister Herr von Liebenberg, der Prälat von den Schotten Johann Schmidsberger, Laurentius Grüner, Domherr und Rector der Universität u. a. waren Opfer dieser Krankheit, von welcher selbst der Commandant und viele Kriegsoberste ergriffen, aber glücklich noch gerettet wurden. Man that zwar alles Mögliche, um dem Uebel Einhalt zu thun, die Kranken zu heilen und die Gesunden zu trösten und zu stärken; aber Tod und Muthlosigkeit verschlimmerte das Schicksal der Stadt immer mehr und mehr. Es war bereits hohe Zeit, daß ein Entsatz von Außen dem hartbedrängten Wien zu Hülfe käme. Man suchte durch Kundschafter dem Herzog von Lothringen die mißliche Lage der Hauptstadt bekannt zu machen. Wie schon früher ein Cürassier des götzischen Regiments und der heistersche Lieutenant Gregorowitsch kam am 13. August Franz Georg Kollschützky, ein Pole aus Sambor, vorher Dolmetsch der orientalischen Compagnie, nun Kaufmann in der Leopoldstadt und Lieutenant der Freicompagnie des Hauptmann Frank, glücklich in türkischer Kleidung durch das ganze feindliche Lager bis an den Kalenberg, wo er von dem Richter zu Nußdorf über die Donau gebracht wurde und so das kaiserliche Heer zwischen Anger und Stillfried an der March erreichte. Am 17. August gelangte er eben so wohlerhalten durch das Schottenthor wieder in die Stadt, mit einem Schreiben des Herzogs, worin sich dieser ausdrückte: »daß er mit innigster Rührung den Verlust so vieler braven Offiziere und den mißlichen Zustand der Stadt, vermöge der eingerissenen Krankheit, vernommen habe; doch sollte man getröstet und versichert seyn, daß man niemals einen Ort von solcher Wichtigkeit der Willkür des Feindes Preis geben werde. Es sammle sich bereits ein zahlreiches Heer, viele von den Hilfstruppen aus Baiern, Franken, Sachsen kämen täglich an, und nun erwarte man nur noch die polnische Armee unter dem Könige selbst, der wenigstens mit Ende August einzutreffen versprochen, und dann wolle man mit gesammter Macht Wien zu entsetzen bemüht seyn. Ferner: daß Preßburg von den unsrigen erobert und ein gedoppelter Sieg über den Tökely erfochten worden.« Koltschützky würde wohl in solchen Aufträgen noch öfters das Leben gewagt haben, hätte nicht ein eingebrachter Deserteur am Galgen bekannt, er habe ihn auf das Genaueste dem Feinde verrathen. Seinem Diener jedoch gelang es noch zweimal solche tollkühne Ausflüge mit glücklichem Erfolge zu machen. Auf seiner letzten Rückkehr knüpfte ein türkischer Reiter mit ihm ein Gespräch an; aber ehe sich's dieser versah, hieb er ihm den Kopf ab, schwang sich auf dessen Pferd und kam unversehrt in die Stadt.

Abermals sehr heftige, obgleich fruchtlose Stürme erfolgten am 23., 24. und 26. August. Am 3. September sah man sich gezwungen endlich das Ravelin an der Löbelbastei zu verlassen; dafür aber mußten die Arbeiten im Innern der Stadt mit dem angestrengtesten Eifer betrieben werden. Gräben und Brustwehren wurden von zehn zu zehn Schritten errichtet und der diensthabenden Mannschaft bei Todesstrafe das Schlafen untersagt. Der kühne Herzog von Württemberg, Guido Starhemberg und Szöreny machten erfolgreiche Ausfälle. Nicht so glücklich war Oberst Düpigny. Löwenmuthig stürzte er sich mit seinen schweren Reitern bei dem Stubenthore dem Feind entgegen; — aber Mann und Roß sah man nicht wieder. Am 4. September sprengten die Türken eine ihrer bedeutendsten Minen an der Burgbastei mit entsetzlicher Wirkung, und fast in demselben Augenblicke sah die Besatzung die Janitscharen, vom Großwesir eigenhändig mit dem Säbel angetrieben, über die Mauertrümmer inmitten des Staubes und des Pulverdampfes der Kanonen wie rasend heranstürmen. Schon hatten sie zwei Roßschweife auf der Bastei aufgesteckt, da ergriff die Belagerten Kraft der Verzweiflung — und die Türken mußten in ihre alten Verschanzungen zurück fliehen. Demungeachtet sprengten sie am 6., 7. und 8. September neue Minen an der Burg- und Löbelbastei, wobei sie sich bis unter die Minoritenkirche durchgruben. Wien war dem Falle nahe, als dessen Entsatz erfolgte.

Johann Sobiesky, König von Polen, welcher sich gleichwie die Höfe von Baiern, Sachsen und Brandenburg, schon am 28. April 1683 mit Oesterreich zu Schutz und Trutz verbunden hatte, vermochte erst zu Krems am 7. September sein Heer mit den kaiserlichen und den deutschen Reichs-Truppen zu vereinigen. Am 8. erfolgte der Donau-Uebergang des ganzen Heeres bei Tuln, und am 9. und 10. der Marsch nach Klosterneuburg bis an das Kalengebirge. Die dringende Noth der Stadt hieß die verbündeten Häupter diesen kürzeren, obgleich beschwerlicheren Weg, statt des weit bequemeren Ummeges über Preßburg, einzuschlagen. Die Armee 84,800 Mann stark (hierunter 38,700 Infanterie und 46,100 Reiter mit 186 Kanonen) zählte 27,100 Oesterreicher, 26,600 Polen 11,400 Sachsen, 11,300 Baiern, 8,400 Franken und Schwaben. Kara Mustapha, der bei der ersten Nachricht des herannahenden Entsatzes, am 7. September seine Heeresmacht musterte, wies noch 173,700 Krieger auf, obgleich er schon deren 48,500 vor Wiens Mauern eingebüßt hatte. Aber auch der Belagerten Verlust war nicht unbeträchtlich. Der Obrist Graf Düpigny, die Obristlieutenante Schenk, Gotalinsky, Leßlie und Freiherr von Walter, der Generalingenieur Rimpler, 17 Hauptleute, 15 Lieutenante und 3 Fähnriche waren geblieben; die Einbuße an Gemeinen betrug bei der regulirten Mannschaft 5000, bei den Bürgern 166. Ueber tausend Mann lagen schwer verwundet.

Starhemberg, welcher am 10. September mit einbrechender Nacht einen Reiter, der kühn über die Donau schwamm, an den Herzog von Lothringen mit den wenigen Zeilen: „Keine Zeit mehr verlieren, gnädigster Herr! Ja keine Zeit mehr verlieren!“ entsendet hatte, und zur tröstlichen Antwort für die nahezu in den letzten Zügen liegende Stadt vom Hermannskegel eine reiche Garbe von Raketen emporsteigen sah und drei gewaltige Kanonenschüsse vernahm,

IOAN:III D.G.
REX POLONIARUM.

die sogleich von der Melkerbastei beantwortet wurden, setzte nun mit äußerster Anstrengung alle streitbare Mannschaft der Stadt in Bereitschaft um entweder während des Treffens Ausfälle zu machen, oder sich mit dem christlichen Heere vollends zu vereinigen. Aber auch der Großwesir machte nun thätige Anstalten zum bevorstehenden Kampfe. Den Kern der Janitscharen ließ er vor der Stadt mit dem strengsten Befehle, dieselbe fortwährend auf das Lebhafteste zu bestürmen, unter dem Kühaja Bey. Er selbst, nachdem er im wilden Grimme ob der fehlgeschlagenen Einnahme Wiens, bei dreißigtausend Christensclaven hatte unmenschlich niedermetzeln lassen, führte die übrigen durch Hunger und Seuche hart mitgenommenen Heerhaufen an den Fuß des Kalengebirges, das Centrum bei Währing und Weinhaus, da wo sich noch heute die Türkenschanze erkennen läßt, in eigener Person befehligend, während er dem Osman Oglu Pascha den rechten Flügel bei Nußdorf, dem Pascha von Großwardein, Ibrahim, den linken Flügel nächst Dornbach anvertraute.

Am 11. September um Mitternacht war das christliche Heer auf der Spitze des Kalengebirges angekommen, und sogleich erhob sich auf dem erhabensten Gipfel des Leopoldsberges, den Belagerten zur Freude, eine rothe mit einem weißen Kreuze geschmückte Fahne. Es war in drei Treffen eingetheilt, über deren rechten Flügel der König von Polen, das Centrum die Churfürsten von Sachsen und Baiern und der Fürst von Waldeck, den linken Flügel aber der Herzog von Lothringen den Oberbefehl führten. Das specielle Commando im ersten Treffen führten über die Polen: Jablonowsky, Siniawsky, Potoky, Zamoysky und Denhoff; — über 10 Esquadron Kaiserlicher Kavallerie: G. d. Kavallerie Herzog von Sachsen Lauenburg und F. M. L. Dünewald; über 7 Esquadron Baierischer Kavallerie, 4 Esquadron Fränkischer Kavallerie, 4 Bataillon Baierischer Infanterie und 4 Bataillon Fränkischer Infanterie: Feldmarschall Lieut. Fürst von Bareuth, G. M. Münster und Banau; — über 5 Bataillon Sächsischer Infanterie: F. M. Golz und G. M. Herzog von Sachsen-Weißenfels; — über 6 Bataillon Kaiserlicher Infanterie, 5 Esquadron Sächsischer Kavallerie und 10 Esquadron Kaiserlicher Kavallerie: Markgraf Hermann von Baden, G. d. Kavallerie Graf Caprara, F. M. L. Ludwig von Baden, und Herzog von Croy. — Im zweiten Treffen, bei den Polen: Malygny, Sapieha, Gorzynsky und Rzewusky; über 8 Esquadron Kaiserlicher Kavallerie: F. M. L. Rabatta und G. M. Palfy; — über 8 Esquadron Baierischer Kavallerie, 3 Esquadron Fränkischer Kavallerie, 4 Bataillon Baierischer Infanterie, und 3 Bataillon Fränkischer Infanterie: F. M. L. Freiherr von Leyha, G. M. Stainau und Thüngen; über 4 Bataillon Sächsischer Infanterie: F. M. L. Flemming und G. M. Neutsch; über 5 Bataillon Kaiserlicher Infanterie, 4 Esquadron Sächsischer Kavallerie und 8 Esquadron Kaiserlicher Kavallerie: General-Zeugmeister Graf Leslie und F. M. L. Lubomiesky. Endlich im dritten Treffen über die Polen: Leszinsky, Brzedezinsky, Zozzia und Hozuchowsky; — über 6 Esquadron Kaiserlicher Kavallerie G. M. Gondola und Buttler; — über 4 Esquadron Baierischer Kavallerie, und 3 Bataillon Baierischer Infanterie: F. M. L. Freiherr von Degenfeld und G. M. Rumpel; über

2 Bataillon Sächsischer Infanterie: G. M. Graf Trautmannsdorf und G. M. Graf Reuß; endlich über 2 Bataillon Kaiserlicher Infanterie, 5 Esquadron Sächsischer Kavallerie und 6 Esquadron Kaiserlicher Kavallerie: F. M. L. Fürst Salm, G. M. Mercy und Taaffe, dann der große Eugen von Savoyen, damals ein neunzehnjähriger Oberstlieutenant.

So zur Schlacht in Ordnung gestellt, traf das Heer die Morgenröthe des 12. Septembers. Es war Sonntag. Der Capuziner-Mönch, Marcus Avianus, allgemein geehrt seines frommen Lebenswandels wegen, trat in die Capelle des heiligen Markgrafen auf dem Leopoldsberge, las die Messe, am Altare bedient von dem Könige Polens, und reichte den Fürsten das Abendmahl. Hierauf hinaus tretend auf die Bergeshöhe segnete er das Heer, demselben sicheren Sieg verheißend. Sobiesky aber hieß seinen Sohn niederknieen, schlug ihn zur Erinnerung an den wichtigsten Tag den er je erleben könne zum Ritter, und hielt sonach eine kurze Rede an seine Krieger, deren Inhalt, nach Gottfried Uhlich, etwa also lautete: „Der zahlreiche Feind, den ihr hier vor euch erblickt, ist derselbe, den ihr in den Siegen, unter welchen ihr grau geworden, bereits kennen gelernt habt. Ob ihr nun gleich in einem fremden Lande kämpft, so kämpft ihr doch zugleich für euer Vaterland. Die Tapferkeit durch die ihr nun Wiens Mauern vom Untergange rettet, beschirmt zugleich die Gränzen Polens: hier werdet ihr euch Verdienste um die ganze Christenheit einsammeln. Ihr seyd zu einem heiligen Kriege eingeweiht, wo selbst überwunden zu werden rühmlich ist. Ihr streitet nun für Gott, nicht für den König. Durch ihn ist es geschehen, daß ihr ohne allem Kampfe diesen Berg erstiegen und den halben Sieg, ohne den Feind gesehen zu haben, bereits in den Händen habt. Jetzt, da sie uns auf den Anhöhen erblicken, verbergen sie sich in Thäler und Abgründe als ihre künftigen Gräber. Erwartet heute von mir keinen andern Befehl, als daß ihr euerem Könige, wo er euch immer vorgeht, muthig folgt!“ Ein jauchzendes Freudengeschrei, verstärkt durch kriegerische Musik, und der Donner aus fünf Kanonen-Schlünden gaben die Losung zur Schlacht. Sie begann mit wüthendem Ungestüm am linken Flügel, der aus Oesterreichern und Sachsen bestand. Allenthalben die Feinde vor sich hertreibend, hatten sie schon gegen acht Uhr die Engpässe von Nußdorf und Heiligenstadt erreicht; hier aber wurde jeder einzelne Hügel von den Türken mit unglaublicher Hartnäckigkeit vertheidigt. Fünf gewaltige Stürme des Osman Oglu Pascha mußten zurückgeschlagen werden, ehe man in gedachten Dörfern festen Fuß fassen konnte, und jedes weitere Vordringen ward mit theuren Opfern erkauft, da der Feind die Höhen vor Döbling, insbesondere den Hummelberg bei Grinzing, mit großen Batterieen besetzt hielt. Sieben Stunden hatte schon der linke Flügel der christlichen Armee im Kampfe mit den Ungläubigen zugebracht. Erst um 2 Uhr Mittags gelang es ihm, sich durch dichte Wälder mit dem Centrum zu vereinigen, das über den Handels-, Längen- und Latters- oder heutigen Cobenzelberg vorrückte, während der rechte Flügel, aus Polen bestehend, über den Herrmannskogel und die Schluchten bei Dornbach auf den Feind eindrang. Allgemein war nun die Schlacht. Ein Uhlanen-Regiment, das zu tollkühn in den Feind eindrang, ward umzingelt und aufgerieben. Schon wähnte sich Kara Mustapha auf dem rechten Flügel Sieger; da sah der Herzog von Lothringen einen günstigen Augenblick, dem Feinde in die Flanke zu fallen. Mit beispielloser Verwegenheit nahm er die große Batterie bei Döbling, in welchen Ort er mit dem Feind zugleich eindrang, und selbst die große Redoute bei Währing und Weinhaus, noch jetzt »die Türkenschanze« genannt, hemmte nicht seinen Siegeslauf, obgleich deren zehn Kanonen fortwährend das lebhafteste Feuer unterhielten. Trefflich unterstützten ihn dabei die tapferen Baiern, Franken und Württemberger, und gleichzeitig warfen die Polen, deren König mit eigener Hand mehrere Türken getödtet und einen Roßschweif erobert hatte, die Feinde durch Herrnals bis in ihr Lager in der Vorstadt Rossau zurück, während der nachmals so berühmte Prinz Ludwig von Baden mit einigen Schwadronen kaiserlicher, sächsischer und württembergischer Dragoner unter fröhlichem Trompeten- und Paukenschall bis an die Contrescarpe der Stadt am Schottenthore vorrückte und dort vereint mit der Besatzung die Türken aus den Approchen, die diese noch immer so muthig wie in den verwichenen 61 Tagen der Belagerung besetzt hielten, nach tapferer Gegenwehr verjagte. Panischer Schrecken bemächtigte sich nun des ganzen türkischen Heeres. Kaum eine halbe Stunde mehr vermochte es Kara Mustapha noch bei St. Ulrich zusammen zu halten. Um sechs Uhr Abends war die Schlacht entschieden, und die Flucht der Ungläubigen, in wildester Unordnung über den Wienerberg bis nach Raab hin, allgemein. Nahe an 25,000 Türken erlagen dem Siegesschwerte der Christen, in deren Hände 370 Kanonen, viele Fahnen, Standarten, Roßschweife und 15,000 Gezelte fielen. Die Krone der Beute, Kara Mustapha's kostbares Gezelt mit einer baaren Summe von zwei Millionen in Gold, seine Waffen, sein Leibpferd und seine geheime Kanzlei, blieben des Königs von Polen Eigenthum.

Die von den Türken zurückgelassenen Vorräthe waren so unermeßlich, daß die zum Plündern berechtigten Soldaten nur baares Geld und Kostbarkeiten nahmen, alles Uebrige, hierunter 15,000 Büffel, Ochsen, Kameele und Maulthiere, über 10,000 Schafe, 100,000 Malter Korn, ganze Magazine von Caffe, Zucker, Reiß u. dgl., so wie eine unglaubliche Menge von Munition, den Wienern überließen. Viele Besitzer von Vorstadt-Häusern fanden späterhin in den Kellern ihrer zerstörten Gebäude so große Schätze und Vorräthe, daß sie aus deren Ertrag dieselben weit schöner, als sie früher waren, wieder aufbauen konnten.

Carl, Herzog von Lothringen, hielt sein Heer die ganze Nacht hindurch unter den Waffen und sandte sogleich seinen Adjutanten, den Grafen Auersperg, mit der Siegesnachricht an den Kaiser, der sich in Dürrenstein an der Donau aufhielt. Am 13. September wurde zuerst an frühen Morgen das Stubenthor geöffnet, und Starhemberg mit der ganzen Generalität ritt ins Lager zum König Sobiesky, der ihn als »Helden und Bruder« herzlich begrüßte und dann an seiner Seite mit tiefbewegtem Herzen das Labyrinth der feindlichen Approchen und Minen besah. Ein Stein im Graben zwischen dem Burg- und

11*

Schottenthore bezeichnete lange die Stelle, wo der König, ermüdet von der Beschwerde dieses Ganges, ausruhte. Er verschwand erst 1809, da die Franzosen die Festungswerke vom Kärnthner- bis über das Schottenthor hinaus in die Luft sprengten.

Während der Herzog von Lothringen, die Ehre des Tages mit großer Selbstverläugnung dem Polen-Könige und Starhemberg überlassend, die Armee aus dem verpesteten Türkenlager nach St. Marx führte, wo sie sich über Simmering bis nach Schwechat ausbreitete, erfolgte der Einzug in die Stadt. Mit laut aufjauchzendem Jubel empfingen die Wiener bei dem Stubenthore den König, der nach einer auserlesenen Schaar polnischer Edlen, von Ernst Rüdiger von Starhemberg einbegleitet, an der Seite der Churfürsten von Baiern und Sachsen ritt. Ihm folgten in buntem Gewirre Prinz Jakob Sobiesky, die deutschen Fürsten, Polens Großwürdenträger und die Generalität. Die Wollzeile, Bischofsgasse, den Stephansplatz und die Kärnthnerstraße beschreitend, gieng der Zug über den neuen Markt in die Augustiner-Hofkirche, wo König Sobiesky in der Loretto-Capelle die Messe hörte und dann das Te Deum vor dem Hochaltare anstimmte, das rundum auf den Wällen mit 300 Kanonenschüssen begleitet wurde. Abends fand sich Sobiesky wieder bei dem Heere ein.

Während dieses Freudentaumels hatte der hochherzige Bischof Kollonits bei 500 im Lager zerstreute und neben ihren ermordeten Aeltern verschmachtende Christenkinder in die Stadt bringen lassen, und war für deren Unterhalt väterlich besorgt.

Schon am 14. September langte Kaiser Leopold auf der Donau in Wien an und wurde am Ufer von den beiden Churfürsten, dem Herzoge von Lothringen, Starhemberg und der Generalität empfangen. In der Stadt waren die Bürger mit ihren Fahnen an denselben Standpunkten aufgestellt, die sie während der Belagerung eingenommen hatten. Tags darauf besah der Kaiser die bei Schwechat aufgestellten Truppen der Alliirten, welche zum Entsatze Wiens beigetragen hatten, und hier traf er mit dem König von Polen zusammen. Noch jetzt verewigt eine Pyramide die Stelle, wo beide Monarchen sich brüderlich umarmt hielten. Schon am 16. September begab sich Leopold wieder nach Linz, wo er bis zu Anfang Augusts des folgenden Jahres blieb und dann die bereits wieder in bewohnbaren Stand gesetzte Burg bezog. Sobiesky und der Herzog von Lothringen aber zogen gegen Ungarn den Türken nach, wo bald ein herrlicher Sieg erkämpft wurde, der 20,000 Feinden das Leben und der Pforte die Festung Gran kostete. Es geschah an dem verhängnißvollen 25. December 1683, daß Kara Mustapha zu Belgrad erdrosselt wurde. Als 1688 auch dieses an die Kaiserlichen übergieng, ward dessen Kopf mit dem Sterbehembe dem Bischof Leopold Grafen von Kollonits zugesendet, der ihn sonach dem hiesigen bürgerlichen Zeughause verehrte, welches nebstdem noch zahlreiche Denkmale aus dieser Belagerung, als: türkische Fahnen, Roßschweife, Gewehre, Säbel, Bogen, Pfeile und andere Waffenstücke vorzuweisen hat. Ein sehr merkwürdiges Andenken der Türken bewahrt auch noch heute das Stadthaus Nro. 507, zur großen Presse genannt. Es ist dieses eine große Steinkugel, in Gestalt einer Birne, von eisernen Kreuz-Klammern umfaßt. Sie hängt ober dem Thore und dabei ist zu lesen: „Anno 1683 Jar den 20. Juli ist dieser Stain aus einem Mörser von den Türkchen aus der Leopoldstadt herein geworfen worden, wegt 79 Pfund.“

Kaiser Leopold's erstes Geschäft war, die wackeren Männer zu belohnen, welche seine Residenz so tapfer vertheidigt hatten. Der Commandant Graf Starhemberg wurde zum Feldmarschall erhoben, erhielt die Würde eines Staats- und Conferenzministers, hunderttausend Reichsthaler, einen kostbaren Ring und die Erlaubniß, den Stephansthurm in sein Wappen aufzunehmen. Dem Bischof Kollonits wurde der Cardinalshut ausgewirkt. Jene Männer vom Stadtrathe und der Bürgerschaft, welche sich vorzüglich thätig bezeigt hatten, wie: der städtische Kämmerer und, nach Liebenberg's Tod, Bürgermeister-Amtsverwalter Focky, der Stadtrichter Schuster, der Unterkämmerer Georg Altschaffer, der Syndikus Hocke, und die Rathsherrn Tepser, Peikhart, Hirneis, Buchenecker, Rückenbaum, Moczi, Schreyer, Popowich, Patzinger, Mezger erhielten den Titel kaiserliche Räthe und goldene Ehrenketten mit daran hängenden Denkmünzen. Koltschützky's treuer Kundschaftsdienst wurde durch das Privilegium zur Errichtung des ersten öffentlichen Caffeehauses in Wien (am Stephansfriedhof, dann bei der blauen Flasche im Schlossergäßchen) belohnt. Das Bildniß des muthigen „Bruder Herz,“ wie er Jedermann nannte und sich auch so gerne nennen hörte, bewahrt noch jetzt der Vorstand der Wiener Caffeesieder. Auch der Stadtrath bezeugte sich im Namen der ganzen Bürgerschaft dankbar gegen die Vertheidiger Wiens; er überreichte dem Commandanten zwei tausend Ducaten und befreite seinen Palast in der Stadt auf ewig von allen Abgaben.[23] Die übrigen ausgezeichneten Generäle, Officiere und Mitglieder des Raths, erhielten verhältnißmäßige Geschenke an Geld.

Um das Andenken an die glückliche Befreiung Wiens fortwährend zu erhalten, verordnete der Kaiser, daß alle Jahr am 12. September eine feierliche Procession von der St. Peterskirche zur Dreifaltigkeitssäule auf dem Graben vor sich gehen, und dort ein öffentliches Dankgebet für die Rettung der Hauptstadt abgehalten werden solle.

Aber auch durch zwei Volksfeste suchte man die Erinnerung daran festzuknüpfen. So wurde zu Hernals, nächst Wien, jährlich am Tage des Kirchweihfestes, das in diesem Dorfe am Sonntag nach St. Bartholomä eintritt, ein sehr possirlicher Aufzug begangen, den man „Eselritt“ nannte. Nach dem Mittagmale versammelten sich die lustigsten Bursche des Dorfes in dem Gemeindehause, dessen Thor sorgfältig hinter ihnen wieder zugeschlossen wurde, um dem Gedränge der Neugier zu wehren. Hier verkleideten sie sich nach Verabredung in von Tröblern ausgeborgten Masken und ordneten sich zu ihrem Zuge. Waren sie bereit, so gab die wohlbekannte Halter- (Hirten-) Trompete durch dreimaliges Schmettern zur Freude des sehr zahlreich aus der Umgegend zugeströmten Volkes das Zeichen zum Anfang. Das Thor geht auf — und heraus wallt in Reih und Glied mit feierlich abgemessenen Schritten eine ansehnliche türkische Bande, die sich in ihrem lärmenden Marsche durch das

Gespötte der Städter über den Ersatz der Flöten und Oboen durch ein Paar schnarrende Geigen, oder allenfalls der Fagotte, durch Dudelsack oder Kontrabaßgeige, nicht irre machen läßt, sondern in schönster Haltung den Zug durch die Gassen leitet. Wie Leid auf Freude, folgt dieser eine Anzahl Christensklaven, paarweise, in armseligen Kleidern, mit klirrenden Ketten behangen, umgeben und bewacht von grausamen Janitscharen. Bittend heben sie die Hände empor, und ihr Elend lockt manchen Groschen aus den Taschen der Zuschauer in ihre Nothbüchsen. Wehe aber dem Mädchen, das sich zu nahe hinzuwagt: denn wird es von einem Janitscharen ergriffen, so muß dasselbe ein gleiches Schicksal mit den armen Gefangenen theilen, oder sich mit einem Kusse loskaufen. Und nun kommt ein Zug Janitscharen, und horch! abermal Trompetenstöße, und die Krone des Zuges, ein tüchtiger, wohlbeleibter Pascha im schönsten morgenländischen Schmucke stolziert unter tausend Neckereien und dem schallenden Gelächter des Volkes, auf einem schmucken Esel daher und läßt sich, trotz Mohameds Verbot, den ihm häufig aus den Häusern dargereichten Wein wohl schmecken. Sein auf gleiche Weise berittenes und geschmücktes Gefolge und das nacheilende, jauchzende Volk beschließen den Zug, der sich durch alle Gassen des Dorfes windet und dann wieder in das Gemeindehaus zurückkehrt. Hier werfen die Bursche ihre Verkleidung von sich, theilen redlich das Geld aus ihren Nothbüchsen, und eilen in den Wirthsgarten, wo ihre wohlgeschmückten Mädchen im Tanzzelte sie schon erwarten. Ein fröhlicher Walzer, gewürzt durch Liebe und Wein, beschließt das Fest, das unter Kaiser Joseph des Zweiten Regierung für immer erlosch.

Die Bäcker-Innung hatte sich während der Belagerung durch Tapferkeit sowohl als durch rastlos angestrengte Arbeit zur Versorgung einer so großen Menschenmasse mit dem nöthigen Brode sehr ausgezeichnet. Zur Belohnung wurden daher den Bäckerjungen mehrere Freiheiten eingeräumt, von welchen jedoch die meisten, unter andern das Recht auf dem Hof Kegel schieben zu dürfen, bald wieder abgestellt wurden. Nur der sogenannte Bäcker-Aufzug hatte sich bis in die neueste Zeit erhalten. Am Osterdienstag jedes Jahres nämlich zogen etwa fünfzig Bäckerjungen mit fliegender Fahne und türkischer Musik durch alle Gassen Wiens. Die Söhne der Meister hatten hierbei dreieckige Hüte mit weißen Federn und einem Sträuschen von Flittergold geziert auf dem Haupte, sonst trugen sich alle gleich in veilchenblaue Staatsröcke und weiße Westen gehüllt. Vor jedem Bäckerhause hielt der Zug; es ward aufgespielt, die Fahne geschwungen und aus einem großen Pokale dann die Gesundheit des Meisters getrunken. Bei den Vorstehern des Handwerks, vor dem Hause des Bürgermeisters und auf dem Burgplatz vor der Wohnung des Kaisers, wurde die Fahne dreimal geschwungen und der Toast weit lebhafter ausgebracht. Wenn so der Zug, durch beiläufig fünf Stunden, unter einer großen Schaar von Zuschauern seine Runde in der Stadt vollendet hatte, endigte sich das Fest mit einem Schmause auf der Herberge, oder die Bäckerjungen fuhren in offenen Kaleschen in ihrem prunkhaften Anzuge mit ihren Schönen herum. Mit dem Jahre 1809 nahm auch dieser Aufzug sein Ende.

Vorliegender Prospect zeigt die Südseite Wiens, so wie sie der berühmte Daniel Suttinger, Chur-Sächsischer Feldartillerie-Oberhauptmann und Ingenieur, im Jahre 1683 entworfen hatte. Wir sehen darauf: 1. Die Heiligen Kreuz-Kirche. 2. Die kaiserliche Burg. 3. Die Schottenkirche. 4. St. Michael. 5. Die Augustiner-Kirche. 6. Das Profeßhaus der Jesuiten. 7. Die Kirche St. Dorothea. 8. Maria-Stiegen. 9. St. Peter. 10. Das Bürgerspital. 11. Die St. Johanneskirche. 12. St. Stephan. 13. Das Himmelpfort-Kloster. 14. St. Anna-Kirche. 15. Das St. Nicolauskloster. 16. Das Nonnenkloster St. Ursula. 17. Die Franziskanerkirche. 18. Das Jesuiten-Collegium. 19. St. Jakob, und 20. die Dominicaner-Kirche. Weit wichtiger jedoch ist sein „Grundriß und Situation der Kayserlichen Haupt- und Residenz-Statt Wienn in Oesterreich, wie selbe von Türken belagert und attaquiret, und durch die Glick- lich- und Sieghaffte Waffe der Christen Entsetzet worden," — welcher nach Suttinger's Federzeichnung von Mauritius Bodenehr 1688 zu Dresden radirt wurde. Die auf der hier mitgetheilten verkleinerten Copie dieses wichtigen Planes vorkommenden Ziffern bezeichnen: 1. die kaiserliche Burg, 2. St. Stephan, 3. den Platz am Hof, 4. den Hohen-Markt, 5. den Neuen-Markt, 6. den Platz am Graben, 7. die Peterskirche, 8. den Stock-im-Eisen-Platz, 9. das Burgthor, 10. das Kärnthnerthor, 11. das Schottenthor, 12. das Stubenthor, 13. das neue Thor, 14. das Rothenthurmthor, 15. die Schlag-

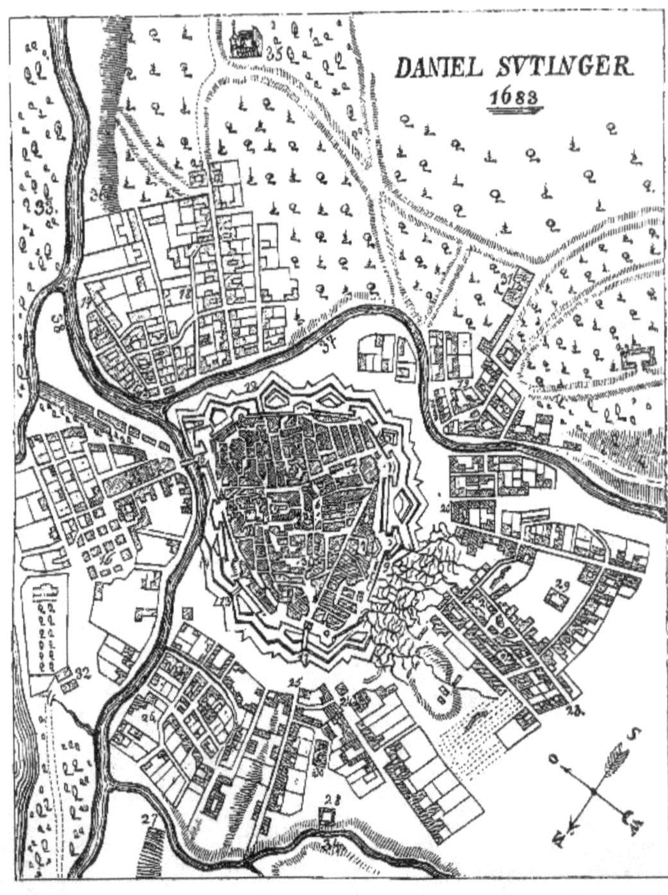

brücke, 16. die Leopoldstadt, 17. die Weißgärber-Vorstadt, 18. die Landstraße, 19. die Vorstadt an der Wien, 20. die Vorstadt auf der Laimgrube, 21. die Vorstadt St. Ulrich, 22. am Neubau, 23. das Neustift, 24. die Alsergasse, 25. die Währingergasse, 26. die Vorstadt Rossau, 27. den Sporkenbühel (nun Himmelpfortgrund), 28. das Lazareth, 29. den katholischen Gottesacker, 30. den evangelischen Gottesacker, 31. die kaiserliche Favorita, 32. den Tabor, 33. den Prater, 34. den Alserbach, 35. St. Marx, 36. die Vorstadt Erdberg, 37. den Wienfluß, und 38. die Donau. [24]

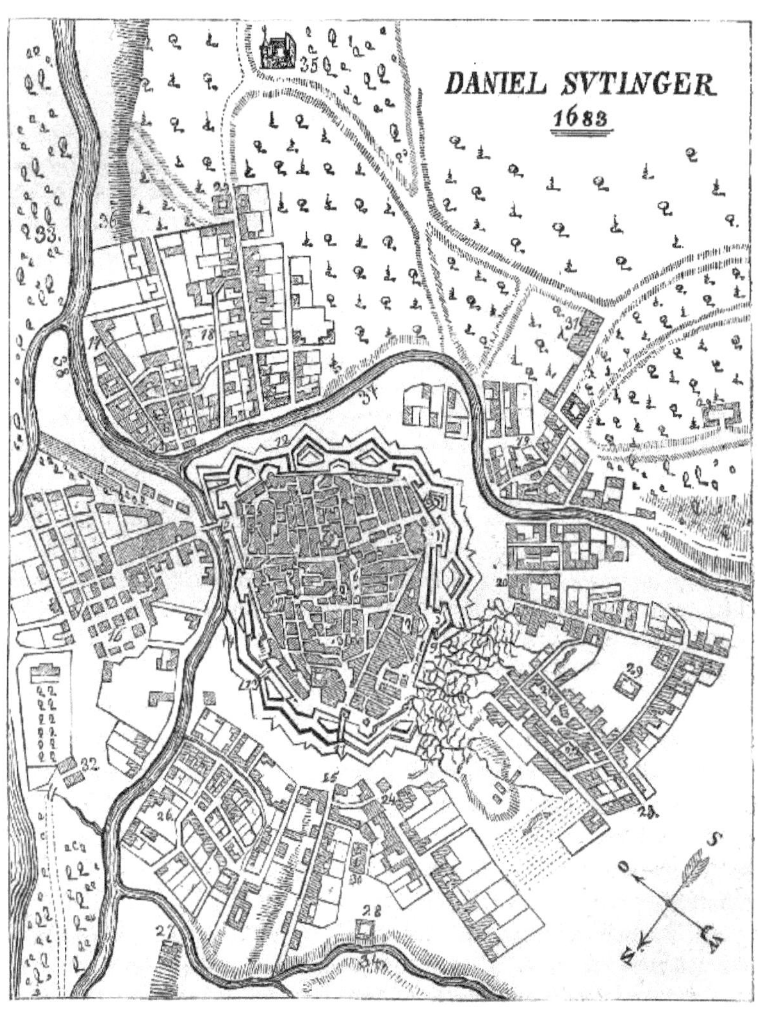

brücke, 16. die Leopoldstadt, 17. die Weißgärber-Vorstadt, 18. die Landstraße,

Mit dem Beginne des Jahres 1684 war man eifrigst beflissen die Festungswerke wieder in guten Stand zu setzen und man begann die Häuser, Kirchen und Klöster in den Vorstädten wieder aufzubauen, wobei aber zur Regel gemacht wurde, daß dieselben rings um die Stadt sechshundert Schritte vom Stadtgraben entfernt bleiben mußten, mit einziger Ausnahme der über der Donau gelegenen Leopoldstadt und Jägerzeile. So ließ das Capuziner-Kloster bei St. Ulrich der Feldmarschall Graf Carl Szöreny, den Klagbaum der Stadtrath wieder erbauen, und am 20. April 1686 wurde an die Stelle der von den Türken zerstörten kleinen Capelle zu Mariahilf durch den Wiener Bischof Ernest Trautsohn der Grundstein zur jetzigen schönen Kirche gelegt. Am 14. Juli 1686 ließ derselbe Bischof den Stern mit dem Halbmonde, welcher seit 1591 auf der Spitze des Stephansthurmes prangte, durch den Ziegeldecker Ressytko, von Koblof nächst Troppau gebürtig, wieder herabnehmen und an dessen Stelle am 14. September ein spanisches Kreuz aufsetzen; allein da es unbeweglich war, warf es schon nach drei Monaten ein Sturm herab, und der Thurm entbehrte des Hauptschmuckes bis zum 31. October 1687, wo er dann mit einem beweglichen kupfernen Doppel-Adler, über dem sich ein 6 Schuh 7 Zoll hohes Kreuz erhob, nach des Kirchenmeisters Philipp von Rabeck's Erfindung, durch den Steinmetz Johann Georg Kuchler geziert wurde.[25] In demselben Jahre wurde den beschuhten Carmelitern auf der Laimgrube die Kirche zu St. Joseph, vormals St. Theobald, erbaut. Die Kirche zu Unserer lieben Frau bei den Schotten, welche während der Belagerung gänzlich ein Raub der Flammen geworden, erhielt 1690 ihre jetzige Gestalt, wenige Verschönerungen, von 1732 und 1822 abgerechnet, und merkwürdig als die Grabstätte Ernest Rüdiger's Grafen Starhemberg. Gleichzeitig entstand die St. Margarethenkirche unter den Weißgärbern, 1692 ward die Kirche der barmherzigen Brüder in der Leopoldstadt wieder hergestellt, und Kaiser Leopold begann, um dem Unwesen der Bettler zu steuern, in der Alservorstadt ein großes Armenhaus zu erbauen, wozu er eine Summe von 130,000 Gulden anwies und zu dessen Erweiterung der Kardinal Leopold von Kollonits, Graf Welz und Freiherr von Tavenat nicht wenig beitrugen. Zur besseren Dotirung wurde demselben späterhin die Steuer von den Lohnwägen zugewiesen. Es bekam dazumal ein Mann zu seinem täglichen Unterhalt 9, eine Weibsperson 6 und ein Kind 3 Kreuzer. Mehr denn siebenhundert wahrhaft Arme, sechshundert Militär-Invaliden und hundertfünfzig arme Studenten fanden hier Unterstützung. Am 19. April 1695 legte der Kaiser den Grundstein zu der Kirche und dem Kloster der P. P. Trinitarier in der Alservorstadt; 1696 entstand die Kirche zu den heiligen drei Königen im Zeughause auf der Seilerstätte durch den Fürsten Franz von Mannsfeld; 1698 kamen die ersten Piaristen nach Wien, erhielten in der eben neu angelegten Josephstadt ein Collegium nebst Kirche zur Vermählung Mariens, wozu der Kaiser und sein Sohn Joseph der Erste am 2. September den Grundstein gelegt hatten, und fiengen sogleich an sich dem Unterrichte der Jugend, nach ihrem schönen Berufe, zu widmen. Im Jahre 1699 ließ der Stadtrath eine neue große Uhr auf den Stephansthurm setzen. Sie wurde von Jakob Oberkirchner für 1200 Gulden verfertigt und ist noch bis jetzt daselbst. Sie schlägt nur die Stunden, die Viertelstunden müssen die Thurmwächter an das Primglöcklein schlagen, hauptsächlich um sie desto gewisser wach und aufmerksam zu erhalten. Die Höhe der Uhrtafel beträgt 2 Klafter 5 Zoll; die Breite 1 Klafter 5 Schuh 3 Zoll; der Stundenzeiger ist 1 Klafter 4 Zoll lang und das Herz daran 2 Schuh breit. Die Ziffern halten in der Länge 2 Schuh und in der Breite 2 Zoll. Zu ihrer genauen Richtung befinden sich mehrere Sonnenuhren und eine Mittagslinie in dem Thurm, welche Letztere 1742 auf Angabe des Jesuiten Franz gezogen wurde.[26]

Aber auch noch andere höchst schätzbare Einrichtungen waren, nebst diesen Bauten, seit der aufgehobenen Belagerung bis zum Schlusse des Jahrhunderts ins Daseyn gekommen. Am 5. Juni 1688 wurden die Plätze und Straßen der Stadt zur größern Sicherheit und Bequemlichkeit der Einwohner zum ersten Male des Nachts mit öffentlichen Laternen beleuchtet, eine Anstalt, welche man, wie die gleichzeitige verbesserte Feuerlöschordnung, die Straßen-Polizei-Ordnung (welche die Pflasterung und Reinhaltung der Gassen und Plätze vorzüglich berücksichtigt), die Marktordnung, die Einführung der Rumorwache und des Tabakapaldo von 1694, dem niederösterreichischen Statthalter und Reichsgrafen Quintin Jörger zu verdanken hat. Auch für die Bildung der adeligen Jugend trug man Sorge. Die drei oberen Stände Oesterreichs erbauten in der Alservorstadt zu diesem Zwecke eine Akademie, welche der Kaiser sehr freigebig unterstützte. Während den Jahren 1688 bis 1698 erfolgte die Versetzung der Donaubrücken von der Wolfsaue (dem alten Tabor) an den jetzigen Ort, am neuen Tabor; wie denn auch um diese Zeit die Vorstädte (von welchen ein eigenes Kapitel handeln wird) wieder aufzublühen begannen.

Am 29. Mai 1695 ertheilte Kaiser Leopold dem Stadtrathe die Quartiers-Freiheit über gemeiner Stadt Wien Mehlgrube am neuen Markt, und am 14. April 1697 auch jene über das in der Kärnthnerstraße gelegene und zur gedachten Mehlgrube mitverbaute Büchsenmacher'sche Haus. Am 15. Juli 1698 gab er der Stadt Wien das merkwürdige Burgfried-Diplom,[27] dessen Umfang er also festsetzte: „Erstlich von Rothenthurn hinaus an der Donau linckher und rechter Handt bis St. Marx hinaus; doch solle Erdtberg ausgenohmen seyn, und gemeiner Statt Burgfridt bis an das gleich hardt an Erdtberg stehendte Creutz sich erstreckhen, doch ausserhalb der Erdtberger Häuser gegen St. Marx solte widerumb der Burgfridt anfangen und bis auf St. Marx gehen. — Vor dem Stubenthor auf der Landtstraß linckh und rechter handt hinaus bis auf St. Marx. — Dann an dem Renweg ebenfahls linckh und rechter Handt bis St. Marx. — Von dem Khärnerthor hinaus in dem Heugässl bey gemeiner Statt Wienn Unter-Cammerer und Fürst Manßfeldischen Garten recht und linckher Handt, so weith die Rieth von Neusätzen oder Kräfften gehet, bis an den Weg, so gegen St. Marx herab bis an die sogenannte Rüeth-Mühlbruchen gehet. — Von dem Khärnerthor hinaus bey der Kayserlichen Favorita linckh und rechter Handt, so weith die unter Kurtzgährn oder Kurtzstöß gehen, bis an den Weg gegen St. Marx herab an die obern Kurtzgähren. — Dann von dem Khärnerthor auf der Widen hinaus rechter Handt bis an Nielstorff hart an das erstere alda befindliche Gebew linckher Handt, eben gegen Nielstorff über und in der Lini an der Rieth der mittern Schossen hinumb an die obern Kurtzgähren. Von dem Khärnerthore ienseiths der Wienn linckher Handt bis St. Margaretha, diesseiths der Wienn hinaus bis an das ruinirte Häußl am Berg oben inclusive. — Von dem Burgthor linckher Handt bis an die Windtmühl und rechter Handt bis an die ausserhalb des Chaosischen Stiftsgartten auf den gewesten Kayser-Spittallerischen Akher erbawete neue Häuser, welche newerbauete Häuser nit mehr in Burgfridt liegen sollen. — Mehr von Burgthor hinaus linckher und rechter Handt bis zu Endt der Moserischen Wißmather, so an die Ottokringerliche Wißmath und Strassen anstoßt, iedoch St. Ulrrich, Newbau, Newstifft und Passauerl., alsein der Landseinlag würkhlich begriffener Orth ausgenohmen, sodann bis hart an der P. P. Augustiner Gartten Mauer. — Von dannen vor dem Schottenthor hinaus bis zu erstgemelter Augustiner Garten, und hinumb über den Alsterbach bis zu dem oberhalb in der Höhe unweith Währing gegen der Statt stehendten Stein, sodann bis an die Donau zu Endt des Graf Ulthanischen Gartten und Häußlen hinaus, doch solle das Fürst Liechtensteinische Brewhaus davon ausgenohmen und nicht in Burgfridt gehörig seyn. — Jenseiths der schlagbrukhen hinaus bis zu denen neuerbauthen Schantzen und Fahnenstangen inclusive, davon die Thabormauth und dessen Wirthshaus außgenohmen.«

Wenige Tage vor Ausfertigung dieses Diploms, am 6. Juni 1698, kam Peter Alexiewicz, Czaar von Rußland, damals erst sechsundzwanzig Jahre alt, in Wien an, zwar im strengsten Incognito und im Gefolge seines Ministers Le Fort, aber doch von Jedermann gekannt. Er bewohnte während seines Hierseyns den Königseck'schen Palast und Garten in Gumpendorf, besah alle Merkwürdigkeiten Wiens und hatte mehrere geheime Unterredungen mit dem Kaiser, der ihm zu Ehren viele Feste veranstaltete. Unter andern gab Leopold zum Vergnügen des hohen Gastes einen großen geschlossenen Masken-Ball im Gartensaale der Favorita. Der russische Kaiser erschien dabei als friesländischer Bauer verkleidet, Leopold und seine Gemahlin als Wirth und Wirthin. Sehr fröhlich gestimmt stand nach dem Mahle der römische Kaiser auf und trat mit einem herrlichen Krystallpokal, gefüllt mit dem köstlichsten Weine, zu dem Friesländer und sagte: »Ich weiß, Ihr kennt wohl den Czaar von Moskau. Ich bringe Euch seine Gesundheit!« — Der Bauer, schnell das Glas ergreifend, erwiederte: »Ich kenne ihn wohl, er ist ein herzlicher Freund Eurer Majestät und ein Feind Ihrer Feinde!« — Hierauf leerte er den Pokal bis auf den letzten Tropfen aus. Der römische Kaiser sprach darauf: »Nun, da Ihr Alles ausgetrunken habt, so mögt Ihr den Pokal zum Andenken behalten!« Und der große Czaar bewahrte ihn als eine theure Erinnerung an Leopold fortan sorgfältig im Petershofe. Eben im Begriffe nach Italien abzureisen, erhielt er die Nachricht von der in Moskau ausgebrochenen Empörung der Strelitzen, worauf er am 30. Juli schnell nach Rußland zurückeilte.

45*

Inzwischen hatte der Türkenkrieg für Oesterreich eine sehr günstige Wendung genommen. Durch die 1684 zu Preßburg zugestandene Religionsfreiheit und verkündete allgemeine Amnestie wurden die aufgeregten Gemüther der Ungern ganz beruhigt. Ofen, das über anderthalb Jahrhunderte in den Händen der Ungläubigen war, fiel am 2. September 1686 in die Hände der Oesterreicher, und am Reichstage zu Preßburg 1687 wurde Ungarn als Erbreich des habsburgischen Mannsstammes erklärt. Bei Mohacz erfocht noch der Prinz von Lothringen, vor seinem am 18. April 1690 erfolgten Tode, einen herrlichen Sieg. Eben so entriß auch sein Nachfolger, Ludwig von Baden, dem Großwesir Mustapha Kiuperli am 19. August 1691 bei Salankemen mit dem Siege das Leben. Die gänzliche Befreiung Ungarns von den Türken jedoch bewirkte Prinz Eugen von Savoyen durch den Sieg bei Zenta an der Theiß, am 11. September 1697, die dann der Carlowitzer Friede (26. Jänner 1699) besiegelte.

Mit dem Tode Carl's des Zweiten, am 1. November 1700, waren die Habsburger in Spanien erloschen. Von Rechtswegen hätte nun dieser erledigte Thron, mit Indien, den beiden Sicilien, Mailand und den Niederlanden dem römischen Kaiser Leopold gebührt; allein alle Mächte hatten sich schon bei Carl's Lebzeiten, das europäische Gleichgewicht vor Augen haltend, dagegen erhoben, und drangen auf eine kühne Theilung dieses mächtigen Reiches. Carl, dem solch Verfahren ein Dorn im Auge war, hatte indessen den Sohn des Churfürsten Maximilian Emanuel von Baiern, einen Enkel des Kaisers, zum Erben erkoren; allein der Prinz starb unerwartet im sechsten Lebensjahre am 6. Februar 1699, und nun wurde der schwache Carl von dem französischen Botschafter Marquis Harcourt und dem Cardinal Portocarrero dahin gebracht, dem zweiten Sohn des Dauphins von Frankreich, dem siebenzehnjährigen Philipp von Anjou, durch Testament seine Reiche zu vermachen. Oesterreich mußte sonnach sein heiliges Recht durch die Waffen geltend machen. 1701 erschien zu Wien ein Manifest wegen Behauptung der Nachfolge in Spanien, und im Herbste 1703 verzichteten Kaiser Leopold und der römische König Joseph, nach dem Wunsche Englands, Hollands und Portugals, auf alle ihre Rechte an die Erbschaft Spaniens zu Gunsten des Erzherzogs Carl, des zweiten kaiserlichen Prinzen, der nun auch sogleich als König von Spanien ausgerufen wurde und eiligst zur Armee nach Lissabon abreiste. Die innige Freundschaft des Kriegspräsidenten Eugen von Savoyen mit Brittaniens großem Feldherrn Marlborough und Hollands Großpensionär Heinsius gereichte Oesterreich zum großen Vortheile; es behauptete sich siegreich wider die Franzosen und bald gewann es auch für seine gute Sache das 1701 neuerstandene Königreich Preussen und das deutsche Reich. Nur die Churfürsten von Baiern und Köln blieben der Parthei Ludwig des Vierzehnten zugethan, weßwegen sie in die Acht fielen. Gleichzeitig zu diesem Kriege mit Frankreich gesellten sich neuerliche Unruhen in Ungarn, durch wiederholte Versuche die Verfassung zu ändern herbeigeführt. Franz Ragoczy, des entsetzten Fürsten von Siebenbürgen Georg's Sohn, hatte sich lange schon dem Wiener Hof verdächtig gemacht. Ein Ereigniß mußte dies bestärken. Mehrere

Briefe von ungerischen Magnaten an den französischen Hof, welche man dem Oberlieutenant Longueval, der lange mit ihm im Verkehr stand, auf seiner Heimreise in die Niederlande abgenommen hatte, ließen auf eine Verschwörung deuten, in welche Ragoczy, Berczenyi, Sirmay nebst achtzig andern Edlen Ungarns und Siebenbürgens verflochten erschienen. Unverzüglich erfolgte hierauf Ragoczy's Verhaftung am 29. Mai 1701 im Schlosse zu Saros und seine Abführung nach Wiener-Neustadt, wo man ihm dasselbe Gefängniß anwies, in dem vor einunddreißig Jahren sein Oheim Zrinyi gesessen. Noch vor seiner Verurtheilung jedoch gelang es ihm aus seiner Haft nach Polen zu entkommen. Indessen waren die ungerischen Malcontenten, nun wieder wie vordem Kuruzzen [28] genannt, zu so mächtigen Massen angewachsen, daß sie im April 1703 an Ragoczy förmlich eine Einladung erließen, sich an ihre Spitze zu stellen. Gereizt durch das Todesurtheil, das man am 30. April 1703 über ihn verhieng, nahm dieser die Aufforderung an und reiste unverweilt mit Berczenyi nach Ungarn um die Empörung zu leiten. Nun trat auch Alexander Karoly hinzu, der früher zweimal die Aufrührer zerstreut hatte, aber von deutschen Beamten so empfindlich war beleidigt worden, daß er schwur, den bei seiner Abreise von Wien an der Mauth begehrten Ducaten unverzüglich wieder zu holen. Mit dem aus den erbrochenen Schlössern erbeuteten Geschütze bemeisterten sie sich bald ganz Oberungarns, und während Ragoczy und Karoly die Jazygen und Kumanen aufwiegelten, streiften die Kuruzzen bis nach Mähren und bis in Preßburgs Vorstädte; so daß man sich gezwungen sah die ungerische Krone nach Wien in Sicherheit zu bringen. Immer mißlicher wurde die Lage des Kaisers. Mit Frankreich und Baiern gleichzeitig in schweren Krieg verwickelt, gebrach es für diesen neuen Feind an Streitkräften zur Gegenwehre, und Ragoczy, seines Uebergewichtes wohl bewußt, wollte sich zu keinem Waffenstillstand verstehen. Zudem hatte der Churfürst von Baiern den General Schlick bei Passau geschlagen und sich so den Weg an der Traun und Enns frei gemacht; wodurch sich Wien neuerdings einer Belagerung ausgesetzt sah. Zum Glück für Oesterreich jedoch hielt der Churfürst solch Unternehmen noch für zu gewagt und wendete sich im Juli 1703 nach Tyrol, wo er sich bei Brixen mit dem französischen Feldherrn Vendome vereinigen, durch Kärnthen und Steyermark an die Raab ziehen, und dann mit den ungerischen Malcontenten zu einem Gewaltstreich verbinden wollte. Die Treue und Tapferkeit der Tyroler aber machte diesen gefährlichen Plan scheitern, und Eugen von Savoyen gewann Zeit, mit Marlborough zusammenzutreffen, die dann bei Höchstadt und Blindheim am 13. August 1704 einen herrlichen Sieg über die vereinigte französisch-baierische Macht, unter dem Churfürsten und den Marschällen Tallard und Marsin, erfochten, wodurch Baiern bis zum Friedensschlusse in der Gewalt Oesterreichs verblieb. —

Inzwischen hatten die Kuruzzen sich immer mehr den Gränzen Nieder-Oesterreichs und Steyermarks genähert. Durch ein allgemeines Aufgebot der Landmiliz suchte man dem beunruhigenden Vordringen derselben wenigstens einigen wirksamen Widerstand zu bieten. Es mußte daher im Herbste 1704 jedes zehnte Haus in den Kreisen Unter=Wiener=Wald und Unter=Mannhartsberg, einen wehrhaften Mann stellen und jedes Landesmitglied, welches Gülten besaß, von je hundert Pfund Herrengülte ebenfalls einen zum Kriegsdienste tauglichen Mann mit ganzer Ausrüstung aufbringen. Auf diese Weise waren in kurzer Zeit zwei Regimenter zum Aufbruche gegen die Rebellen vollkommen gerüstet. Die von dem Wiener Stadtrathe geworbene Compagnie der bürgerlichen Feuerwerker, 115 Mann stark und von dem Stadtzeugwart, Wolf Anton Kolmann, in der Artilleriekunst wohl unterrichtet, begann im September 1703 in der Spittelau ihre Schuß= und Feuerwerksproben, die vierzehn Tage lang bis zum 7. October fortwährten. Kostbares Silbergeschirr, im Werthe von dreihundert Thalern, war die Prämie für den besten Schützen. Auch eine Schanze längs der March, in einer Länge von acht Meilen, bis an die mährischen Marken hin, um die Landesgränze wenigstens wider die ersten Einfälle zu sichern, wurde errichtet, und um die, damals noch offenen Vorstädte Wiens gegen jeden Ueberfall zu bewahren, hatte man nach dem Rathe des Prinzen Eugen von Savoyen eine sogenannte Linie um dieselben aufzuwerfen in Absicht, zu deren Aufführung jedoch erst im folgenden Jahre geschritten wurde.

Voll banger Erwartung begann für die Wiener das Jahr 1704, da man mit jedem Augenblicke gewärtig seyn konnte, die Kuruzzen vor den Stadtmauern zu sehen. Es wurde jede öffentliche Belustigung eingestellt, das Volk zum Gebet und zur Buße ermahnt, und zugleich angeordnet, daß sich Jedermann auf ein Jahr mit Lebensmitteln versehen, und wer dies nicht vermöge, im Armenhause melden solle. Schon mit Beginn des Jänners hatte sich eine kleine Abtheilung Kuruzzen über die eisbedeckte Donau bis nach Ungerisch=Altenburg gewagt und bald hierauf die Savoy'sche Insel überfallen; und wenige Tage nach dem 14. Jänner, da acht Bauern im Triumphe den ersten gefangenen Kuruzzen nach Wien geschleppt hatten, waren sie bereits auf ihren schnellen Pferden nahe an Preßburg und Altenburg gestreift. Die immer mehr sich nähernde Gefahr hieß Wien thatkräftige Maßregeln ergreifen. Prinz Eugen, der am 18. Jänner von Preßburg hier eintraf, befahl sogleich die seit der Belagerung der Stadt durch die Türken, 1683, noch an einigen Stellen schadhaften fortifikatorischen Werke auszubessern und die Leopoldstadt nebst den andern Vorstädten zu befestigen; weßhalb zur Deckung der Auslagen eine eigene Schanzsteuer ausgeschrieben wurde. Die Collegien, Zünfte und sonstigen Vereine hatten eine festgesetzte Zahl von Bewaffneten zu stellen; wobei sich die Universität eigens erbot, aus den wehrhaften Studenten drei Freicompagnien zu bilden; und unter die Bürger und Inwohner der Vorstädte wurden, auf Ansuchen ihrer Richter, Musketen aus dem kaiserlichen Zeughause vertheilt. Zugleich war dem tapferen General Feldmarschall Grafen Siegbert Heister das Commando an der österreichisch=ungerischen Gränze übertragen, um hier dem Vorbringen der Kuruzzen wirksam zu begegnen. Am 3. Februar brach er, von den Generalen Forgatsch und Thürheim begleitet, mit 5000 Mann von Wien auf, und bald fand er vollauf sich beschäftigt. Ungeachtet seiner Umsicht, die er allenthalben bei dem Verfolgen eines eben so unerwartet einfallenden als schnell wieder verschwindenden

Feindes (wie die Kuruzzen auf ihren pfeilschnellen Roßen sich zeigten) bewies, konnte er doch nicht verhindern, daß von denselben schon am 9. Februar Mannersdorf, am 12. mehrere Dörfer in Wiener-Neustadts Umgegend, am 14. Wolfsthal, am 26. Rohrau und Anfangs März das Dorf Petronell nebst einigen umliegenden Flecken in Brand gesteckt wurden. Mit der Befestigung der Stadt und Vorstädte und der Verproviantirung der gegen die Rebellen im Felde stehenden kaiserlichen Truppen beschäftigt, rückte so ein Tag des Schreckens für die Wiener heran. Am Charsamstag den 22. März erscholl plötzlich bei einbrechender Dämmerung der furchtbare Name der Kuruzzen inner den Mauern der Stadt. Schaaren hereinwogender Vorstädter und Landleute brachten die Nachricht ihrer Annäherung, und aufsteigende Rauchsäulen brennender Dörfer gegen Osten hin von den Wällen gesehen, schienen die entsetzliche Kunde zu bestätigen. Die Gefahr war aber auch wirklich groß, denn die Festungswerke waren noch immer nicht ganz hergestellt und nirgends mit Geschütz besetzt. Ungeachtet der Bestürzung und Verwirrung, die überall herrschte, sah man jedoch bald ansehnliche Abtheilungen der Bürgermiliz ihre Posten einnehmen und Kanonen auf die Stubenthor-Bastei aufpflanzen. Rasch rückten kaiserliche Hatschiere und Feldreiter vereint mit der berittenen Bürgerschaft in die Vorstädte hinaus den Kuruzzen entgegen; von denen jedoch keine Spur zu entdecken war. Karoly hatte sich mit 700 Rebellen und 2000 Kuruzzen bei Eisenstadt gelagert. Letztere waren längs der Donau heraufgestreift und hatten nach ihrer Weise, nachdem sie vorerst das Kapuzinerkloster zu Schwechat rein ausgeplündert, diesen Markt und dann die benachbarten Orte Fischamend, Zwölfaxing und Himberg eingeäschert, — und dies war das furchtbare Feuer, welches die Wiener zum großen Schrecken von ihren Wällen hatten aufflammen gesehen. Ein ähnlicher blinder Lärm erfolgte auch am 23. März. Am folgenden Ostermontag, wo die Nachricht eintraf, daß Heister die Rebellen aus Eisenstadt verjagt habe und sie nun verfolge, beschloß man endlich, daß der projectirte Linienwall um die Vorstädte von der Donau nächst St. Marx den Anfang nehmen, über den Wienerberg um die gesammten Vorstädte sich erstrecken und bei der Vorstadt Lichtenthal an der Donau, in einem Umfang von 7080 Klaftern, mithin von mehr denn zwei deutschen Meilen, allenthalben zwölf Schuh breit und anderthalb Klafter tief gegraben und gehörig mit Palisaden versehen, zu enden habe. Schon am 26. März wurde die Arbeit begonnen, und sie gieng so rasch von Statten, daß die Linien-Wälle bereits am 11. Juni, mithin nach Verlauf von eilf Wochen, zur großen Beruhigung der Wiener mit Geschütz und Mannschaft, die Graf von Groeßfeld befehligte, besetzt werden konnten. Bald nach der entschwundenen Sorge vor den Kuruzzen-Einfällen kamen diese Wälle durch häufige Regengüsse dem Verfalle nahe. Aber andere Rücksichten machten ihre Erhaltung wichtig: man beschloß daher dieselben mit gebrannten Ziegeln aufzubauen, was auch in den Jahren 1728 bis 1730 erfolgte.

Während durch Heister's, Blumberg's und Nadasdy's Siege bei Ungerisch-Altenburg, Oedenburg und Stuhlweissenburg die Sache des Kaisers in Ungarn eine günstigere Wendung nahm, wagten es noch immer ganze Horden von

Kuruzzen Oesterreich zu beunruhigen. Am 9. Juni, dem Geburtstage des Kaisers Leopold, nachdem fünf Tage zuvor in Wien vor dem Kärnthnerthore ein von dem Stadtwachtmeister Johann Georg Eschenauer gefangener französischer Emissär, Honoré Bonnet, auch Baulin genannt, aufgeknüpft worden war, da man bei ihm ein französisches Creditiv, sehr künstlich in einem Knopfe seines Kleides verborgen gefunden hatte, — sollte die Stadt wieder durch Bedrohung eines Ueberfalles in Schreck gesetzt werden. Karoly mit 4000 Kuruzzen nämlich erschien plötzlich in Schwechats Umgegend, und seine Vortruppen streiften schon nahe bei Wien; da sie aber dessen Wälle durch die Bürgerschaft wohlbesetzt fanden, schwenkten sie um und stürzten auf das kaiserliche Jagdschloß Neugebäude bei Simmering los, zerstörten dasselbe, würgten mit verwegenem Uebermuthe die seltenen Thiere in der dortigen Menagerie und schmückten mit den Häuten derselben ihre Anführer.

Seit dem berühmten Sieg bei Gerandér, unweit Tyrnau, welchen Heister am 26. December 1704 gegen die Rebellen, unter Ragoczy's, Berczenyi's und Anton Esterhazy's Führung erfochten hatte, kam Wien nur noch einmal in solche Gefahr. Es war am 5. Februar 1705. Die Kuruzzen hatten nämlich Rohrau, Fischamend und Schwechat in Brand gesteckt und alles was ihnen in die Hände fiel, unter andern auch den Wirth zum rothen Hahn von der Vorstadt Landstraße, der sich zu weit über die Linie hinausgewagt, grausam ermordet. Jedoch ehe sie sich der Stadt nahen konnten, machte sie schon Heister's rasches Herannahen mit seiner Cavallerie schnell wieder verschwinden.

Inmitten des spanischen Erbfolgekrieges und der Ragoczy'schen Unruhen, die erst unter Carl dem Sechsten ihr Ende erreichten, starb Kaiser Leopold der Erste, der Hartgeprüfte, am 5. Mai 1705, fünfundsechzig Jahre alt, an der Brustwassersucht.

Noch haben wir einige Anstalten und Bauten, die seit dem Beginne des neuen Jahrhunderts unter diesem Landesfürsten entstanden, nachzuholen. Schon 1700, in welchem Jahre der Hoffactor Samuel Oppenheimer bei einem Aufstande gegen die Juden, welche sich allmählig wieder in Wien festzusetzen wußten, bei hunderttausend Gulden eingebüßt hatte, erschienen hier Mönche von der Versammlung Philippi Nerii, welchen am 19. Februar 1701 das Beneficium zur heiligsten Dreifaltigkeit eingeräumt wurde. Gleichzeitig kam Ferdinand Römer's berühmte Orgel in der St. Stephanskirche am vorderen Musik-Chore zu Stande. 1702 begann Fischer von Erlach die heutige Peterskirche in schönem italienischem Style nach dem Muster der Peterskirche in Rom zu bauen. Sie ist ovalrund, die Kuppel mit Kupfer gedeckt und oben mit einer sogenannten Laterne verziert. Erst 1756 erhielt sie ihr prächtiges Portale aus grauem Marmor. Die darauf stehenden zierlichen Statuen sind von Koll. Die Kirche der Trinitarier kam vollends zu Stande, und an der Laimgrube ward gemeiner Stadt Wien Getreidekasten errichtet. Am 8. August 1703 nahm die Wiener politische Zeitung ihren Anfang, welche damals das Wiener Diarium hieß, und noch bis jetzt besteht; gleichzeitig mit ihr entstand auch die Zeitschrift Mercurius Viennensis, beide von hoher Wichtigkeit für örtliche Geschichtsforschung.

Kardinal Christian August Herzog von Sachsen-Zeitz stiftete das Haus und die Kirche der Theatiner an der hohen Brücke und Ferdinand Graf Harrach ließ in seinem Palaste an der Freiung die Kapelle der Jungfrau Maria erbauen. Der spanische Erbfolgekrieg verursachte dem kaiserlichen Hofe ungeheure Kosten. Um einen Theil derselben leichter aufzubringen wurde 1704 die Wiener-Bank angelegt und Fürst Adam v. Lichtenstein, berühmt wegen seiner ausgebreiteten Kenntnisse in der Staatswirthschaft, zum Director derselben ernannt. Da die Stadt Wien, und später auch die Landschaft, fünf vom Hundert an Zinsen und die Zurückzahlung der Kapitalien verbürgte, so erhielt diese Bank bald so viel Credit, daß sie im Merz 1705 schon drei Millionen Reichsthaler zu den Kosten des Krieges vorschießen und alle fällige Interessen ausbezahlen konnte. Im nächstfolgenden Jahre wurde sie gänzlich dem Wiener Stadtrathe übertragen und erhielt daher die Benennung Stadt-Wiener-Bank.

Kardinal Christian August Herzog von Sachsen-Zeitz stiftete das Haus und die

Leopold's Sohn und Nachfolger auf dem Throne von Deutschland und Oesterreich, Joseph, war ein Fürst voll glänzender Eigenschaften: persönlich tapfer (sein Feldherrn-Talent hatte er durch die zweimalige Eroberung von Landau bewährt), thätig gebildeten Geistes und weit über seine Zeitgenossen aufgeklärt. Dabei zeigte sich im spanischen Erbfolgekrieg das Glück seinen Waffen sehr günstig. Carl, sein Bruder, war bereits in Madrid zum König ausgerufen worden, und Frankreichs Herrscher sah sich schon genöthigt seinen Enkel Philipp und den Churfürsten von Baiern aufzugeben, als durch einen unerwarteten herben Schicksalsschlag, der Oesterreich traf, sich alles wieder zu dessen Vortheil lenkte. Kaiser Joseph, kaum dreiunddreißig Jahre alt, starb plötzlich zu Wien am 17. April 1711 an dem Gift der Pocken. Innigst betrauerten die Unterthanen einen Monarchen, von dessen längerer Regierung viel Gutes und Großes zu hoffen stand. Das Erste, was Joseph für Wien that, um echten Kunstsinn zu wecken und zu verbreiten, war die schon unter seinem Vater vorbereitete Errichtung der Akademie der bildenden Künste, worüber das Ausführliche im vierten Kapitel folgt. Er ließ jenen Theil der Burg, welcher noch jetzt nach seiner Gemahlin, einer Herzogin von Braunschweig, der Amalienhof genannt wird, erbauen, und 1706 das Bürgerspital zu St. Marx erweitern. Um dem immer mehr überhand nehmenden, drückenden Wucher zu steuern entstand durch ihn 1707 das noch jetzt bestehende Versatzamt oder Leihhaus, und 1709 gleichzeitig mit der Kirche zu St. Florian in Matzleinsdorf, zur Verpflegung armer kranker Weibspersonen, das Kloster der Elisabethiner-Nonnen auf der Landstraße. Noch in seinem Todesjahre, 1711, kam durch den k. k. Stückgießer Johann Achamer die merkwürdige große Josephinische Glocke bei St. Stephan zu Stande, wozu der Kaiser die 1683 von den Türken erbeuteten Kanonen gab. Sie wiegt 402 Centner und kostete 19,440 Gulden.

Joseph hatte zwar zwei Töchter, keineswegs aber einen Sohn hinterlassen. Seinen Bruder Carl, der jedoch in Barcellona fast wie eingeschlossen war, traf daher die Nachfolge in Oesterreich. Während seiner Abwesenheit leitete die Kaiserin Mutter Eleonore, unter Zuordnung einiger Assistenzräthe, der Fürsten Mannsfeld und Trautson, des Grafen Wratislav und der Freiherrn von Seiler, die Geschäfte als Regentin, und durch ihre Fürsorge kam schon zwölf Tage nach Joseph's Tod, am 29. April 1711, der Szathmarer Friede zu Stande, der den Ungarn eine allgemeine, selbst für Rakoczy geltende Amnestie, ihre constitutionsmäßigen Freiheiten und den Protestanten freie Religionsübung sicherte. So war denn Ungarn mit seinen Nebenländern wieder für Oesterreich gewonnen und bald hierauf dessen Hauptstütze. Nicht so günstig fiel der Krieg um Spanien aus. Durch den Utrechter Frieden 1713 sah sich Carl von seinen Bundesgenossen verlassen und er war daher bemüssigt ein Jahr darauf jenen von Rastadt abzuschließen. Frankreich anerkannte sohin das Haus Hannover statt der Stuarte auf Großbrittaniens Thron; Philipp der Fünfte behielt Spanien; Carl (nunmehr schon seit 22. December 1711 als römischer Kaiser) der Sechste Mailand, Neapel und Sardinien; Victor Amadeus von Savoyen das Reich Sicilien und die Churfürsten von Baiern und Cöln wurden wieder eingesetzt.

Kaiser Carl der Sechste war am 26. Jänner 1712 in Wien angelangt. Das erste Werk, welches er hier vollbrachte, war die Grundsteinlegung der Kirche zu den heiligen vierzehn Nothhelfern in der Vorstadt Lichtenthal, am 20. November 1712: ein Gebäude, das 1770 durch den fürstlich Lichtenstein'schen Baumeister Joseph Ritter beträchtlich erweitert und in die gegenwärtige Gestalt gebracht wurde. Am Andreastage desselben Jahres feierte Carl das erste Fest des goldenen Vließes in seiner neuen Residenz und zog mit allen Rittern zu Pferde, in der prächtigen Ordenstracht, nach St. Stephan.

Mittlerweile war die Pest aus der Türkei wieder nach Ungarn eingedrungen. Eine von Totis gekommene, schwangere Schwäbin brachte dieses Unheil mit Anfang des Jahres 1713 nach Wien in die Vorstadt Rossau und in das Bürgerspital. Sie wüthete vorzüglich in den Vorstädten, verschonte aber auch die Stadt nicht und verbreitete sich von da über alle Orte der Nachbarschaft. Da man nebst den öffentlichen Andachtsübungen dieses Mal auch mehr Vorsichts- und Rettungsmittel als in den vorigen Zeiten anwandte, wurde die Seuche weit weniger verderbend. Der Kaiser blieb fortwährend in Wien, ja die Kaiserin, die als Regentin in Barcellona zurückgeblieben war, kam sogar, während das Uebel am stärksten um sich griff, hier an. Am 22. October gieng Carl in

feierlichem Zuge nach St. Stephan, kniete dort vor dem Hochaltare nieder, und that ein feierliches Gelübde, daß er zu Ehren Gottes und zur Abwendung der Pest dem heiligen Carl Borromäus eine Kirche bauen wolle. Bis zum Eintritt der kälteren Jahreszeit währte die Pest gleich verheerend fort. Alle Arme mußten in die mit allem Nöthigen reichlich versehene Donau-Insel Spitel-Au auswandern. Die nahe dabei liegende Klosterneuburger-Aue bestimmte man zur Contumaz, und nebst dem großen Lazareth in der Währingergasse das Zuchthaus in der Leopoldstadt und das Münzwardein-Gebäude an der Wien zu Krankenhäusern. Nun ließ sie etwas nach, verschwand aber erst im Februar 1714 gänzlich, nachdem sie in Jahresfrist 8644 Menschen in Wien dahingerafft hatte. Dies war die letzte Pest in Wien. Die seit jener Zeit errichteten Cordons und Sanitäts-Anstalten an der türkischen Gränze haben dieses furchtbare Uebel verscheucht. Noch während der Pest entstand das kleine Kirchlein zu Ehren des heiligen Johann des Täufers am sogenannten Thurybrückel; 1714 die Kirche zu den sieben Zufluchten im Alt-Lerchenfeld, gestiftet von Michael Knor, und die Kapelle zum heiligen Kreuz in der Rossau nächst der Donau.

Seinem gethanen Gelübde getreu legte Carl der Sechste am 3. Februar 1716 den Grundstein zu der prächtigen Carlskirche auf der Wieden. Sie wurde nach dem Plane des kaiserlichen Oberbauinspectors Fischer von Erlach durch den Baumeister Philipp Martinelli erbaut und im Vollendungsjahre, am

durch den Baumeister Philipp Martinelli erbaut und im Vollendungsjahre, am

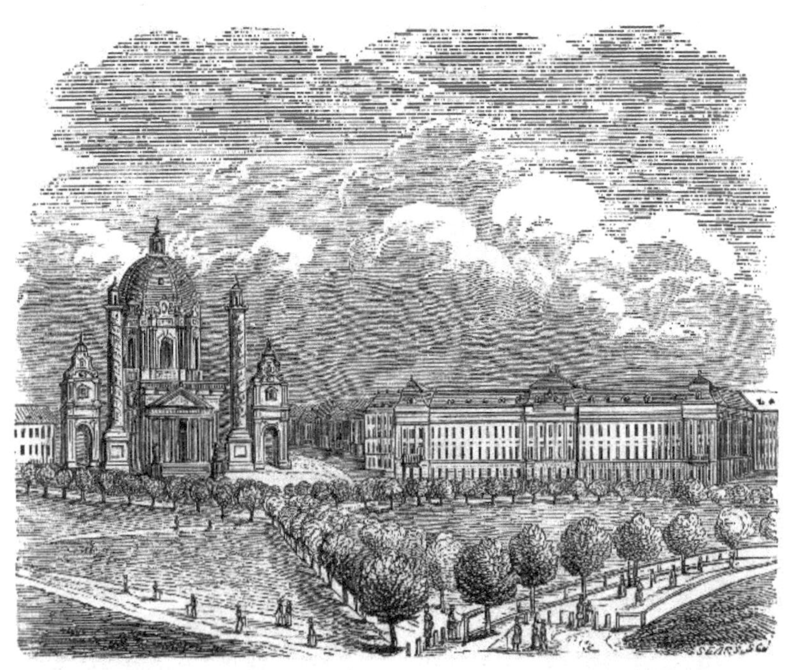

28. October 1737, von dem hiesigen Kardinal-Erzbischof, Grafen von Kollonits, eingeweiht; sonach aber am 24. August 1738 den geistlichen Rittern vom rothen Stern übergeben. Auf eilf großen steinernen Stufen steigt man zum prächtigen Portal hinan, das auf sechs korinthischen Säulen ruht; am Giebel desselben, der ein Dreieck macht, sind in halb erhabener Arbeit auf weißem Marmor die Wirkungen der Pest in Wien dargestellt, und unter diesem Gebilde steht mit goldenen Buchstaben: Vota mea reddam in conspectu timentium Deum. Zu beiden Seiten des Portals erheben sich zwei frei stehende Säulen in dorischer Ordnung. Sie haben 41 Fuß in der Höhe und 13 Fuß im Durchschnitte, sind von Innen hohl und mit Wendeltreppen versehen, welche bis zu den Capitälen führen; von Außen ist in gewundenen Reihen und halb erhabener Arbeit das Leben des heiligen Carl von Borromä abgebildet. Oben auf den Capitälen ist an beiden ein kleines Thürmchen mit einer Glocke, und auf den vier Seiten sieht man von Erz gegossene, stark vergoldete, mit den Flügeln zusammenstoßende Adler, welche ein Geländer herum bilden. Weiter zurück, an beiden Seiten der Kirche, sind zwei Nebengebäude in Form von Triumphbögen. Das Hauptgebäude der Kirche hat eine hohe, lichte, achteckige, mit Kupfer gedeckte Kuppel, und oben darauf wieder eine kleine Laterne. Die innere Höhe vom Pflaster bis an den Schluß des Gewölbes der Kuppellaterne ist 192 Fuß; die innere Länge 171 Fuß, die größte Breite 114 Fuß. Die ganze Vorderseite ist mit mehreren Statuen von Sandstein besetzt. Der heilige Carolus Borromäus, auf Wolken knieend, um in den Himmel aufgenommen zu werden, bildet den Hochaltar aus weißem Marmor.

Im folgenden Jahre (1717) stiftete die verwittwete Kaiserin Amalia das Kloster und die Kirche zur Heimsuchung Mariä für Salesianer-Nonnen, die sie zur Erziehung der weiblichen adelichen Jugend aus den Niederlanden berufen und für welche sie den Gartengrund am Rennweg des durch seinen Codex Austriacus rühmlichst bekannten Freiherrn Quarient erkauft hatte. Am Geburtstage ihrer Nichte, der großen Maria Theresia, (13. Mai 1717) wurde zu den Gebäuden der Grundstein gelegt. Die Kirche, im römischen Style erbaut, konnte schon 1719 eingeweiht werden. Die Kaiserin Wittwe verlebte in diesem Kloster den Rest ihrer Tage. Sie starb am 10. April 1742.

Wenige Monate nach dieser Stiftung, am 7. Jänner 1718, legte der Kaiser die erste Ingenieur-Akademie hier an, damit in Zukunft Eingeborne des Landes die mit dieser Wissenschaft verbundenen Militärdienste verrichten könnten. Zu Lehrern wurden der kais. Obristlieutenant und Oberingenieur Leander Graf von Anquissola und der kais. Hofmathematiker Jakob Marinoni auserwählt: zwei Männer, die sich schon 1707 durch die Herausgabe ihres vortrefflichen Planes von Wien und dessen Vorstädten einen höchst ehrenvollen Ruf erworben hatten. —

Es gehörte zur Eigenthümlichkeit jener Zeit, daß selbst die Handwerksbursche in ihrem Sonntagsstaate Degen trugen. Dies gab bei ihrer plumpen Rohheit und besonders bei Trinkgelagen in Wirthshäusern, Veranlassung zu fortwährendem Unfug und Raufhändeln, wodurch sie die Ruhe und Sicherheit der

Stadt störten, die Vorübergehenden nicht selten verwundeten, ja wohl gar tödteten. Ein öffentliches Manifest vom 8. März 1718, das diesem Unfug ein Ende machte, mußte um so willkommener erscheinen, als damals der Uebermuth der Gewerbsleute sich höchst unbändig zeigte; wie denn insbesonders die Schuhknechte 1722 einen Aufstand, wegen vermeinter Verkürzung ihrer Rechte, erregt hatten, der nur durch die Hinrichtung zweier Rädelsführer beigelegt werden konnte. Ein Jahr vor diesem Aufstande erbauten die niederösterreichischen Stände auf ihre Kosten die in der Leopoldstadt befindliche Kaserne für ein Cavallerie-Regiment, von welchem dann mehrere Piquete zwischen der Stadt und den Vorstädten zur Aufrechthaltung der öffentlichen Sicherheit aufgestellt wurden. In demselben Jahre ließ der Schottenabt Carl Fezer durch den Baumeister Reymund die Pfarrkirche zu St. Ulrich, von dem Volke auch Maria-Trost genannt, und am 2. August 1722 Kaiser Carl selbst das spanische Spital errichten. Als der Monarch um diese Zeit den Umbau des Amthauses in der Rauhensteingasse, in welchem die Criminalverbrecher untergebracht waren, anbefahl, mußte dieses mit eigenen, die damalige Zeit charakterisirenden Ceremonien geschehen. Der Stadtrath berief vorerst die Handwerker, welche dabei beschäftigt wurden, auf das Rathhaus und verlas denselben des Kaisers Bau-Befehl; sonach führte sie der Unterrichter in das Amthaus, zeigte ihnen daß es von den Verbrechern leer sey; rief dann dreimal den Befehl der Stadt aus, daß den Werkleuten dieses Baues wegen kein Vorwurf zu machen sei, und schlug endlich mit seinem Amtsstabe dreimal an das Haus, was auch die Meister und Gesellen mit ihren Werkzeugen thaten, wodurch dasselbe frei und ehrlich erklärt war und nun zum neuen Bau geschritten werden konnte.

Lange schon hatte der Kaiser den Wunsch gehegt das Bisthum in Wien zu einem Erzbisthum zu erheben. Pabst Innocenz der Dreizehnte willfahrte demselben bereitwillig; und es hielt denn am 24. Februar 1723 der neue Erzbischof, Sigmund Graf von Kollonits, seinen feierlichen Einzug in die nunmehrige Metropolitan-Kirche zu St. Stephan. In eben diesem Jahre entstand das k. k. Hofstallgebäude gerade vor dem Burgthore auf dem Glacis. Dieser schöne Marstall hat in der Länge 600 Fuß, ist über dem Erdgeschoß noch zwei Stockwerke hoch und hat Raum für 400 Pferde. Es finden sich hier reichhaltige Wasserbehälter, und in der Jagd- und Sattelkammer sind die kostbarsten Pferdegeschirre ꝛc. des Hofes. Auch die prächtig verzierte Pfarrkirche zum heiligen Leopold in der Leopoldstadt, welche durch die Türken großen Schaden erlitten hatte, wurde 1723 durch den Baumeister Johann Ospel in ihre jetzige Gestalt hergestellt. Der Stadtkommandant Guivitus Graf von Daun aber ließ auf kaiserlichen Befehl die Festungswerke ausbessern und bei den Thoren der Stadt Wacht- und Mauthäuser erbauen. Merkwürdig ist die große Orgel von zweiunddreißig Registern ober dem Riesenthore bei St. Stephan, die Georg Neuhauser, ein bürgerlicher Branntweiner, der am 1. Mai 1724 in Wien starb, hatte erbauen lassen.

Bisher waren in Wien Dachrinnen an den Häusern üblich, die bis in die Mitte der Gassen reichten. Nebst dem daß sie, bei einfallendem Regen, die Wege verdarben, verursachten sie auch viele Unbequemlichkeit dem Wanderer und dem Fuhrwerke. Eine allerhöchste Verordnung vom 18. Juli 1724 befahl deren Umstaltung auf die Weise, daß sie neben der Mauer herunter auf die Gasse zu leiten seien.

Schon 1693 hatte Prinz Eugen von Savoyen zu dem Prachtgebäude des Belvedere am Rennwege den Grundstein gelegt. Im Jahre 1724 wurde es nach dem Plane des Hofarchitekten Johann Lucas von Hildebrand vollendet und diente seitdem diesem berühmten Helden Oesterreichs in den Zeiten seines größten Glanzes zum Sommeraufenthalt. Es besteht aus zwei von dem Garten ge-

schiedenen Palästen. Das obere Belvedere liegt südöstlich auf einer beträchtlichen Anhöhe, dicht an der Linie. Hier ist der Eingang. Man gelangt in einen geräumigen Hof, der von beiden Seiten mit Gebäuden und schönen Aleen besetzt ist, und in dessen Mitte ein großer angenehmer Teich liegt. Das Hauptgebäude, ein längliches Viereck, steht ganz frei; es hat eine prächtige Fronte; man steigt auf doppelten Treppen hinan und gelangt hinter einer Colonnade in den großen runden Marmorsaal. Dieser ist das Mittelstück und öffnet den Eingang auf beide Seitenflügel, deren jeder sieben Zimmer und zwei runde Cabinette enthält. Am linken Flügel des Hauptgebäudes befindet sich die niedliche Hauscapelle. Hinter dem Gebäude, gegen die Stadt zu, ist der geräumige

Glanzes zum Sommeraufenthalt. Es besteht aus zwei von dem Garten ge-

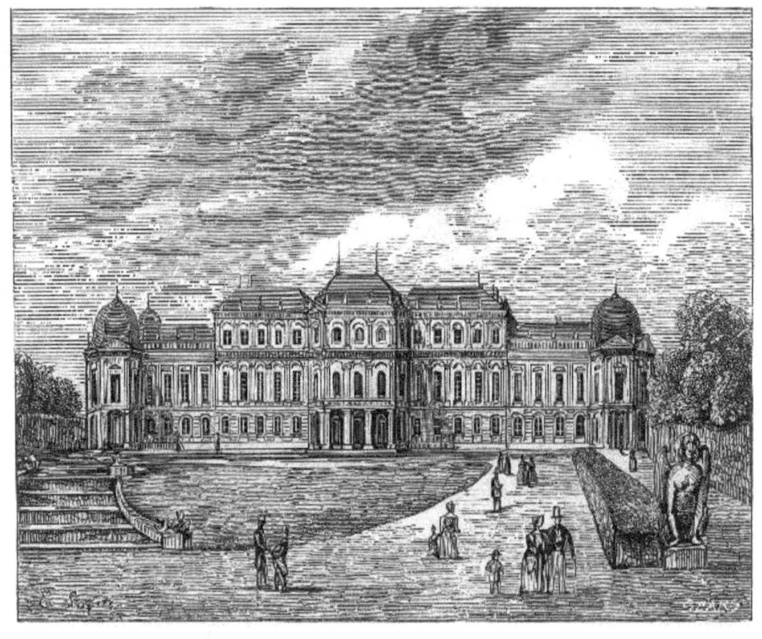

schiedenen Palästen. Das obere Belvedere liegt südöstlich auf einer beträchtlichen

Garten, und am Ende davon liegt das untere Belvedere, abermals ein Palast mit einem Marmorsaale (an den sich zu beiden Seiten prächtige Zimmer reihen) und einem mit Gebäuden eingefangenen, geräumigen Hofe versehen. Zum Winteraufenthalte diente diesem Prinzen der heutige k. k. Hofkammer-Palast Nr. 964 in der Himmelpfortgasse, den um 1724 Fischer von Erlach erbaut hatte, und worin Eugen am 21. April 1736 sein Heldenleben endigte.

Noch drei Bauwerke von hohem Belange entstanden, im Auftrage des baulustigen Kaisers, durch diesen berühmten Architekten während des folgenden Decenniums: die k. k. Hofbibliothek, die Reichs-Kanzlei und die k. k. Reitschule. Das Gebäude der ersteren nimmt eine ganze Seite des Josephsplatzes ein. Auf der Mittelkuppel ist die Statue der Minerva in einem Triumphwagen von vier Pferden gezogen, die den Neid und die Unwissenheit unter die Füße treten. Auf einem der beiden Flügel des Gebäudes ist Atlas, der die Himmelskugel trägt, und neben ihm zwei Figuren, welche die Astronomie vorstellen; auf dem andern ist Tellus, der die Erdkugel hält, und neben ihm ebenfalls zwei Figuren, welche die Geometrie vorstellen. Das Gebäude selbst gewährt mit seinem 264 Fuß langen, 45 Fuß breiten und 62 Fuß hohen Saal, dessen ovalrunde Kuppel acht marmorne Säulen corinthischer Ordnung stützen, einen überraschend großen Eindruck. Es wurde, wie die Inschrift zeigt, 1726 vollendet. Die Reichs-Kanzlei, eine Seite des Burg- oder nunmehrigen Franzens-

lendet. Die Reichs-Kanzlei, eine Seite des Burg- oder nunmehrigen Franzens-

Platzes bildend, entstand 1728. Das Gebäude, eines der großartigsten in Wien, hat vier Stockwerke und in der Mitte einen großen Balkon aus Marmor; am Giebel ist das Wappen Kaiser Carl's des Sechsten angebracht. An jedem Ende ist ein großer Schwibbogen, ober jedem derselben ebenfalls ein Balkon, und neben beiden Eingängen, an der Fronte des Gebäudes, sind Gruppen von

kolossalen Figuren aus Sandstein, welche vier von den bekannten Arbeiten des Herkules vorstellen, gebildet von Lorenzo Matielli. Die k. k. Reitschule endlich, welche an die alte Burg angebaut, ihre Hauptseite gegen den Michaelsplatz wendet, brachte Fischer von Erlach in den Jahren 1729 bis 1735 zu Stande. (S. nächste Abbildung.) Sie wird für die schönste Reitschule in ganz Europa gehalten. Das Gebäude selbst, reich mit Säulen und Statuen verziert, bildet ein großes längliches Viereck, an dessen innerer Wandfläche eine geräumige Gallerie mit einem Stein-Geländer rings herum läuft, das auf sechsundvierzig Säulen ruht. Am einen Ende ist die für den kaiserlichen Hof bestimmte Loge, und da ist auch Kaiser Carl der Sechste, einen Schimmel reitend, abgebildet. [29]

Schon am 11. Mai 1727 waren die Armen ins neue St. Johannesspital auf der Landstraße feierlich eingeführt worden, und fast gleichzeitig hatte Anton Abt des Klosters Monserat, oder der Schwarzspanier, außer dem Schottenthor

und neben beiden Eingängen, an der Fronte des Gebäudes, sind Gruppen von

die Kirche neu erbauen lassen. Nun entstanden, 1728 an der Servitenkirche in der Rossau die vielbesuchte Capelle des kurz vorher heilig gesprochenen Peregrin; 1730 die Capelle zum heiligen Kreuz am Tabor, so wie jene im Heiligen-Kreuzer-Hofe, und 1731 das schöne bürgerliche Zeughaus.

Im März 1732 war die bereits schon 1729 von Kaiser Carl dem Sechsten gestiftete Säule am Hohen-Markte, Mariens Vermählung mit Joseph vorstellend, gänzlich vollendet, so daß sie schon am Festtage des heiligen Joseph, in Gegenwart des ganzen kaiserlichen Hofes, durch den Kardinal Erzbischof Kollonits konnte eingeweiht werden. Das Kunstwerk stellt einen auf korinthischen Säulen gestützten Tempel vor, worin eben die Vermählung Mariens mit dem heiligen Joseph gefeiert wird. Das ganze Monument ist von Marmor, der Tempel von Fischer von Erlach, die Figuren von dem Venetianer Anton Corabini. Dicht an dem Monumente sind zwei Springbrunnen mit marmornen Becken, wozu das Wasser aus dem Dorfe Ottakrieg hergeleitet wird. Gleich-

die Kirche neu erbauen lassen. Nun entstanden, 1728 an der Servitenkirche

zeitig mit diesem Denkmale wurden die beiden von Matielli verfertigten Springbrunnen am Hof-Platze errichtet, die Kaserne auf dem Getreidemarkt erbaut, das uralte Pailerthor sammt dem Thurme zur Erweiterung der Straße gänzlich abgebrochen, und ein gleiches erfolgte auch mit dem alten Krotenthurme im Auwinkel. Eben so geschah auch in diesem Jahre eine preiswürdige Verfügung. Bis jetzt wurden noch immer die Leichen auf dem St. Stephanskirchhofe, mithin im Mittelpunct der Stadt, begraben. Dieser schädliche Gebrauch wurde nun abgeschafft, und für die in dieser Pfarre Verstorbenen ein Kirchhof vor dem Schottenthore neben der Schießstätte angebracht.

Schon bei der neuen Erbauung der bischöflichen Residenz im Jahre 1635 wurde mit Vergleich vom 9. August zwischen Bischof Anton Wolfrath und dem Stadtrathe der mittlere Theil des auf dem Stephansplatze liegenden Hauses, darin die Bürgerschule gehalten, den Curaten, welche früher im Bischofhofe untergebracht waren, zur Wohnung überlassen; nun im Jahr 1737 wurde diese Bürgerschule mit dem Curatenhause durch den Kardinal Grafen von Kollonits im Einverständnisse mit dem Stadtrathe ganz neu erbaut, wozu der Landesfürst vierzigtausend Gulden beitrug. Von Alters her hatten die Bau- und Steinmetzmeister in diesem Schulhause, unter dem Titel der großen Bauhütte bei St. Stephan, ihre Lade und ihr Archiv. Da sie nun besorgten,

47*

zeitig mit diesem Denkmale wurden die beiden von Matielli verfertigten Spring=

es möchte bei Erbauung des neuen Curatenhauses ihrer Sache wegen eine Veränderung vorgehen, erboten sie sich freiwillig, gegen zinsfreie Ueberlassung ihrer althergebrachten Wohnung, zum Baue desselben dreitausend Gulden beizutragen, hiezu eine Steinmetzarbeit von tausend fünfhundert Gulden, und insbesondere zu ihrer Wohnung das Materiale zu liefern, welcher Antrag von kaiserlicher und erzbischöflicher Seite auch angenommen wurde.

Am 4. November 1739, als dem Namenstag des Kaisers, wurde der Springbrunnen am Neuen-Markt, welchen der Stadtrath durch den berühmten Bildhauer Raphael Donner hatte verfertigen lassen, zum erstenmal eröffnet. In der Mitte des geräumigen steinernen Bassins sitzt auf einem runden marmornen Fußgestelle die symbolische Figur der Vorsehung aus Blei-Composition, und rings um dieselbe sieht man vier Kinder des Danubius, welche wasserspeiende Fische in ihren Armen halten. Auf dem Rande des Beckens aber zeigen sich zwei weibliche und zwei männliche lebensgroße Figuren, ebenfalls aus Blei-Composition, welche die vier österreichischen Flüsse: die Enns, die Ips, die March und die Traun vorstellen und gleichfalls Wasser aus Urnen und Muscheln in das Becken gießen.[30] (Siehe die Abbildung am Schlusse dieses Kapitels.) In demselben Jahre endlich hat Carl von Moser, Unterlandmarschall, die schöne Kirche zum heiligen Kreuz auf der Laimgrube in des Freiherrn von Chaos Stiftungshause erbauen lassen, die jedoch 1749 erneuert wurde und seitdem einen höchst merkwürdigen, von Henrici erbauten Thurm besitzt.

Wie um die Verschönerung seiner Residenz durch große Bauten und polizeiliche Anordnungen, eben so war Carl auch um den Gewerbsfleiß und Handel ihrer Bürger besorgt. Seine großartigen Straßen-Anlagen, wie sein neuer Freihafen Triest, übten den größten Einfluß auf Wiens Zwischenhandel nach dem Norden aus. Es war bald wieder der Mittelpunkt des Verkehrs nach der Levante. Großhändler und Abgesandte aus der Türkei kehrten häufig im Gasthause zum Lamm in der Leopoldstadt ein, und Unterhandlungen mit den Barbaresken, wegen der österreichischen Schiff-Fahrt, führten selbst einen Abgesandten von Tripolis zum schwarzen Adler in dieser Vorstadt. Der zunehmende Handel machte auch die Juden sich hier wieder vermehren. Allmählig entstanden wichtige Fabriken. Die Linzer Wollenzeug-Fabrik und ihre Hauptniederlage entstand 1715; die schon 1701 ins Daseyn getretene Spiegelfabrik zu Neuhaus erhielt 1713 durch sachkundige Arbeiter aus Venedig und den Niederlanden bedeutende Vervollkommnung; und der Hofkriegsagent Claude du Paquier gründete in der Vorstadt Roßau 1718 eine Porzellan-Manufactur, welche nur acht Jahre jünger als jene von Meißen ist und seit 1744, wo sie von ihm das Aerarium übernommen hatte, immer zu größerer Berühmtheit gelangte.

Diese rege Sorgfalt Carl's für seine Hauptstadt ist um so bewunderungswürdiger, als beinahe seine ganze Regierung in den Unruhen des Krieges dahin rauschte. Kaum hatten die Türken mit Rußland den Frieden am Pruth geschlossen, als sie durch Morea's Wegnahme einen Angriffskrieg begannen. Von Eugen bei Peterwardein am 5. August 1716 und bei Belgrad am 16. August 1717 besiegt, nöthigte sie der Passarowitzer Friede vom 21. Juli 1718 an Oesterreich Temesvar und Belgrad mit einem Theile Serviens, Bosniens und der Wallachei abzutreten. Inzwischen brach auch ein neuer Krieg in Spanien los, der Wiedervereinigung beider Sicilien mit Mailand wegen; und kaum war der Kampf für diesmal beigelegt, so brachten Streitigkeiten um den Thron Polens Frankreich wider Oesterreich unter Waffen, die für Letzteres in Italien unglücklich geführt, den Wiener-Frieden vom 3. Oktober 1735 nach sich zogen, vermöge welchem beide Sicilien an den Infanten Don Carlos abgetreten wurden, der sie später, als er 1759 auf den Thron Spaniens gelangte, seinem Sohne Ferdinand überließ. Ein Stück der Lombardie kam an Savoyen, Lothringen an Frankreich, Parma und Piacenza erhielt Oesterreich, und Toscana wurde dem Herzoge Franz von Lothringen eingeräumt, der sich dann am 12. Februar 1736 mit Carl's des Sechsten Tochter Maria Theresia in Wien feierlichst vermählte. Zwei Monate nach diesem Freudenfeste, am 21. April, verschied der große Feldherr Eugen von Savoyen in seinem Palaste in der Himmelpfortgasse. Der Kaiser befahl, ihn wie einen Erzherzog zu begraben. Vierzehn Generäle trugen den Sieger in vierzehn großen Schlachten zur Grabstätte hin: nach St. Stephan in die heilige Kreuzcapelle, von nun an Eugenscapelle genannt, wo sein und des 1729 verstorbenen kaiserlichen General-Feldmarschalls Emanuel von Savoyen gemeinschaftliches, prachtvolles Monument sich erhebt. Der fast 73jährige Held hatte kaum die Augen geschlossen, als die Türken abermals Oesterreich angriffen und die Generäle Wallis, Khevenhüller und Hildburgshausen bei Banjaluka, Krotzka und am Timok schlugen. Der am 18. September 1739 zu Belgrad nothgedrungen abgeschlossene, schmähliche Friede setzte die Türken wieder in Besitz dieser Festung, mit Servien und der Wallachei.

Viel hatte Carl im Wiener Frieden aufgeopfert. Es geschah in der löblichen Absicht hierdurch nach seinem Tode die Ruhe der österreichischen Staaten aufrecht zu erhalten. Acht Jahre lang war seine Ehe kinderlos geblieben; da war sein Cabinet 1713 damit beschäftigt das Staats- und Hausgesetz aufzustellen, welches den Grundsatz der Erstgeburt und der Untheilbarkeit des Reiches neuerdings bekräftigte und nach den alten Hausprivilegien die Erbfolge auch auf die weibliche Nachkommenschaft ausdehnte. Der späterhin, 1716, geborene Prinz Leopold starb im zarten Kindesalter. Des Reiches Hoffnung beruhte nun allein auf des Kaisers Tochter Maria Theresia. Am 6. December 1724 entschloß er sich endlich die pragmatische Sanction (so nannte man dieses Hausgesetz) öffentlich kund zu machen. Willfährig wurde sie von allen Ständen, selbst von den Ungarn angenommen, und nach abgeschlossenem Wiener-Frieden garantirten dieselbe auch Frankreich, Spanien, Neapel, Sardinien, England, Holland und Preußen. Von den Gatten der beiden Töchter Joseph's des Ersten, Friedrich August von Sachsen und Carl Albrecht von Baiern, war dies schon bei ihrer Vermählung erfolgt. Allein Carl der Sechste setzte ein allzugroßes Vertrauen auf die Heiligkeit der Tractate, und nach seinem Tode erhob sich ein furchtbarer Erbfolgekrieg, der Oesterreich mit dem Untergang bedrohte.

Ueber den Länder-Verlust verzehrte lange schon heftiger Schmerz den Kaiser. Die Jagd in Schloßhof und Halbthum, sonst seine Lieblingsbeschäftigung, gewährte ihm wenig Zerstreuung. Er klagte über Weh im Herzen, legte sich am 14. October 1740 zu Bette, und schon in der Nacht vom 19. auf den 20. October verschied er in der Favoritta, 55 Jahre alt, der Letzte des habsburgischen Mannsstammes. Er liegt wie seine beiden Vorgänger bei den Capucinern in der Fürstengruft begraben.

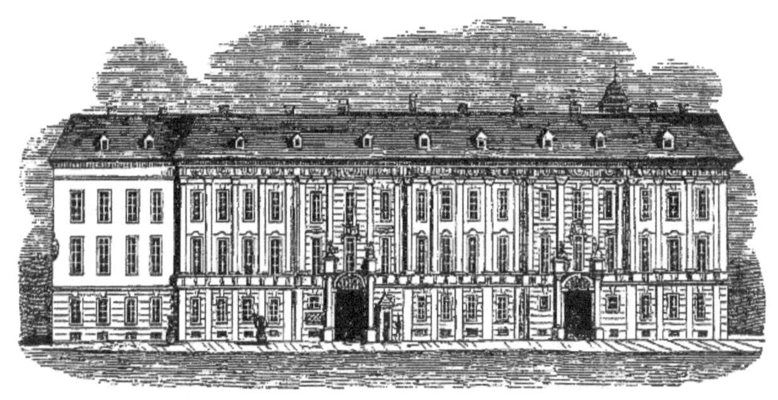

Drittes Kapitel.

Stadtobrigkeiten.

In diesem ganzen Zeitraume hindurch bis zur Regulirung des Stadtmagistrates in dem Jahre 1783 war es üblich von je zwei zu drei Jahren die Wahl eines Bürgermeisters von Neuem vorzunehmen. Es konnte jedoch der zum Austritte bestimmte, wie dies auch oft geschah, neuerdings dazu gewählt werden. Nach den Urkunden des Stadtarchives haben in nachbenannten Jahren das Bürgermeisteramt in Wien bekleidet:

Mert Siebenbürger, 1521.
Gabriel Gutrater, 1522—1523.
Hanns Süß, 1524—1526.
Sebastian Sulzbeck, 1527.
Wolfgang Treu, 1528—1530.
Sebastian Eyseler, 1531—1533.
Dr. Johann Pilhamer, 1534—1535.
Wolfgang Treu, 1536—1537.
Hermes Schalautzer, 1538—1539.
Paul Pernfuß, 1540—1541.
Stephan Tenk, 1542—1546.
Sebastian Schranz, 1547—1548.
Sebastian Hutstocker, 1549—1550.
Christoph Hayden, 1551—1552.
Sebastian Hutstocker, 1553—1555.
Hanns Ubermann, 1556—1557.
Georg Prantstetter, 1558—1559.
Thomas Siebenbürger, 1560—1561.

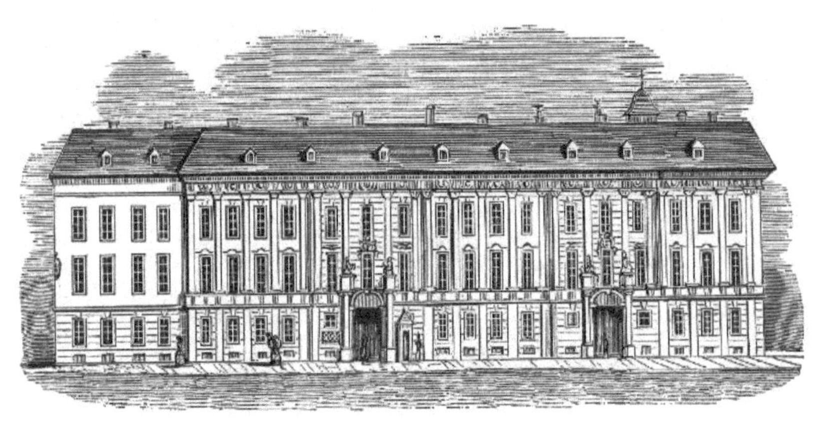

Drittes Kapitel.

Stadtobrigkeiten.

Hermann Bayr, 1562—1563.
Mathias Prunhove, 1564—1565.
Hanns Ubermann, 1566—1567.
Georg Prantstetter, 1568—1569.
Hanns von Thau, 1570—1571.
Georg Prantstetter, 1572—1573.
Hanns von Thau, 1574—1575.
Christoph Hutstocker, 1576—1577.
Hanns von Thau, 1578—1579.
Bartholomä Prantner, 1580—1581.
Hanns von Thau, 1582—1583.
Bartholomä Prantner, 1584—1585.
Oßwald Hütendorfer, 1586.
Bartholomä Prantner, 1587.
Hanns von Thau, 1588—1589.
Georg Fürst, 1590—1591.
Bartholomä Prantner, 1592—1595.
Paul Steyrer, 1596—1597.
Oßwald Hütendorfer, 1598—1599.
Andreas Rieder, 1600.
Georg Fürst, 1601—1603.
Augustin Hafner, 1604—1607.
Lucas Laußer, 1608—1609.
Daniel Moser, 1610—1613.
Veit Resch, 1614—1615.
Daniel Moser, 1616—1622.
Paul Widemann, 1623—1625.
Daniel Moser (der am 20. März 1632 in den Ritterstand erhoben wurde), 1626—1637.
Christoph Fasold, 1638—1639.
Conrad Bramber, 1640—1645.
Caspar Bernhard, und nach dessen Tode als Amtsverwalter Conrad Bramber, 1646—1648.
Georg Dietmayr, 1649—1653.
Thomas Wolfgang Puchenegger, 1654—1655.
Johann Georg Dietmayr von Dietmannsdorf, 1656—1659.
Johann Christoph Holzner, 1660—1663.
Johann Georg Dietmayr von Dietmannsdorf, dann nach erfolgtem Tode als Amtsverwalter Johann Christoph Holzner, 1664—1667.
Johann Christoph Holzner, 1668—1669.
Daniel Lazarus Springer, 1670—1673.
Peter Sebastian Fügenschuh, 1674—1677.
Daniel Lazarus Springer, 1678—1679.
Johann Andreas von Liebenberg, dann nach dessen Tode Daniel Fochy als Amtsverwalter, 1680—1683.
Simon Stephan Schuster, 1684—1687.
Daniel Fochy, 1688—1691.
Johann Franz Peickhart, 1692—1695.
Jakob Daniel Tepser, 1696—1699.
Johann Franz von Peickhart, 1700—1703.
Jakob Daniel Tepser, 1704—1707.
Johann Franz Wenighofer, 1708—1712.
Johann Laurenz Trunk von Guttenberg, 1713—1716.
Joseph Hartmann J. U. Dr., 1717—1720.
Franz Joseph Hauer, 1721—1724.
Joseph Hartmann, 1725—1726.
Franz Joseph Hauer, 1727—1728.
Johann Franz Purck, 1729—1730.
Franz Daniel Edler von Bartußka, 1731—1732.
Andreas Ludwig Leitgeb, 1733—1736.
Johann Adam von Zahlheim, 1737—1740.

Stadtrichter.

Laßla von Edlasperg, 1521.
Ulrich Guck, 1522—(1526?).
Paul Pernfuß, 1527—1531.
Laßla von Edlasperg, 1532—1535.
Paul Pernfuß, 1536—1539.
Hermes Schalautzer, 1540—1543.
Leopold Ofner, 1544—1546.
Sebastian Hutstocker, 1547—1548.
Hanns Prock, 1549.
Leopold Ofner, 1550—1551.
Dr. Jakob Himmelreich, 1552.
Christoph Hayden, 1553—1555.
Georg Prantstetter, 1556—1557.
Laurenz Huttendorfer, 1558—1559.
Hermann Bayr, 1560—1561.
Hanns von Thau, 1562—1563.
Hanns Fochter, 1564—1565.
Thomas Siebenbürger, 1566—1567.
Dr. Johann Hutstocker, 1568—1569.
Christoph Hutstocker, 1570—1571.
Johann Hutstocker, 1572—1573.
Rupert Scheller, 1574—1575.
Bartholomä Prantner, 1576—1577.
Dr. Johann Pruner, 1578—1579.
Rupert Scheller, 1580—1581.
Oßwald Hütendorfer, 1582—1583.
Hanns Seys, 1584—1585.
Johann Hutstocker, 1586—1587.
Georg Fürst, 1588—1589.
Oßwald Hütendorfer, 1590—1591.
Paul Steyrer, 1592—1593.
Andreas Rieder, 1594—1595.
Leopold Gartner, 1596—1597.
Lucas Laußer, 1598—1599.

Leopold Gartner, 1600—1602.
Hanns Paur 1603—1605.
Daniel Moser, 1606—1607.
Augustin Hafner, 1608—1609 (1610—1611?)
Christoph Lehner, 1612—1613.
Dr. Martin Köck, 1614—1615.
Christoph Lehner, 1616—1617.
Georg Mezner, 1618—1619.
Paul Widenmann, 1620—1622.
Christoph Lehner, 1623—1625.
Paul Widenmann, 1626—1631.
Daniel Pollmiller von Mülberg, 1632—1637.
Conrad Bramber, 1638—1639.
Friedrich Höfer, 1640—1641 (1642—1643?)
Georg Dietmayr, 1644—1648.
Johann Christoph Holzner, 1649—1659.
Daniel Lazarus Springer, 1660—1661.
Johann Georg Dietmayr von Dietmannsdorf, 1662—1663.
Johann Moser, 1664—1665.
Johann Christoph Holzner (dann, da er das Bürgermeisteramt verwaltete, Johann Michael Mezler), 1666—1667.
Peter Sebast. Fügenschuh J. U. Dr., 1668—1669.
Johann Moser, 1670—1671.
Bartholomäus Schlezer von Schönberg, 1672—1673.
Friedrich Müller von Löwenstein, 1674.
Franz Pfeiffer von Schallamheim, 1675—1677.
Johann Andreas von Liebenberg, 1678—1679.
Mathias Ferfilla, 1680—1681.
Simon Stephan Schuster, 1682—1683.
Caspar Pazinger, 1684—1687.
Johann Franz Peickhart, 1688—1691.
Jakob Daniel Tepser, 1692—1695.
Johann Franz Peickhart, 1696—1699.
Jakob Daniel Tepser, 1700—1703.
Johann Franz Wenighofer, 1704—1707.
Johann Laurenz Trunk von Guttenberg, 1708—1712.
Joseph Hartmann J. U. Dr., 1713—1716.
Franz Joseph Hauer, 1717—1720.
Joseph Hartmann J. U. Dr., 1721—1724.
Johann Franz Purk, 1725—1728.
Andreas Ludwig Leitgeb, 1729—1732.
Franz Dan. Edler von Bartuska und dann Adam von Zahlheim als Amtsverwalter, 1733—36.
Peter Joseph Kofler J. U. Dr., 1737—1740.

Bischöfe von Wien.

Durch den Bischof von Triest, Peter Bonomo, kam das Bisthum 1523 an des Erzherzogs Ferdinand Beichtiger und Almosengeber
Johann von Revellis, und nach dessen 1530 erfolgtem Absterben an
Johann Faber, von Leutkirchen aus Schwaben gebürtig. Dieser ausgezeichnete Prediger und Staatsmann wohnte den Reichstagen 1529 zu Speyer und 1530 zu Augsburg bei, und starb am 21. Mai 1541. Nun folgten
Friedrich Nausea, von Weißenfeld in Würtemberg gebürtig, bekannt als vielseitiger Schriftsteller, welcher zu Trient bei der Kirchenversammlung 1552 dahin schied, und
Christoph Wertwein, Ferdinand's des römischen Königs vormaliger Gewissensrath, welcher 1552 sein Leben endigte. Hierauf blieb das Bisthum wieder fünf Jahre unbesetzt, und nachdem es der berühmte Peter Canisius, ein Jesuite, in Demuth ausgeschlagen hatte, erhielt es 1558 der Kreuzherren Ordensmeister
Anton von Muglitz, der es aber schon 1560, weil er zum Erzbischof von Prag befördert wurde, an
Urban, Bischof zu Gurk, überließ. 1573 folgte der berühmte Prediger und Lehrer der heiligen Schrift
Caspar Neubeck, und nach dessen Tode 1594 blieb das Bisthum unbesetzt bis 1598 wo es dann an
Melchior Klesel kam. Klesel war der Sohn eines Bäckers von Wien. Er hatte sich früher schon zur Würde eines Domprobstes bei St. Stephan, eines passau'schen Officialen, kaiserlichen Rathes, Hofpredigers, und seit 1588 zum Administrator des Neustädter Bisthumes empor geschwungen. 1614 erhielt er vom Papst Paul dem Fünften, der ihn auch wegen seiner großen Beredsamkeit mit dem Titel eines apostolischen Predigers beehrte, die Bestätigung als wirklicher Bischof zu Wien und zu Neustadt, und 1616 den Cardinalshut. Mitten jedoch in dieser glänzenden Laufbahn traf ihn des Schicksals schwere Hand. Erzherzog Ferdinand der Steyermärker, den Kaiser Mathias an Kindesstatt annahm, hatte nemlich in den Unruhen, welche die Protestanten in Böhmen erregten, den Verdacht geschöpft, daß Cardinal Klesel den Kaiser zu dem milden Betragen gegen sie bestimme, und ließ ihn daher, weil dieß seinen Absichten entgegen war, am 20. Juli 1618 unerwartet und ohne des Kaisers Wissen im Palaste

verhaften, und des Purpurs entkleidet nach Ambras in Tyrol bringen. Hier saß er drei Jahre in Haft, wurde dann, um sich zu rechtfertigen, nach Rom abgeführt, wo ihn Pabst Urban der Achte mit Ferdinanden, der damals schon Kaiser war, gänzlich aussöhnte. Am 25. Jänner 1628 kam er wieder in Wien an, und wurde mit großen Ehren von der Geistlichkeit, der Universität, dem Adel und der Bürgerschaft, unter dem Geläute der Glocken empfangen. Zwei Jahre nach seiner Zurückkunft verschied er, siebenundsiebenzig Jahre alt, zu Wiener-Neustadt. Sein Nachfolger

Anton Wolfrath war der erste Bischof Wiens, dem durch Kaiser Ferdinand 1631 der Titel eines Fürsten des heiligen römischen Reiches öffentlich beigelegt wurde; eine Auszeichnung, die seitdem auch auf seine Nachfolger übergieng. Diesem Gelehrten hat das Bisthum seine heutige Residenz, eine kostbare Bibliothek und die Verschönerung der Andreas-Capelle im bischöflichen Hofe zu verdanken. Er starb 1639, und auf ihn folgte in dieser Würde der Bischof zu Joppen und Weihbischof zu Olmütz,

Graf Friedrich Philipp von Breuner, durch den der jetzige Hochaltar und das kaiserliche Oratorium in der St. Stephanskirche, das bischöfliche Haus auf der Freiung und das Schloß zu St. Veit entstand. Nach dessen Tode 1669 folgte der kaiserliche geheime Rath,

Freiherr Wilderich von Wallendorf, der eilf Jahre hindurch die Reichsvicekanzlersstelle und eben so lange das hiesige Bisthum mit großer Umsicht verwaltete. Kurz nach der großen Pest erlangte der Prediger und Missionär

Emerich Sinellius das Bisthum, von dem ihn aber schon, zwei Jahre nach der zweiten Belagerung Wiens durch die Türken der Tod zu Gunsten des Grafen

Ernst von Trautsohn scheiden hieß. Dieser stand siebzehn Jahre mit Ruhm dem Bisthume vor und starb am 7. Jänner 1702, wornach

Franz Anton Graf von Harrach dasselbe erlangte, aber schon 1706 darauf verzichtete, da er Koadjutor zu Salzburg und endlich Erzbischof daselbst wurde, wo er dann als solcher 1727 starb.

Franz Ferdinand Freiherr von Rumel war der letzte Bischof vor Errichtung des Wiener Erzbisthumes. Er starb 1716 und liegt wie alle übrigen Wiener-Bischöfe in dem Dome zu St Stephan begraben.

Aebte des Stiftes Schotten.

Michael, vorher Abt zu Serard in Ungarn, ward von den Schotten im Jahre 1522 postulirt und starb am 16. October 1527.

Conrad Weixelbaum aus Innsbruck, ein vortrefflicher Prediger und geschickter Oeconom, starb am 14. September 1541 fünfundvierzig Jahre alt.

Wolfgang Edler von Traunstein aus Baiern gebürtig, ein großer Beförderer der Künste und Wissenschaften, starb am 27. Sept. 1562.

Johann der Achte, Schrattel, von Chemnat aus der Pfalz. Er war beständiger Landschaftsverordneter, Präsident des geistlichen Rathes durch neun Jahre und wirklicher Rath der beiden Kaiser: Maximilian's des Zweiten und Rudolph's des Zweiten, deren ersterer 1573, letzterer 1578 die Privilegien des Stiftes bestätigte. Johann starb am 8. Juni 1583.

Georg Striegel von Lauing, starb am 22. Februar 1608.

Augustin Bitterich. Unter ihm bestätigte Kaiser Mathias 1613 die Stifts-Privilegien; und 1625 wurde dieser Abt zum Suffragan-Bischof von Wien erwählt und vom Pabste Urban dem Achten als Bischof von Germanicia bestätigt; er starb am 21. November 1629.

Johann der Neunte, Walderfinger, wurde 1630 ebenfalls zum Suffragan-Bischofe von Wien erwählt und erhielt als Bischof von Germanicia vom Pabste die Bestätigung. Er war ein vortrefflicher Oekonom, stellte die verfallenen Gebäude wieder her, erbaute einen neuen Speisesaal, viele Wohnungen der Geistlichkeit in der Abtei und den Kirchthurm (1638—1641), und hinterließ, da er am 27. Nov. 1641 starb in Barem fünfzigtausend Gulden. Unter ihm bestätigte Kaiser Ferdinand der Dritte 1638 die Stifts-Privilegien.

Anton Spindler, berühmt wegen seiner Gelehrsamkeit und Frömmigkeit, baute zwischen 1643—1645 die noch jetzt bestehende Schotten-Stiftskirche, wie dies die im Bogen vor dem Presbyterium befindliche Inschrift: „Imperatore Ferdinando III. templum hoc erectum est.“ beweiset. (Siehe die Abbildung am Schlusse des Kapitels.) Er starb am 11. Nov. 1648.

Peter Heister, ein adelicher Niederländer. Er erbaute 1652 den noch vorhandenen Heinrich's

Brunnen aus weißem Marmor, und ließ durch die Baumeister Anton Calon von Wien und Maximilian Speß von Linz den Bau der Stiftskirche, dann des Ganges von der Sacristei gegen den Speisesaal und des oberen Stockwerkes vollenden. Peter, der am 10. April 1662 starb, war ein eifriger Beförderer der Künste und Wissenschaften, wie er denn auch die schönen Gemälde womit noch jetzt die Stiftskirche geziert ist, durch die damals vorzüglichsten in Wien lebenden Künstler verfertigen ließ.

Georg der Zweite, Moerth, starb mit dem Namen eines Vaters der Armen am 15. November 1664.

Benedict der Zweite, Schwab, erwählt am 12. Jänner 1665, resignirte die Abtei am 28. November 1669.

Johann der Zehnte, Schmiedberger, wurde als Prior des Stiftes zum Abte gewählt und am 2. August 1672 zum Suffragan-Bischofe von Wien geweiht; er ist der Erbauer des ersten großen Hofes im sogenannten Schottenhof, löste am 10. October 1678 die Pfarre zu Gumpendorf um acht Viertel Weingärten zu Klosterneuburg ab, wodurch dieselbe der Abtei einverleibt, und starb am 28. August 1683 während der Belagerung Wiens durch die Türken.

Sebastian Faber aus Baiern, erwählt 1683. Er stellte die während der Belagerung abgebrannte Abtei mit der Kirche und dem Schottenhof 1690 wieder her, so auch um 1700 das sogen. Lauzenkeller-Versorgungshaus, erkaufte am 24. November 1694 das Neudegger-Lehen und den Hof bei St. Ulrich von dem Passauer Bischofe Johann Philipp, und starb am 27. April 1703. Unter ihm wurde durch Kaiser Leopold den Ersten, am 20. April 1700, die Abtei Telky nächst Ofen dem Schottenstift einverleibt.

Sebastian der Zweite, Vogelsinger, erwählt am 3. Juni 1703, erbaute die jetzige Pfarrkirche zu Gumpendorf und verschied am 5. April 1705.

Carl Fetzer, geboren am 4. Juni 1676 zu Wien, erwählt am 12. und infulirt am 21. Mai 1705, gestorben am 28. Jänner 1750. Er war kaiserlicher Rath und Ausschuß der Niederösterreichischen Stände. Die Stiftsbibliothek und Gemäldesammlung wurden von diesem kunstliebenden Abte sehr bereichert, wie er denn auch ein Gymnasium errichtete und die Kirchenmusik eifrigst beförderte.

Viertes Kapitel.

Wissenschaft und Kunst.

Die Drangsale der Türkenkriege und eine zweimalige Belagerung der Stadt durch diesen Erbfeind der Christenheit; das gräßliche Wüthen der Pest, welche kaum gewichen mit verstärkterm Grimme mehrmalen wiederkehrte und ein Fünftel der Einwohner verschlang; so wie die argen Zerwürfnisse in der Religion mit dem daraus erfolgten unsäglichen Leiden eines dreißigjährigen Krieges, hatten in diesem Zeitraume sehr nachtheilig auf die weitere Entwickelung der Wissenschaften und Künste in Wien eingewirkt. Erst in den letzten Regierungsjahren Kaiser Leopold des Ersten und unter dessen Sohne Joseph brach für sie eine neue Morgenröthe hervor, die sich dann zu Carl des Sechsten Zeit in den herrlichsten Sonnenglanz entfaltete.

Viertes Kapitel.

Wissenschaft und Kunst.

Was nun zuvörderst die Unterrichts- und wissenschaftlichen Anstalten betrifft, so hatte sich die uralte Bürgerschule bei St. Stephan, (die Kaiser Friedrich dem Zweiten 1237 ihr Entstehen und Herzog Albrecht dem Ersten 1296 ihre Bestätigung und Erweiterung dahin verdankt, daß das alte Herkommen der Fürsten von Oesterreich, den Schulmeister zu bestellen, der Stadt überlassen wurde) wie früher, bis zum Jahre 1658 des blühendsten Zustandes zu erfreuen. Es wurden in ihr die lateinische und griechische Sprache, die freien Künste, Rhetorik, Philosophie und Mathematik von vier Meistern gelehrt, deren einer Rector über die Knaben war und die übrigen Schulmeister Wiens zu bestellen hatte. Wir kennen folgende Rectoren aus Urkunden: 1342 Meister Ulrich; 1360 Jans; 1381 Gebhard Vischbeck, Magister der freien Künste, zugleich auch Universitäts-Rector; 1390 Meister Luber; 1396 Colomann von Nova Villa, Pfarrer in Lauchse, zugleich Rector der Universität; 1399—1414 Peter Deckinger, Magister der freien Künste, Doctor der Theologie, Canonicus und Rector bei St. Stephan, Pfarrer zu St. Veith und Rector der Universität; 1478 Bernard Perger; 1549 Georg Muschler, der freien Künste Magister; 1558 Benedict Khlainschnitz, Magister; 1572 Johann Kazio; 1583 Stephan Grießauer, der freien Künste Magister, Professor der griechischen Sprache, zugleich auch Rector der Universität; 1595 Peter Hoffmann, der freien Künste Magister, zugleich auch Universität-Rector; 1601 Constantin Schnitter; 1610 Magister Khun; 1615 Heinrich Abermann, der freien Künste Magister; 1623—1635 Johann Baptist Lindenberger von Pirkhenpruck, der freien Künste Doctor; und 1658 Johann Caspar Peripach, der freien Künste und der Philosophie Doctor, Superintendent der Bürgerschule bei St. Stephan. Späterhin, da die Jesuiten auf der Universität ähnlichen Unterricht ertheilten, mögen wohl dieselben die Jugend aus der Bürgerschule an sich gezogen haben, und so sank sie allmählig zu einer blos deutschen Schule herab, als welche sie noch heute besteht. Nebst dieser Bürgerschule bestanden noch aus früherer Zeit die Schulen bei St. Michael im Bürgerspital und bei den Schotten. Bald jedoch kamen neue dazu. So widmete 1572 der würdige Bürgermeister Wiens, Georg Prandstätter, 5000 Gulden zu einer Mädchenschule, welche zugleich als die erste bekannt ist, die insbesondere für das weibliche Geschlecht errichtet wurde; 1629 eröffneten die Jesuiten am Hofe und bei St. Anna deutsche Schulen; 1660 begannen die Ursuliner-Nonnen den Mädchen öffentlichen Unterricht zu geben, und im Jahre 1701 am 16. November eröffneten die Piaristen in der Josephstadt ihre Schulen und gaben der Jugend Unterricht sowohl in der Religion, im Lesen, Schreiben, Rechnen als auch in der lateinischen Sprache in vier Grammatikal-Classen. Kaiser Carl der Sechste erlaubte ihnen sonach auch, 1735, Vorlesungen über Poesie und Rhetorik zu halten, damit die Schüler dieses Gymnasiums ungehindert ihre Studien an der Universität in Zukunft fortzusetzen vermochten.

Die von Rudolph dem Vierten und seinen Brüdern gestiftete Wiener Universität, deren Gerichtsbarkeit Pabst Martin der Fünfte am 4. Juni 1420, ihre Privilegien aber Maximilian der Erste am 3. Juni 1495 bestätigt hatte, war seit dem Tode dieses Fürsten bis zum Jahre 1533 tief gesunken. Ferdinand der Erste suchte sie nun wieder durch Ausbesserung ihrer verfallenen Gebäude (schon seit 1425 auf dem heutigen Standpunkte, zunächst den Dominicanern gelegen), durch Sicherung ihres Einkommens, Bestätigung ihrer Privilegien und Ertheilung des Vorzuges, daß der Rector bei öffentlichen Feierlichkeiten nach den Landesfürsten und der kaiserlichen Familie den ersten Platz einnehmen dürfe, zu heben. Am 9. März 1534 hob er den alten Gebrauch, vermöge welchen nur Theologen und Unverehelichte zu dem Rectorate gewählt werden konnten, gänzlich auf, und erklärte auch die andern Glieder der Facultäten und Verehelichte zu dieser Würde geeignet, und in den Jahren 1551—1554 brachte er eine gänzliche Verbesserung der Universität zu Stande, wodurch er sich den Namen ihres zweiten Stifters erwarb. Nebst Zuweisungen neuer Einkünfte bestimmte er für die katholische Lehre einen Katechismus zu verfassen, (der auch wirklich 1554 von dem Jesuiten Peter Canisius zu Stande gebracht wurde), eine zweckmäßige Lehrmethode in der Grammatik, Dialectik und Rhetorik zu entwerfen und zur Unterbringung der nach Wien berufenen Jesuiten ein Haus zu bezeichnen. Schon im Mai 1551 kamen die ersten dieses Ordens hier an, und noch im nämlichen Jahre fieng P. Claudius, ihr Rector, an auf der Universität Theologie vorzutragen; dann, 1552, eröffneten sie die unteren lateinischen Schulen bei den Dominicanern. Endlich 1554 kam Ferdinand's gänzliche Verbesserung der Universität zu Stande. Sie bestimmte ein fünfjähriges Studium für die Doctorwürde; empfahl Häuser zur Wohnung für arme Studenten herzustellen und nützliche Bücher für die Bibliothek anzukaufen; auch trug er ihr auf, vorzügliches Augenmerk auf die Anstellung ausgezeichneter Lehrer zu richten, deren jährlichen Gehalt er mit 300, 170, 140, 100 und 60 Gulden, und zwar für drei Docenten der Theologie, drei der Rechtsgelehrsamkeit, drei der Medicin und je einen für die Grammatik, Dialectik, Rhetorik, Physik, Logik, Mathematik, Dichtkunst, und für die hebräische, griechische und arabische Sprache bestimmte. Maximilian der Zweite erneuerte gleich beim Antritte der Regierung seines Vorfahren das Gesetz, daß kein Lehrer an der Universität soll aufgenommen werden, der nicht der katholischen Religion angehöre; und am 26. März 1573 führte er die Bücher-Censur ein. Nicht minder suchte Rudolph der Zweite die Akatholiken von der Universität zu entfernen; so wie er denn auch am 23. April 1578 dem Rector Johann Schwarzenthaler, wegen seines Bekenntnisses zur Lehre Luthers, absetzen ließ. Ein gleiches that auch Matthias. Er schaffte alle akatholischen Lehrer ab und versuchte schon 1610 den öffentlichen Vortrag der philosophischen Wissenschaften auf der Universität den Jesuiten anzuvertrauen, was ihm jedoch erst am 5. Februar 1617 gelang. Ferdinand der Zweite vereinte am 21. October 1622 die Väter der Gesellschaft Jesu gänzlich mit dieser Hochschule, wornach dieselben am 22. November das academische Collegium bezogen und ihre Vorlesungen begannen. Vermöge des Vergleiches, welchen sie nun am 7. August 1623 mit der Universität abschlossen und welcher auch zwei Tage später die Genehmigung des Kaisers erhielt, entsagten die Jesuiten auf immer dem Rectorate bei der Hochschule, und gelobten, daß durch ihre Vereinigung mit derselben weder in der Wahl noch in dem Ansehen des

Rectors, des Kanzlers, der Decane und der Universitätsgerichtsbarkeit ein Nachtheil vorgehen solle; dagegen ward den Jesuiten das Recht eingeräumt, Elementar-Gegenstände und Rhetorik, die griechische und hebräische Sprache, die Philosophie und Theologie öffentlich zu lehren; es wurde ihrer Obsorge die Bibliothek anvertraut, und ihnen das Collegium der Universität, die Bursen (worunter man den Fond, aus welchem arme Studenten erhalten wurden, wohl auch die Häuser, welche zur Wohnung für selbe erkauft wurden, begriff) und alle andern Gebäude, mit Ausnahme der den Juristen und Medicinern gehörigen, zu dem Zwecke übergeben, damit sie sich hieraus ein Collegium, die Schulen, die Kirche und das Seminarium erbauen, dafür aber der Universität zum Consistorium, Archiv und zur Kanzlei ein anderes Haus einräumen sollen; endlich wurden den Jesuiten auch die Stipendien für das Seminarium gänzlich überlassen. Dem gemäß erkauften die Jesuiten 1629 für die Universität das Haus des Stubenvell in der Bäckerstraße und erbauten die sogenannte untere Jesuitenkirche, wozu Kaiser Ferdinand der Zweite 1624 den Grundstein legte, und welche dann 1631 eingeweiht wurde. Auch die Kaiser Ferdinand der Dritte und Carl der Sechste waren wichtige Stützen der Universität; Letzterer bestätigte nicht nur 1712 alle Privilegien derselben, sondern rettete auch 1735 die untern Schulen vom Verfalle.[31]

Auch die Juristenschule, welcher Albrecht der Dritte schon 1389 ein Haus zwischen der jetzigen großen und kleinen Schulerstraße, zur Abhaltung ihrer Vorlesungen und zur Wohnung der Professoren geschenkt hatte, das sonach 1397 durch das daranstoßende Haus des Magister Kolb vergrößert wurde, hatte sich ihres Fortbestandes bis zum Jahre 1543 zu erfreuen, wo dann Maria Theresia nach hergestelltem neuen Universitätsgebäude der juridischen Fakultät eigene Hörsäle anwies und deren Haus sammt der 1636 errichteten St. Ivo-Kirche zu andern Zwecken bestimmte.

Von Unterrichtsanstalten, die erst in diesem Zeitraume entstunden, sind zu bemerken: Die adelige Landschaftsschule am Minoritenplatze, da wo jetzt das fürstlich Lichtenstein'sche Gebäude steht. Sie entstand 1546, nahm aber schon 1555 ihr Ende. — Die Landschaftsschule am Hof, von Kaiser Ferdinand dem Ersten gegründet und 1560 den Jesuiten, dann unter Rudolph dem Zweiten und Matthias weltlichen Rectoren, und 1623 wieder den Vätern der Gesellschaft Jesu zur Aufsicht übergeben, welche sie sonach 1652 in das Barbara-Convict umstalteten und daneben die gleichnamige Kirche, nächst den Dominicanern, erbauten. — Die Landschafts-Akademie, von den niederösterreichischen Ständen anfänglich 1680 in der Roßau, dann, da das Gebäude während der Belagerung 1683 gänzlich zu Grunde gieng, 1685 in der Alservorstadt errichtet. Der Unterricht für die Jünglinge erstrekte sich auf Reiten, Fechten, Tanzen, militärische Uebungen, auf Mathematik, Civil- und Kriegsbaukunst, Geographie, Geschichte, Rechtskunde, und nebst der lateinischen, auf die italienische, spanische und französische Sprache. Mit dem Entstehen der adeligen Akademie auf der Laimgrube, durch Maria Theresia, ließen die Stände die Ihrige 1748 eingehen. — Das Seminarium des Cardinal Peter Pazmany Primas von Ungarn und

Erzbischof von Gran, im Jahre 1618 zur Bildung der ungerischen Cleriker gestiftet, welches noch jetzt in dem vom Stifter gewidmeten Hause, in der Schönlaterngasse Nro. 683 besteht. — Das Croatische geistliche Convict von Balthasar Napuli, Domprobsten zu Agram, 1624 gestiftet. Es wurde 1783 mit dem geistlichen Generalseminarium vereinigt. — Die Stiftung des k. k. Hofkammerathes und obersten Erb-Münzmeisters in Oesterreich, Johann Conrad Richthausen Freiherrn von Chaos, von 1663, für Waisenknaben. Das Erziehungshaus für 60—70 Stiftlinge von 7—16 Jahren, welche den Elementar-Unterricht und jenen in der lateinischen Sprache, in der Musik, Zeichenkunst, Baukunst und später auch in der Ingenieur-Wissenschaft erhielten (letzteren durch eine Stiftung des Hofkammerkanzlisten Franz von Griener), befand sich anfänglich rückwärts des Bürgerspitals in der Kärnthnerstraße. Späterhin wurde diesen Stiftlingen ein eigens für sie erbautes Haus auf der Laimgrube eingeräumt. Am 1. November 1754 jedoch mußten sie dieses der von Maria Theresia errichteten Militär-Akademie abtreten und wurden sonach in das Brenner'sche Haus in der Währingergasse (der heutigen Gewehrfabrik), am 30. April 1767 aber in das Waisenhaus, damals am Rennwege, versetzt. — Das Stiftseminarium des k. k. Kammerrathes Johann Joachim Entzmüller, Grafen von Windhag, gegründet 1682. — Das Seminarium St. Alexii, welches gleichzeitig mit dem großen Armenhause in der Alservorstadt, 1692, entstand. Es war für arme Studenten bestimmt, welche die öffentlichen lateinischen Schulen besuchten. Sie hatten freie Wohnung, eigene Kleidung und täglich sechs Kreuzer zur Zehrung, und standen unter der Aufsicht eines geistlichen Präfecten. 1783, bei der Umstaltung des Gebäudes in das allgemeine Krankenhaus, erlosch diese Anstalt. — Die Kriegsbaukunst-Schule, welche am 24. September 1717 vom Kaiser Carl dem Sechsten errichtet wurde, und am 7. Jänner 1718 den Anfang nahm. Der Oberstlieutenant Leander Graf von Anguisola war ihr Director, und der berühmte Hofmathematiker Jacob Marinoni, wie wir schon erwähnt, war ihr Lehrer, der viermal in der Woche im eigenen Hause (dermalen das Pasqualatische auf der Mölkerbastei) in den mathematischen Wissenschaften Vorlesungen hielt. Marinoni hatte daselbst eine Sternwarte angelegt, die mit allen erforderlichen Instrumenten versehen war. Nach seinem Tode kam diese Schule in das Camesinische Haus in der Annagasse, wo sie bis 1754 bestand, und dann mit der von der Kaiserin Maria Theresia errichteten Ingenieur-Akademie zusammen schmolz. — Das noch bestehende adelige Convict bei den P. P. Piaristen in der Josephstadt, welches Johann Jakob Graf von Löwenburg, k. k. geheimer und Hofkammerrath, 1732 für adelige Jünglinge aus Ungarn und Oesterreich, die den Studien oblagen, errichtet hatte. —

Von dem Wachsthum der k. k. Hof-Bibliothek in diesem Zeitraume ist zu berichten: Nach Cuspinians Tod, 1529, erhielt über sie Caspar von Nydpruck die Aufsicht, unter welchem sich die Sammlung durch jene des Johann Faber, Bischofes von Wien, und 1541 durch den Bücherschatz des Johann Dernschwamm von Hradiczin vermehrte. Von 1558 bis 1565 war der rühmlich bekannte Wolfgang Lazius Bibliothekar, und dann blieb zehn Jahre hindurch das Amt eines Aufsehers unbesetzt. Indessen wurde die Bibliothek mit vielen in Constantinopel von dem k. k. Gesandten daselbst, Augerius Busbek, erkauften orientalischen und griechischen Handschriften bereichert. Maximilian der Zweite ernannte nun den berühmten Hugo Blozvaus Delft zum kaiserlichen Bibliothekar. Unter diesem gelehrten Mann kamen die Bücherschätze Lazens und 1584 jene des kaiserlichen Historiographen Johann Sambuck in die Hofbibliothek, die damals sich bei den Minoriten, in einem Stockwerke neben der St. Johannes-Capelle befand und nebst dem Bibliothekar, in der Person des Richard Strein von Schwarzenau, und nach dessen Tode, am 8. April 1600, an Sebastian Tengnagel eine Art Custos hatte, welcher Letztere auch nach des Hugo Blotius Tod 1608 dessen Stelle erhielt. Tengnagel lebte bis 1636 und seine wie der Vorfahren Blotz und Strein literarische Schätze wurden der kaiserlichen Büchersammlung einverleibt. Sein Nachfolger war Wilhelm Rechberger, unter welchem sie mit dem Raimund Fugger'schen Bücherschatze bereichert wurde. Rechberger legte sein Amt 1651 nieder und nun ertheilte es Ferdinand der Dritte an Mathäus Mauchter, zu dessen Zeit für die Hofbibliothek eine Bereicherung an den Büchern und Handschriften des berühmten Astronomen Tycho-Brahe, des Wilhelm Schikard, Mästlin, Kepler und Peter Gassendi erfolgte. Auch Mauchter resignirte auf sein Amt 1663 und nun wurde Peter Lambeck Hofbibliothekar und blieb es bis zu seinem Tode 1680. Indessen wurde 1663 die Hofbibliothek durch Kaiser Leopold den Ersten aus dem Minoriten-Kloster in jenen Theil der Burg übersetzt, wo heute die kaiserliche Schatzkammer sich befindet, und bald darauf mit dem herzoglichen Handschriften- und Bücherschatz von Ambras in Tirol und der spanischen Bibliothek des Marquis von Gabrega, um 1674, bereichert. Unter Daniel Nessel, dem Nachfolger Lambeck's, erhielt sie ebenfalls einen beträchtlichen Zuwachs durch die Bücher und Handschriften des Letztgedachten und durch die erzherzogliche Bibliothek aus Insbruck. Nach Nessel, der 1699 starb, blieb die Stelle sechs Jahre unbesetzt; wo sie dann Kaiser Joseph der Erste an Johann Benedikt Gentilotti von Engelsbrunn, einen Mann von vielumfassender Gelehrsamkeit und rastlosem Fleiße, verlieh. Er brachte den damaligen gesammten Vorrath von Handschriften in ein genau zergliedertes Verzeichniß, dessen Vollständigkeit nichts zu wünschen übrig läßt. Gentilotti wurde 1723 zum Auditor-Rotä vom Pabste nach Rom berufen und dann 1725 zum Bischof von Trient ernannt. Kaiser Carl der Sechste ernannte sonach seinen ersten Leibarzt, Pius Nicolaus Garelli, zum Hofbibliothekar und bestimmte den ganzen kaiserlichen Bücherschatz, welcher bisher blos ein Privat-Eigenthum des Hofes war, zum öffentlichen Gebrauche. Zugleich beschloß er den neuen Bau des jetzigen kaiserlichen Hofbibliothek-Gebäudes, welches, wie schon früher erwähnt, zwischen 1723 und 1726 unter Aufsicht seines Hof-Baudirectors, Gundakar Grafen von Althan, von dem berühmten Hofarchitekten Johann Bernhard Fischer von Erlach aufgeführt wurde. Bei Uebertragung der Bücher in den prachtvollen Bibliotheksaal des Neugebäudes auf den heutigen Josephsplatz belief sich deren Zahl schon über 100,000 Stücke, und in der Zwischenzeit vom Jahre 1711 bis 1740 wurden sie noch durch die Baron-Hohendorfische Handschriften- und Büchersammlung aus den Niederlanden, durch die des Erzbischofs von Valenzia aus dem Hause Cordona; ferner durch die Prinz-Eugenische Handschriften-, Bücher- und Kupferstichsammlung, worunter sich auch die Peutinger'sche Karte befand, und endlich durch die vielen alten Handschriften, welche Apostolo Zeno in Venedig und Alexander Riccardo in Neapel gesammelt hatten, ungemein bereichert.[32]

Auch die Universitätsbibliothek, seit 1456 im Kremserischen Hause befindlich, wo jetzt die unteren Schulen sind, hatte sich reicher Vermehrungen zu erfreuen. Sie besaß schon die Büchersammlungen des Andreas Peuersbach und Johann Königsbergers. Kaiser Ferdinand der Erste, als er 1554 die Reformation der Universität vornahm, ließ sich eifrigst angelegen seyn, für sie den Ankauf neuer Bücher anzubefehlen. Uebrigens scheint es, daß schon nach Vereinigung der Jesuiten mit dem Universitäts-Collegium dieselbe mit der reichen Büchersammlung dieses Ordens verschmolzen worden sei.

Nebstdem wurden auch zwei ansehnliche Privat-Bibliotheken zu dieser Zeit dem öffentlichen Gebrauche überlassen und bei den Dominicanern aufgestellt: die des Grafen Johann Joachim von Windhag, im Jahre 1678 und jene des k. k. geheimen Rathes und Generalfeldmarschalls Johann Martin Gschwind, Freiherr von Pöckstein, im Jahre 1721. Beide jedoch wurden 1784 wieder geschlossen und der Universitätsbibliothek einverleibt.

Noch ist von wissenschaftlichen Anstalten des physicalisch-mathematischen Museums der Jesuiten, das 1715 entstand und nach Aufhebung dieses Ordens der Universität zur Benützung übergeben wurde, so wie der Gründung des ersten botanischen Gartens in Wien zu erwähnen. Die nieder-österreichischen Stände, welchen das Land seit 1577 die Aufstellung von Bezirks-Aerzten verdankt, kauften zu diesem Zwecke 1665 von dem Obersten Ruß einen neben dem vormaligen Jesuitengarten in der Roßau gelegenen Grund und beriefen zur Ausführung desselben den berühmten Doctor Franz Piliotti aus Frankreich hieher, der dann den zu wissenschaftlichen Zwecken bestimmten Garten bald in den blühendsten Zustand versetzte. Dieser würdige Mann ward späterhin Leibarzt des Kaisers Leopold und Protomedicus, und stiftete 1661 für die Armen in Wien einen Arzt und eine Apotheke.

Die gelehrte Donaugesellschaft (Sodalitas literaria Danubiana) jedoch war inzwischen dem Wechsel der Zeit erlegen. Vielmal ward zwar in der Folge der Plan zu einer Akademie der Wissenschaften für Wien angeregt, jedoch Nichts in Ausführung gebracht, selbst durch den großen Leibnitz nicht, der 1713 nach Wien kam und Carl dem Sechsten einen Entwurf zur Errichtung einer solchen vorlegte.

Mehrmalen schon haben wir in diesem Kapitel die Gelegenheit ergriffen von verdienten Gelehrten Wiens zu sprechen; zu den bereits Vorgeführten glauben wir noch folgende wenige beifügen zu müssen:

Wolfgang Laz, Ferdinand des Ersten Rath, Leibarzt, Historiograph, Hofbibliothekar und Director des Münzcabinetes, einer der eifrigsten Sammler und

Vielwisser, wurde am 31. October 1514 zu Wien in dem Hause geboren, das noch jetzt, nach seiner Familie, der Lazenhof heißt und zwischen dem hohen Markt und Kienmarkt seine Lage hat. Er studirte zu Ingolstadt Medicin und erhielt dort die Doctorwürde. Hierauf wählte er Wiener-Neustadt zu seinem Aufenthalte und gieng dann als Feldarzt nach Ungarn. Von 1540 an lehrte er anfänglich die freien Künste an der Wiener-Universität und später zwanzig Jahre hindurch die Arzneikunde. Zweimal war er Rector und in seinen letzten Lebensjahren stand er der Hochschule als Superintendent vor Seiner Verdienste wegen erhob ihn Kaiser Ferdinand in den Ritterstand. Er starb am 19. Juni 1565 und seine Leiche wurde in der St. Peterskirche beigesetzt, wo noch im Inneren derselben, links zunächst des Einganges, sein Grabmonument zu sehen ist.

Lazius war Wiens erster Geschichtschreiber. Seine 1546 zu Basel herausgekommene und 1614 von Heinrich Abermann, Rector der Bürgerschule bei St. Stephan verdeutschte Vienna Austriae, Rerum Viennensium Commentarii in IV. libr. distincti, ist bei allen Mängeln ein verdienstliches Werk. Sonst gab er noch viele Werke heraus.

Johann Albrecht von Widmanstädt, Kanzler der niederösterreichischen Lande und Orientalist von ausgezeichnetem Range. Er war 1506 zu Nellingen bei Ulm geboren und studirte auf der Universität zu Tübingen, wo er sich der linguistischen Studien beflíß, die er dann in Rom, Turin und Neapel fortsetzte. Mit Vorliebe beschäftigte ihn die griechische, hebräische, syrische Sprache; doch verstand er auch persisch, armenisch und russisch. 1552 kam er nach Wien, wo seine Gelehrsamkeit ihm bald die Gunst Ferdinand des Ersten dermaßen erwarb, daß er kaiserlicher Rath und kurz darauf österreichischer Kanzler wurde. Als solcher führte er die Oberleitung der Reformation, welche 1554 bei der hiesigen Universität statt fand. Nach dem Tode seiner Gattin, 1556, wählte er den geistlichen Stand und starb 1558 als Canonicus zu Preßburg. Von seinen vielen hinterlassenen Schriften sind bemerkenswerth: Das syrische neue Testament (1555) und die syrischen Anfangsgründe (Wien 1555).

Wolfgang Schmelzel, der um 1540—1550 Schulmeister bei den Schotten in Wien war. Er schrieb im Jahre 1548 einen „Lobspruch der hochlöblichen weit berühmten königlichen Stadt Wien in Oesterreich", dem Kaiser gewidmet, in fünfzehn hundert gereimten Zeilen, ein Werk, das höchst interessante Schilderungen der damaligen Stadt und des Volkslebens, so wie gleichzeitiger merkwürdiger Begebenheiten darbietet. Von Schmelzel haben wir auch einige dramatische Dichtungen, als: Comödia des verlornen Sohnes; Aussendung der Zwölffpotten (Apostel) 1542; Comödia der Hochzeit in Cana 1543; ein schöne Comödia von dem plint gebornen Son 1543; Acolast; Judith; David; Samuel und Saul o. J.

Krato von Kraftheim, Leibarzt des Kaiser Ferdinand des Ersten, Maximilian des Zweiten und Rudolph des Zweiten. Am 21. November 1519 zu Breslau geboren, widmete er sich anfänglich den theologischen Studien und brachte sechs Jahre in Wittenberg als Stubengenosse Luther's zu, der ihn liebte und auszeichnete; aber unüberwindliche Neigung für die Arzneikunde hieß ihm bald sich dieser Wissenschaft widmen, welche er zu Padua unter dem berühmten J. B. Montanus vollendete. Durch des Letzteren Verwendung ernannte ihn Ferdinand 1545 zum Leibarzte. Obgleich Protestant war er bald des Kaisers vertrauter Rathgeber. Maximilian der Zweite erhob ihn in den Adelstand. Auch dieses Monarchen so wie seines Nachfolgers Zuneigung genoß er in hohem Grade. Er starb am 9. November 1585 auf seinem Landgute in der Grafschaft Glatz an der Pest. Er hinterließ viele schätzbare medicinische Schriften.

Johann Sambucus, geboren 1531 zu Tyrnau in Oberungarn, verlegte sich nicht nur auf das medicinische Studium, sondern auch auf Geschichte, Alterthumskunde und Poesie. Seine ungerische Geschichte, eine Fortsetzung von Bonfinii historia Hungariae ist das Vorzüglichste was er schrieb. Er bekleidete die Würde eines Rathes und Historiographen an dem Hofe der Kaiser Maximilian des Zweiten und Rudolph des Zweiten, wo er in großem Ansehen stand, und verschied zu Wien am 13. Juni 1584.

Peter Lambecius (Lambeck), Director der kaiserlichen Hofbibliothek zu Wien. Er war zu Hamburg am 13. April 1626 geboren, studirte zu Amsterdam die Rechtswissenschaft, besuchte dann die Akademie zu Leyden und gieng 1646 nach Paris, wo er den Grund zu seiner bibliographischen Gelehrsamkeit legte, die er dann 1647 in Rom und Toulouse vermehrte. Nach mehrern andern Reisen wurde er am 26. Mai 1663 Vorsteher der Hofbibliothek zu Wien, die unter seiner Leitung sehr vermehrt wurde. Er starb im April 1680 und hinterließ nebst andern gelehrten Werken die berühmten Commentarii de Augustissima Bibliotheca Caesarea Vindobonens. 8 Bände, 1665—79. N. Aufl. von A. F. Kollar, ebd. 1766—82.

Paul von Sorbait, ein Belgier von Geburt und berühmter Leibmedicus der verwittweten Kaiserin Eleonora, der als Anführer der bewaffneten Universitäts-Mitglieder bei der Belagerung Wiens 1683 sich um die Stadt sehr verdient gemacht hat. Er starb am 29. April 1691. Seine höchst originelle Grabschrift befindet sich in der St. Stephanskirche.

Franz Menin oder Meninski von Mesynien, Ritter von Jerusalem, erster kaiserlicher Dolmetsch der orientalischen Sprachen zu Wien. Dieser Lothringer von Geburt, geboren 1623, gestorben 1698, welcher 1661 in kaiserliche Dienste trat, hatte sich 1660 in Constantinopel bis zur Berühmtheit für seinen Beruf ausgebildet. Er erhielt das polnische Indigenat und trat, da er 1669 nach Jerusalem reiste, in den Orden der Ritter dieses Namens. Durch seinen Thesaurus linguarum orientalium, sive Lexicon persico-arabico-turcicum. Vindob. 1680—90. 5 Vol. in Fol. hat er sich um die Literatur großes Verdienst erworben.

Abraham a Sancta Clara (Ulrich Megerle). Dieser höchst originelle Mann wurde am 4. Juli 1642 zu Krähenheimstetten, unweit Mößkirch, in Schwaben geboren. Achtzehn Jahre alt trat er in den Barfüßer-Augustiner-Orden zu Mariabrunn in Oesterreich und studirte in Wien Philosophie und

Theologie. Seit 1662 Priester dieses Ordens, als welcher er sich vorzüglich dem Fache der Homiletik widmete und sonach das Doctorat nahm, fand er einen Ruf als Festtagsprediger im oberbaierschen Kloster Taxa, wo er zum erstenmale die Kanzel betrat. Späterhin predigte er in Wien und Gratz mit so viel Beifall, daß sich Kaiser Leopold der Erste bewogen fühlte, ihn 1669 zum Hofprediger zu erneunen, welche Stelle er vierzig Jahre lang bekleidete. 1689 wählten ihn die Ordensbrüder zum Prior-Provinzial, und als solcher wohnte er dem General-Ordenscapitel zu Rom bei, wo ihn Pabst Innocenz der Eilfte mit einem geweihten Kreuze beschenkte. Zwölf Jahre lang war er Definitor seiner Provinz. Er starb, allgemein betrauert, in Wien am ersten December 1709. Ueber tausend Predigten hatte dieser würdige Priester, von frommer Heiterkeit beseelt, abgehalten und dabei den wahren Beruf eines Volksredners beurkundet. Treffend ist das Urtheil, welches Franz Gräffer über diesen genialen Schriftsteller und Prediger fällt: „Mit praktischem Blick, tiefer Menschenkunde, vielseitigen Kenntnissen, der gelehrtesten, von einem beispiellos treuen Gedächtniß fast wunderbar unterstützten Mannigfaltigkeit gieng er in die Verhältnisse des Lebens ein, schilderte sie mit überraschender Wahrheit, und tadelte die Gebrechen seiner Zeit mit unerschrockenem Freimuth und beißendem Witz, wovon er eine reiche Ader besaß. Seine ledig auf den Effect berechnete Darstellung ist einzig in ihrer Art. Kein Mittel verschmähend, durch welches er Eindruck erregen zu können hoffte, erhebt er sich bald mit wahrhaft reichem Witze und hinreißendem Fluß und Feuer der Rede zur höhern Beredsamkeit, bald sinkt er aber zu den unwürdigsten Possen, zuweilen faden, öfters doch auch sehr glücklichen Wortspielen, geschraubten Gegensätzen, ja selbst zu seinem österreichischen Jargon Zuflucht nehmend, zur Plattheit herab.“ [33] — Er hinterließ achtzehn Werke, von welchen: Judas der Erzschelm 4. Bde. Salzb. 1688—93; Reim dich oder ich lies dich. Salzb. 1687. Mercurialis oder Wintergrün. Nürnb. 1700; Abrahamisch gehab dich wohl. Wien, 1700; Heilsames Gemisch Gemasch. Würzb. 1704; Abrahamisches Bescheidessen. Nürnb. 1714; Wohl angefüllter Weinkeller. Würzb. 1710; Abrahamische Lauberhütt, 3 Bde. Wien 1721—23; und Huy und Pfuy der Welt, Würzb. 1707; die vorzüglichsten sind.

Heräus, Carl Gustav, kaiserlicher Rath, Dichter, Numismatiker ꝛc., geboren 1671 zu Stockholm, studirte zu Frankfurt a. d. O., Gießen und Utrecht Theologie und die Alterthumskunde. 1709 ernannte ihn Kaiser Joseph der Erste zum Inspector seines Münz- und Antiken-Cabinets, wobei er sich viel mit der Angabe verschiedener Gedächtnißmünzen beschäftigte und Aufschriften zu Erleuchtungen, Ferwerken, Trauergerüsten u. dgl. dichtete. Man hält ihn fälschlich für den Erfinder des deutschen Hexameters. Von ihm, der 1730 in Wien starb, sind viele numismatische Werke im Druck erschienen.

Marcus Hansitz, am 23. April 1683 bei Völkermarkt in Kärnthen geboren, ein Jesuite und Doctor der Theologie, der in verschiedenen Collegien dieses Ordens lehrte und am 5. September 1766 zu Wien starb, machte sich als Geschichtsforscher durch seine: Germania sacra, 3 Bde. Augsb. und Wien 1727—1757, rühmlichst bekannt.

Apostolo Zeno. Dieser berühmte Mann war zu Venedig am 11. December 1688 geboren. Reichlich mit Wissenschaften und viel Genie für die Dichtkunst ausgestattet, worin er insbesondere im damals sehr beliebten Melodrama Vortreffliches leistete, ward er 1715 von Kaiser Carl dem Sechsten als Hofdichter nach Wien berufen, wo er sich bald durch seine Sitte die vorzügliche Gunst des Monarchen zu erwerben wußte, so zwar, daß er ihn auch zu seinem Historiographen ernannte. Hier arbeitete er seine gelungensten Dichtungen aus. Viele werden noch heute werthgeschätzt, wie er denn auch als Biograph und Historiker Ungewöhnliches leistete. Seines heranrückenden Alters wegen legte er 1729, mit Bewilligung des Kaisers, seine Stelle nieder und kehrte nach Venedig zurück, wo er bis zum Ende seines Lebens, den 11. November 1750, die Zeit mit Gegenständen der Kunst und Wissenschaft zubrachte. Poesie drammatiche, 10 Bände, Venedig 1744. —

Pietro Metastasio (Trapasi), kaiserlicher Hofpoet in Wien, einer der zierlichsten und fruchtbarsten italienischen Dichter seiner Zeit. Er war 1698 von armen Eltern in Rom geboren und zeigte schon in zartester Jugend eine außerordentliche Neigung zur Dichtkunst und Musik. Durch den berühmten Rechtsgelehrten Gravina erhielt er eine seinen Talenten entsprechende Erziehung. Schon im zwölften Jahre konnte er den Homer in italienische Verse übersetzen und zwei Jahre später schrieb er seine erste Oper: il Giustino, die sehr gefiel. Nun gieng er mit Gravina nach Neapel, wo er sich als ein vortrefflicher Improvisatore zeigte, die mindern Weihen (ordines minores) empfieng, und dabei die Rechte studirte. 1718 nach seines Wohlthäters Gravina's Tod, wurde er Advocat in Rom; aber schon war durch mehrere seiner neuen Dichtungen, die ganz Italien in Entzücken versetzten, sein Ruf auch nach Deutschland gelangt und Kaiser Carl der Sechste berief den Dichter 1729 mit einem Gehalte von 3000 Gulden an seinen Hof, dessen besondere Gunst, so wie jener seiner erlauchten Tochter Maria Theresia, er in hohem Grade sich erwarb. Metastasio lieferte zierliche Dichtungen aller Art, aber offenbar hatte er das größte Geschick für die Oper, deren er 28 dichtete und die größtentheils von den berühmtesten Meistern in Musik gesetzt wurden. Er war in hohem Grade großmüthig, edel und bescheiden; dabei immer frohen Muthes und aufgeweckten Geistes. Mit der Ruhe eines Weisen beschloß er sein Leben zu Wien am 12. April 1782. Die Gesammt-Ausgabe seiner Werke ist in zwölf Bänden mit 38 Kupfer ausgestattet zu Paris 1780—82 erschienen.

Ueberdies sind noch folgende Wiener-Universitäts-Mitglieder bemerkenswerth, die in den beigefügten Jahren für das Aufkommen der österreichischen Literatur durch Wort und That kräftig mitwirkten als: 1525 Hieronymus Balbus, lateinischer Dichter; 1527 Martin Steinpeiß, Arzt; 1530 Georg Tanstetter, Astronom; 1535 Claudius Caciuncula, Jurist; 1538 Ursinus Velius, lateinischer Dichter; 1539 Alexander Brassicanus, Rechtsgelehrter; 1541 Anton Margaritha, Philologe; 1541 Jacob Spiegel, Rechtsgelehrter und lateinischer Dichter; 1558 Johann Vögelin, Mathematiker; 1560 Franz Emerich, Arzt; 1565 Sigismund Seld, Geschichtschreiber und Rechtsgelehrter; 1570 Ulrich Zasius,

Rechtsgelehrter; 1573 Lambert Auer, Theologe; 1578 Johann Ramus, Philosoph und Dichter; 1583 Martin Eisengrein, Theologe; 1584 Paul Weidner, Philologe; 1585 Thomas Jordan, Arzt; 1587 der Jesuite Peter Brusäus, berühmter Theolog; 1588 Paul Fabricius, Mathematiker, Doctor der Medicin und Dichter; 1593 Johann Schrötter, Arzt; 1593 Johann Lauterbach, lateinischer Dichter; 1597 Peter Canisius, berühmter Theolog aus dem Orden der Gesellschaft Jesu; 1598 Elias Corvin, lateinischer Dichter; 1599 Diomedes Cornarius, Arzt; 1608 Martin Anton Delrio, Doctor der Theologie, Poet und Orator; 1610 Heinrich Porsius, lateinischer Dichter und Geschichtschreiber; 1611 Anton Possevin, Philosoph, Dichter und Redner; 1616 Johann Baptist Schwarzenthaler, Jurist; 1617 Tobias Piripach, Arzt; 1619 Christoph Pirchhaimer von Pirchenau, lateinischer Dichter; 1620 Guido Anton Scarmiglione, Philosoph und Arzt; 1631 Heinrich Philippi, Theolog; 1643 Paul Guldinus aus der Gesellschaft Jesu, Mathematiker; 1645 Andreas Zergoll, Philosoph und Mathematiker; 1646 Johann Hieronymus Kinich, Mathematiker, dann um 1646—1664 die berühmten Theologen Caspar Tausch, David Corner, Wilhelm Lamormain, Johann Posarel, Balthasar Corbevius, Scipio Gambata, Carl Musart, Johann Gans u. A.

Indem wir uns nun zur Kunst hinwenden, haben wir vorläufig zu bemerken, daß hierin, durch diesen ganzen Zeitraum bis beinahe zum Beginne des achtzehnten Jahrhunderts, wenig Ausgezeichnetes in Wien geleistet wurde. Insbesondere ist dies der Fall bei der Architektur, von deren Denkmälern aus dem 16. Jahrhundert nur einige Bauten, welche Kaiser Ferdinand 1536 bis 1552 an der Burg (dem heutigen Schweizerhof) unternahm, einige Bruchstücke des alten Landhauses von 1562, die Kirche zu St. Marx, ebenfalls von 1562, und jene von St. Johann Baptist in der Währingergasse von 1579, sich bis in die Gegenwart erhalten haben. Zahlreicher sind Wiens Baudenkmale aus der folgenden Zeit, von welchen noch viele in ihrer ursprünglichen Gestalt bestehen, wie z. B. die Kirche der Franciscaner zu St. Hieronymus von Pater Bonaventura Daum zwischen 1603—1614 erbaut; die um 1627—1631 entstandene Jesuiten-, jetzt Universitätskirche; die Dominicaner-Kirche zur Maria Rotunda von 1631, die Capuziner-Kirche zur heil. Maria, als Königin der Engel, welche sammt der kais. Todtengruft zwischen 1622—1632 ins Dasein trat; die Ursuliner-Nonnen-Kirche von 1675, die Kirche zu Unser lieben Frau den Schotten von 1690 und die Kirche zu St. Anna (sämmtlich in der Stadt), so wie der Leopoldinische Theil der Burg von 1670. Dann die Kirche zur heiligen Theresia von 1624, und zum heil. Johann Baptist mit dem Spitale der barmherzigen Brüder von 1692, beide in der Leopoldstadt; die Kirche zur heil. Margaretha unter den Weißgärbern von 1690; die Kirche zu St. Rochus und Sebastian auf der Landstraße von 1684; die Kirche zu den heil. Schutzengeln, von den P. Paulanern 1627—1651 auf der Wieden erbaut; die Kirche zu St. Joseph auf der Laimgrube von 1692; die Mariahilf-Kirche 1689 errichtet in der gleichnamigen Vorstadt; die Piaristen-Kirche Maria Treu in der Josephstadt von 1698; die Kirche zur heil. Dreifaltigkeit, von den P. Trinitariern zwischen

1695—1702 errichtet, in der Alservorstadt, die St. Florianskirche zu Matzleinsdorf ꝛc. Alle diese Bauwerke zeigen den neu-römischen Styl oder vielmehr, näher bezeichnet, den Geschmack der Jesuiten, die wie in die Wissenschaft so auch in das Wesen der Kunst mächtig eingriffen, was ihnen jedoch bei Letzterem nicht mit so gutem Erfolge gelingen wollte. Die Armuth in der Erfindung, bei einer Ueberfülle von Stucco-Verzierungen im Aeußeren, so wie der verschwenderische Aufwand von Marmor, womit im Inneren die Wände verkleidet und die nur zu oft widersinnig gewundenen oder lesenirten Säulen ausgestattet sind, machen ihre Kirchen dem Kunstfreunde eben so widrig, als sie von dem Volke des prahlerischen Prunkes wegen angestaunt werden. Leider wurden auch zu dieser Zeit drei der schönsten altdeutschen Kirchen diesem verderbten Geschmacke zum Opfer gebracht. Als Kaiser Ferdinand der Zweite das ehemalige Carmeliter-Kloster und die Kirche zur heil. Maria, Königin der Engel, auf dem Hof zum Profeßhause der Jesuiten bestimmt hatte, ließ dessen Gemahlin Eleonora

1662 durch den Baumeister Carl Canneval, Carlon genannt, den jetzigen Fronton der Kirche errichten, der denn auch gelegentlich das Innere derselben nach dem Geschmacke ihrer Besitzer, so gut es gehen wollte, umgestaltete. Diesem Beispiele folgten 1719 die deutschen Herrn mit der Kirche zur heiligen Elisabeth, und auch die Barnabiten mit der Michaelskirche. Die jetzige neu-italienische Eingangshalle, womit Letztere, die 1626 von Kaiser Ferdinand dem Zweiten hier eingeführt wurden, ihre Kirche schmückten, ist zwar für sich betrachtet nicht ohne Gehalt, und die darauf angebrachten Statuen von Lorenzo Mathielli, den Sieg des Erzengels Michael über die höllischen Geister darstellend, sind schön; allein das Ganze hat keine Harmonie mit dem übrigen alten Baue.

Als Uebergänge zur gediegenen Architektur verdienen Beachtung: die Kirche zu den vierzehn Nothhelfern im Lichtenthale von 1712, die jedoch 1770 durch den fürstlich Lichtensteinischen Baumeister Joseph Ritter erweitert wurde; die Elisabethkirche der gleichnamigen Nonnen auf der Landstraße, 1711 durch den Baumeister Mathias Gerl erbaut und 1734 von dem Baumeister Franz Anton Pilgram erhöht; die Kirche der Salesianerinnen, 1719 nach der Form der Peterskirche in Rom erbaut, in derselben Vorstadt; die Kirche des k. k. Waisenhauses zur heil. Dreifaltigkeit in der Alservorstadt von 1722; die Kirche zum heil. Kreuz auf der Laimgrube, 1736 erbaut und 1749 erneuert und mit dem zierlichen Thurm von Henrici ausgestattet; die Kirche Maria Trost in der Vorstadt St. Ulrich, 1721 von dem Baumeister Franz Reymund errichtet; die Kirche zur Maria-Verkündigung der Serviten in der Roßau, schon 1651 durch den Fürsten Ottavio Piccolomini gegründet, aber erst von Carlon gänzlich ausgebaut; und endlich die St. Leopoldskirche in der Leopoldstadt von 1670, jedoch 1723 vergrößert durch den Baumeister Johann Ospel.

Nach diesen Bauten erscheinen nun jene kostbaren Architekturwerke, durch welche der kunstliebende Carl der Sechste seine Residenz ungewöhnlich verherrlichte. Ehe wir sie jedoch vorführen, wollen wir zuvor einen Rückblick auf einige verdienstliche Baumeister dieser Epoche werfen, so wie sie sich an jene des Mittelalters anschließen.

Nach Hauser erscheint: Michael Fröschel von Trier, als Baumeister bei St. Stephan um 1524, von dem das Wiener Stadt-Archiv eine schöne Zeichnung auf Pergament von einem Sacramentshäuschen aufbewahrt; dann folgen: 1527 Heinrich Spettl, der an der Stadtbefestigung baute; 1534 Leonhard Schärtinger von Mecklenburg; 1539—1562 Leonhard Eichl, Kirchenbaumeister bei St. Stephan, welcher an der Heimers-Bastei arbeitete; 1539—1544 Hans Traubinger; 1541—1554 Wolfgang Reiberstorffer, Steinmetz und Stadtwerkmeister; 1543—15.. Bonifacius Wolmuet von Frankfurt am Main, der 1555 den uralten Pempflinger- (nun Dempfinger-) Hof erbaute und 1547 den schon früher erwähnten Grundriß der Stadt Wien verfertigte; 1542 Michael Eißner; 1545 Paul Khölbl von Krakau, röm. kais. Majestät Hofsteinmetz und Baumeister über den Gang bei den Augustinern, auch Werkmeister bei St Stephan; 1544 Dominico Illalio aus Kärnthen, welcher an der Prediger-Bastei arbeitete; 1544—1553 Francisco de Puco oder Pazo, röm. kais. Majestät Baumeister von Mailand, „so die Burgerpasstein sambt derselbigen Katzen bei den prediger Closter aufferpawt" wie die gleichzeitigen Oberkammeramts-Rechnungen berichten; 1545 Balthasar Hofmann, röm. kais. Maj. Hofbaumeister; 1552 Meister Conrad Gessing, Steinmetze, der seine Hütte "auf Sanct Peters Freithof" hatte; 1554 Meister Leonhard Perger, Steinmetze "auf der Weißen Brueder Freithof"; 1559—1566 Balthasar Puchler, Steinmetze und gemeiner Stadt Werkmeister, Erbauer der sogenannten Brandstatt nächst St. Stephan; 1562 Hans Franckh, Erbauer der Kirche zu St. Marx; 1555—1583 Hans Saphoy, der 1579 den unausgebaut gebliebenen Thurm der Stephanskirche mit einem kleinen Aufsatze überbaute und mit Meister Schueler das untere Gewölbe des Domes, welches einzustürzen drohte, in guten Stand brachte; 1587—1593 Meister Peter Krueg, Werkmeister bei St. Stephan; 1589—1608 Balthasar Puechhauser, k. k. Hofsteinmetze und Baumeister über den Thurm bei St. Michael; 1603—1614 der schon erwähnte Franciscaner Bonaventura Daum; 1624 Simon Hundpeller von Rotweil, röm. kais. Maj. Hofsteinmetz und Baumeister; 1627 Simon Unger von Stramdorf; 1637—1650 Hans Herstorfer, Jakob Pockh, Hans Strobl, Niclas Pfächt; 1659—1671 Adam Haresleben; 1662—1680 Carl Canneval, genannt Carlon, dessen schon erwähnt wurde und der auch 1671—1672 die inneren und äußeren Eingangspforten des neuen Kärnthnerthores schmückte, weßhalb auch wahrscheinlich sein Bildniß, in Stein gehauen, hier angebracht ist; um 1700—1712 Werner Arnold Steinhauser, kais. Kriegsbaumeister, dessen großer Plan der Stadt Wien von 1710 sich durch strenge Genauigkeit auszeichnet und noch im städtischen Archive aufbewahrt wird; endlich zwischen 1711—1750 die schon genannten Baumeister Mathias Gerl, Franz Reymund, Franz Anton Pilgram und Johann Ospel.

Schon durch Carlon, Dominik Martinelli (den Erbauer des fürstlich Lichtensteinischen Palastes in der Rossau), die beiden, als Maler und Architekte gleich berühmten Brüder Ferdinand und Franz Galli-Bibiena, so wie durch Gabriel von Gabrielli, welche Joseph der Erste und Carl der Sechste nach Wien berufen hatten, gewann die Baukunst einen mächtigen Aufschwung; allein erst drei deutschen Meistern war es vorbehalten, sie auf eine Höhe zu bringen, die seitdem hier nie wieder erreicht worden ist. Johann Lucas Hildebrand, kais. Hofarchitekt, war der Schöpfer des prächtigen Belvedere (Siehe die Abbildung und Beschreibg. S. 367.), welches Prinz Eugen von Savoyen während der Jahre 1693 und 1724 für sich erbauen ließ. Dieser Meister starb zu Wien am 17. November 1745, bedeckt mit Ruhm, den er jedoch mit den beiden Fischer von Erlach, Vater und Sohn, theilen mußte. Johann Bernhard Fischer von Erlach, geboren zu Wien (wie einige wollen zu Prag) 1650, bildete sich zu Rom zum Künstler aus. Schon 1696 baute er für Joseph den Ersten einen Sommerpalast, die erste Grundlage des heutigen Schlosses Schönbrunn, der allgemein gefiel und ihm die Stelle eines Hofarchitekten und den Adel einbrachte. Von nun an entwarf er alle bedeutenden Bauwerke die dazumal der Kaiser und reiche Privaten unternahmen, und so entstand nun bis zu seinem 1724 hier erfolgten Tode, eine Reihe von Prachtgebäuden, wie die kais. Reichs-Kanzlei, die k. k. Hofbibliothek, die k. k. Reitschule, die Peterskirche, die Carlskirche auf der Wieden, die k. Stallungen (alle schon früher umständlich besprochen), die

Paläste des Prinzen Eugen von Savoyen in der Himmelpfortgasse, des Grafen Bathyany auf der Freiung, des Trautson in der Vorstadt St. Ulrich, worin sich jetzt die ungerische Leibgarde befindet; die städtische Mehlgrube u. a., welche noch heute der Stadt zur größten Zierde gereichen, aber meistens erst durch seinen gleich genialen Sohn, der gewöhnlich dabei den eigentlichen Bau geleitet, vollendet wurden. Joseph Emanuel Fischer von Erlach, geboren zu Wien 1680 und daselbst gestorben um 1740, ward von Carl dem Sechsten 1731 seiner großen Verdienste um die Baukunst wegen in den Freiherrnstand erhoben und bekleidete die Würde eines Hofarchitekten und kais. Rathes. Die Paläste der Fürsten Auersperg in der Josephstadt und Schwarzenberg sind auch dem Plane nach sein Werk. Im Garten des letzteren errichtete er zum Getriebe der Wasserkünste 1721 die erste in Deutschland bekannte Dampfmaschine.

Zwei Grabsteine an der Außenseite der St. Stephanskirche, die beide den nämlichen Gegenstand versinnlichen, nämlich den Abschied Jesu von seiner Mutter, sind die ersten Gegenstände der Sculptur, die uns in dieser Epoche Wiens begegnen. Das kleinere Steinbild, dem 1517 verstorbenen Bürger Georg Siegenfelder gehörig, zeichnet sich durch Tiefe der Empfindung aus; das andere, durch seine Größe imponirend, wurde 1540 dem Kirchenmeister von St. Stephan Johann Straub gesetzt, läßt aber das Gemüth etwas kalt. Die Figuren der Haupthandlung sind fast lebensgroß, und ringsum, einen Rahmen bildend, sind in zirkelrunden Bogen äußerst kleine und zarte Bilder aus dem Leben Jesu angebracht. Alles dieses erinnert noch an die altdeutsche Schule; die Architektur daran zeigt jedoch deutlich den geschnörkelten wälschen Geschmack. Beide Kunstwerke sind hocherhaben in Sandstein ausgeführt. Ihre Meister sind nicht bekannt; doch dürfte ersteres wohl von Conrad Blauen seyn, der ebenda, 1523, das nun schon furchtbar verstümmelte, bei dritthalb Klaftern breite Grabmal des Wiener Brückenmeisters und Rathsherrn Johann Hutstocker verfertigte, das in halberhabener Arbeit den Kreuzweg nach Golgatha meisterhaft darstellt. Außer diesen sind noch in dieser Kirche der schöne Grabstein der kais. Capläne Georg Hager († 1514) und Jakob Huber († 1521), dessen Eccehomobild, vor welchem die beiden Geistlichen knieen, den ausgezeichnetsten Sculpturen dieser Zeit angehört, und ein lebensgroßes Crucifixbild von Holz, das früher in der offenen Kapelle über dem Eingange in die neue Gruft stand, nun aber im Innern der Kirche bewahrt wird und durch strenge Nachahmung der Natur und unbeschreiblichen Adel im Gesichte sich auszeichnet, zu bemerken. Die dreizehn Geheimnisse von dem Leiden Christi in Sandstein halberhaben gehauen, welche 1580 der Bürgermeister Bartholomäus Prandtner mit einigen Räthen der Kirche verehrte, sind von geringer Arbeit. Dieses wenige ist nun alles, was sich nebst einigen Grabmonumenten der Trautsohn'schen Familie in der St. Michaelskirche und dem 1524 von Freiherrn Werzhausen in der deutschen Ordenskirche zu St. Elisabeth errichteten Denkmale, en Haut-relief den Abschied Jesu von seiner Mutter zu Bethania vorstellend, aus dem sechszehnten Jahrhundert in Wien noch erhalten hat. Der Verlust eines so prächtigen Denkmales aus dieser Zeit, wie jenes ist, welches Kaiser Carl der Fünfte und Ferdinand der Erste dem Grafen Niclas Salm, der 1529 zu Wien an den bei Vertheidigung dieser Stadt gegen

50*

die Türken empfangenen Wunden starb, in der Kreuzcapelle des Dorotheen-Stiftes hatten errichten lassen, und das 1790 nach Aufhebung desselben nach dem Schlosse Raiz in Mähren übertragen wurde, muß demnach für Wien um so empfindlicher fallen. Dieses imposante Mausoleum ist von grauem Marmor. Auf dem Deckel kniet der Held lebensgroß in voller Rüstung vor dem Crucifixe, unter dem sich das Wappenschild von Salm und eine Inschrift zeigt. Die vier Seitenwände zieren zwölf Basreliefs, welche sich auf dessen Kriegsthaten beziehen, und in den Zwischenräumen sind die Brustbilder der Fürsten, denen Salm gedient, so wie sein eigenes und jenes seiner Waffengenossen, Bourbon und Freundsberg, en Medaillons angebracht. Möchte es doch wieder in Wien, für das es ja eigentlich bestimmt war, einen würdigen Platz finden!

Eben so gering an der Zahl zeigen sich Wiens Sculpturwerke im 17. und im Anfange des 18. Jahrhunderts. Des Bischofes Melchior Klesel marmorner Grabstein von 1630 mit dessen Brustbild ist eine wackere Arbeit eines unbekannten Meisters. Eben so verdienstlich sind die an den Wänden des großen Chores bei St. Stephan angebrachten sehr zierlich aus Holz geschnitzten Brustbilder des Kaisers Friedrich des Dritten, des Pabstes Paul des Zweiten und der Wiener Bischöfe bis zu des Grafen Breuner's Zeit, der dieselbe 1640 gleichzeitig mit dem Hochaltare des Domes verfertigen ließ. Leider kennt man auch ihren Urheber nicht. Gedachter Altar, aus schwarzem polnischem Marmor, ist ein mächtiges, mit eilf schönen Statuen geschmücktes Kunstwerk, an welchem Johann Jacob Bock aus Constanz sieben Jahre arbeitete. Von weit minderem Werthe sind die um jene Zeit entstandene Vorhalle der St. Salvatorkirche und das große Basrelief „Christus am Oelberg“, zunächst des Seiteneinganges in die St. Michaelskirche, deren Meister ebenfalls unbekannt sind. Die sonstigen Sculpturen beschränken sich fast ausschließend auf jene, schon früher berührten öffentlichen Denkmäler, welche Kaiser Leopold und seine Söhne Joseph und Carl errichten ließen.

Von eigentlichen Bildhauern und Bildschnitzern sind aus dieser Periode bekannt: 1527 Ludwig Wagner; 1553 Meister Hans von Thon, Bildschnitzer im Schottenhofe; 1598 Laurenz Murmann und Valerian Gerold, welche die „Christi-Marter-Säule“ am Wienerberge, Spinnerin am Kreuz genannt, mit den jetzigen vier Steinbildern versahen; 1640 Jacob Bock aus Constanz, von dem früher die Rede war; 1647 Johann Khuen, welcher mehrere aus Holz geschnitzte Engel für die Stephanskirche verfertigte; 1659 Franz Fenigel, arbeitete gleichfalls für diesen Dom; 1661 Caspar Gerbel; 1665 Johann Kholler, der ein schönes Kreuz für den Hochaltar daselbst verfertigte; 1680 Joseph Fruhwirth, Dominik und Paul Strudl, von Cles in Tyrol gebürtig, Matthias Rauchmüller, auch ein Tyroler, von welchem die herrlichen Statuen und Basreliefs an der heil. Dreifaltigkeits-Säule am Graben sind, welche nach der Erfindung des Architekten Octavian Burnacini durch Fischer von Erlach, den Vater, 1693 ist ausgeführt worden; ein sehr gelungenes Werk Rauchmüller's aus Elfenbein, den Raub der Sabinerinnen vorstellend, besitzt die fürstlich Lichtensteinische Bildergallerie; 1728 Lorenzo Mathielli, der neben den beiden Schwibbögen der Reichskanzlei die Gruppen von kolossalen Figuren aus weißem Sandstein, welche vier

Thaten des Herkules: »wie er den Antäus erdrückt, den Busiris überwindet, den nemäischen Löwen und kretensischen Stier bezwingt«, versinnlichen, — und auch die Gruppe über der Eingangshalle bei St. Michael, »den Sieg des Erzengels Michael über den höllischen Drachen« darstellend, verfertigte: Arbeiten, die der Beachtung des Kunstkenners würdig sind; 1732 der Venezianer Anton Conradini, von dem die Gruppe »Mariens Vermählung mit dem heiligen Joseph« ist, an dem Monumente, welches den hohen Markt schmückt. — Von Kunstgießern: Um 1541—1545 Meister Leopold Mairhover und Augustin Tenng, »Puchsengiesser, die vier Karthaunen und acht Falkonet für gemainer Stadt mit jr Wappen gegossen.« 1554—1573 Meister Urban Weiß, der mehrere Geschütze für die Stadt und eine große Glocke, die Pummerin genannt, von 208½ Ctr. für die St. Stephanskirche verfertigte; 1598 Peter Rangier, kais. Kammerkunstgießer, starb 1624; 1613 Georg Arnold von Wien, der die Speiseglocke bei St. Stephan goß; 1665 Laurenz Söllner; 1667 Balthasar Herold, durch welchen die Säule der heil. Maria auf dem Hof zu Stande kam, und endlich Johann Aichhamer, der Verfertiger der berühmten Josephinischen Glocke im St. Stephansthurme, von welcher schon früher ausführlicher gesprochen wurde. — Von Edelsteinschneidern: Um 1531 Wolf Knebolt; 1562 Wilhelm Khallenprunner; 1578 Jakob Khifer; 1670—1675 Gerard Valder aus Straßburg, Peter Paul Lucini, k. k. Kammer-Kristallschneider; 1674 Peter Fetzer, gest. 1685, und 1720 Rochus de la Noverre, gest. 1725. — Von Stempel- und Siegelschneidern: Um 1571—1577 Niclas Engel; 1579 Martin Walchen; 1581 Cornelius Glocking; 1605 Kaspar Heinler, kais. Maj. Münz-Eisenschneider; 1649 Erhard Lina, welche alle schöne Stempeln zur Salvators-Medaille verfertigten; 1670 Peter Lachmeyr, kais. Kammer-Goldschmied, der sich durch eine Denkmünze von 68 Kronen in Gold auszeichnete, die er zu der Festlichkeit der Grundsteinlegung der Pfarrkirche in der Leopoldstadt ausprägte; 1699 Johann Georg Seidlitz, k. Kammersiegelschneider, starb 1713; eines seiner schönsten Werke ist der Medaillon auf die Einnahme der Festung Landau durch den römischen König 1702; 1715 Daniel Waron, k. Kammer-Medailleur; 1725 Michael Johann Hofmann, k. Hof-Siegel- und Münzeisenschneider, starb 1736; 1719 der berühmte Schwede Richter, von welchem die kostbare Medaille, von 11⅞ Loth in Silber, auf den Architekten Johann Bernhard Fischer von Erlach herrührt; 1710—1721 H. Fuchs, Münzgraveur; um 1738 Philipp Christoph von Becker von Coblenz, starb zu Wien 1743, 68 Jahre alt; er war auch ein vorzüglicher Edelsteinschneider; und um 1740 Anton Wideman, der noch 1770 hier lebte. — Unter mehr denn hundert Goldschmieden, welche die Wiener Zeitbücher von 1520—1740 enthalten, haben sich insbesondere durch sehr kunstreiche Arbeiten ausgezeichnet: Hans Aichberger, welcher um 1522 blühte und viele Verehrungsstücke für den Stadtrath machte; Martin Keßler um 1548—1573. Bartholomä Wickh 1548—1556; Hans Neufahr 1552—1557; Michael Peßpart 1558—1569; Balthasar Zollner 1559—1563; Mathias Janitzer 1548—1586, und Jakob Jäger, von Augsburg gebürtig, berühmt wegen seinen getriebenen Arbeiten, der 1658 in Wien blühte, wo er auch gestorben seyn soll. Vortreffliche Waffenschmiede (Plattner und Panzerer) waren: 1540 Hans Sichelpein; 1559 Stephan Wolf; 1560 Jörg Schwarz; 1563 Michael Mayr u. A.

Gleichwie die beiden Fischer von Erlach in der Architektur, übertraf das Brüder-Paar Donner in der Sculptur alle Künstler ihrer Zeit. Georg Raphael Donner, geb. 1695 zu Eßlingen, einem niederösterreichischen Dorfe im Marchfelde, gestorben zu Wien am 15. Februar 1741, dessen Lehrer Brenner und Giuliani waren, hat uns eine Reihe köstlicher Sculptur-Werke hinterlassen, die noch heute gerechte Bewunderung erregen. Vor allen ist sein herrlicher Brunnen mit den fünf Statuen von Blei-Composition am Neu-Markt zu erwähnen, dessen Beschreibung und Bild wir schon früher (S. 374) vorführten. Aber auch das Brunnenbild im Magistratsgebäude „Andromachens Rettung durch Perseus" aus weichem Metalle in mehr als halberhabener Arbeit (Siehe dasselbe S. 392.); das schöne Crucifix am Hochaltare der k. k. Burg-Capelle; die Kreuzabnahme Christi in der Capelle des k. k. Invaliden-Hauses; die Bildsäule des Kaisers Carl des Sechsten, 1734 von Tyroler-Marmor angefertiget, so wie die beiden Basreliefs von Bronze: „das Urtheil des Paris und Thetis in der Werkstätte des Vulkans, denselben um eine Rüstung für Achilles bittend", in der k. k. Gallerie im Belvedere; die Basreliefs: „Agar und die Samaritanerin beim Brunnen" darstellend, in der k. k. Schatzkammer; das Brustbild des ersten Wiener-Erzbischofes Sigismund Grafen von Kollonits in der St. Stephanskirche, und das Porträt-Basrelief des Grafen Gundakar von Althann von carrarischem Marmor in der Sammlung der hiesigen Kunstakademie, sind Werke die dem Urheber zu hohem Verdienste gereichen. Sein Bruder und Schüler in der Kunst, Mathäus (nicht Mathias) Donner, ebenda 1699 geboren, widmete sich ausschließlich der Stempelschneidekunst, in welchem Fache er es zur größten Vollkommenheit brachte. 1740 erhielt er die Professur der Bildhauerkunst an der Wiener-Kunstakademie und einige Jahre später wurde er k. k. Münz-Graveur-Scholaren-Director und Obermünzeisenschneider, in welcher Eigenschaft er am 26. August 1756 starb. Sein Medaillen-Werk beläuft sich auf 30 Nummern. Alle sind nach eigener höchst geistreicher Erfindung und streng korrecter Zeichnung in Stahl ausgeführt und die Technik daran ist unübertrefflich. Die Salvators-Medaille (S. 222.) und die dem nächsten Kapitel voranstehende Vermählungs-Medaille auf Maria Theresia mit Franz dem Ersten von Lothringen sind Werke von ihm.

Unter den Malern aus dieser Zeit haben sich in Wien vorzüglich bemerkbar gemacht: Christoph Ratthuet, welcher 1527 einige Altarblätter für die St. Stephanskirche malte. — Der Hofmaler Jakob Seysenecker und Daniel Meldeman, welche um 1567—1581 einige Portraite von Landesfürsten für den Sitzungssaal des Stadtrathes verfertigten. — Franz Luyr von Luxenstein, geb. zu Antwerpen um 1620; er lebte und starb zu Wien als Hofmaler und Director der Kunstsammlungen Ferdinand des Dritten, der ihn in den Adelstand erhob. Zwei sehr schöne Bilder von ihm bewahrt die kais. Gallerie im Belvedere. — J. W. Bauer, der sehr geistreiche Miniaturbilder verfertigte und auch als Aetzkünstler bekannt ist, geboren zu Straßburg, gestorben in Wien 1640 als kaiserl. Hofmaler. — F. Steinmüller, k. k. Hofmaler; berühmt ist dessen großes Altarblatt

»die Himmelfahrt Mariä« welches 1650 in der St. Stephanskirche aufgestellt wurde. — Tobias Bock von Constanz arbeitete hier um 1640, wo fast jede Kirche von ihm Gemälde aufzuweisen hat. Das Hochaltarblatt bei St. Stephan, die Steinigung dieses Blutzeugen Christi darstellend, ist sein gelungenstes Werk. Anton Schoon-Jans, Kammermaler Leopold des Ersten, geboren 1653 zu Antwerpen. Die Marter des heil. Sebastian in der St. Peterskirche und die Abnahme des Heilands vom Kreuze in der Kirche der Salesianerinnen sind schätzbare Werke dieses Künstlers. — Georg Bachmann von Friedberg in Böhmen, starb in Wien 1651; der heil. Gregor in der Schottenkirche, St. Thomas von Aquin in der Dominicanerkirche u. a. sind von seiner Hand. — Guido Canlossi, gen. Cagnacci, geboren zu Casteldurante bei Rimini, ein Schüler des Guido Reni, lebte die längste Zeit seines Lebens in Wien, wo er auch 1681 starb. Die kais. Gemälde-Gallerie im Belvedere besitzt drei herrliche Gemälde dieses Meisters: eine büßende Magdalena, eine Kleopatra und einen heiligen Hieronymus. — Andreas Pozzo, Laienbruder der Jesuiten, ein berühmter Frescant und Perspectivzeichner, geb. am 30. November 1642 in Trient, gest. zu Wien 1709. Die sämmtlichen neun Altarbilder, so wie die meisterhaft gemalte Kuppel der Universitätskirche sind sein Werk. — Franz Werner Tamm, geb. zu Hamburg 1658, gest. zu Wien 1724, malte Blumen-, Obst- und Thierstücke, deren die Gallerie im Belvedere sieben besitzt. — Christoph Lauch, blühte zu Wien um 1680 im Dienste der Kaiserin Eleonore. Gedachte Gallerie weist von ihm ein schönes Brustbild auf. — Johann van Hoogstraten, geb. zu Dortrecht um 1630, gest. zu Wien 1654. Die kais. Gallerie hat ein geistreiches Conversationsgemälde von diesem Künstler. — Peter Freiherr von Strudel, geb. zu Cles in Tyrol 1648, gest. 1714 als erster Director der Akademie der bild. Künste. Nebst andern Bildern besitzt sein Hauptwerk »der todte Erlöser in dem Schooße seiner trostlosen Mutter« die kais. Gallerie; auch das Hochaltarblatt St. Rochus und St. Sebastian in der gleichnamigen Kirche auf der Landstraße ist schätzbar. — Johann Michael Rottmayr Freiherr von Rosenbrunn, geb. zu Laufen 1660, gest. als kais. Hofmaler zu Wien 1727. Die Opferung der Iphigenia in der kais. Gemäldegallerie, der heil. Franz von Sales, wie er einen Todten erweckt, in der St. Peterskirche; das Kuppelgemälde »die Aufnahme des heil. Carl in die Herrlichkeit der Verklärten« so wie die übrigen Fresco-Malereien bei St. Carl zeugen von seiner Kunstfertigkeit. — Nicolaus van Hoye, geb. zu Antwerpen um 1660, gest. als kais. Hofmaler zu Wien um 1710, von welchem die kais. Gallerie ein großes Schlachtengemälde bewahrt. — Anton Bellucci, geb. zu Pieve di Soligo bei Treviso 1654, war um 1709 in Wien kais. Hofmaler und starb 1726 in seiner Vaterstadt. — Johann Anton van der Baren, ein Niederländer, der um 1660 zu Wien als Aufseher der Gallerie des Erzherzogs Leopold Wilhelm (späterhin der kais. Sammlung) lebte und Blumen malte, wovon die Gallerie im Belvedere noch zwei Stücke besitzt. — Ercole Gartano Fanti, geb. zu Bologna 1687, gest. zu Wien 1759 als fürstl. Lichtensteinischer Gallerie-Director, vorzüglich in der Perspectivmalerei. Er malte die architektonischen Beiwerke im großen Marmor-

Saale der k. k. Gemälde-Gallerie im Belvedere. — Anton Feistenberger, geb. zu Innsbruck 1678, gest. zu Wien 1722, und dessen Bruder Joseph, geb. das. 1684, gest. 1735 zu Wien; beide malten schöne Landschaften, wovon sich einige in den hiesigen Kunstgallerien befinden. — Franz de Paula Ferg, geb. zu Wien 1689, gest. zu London 1740. In der kais. Gemäldegallerie sind von ihm zwei sehr hübsche Jahrmärkte vorhanden. — Johann Peter van Bredal oder Breda, geb. zu Antwerpen 1630, gest. zu Wien nach 1717 in Diensten des Prinzen Eugen von Savoyen; malte Feldschlachten und Jagdstücke, deren die kais. Gallerie vier besitzt. — Joseph Orient, geb. zu Burbach in Ungarn 1677, gest. zu Wien 1747 als Vicedirector der k. k. Akademie der bild. Künste; und N. Lauterer, geb. zu Wien um 1700, gest. das. 1733, dessen Schüler: beide gute Landschaftsmaler, von welchen in den hiesigen Gemälde-Sammlungen zu finden sind. — Johann Gabriel Canton, geb. zu Wien 1710, gest. das. 1753, malte artige Landschaften. — Franz Stampart, geb. zu Antwerpen 1675, gest. zu Wien als kais. Hofmaler, verfertigte viele gute Portraite. — Ferdinand Galli-Bibiena, Kaiser Carl des Sechsten Hofmaler, geb. zu Bologna 1653, lebte die längste Zeit seines Lebens bis 1720 in Wien, starb aber 1743 in seinem Vaterlande. Er war auch ein geschickter Architekt. Eine seiner vorzüglichsten Arbeiten ist die in Fresco gemalte Decke des Chores in der St. Peterskirche. — Johann Kupetzky, geb. zu Pösing in Ungarn 1667, hielt sich geraume Zeit in Wien auf und starb 1740 zu Nürnberg. Ein ausgezeichneter Bildnißmaler, von dem sein eigenes Portrait in der k. Gallerie aufbewahrt wird. — Martin Altomonte, eigentlich Hohenberg, von deutschen Aeltern zu Neapel 1657 geboren, arbeitete großen Theils in Wien und starb zu Linz 1745. Fast in jeder Kirche Wiens sind Altarbilder von ihm zu sehen. Ein wackeres Bild ist seine keusche Susanna im Belvedere. — Jacob van Schuppen, geb. zu Antwerpen 1669, gest. zu Wien 1751 als k. k. Kammermaler und Director der Akademie der bild. Künste. Die k. Gallerie im Belvedere bewahrt von ihm zwei herrliche Portraite. Schätzbar sind auch sein Hochaltarblatt in der Kirche der Salesianerinnen, der heil. Lucas in der Carlskirche u. a. — Die Brüder Philipp Ferdinand und Johann Georg von Hamilton, aus Brüssel gebürtig, beide in Wien als k. Kammermaler, ersterer 1750, letzterer 1740 verstorben. Sie malten Thierstücke, deren sich viele in der k. Gemälde-Gallerie vorfinden. — Johann Gottfried Auerbach, geb. zu Mühlhausen in Sachsen 1697, seit 1735 kais. Hofmaler, starb 1753 zu Wien. Sein ausgezeichnetstes Werk ist das Bildniß des Kaisers Carl des Sechsten in reicher Staatskleidung, das die k. Gallerie besitzt; er malte auch einige Altarbilder. — Daniel Gran, geb. zu Wien 1694, gest. zu St. Pölten 1757. Wahre Meisterwerke seines Pinsels sind die Frescogemälde in der k. Bibliothek, in der Schloßcapelle zu Schönbrunn, im Saale zu Hetzendorf, das Altarblatt »die heil. Elisabeth« in der Carlskirche, und eine heil. Familie in der k. Bilder-Gallerie.

Als Glas- und Emailmaler haben sich nur Jakob Grünspeckh um 1275 und Carl Boit um 1700 bekannt gemacht; als Xylographen und Kupferstecher aber: Augustin Hirschvogel (Hirsvogel), geboren zu Nürnberg 1506, den wir schon 1545 in Wien antreffen und der auch 1552 daselbst starb; ein Künstler, welcher sich zugleich als Oel- und Glasmaler, sowie als Meßkünstler und als vorzüglicher Kupferstecher mit der Radiernadel auszeichnete. Seine Verdienste um Wien als Ingenieur wurden schon oben (S. 305) gewürdigt; aber auch als Aetzkünstler war er für diese Stadt thätig, wie er denn 1547 zwei große Ansichten derselben, 1657 ihren Grundriß in sechs Blättern, und schon 1545 die Wappen mehrerer Häupter ihrer angesehensten Familien, so wie 1549 sein eigenes Bildniß, ein höchst seltenes Blatt, mit geistreicher leichter Nadel in Kupfer stach. — Nicolaus Meldemann, Briefmaler und Formschneider. Er arbeitete theils in Nürnberg, theils in Wien, um 1529—1531. Sehr merkwürdig sind von seinen Holzschnitten: »der Stadt Wien Belagerung, wie sie auf dem hohen St. Stephansthurm allenthalben gerings um die ganze Stadt zu Wasser und Land mit allen Dingen anzusehen 1530;« — und: »Wahrhafftige Handlung, Wie und welchermassen der Türk die stat Ofen und Wien belagert«: Ein sehr großes von sechs Tafeln zusammengesetztes Blatt, wozu eine Beschreibung gehört, die zu Nürnberg bei Meldemann ohne Jahreszahl im Druck erschien. — Hans Sebald Lautensack, geb. zu Bamberg 1507 oder 1508, lebte größtentheils in Nürnberg, um 1554 und 1560 aber in Wien. Er war Maler, Kupferstecher und Formschneider. In Hausen von Francolin's Thurnierbuch, oder »Wahrhafftiger Ritterlichen Thaten, so in dem Monat Junii des vergangenen LX. Jars in und außerhalb der Statt Wien zu Roſz und zu Fueß ꝛc. gehalten worden, Wien 1560,« sind die meisten Holzschnitte und geätzten Blätter von diesem Meister. — Isaak Major, Landschaftsmaler, Aetzkünstler und Kupferstecher, geb. zu Frankfurt a. M. 1576, lebte lange in Wien, wo er 1630 starb. — Johann Wilhelm Baur, von welchem geistreichen Aetzkünstler schon bei den Malern die Rede war. — Franz van den Steen, Maler und Aetzkünstler von Antwerpen, blühte in Wien als Hof-Kupferstecher um 1660. Er hat viele schätzbare Blätter radirt. — Elias Widemann, Kupferstecher mit dem Grabstichel, von Augsburg, lebte um 1650 in Wien. — Christoph Weigel, geschickter Kupferstecher, geb. zu Redwitz bei Eger 1654, arbeitete lange in Wien und starb 1725 zu Nürnberg. — Johann Heinrich Huber, Kupferstecher mit dem Grabstichel, lebte 1710 in Wien. — Jakob Männl, geschickter Schabekünstler, geb. zu Wien 1695, wo er im Mannesalter starb. — Johann Andreas Pfeffel, Kupferstecher von Bischoffingen, arbeitete viele Jahre hindurch in Wien, wo er den Titel eines kais. Hofkupferstechers erlangte; später lebte er als Kunsthändler zu Augsburg, wo er 1750, 76 Jahre alt, starb. Er arbeitete viel nach Salomon Kleiner's Zeichnungen. — Andreas und Joseph Schmutzer, Brüder, Kupferstecher mit dem Grabstichel und Aetzwasser, lebten um 1740 in Wien. — Anton Tischler, ein wackerer Aetzkünstler, geb. zu Wien um 1721, gest. 1741. — G. Adolph Müller, Kupferstecher in allen Manieren, geb. zu Wien um 1700 wo er sich beständig aufhielt. Er lieferte schöne Blätter nach Rubens und van Schuppen.

Auf das rasche Emporblühen der Kunst in Wien seit dem Beginne des 18. Jahrhunderts hat offenbar die Errichtung der Akademie der bildenden Künste den entschiedensten Einfluß gewonnen. Schon 1704 legte Kaiser Leopold der Erste den Grund zu dieser Kunstschule. Er ließ mit großen Kosten die vorzüglichsten

Statuen in Rom und Florenz abformen und in das sogenannte Schönbrunner-Haus bringen, dessen Hauptstockwerk er eigens zu diesem Zwecke gemiethet hatte. Leopold starb jedoch bald darauf, und so war es seinem Sohne Joseph dem Ersten vorbehalten, sie am 18. December 1705 zu eröffnen. Der geheime Rath und Hofkanzler Graf Ludwig Philipp von Sinzendorf wurde als Beschützer, und Freiherr Peter Strudel von Strudeldorf, k. k. Kammermaler, als ihr erster Director eingesetzt. Sie hatte damals nur zwei Klassen: für die Malerei und Sculptur. Alles nahm erwünschten Fortgang. Demungeachtet ward sie nach des Director Strudel Tod, 1717 auf eine geraume Zeit unterbrochen. Kaiser Carl der Sechste stellte dieses nützliche Institut am 20. April 1726 jedoch wieder her, gab ihm den General-Baudirector Grafen Gundakar von Althann zum Protector und den niederländischen Maler Jakob van Schuppen zum Vorsteher. Späterhin, 1732, wurde der Akademie das gräflich Althann'sche Haus im Krautgäßchen eingeräumt und dieselbe mit der Architecturklasse vermehrt. Sie erhielt einen eigenen Secretär, und den Professoren der drei Kunstschulen wurden Lehrer für die Anfangsgründe der Zeichenkunst beigegeben; zum wetteifernden Fleiße der Zöglinge aber goldene und silberne Preismedaillen eingeführt. Der großen Maria Theresia Fürsorge um die Akademie gehört dem nächsten Buche an. Daniel Gran, Gottfried Auerbach, die Gebrüder Donner, Franz Ferg u. a. waren ihre damaligen Kunstjünger.

Nicht geringere Förderungsmittel für die Kunst wurden die kais. Gemäldegallerie und das Münz- und Medaillen-Cabinet, welche gleichfals erst in dieser Periode heranwuchsen. Die ursprüngliche Anlage der Ersteren rührt von dem Kaiser Maximilian dem Ersten, ihre Vergrößerung von Rudolph dem Zweiten und von dem Erzherzoge Leopold Wilhelm, Statthalter der Niederlande, her; eine planmäßige Gallerie ward sie jedoch erst durch Carl den Sechsten, der den ganzen Vorrath von Gemälden in dem zweiten Stockwerke der alten kais. Stallburg in der Stadt unter Leitung seines obersten Baudirectors, Grafen Gundakar von Althann, aufstellen ließ, wo derselbe eilf Gemächer einnahm und dort verblieb, bis ihm Joseph der Zweite 1777 einen schicklicheren Platz im Belvedere anwies. Späteren Ursprungs ist das kais. Münz-Cabinet, zu dem Ferdinand der Erste 1558 den Grund legte und sonach dessen Aufsicht dem gelehrten Lazius anvertraute. Um 1663 erfolgte eine bedeutende Vermehrung dieser Sammlung durch den kunstliebenden Kaiser Leopold, und auch Carl der Sechste begabte sie mit vielen seltenen und kostbaren Stücken. Im Jahre 1723 bestimmte er zur Aufbewahrung derselben die kais. Hofbibliothek.

Auch die Musik schwang sich allmählig empor. Schon um 1554 treffen wir den berühmten Petrus Massenus als Ferdinand des Ersten Capellmeister, den die Stadt Wien seiner Verdienste wegen mit dem Bürgerrechte beehrte; aber noch weit früher sind in den Zeitbüchern eine Reihe vortrefflicher Organisten angeführt, wie: 1529 Valentin Klepsinger, 1538 Peter Sulzperger, 1540 David Kraus, 1543—1550 Hans Waldeckh, 1544 Hans Gravendorfer, Ihrer Majestät Hoforganist, die hier wirkten; und an sie schließen sich 1566 Hieronymus Raphael Rottenstein, der, zugleich ein geschickter Orgelmacher, die Orgeln zu St. Stephan, St. Michael und im Bürgerspitale vortrefflich herstellte; und 1573—1579 Abraham Strauß u. a. m. Ja sogar schon einige

Virtuosen finden wir aufgezeichnet, wie 1540 den Wiener Lautenschläger Ambrosy Fröhlich, 1546 den kaiserlichen Capellsänger Peter Cellitsch, als einen vorzüglichen Tenoristen, und 1577 den Sänger bei den Schotten Valentin Faber. Als kaiserliche Capellmeister und Compositeure zeichneten sich aus: 1596 Philipp de Monte, 1611 Johann Habelmayer, 1612 Lamberti de Sogue, 1636 Johannes Valentini, 1709 Peter di Santa Croce und Mark Antonio Ziani, 1735 Johann Joseph Fux und Anton Caldara. Ein vorzüglicher Beschützer und gründlicher Kenner der Musik war Kaiser Ferdinand der Dritte. Er selbst schrieb, als talentvoller Componist, ein sehr geschätztes Miserere, das in der k. k. Hofbibliothek aufbewahrt wird, und Variationen für's Clavier, welches das Musée musical enthält. Wenn gleich Kaiser Leopold's eigene Compositionen eben nicht sonderlich großen musikalischen Werth haben, so war um desto wichtiger doch der Schutz, den er dieser Kunst angedeihen ließ. Ihm hat sie offenbar ihre große Ausbreitung in Wien und den Grund zu ihrer späteren Vervollkommnung zu verdanken. Unter ihm lebten und wirkten Georg Muffat, Georg Christian Wagenseil, Anton Caldara und Johann Joseph Fux, welcher eine Menge der schönsten Fugen, Toccaten, Messen, Arien und Modetten schrieb und sich insbesondere durch sein Lehrbuch: Gradus ad Parnassum, das später auf Kaiser Carl des Sechsten Kosten gedruckt wurde, rühmlichst bekannt gemacht hatte. Leopold ließ ein eigenes Theater für italienische Opern errichten, auf welchem auch bisweilen spanische Stücke zur Aufführung gelangten. Eine Oper „Pomo d'oro" betitelt, welche 1666 zum Vermählungsfeste Leopold's mit der spanischen Infantin Margaretha Theresia gegeben wurde, machte ungewöhnliches Aufsehen; nicht minder Eidippe vom Jahre 1671, das vestalische ewige Feuer von 1674, des Nicola Minato Crösus von 1678 und Antiochus der Große von Donatus Cupeda 2c. Joseph der Erste ließ gleich Anfangs seiner Regierung ein großes Opernhaus, zwischen der Bibliothek und der Reitschule, erbauen, und hier wurden nun italienische Opern aufgeführt, welche in musikalischer Hinsicht wie an Pracht der Kleidung und der Decorationen alle bisherigen Theatervorstellungen, selbst die berühmte Oper Pomo d'oro, weit übertrafen; insbesondere galt dies von einer Oper des Francesco Conti, die kurz vor Joseph des Ersten frühzeitig erfolgtem Tode zur Aufführung gekommen war. Carl der Sechste unterhielt nicht nur eine ausgezeichnete Hofcapelle und Kammermusik von 147 Personen, welche nach Küchelbecker jährlich an 200,000 Gulden kosteten, sondern erhob auch die Oper in Wien zur möglichsten Vollkommenheit, welche auch in der Oper „Achille in Sciro," die am 14. Februar 1736, als dem Vermählungstage der kais. Prinzessin Maria Theresia mit Herzog Franz von Lothringen, aufgeführt wurde, ihren höchsten Triumph feierte. Auch im Garten der kais. Favorita auf der Wieden (dem jetzigen Theresianum) wurden öfters Opern gegeben. Drei italienische Dichter von vorzüglichem Range, Silvio Ronapiglia, Apostolo Zeno und Metastasio, lieferten die Poesien zu den Opern. Der berühmte Contrapunctist Johann Dismas Zelenka schrieb dazumal gediegene Compositionen, und Gaetano Orsini, Sänger an der Hofcapelle Carl's, war wohl unstreitig der hervorragendste Contra-Altist seiner Zeit. Er starb zu Wien 1750. Zur Aus-

51*

bildung der Kirchenmusik haben die Cantorei bei St. Stephan, wie auch die Musikschulen der Schottner und Jesuiten nicht wenig beigetragen.

Schon im Mittelalter wurde die dramatische Kunst in den Klosterschulen Wiens gehegt und gepflegt. Dies währte auch in der Folgezeit fort. Eunuchus von Terenz, Aulularia von Plautus, der rasende Hercules und Thyestes von Seneca waren die ersten Comödien, die in der Aula universitatis von den Zöglingen aufgeführt wurden und die Conrad Celtes schon 1486 drucken ließ. Eine zweite Universitäts-Comödie desselben von 1504 war Ῥαψωδαι. Das erste in Wien 1514 gedruckte Drama führt den Titel: Joannes Reichlini Phorcensis Scoenica Progymnasmata, hoc est Ludrica praeexercitamenta. Demselben folgten: Joachimi Vadiani Helvetii, Mythicum Sintagma Gallus Pugnans, und das von dem Schottenabte Chelidonius 1515 verfaßte Stück, dessen schon oben gedacht wurde. An diese reihen sich nun des Wolfgang Schmelzel's, Schulmeisters bei den Schotten, schon früher erwähnte deutsche Comödien an, welche zwischen 1540 bis 1551 zum Druck befördert und von seiner Schuljugend aufgeführt wurden. Bei der Vorstellung seines verlornen Sohnes, 1545 im Schottenhofe, genoß Schmelzel die Ehre, den höchsten Hof dabei versammelt zu sehen. Schon 1554 führten die Jesuiten in ihrem neuen Collegium am Hof ein Trauerspiel des Euripides durch ihre Schüler auf, dem dann 1559 mehrere andere Vorstellungen folgten. Da dieselben in dem großen Hofraume spielten, steigerte sich die Zahl der Zuschauer bisweilen auf dreitausend. Später aber, bis zur Mitte des 17. Jahrhunderts, scheinen sie derlei Vergnügungen eingestellt zu haben, da Luther's Lehre in Wien mächtig um sich griff. Die theatralische Kunst war demnach an den Stadtrath hingewiesen, der in seinem Rath- und Zeughause am Hofe nun Comödien durch die Stadtstipendisten zur Rosenburse, durch Schüler und Singerknaben zu St. Stephan und gelegenheitlich auch durch andere fremde Schauspieler vom Jahre 1555 bis 1612 aufführen ließ. Von den hier dargestellten Stücken sind nur mehr zwei bekannt: des Hans Sachs deutsche Tragödie »von den sechs Kempffern,« und die lateinische: „de Resurectione Domini“ von 1571. Doch dürften wohl auch zwei andere Wienerstücke, wovon das eine von 1553 den Titel »Homulus« führt und 1569 zu Nürnberg gedruckt wurde; das andere aber von 1568 »Christi Geburt« betitelt, den Trabanten des Erzherzoges Ferdinand von Tirol, Benedikt Edelpökh, zum Verfasser hat, hier ihre Darstellung gefunden haben. Mit dem Beginne der zweiten Hälfte des 17. Jahrhunderts nahmen nun wieder die weltlichen Jesuiten-Comödien, Tragödien, Opern und Schäferspiele, die meistens auch im Druck erschienen sind, einen neuen Aufschwung. Diese Theaterstücke, deren Titel hier aufzuführen der Raum nicht gestattet, sind alle in lateinischer Sprache geschrieben. Die größere Zahl derselben hat nur Männerrollen und die wenigen weiblichen in den andern wurden stets von studirenden Jünglingen vorgestellt. Unglaublich stark war bei diesem Theater der Zuschauer Zudrang, an welche gedruckte deutsche Programme vertheilt wurden, damit auch diejenigen, welche der lateinischen Sprache nicht mächtig waren, den Inhalt davon verstehen konnten; und nicht selten, besonders bei ihrem ludis caesareis, fand sich dabei der ganze kaiserliche Hof ein. Solche Fest- oder Kaiserspiele, welche sich immer durch außerordentlichen Pomp an Decorationen und Kleiderpracht auszeichneten, waren: Conjugium Rebeccae cum Isaco, aufgeführt 1635; Pietas Victrix sive Flavius Constantinus Magnus, de Maxentio Tyrano Victor, von 1659; Pia et fortis mulier in S. Natalia; S. Adriani Martyris Conjuge expressa von 1647, zu welchem letzten Stücke Johann Caspar Kerll die Musik componirte.

Bartel Ibele im Jahre 1615 und Heinrich Schmidt 1617 zeigen sich als die frühesten Theater-Unternehmer in Wien. Wohl haben sie in dem geräumigen Hof irgend eines Privathauses Thespis wandernden Karren aufgeschlagen! 1653 folgte Johann Fasteyer von Cassel, der den Eintrittspreis in seine Hütte auf einen Groschen, auf den „für das abeliche Frauenzimmer und Cavalier zuegerichten Penkhen“ auf zwei Groschen bestimmte. Wenige Jahre darnach wurde das Boyer'sche Ballspielhaus, welches in der Himmelpfortgasse lag, schon seit 1628 bestand und erst um 1701, bei Gelegenheit, als des Prinzen Eugen von Savoyen Palast erbaut wurde, gänzlich verschwand, als Theater-Locale benützt. In den Jahren 1658 und 1659 agirte darin des Komödiantenmeisters Hans Georg Enkher von Dresden hochdeutsche Comödianten-Compagnie. Diesen folgten noch im letztgedachten Jahre Joseph Jori mit den englischen und Chur. Heidelbergens Comödianten; 1663 und 1664 die Insbrucker'schen Comödianten und 1669 und 1670 jene des Jacob Kühlmann. 1671 zeigt sich in diesem Hause ein Wiener, der Reichshofrathskanzlist Hüttler, als Theaterunternehmer, 1673 Andreas Elenson und 1692 Johann Carl Sammenhofer als Prinzipal der fürstlich Eggenberg'schen Comödianten-Compagnie. Von nun an wechselten zwei deutsche Theaterunternehmerinnen, Maria Christina Elenson und Katharina Veltin, im Besitze des Hauses mit den italienischen Opernimpresarien Johann Thomas Danesse, genannt Taborini, Giovanni Marda Nanini (des großen Paläſtrina Freund) und Francesco Calderoni, der nach Lessing's Meinung den ersten Schauspieler seiner Zeit, Cotta, „unter dem Namen Celio mit sich führte, und mit seiner Truppe eine ehrenvolle Ausnahme von dem Verfalle des italienischen Theaters machte. Nach Verbannung des Boyer'schen Ballhauses in den Eugen'schen Palast finden wir von 1700 bis 1707 große hölzerne Theater auf der Freiung, dem Neuen-Markte und dem Judenplatze, in welchen Heinrich Naffzer, Jacob Hirschnak und Joseph Anton Stranitzky Vorstellungen gaben. Zugleich wurden auch die beiden noch übrigen Privat-Ballhäuser, und zwar das im heutigen Ballgäßchen zunächst des Franziscaner-Platzes für das italienische, und jenes in der Teinfaltstraße für das deutsche Theater gewidmet. Der schon genannte Calderoni, und nach ihm Sebastian Scio und Ristori gaben in dem ersteren nun komische Opern, und die hochfürstlich Württemberg'schen Hof-Comödianten in dem andern Staatsactionen und Possen. Endlich 1708 kam das von dem Stadtrathe erbaute Theater am Kärnthnerthore zu Stande; und nachdem schon in den Jahren 1716 und 1717 alle Marionettenspiele und Theater in den Vorstädten waren abgestellt worden, verschwanden auch allmählig jene in den beiden Ballhäusern. Mit kaiserlichem Privilegium vom 25. April 1720 wurde diesem Stadttheater sohin das Recht gegeben: daß nur hier allein scenische Vorstellungen abgehalten werden dürfen. Eine italienische Gesellschaft unter der Direction des Conte Pecore nahm dann dieses Theater schon 1710, wo die innere Einrichtung angefertigt war, in Pacht; allein, ob sie gleich an Signor Canzachi einen der vortrefflichsten Truffaldino besaß, der dann später zum deutschen Schauspiele übertrat und für dasselbe mehrere Burlesken verfaßte, fand dieselbe dennoch so wenig Anklang bei dem Wiener Publicum, daß sie sich gezwungen sah, dasselbe schon 1712 an Joseph Anton Stranitzky abzutreten, welcher sich bereits 1706 und 1708 im Holztheater am Neuenmarkte durch extemporirte Burlesken, wobei er mit unübertrefflicher Laune den Hanswurst spielte, zum Liebling des Volkes emporgeschwungen hatte. Stranitzky verblieb Pächter des Theaters bis zu seinem 1727 erfolgten Tode, theils allein, theils mit Johann Hilverding (1717 und 1718), und noch einige Zeit nach ihm leitete seine Witwe dasselbe. Von 1728 an wurde es an Selier und Borosini um den jährlichen Pachtzins von 2000 Gulden bis zum Jahre 1751 überlassen; dann nahm es für 1751 und 1752 Baron de la Presti um 2200 Gulden in Bestand, und von 1753 bis 1762 zahlte denselben eine über dieses Haus aufgestellte Hof-Commission, die unter der Leitung der Grafen Franz Esterhazy und Jacob Durazzo stand. Theater-Commissär des Stadtrathes war damals Leopold von Ghelan. Er leistete die thätigste, obgleich fruchtlose Hülfe, als am 3. November 1761 Nachts um 10 Uhr durch den übelbehüteten Feuerschlund, in welchen kurz vorher Don Juan hineingestürzt war, dieses Comödienhaus bis auf den Grund abbrannte.

Joseph Anton Stranitzky, um 1680 zu Schweidnitz in Schlesien geboren und 1727 in Wien gestorben, wo er den von ihm erfundenen Charakter des Hanswurstes auf die Bühne brachte und das lustige Buch „olla potrida“ des durchtriebenen Fuchsmundi 1722 herausgab, aus dem man sich einigermassen von der genialen Art seiner Darstellungen einen Begriff machen kann, und sein glücklicher Nachfolger in der Auffassung dieses grotesk-comischen Charakters, Gottfried Prehauser, geboren zu Wien am 8. November 1699, gestorben daselbst am 29. Jänner 1769, sowie Joseph Felix Kurz, gleichfalls ein Wiener, der sich den aus Dummheit und Spitzbüberei zusammengesetzten Charakter des Bernardon schuf, — waren das komische Kleeblatt, eben so unübertreffbar in der Darstellung, wie unerschöpflich in Erfindung neuer Burlesken, welches in dieser Zeit ganz Wien entzückte und die italienischen Farçen bald in den tiefsten Schatten versetzten. Zu diesen gesellten sich: um 1734 Friedrich Wilhelm Weiskern (in Sachsen 1710 geboren, gestorben zu Wien 1768), der in dem selbstgeschaffenen Charakter des Odoardo glänzte und in Lieferungen neuer Entwürfe für das extemporirte Schauspiel sich so thätig zeigte, daß er deren mehr denn 140 zusammen brachte, [36] — so wie um 1743 Johann Mayberg, Kurzens Frau Franciska und Joseph Huber, welcher den Leander spielte, die nicht wenig zur Aufrechthaltung des deutschen improvisirenden Theaters beitrugen, das nun bald sein Ende erreichen sollte.

Anmerkungen.

1 Die auf die erste Belagerung Wiens durch die Türken bezüglichen Schriften befinden sich in des Freiherrn von Hammer-Purgstall sehr geschätztem Werke: „Wiens erste aufgehobene türkische Belagerung, Pesth 1829. gr. 8." umständlich verzeichnet, und sind so umsichtig benützt, daß sie nun ganz entbehrlich erscheinen.

2 „Nach gemelteten flecken (Bruck an der Leitha und Trautmanstorf, erzählt Stern von Labach, Meldemann's Ausgabe 1530. 4.) Eynnemung den Sackmann und die ihm vorrennen, derer merer teyl kein sold haben allein auf gewinn und raub ausgehe ob 40,000 stark weid und breid auf alle gegend vorgeschickt, die sich in das Land hinauf ob der Enns und hinein in die Steyermark zerstreit, dieselben flecken allenthalben durch streift, verwüst und verprent, die leut vieltausend jämmerlich ermordt, erschlagen und weg gefuert und das zum erbermbligsten sie Kinder aus Mutterleib geschnitten, weggeworfen oder an die spyß gesteckt, die jungfrawen, der cörper man viel auf den straßen liegen sicht, bis in tod genöthigt, der selen der almechtig gnädig seyn und solch mordt und übel an den grausamen bluthunden nit ungerochen lassen.

3 Bericht des Kriegsrathes an K. Ferdinand in des Freiherrn von Hormayr's Taschenbuch für vaterländische Geschichte 1827, S. 145.

4 Hammer-Purgstall's Belagerung Wiens, 9—11.

5 Als Augenzeugen beschrieben diese Belagerung: 1. Peter Stern von Labach, dessen Belagerungsgeschichte schon im nachfolgenden Jahre von dem Nürnberger Meldemann mit einer Contrafactur der Stadt Wien in Druck gegeben worden, ein höchst seltenes Buch, von dem sich ein Exemplar in Sr. Durchlaucht des Herrn Fürsten von Metternich Bibliothek befindet; 2. der Görlitzer Feldschreiber Wilhelm von der Leyhe; 3. der Edelknabenhofmeister Dibasco de Serava; 4. der Rechtsgelehrte Doctor Ribisch. — Der Herold Paul Pessel, welcher seine Belagerungsgeschichte schon sechs Wochen nach dem Abzuge Suleiman's dem Könige Ferdinand vorlegte, war nicht persönlich bei der Belagerung, sondern schrieb sie nach amtlichen Berichten.

6 P. Gottfried Uhlich: Geschichte der ersten türkischen Belagerung Wiens, Seite 55.

7 Suleiman's Tagebuch. S. Hammer-Purgstall's Geschichte des osmanischen Reiches, Bd. 3. S. 650.

8 Von einem Sturme, welchen an diesem Tage Salm soll abgeschlagen haben, wie einige behaupten, wird in den Quellenschriften keines Wortes erwähnt.

9 Von dem prächtigen Monumente, das ihm Carl der Fünfte und Ferdinand der Erste in der Dorotheen-Kirche errichten ließen, wird später das Nähere berichtet.

10 Von der Leyhe's des Görlitzer Feldschreibers Beschreibung der Belagerung, Leipz. 1777. S. 38.

11 Dieser Codex, auf Papier geschrieben, führt die Aufschrift: „Nach Christe geburd Tausend vierhundert Jar, darnach in dem achtzehnten Jar zu sandt mertenstag sein alle die Zinns, Dinst, Gült, Rente und Güter die die Stat zu Wienn hat, bei Herren Rudolffen dem Angervelder, die Zeit purgermaister und Münsmaister, und Hannsen den Scharffenperger, die Zeit Stat Richter zu Wienn, und Thomas von Wehtra und Hermann des Heßl, paide der Stadt kamer zu Wienn Zeiten, von Gescheft und Gehaissze des Rats in dies gegenwärtig puch verschrieben, nach ewiger Gedächtnuß willen und sullen auch noch alle die Zinns gült und Güter die hinfür in künftigen Zeiten zu der Stat gevallen, auch darein verschrieben werden und gemerkhet das man die alezeit wisse zu vinden und ist die Stat dieselb Zeit frey und ledig gewesen von aller Geltschuld.

12 Schlager's Wiener-Skizzen Bd. 1. S. 159.

13 Cod. Aust. p. 503.

Anmerkungen.

14 Wolfgang Schmelzel's Lobspruch der Stadt Wien.

15 Ueber das Verfahren bei Verfertigung dieses Planes von Wien hat Augustin Hirschvogl eigenhändig einen umständlichen Bericht geschrieben und mit Zeichnungen belegt, der sich im Archiv der Stadt Wien befindet. Von der kunstgeübten Hand des Herrn Albert von Camesina haben wir ein getreues Fac Simile dieses interessanten Autographes zu erwarten.

16 Alle diese Urkunden bewahrt das Stadtarchiv.

17 Das Kloster zu den sieben Büchern erhielt den Namen von dem Schilde eines Hauses, welches dazu verbaut worden war. Das Gebäude erhielt erst 1642 seine Vollendung.

18 Herr Fr. von Leber hat sich durch sein Werk: Wiens kaiserliches Zeughaus, zum ersten Male aus historisch-kritischem Gesichtspuncte betrachtet, für Alterthumsfreunde und Waffenkenner beschrieben, 2 Bde. Lpz. und Wien 1846. 8. um die Waffenkunde, insbesondere des Mittelalters, großes Verdienst erworben.

19 Diese Urkunden bewahrt das Stadtarchiv.

20 Keine gleichzeitige Angabe verbürgt diese bisher in allen neueren Geschichten Wiens als wahr angenommene Sage. Fuhrmann in seinem Alt- und Neu-Wien, Bd. II. S. 913 erzählt die Thatsachen am verläßigsten, erwähnt aber jener Kugel nicht mit einem Worte. Erst in seiner „Histor. Beschreib. Wiens", II. Bd. II. Theil, S. 444 erwähnt er dieser Sage nach einer in der Capelle gedruckt aufgehangenen Nachricht, die jedoch nicht Glauben verdient, denn sie gibt 1640 statt 1645 an, nennt den General Ochsenstern statt Torstensohn; bemerkt, daß eben das Fest der h. Brigitta gewesen sei. Allein das letztere Fest fällt auf den 1. Februar, wo die Schweden noch lange nicht bei Wien waren. Auch Bergenstamm in der Geschichte des untern Werds, S. 23, übergeht die Sage mit Stillschweigen. Derselbe sagt: 1651 ließ K. Ferdinand der Dritte auf dem Platze, wo Herzog Leopold's (Wilhelm's) Lager gestanden hatte, zur Bequemlichkeit der dort wohnenden Jäger eine Capelle zu Ehren der heil. Brigitta erbauen und hatte zu dieser zwei Messen auf alle Sonn- und Feiertage mit 1000 fl. Einkommen aus dem Vicedomamte gestiftet. (Stiftbrief vom 1. Juni 1651, im Archiv der Augustiner auf der Landstraße.) Damals gieng die Straße über die Donaubrücke bei dieser Capelle vorüber. Auch der Engländer Edward Browne in seinen Reisen durch Niederland, Deutschland ꝛc. Nbg. 1686 (der, wie aus S. 196 zu ersehen, 1672—3 in Wien war), erwähnt bei seiner Abreise von Wien, 1673, S. 271, „Ich mußte über die große Brücke zu Wien, die über den breiten Donau-Strom geht, wie auch bei der Capell von S. Brigitta vorbei, welche mit acht Eck gebaut ist." — Zudem zeigt das Altarbild in der Capelle den knieenden Kaiser Ferdinand den Dritten, und nicht den Herzog Leopold Wilhelm. Des fleißigen Geschichtsforschers Jos. Feil bald zu verhoffendes Werk: „Der Schwedeneinfall in Nieder-Oesterreich 1645" wird den ganzen Verlauf dieser Vorgänge, auf den Grund neuer urkundlicher Daten, zumal aus dem k. k. Kriegsarchive, umständlicher beleuchten.

21 Außführliche und Warhafftige Beschreibung wie es mit denen Criminal-Processen und darauff erfolgten Executionen wider die drei Graffen Franzen Nadasdi, Peter von Zrin und Frantz Christophen Frangepan, eigentlich hergegangen. Wien 1671 Folio mit 12 Kpf.

22 Gottfried Uhlich's Geschichte der zweiten türkischen Belagerung Wiens, 1783, wo die gesammte Literatur über diese Begebenheit angeführt erscheint.

23 Bisher war irrig das Starhembergische Freihaus auf der Wieden (die sogenannte Herrschaft Conradswerth) dafür angenommen. Der Freibrief aber lautet auf Ernest Rüdiger Grafen von Starhemberg's Haus in der Krugerstraße und wurde am 20. September 1683 von dem Stadtrathe ausgefertigt.

24 Suttinger's Prospecte und Belagerungsplan sind in dem Werke: „Kurtz Lesens-Würdige Erinnerung von Herrührung Erbau- und Benambsung ꝛc. der Kaif. Haubt- und Residentz-Stadt Wien, Gedruckt zu Wien bei Anna Rosina Sischowitz 1701 in Folio," zu finden, das nun schon sehr selten ist.

25 und 26 Siehe Tschischka: Die Metropolitankirche zu St. Stephan in Wien. Das. 1843 bei Gerold, 8. 2. vermehrte und verbesserte Auflage.

27 Das Burgfriedsdiplom ist im Wiener Stadtarchive aufbewahrt.

28 Siehe J. Feil's vortrefflichen Aufsatz: Ueber die Kuruzzen und ihre ersten Einfälle in Nieder-Oesterreich", in dem österr. Kalender zur Verbreitung gemeinnütziger Kenntnisse für 1844 von Dr. Moritz von Stubenrauch und Dr. Eduard Tomaschek. 4. pag. 37.

29 Ueber die Bauten der beiden Fischer von Erlach sieh die von mir besorgte und stark vermehrte, achte Ausgabe von J. Pezzel's Beschreibung der Stadt Wien. Das. 1841, bei Meyer und C. 12. mit Kpf.

30 Donner's Brunnen ist umständlicher beschrieben in meinem Werke: Kunst und Alterthum im österreichischen Kaiserstaate. Wien, bei Beck 1836.

31 Mitterndorfer-Consp. hist. univ. Vienn.

32 Jg. Franz Edler v. Mosel: Geschichte der kais. Hofbibliothek in Wien, eb. 1835.

33 Siehe den Artikel: Abraham a St. Clara in Fz. Gräffer's österr. National-Encyklopädie.

34 Ueber Giov. Mar. Nanini siehe H. von Kiesewetter's Geschichte der Musik. Leipz. 1834, Seite 66.

35 Ueber Calderoni, siehe Lessing's dramat. Beiträge.

36 Fr. v. Weiskern schrieb auch eine Topographie von Nieder-Oesterreich, die aber erst nach seinem Tode zu Wien 1769 heraus kam.

Fünftes Buch.

Vom Jahre Christi **1741** bis Ende **1846**.

Fünftes Buch.

Wien unter den Habsburg-Lothringern.

Erstes Kapitel.

Maria Theresia, Joseph der Zweite und Leopold der Zweite.

Maria Theresia hatte kaum, in Gemäßheit der von ihrem Vater, Carl dem Sechsten, errichteten und von allen Mächten nicht nur angenommenen, sondern auch verbürgten pragmatischen Sanction, nach dessen Tode die Regierung der Erbstaaten angetreten, als fast halb Europa sich einer schreienden Ungerechtigkeit gegen diese erlauchte Fürstin schuldig machte. Die Schwiegersöhne Joseph des Ersten, Herzog Carl Albrecht von Baiern und Friedrich August von Sachsen, machten sogleich Ansprüche auf den Besitz von Oesterreich, deren sie jedoch schon bei ihrer Vermählung feierlichst entsagt hatten. Unter der Maske eines Bundesgenossen Baierns sandte der französische Hof, fortwährend mit der

52 *

Fünftes Buch.

Wien unter den Habsburg-Lothringern.

Erstes Kapitel.

Lieblingsidee, Oesterreich zu vernichten, beschäftigt, eiligst ein Heer nach Deutschland und erklärte den Krieg. Schnell wurde auch Friedrich der Zweite von Preußen zu gleichem Schritte gestimmt. Die meisten übrigen Bürgen für ihr Recht verstummten, und so sah sich denn Maria Theresia bald in die bedrängteste Lage versetzt. Preußens König fiel in Schlesien ein. Ein eilig zusammengerafftes Heer, von dem Feldmarschall Neipperg befehligt, konnte es nicht verhindern, daß er bald in Mähren festen Fuß faßte und Streif-Commanden bis hin nach Stockerau und Kornneuburg entsandte. Rasch kamen auch die Franzosen und Baiern heran. Letztere besetzten Passau, nahmen Linz am 14. August 1741 und zwangen die Stände dem Churfürsten Carl Albrecht den Huldigungseid als Erzherzog von Oesterreich zu leisten. Kaum war der August zu Ende, als bereits auch das französisch-baier'sche Heer vor St. Pölten stand, von wo dann die Hauptstadt zur Uebergabe, jedoch fruchtlos, aufgefordert wurde. Wien ward demnach in Belagerungsstand versetzt und dessen Vertheidigung dem Feldzeugmeister Ludwig Andreas Grafen von Khevenhüller anvertraut. Man versah es auf ein Jahr mit Vorräthen. Mit wahrhaft patriotischem Eifer trugen alle Classen von Einwohnern das Ihrige zu dessen Sicherstellung bei, und viele Tausende bewaffneten sich für ihre allgeliebte Landesfürstin. Die Studenten, die Bürgerschaft, von heiliger Begeisterung entglüht, versammelten sich auf den Wällen; die Hofbefreiten, die Zöglinge der Kunst-Akademie, die Jäger u. a. bildeten eigene Corps und die Stadtquardia wurde zu einem Linien-Regimente umgestaltet. Indessen war Maria Theresia (dem Herzoge Franz von Lothringen angetraut) mit dem sechs Monate alten Kronprinzen Joseph auf dem Arme am 11. September 1741 auf dem Landtage zu Preßburg erschienen, wo sie der edlen Ungern Treue und Tapferkeit für sich und den königlichen Säugling zum Schutz und Schirm ansprach. Da ergriff innige Begeisterung die große, hochherzige Nation und laut schwur die ganze Versammlung für ihre Königin Maria Theresia freudig Gut und Blut zu opfern. Der rasche Aufbruch zahlreicher ungerischer Kriegsschaaren vermochte Carl Albrechten sich von Wien weg nach Böhmen zu wenden, wo er am 26. November 1741 Prag erstürmte und sich dann zum Könige von Böhmen ausrufen ließ. Am 11. December war Maria Theresia wieder von Preßburg zurück in ihre Residenz gekommen, und Carl Albrecht am 24. Jänner 1742 mit großer Pracht zum Kaiser erhoben worden. Mit dieser Würde schien jedoch das Kriegsglück von ihm gewichen zu seyn. Bald sah er Theresien's Heere in seinem Lande. Khevenhüller besetzte München und erfocht einen erfolgreichen Sieg bei Braunau. Die Königin feierte diese Siege am 2. Jänner 1743 durch ein prächtiges Frauen-Caroussel, welches aus acht reitenden und acht in schönen Phaetons fahrenden Quadrillen bestand. Die Damen hatten alle Amazonen-Anzüge und Maria Theresia selbst zu Pferde führte die erste reitende Quadrille. Sie machten die Caroussel-Uebungen mit Lanze, Pistolen und Degen, und zum Schlusse wurden von männlichen Kampfrichtern die Preise vertheilt, welche in kostbaren Putzstücken u. dgl. bestanden.

Der nach der unglücklichen Schlacht bei Czaslau mit dem Könige von Preußen geschlossene Breslauer-Friede kostete der österr. Monarchie Ober- und

Niederschlesien mit Glatz, jedoch Teschen, Troppau und Jägerndorf ausgenommen. Theresia aber kam hierdurch in die Lage, mit voller Macht nun den vereinigten und wieder vorgedrungenen Franzosen und Baiern die Spitze bieten zu können. Dem bald darauf wieder eroberten Baiern ward Graf Goes als Statthalter vorgesetzt, und Carl's des Siebenten unglückliche Lage konnte nur durch den König von Preußen, der 1744 für ihn neuerdings die Waffen ergriffen hatte, einigermaßen gehoben werden. Doch bald darauf starb Carl, die Oesterreicher eroberten zum dritten Male das hart mitgenommene Baiern, und Maria Theresia hatte nun die Freude, ihren erlauchten Gemahl Franz als deutschen Kaiser gekrönt zu sehen. Wiens Jubel bei. der Rückkunft des hohen Paares von Frankfurt am Main (27. October 1745) war ohne Gränzen. Schon als das kaiserl. Prachtschiff, wegen Seichte des Wassers im Wiener-Canale, zu Nußdorf landete, ertönten alle Glocken von den Thürmen und das Geschütz donnerte rings um den Wall. Der Einzug erfolgte bei dem Stubenthor durch die prächtigen Triumphpforten in der Wollzeile, am Stock im Eisen und auf dem Kohlmarkte. Drei Tage nach einander war die Stadt festlich beleuchtet, und am Graben ließ der Magistrat rothen und weißen Wein rinnen und Brod und Braten austheilen. Noch im Jahre 1745 ward im Frieden zu Fueßen dem Sohne Carl's des Siebenten, Maximilian Joseph, Baiern zurückgegeben und durch den Dresdner Frieden mit dem Könige von Preußen der Breslauer bestätigt. Am 30. April 1748 bot nun auch Frankreichs König zu Aachen die Hand zur Versöhnung dar.

Diese Tage der Ruhe benützte nun Maria Theresia mit wahrhaft mütterlicher Sorgfalt für das Wohl ihrer Unterthanen und für die Verschönerung ihrer Residenz. Sie legte 1745 das Waisenhaus am Rennweg an, ließ das Schloß Ebersdorf an der Donau zu einem großen Armenhaus einrichten und verbesserte die Renten für die Armen in dem kurz vorher von dem Stadtrathe mit einer Kirche neu hergestellten Sonnenhofe, in den Spitälern der Vorstadt, in dem Contumazhofe (sogenannten Bäckenhäusel); in dem erzbischöflichen Garten in der Leopoldstadt, wo meistens Blinde und vom Schlag berührte Leute aufgenommen wurden; in St. Marx, wo man die Hinfallenden verpflegte, u. a. Im Jahre 1746, da auf ihr Geheiß die Befestigung Wiens fortgesetzt, das Stubenthor ausgebessert, das sogenannte Judenschanzel bis an die Donau verlängert und durch dasselbe das Theresienthor erbaut wurde, welches jedoch in unsern Tagen wieder abgebrochen worden ist, ließ sie den bisherigen kaiserlichen Sommerpalast auf der Wieden, die neue Favorita genannt, unter dem Namen »Theresianum« in ein Erziehungshaus für adelige Jünglinge aus allen Provinzen ihrer Monarchie, verwandeln; 1748 aber bei den Capuzinern in der Stadt eine neue Gruft oder Begräbniß-Capelle für ihre Familie herstellen. Ein Jahr darnach stiftete die Witwe des Herzogs Emanuel von Savoyen, Anna Theresia Felicitas, eine geborne Fürstin von Lichtenstein, in der Vorstadt Leimgrube die sogenannte Savoy'sche oder Emanuel'sche Ritter-Akademie, eine Stiftung, die jedoch in der Folge mit dem Theresianum vereinigt, und deren Gebäude zur heutigen Ingenieur-Akademie verwendet wurde. Schon 1746

hatte der Stadtrath die große Salzgries-Caserne erbaut; nun, 1749, errichtete er auch jene auf dem Getreidemarkte, wodurch die innere Stadt ihre Befreiung von militärischer Einquartirung erhielt. Zur nachdrücklicheren Handhabung der Ordnung und Sicherheit fand Theresia für nöthig die Besatzung von Wien zu verstärken, und so entstand denn 1751 in der Alservorstadt eine dritte Caserne, die späterhin beträchtlich vergrößert wurde. In diese Zeit fällt auch die Vollendung des Umbaues von dem Minoritenkloster, mit dem man schon 1748 begonnen hatte, und die Errichtung der noch fortbestehenden Zahlen-Lotterie (Lotto di Genova) in Wien durch Ottavio Cataldi. Die erste Ziehung geschah am 21. October 1752 auf dem Augustinerplatze.

Im Jahre 1753 ließ Maria Theresia durch ihren Leibarzt Gerhard van Swieten die berühmte Studien-Reform vornehmen, von dem ein späteres Kapitel das Nähere berichten wird, und krönte dieselbe durch die 1754 erfolgte Herstellung des gegenwärtigen Universitäts-Gebäudes, welches am 5. April 1756 feierlichst für die Vorlesungen eröffnet wurde. Dieses schöne Bauwerk bildet

ein längliches Viereck und steht von allen Seiten frei. Es hat nebst dem Erdgeschosse noch zwei Stockwerke und über denselben das astronomische Observatorium, das jedoch Maria Theresia erst 1755 hinzufügte. Der Haupteingang ist zu beiden Seiten mit Springbrunnen geziert und führt die Aufschrift: Franciscus I.

feierlichst für die Vorlesungen eröffnet wurde. Dieses schöne Bauwerk bildet

et Maria Theresia Augg. Scientiis et Artibus restitutum posuerunt. Anno 1753. Außerdem hat es noch zwei Eingänge auf beiden Seiten und alle drei führen in eine geräumige Halle, die auf zwanzig Säulen ruht. Höchst bequem ist das Innere zu öffentlichen Vorlesungen aus allen Fächern eingerichtet. Der große, prachtvolle Versammlungs-Saal hat 3816 Quadratschuh Bodenfläche. Gleichzeitig wurde auch der Universität berühmter botanischer Garten auf dem Rennwege außer dem Belvedere angelegt. 1754 wurde noch eine Militär-Akademie für Söhne des Adels, der Offiziere und Beamten, die sich dem Kriegsstande widmen wollten, gestiftet (die mit einigen Veränderungen noch jetzt fortdauernde Ingenieur-Akademie auf der Laimgrube); es entstand die schöne Böhmisch-Oesterreich'sche Kanzlei, nun die vereinigte Hofstelle genannt, in der Wipplingerstraße; die Piaristen erbauten sich auf der Wieden zu Ehren der heiligen Thekla eine Kirche sammt Collegium; und Maria Theresia endlich ließ die bei St. Stephan befindliche alte Gruft der österr. Fürsten erweitern, verschönern und die dort vorgefundenen Leichen in neue Särge übersetzen. In das nächste Jahr fällt das Daseyn der Kaiserspitalskirche zum heiligen Kreuz am Rennwege, welches Spital jedoch Joseph der Zweite 1783 aufhob und zu andern Zwecken benützte.

Während der türkische Kaiser den Hagi Halil Effendi mit Friedens- und Freundschafts-Versicherungen an den kaiserlichen Hof sandte, wo derselbe auch am 19. April 1755 eintraf, sein Quartier mit einem Gefolge von 53 Personen beim Lamm in der Leopoldstadt bezog und bis Anfang September in Wien verweilte, traten neue Feindseligkeiten mit dem Könige von Preußen ein, und 1756 kam es vollends zum Bruche. Frankreich, Rußland und Schweden, Sachsen und das deutsche Reich waren diesmal auf Oesterreichs Seite. Demungeachtet verloren die Oesterreicher, nachdem früher Friedrich das sächsische Heer bei Pirma eingeschlossen und es sich zu ergeben gezwungen hatte, am 6. Mai 1757 die Schlacht bei Prag, worauf diese Stadt belagert wurde, bis es endlich dem österr. Feldmarschall Grafen Leopold Daun gelang, dem preußischen Heere bei Collin eine Hauptniederlage beizubringen. Schlesien wurde nun von den Oesterreichern, Preußen von den Russen erobert und das überfallene Berlin mußte Brandschatzung entrichten. Doch schon im nächsten Jahre erfreute sich Friedrich in den Treffen bei Roßbach und Lissa wieder des Kriegsglückes. Er drang bis Olmütz vor, das er belagerte, Laudon aber wieder befreite. Das Jahr darauf schlug dieser Held den König bei Kunersdorf, nahm 1761 Glatz und Schweidnitz, wodurch es möglich gemacht wurde, daß Lascy und Esterhazy noch einmal in Berlin einzurücken vermochten. Rußlands Thronveränderungen wirkten sehr nachtheilig auf die übrigen Feldzüge ein, und so beendigte der Friede zu Hubertsburg, am 15. Jänner 1763, den siebenjährigen Krieg. Noch während desselben hatte Maria Theresia zum Andenken des Sieges bei Collin den nach ihr benannten militärischen Theresienorden gestiftet und im Jahre 1758 am 7. März, wurde die erste Austheilung der Großkreuze gefeiert. Nun nach hergestelltem Frieden erneuerte sie den alten ungerischen St. Stephans-Orden und hielt am 5. Mai 1764 das erste Ordenscapitel.

Einen Monat zuvor, am 3. April 1764, wurde der Kronprinz Joseph zum römischen Könige gekrönt. Schon am 6. October 1760 hatte sich derselbe mit der Prinzessin Isabella von Parma vermählt, bei deren feierlichem Einzug in Wien zum ersten Male die eben errichtete ungerische, adeliche Leibgarde paradirte. Allein Joseph erfreute sich nur zwei Jahre dieser eben so schönen als liebenswürdigen Gemahlin; sie starb am 27. November 1763. Der nunmehrige römische König schritt sonach zur zweiten Ehe mit Josepha von Baiern, einer Tochter Carl des Siebenten, am 23. Jänner 1765. Die hohe Braut wurde mit unerhörter Pracht am 29. Jänner von Schönbrunn nach Wien einbegleitet, und die Kaiserin stattete Tags darauf fünfundzwanzig Paar Brautleute bürgerlichen Standes, welche bei St. Stephan getraut wurden, jedes mit 200 Gulden aus. Doch auch diese Gemahlin wurde ihm bald durch die Pocken entrissen.

Ein sehr schmerzlicher Trauerfall sollte noch im Jahre 1765 den kaiserlichen Hof treffen. Erzherzog Leopold war zum Großherzoge von Toscana ernannt worden und feierte am 5. August zu Innsbruck, in Gegenwart des größten Theils der kaiserlichen Familie, sein Vermählungsfest mit der spanischen Prinzessin Maria Ludovica. Während der Feierlichkeiten starb Kaiser Franz der Erste, vom Schlage gerührt, in den Armen seines ältesten Sohnes, des römischen Königs, am 18. August. Am 28. langte sein Leichnam zu Wasser in Wien an, und am 6. September kam die tiefergriffene Kaiserin Mutter, welche die Trauerkleider bis an ihr Lebensende nie mehr ablegte, mit dem nunmehrigen Kaiser Joseph dem Zweiten in ihre Residenz zurück. Hier, als Wittwe, nahm sie ihren erlauchten Sohn zum Mitregenten an und übertrug ihm die Großmeisterwürden der beiden von ihr gestifteten Hausorden. Später, 1771, erneuerte sie auch den Elisabeth-Orden, welchen ihre Mutter für altgediente Offiziere gegründet hatte.

Das Jahr 1766, in welchem auch die schöne Pfarrkirche zum heiligen Aegidius in Gumpendorf erbaut wurde, ist den Wienern dadurch merkwürdig, weil in demselben sein Lieblings-Spaziergang, der Prater, welcher früher nur dem Hofe und dem hohen Adel offen stand, durch Kaiser Joseph dem gesammten Publicum für immer aufgeschlossen ward.

Im Mai 1767 wurde Maria Theresia, beinahe fünfzig Jahre alt, von den Pocken befallen, welche schon manches theure Familienglied des österreichischen Herrscherhauses frühzeitig dahin gerafft hatten. Wien mit dem ganzen Lande war unbeschreiblich bestürzt über die Gefahr, mit welcher die allgeliebte Fürstin bedroht wurde. Unausgesetzt waren alle Kirchen angefüllt mit Andächtigen, welche der Landesmutter Genesung von dem Höchsten erflehten — und sie erfolgte! Schon am 14. Juni wurden zu St. Stephan und in den andern Kirchen Dankfeste abgehalten, zu welchen sich alle Classen der Einwohner drängten; aber ein Tag der Freude und des Jubels war der 22. Juli, da Maria Theresia selbst, von ihrer ganzen Familie und dem Hofe im feierlichsten Staate begleitet, durch die Herrengasse über die Freiung und dem Hofe durch die Bognergasse und über den Graben nach dem Stephansdome zog, um ihr Dankgebet darzubringen. In demselben Jahre entstand das schöne Gebäude der ungerischen

Hofkanzlei in der großen Schenkenstraße und die jetzige päbstliche Nunziatur am Hof. Auch erhielt die Akademie der bildenden Künste um diese Zeit bedeutende Erweiterungen, von welchen später gesprochen werden wird. Am 21. März 1768 legte Kaiser Joseph mit der Erzherzogin Maria Carolina, Braut des Königs beider Sicilien, den Grundstein zur damaligen Waisenhauskirche am Rennweg, und der Bau wurde so rasch befördert, daß die Kirche schon am 7. December konnte eingeweiht werden. Der dazumal noch zwölfjährige Wolfgang Amadé Mozart hatte zu dem Hochamte die Musik componirt, die unter der Direction des jungen Componisten von den Waisenknaben ausgeführt wurde. Im nämlichen Jahre ließ Maria Theresia auch unter der Obsorge des Fürsten Wenzel Kaunitz-Rittberg den Palast der geheimen Hof- und Staatskanzlei, am Ende der Schauflergasse gegen die Burg, in seine gegenwärtige Gestalt herstellen; von Joseph aber wurde 1769 die Thierarzneischule errichtet.

Schon im Jahre 1759 ließ Maria Theresia zur Bequemlichkeit und Verschönerung der kais. Burg viele Bauten vornehmen. So entstanden die Botschafter- und die fliegende Stiege nach Jabot's Zeichnung, der große Augustiner-Gang, welcher die Verbindung dieses Gebäudes mit der Hofkirche herstellte u. a. Im J. 1769 veranstaltete Joseph, daß die alte Mauer, welche das kais. Bibliotheksgebäude der ganzen Länge nach von der Augustinerkirche bis zur Reitschule versperrte, weggerissen ward, wodurch der schöne regelmäßige Josephsplatz entstand. Das Glacis, jener freie Raum, welcher sich zwischen der Stadt und den Vorstädten ausdehnt, war noch ein wüster Platz, ohne Fahr- und Fußwege. Kaiser Joseph, schon jetzt auf öffentliche Bequemlichkeit allenthalben bedacht, ließ dasselbe 1770 völlig umgestalten. Es wurden rings um die Stadt Fahrstraßen, und von einem zum andern Stadtthore so wie in allen Vorstädten eigene Wege für den Fußgänger angelegt, und so das ganze Glacis zu einem schönen Wiesengrund umgestaltet und der Verkehr zwischen der Stadt und den Vorstädten ungemein erleichtert. Von der um diese Zeit entstandenen Real-Akademie und den Verbesserungen der unteren Volksschulen im Jahre 1771, in welchem auch die neuerbaute Kirche in dem Versorgungshause zu Margarethen, der Sonnenhof genannt, von dem Cardinal Migazzi eingeweiht wurde, wird später die Rede seyn. Ein Jahr darnach errichtete Johann Schotten van Bergestraten die kleine Post in Wien, welche für die Stadt und weitläufigen Vorstädte viele Bequemlichkeit darbot und späterhin von Kaiser Joseph dem Privat-Eigenthümer abgekauft und mit der großen Briefpost vereinigt wurde.

Im Jahre der Aufhebung des Jesuiten-Ordens, 1773, ward das Hauptmauth-Gebäude vollendet, und zur größern Bequemlichkeit für die Güterwägen eine eigene Brücke vom Glacis über den Stadtgraben zu diesem Hause angelegt. Auch entstand eines der größten Privat-Gebäude der Stadt, nach seinem Erbauer, dem bekannten Buchdrucker Thomas Edlen von Trattner, der Trattnerhof genannt. Er ist hauptsächlich auf dem Grunde des uralten Freisingerhofes von Peter Mollner erbaut und mit schönen Statuen von Tobias Kögler geziert worden. Bei Grabung des Grundes fand man hier römische Alterthümer, namentlich Ziegel mit dem Namen Vindobona.

Am 30. April 1775 ließ der Kaiser, wie früher den Prater, nun auch die alte, von Ferdinand dem Dritten angelegte und von Leopold dem Ersten verschönerte Favorita, von nun an der Augarten genannt, dessen Flächeninhalt 144,880 Quadrat-Klaftern beträgt, auf immer für das Publikum eröffnen. Die ganze Bevölkerung Wiens strömte dahin und lustwandelte in den schattenreichen Alleen. In den Gartensälen ertönte liebliche Musik und ein prächtiges Feuerwerk, welches Girandolini bei einbrechender Nacht abbrannte, beschloß das Fest des frohen Tages. Bald darauf zierte die von Kaiser Joseph selbst

angegebene Aufschrift: „Allen Menschen gewidmeter Erlustigungsort von ihrem Schätzer.“ den Haupteingang dieses Gartens, der, da später der Monarch ihn zum Sommeraufenthalt gewählt hatte, während seiner Regierung der Lieblingsort der Wiener verblieb. Auch die große Gemäldegallerie des Hofes, welche nun in das früher dem Prinzen Eugen von Savoyen gehörige Lustschloß Belvedere übertragen und neu geordnet wurde, ward dem Besuch des Publicums geöffnet. Gleichzeitig räumte Joseph das Jesuiten-Collegium am Hofe dem Hofkriegsrathe, ihr Collegium bei St. Anna der Real-Akademie, und das Convict bei St. Barbara am Dominicaner-Platze der griechisch unirten Geistlichkeit ein. Die bisher bestandene Rumorwache aber wurde, da sie den Anfor-

53 *

Fest des frohen Tages. Bald darauf zierte die von Kaiser Joseph selbst

angegebene Aufschrift: »Allen Menschen gewidmeter Erlustigungsort von ihrem

derungen der Zeit nicht entsprach, aufgelöst und statt ihr zur Handhabung der Ruhe und Sicherheit von Wien die Polizeiwache errichtet. Zwei andere treffliche Einrichtungen fallen in das Jahr 1776. Anfangs April brach man den alten Rothen-Thurm sammt dem darunter befindlichen Stadtthor ab, um mehr Raum zur Durchfahrt zu gewinnen; und im October wurden die Fahrstraßen und Gehwege des ganzen Glacis zum ersten Male mittelst öffentlicher Laternen beleuchtet, wodurch die Sicherheit und Bequemlichkeit des Publicums sehr gewann. 1777 und 1778 fieng man an, die vorzüglicheren Gassen der Stadt zu beiden Seiten mit würfelförmig gehauenen Granitsteinen zu pflastern.

Maria Theresia war nun neuerdings gezwungen ihr Heer gegen Preußen in Bewegung zu setzen, der baierischen Erbfolge wegen. Am 31. December 1777 war nämlich mit Maximilian Joseph der baierische Zweig des Hauses Wittelsbach erloschen, und Carl Theodor von der Pfalz sollte nun nachfolgen. Oesterreich jedoch traf in Folge eines im Rastadter Frieden gemachten Vorbehaltes, Baiern gegen die Niederlande umzutauschen, mit Carl Theodor eine Convention, gegen welche Friedrich der Zweite von Preußen, als Vermittler des Herzogs von Zweibrücken, protestirte. Er fiel sonach 1778 mit zwei Heeren in Böhmen ein. Kaiser Joseph mit dem Feldmarschall Lascy stand Friedrichen, Laudon dem Prinzen Heinrich gegenüber; es kam jedoch zu keiner Schlacht. Zwei Jahre hindurch wurden nur Stellungen verändert, inzwischen aber thätigst an dem Frieden unterhandelt. Am 13. Mai 1779 kam er endlich zu Teschen zu Stande. Durch ihn erhielt Oesterreich das Innviertel; der Churfürst von der Pfalz aber blieb im Besitze Baierns.

Dieses Friedensjahr, in welchem am 26. Juni der nächst der Nußdorfer-Linie gestandene Pulverthurm durch einen unentdeckt gebliebenen Zufall in die Luft sprang, wodurch viele nahe Vorstadts-Gebäude zerstört und bei fünfzig Menschen getödtet wurden,[1] — verherrlichte eine wohlthätige Anstalt in Wien. Der Kaiser, welcher zu Paris des Abbé de l'Epée Taubstummen-Schule besucht hatte, sandte den Weltpriester Johann Friedrich Stork dahin, um sich dessen Lehrmethode anzueignen. Nach seiner Zurückkunft wurde nun ein solches Institut im Bürgerspital eröffnet, wo gleich anfänglich sechs Knaben und sechs Mädchen unentgeltlich Unterricht und Verpflegung erhielten.

Mit dem Jahre 1780 sollte Maria Theresiens Regierung das Ende erreichen. Im November wurde sie von einem Brusthusten befallen, welcher schon nach sechs Tagen höchst bedenklich wurde. Am neunten Tage den 29. November 1780 verschied sie in Kaiser Joseph des Zweiten Armen, nachdem sie ein Alter von dreiundsechzig Jahren und sechs Monaten erreicht und vierzig Jahre mit Milde und Weisheit regiert hatte. Am 3. December wurde sie in der kaiserlichen Gruft bei den Capuzinern neben ihrem Gemahl in dem Sarge beigesetzt, welchen sie sich selbst schon vor mehreren Jahren hatte bauen lassen. Diese Monarchin offenbar eine der größten Frauen die je gelebt haben, errichtete den Staatsrath für die inländischen Geschäfte; sie ließ die ersten Urbarien über ihre deutschen Provinzen zu Stande bringen; sie milderte die Frohndienste ihrer Unterthanen; sie hob die gräßliche Tortur, die Hexenprocesse, die Inquisition auf; sie unterstützte den Ackerbau und die Viehzucht; sie errichtete Fabriken und förderte den Handel, indem sie Kunststraßen anlegen, Canäle bauen und Flüsse schiffbar machen ließ. Sie gründete mehrere Städte und zahlreiche neue Dörfer und versah sie mit Jahrmärkten. Sie errichtete die Normalen, Schulen für Soldatenkinder, Erziehungshäuser für Waisen; verbesserte Universitäten und Gymnasien; stiftete Ritter- und Kunst-Akademien. Sie gründete neue Bisthümer, verbot die Anhäufung geistlicher Güter und gewährte den Akatholiken eine wohlthätige Toleranz. Eben so bedacht war sie auch auf das Münzwesen, den Bergbau und das Kriegswesen. Sie ließ Festungen anlegen, regulirte die Gränz-Miliz in Croatien, Slavonien und Siebenbürgen; errichtete das Sappeur-Tschaikisten- und Pontonier-Corps und erhob ihre Artillerie zur vorzüglichsten in Europa. Edle Patrioten, tapfere und gelehrte Männer lohnte sie mit Ehre und Gütern, weßhalb sie auch Orden gestiftet hatte. Vollkommen wahr sagt der wackere Johann Pezzl, ein Zeitgenosse Joseph's: „Ihrer weisen Staatsverwaltung war es zu verdanken, daß ihr großer Sohn und Nachfolger das Erbe seiner Väter, welches der Mutter von dem halben Europa streitig gemacht worden, ruhig und von ganz Europa geachtet antreten konnte.“

Kaiser Joseph der Zweite war somit beim Beginne der Allein-Herrschaft seiner Erbstaaten in der angenehmen Lage, sich ganz der Sorge für das Wohl,

seiner Erbstaaten in der angenehmen Lage, sich ganz der Sorge für das Wohl,

seiner Unterthanen hingeben zu können. Diesen hohen Zweck vor Augen hatte er sich schon auf seinen Reisen, welche er vom Jahre 1769 bis zum Jahre 1780 fast durch ganz Europa unternommen, mit reichen Erfahrungen ausgestattet. Im Jahre 1769 besuchte er Rom, Neapel, Parma, Turin und Mailand; 1777 die Schweiz, Frankreich und Spanien; 1780 Rußland und 1787 begab er sich nochmal nach dem Norden, um die Kaiserin Katharina die Zweite in Cherson zu begrüßen.

Rasch schritt er nun zu nützlichen, obgleich nicht immer zeitgemäßen Reformen. Schon 1781, wo am 12. September die Magdalenakirche nächst dem Dome zu St. Stephan abbrannte, ohne je wieder aufgebaut zu werden; und wo er im November seiner erhabenen Freundin Katharina Sohn und Thronfolger Paul Petrowitsch mit dessen Gemahlin Maria Feodorowna, den Herzog Friedrich Eugen von Württemberg mit seiner Gemahlin, mit der Prinzessin Elisabeth und dem Prinzen Ferdinand (dem nachherigen Stadtkommandanten von Wien) in seiner Burg gastlich empfieng, — hatte er am 21. Februar die über zwei Jahrhunderte hier bestandene Befugniß des Hofes, in jedem bürgerlichen Hause ein freies Quartier für seine Beamte und Dienstleute zu fordern, gegen eine jährliche Aversualsumme im Gelde aufgehoben. Am 15. October gab er das allgemeine Toleranz-Edict und am 1. November hob er die Leibeigenschaft in seinen Staaten gänzlich auf. Noch früher, am 11. April, untersagte er alle Verbindungen der österreichischen Klöster, deren man 2100 zählte, mit Rom, mit den Ordensgeneralen und den auswärtigen Congregationen; gestattete nicht mehr die Sendung der zum geistlichen Stande bestimmten Jünglinge an die Collegien zu Rom, Padua oder Bologna; setzte dagegen die Generalseminarien ein, deren oberste Leitung der gelehrte Rautenstrauch, Prälat von Braunau, übernahm; verordnete die Vermehrung der Pfarren und Schulen und gebot die Aufhebung der Mönchs- und Nonnen-Klöster mit Ausnahme jener, welche sich der Erziehung und der Krankenpflege widmeten. Zuerst traf dieses Loos, am 12. Jänner 1782, Wiens drei Clarisserinnen-Klöster: Das Königskloster, auf dessen Platze der gräflich Friesische Palast, das evangelische und reformirte Bet- und Schulhaus erbaut wurden; das Kloster der Nicolaerinnen, das zum Baue bürgerlicher Häuser verkauft, und jenes der Siebenbücherinnen, aus dem das Polizeihaus errichtet ward.

Um den Kaiser in seinen kirchlichen Veränderungen wanken zu machen, entschloß sich Pabst Pius der Sechste persönlich nach Wien zu kommen, und wirklich langte er zum Erstaunen von ganz Europa am 22. März 1782 hier an. Kaiser Joseph war diesem durch Geist und Tugend gleiche Ehrfurcht einflößenden Kirchenfürsten mit seinem Bruder, dem Erzherzoge Hoch- und Deutschmeister Maximilian, nachmaligem Churfürsten von Köln, bis nach Neunkirchen entgegen gefahren. Dort setzte sich der Pabst in des Kaisers Wagen; und so fuhren sie zwischen unabsehbaren Reihen von Menschen auf der Poststraße unter dem Geläute aller Glocken der Kirchen Wiens durch die Vorstädte nach der kais. Burg, wo sie um drei Uhr Nachmittags anlangten und von dem gelehrten Nuntius Garampi, den k. k. Ministern, Geheimräthen, Kämmerern und Truchsessen empfangen wurden. — Am 25. betete Pius in der kaiserlichen Familiengruft bei den Capuzinern am Sarge Maria Theresiens; am 28., als dem Grünen-Donnerstag, reichte er dem Kaiser und dem Erzherzoge Maximilian das heilige Abendmahl, verrichtete dann, an Kaisers Statt, die Fußwaschung an zwölf alten Männern und trug denselben bei Tische die Speisen auf. Am Charfreitage besuchte er, von Maximilian und einem zahlreichen Clerus begleitet, im feierlichen Zuge zu Fuß die heiligen Gräber bei den Minoriten, Schotten, am Hof, bei St. Peter, bei St. Michael und in der Burg. Am Ostertage hielt Se. Heiligkeit bei St. Stephan mit den in Rom üblichen Ceremonien das Hochamt, wobei die drei inländischen Cardinäle Migazzi, Bathiany und Herzan assistirten. Nach

diesem Hochamte ertheilte der Pabst sonach von dem Balcone der Pfarrkirche am Hof dem versammelten Volke seinen Segen und vollkommenen Ablaß. Einen vollen Monat verweilte Pius in Wien; denn erst am 22. April reiste er ab, vom Kaiser und dem Erzherzog Maximilian bis nach Mariabrunn

drei inländischen Cardinäle Migazzi, Bathiany und Herzan assistirten. Nach

gleitet, wo diese drei erhabenen Personen bei der Kirchthüre von einander Abschied nahmen, wie dieses Ereigniß noch heutzutage dort, in einer Marmortafel eingegraben, zu lesen ist. Zum Andenken an die Anwesenheit des Pabstes Pius des Sechsten ließ Kaiser Joseph goldene und silberne Denkmünzen ausprägen.

Noch bei dessen Anwesenheit, am 3. April, erschien ein Regierungs-Circular, daß von nun an keine Leiche mehr in den Kirchen und deren Grüften begraben werden dürfe, und daß man, um die Verwesung zu beschleunigen, die Leichname in den Särgen mit Kalk zu bestreuen habe. Im Mai entstanden zwei neue Donaubrücken: die eine bei der Rossau nach dem Augarten, die zweite bei der Weißgärber Vorstadt gegen den Prater, wodurch die Gemeinschaft zwischen der Stadt und den Vorstädten sehr erleichtert wurde. Gleichzeitig betrieb man das Setzen der Alleen auf dem Glacis mit vollem Eifer, und im Juni ergieng die Verordnung, daß zur Dämpfung des lästigen Staubes täglich zwei Mal vor allen Häusern in der Stadt soll mit Wasser aufgespritzt werden, eine Verordnung, die seitdem alle Jahre wiederholt, aber nie gehörig vollzogen wurde.

Am 4. October kamen der russische Großfürst und die Großfürstin, der Herzog Ferdinand von Württemberg und die Prinzessin Elisabeth von ihrer Reise wieder in Wien an und giengen sonach am 19. wieder nach Petersburg ab. Elisabeth von Württemberg aber, als Braut des ältesten Prinzen von Toskana, des Erzherzoges Franz erklärt, blieb von nun an für beständig in Wien.

Schon unter den Ferdinanden hatten die Wiener mehrere Gesandte der Tatar-Chane und später auch der Barbaresken gesehen; im Februar 1783 schauten sie, in Abdul Malek, einen von Marocco. Er schloß mit Oesterreich einen Friedens-, Handels- und Freundschaftstractat, und ihm zu Ehren erhielt eine eben neu entstandene Gasse am Rennwege den Namen Maroccaner-Gasse. Ein anderer äußerst vortheilhafter Handelsvertrag kam auch am 15. März 1783 mit der Pforte zu Stande, der insbesondere Wiens Handel mit der Levante ein reges Leben gab. Einer der damaligen zwölf Ostindienfahrer führte den Namen: „Stadt Wien.“

Ueberhaupt war das Jahr 1783 für Wien sehr ereignißreich. Es entstand die schöne Vorstadt Schottenfeld, welche nebst einer geschmackvollen Kirche viele große und zierliche Fabriksgebäude aufzuweisen hat. Es wurden die in verschiedenen Anstalten vertheilten Waisenkinder alle in das Waisenhaus am Rennweg versetzt, und die Direction desselben dem Probsten Parhammer, einem eben so menschenfreundlichen als verdienstvollen Exjesuiten, übergeben; den Invaliden aber ward das Johannesspital auf der Landstraße eingeräumt. Sämmtliche Haus-Capellen, als die St. Georgen-Capelle im Trattnerhofe, die Andreas-Capelle im Lichtensteinischen Palast in der Herrengasse, die zu Allerheiligen im Palaste Trautsons in der Bräunerstraße, die Harrach'sche in der Herrengasse, die St. Katharina-Capelle im Zwettelhof, jene zu St. Thomas im Gundelhof, zu St. Niclas im Seitzerhof, zu St. Bruno im Gammingerhof u. v. a. wurden entweiht und geschlossen. Die Schwarzspanier vor dem Schottenthore (Benedictiner von Montserat) fanden ihre Einverleibung mit den Schotten, so wie die Chorherren bei St. Dorothea mit den Klosterneuburgern. Die Prälatur und die entweihte Kirche der Letzteren bekam 1788 das k. k. Versatzamt und der Dorotheenhof ward in der Folgezeit als Neuburgerhof von dem Probste Gaudenz Dunkler in Zinswohnungen umgestaltet und hiedurch die schöne Neuburgergasse eröffnet. — Die Theatiner auf der hohen Brücke, die Philippi-Nerianer im Doctor Latzenhof, die Trinitarier oder Weißspanier in der Alservorstadt traf das Loos der Aufhebung. Kirche und Kloster der zuletzt Genannten bezogen die Minoriten, deren Wohnsitz in der Stadt dafür die n. ö. Regierung am 1. Mai 1784 einnahm. Die Kirche der aufgelösten Schwarzspanier hingegen wurde zu einem k. k. Militär-Verpflegungsmagazin, und ihr Kloster zu Privatwohnungen, dem noch heute so genannten Schwarzspanierhaus, umgestaltet.

Am 20. April 1783, als dem Osterfeste, begann Joseph's neue zweckmäßigere Pfarreintheilung in der Stadt und in den Vorstädten in Wirksamkeit zu treten. Die Pfarren in der Stadt waren von nun an: 1. bei St. Stephan, 2. in der k. k. Burg, 3. bei St. Michael, 4. bei den Schotten, 5. bei den Augustinern, 6. bei den Franziskanern, 7. bei St. Peter, 8. bei der Kirche am Hof, 9. bei den Dominicanern. In den Vorstädten: 1. bei den Augustinern auf der Landstraße, 2. zu Erdberg, 3. im Waisenhaus am Rennweg, 4. bei St. Carl und 5. bei den Paulanern auf der Wieden, 6. bei St. Florian zu Matzleinsdorf, 7. zu Margarethen im Sonnenhof, 8. in Gumpendorf, 9. zu Mariahilf, 10. bei den Carmelitern auf der Laimgrube, 11. zu St. Ulrich, 12. auf dem Schottenfelde, 13. im Altlerchenfelde, 14. in der Josephstadt bei den Piaristen, 15. in der Alsergasse bei den Minoriten, 16. im Lichtenthale, 17. in der Rossau bei den Serviten und 18. bei St. Joseph und 19. bei St. Leopold in der Leopoldstadt. Diese Eintheilung besteht noch jetzt mit der einzigen Abänderung, daß die Pfarre bei den Franziscanern wieder aufgehoben und mit jener von St. Stephan vereinigt worden ist; selbst in den Vorstädten, wo die ehemaligen Klöster aufgelöst wurden, blieben doch die Pfarren, welche in der Folge mit Weltpriestern besetzt worden waren. Am 30. Juni hob Joseph alle Bruderschaften auf, deren man in den Kirchen der Stadt und Vorstädte nicht weniger als einhunderteilf zählte, und führte dafür „das Institut zur thätigen Liebe des Nächsten“ ein, nämlich eine aus religiösen Gründen zu leistende Gabe zur Unterstützung des eben neu errichteten Armen-Institutes.

Bisher war es üblich, jährlich am 14. September das Andenken des 1683 von den Türken befreiten Wiens durch eine feierliche Prozession zu begehen. Kaiser Joseph fand für gut diese Ceremonie mit dem hundertsten Jahre für immer zu beschließen. Nun folgte am 18. September die Aufhebung der Nonnenklöster zu St. Jakob, zu St. Laurenz und zur Himmelspforte. Ersteres wurde der Tabak- und Stempelgefällen-Administration eingeräumt und St. Laurenz als Aufbewahrungsort für Kaufmannsgüter verwendet; das Himmelpfortkloster aber zu Bürgershäusern verbaut. Dafür jedoch eröffnete sich die Pfarrkirche zu den sieben Zufluchten im Altlerchenfeld, zwischen 1779—1782 erbaut, zum ersten Mal den Gläubigen; den Protestanten aber, die vordem ihren Gottesdienst in den Palästen des schwedischen und holländischen Gesandten abgehalten hatten, räumte man eigene Bethäuser in der Dorotheengasse ein: der Evangelischen Gemeinde noch in diesem Jahre, der Helvetischen zwei Jahre später.

Maria Theresia hatte am 1. Juni 1780 in Wien eine Tranksteuer eingeführt, eine an sich geringe Abgabe, welche aber einen sehr widrigen Eindruck auf das Publikum machte. Joseph ließ sie mit 1. November 1783 wieder aufhören, mit Ausnahme jener auf das Bier. Doch kehrten die vor Einführung dieser Steuer bestandenen Abgaben, die Schuldensteuer und das Stadtsperr-Gefäll abgerechnet, wieder zurück. Es wurde das Wetterleuten verboten, und an alle höheren Unterrichts-Anstalten ergieng der Befehl, mit Anfang des jetzigen Schuljahres die Vorlesungen über alle philosophischen, medicinischen und juristischen Wissenschaften, selbst über die Theologie, mit einziger Ausnahme der Dogmatik und des Canonischen Rechtes, in deutscher Sprache abzuhalten.

Eine andere bedeutende Verfügung war die Aufhebung der bisherigen Gerichtsarbeiten des Hof- und Landmarschallamtes, des Obersthofgerichtes, der Universität und der Consistorien, sowie die Regulirung des Stadtrathes, der nun unter der Benennung „Magistrat der kaiserlichen Residenzstadt Wien“ in der Eigenschaft einer bürgerlichen Behörde, vom 1. November an, eine dreifache Bestimmung erhielt, nämlich die politisch-ökonomischen Geschäfte der Stadt, die Civil-, und die Criminal-Gerichtsbarkeit. „In diesen drei Bestimmungen,“ ward verordnet: „soll der Magistrat, obgleich in drei Senate abgetheilt, nur einen Körper ausmachen, unter einem Bürgermeister mit Zugebung zweier Vicebürgermeister stehen, unter seiner allgemeinen Benennung in allen Angelegenheiten angegangen werden und expediren. Der Bürgermeister soll dem ganzen Magistrat vorstehen, und die Vicebürgermeister ihn nach seiner Anleitung da, wo es der Dienst erfordert, zu suppliren haben. Jedem Senate sollen eigene Räthe, Sekretäre und Rathsprotokollisten, jedoch dermaßen zugewiesen seyn, daß diese, ohne Rücksicht zu welchen Geschäften sie gebraucht werden, unter sich und in der nämlichen Dienst-Cathegorie den Rang nur nach dem Dienstalter einnehmen und eben so bei Fähigkeits- und Verdienstes-Gleichheit die Vorrückung in höhere Besoldungen nur nach dem Senio behaupten, wogegen das untere Amts-Personale vermischt zu den Geschäften aller drei Senate gebraucht werden müssen.“ Die Wirksamkeit des Magistrates als politisch-ökonomischer Senat blieb fast gänzlich wie jene vordem des Stadtraths; aber rücksichtlich des Senats in Civil-Justizsachen wurde weiter bestimmt: „Es gebühre dem Magistrat die Gerichtsbarkeit in Streitsachen sowohl als in den Geschäften des adelichen richterlichen Amtes (Erbschafts-Angelegenheiten) in seinem ganzen Umfange, über alle inner den Gränzen der Linien Wiens befindlichen unadelichen Parteien ohne Unterschied ihres Karakters, Dienstes oder sonstigen geistlichen und weltlichen Würden, in so weit diese nicht der Gerichtsbarkeit des Reichshofraths, der Militär-Justiz-Behörde, einer berggerichtlichen Instanz oder einer inner den Linien befindlichen Grundherrschaft und ständischen Dominium unterstehen. Nicht minder hat der Magistrat die Gerichtsbarkeit und zwar nicht blos in Rücksicht der bürgerlichen, sondern in Anbetracht aller inner den Gränzen des Stadt Wiener-Burgfrieds gelegenen, obschon einer anderweitigen Grundobrigkeit unterliegenden Realitäten in Absicht auf die verfallende Schätzungs- und Baugeschäfte; endlich hat der Magistrat die Gerichtsbarkeit über die in das Grundbuch der Stadt Wien gehörigen Realitäten. In Beziehung auf den Senat in Criminal-Justiz-Geschäften hat der Magistrat jenen Theil dieser Gerichtsbarkeit auf sich zu nehmen, den derzeit das k. k. Stadtgericht besorgt hat.« — Zugleich wurde die bisher bestandene Pupillen-Raitkammer aufgelöst und die Besorgung der Pupillar- und Curatels-Rechnungen an die städtische Buchhalterei gewiesen. Die Wahl des Bürgermeisters und der beiden Vicebürgermeister stand noch immer, unter dem Vorsitze eines Regierungs- und Appellations-Commissärs, dem Ausschuß der Bürgerschaft zu, wie einst bei den alten Bürgermeisters- und Stadtrichterswahlen; jedoch nur auf vier Jahre, wornach der Hof sie bestätigte oder eine neue Wahl verfügte. Die Räthe wählte der Bürgerausschuß auf Lebensdauer, doch mußten sich alle vorerst die Wahlfähigkeitsdekrete erworben haben. Mit höchster Entschließung von 7. Jänner 1803 wurden auch Bürgermeister und Vicebürgermeister für lebenslänglich bestätigt, und mit jener vom 1. April 1808 wurde die Zahl der Räthe dem Gremium, ohne Bürgerausschuß übertragen, welches erstere nun auch für sich allein die Vicebürgermeister wählt. Es geht demnach nur mehr die Wahl des Bürgermeisters, nach altem Gebrauche, von dem inneren Rathe und dem Bürgerausschusse durch Virilstimmen, jede auf sechs Individuen lautend, vor sich, welche dann dem Landesfürsten zur Bestätigung vorgelegt wird.

Auch das Jahr 1784, in welchem am 30. Juni der hochverehrte Kaiser Franz, als Großprinz, aus Florenz zum ersten Male in Wien ankam, um für immer hier zu bleiben, brachte treffliche Anstalten. Zu alten Zeiten pflegte man hier die Todten in den Kirchen und deren Grüften oder in den daneben angelegten Kirchhöfen zu begraben. Maria Theresia, das Schädliche dieses Gebrauches einsehend, ließ sie auf die großen leeren Räume in den Vorstädten verlegen. Mit dem Beginn dieses Jahres wurden auch diese geschlossen und jedem Bezirk sein Kirchhof außer der Linie angewiesen. Am 16. August ward an der Stelle des großen Armenhauses in der Alservorstadt das nach der Anordnung des Kaisers erbaute allgemeine Kranken-, Irren- und Gebärhaus eröffnet; dagegen fanden alle übrigen Spitäler ihr Ende, mit Ausnahme jener der barmherzigen Brüder und der Elisabethiner-Nonnen. Das Bürgerspital nächst dem Kärnthnerthore wurde zu Privatwohnungen bestimmt, und die Pfründlinge versetzte man nach St. Marx. Bald nachher sah man auch den Bau des neuen Militärspitals und die medicinisch-chirurgische Josephs-Akademie in der Währingergasse vollendet, welches Prachtgebäude aber erst am 7. November 1785 mit großer Feierlichkeit eröffnet wurde. — Mit dem im Herbste 1784 eintretenden Schuljahre hörte der bisher unentgeldlich gewesene Unterricht in öffentlichen Schulen, Gymnasien und Universitäten gänzlich auf. Es ward ein Unterrichtsgeld festgesetzt, das mit wenigen Abänderungen noch besteht und zu Stipendien für arme, fähige und fleißige Studierende verwendet wird. Zugleich hob Kaiser Joseph, der nicht viel Werth auf die collegialische Erziehung legte, die theresianische Ritter-Akademie und die damit verbundene Emanuelische Stif-

54*

tung auf. Die Stiftlinge erhielten Stipendien, mußten die Universität besuchen und bekamen für ritterliche Leibesübungen eigene Meister bei St. Barbara. In das Gebäude des Theresianum kam die Ingenieur-Akademie von der Laimgrube, das ihrige bezog die Artillerie. Wichtig war die Erweiterung des Wiener erzbischöflichen Sprengels durch Eliminirung aller Kirchenhäupter eines fremden Staates; das Verbot der Einfuhr aller Fabrikate und vieler rohen Erzeugnisse des Auslandes, wodurch sich bald viele Fabriken erhoben, die zu tausend fleißige Hände beschäftigten und große Betriebskapitalien in das Land brachten; ferner die beschlossene Landesvermessung und Steuer-Regulirung, sowie die Auflösung des Hausgrafen- und des landesfürstlichen Zimentirungs-Amtes, welche ihre Geschäfte an den Magistrat und an andere Behörden abgaben.

Mit dem Jahre 1785 trat ein neues Ehepatent in Wirksamkeit; die Schranne auf dem hohen Markte, das Gebäude, worin die Criminal-Verbrecher aufbewahrt, verhört und verurtheilt wurden, erlangte durch Umbau eine bedeutende Vergrößerung; das Münzwardein-Gebäude sammt dessen großer Garten in Gumpendorf wurde zu Privathäusern aufgelassen, und das Waisenhaus am Rennweg in das spanische Spital in der Währingergasse übertragen; die barmherzigen Brüder und die Elisabethinerinnen erhielten die Erlaubniß einer allgemeinen Sammlung; das uralte Spital zum Klagbaum dagegen wurde im October aufgehoben.

Schon am 1. Mai 1784, da die Minoriten in das Kloster der aufgehobenen Trinitarier in der Alservorstadt wandern mußten, ward ihre Kirche der hier befindlichen italienischen Gemeinde eingeräumt, welche sie sodann durch den Architekten von Hohenberg im Innern ganz umstalten ließ. Am Ostersonntage 1786 ward sie nun eröffnet. In demselben Jahre begann man auch den großen Garten des Fürsten Dietrichstein, zwischen der Josephstadt und der Alservorstadt, zu verbauen. Deßgleichen wurden 1787 die Klostergärten der Capuziner und Franziscaner in der Stadt, der Augustiner und Dominicaner auf der Landstraße, der Carmeliten in der Leopoldstadt und an der Windmühle, der Piaristen in der Josephstadt und der Capuziner bei St. Ulrich eingezogen, und zur Errichtung neuer Häuser verwendet. Der Kaiser übernahm nun auch die bisher an Privatleute verpachtete Zahlen-Lotterie in eigene Rechnung und Verwaltung, und am 16. November bestätigte er die Grundverfassung der von den Fürsten von Schwarzenberg, Colloredo-Mannsfeld und den Grafen Friedrich von Nostiz-Rhineck errichteten oktroirten Commerzial-, Leih- und Wechselbank.

Der sechste Jänner 1788 setzte die ihrem erhabenen Kaiserhause innigst ergebenen Wiener in hohen Jubel. Es ward an diesem Tage durch den Erzherzog und Churfürsten Maximilian die Trauung des Erzherzogs Franz mit der Prinzessin Elisabeth von Württemberg vollzogen. Der Kaiser, der in seinen Sitten höchst einfach war und die vielen vormals bei Hofe üblich gewesenen Gallatage auf das einzige Neujahr beschränkt hatte, verlegte auch diese Galla, auf jenen, seinem Herzen so werthgeschätzten Tag.

Inzwischen war der Türkenkrieg ausgebrochen. Am 29. Februar begab sich Kaiser Joseph und bald nachher auch der Erzherzog Franz von Wien zur Armee.

Eine unvermeidliche Folge desselben war, daß 1789, bei dem großen Bedürfnisse des Heeres, das Pfund Rindfleisch zum ersten Male von 6 auf 7 Kreuzer stieg und mit dem Militärjahre (1. November 1789) eine Häusersteuer, zu einem Sechstheil vom ganzen Ertrage statt des bisherigen Siebentels, eintrat. Noch im vorigen Jahre wurde das Findelhaus aus dem sogenannten Strudelhof in die Hauptstraße der Alservorstadt übersetzt, wo es sich noch jetzt befindet, und beim Magistrate ein Dienstbotenamt errichtet; nun 1789 entstand das Kranken-Institut für Weltgeistliche.

So bewirkte Kaiser Joseph in der kurzen Frist von zehn Jahren mit außerordentlichem Feuereifer viel des Guten und Nützlichen; aber er that Manches, fast immer die öffentliche Meinung verachtend, mit Uebereilung. Er meinte mit der Ausführung seiner großen Plane nicht genug eilen zu können und wollte mit der Aussaat gleich ernten. Dabei hatten seine Völker seit Ludwig des Vierzehnten entschiedenem Uebergewichte in Europa zu viel schon von der verderblichen Krankheit der Zeit, dem Indifferentism eingesogen, wie denn eine vollständige Geringschätzung aller moralischen Triebfedern und Alles dessen was vordem geschah, nach erfolgter Censurfreiheit, in Hunderten der damals erschienenen Flugschriften sich kund gab. So geschah es, daß manches nicht Gedeihen fand, und anderes, was Gutes bewirken sollte, ein Uebel herbeiführte. Auffallend zeigt sich dieses bei Joseph's Versuch die Verfassung Ungarns umzugestalten. Die deutsche Sprache sollte innerhalb drei Jahren dort allgemein, die Conscription eingeführt und die Steuerausmaß geregelt seyn! Die heilige Krone wurde vom Preßburger Schloß hinweg in die Wiener Schatzkammer gebracht!

Der erste Feldzug gegen die Türken gewährte keine Fortschritte. Die Truppen, denen der Monarch als Muster der Abhärtung und der Entbehrungen vorleuchtete, litten ungemein durch unaufhörlichen Allarm und die Lagerseuche. Selbst Joseph kam krank nach Wien zurück. Den zweiten Feldzug krönte Laudon mit Belgrads Eroberung. Erzherzog Franz feuerte dabei die erste Kanone ab. Am 12. October 1789 ritt Laudon's Neffe, General Klebeck, mit dieser Kunde in Wien ein, und zwei Tage darauf ward bei St. Stephan ein feierliches Te Deum gehalten, welchem der Kaiser mit dem ganzen Hofstaate beiwohnte. Abends waren die Stadt und Vorstädte auf das Reichste beleuchtet. Um neun Uhr zogen neunhundert Studierende von der Universität nach der Burg und brachten dem Monarchen eine Nachtmusik, welche sie vor dem Hause Laudon's wiederholten. Viele Tausend schwärmten die ganze Nacht hindurch, freudigen Taumels voll, in den beleuchteten Gassen, deren Häuser mit sinnreichen Bildern und Aufschriften geziert waren, herum. Der Leibarzt von Pasqualati (wie Freiherr von Hormayr erzählt) schrieb auf sein neues Haus: »Da Belgrad wieder österreichisch und Joseph wieder hergestellt war, ward dies Haus vollendet. So lange davon ein Stein auf dem andern, bleibe Belgrad österreichisch und unser Kaiser gesund!« Das Gegentheil beider Wünsche erfolgte aber nur zu bald.

Kaiser Joseph der Zweite hatte sich zwar im Laufe des Sommers in Laxenburg und Hetzendorf von seiner Krankheit erholt; aber in dem milden Winter von 1789 auf 1790, wo die Bäume und Gesträuche neu zu sprießen begannen, hatte er einen schweren Rückfall. Des sonst feurigen und doch milden Auges Schmelz (als Kaiseraugenblau der Wiener Lieblingsfarbe) war erloschen, und sichtbar näherte er sich dem Grabe. Dennoch arbeitete er unverdrossen fort. Kurze Zeit vor seinem Ende nahm er seine Neuerungen förmlich zurück. Die Ungarn, welchen er einen gesetzmäßigen Landtag versprach, erhielten ihre Krone wieder. Nicht wenig vermehrten der Ausbruch der französischen Revolution und die Empörung in den Niederlanden seine Leiden. Dazu mußte noch ein Familien-Unglück kommen. Am 17. Februar wurde die Gemahlin des Erzherzogs Franz von ihrem ersten Kinde entbunden und starb Tags darauf an den Folgen der schweren Geburt. Dieser Todfall brach Joseph's Herz. Er verschied mit christlicher Ergebenheit am 20. Februar 1790, an demselben Tage, da die Erzherzogin Elisabeth beerdigt wurde. Die irdischen Ueberreste des großen Kaisers bewahrt die Fürstengruft bei den Capuzinern.

Leopold der Zweite, als Thronerbe seines unvergeßlichen Bruders, traf am 12. März 1790 aus Florenz in Wien ein, und um die Mitte Mais folgte dessen ganze Familie. Schon am Tage der Huldigung, den 6. April, die nach altem Herkommen vor sich gieng, wurde die josephinische Steuerregulirung und im August darauf das Generalseminarium aufgehoben. Nun war sogleich seine Sorge auf die auswärtigen Verhältnisse gerichtet. Noch währte der Krieg fort mit der Pforte, deren Länderintegrität Preußens König garantirt hatte und deßhalb ebenfalls mit Oesterreich in Spannung war. Er schloß am 27. Juli 1790 mit Preußen die Reichenbacher Convention, die dann am 4. August 1791 den Frieden von Szistova mit Selim dem Dritten herbeiführte. Auch die Niederländer waren von wildem Sturm bewegt und die edlen Magyaren sehr aufgereizt. Doch während General Bender erstere rasch zu demüthigen wußte, entwirrte Leopold's köstliche Persönlichkeit, die sich zur rechten Zeit eben so standhaft als nachgiebig bewies, bald die ungerischen Angelegenheiten auf die günstigste Weise.

Am 19. September 1790 knüpfte der Cardinal-Erzbischof Migazzi ein dreifaches hohes Vermählungsband in der Hofkirche bei St. Augustin. Dem Erzherzog-Thronfolger Franz wurde Theresia, Tochter Ferdinand des Vierten, Königs beider Sicilien, — dem Erzherzoge Ferdinand, nachmaligen Großherzog von Toskana, gedachten Königs zweite Prinzessin Luise, — und Neapels Kronprinzen Franz Januarius die Erzherzogin Clementine angetraut. Wenige Tage nachher gieng Leopold nach Frankfurt, wo er am 9. October zum römischen Kaiser gekrönt wurde und am 22. wieder in Wien anlangte. Am 15. November war er mit der Krone Ungarns in Preßburg geschmückt, worauf er dann am 20., im feierlichen Einzuge, durch zwei, von den Bürgern Wiens nach altem Gebrauche am Stock-im-Eisen-Platze und Kohlmarkte errichteten Triumphpforten, sich wieder in die Kaiserburg verfügte.

Im März 1791 kehrte die königliche neapolitanische Familie wieder nach Italien zurück. Auch Kaiser Leopold folgte dahin, um dem zweitgebornen Erzherzog Ferdinand in Florenz die Regierung von Toscana zu übergeben. Die traurige Nachricht aus Frankreich: daß Ludwig der Sechzehnte geflüchtet, in Varennes jedoch wieder angehalten, und gleich einem Verbrecher nach Paris zurück gebracht worden, veranlaßte Leopolden, von Padua aus ein Aufforderungsschreiben zur Unterstützung Ludwig's an alle Höfe zu erlassen. Es fruchtete aber so wenig, als des Kaisers staatskluge Bereitwilligkeit zu Maßregeln gütlicher Ausgleichung. Die Jakobiner wollten keine Sühnung, blutdürstig strebten sie nach Krieg.

Am 11. Februar 1792 hielt der türkische Botschafter Ebu Bekir Ratif Effendi seinen Einzug in Wien. Zwei Tage später, als Leopold seine Beglaubigung empfangen hatte, am 28. Februar, ward der Kaiser plötzlich von einer Entzündungskrankheit befallen, die so schnell um sich griff, daß er schon des andern Nachmittags, am 1. März 1792, starb. Weise, aber nur zu kurz war seine Regierung. Kaiserin Ludovika, seine Gemahlin, folgte ihm am 15. Mai desselben Jahres ins Grab.

Wenige Monate vor diesen Trauerfällen, am 6. Juli 1791, gab Blanchard den Wienern zum ersten Mal das Schauspiel einer Luftfahrt. Um zwölf Uhr fuhr er aus dem Prater in die Höhe und kam um ein Uhr bei Großenzersdorf wieder auf die Erde herab.

dorf wieder auf die Erde herab.

Zweites Kapitel.

Franz der Erste, Kaiser von Oesterreich, als römischer Kaiser der Zweite.

Nur wenige Fürsten hatten sich schon in ihrer frühesten Jugend solch einer Volksliebe zu erfreuen, wie der erhabene erstgeborne Sohn des umsichtigen klugen Leopold's und Neffe des rastlos thätigen Joseph's, in deren lehrreicher Schule er sich die Staats- und Regierungskunst eigen gemacht. Franz, am 12. Februar 1768 zu Florenz geboren, bestieg den Thron seiner Väter als ein vierundzwanzigjähriger Jüngling in dem Zeitpunkte der größten politischen Gährung, mit einer Kriegserklärung Frankreichs. Bei der Huldigung Wiens am 25. April 1792 unterblieb das sonst übliche Auswerfen von Brod und Fleisch am Graben, und das von der Stadt dazu bestimmte Geld wurde nach

Zweites Kapitel.

Franz der Erste, Kaiser von Oesterreich, als römischer Kaiser der Zweite.

dem Verlangen des Herrschers an die Armen vertheilt. Auch gegen die Errichtung von Ehrenpforten, welche sonst bei der Rückkehr des Landesfürsten von der Krönung zum römischen Kaiser der Magistrat und der Handelsstand in Wien errichten ließ, sprach sich der Monarch aus. Während nun Franz am 6. Juni in Ofen zum König von Ungarn, am 14. Juli zu Frankfurt zum römischen Kaiser und am 9. August in Prag zum König von Böhmen gekrönt wurde, verwendete daher der Magistrat jene zu obgedachtem Zweck bestimmte Summe zur Entfernung der unansehnlichen Häuschen und Kaufbuden, welche bisher die vordere Ansicht des St. Stephansdomes ganz verhüllten und die Straßen verengten. Schon stand der Platz bereits frei und gereinigt da, als Kaiser Franz der Zweite am 19. August 1792 seinen feierlichen Einzug in Wien nach dieser Kirche hielt, wo ein Te Deum abgehalten wurde. Zum Andenken ließ der Magistrat dazumal von dem geschickten Künstler Karl Schütz eine große Hauptansicht des Stephansdomes in Kupfer stechen, mit der Inschrift: „Dem Andenken Franz des Zweiten, neu gekrönten römischen Kaisers, der durch Erweiterung und Verschönerung dieses Platzes die Bequemlichkeit seiner Bürger, die Zierde seiner Hauptstadt, Ehrenbogen vorzog, gewidmet von dem Bürgermeister, Räthen und der Bürgerschaft der Stadt Wien 1792.“ [2]

Indessen hatte der Krieg mit Frankreich keine günstige Wendung genommen. Am 21. September 1792 war die Abschaffung des Königthums und die Republik Frankreich proclamirt; bis zum November sah man durch Montesquieu Savoyen, durch Custine Mainz und Frankfurt, durch Dumouriez die Niederlande in der Franzosen Besitz; aber das Entsetzlichste erfolgte 1793 durch die Hinrichtung Ludwig's des Sechzehnten und der Königin Marie Antonie, in welches Jahr auch die Schreckens-Regierung, der Wohlfahrtsausschuß, die Siege der Vendeer, Niederlands Wiedereroberung durch Koburg und jene von Mainz durch die Preußen, so wie Wurmser's Einfall in das Elsaß bis vor Straßburgs Mauern fallen. Um seinen Unterthanen nach kaum geendigtem Türkenkriege nicht wieder eine Kriegssteuer aufzubürden, hatte der gütige Monarch bisher die Unkosten für zwei Jahre aus seinem Privat-Vermögen zu bestreiten gesucht, und zu diesem Endzwecke ließ er den in der Schatzkammer befindlichen großen goldenen Tafelservice einschmelzen und in Münze ausprägen. Kaum jedoch war diese wahrhaft väterliche Gesinnung den Wienern kund geworden, so brachten auch schon sämmtliche bürgerliche Innungen und Zünfte freiwillig reichliche Geldbeiträge und all ihre großen silbernen Willkommsbecher zur Bestreitung des Krieges dar. Innig gerührt über diese patriotische Handlung beschied der Monarch am 7. April das bürgerliche Offiziercorps und die Innungs-Vorsteher in die Burg zu einer feierlichen Audienz, und übergab ihnen hier, als ein Denkmal seiner Huld, einen prachtvollen, mit seinem Bildniß gezierten Becher, an dessen Deckel im Innern die Inschrift eingegraben ist: „Zum ewigen Andenken der besonderen Liebe aller bürgerlichen Innungen, Meister und Gesellen in Wien für Ihn und ihr Vaterland, und zum Beweise seiner Gegenliebe und Erkenntlichkeit, widmet Franz der Zweite diesen Becher allen seinen lieben Bürgern 1793.“ Hierauf gab er ihnen im großen Redoutensaale ein prächtiges Banket, bei welchem aus dem Becher die Gesundheit Ihrer Majestäten des Kaisers und der Kaiserin ausgebracht wurde; und nach aufgehobenem Mahl kam derselbe, zum fortwährenden Andenken, in das bürgerliche Zeughaus.

Diesem löblichen Beispiele der Bürgerschaft folgten bald alle Classen der Einwohner Wiens. Reiche und Arme, ja selbst Dienstleute und Schulkinder steuerten nun freiwillig zum Kriege bei, und so brachte denn binnen Jahr und Tag die Stadt mehrere Millionen dar.

Der 19. April 1793 war ein Jubeltag für Wiens Einwohner durch die Nachricht der glücklichen Entbindung der Kaiserin mit einem Erzherzoge. Er erhielt in der Taufe den Namen Ferdinand, Carl, Leopold, Joseph, Franz, Marzellin, und wir verehren nun in Ihm unsern hochgeliebten Landesfürsten.

Um diese Zeit vereinigte sich auch Wiens Bürgerschaft mit dem Adel Oesterreichs und Steyermarks zur Errichtung „des österreichisch-steyerisch-Wurmser'schen Freicorps", wozu Fürst Carl Lichtenstein, Appellationsrath Fillenbaum, der Hofsilberarbeiter Ignaz Würth, der Baumeister Joseph Gerl und der Tuchhändler Ignaz Biedermann, drei Wiener Bürger, den Plan entworfen hatten. Dieses Corps zeichnete sich am Rhein und bei Erstürmung der Mainzer Linien vorzüglich aus.

Im März 1794 begab sich Kaiser Franz zu seinem Heere in die Niederlande, deren Verlust, ungeachtet vieler Siege, doch zuletzt nicht hintan zu halten war. Am 27. Juni starb der in ganz Europa geachtete Staatskanzler Fürst Kaunitz im vierundachtzigsten Jahre seines Alters, und bald darauf wurde die Schulanstalt der beiden evangelischen Gemeinden eröffnet.

Der Franzosen demokratische Grundsätze hatten bereits in den meisten Ländern von Europa viele überspannte Köpfe in Aufregung gesetzt und sie zu Freunden der Gleichheit und Freiheit gemacht; Wien war bisher von diesem Uebel frei geblieben. Das Erstaunen war daher um so größer, als man Anfangs Juli vernahm, daß eine Anzahl nicht unbedeutender Personen wegen eines revolutionären Complottes seien in Haft genommen worden. Diese Verbrecher, deren Namen der Vergessenheit übergeben seien, wurden im Jänner und Februar 1795 theils am Leben, theils durch Festungsarrest und Landesverweisung, nach vorläufiger Ausstellung auf der Schandbühne, bestraft.

Im Jahre 1795 fieng man den sogenannten Neustädter-Canal, wozu der Graf Anton Appony, der Großhändler Bernhard Tschofen und der Hofagent Reiter den Plan entworfen, zu bauen an. Seine erste Anlage ist von Wien bis Wiener-Neustadt. Seit 1797 aber zieht er sich von der unger'schen Gränze bei Pötsching bis hieher in einer Länge von $8^1/_3$ geog. Meilen. Er hat auf der Oberfläche 28, auf dem Grunde 16 Fuß Breite und 4 Fuß Tiefe. Vor dem Wiener Invalidenhaus ist dessen großes Bassin zum Ausladen der eigens für ihn gebauten Schiffe, welche eine Länge von 72 Fuß haben und 500 Ctr. Ladung, meistens Steinkohlen, Holz und Mauerziegeln führen. Graf Hoyos befördert allein auf demselben jährlich bei 12,000 Klafter Brennholz nach Wien.

Bei einbrechender Nacht des 9. Jänners 1796, in welches Jahr auch die Errichtung der Studienhofcommission fällt, nahm Wien Ludwig des Sechzehnten unglückliche Tochter Maria Theresia (nachmals Herzogin von Angouleme) in seine Mauern auf. Sie war, nach dem Sturze des Ungeheuers Robespierre, aus dem langwierigen Gefängniß des Tempels befreit und gegen die von Dumouriez überlieferten Conventsdeputirten dem österreichischen Hofe am 26. December 1795 nahe bei Basel ausgewechselt worden.

Nach des fortwährend kränkelnden Feldmarschalls, Grafen Clerfayt, des Siegers von Mainz, selbst erbetenen Entlassung vom Oberbefehle im Februar 1796, übernahm denselben der fünfundzwanzigjährige Bruder des Kaisers, Erzherzog Carl, welcher sich bald als ein Kriegsfürst von seltener Vortrefflichkeit und Größe bewies. Inzwischen hatte sich auf dem Kriegsschauplatze Alles zu Oesterreichs Unglück gestaltet, da Deutschland in zwei Partheien zerfallen war und viele Fürsten nun auch Separat-Frieden mit Frankreich abschloßen. Jourdan und Moreau nahten Oesterreichs und Böhmens Gränzen, Napoleon Bonaparte drang in Italien vor. Schon im verwichenen Jahre hatte man die Absicht ein allgemeines Aufgebot zu organisiren, allein man kam nicht damit zu Stande; es wurde aber ein Corps von Wiener Freiwilligen errichtet, das unter den auf dem Glacis geweihten Fahnen bei Bevilaqua und Minerbe, bei dem Etsch-Uebergange und vor Mantua, die kühnsten Proben von Tapferkeit ablegte. Nach Mantuas Fall, am 2. Februar 1797, gerieth ganz Ober-Italien unabwendbar in die Hände der Franzosen. General Bonaparte benützte dieses Glück und drang rasch bis über Judenburg und Leoben vor. Am 1. April kam die Schreckenspost von dieser Invasion nach Wien, wo sogleich Alles was adelich und reich war die Flucht ergriff. Die Schulen wurden geschlossen, die öffentlichen Cassen gesperrt. Kleinmuth herrschte allenthalben; doch bald regte sich wieder der Nationalgeist. Graf Saurau, damals Regierungspräsident, erließ am 4. April 1797 eine Kundmachung, worin er ankündigte: „daß der Kaiser sich zwar mit Herstellung des Friedens beschäftige; sollte aber der Feind auf unmäßigen, die österreichische Nation drückenden Forderungen bestehen, so erwarte der Monarch, daß jeder getreue Unterthan alle Kräfte anstrengen würde, um den Frieden muthvoll zu erringen; daß Jedermann die Anstalten, welche die Vorsicht auf den äußersten Fall selbst für die Residenz nothwendig mache, mit Eifer unterstützen werde, und daß die biedern Einwohner Wiens nicht weniger Muth und Treue beweisen werden, als ihre ruhmvollen Voraltern, welche unter Ferdinand und Leopold auf den Wällen von Wien für Religion, Fürst, Vaterland und Ehre siegreich gefochten hatten.“ Nun gewann Wien wieder ein kriegerisches Ansehen. Ein Landsturm, ein verschanztes Lager vor Wien wurden beschlossen. Freudigen Muthes voll wurde der Ruf zum Aufgebote aufgenommen: die Studierenden, die Künstler und der Handelsstand ergriffen die Waffen; Nieder-Oesterreichs Stände bildeten ein eigenes Corps, Fürst Johann von Liechtenstein rüstete eine Cavallerie aus, und die Bürger, vermöge ihres Eides zur Vertheidigung der Stadt bestimmt, stellten ihre Söhne, Gesellen und Diener. Ferdinand, Herzog von Württemberg, Commandirender Inner-Oesterreichs, bekam über dasselbe den Oberbefehl, das schon binnen sechs Tagen 37,000 Mann zählte. Am 17. April erfolgte auf dem Glacis, vom

55*

Schotten- bis hin zum Stubenthore, die Fahnenweihe durch den Bischof Grafen Arzt, und sogleich darauf zogen alle Corps des Aufgebotes in das Hauptquartier nach Klosterneuburg. Indessen hatte sich die Lage der Sache durch die wackeren Tiroler, welche, ihre alte Anhänglichkeit an Oesterreich bewährend, mit vielem Glücke die Waffen führten, sehr verändert. Bonaparte unterzeichnete daher die Friedens-Präliminarien zu Leoben, und am 17. October 1798 kam der Friede von Campoformio zu Stande. Das Aufgebot kehrte schon am 3. Mai nach Wien zurück und wurde sogleich aufgelöst. Im Juli und September wurden sonach eigene silberne Ehren-Medaillen an die Mitglieder desselben vertheilt. Sie hatten auf der Vorderseite das Bild des Kaisers, mit der Umschrift: „Franz II. Röm. Kaiser, Erzherzog zu Oesterreich“; auf der Rückseite in einem Kranz von Eichenblättern aber die Inschrift: „Den biedern Söhnen Oesterreichs des Landesvaters Dank.“ — Jedem damit Betheilten wurde zugleich das Recht gegeben, sie an einem schwarz und gelben seidenen Bande lebenslang zu tragen.

Am 1. December 1797 wurde die vom Kaiser Joseph dem Zweiten aufgehobene Theresianische Ritter-Akademie durch den jetzt regierenden Monarchen feierlich wieder eröffnet, und am 2. December das von demselben ganz neu und reich angelegte zoologisch-physikalisch-astronomische Cabinet auf dem Josephsplatze zum ersten Male dem Publicum gewidmet. Auch begann bei dem k. k. Kabinet der Münzen und geschnittenen Steine, zu welchem Rudolph der Zweite den Grund gelegt hatte, durch des Monarchen Kunstliebe und der eifrigen Verwendung der Directoren Neumann und Steinbühel rasch ein bedeutendes Antiken-Kabinet zu erstehen.

Das Jahr 1798 bezeichnet einen Tumult der Wiener höchst eigener Art. Seit Noailles, der 1792, nachdem König Ludwig der Sechzehnte von den Revolutions-Häuptern gezwungen ward, Oesterreich den Krieg anzukünden, sich aus Wien entfernt hatte, war der französische Botschafters-Posten unbesetzt geblieben. Nun aber am 8. Februar kam unerwartet in der Person des Generals Bernadotte ein Abgesandter der französischen Republik hier an und bezog das Haus Nr. 272 in der Wallnerstraße. Bei einem Hochzeitfeste demnach (schreibt mein verstorbener Freund Johann Pezzl, der bei dem Vorfalle zugegen war), welches er am 13. April einem seiner Secretärs gab, ließ er bei anbrechender Dämmerung plötzlich eine große dreifarbige Fahne auf dem Balcon jenes Hauses aufstecken. Diese sonderbare Erscheinung zog sogleich eine Menge Neugierige an. Man gerieth in Bestürzung, weil man die Fahne gleichsam für eine Aufforderung oder ein Versammlungs-Signal zu revolutionären Bewegungen ansah. Der Haufe des zuströmenden Volkes wuchs zu Tausenden an und begann bereits zu lärmen, und es entstand ein in dem friedlichen Wien bedenklicher Tumult. Die Polizei sandte ein Paar angesehene Beamte hin, um den Botschafter zur Wegnahme der Fahne zu bereden. Da er es verweigerte, so wurde der Tumult lebhafter. Aus Mangel an Steinen warf man die Fenster des Hauses mit Kupfermünzen ein. Mit einigen zufällig dort gelegenen Brunnröhren stieß man das Hausthor auf und drang hinein. Ein gemeiner Mensch kletterte von außen auf den Balcon, und riß die verhaßte Fahne herunter. Der Pöbel nahm einige unbedeutende Sachen aus dem Hause, schleppte dieselben sammt der Fahne durch einige Gassen nach der Freiung, machte auf offenem Platze ein Feuer und verbrannte sie. Es waren zwar bald Polizei- und Militär-Detaschements angekommen; aber der Lärmen dauerte dem ungeachtet bis nach Mitternacht. Indessen hatte man die Stadtthore gesperrt und die ganze Garnison bewaffnet auf allen Plätzen vertheilt, wodurch zwar die Ruhe gehandhabt ward, der Botschafter aber doch schon am 15. unter einer starken Bedeckung von Cavallerie aus Wien abreiste.

Einige der gegen Südwesten höher gelegenen Vorstädte von Wien litten von jeher einen empfindlichen Mangel an Wasser, welcher um so lästiger wurde, als die Bevölkerung derselben sehr zunahm und die Einwohner, besonders bei einem trockenen Sommer, dasselbe nicht nur allein theuer erkaufen, sondern auch oft Tage lang warten mußten, ehe sie das selbst nur zum Trinken und Kochen nöthige erhalten konnten. Erzherzogin Christine, des Herzogs Albrecht von Sachsen-Teschen Gemahlin, eine Tochter der großen Maria Theresia, welche im Frühling 1798 nach einer schweren Krankheit den Kaunitz'schen Garten-Palast zu Mariahilf bewohnte und diese Noth oft selbst mit eigenen Augen sah, faßte den großmüthigen Entschluß, für diese Vorstädte eine Wasserleitung anzulegen. Jedoch schon am 24. Juni starb die hochherzige Fürstin, und so führte denn ihr Gemahl das Werk mit der ihm eigenen unbegränzten Freigebigkeit aus. Es ward im August 1805 unter der eifrigen Mitwirkung des damaligen Stadt-Oberkämmerers Stephan Edlen von Wohlleben vollendet. Das Wasser kommt aus mehreren Bergquellen von der hohen Wand hinter Hütteldorf. Bis zu diesem Orte wird es in einem gemauerten Canal in die große 45 Fuß lange und 34 Fuß breite Brunnstube, und von ihr durch mehr denn 16,000 eiserne, doppelt neben einander liegende Röhren durch eine Strecke von 7155 Klafter, in die Vorstädte geführt und so vertheilt, daß Gumpendorf zwei Springbrunnen, die Josephstadt zwei, Laimgrube und an der Wien auch zwei, Mariahilf drei; Neubau, Schottenfeld und St. Ulrich jedes ein Bassin mit gutem trinkbarem Wasser besitzen. Die beiden Hauptquellen liegen höher als der Stephansthurm und die ganze Masse der vereinigten Quellen giebt einen Wassergang von 48 Quadrat-Zoll. Das Werk kostete über 400,000 Gulden. Die Brunnen haben die Inschrift:

Aquae. Christinianae.
Albertinae.
1805.

Eine ähnliche, sehr heilsame Wasserleitung kam durch Wohlleben im Jahre 1799 zu Stande, wodurch das allgemeine Krankenhaus, das Militärspital und das damalige Waisenhaus reichlicher mit Wasser versehen, und drei öffentliche Spingbrunnen in der Alservorstadt, nämlich am Hauptplatze, im großen Hofe des Krankenhauses und auf dem Vorplatze des Josephinums errichtet wurden. Den Ersten ziert eine Statue der Wachsamkeit, den Letzten eine Hygina, welche beide von Martin Fischer aus weichem Metalle verfertigt wurden. Das Wasser kommt von Ottakring und Hernals, und die Kosten von 32,000 Gulden wurden von der Gemeinde Alservorstadt und den hiesigen Großhändlern bestritten.

Im Frühling 1799 ließ die Regierung die ersten zwei großen Badehäuser bei der Taborbrücke, zum unentgeldlichen Gebrauch für unbemittelte Personen beiderlei Geschlechtes, errichten; dagegen aber wurde das Baden in der offenen Donau streng verboten.

Schon im Anfange dieses Jahres war es abermals mit Frankreich zum Bruche gekommen, und Oesterreich hatte sich mit Rußland verbunden. Am 19. März zog die erste Colonne russischer Truppen an Wien vorüber nach Italien, und bald trafen auch Graf Alexander Suwarow und Großfürst Constantin hier ein. Der Feldzug war anfänglich für die Oesterreicher vom Glück begünstigt; allein Massena's Sieg über die Russen, der den Kaiser Paul bestimmte von der Verbindung gegen Frankreich abzustehen, gab ihm bald eine ungünstige Wendung, die um so mißlicher wurde, als Bonaparte, der von der Expedition nach Egypten zurückgekehrt und zum ersten Consul der französischen Republik ernannt, nun wieder den Oberbefehl in Italien übernommen hatte, wo er sogleich die entscheidende Schlacht bei Marengo gewann, während Moreau bis München vordrang. In dieser höchst gefährlichen Lage blühte vollauf wieder die schöne Blume des Patriotismus bei den österreichischen Völkern auf. Es wurden für die Bedürfnisse des Krieges große Geldbeiträge gesammelt, in Böhmen und Mähren ward unter des Helden Erzherzogs Carl Namen eine Legion gebildet, die Wiener stellten Corps von Freiwilligen und Jägern. Die ganze Garnison eilte ins Feld und überließ die Obhut der Stadt den Bürgern. So erfolgte am 3. December 1800 die Schlacht von Hohenlinden. Ihr unglücklicher Ausgang eröffnete dem Feinde neuerdings den Weg zur Hauptstadt, zu deren Approvisionirung man eiligst schritt. Durch eine eindringliche Proclamation vom 28. December wurde, wie im Jahre 1797, das allgemeine Aufgebot angeordnet. Mit dem 31. December war das Hauptquartier der österreichischen Armee nach Schönbrunn verlegt. Mittlerweile kam jedoch der Waffenstillstand zu Steyer zu Stande, und am 8. Februar 1801 erfolgte der Friede von Lüneville. Die beständigen Kriege hatten bedeutende Kosten verursacht. Diese suchte man schon mit Patent vom 1. November 1799 durch die Einführung einer Classensteuer, vermöge welcher sämmtliche Einwohner nach ihrem Einkommen, Vermögen und Verdienst in Classen getheilt und nach Verhältniß taxirt wurden, möglichst zu decken; allein sie zeigte sich nicht genügend. Der Staat sah sich daher gezwungen, zu einer Vermehrung des Papiergeldes seine Zuflucht zu nehmen. Diese Maßregel wirkte auf die Industrie und die gesellschaftlichen Verhältnisse zwar günstig ein; doch stieg hiedurch auch der Wucher, und die 1801 aufgestellte Wohlfeilheits-Commission hatte große Mühe, ihn niederzudrücken.

Baron Thugut, welcher seit Anfang der französischen Revolution Minister der auswärtigen Angelegenheiten war, trat nun von diesem Posten ab, und Graf Ludwig von Cobenzl übernahm denselben.

Unterm 1. September wurde im Findelhause die Säugeammen-Anstalt eingeführt; und am 16. September legte der Kaiser in eigener Person den Grund zu einer neuen Pracht-Brücke bei den Weißgärbern, die sonach am 7. November 1803 unter den Namen „Franzens-Brücke“ für das Publicum eröffnet wurde. Den Plan hierzu hatte Freiherr von Pakassy verfertigt.

Im Jahre 1802 wurde das Franzthor (zweite Kärnthnerthor) eröffnet und das Carmeliter-Kloster auf der Laimgrube in ein Zwangs-Arbeitshaus umgestaltet. Am 12. Mai ergieng der Befehl, daß man eine gemiethete Wohnung selbst bewohnen müsse und nicht mehr als ein Drittel davon vermiethen dürfe. Am 27. August wurden die ehemaligen Convicte wieder hergestellt, wohin jene aufgenommen wurden, die Stipendien genossen. Die Fremden wurden einer genaueren Polizei-Aufsicht unterzogen. Jeder Ankommende mußte binnen 24 Stunden der Polizei angezeigt werden und von der Polizei-Oberdirection eine Aufenthalts-Erlaubniß erwirken. Im Juli 1803 trat die Rettungs-Anstalt für Scheintodte und im darauf folgenden October die Wohlthätigkeits-Anstalt ins Daseyn; auch wurden drei noch am Stephansplatze stehende Häuser zur Verschönerung desselben abgerissen; dann am 2. December das von Kaiser Joseph dem Zweiten aufgehobene Wucherpatent neu eingeführt und die Procente mit Hypothek legal auf 5 %, ohne dieselbe auf 6 % festgesetzt.

Im Jahre 1804, da Frankreichs erster Consul, Bonaparte, am 10. Mai den Titel eines Kaisers der Franzosen sich beigelegt hatte, erschien am 11. August ein Manifest, wodurch angekündigt wurde, daß S. Majestät den Titel: „Erbkaiser von Oesterreich“ angenommen habe. Am 7. December wurde dasselbe durch Commissäre der Regierung unter Trompeten- und Paukenschall öffentlich abgelesen, und Tags darauf das Dankfest bei St. Stephan unter dem Geläute aller Glocken und dem Donner der Kanonen mit großer Pracht gefeiert. Eine eigene Schaumünze, deren Vorderseite das Bild des Kaisers mit der Umschrift: Franciscus Rom. et Austriae Imperator, die Rückseite aber einen Lorbeer-Kranz mit der Inschrift: Hilaritas publica VI. Id. Dec. MDCCCIV. und der Umschrift: Ob Austriam Haer. Imp. dignitate ornatam, zeigt, wurden zum Andenken dieses wichtigen Ereignisses ausgeprägt.

Im Jahre 1805 erhielt die Hof-Pfarrkirche zu St. Augustin ein öffentliches Denkmal, das in artistischer Hinsicht unter die Ersten von Europa gehört. Es ist das prachtvolle Grabdenkmal, welches Herzog Albrecht von Sachsen-Teschen seiner Gemahlin, der Erzherzogin Christina, setzen ließ, verfertigt von dem berühmten Antonio Canova da Possagno. Es stellt eine Pyramide vor, von Marmor aus Carrara gebaut, 28 Fuß hoch, auf einer Grundfeste von 12 Fuß 9 Zoll ruhend. Zum Eingange dieser Pyramide geleiten zwei Stufen. Er führt durch eine enge Pforte in die Todtengruft, ob deren Schwelle mit goldenen Buchstaben die Worte stehen: Uxori optimae Albertus. Noch höher schwebt die Glückseligkeit, welche in ihren Armen das Bild Christinens in einem Medaillon trägt, das von dem Sinnbild der Ewigkeit, einer Schlange,

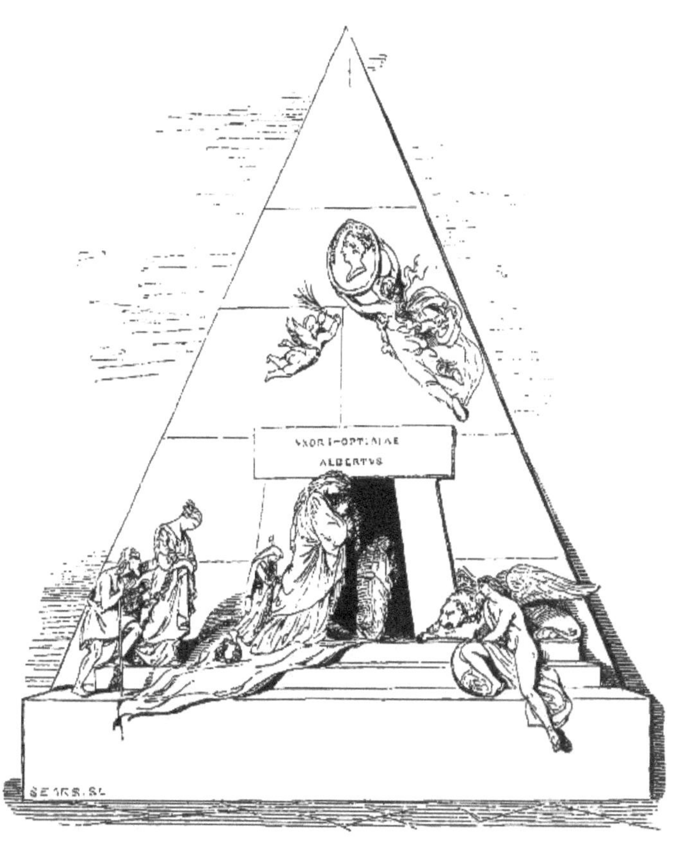

umschlungen ist. Im innern Rande desselben liest man: Maria Christina Austriaca. Gegenüber reicht ein Genius Christinen den ihren hohen Tugenden gebührenden Palmzweig. Die Eingangsstufen in die Pyramide sind mit Teppichen belegt. Ueber sie zur Pforte hin schreitet die Tugend, in ein faltenreiches, langes Gewand gehüllt, mit aufgelöstem Haare und einem Oelzweig-Kranze auf dem Haupte, die Asche der Verewigten in einer Urne tragend, gegen welche sie wehmüthig die Stirne neigt, und an der eine Blumenkette hängt, deren beide Enden über die Arme zweier jungen, unschuldigen Mädchen fallen, welche mit Leichenfackeln die Tugend in die Gruft begleiten. In einiger Entfernung rechts folgt die Wohlthätigkeit, mit stillem Schmerz in Miene und Gebärde.

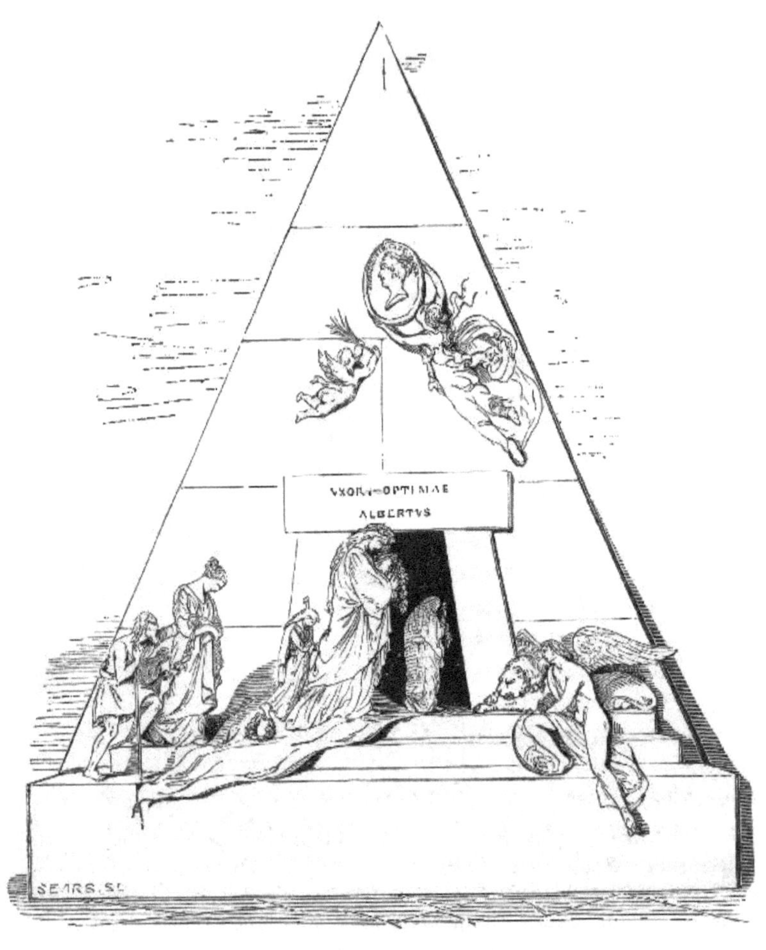

umschlungen ist. Im innern Raude desselben liest man: Maria Christina

Sie führt an ihrem rechten Arme einen dürftigen blinden Greis, den ein kleines Mädchen unterstützen hilft. Links am Eingange zeigt sich ein Löwe, den Kopf auf seine Pfoten gestützt, und neben ihm, auf der ersten Stufe, sitzt ein geflügelter Genius, der seinen rechten Arm auf dessen Mähne lehnt, den linken aber gegen das sächsische Wappenschild hinstreckt, welches, wie das hinter dem Löwen befindliche österreichische Wappen, sowohl die Dahingeschiedene als den Stifter verdeutlichen hilft. Dieses Meisterwerk neuerer Sculptur kostete 20,000 Ducaten.

Bald verdunkelten nun wieder drohende Unheilswolken den heitern Himmel Wiens und ergossen sich diesmal in Alles verheerende Fluthen. Während der Gewaltschritte, welche Napoleon in Italien ausübte, die ein baldiges Ende des Friedens leicht vorahnen ließen, wurde Wien von zahlreichen Kundschaftern heimgesucht, die nur zu schnell Volksbewegungen zu veranlassen strebten. Solch ein Tumult ergab sich am 7. Juli 1805, der die Plünderung eines Bäckers auf der Wieden und am folgenden Tage mehrere ähnliche Unfüge in den Vorstädten Mariahilf, Neubau, Neustift, St. Ulrich und Josephstadt herbeiführte und nur durch das Militär gebändigt werden konnte. Jedoch hatte nur der gemeinste Pöbel daran Theil genommen, und am dritten Tage war die Ruhe wieder hergestellt. Wenige Monate darauf erfolgte die Katastrophe der feindlichen Invasion.

Rußland, England und Schweden hatten sich mit Oesterreich gegen Napoleon verbündet. Die Armee in Italien befehligte Erzherzog Carl, jene in Deutschland aber Erzherzog Ferdinand von Oesterreich-Esthe, welchem F. M. L. Freiherr von Mack zur Seite stand. Durch Baierns, Württembergs und Badens Uebertritt verstärkt, war es der französischen Macht gelungen, mittelst eines Marsches über das neutrale preußische Gebiet die Oesterreicher am 14. October 1805 in Ulm einzuschließen. Erzherzog Ferdinand und Fürst Carl Schwarzenberg retteten einen Theil der Cavallerie über Nürnberg nach Böhmen; Mack aber sah sich genöthigt am 17. October zu capituliren, und so streckten denn am 20. October, von Ulm ausziehend, 22,000 Oesterreicher vor Napoleon die Waffen. Unaufhaltsam drang nun das feindliche Heer, ungeachtet die Russen unter Kutusow und die Oesterreicher unter Kienmayer und Meerveld die tapferste Gegenwehre leisteten, gegen Oesterreich und endlich gegen Wien vor.[3] In dieser Gefahr, worin die Hauptstadt schwebte, wurde für sie Rudolph Graf von Wrbna zum Hofcommissär bestellt, und die Jünglinge vom Adel und der Bürgerschaft aufgefordert, zur Erhaltung der Ordnung und Sicherheit Wiens sich der Bürgermiliz zum Garnisonsdienste einzuverleiben. Es bildete sich durch den äußeren Rath Johann Weiß ein bürgerliches Cavallerie-Corps von 200 Mann, und durch den Steueramts-Verwalter Johann Michael Mayer das zweite Bürgerregiment oder die sogenannten Schutzverwandten, Decretisten. Freiherr Ferdinand von Geramb errichtete ein Freicorps der österreichischen Kaiserin. Die Staatscassen, die Kunstsammlungen und Archive wurden nach Ungarn und Mähren in Sicherheit gebracht; doch blieb die Casse des Magistrats und der Stände zur nöthigen Aushilfe zurück. Viele

Adelige und Reiche verließen mit ihren Schätzen die Stadt, und zur Flüchtung der Kostbarkeiten von Privaten wurde ein eigenes Schiff bestimmt. Furcht und Wucher hatten beinahe alle Scheidenmünze versteckt, wodurch die öffentliche Circulation ins Stocken gerieth. Der Hofcommissär ließ daher, um diesem Uebel abzuhelfen, Münzzetteln zu 12 und 24 Kreuzer verfertigen, die bei den Staatscassen und von Privatleuten wie baare Münze angenommen werden mußten.

Kaiser Franz hielt einen Landtag in Preßburg, den er am 7. November schloß, und eilte dann seinem Bundesfreunde, dem Kaiser Alexander von Rußland, nach Brünn entgegen. Die Kaiserin verließ erst am 8. November Nachmittags Wien. Am 9. November war bereits ein Theil der französischen Armee unter Murat in St. Pölten eingerückt. Noch am Abend verfügte sich eine Deputation, aus dem Fürsten Sinzendorf, dem Abte von Seitenstätten, den ständischen Verordneten von Kreß und Grafen Veterani, dem Bürgermeister von Wohlleben, dem Oberkämmerer Schwinner und dem Rath Pöltinger bestehend, zu diesem Prinzen, welchen sie bereits in Burkersdorf trafen und dem sie die Gesinnungen ihres Monarchen eröffneten: „daß er seine Hauptstadt, um sie dem Schrecknisse einer Belagerung zu entziehen, dem Kaiser der Franzosen gegen Versicherung des Schutzes der Religion, der Personen und des Eigenthums übergeben lasse.“ Murat empfieng sie höflich und versprach die Erfüllung der Bedingnisse. Am 10. November zog das letzte Militär ab, und die Bürger übernahmen die Wache. Am 11. rückte der Feind bis an die Linien Wiens vor. Weithin über Hüttelsdorf, die Schmelz und den Wienerberg flackerten dessen Wachtfeuer; die österreichischen aber flammten wie ferne Hoffnungsstrahlen noch auf den Höhen von Stammersdorf. Schon Nachmittags war General Sabatier mit einigen Officieren in die Stadt gekommen und hatte das Zeug- und Landhaus besucht. Abends mußte für fünfzigtausend Mann Brod, Fleisch, Wein und Fourage geliefert werden. Eine zweite, nach Sieghardskirchen zu Napoleon abgeschickte Deputation, dessen Glieder der Landmarschallverwalter Landgraf Fürstenberg, der Erzbischof von Wien, der Probst zu Klosterneuburg, Fürst Sinzendorf, die Grafen Breuner und Trautmannsdorf, Vicebürgermeister Weber, Stadtoberkämmerer Schwinner, dann die Magistratsräthe Wildgans und Eck waren, erhielten von ihm gleiche gewünschte Zusicherung, und am 13. November Mittags zog das erste französische Armeecorps, 15,000 Mann stark, unter Murat und Lannes zur Mariahilferlinie herein gerade durch die Burg in die Stadt und rasch längs der Leopoldstadt zur Taborbrücke hin, deren es sich sogleich bemächtigte und sonach die dicht am jenseitigen Ufer zurückgebliebene österreichische Reserve-Artillerie zur Beute machte. Nachmittags folgte eine zweite Colonne über die Donaubrücke nach, und nur bei dreitausend Mann blieben als Garnison in der Stadt zurück.

Napoleon hatte sein Hof- und Heerlager in Schönbrunn genommen und zeigte überhaupt eine Scheu gegen Wien, das er am 14. in der Nacht um zwei Uhr bis zur Donaubrücke durchritt und dann wieder in das Hauptquartier zurückkehrte! Prinz Murat bezog den Palast des Herzogs Albrecht, der Stadtcommandant General Hulin, ein Stürmer der Bastille, jenen des

Fürsten Lobkowitz. Ein Manifest vom 15. hatte ganz Oesterreich unter französische Verwaltung gesetzt und zu dessen General-Gouverneur den General Clarke und zum General-Intendanten den Staatsrath Daru ernannt. So war denn Wien vollkommen in des Feindes Gewalt. Die Bürger hatten zwar mit dem französischen Militär gemeinschaftlich die Obhut für dessen Ruhe und Sicherheit; durften aber kein geladenes Gewehr führen. Demungeachtet waren die Franzosen in fortwährender Besorgniß. Vorzüglich schienen sie die Gefechte von Hollabrunn und Guntersdorf am 17. November sehr zu beunruhigen. Es bedurfte demnach nur eines Mißverständnisses, durch ein dem Stalle entlaufenes Pferd herbeigeführt, dessen nacheilender Besitzer im schlechten Deutsch fortwährend „die Ruß" ausrief, um sie und die Wiener auf die Meinung zu bringen, als seien die Russen gegen die Stadt im Anzuge. Panischer Schrecken erfüllte die Franzosen, und im gleichen Grade erhob sich der Muth des Volkes. Schon hatte man viele französische Officiere und Soldaten mißhandelt, es schien eine zweite sicilianische Vesper bevorzustehen; doch das bescheidene und doch kräftig einwirkende Benehmen des Bürgermilitärs wußte noch zur rechter Zeit diesem Unheile vorzubeugen.

Die Kosten der Einquartierung mußten von den Hauseigenthümern getragen werden. Indessen hatten die Franzosen am 21. November die großen Vorräthe der kaiserlichen Zeughäuser, deren Fortschaffung, bei ihrer raschen Annäherung, nicht möglich war, als Beute von mehreren Millionen in Beschlag zu nehmen begonnen; und immer niederschlagender wurde die Stimmung der Wiener, da man vom Schauplatze des Kampfes durchaus nichts Zuverläßiges erfahren konnte. Nur aus der vielfältigen Herbeiführung von Verwundeten und Kriegsgefangenen durfte man schließen, daß noch in der Nähe gefochten wurde. Die Franzosen gaben zwar häufig Bülletins heraus, die sich jedoch ganz natürlich immer nur zu ihrem Vortheile darstellten und sichtbar so übertrieben und albern abgefaßt waren, daß ihnen das Volk nicht den geringsten Glauben schenkte. So kam der verhängnißvolle 2. December 1805 heran, wo in der Schlacht bei Austerlitz der Sieg sich für Napoleon entschied. Schon am andern Tage waren die Wiener davon benachrichtigt; nun aber kam eine solche Menge Verwundete hier an, daß man sie kaum unterzubringen und mit den nöthigen Geräthschaften zu versehen vermochte. Hierzu kam noch der drückende Umstand, daß die Franzosen ihre Rationen verkauften und selbe noch einmal zu erpressen suchten, und daß, wie eine Truppe aus einer Caserne auszog, sie die dahin gelieferten Fournituren, gleich als wäre es ihr Eigenthum, an den Meistbietenden verkauften, wodurch der später einrückenden Mannschaft dieselben neuerdings beigeschafft werden mußten. Selbst die strengsten Mandate konnten diesem schändlichen Handel kaum Einhalt thun.

Am 8. December wurde der zu Austerlitz abgeschlossene Waffenstillstand veröffentlicht und in den nächsten drei Tagen führte man große Züge von gefangenen Russen durch Wien, die von Noth und Entkräftung entstellt das Mitleid der Wiener erregten. Man warf ihnen Geld und Lebensbedürfnisse zu, was einige Unordnungen und Thätlichkeiten nach sich zog. Dagegen legte der französische Zeitungs-Redacteur am 11. December, da, nach einem öffentlichen Aufrufe: für die verwundeten Franzosen und Russen Spitalbedürfnisse zu sammeln die Beiträge überreichlich zuflossen, das ehrenvolle Geständniß ab: „daß die Anwohner der Seine und Newa sich lange mit Erkenntlichkeit an den Edelmuth der Wiener erinnern würden.“

Am 12. fuhr Napoleon, aus Mähren kommend, im Carriere durch Wien und nahm sein Quartier wieder in Schönbrunn. Schon am 10. wurde, unter Drohung der sonstigen Auflösung aller inländischen Behörden, eine Geld-Requisition von 32 Millionen Francs von den Ständen und der Stadt gemacht, und des folgenden Tages die in Wien befindlichen Cassen, welche noch beiläufig zwei Millionen Gulden enthielten, einstweilen auf Abschlag dieser Forderung in Empfang genommen. Nun am 13. drang Daru auf unverzügliche Bezahlung dieser Summe. Um sie aufzubringen mußte ein gezwungenes Anleihen auf alle Classen der Einwohner gelegt werden. Durch den Edelmuth der Fürstin Lubomirska, welche unaufgefordert 100,000 Ducaten dazu vorschoß, war man jedoch in die Lage versetzt, die geringste Classe, deren Hauszins nicht über hundert Gulden betrug, gänzlich zu verschonen. Aus diesem erpreßten Gelde ließ Napoleon am 19. seinen Soldaten den rückständigen Sold und ein Geschenk auszahlen, die auf fremde Kosten lebend, so geschwelgt hatten, daß sie zu Tausenden in bösartige Fieber verfielen, welche auch für die Einwohner ansteckend wirkten.

Am 28. December endlich wurde der Preßburger Friede in Wien kundgemacht und durch ein Te Deum bei St. Stephan gefeiert. In Kraft dessen wurden Venedig, die Vorlande, Tyrol, Eichstädt und der österreichische Antheil Passaus abgetreten, der deutsche Orden im Reich aufgehoben, dagegen Salzburg und Berchtoldsgaden erworben, der Churfürst von Salzburg durch Würzburg entschädigt; Baiern, Württemberg und Baden als Souverains, und beide Erstere zu Königen erklärt. Noch an demselben Tag verließ Napoleon Schönbrunn, nachdem er vorher noch im Jägerhause zu Stammersdorf mit Erzherzog Carl gesprochen und folgende Proclamation erlassen hat:

„Bewohner Wiens!“

„Ich habe den Frieden mit dem österreichischen Kaiser unterzeichnet. Im Begriffe in meine Hauptstadt zurückzukehren, wünsche Ich noch, Euch die Achtung, welche Ich für Euch hege und die Zufriedenheit zu erkennen zu geben, die Ich über Euer gutes Betragen, während der Zeit, als Ihr unter meinen Befehlen standet, empfinde. Ich habe Euch ein Beispiel gegeben, das in der Geschichte der Völker noch unerhört ist. Zehntausend Mann von Eurer National-Garde sind unter Waffen geblieben und haben Eure Thore bewacht. Euer Arsenal wurde vollständig in Eurer Gewalt gelassen, und während eben dieser Zeit habe Ich Mich den abwechselnden Launen des Kriegsglückes bloßgestellt. Ich habe Mich auf Eure Gefühle von Ehre, von Treue, von Redlichkeit verlassen. Ihr habt Mein Zutrauen gerechtfertigt.“ „Bewohner Wiens! Ich habe Mich wenig unter Euch gezeigt; nicht aus Geringschätzung oder aus einem eiteln Stolze: sondern Ich habe Euch von keinem der Gefühle abwenden wollen, die Ihr einem Fürsten schuldig waret, mit dem Ich die Absicht hatte, einen schnellen Frieden zu schließen.«

»Empfanget bei Meiner Abreise als ein Geschenk, das Euch Meine Achtung beweiset, unberührt Euer Arsenal zurück, das die Rechte des Kriegs zu meinem Eigenthum gemacht hatte; bedient Euch immer desselben zur Erhaltung der Ordnung. Alle die Uebel, die Ihr erlitten habt, schreibt dem Unglück zu, das von dem Kriege unzertrennlich ist. Alle die Schonungen, mit denen Meine Armee Eure Gegenden betreten hat, verdankt Ihr der Achtung, die Ihr Euch erworben habt.«

Napoleon.

Schönbrunn am 6. Nivose Jahr 14. (27. Dec. 1805).

Auf Befehl des Kaisers:

Berthier.

In derselben Nacht noch marschirte die erste französische Colonne mit ihrem Geschütze ab; der letzte Ausmarsch erfolgte am 13. Jänner 1806. Die Stadt hatte demnach 62 Tage hindurch feindliche Besatzung gehabt. Die Verpflegung, Equipirung und Fourage für die Franzosen kostete die Provinz Nieder-Oesterreich bei 50 Millionen.

Am 15. Jänner 1806 erließ Kaiser Franz aus Feldsberg folgende Zuschrift an die Wiener, wie sie nur immer dem Grunde des edelsten Vaterherzens entströmen konnte: »Als Ich Mich aus Eurer Mitte entfernte, hatte Ich nicht unwichtige Gründe zu glauben, Unsere Trennung würde nur von sehr kurzer Dauer seyn; denn es war damals mein fester Entschluß, gleich nach geendigtem ungerischem Landtage Mich wieder nach Wien zu begeben und unter Euch so lange zu bleiben, als sich Mein Aufenthalt mit der Regentenpflicht, für das Ganze zu sorgen, hätte vereinigen lassen. Nur der Drang der Umstände hinderte die Ausführung dieses Entschlusses. Ich glaubte es Euch so wie der Gesammtmasse meiner getreuen Unterthanen schuldig zu seyn, in der Nähe der combinirten Armee zu verbleiben. Ich wählte einen Stellvertreter, der Euer Zutrauen besaß und dessen in vollem Maße würdig war. Ich beschäftigte Mich mit Euch, sorgte für Euch, so gut es bei der Widerwärtigkeit der Ereignisse nur immer geschehen konnte.«

»Lag es in dem Plane der Vorsicht nicht, uns durch Waffenglück die gewünschte Gründung einer dauerhaften Sicherheit zu gewähren, so war mein Bestreben nur noch um so ernstlicher, durch Friedensunterhandlungen meinen bedrängten Ländern Ruhe und Erholung zu verschaffen. Es geschah nicht früh genug für mein Herz, aber so schnell als ein Geschäft geschlichtet werden konnte, das von höchster Wichtigkeit für jetzt und für die Zukunft, und zu dessen Vollendung gegenseitige Beistimmung erforderlich ist.«

»Nun ist endlich der unglückliche Zeitpunkt der Trennung vorüber. Ich kehre zu Euch zurück, durchdrungen von Rührung über Euer standhaftes Ausharren, über Eure unerschütterliche Anhänglichkeit, über Eure Wachsamkeit für Ruhe und Ordnung, über Eure stete Bereitwilligkeit, das menschliche Elend durch Wohlthätigkeit zu lindern. Keine Pflicht habt Ihr unerfüllt, keine Tugend habt Ihr unausgeübt gelassen. Ihr habt Euch die Achtung Eurer Mitbürger und des Auslandes, und die gerechtesten Ansprüche auf Meine Dankbarkeit erworben. Noch entfernt von Euch, und zur Zeit der härtesten Prüfungen, fand ich in diesem Gefühle Trost und Beruhigung.«

»Aber wenn ich Mich gleich mit größtem Rechte den freudigen Empfindungen überlasse, die Mir die Rückkehr zu den biedern Bewohnern Wiens in einer so wichtigen Periode gewährt; wenn auch Ihr Eurem Landesfürsten mit Fröhlichkeit entgegen kommt und im Moment des Wiedersehens das ausgestandene Ungemach vergeßt: so glaubt darum ja nicht, daß Ich Eure Lage nicht genau kenne und nicht reiflich erwogen habe.«

»Ja, gutes Volk! Du hast Drangsale ausgestanden, die Deinen durch Fleiß und Thätigkeit erworbenen Wohlstand in seiner Grundfeste erschüttert haben. Ich täusche mich über diese Thatsache nicht und habe Mich vielmehr sorgfältig bemüht, ganz in die Lage der Umstände einzudringen, da diese Kenntniß unumgänglich nothwendig war, um die Hilfsmittel mit dem Bedürfnisse in ein Verhältniß zu bringen. Was ich unter dem Zusammenflusse so vieler widriger Umstände nur immer thun konnte, um zu verhüten, daß die so lang fortgesetzte übermäßige Verzehrung nicht Mangel oder unleidentliche Theurung herbeiführe, ist schon wirklich geschehen. Auch in der Folge werde Ich alle von der Vorsicht in Meine Hände gelegten Mittel zu diesem Mir so angelegenen Zweck verwenden.«

»Bleibt Eurem Fürsten so treu, wie Ihr es in dem beschwerlichsten Zeitpunkte geblieben seid; unterstützt mit echtem Gemeinsinn Meine auf das allgemeine Beste gerichteten rastlosen Bemühungen, verdoppelt Eure Betriebsamkeit, überlaßt Euch ferner dem edlen Triebe des Wohlthuns; gebt unbilligem Tadel kein Gehör; bauet auf Gott und vereiniget Euch mit Mir, um Ihn anzurufen, so werden die Wunden, seien sie auch noch so tief, bald wieder geheilt seyn.«

Franz.

Mit Ungeduld sehnten sich die Wiener nach dem feierlichen Augenblick, wo sie den geliebten Landesfürsten wieder sehen sollten. Um das Fest seiner Rückkehr weniger durch Prunk als, nach dem zarten Sinn des Kaisers, durch eine wohlthätige Handlung zu feiern, wurde eine Subscription für die dürftigste Volksclasse eröffnet, welche in wenigen Stunden schon 48,000 Gulden betrug. Am 16. Jänner erfolgte der Einzug beider Majestäten. Die Stände Nieder-Oesterreichs hatten aus sich eine berittene Ehrenwache, fünfzig Mann stark, gebildet. Diese, eine Deputation der Stände, nebst den Bürgermeistern von Wien und Neustadt, so wie die bürgerliche Cavallerie, begaben sich früh Morgens nach dem Dorfe Spitz, auch Floridsdorf genannt, außer der letzten Taborbrücke. Von hier bis in die Stadt zum St. Stephansdome hatte die sämmtliche

Bürgermiliz rechts und links den Weg besetzt, und viele Tausend Einwohner Wiens gesellten sich dazu, ja ganze Schaaren eilten sogar bis Stammersdorf vor, um nur noch früher den Monarchen zu erblicken. Gassen und Straßen in Wien waren festlich ausgeschmückt mit Bäumen und Blumengewinden, und von den Häusern herab hiengen Tapeten und köstliche Teppiche. Gegen eilf Uhr gelangten Kaiser und Kaiserin am Spitz an, wo sich sogleich Alles in Bewegung setzte sie zu empfangen. Nach einer kurzen Weile des Ausruhens setzte sich der Zug in Bewegung nach der Hauptstadt. Hier vor dem Rothen-Thurm-Thore wurde der Monarch von dem Wiener Bürgermeister Stephan Edlen von Wohlleben mit einer Glückwunsch-Rede bewillkommt, welche Kaiser Franz, mit der innigsten Anerkennung der Treue seiner Bürgerschaft, erwiderte. Selbst der Donner der Kanonen auf den Wällen und das Geläute aller Glocken vermochten nicht den tausendstimmigen Vivatruf, der allenthalben die Luft erfüllte, zu übertönen. So gelangte das kaiserliche Paar nach St. Stephan, wo der Clerus und fünfzig weiß gekleidete Bürgermädchen dasselbe empfiengen, die ein Gedicht überreichten und den Weg von der Kirchenpforte bis zum Hochaltare mit Blumen bestreuten. Ein inbrünstiges „Herr Gott dich loben wir!“ erschallte, und sonach gieng der Zug in die Burg, in welcher schon der Hofstaat, der Adel, die öffentlichen Behörden und der Magistrat zur Aufwartung versammelt waren. So ward Kaiser Franz, wie im Triumphe, in seine Residenz wieder eingeführt!

Zwei Tage darauf rückte wieder österreichische Garnison in Wien ein und Erzherzog Carl, der hohe Sieger bei Caldiero, ihr Führer, nebst den Erzherzogen Johann, Ludwig und Maximilian, wurden von Bürgermeister und Rath an der steinernen Brücke, welche über die Wien führt, feierlichst empfangen, worauf der Monarch, von den ständischen und bürgerlichen Cavallerie-Corps begleitet, auf dem Glacis an die verdiente Mannschaft des italienischen Heeres die Tapferkeitsmedaillen vertheilte. Am 19. erhielt sonach jedes Mitglied der Bürgermiliz zum Andenken ein gedrucktes Danksagungs-Schreiben für erprobte Treue und thätige Dienstleistung während der feindlichen Invasion. Unverzüglich ward der verdienstvolle Graf Wrbna mit dem Großkreuze des Stephansorden geziert und zum Oberstkämmerer Sr. Majestät ernannt; der Wiener Magistrat aber, dessen Bürgermeister ebenfalls mit dem Stephansorden geschmückt wurde, ehrte ihn mit dem Bürgerrechte und der Steuerfreiheit für sein Haus in der Spiegelgasse auf ewige Zeiten. Am 10. Februar trat Erzherzog Carl als Generalissimus an die Spitze des österreichischen Kriegswesens, und am 12. gab der Kaiser dem Fürsten Johann Liechtenstein seiner Verdienste wegen, welche er sich in den unglücklichen Tagen um das Kaiserhaus erworben, den Orden des goldenen Vließes; ernannte ihn sodann zum Commandirenden im Lande ob und unter der Enns und zum Stadtcommandanten von Wien. Mit Selbstaufopferung hatten sich viele Menschenfreunde um die Pflege der österreichischen und russischen Verwundeten angenommen. Ihr Vorbild war die Schlossermeisterin Franziska Klähr, die, während ihr Gatte unausgesetzt Bürgermiliz-Dienste versah, mit ihren Kindern, Gesellen und aus Eignem aufgenommenen Wärtern, sich in den Spitälern zu St. Augustin und St. Michael ganz der Sorge für die kranken Oesterreicher und Russen geweiht und durch ihr edles Bemühen mehr denn zweihundert Soldaten ihren Fahnen wieder gegeben hatte. Kaiser Franz verlieh ihr darob die große goldene Ehren-Medaille mit der Kette, die ihr im Rathssaale des Magistrates von dem Bürgermeister Edlen von Wohlleben öffentlich umgehängt wurde.

Am 6. August 1806 legte Franz der Zweite die deutsche Kaiserkrone nieder, entband alle Reichsstände ihren bisherigen Pflichten und zählte seine deutschen Provinzen, welche bisher im Reichsverbande standen, von demselben los. Er nannte sich von nun an: „Franz der Erste, Erbkaiser von Oesterreich“ und veränderte Titulatur und Wappen. Das nächstfolgende Jahr wurde Wien durch das Ableben der Kaiserin Maria Theresia, welches am 13. April erfolgte, in tiefe Trauer versetzt.

Der 24. November 1807 war der Enthüllungstag des herrlichen Denkmales, welches der Monarch seinem hohen Oheim Joseph auf dem, nach diesem Kaiser benannten Platze hatte setzen lassen. In dem Zeitraume vom April bis Juni 1802 war die Grundfeste gegraben und das Postament hergestellt worden; am 30. Juni 1806 wurde das Pferd, am 14. Juli Joseph's Erzbild aus dem Gußhause auf der Wieden nach dem Josephsplatze geführt, und dann Ersteres am 2., Letzteres am 15. Juli aufgezogen. Kaiser Joseph der Zweite, im römischen Costüme, mit dem Lorbeerkranze auf dem Haupte, hält mit der linken

römischen Costüme, mit dem Lorbeerkranze auf dem Haupte, hält mit der linken

Hand den Zügel des Pferdes, und streckt die rechte gerade vor sich hin. Die Aehnlichkeit ist auffallend treffend. Statue und Pferd sind von Metall und wurden, erstere im Jahre 1800, das andere 1803, beide in seltener Vollkommenheit gegossen. Die Höhe des Pferdes vom vorderen Standfuße bis über die Mähne des Kopfes beträgt 2 Klafter 1 Fuß 3 Zoll; die Länge 2 Klafter 2 Fuß 3 Zoll; die Figur des Kaisers wäre stehend 13½ Fuß hoch. Diese Statue steht auf einem Fußgestelle von schwarzgrauem Granit. An demselben ist vorne die Inschrift: Josepho II. Aug. qui saluti publicae vixit non diu sed totus; rückwärts: Franciscus Rom. et Aust. Imp. ex fratre nepos alteri parenti posuit 1806. Auf den beiden Seiten sind zwei große Basreliefs, jedes 1 Klafter 4 Fuß 1 Zoll breit, und 2 Fuß 4½ Zoll hoch, ebenfalls aus Metall gegossen, wovon eines den Ackerbau, das andere den Handel vorstellt, wie sie von Joseph Beförderung und Aufmunterung erhalten, und deren Hauptfiguren die Höhe von 4 Fuß 8 Zoll haben. Die Höhe des ganzen Monuments beträgt 5 Klafter 3 Fuß und 8 Zoll. An den Ecken stehen vier Pilaster in Form von corinthischen Säulen, und an diesen sind sechzehn kleinere metallene Basreliefs, in der Form von Medaillons und nach wirklichen Münzen gearbeitet, welche auf die denkwürdigsten Ereignisse unter der Regierung Joseph's des Zweiten geschlagen wurden. Das Ganze ist ein Kunstwerk, das unter die ersten dieser Art in Europa gehört. Es wurde von Franz Zauner, damaligem Professor der Bildhauerkunst an der hiesigen Akademie verfertigt.

Nach wenigen Wochen gab es ein neues Freudenfest für Wien. Kaiser Franz vermählte sich am 6. Jänner 1808 mit Maria Ludovica, Erzherzogin von Oesterreich-Esthe. Ungewöhnliche Pracht war dabei zu sehen. Der Monarch stiftete bei dieser Gelegenheit den nach seinem kaiserlichen Vater benannten Leopoldsorden für alle Stände, für das Verdienst des Staatsmannes und Kriegers sowohl als auch des Gelehrten und Künstlers; es wurden große Beförderungen beim Civile und Militär vorgenommen, Würden, Titel und Aemter verliehen; der Magistrat und der Handelsstand stattete achtzig arme Mädchen aus, worunter auch vier israelitische waren; die Armen des Bürgerspitales, ja selbst die Missethäter in den Gefängnissen wurden von wohlthätigen Vereinen bewirthet; und die ganze Feierlichkeit wurde am 10. Jänner, an welchem Tage zugleich auch der Mechaniker Wolfsohn auf dem Schottenfelde den prächtigen Apollosaal eröffnet hatte, mit einem Caroussel der Bürger-Cavallerie in der kais. Reitschule und einer glänzenden Frei-Redoute beschlossen. Am 15. Februar wurde sodann der am 12. d. M. eingefallene Geburtstag des Kaisers in dem hiesigen Invalidenhause überaus rührend begangen. Der älteste Invalide Ignaz Bachmann, welcher 108 Lebens- und 70 Dienstjahre zählte, überreichte beiden Majestäten ein einfaches Gedicht, welches aber seine und der Waffenbrüder Empfindungen rührend ausdrückte, worauf sich ein dreimaliger Vivatruf, von militärischer Musik und dem Donner des Geschützes begleitet, jubelnd erhob. Abends war das schöne Gebäude sehr geschmackvoll beleuchtet. Allenthalben floßen reiche Geschenke dem Invalidenfonde zu, wozu vorzüglich das Bürgermilitär mit rühmlichem Beispiele voranging. In wenigen Tagen schon hatten dieselben den Betrag von 30,000 Gulden erreicht. Mit dem 12. Mai begann man die Militär-Reserve, und mit dem 9. Juni die Landwehre zu bilden. Wien hatte sechs Bataillons zu stellen, welche schon am 1. November vor Oesterreichs großem Helden, dem Erzherzog Carl, auf dem Glacis zu dessen voller Zufriedenheit manövrirten.

Kaum hatte das Jahr 1809 begonnen, als zum vierten Male ein Krieg mit Frankreich die Oesterreicher beschäftigte. Bereits am 10. März zog die Landwehre, nachdem zwei Tage früher Wiens Bürgerschaft wieder die Garnisonsdienste übernommen hatte, ins Feld. Denselben folgten am 6. April der Kaiser und Erzherzog Carl. Am 10. April ward von der österreichischen Armee die Gränze überschritten. Bald kam es zu mörderischen Gefechten bei Regensburg. Durch sie fand sich Erzherzog Carl bestimmt mit der Armee das linke Donau-Ufer zu beschreiten und sich gegen Böhmen zu wenden. Sonach drangen die Franzosen unaufhaltsam in Oesterreich ein, und sechs Tage nach dem blutigen Treffen bei Ebersberg, wo Massena über 6000 Mann verlor, und die Wiener Landwehre, unter Küffel und Salis zum ersten Male ins Feuer gekommen, Wunder von Tapferkeit ausübte, — standen sie bereits am 9. Mai vor den Linien Wiens. Diesmal wurde beschlossen dasselbe zu vertheidigen, und bereits am 7. Mai begannen die Anstalten dazu. Erzherzog Maximilian, Bruder der Kaiserin, ward Stadtcommandant. Hiller, welcher bei Krems über die Donau gesetzt hatte, entsendete einige Bataillons zur Besatzungs-Verstärkung der Stadt, die nun aus 16,000 Mann Linientruppen und Landwehre, 1000 Studenten und Künstler, dem zahlreichen Bürgermilitär und einiger Aufgebotsmannschaft bestand und auf den Basteien vom Kärnthner- bis zum Schottenthor vertheilt war. Man brannte die Franzens- und Augartenbrücke ab, verhaute und verschanzte den Prater, vertheilte 70,000 Gewehre zur Bewaffnung der Vorstädter und sperrte dann die Stadtthore bis auf jenes am rothen Thurme. Schon am 9. Mai kamen die Franzosen bis an die Vorstadt Mariahilf, und am 10. Mai, wo Napoleon sein Hauptquartier in Schönbrunn genommen und Andreossi zum Gouverneur in Wien ernannt hatte, sprengten bereits die feindlichen Chasseurs des Generals Tharreau bis an das Glacis, wo sie an der Wienbrücke nächst dem Kärnthnerthore Pulverwägen wegnehmen wollten, aber daran durch den kecken Muth des Bürger-Cavallerie-Wachtmeisters Augustin Wieser verhindert wurden. Nun jagten auch fortwährend Husaren zum Stadtthore hinaus. Diesen gerieth Saint Mars, Adjutant des Marschalles Lannes, den derselbe um 7 Uhr mit einem Trompeter als Parlamentär vor das Burgthor geschickt hatte, wo er aber mit seiner Uebergabs-Aufforderung abgewiesen ward, in die Hände, nachdem ihn vorerst ein Handwerker vom Pferd gerissen und mißhandelt hatte. Vier andere Chasseurs hatten die Tollkühnheit mit einem Trupp Husaren zum Kärnthnerthor herein zu sprengen. Den einen tödtete ein Fleischerknecht im Komödiengäßchen, die andern wurden am Graben und Haarmarkt schwer verwundet gefangen. Da Lannes Adjutant nicht zurückgekehrt war, sandte Fürst Alexander Berthier aus Schönbrunn durch einige Bürger der Vorstädte eine neue Aufforderung an Erzherzog Maximilian, die jedoch ebenfalls mit ein Paar höflichen Zeilen des Generals Oreilly begleitet, durch den Gumpendorfer Richter Joseph Damböck zurück gesendet wurde. Bald darauf erfolgten von der Stadt die ersten Kanonenschüsse gegen den Feind, der sich allenthalben in den Vorstadtgassen zeigte. Napoleon beschloß nun Wien durch ein Bombardement zu bezwingen. In dieser Absicht ließ daher General Bertrand am Christihimmelfahrtstage, den 11. Mai, Nachmittags in der breiten Gasse der Vorstadt Spittelberg ein Haus durchbrechen, um sich rückwärts einen Weg zur Anhöhe hinter den kaiserlichen Stallungen zu bahnen, welches mächtige Gebäude ganz geeignet sich zeigte, die Batterie zu decken.

Das Bombardement begann um 9 Uhr Abends, und es wurden bei 1800 Haubitzgranaten in die Stadt geworfen. Man feuerte zwar auch von den Basteien stark gegen die feindliche Artillerie, aber erfolglos, nur daß das kaiserliche Stallgebäude starke Beschädigungen erlitt. Es währte ununterbrochen bis zwölf Uhr; dann trat die Rast von einer Viertelstunde ein; hierauf fieng es neuerdings an und dauerte bis halb drei Uhr fort, wo dann unerwartet die weiße Fahne ausgesteckt und den feindlichen Vorposten gemeldet wurde, daß man capituliren wolle. Der Widerstand hatte sonach kaum 5½ Stunden gewährt. Vierzehn Häuser, hierunter zuerst das Kaiserstein'sche Haus in der Bräunerstraße welches mächtige Gebäude ganz geeignet sich zeigte, die Batterie zu decken.

Das Bombardement begann um 9 Uhr Abends, und es wurden bei 1800 Han-

und der Trattnerhof waren in Brand gerathen, siebzehn Menschen getödet und mehrere verwundet worden.

Ein unvermutheteß Ereigniß führte die schnelle Uebergabe Wiens herbei. Gleich mit dem Anfange des Bombardements hatte sich Napoleon mit dem Marschall Massena über Simmering an den Donau-Arm bei dem Lusthause im Prater begeben. Hier beordnete er zwei Compagnien Voltigeurs dasselbe zu besetzen. Unverweilt schwammen mehrere von ihnen durch die Donau an das jenseitige Ufer, holten einige dort befindliche Fahrzeuge herüber, setzten darauf über den Strom, besetzten das Lusthaus, schlugen in Eile eine Brücke, auf welcher eine ganze Colonne in den Prater übergieng und durch denselben, trotz der tapferen Gegenwehr der hier aufgestellten Grenadiere, gegen die Stadt vorrückte. Schon stand es auf dem Punkte, daß die Besatzung der Stadt von den Brücken abgeschnitten würde. In diesem Augenblicke übergab Erzherzog Maximilian dem Grafen Oreilly das Commando der Stadt und Vollmacht zu capituliren, zog mit den Linientruppen und der Landwehre aus der Stadt über den Tabor ans linke Donauufer und brannte alle Brücken hinter sich ab. Auf der Belagerungsseite wurde zwar von den Franzosen, gleich nach ausgesteckter weißer Fahne, jede Feindseligkeit eingestellt; nicht so aber im Prater. Um sechs Uhr Morgens eilten die Divisionen Saint Cyr und Boudet, des Ingrimmes voll, die Jägerzeile herauf und begannen zu plündern. Zwei Landwehrmänner, die sich verspätet hatten, wurden von zwei feindlichen Husaren niedergehauen; aber auch sie fanden den Tod durch einen Schuß von der Rothenthurm-Bastei, wo man nun ebenfalls das Uebergabszeichen aufpflanzte.

Zwei Stunden darauf (am 12. Mai) gieng eine Deputation von den Landständen und dem Magistrate, aus dem Landmarschall Grafen Dietrichstein, dem Fürst Erzbischof Hohenwart, den Prälaten von Klosterneuburg und von den Schotten, dem Grafen Veterani, den Freiherren von Bartenstein, Haan, Mayenberg, dem Stadthauptmann Lederer, dem Bürgermeister von Wohlleben und den Räthen Egger, Pink und Heyß bestehend, zu Napoleon nach Schönbrunn, welcher Sicherheit der Personen und des Eigenthumes, so wie Schutz für die öffentlichen Anstalten versprach. Somit wurde noch an demselben Tag die Capitulation abgeschlossen. Am 13. um sieben Uhr Morgens nahm die Division Oudinot von der Stadt Besitz; es wurden alle Staats- und Stadt-Cassen, die bei 12 Millionen Gulden enthielten, in Beschlag genommen, und um 9 Uhr rückte die ganze feindliche Armee in Wien ein. Die Truppen mit ihren Officieren wurden in die Vorstädte, die Generale aber, der Stab, die Commissäre, Armee-Beamten ꝛc. in der Stadt untergebracht, und die Hausbesitzer hatten aus Eigenem die Einquartierten zu verköstigen. General Razout ward Platz-Commandant. Er erließ, einverständlich mit dem Magistrate, ein Quartier-Reglement. Die landesfürstliche Hofcommission wurde aufgelöst und die n. ö. Regierung unter Graf Bissingen trat an ihre Stelle. Gleich anfänglich gab es einige beunruhigende Auftritte, die aber ohne böse Folgen abliefen. Nicht so ergieng es dem Baron Sala, einem sechszigjährigen Manne, der mit seinem Sohne im Augarten spazieren wollte. Die französischen Posten zwangen ihn zur Schanzarbeit, und da er sich dessen weigerte, schossen sie ihn sogleich nieder und hielten den Sohn noch mehrere Stunden lang bei dieser Beschäftigung an.

Schon am 13. hatte der Feind versucht, von Nußdorf gegen die schwarze Lacke über die Donau zu setzen; er wurde aber durch die Wiener Landwehre mit dem Verlust von 1100 Mann zurück geschlagen. Bald aber fand Napoleon's umsichtiger Kriegsblick an der Insel Lobau einen Punct, der weit geeigneter war, mittelst einer Brücke den Uebergang ins Marchfeld zu erzwingen. Er verlegte daher zu diesem Zwecke sein Hauptquartier nach Kaiser-Ebersdorf in den sogenannten Thürmel- oder Schlegelhof, und ließ thätig daran arbeiten. Erzherzog Carl, der nach den unglücklichen Tagen bei Abensberg, Landshut, Eckmühl und Regensburg sich meisterhaft nach Budweis in Böhmen zurückgezogen hatte und den Weg nach Wien nur durch eine starke Arrieregarde vertheidigen ließ, führte im Plane, diese Stadt, welche sich einstweilen halten sollte, durch Eilmärsche vor den Franzosen zu erreichen, was jedoch leider vereitelt wurde. Als dieser Held demnach, wenige Tage nach deren Uebergabe, mit seinem Heere im Marchfelde angelangt und am Bisamberg gelagert war, konnte ihm das Vorhaben des Feindes nicht entgehen. Eine Recognoscirung vom 20. zeigte eine bedeutende Macht der Franzosen auf der Lobau, und die Brücke war bereits errichtet. Erzherzog Carl stellte daher am 21., dem Pfingstsonntage, mit Anbruch des Tages sein Heer von 75,000 Mann, das 288 Kanonen begleiteten, zu zwei Treffen gereiht in Schlachtordnung. General-Quartiermeister Freiherr von Wimpffen gab um die Mittagsstunde aus Gerasdorf die Disposition, und um drei Uhr begann unter dem furchtbarsten Donner des Geschützes der Kampf. Alles in Wien, Freund und Feind war durch diese erhaben-schrecklichen Laute, wie sie so rasch hintereinander herüber schallten, in heftige Aufregung und bange Erwartung versetzt. Alles was nur es vermochte eilte auf die Thürme, um den Erfolg des Treffens zu erspähen. Es war blutig! — Der aus der Lobau fortwährend herüber eilende Feind hatte sich an die beiden Dörfer Aspern und Eßlingen gestützt. Ersteres wurde wohl mehr denn zehn Mal erstürmt. Es ward bald gewonnen bald verloren. Jede Einzelnheiten desselben, die Kirche, der Kirchhof, der Thurm, die Böden und Keller der Häuser, ja selbst Wägen waren Gegenstände eines eigenen Kampfes. Dennoch war lange nichts entschieden. Da rückte plötzlich des Feindes Mitteltreffen, aus zwölf auserlesenen Cürassier-Regimentern bestehend, welche (ganz geharnischte Reiter) die Wiener noch des Morgens, daß die Erde unter ihnen erbebte, in die Schlacht stürmen sahen, hervor, und prallte mit so furchtbarer Gewalt an die Oesterreicher, daß deren Cavallerie wich und nur mit genauer Noth das Geschütz zu decken vermochte. Aber felsenfest stand die Infanterie. Es waren die Regimenter: Zach, Froon, Stein, Zetwitz, Joseph Collorede und die Legion Erzherzogs Carl unter dem Feld-Marschall-Lieutenant Brady und den General-Majors Koller, Buresch und Mayer. Rings umzingelt wurden sie von dem General D'Espagne aufgefordert sich zu ergeben. Ein Schuß zur Antwort stürzte ihn leblos vom Pferde. Schon waren die Geharnischten nur noch vierzig Schritte entfernt, und die wackeren hatten noch kaltblütig geschultert;

aber auf fünfzehn Schritte ihrer Annäherung erfolgte solch ein wüthendes Gewehrfeuer in die Reihen der feindlichen Reiter, daß in wenigen Minuten deren über dreitausend auf dem Schlachtfelde blieben. Die Verwirrung der Franzosen war nun allgemein. Napoleon selbst war in größter Gefahr gefangen zu werden, wie denn dies auch wenige Schritte von ihm seinen Stallmeistern, den Generalen Fouler und Durosnel, geschah. — Am 22., da Erzherzog Carl durch brennende Schiffe die Lobau-Brücke hatte vernichten lassen, erfolgte ein neuer rasender Kampf um Eßlingen, das für den Rückzug der Franzosen von großer Wichtigkeit war. Immer beschränkter jedoch wurde für sie das Schlachtfeld, und das Kreuzfeuer der Oesterreicher wüthete schrecklich in den Reihen des tapferen Feindes, der sich noch immer hartnäckig vertheidigte. Da ergriff Held Carl die Fahne von Zach und zeigte sich allenthalben, wo die Gefahr am größten war; die österreichischen Generale stellten sich an die Spitze der begeisterten Truppen: „Vorwärts!“ erscholl es. — Ein Siegesjubel erfolgte. — Des französischen Heeres Ueberreste flüchteten in die Lobau. Lange saß hier Abends Napoleon auf einem Baumstrunke düster für sich hinbrütend, als ihn Berthier erinnerte, hinüber nach Ebersdorf zu fahren. Da fuhr er rasch empor, indem er für sich hin sprach: „Daran finde ich doch wahrlich nichts besonderes, daß man auch einmal eine Schlacht verliert, wenn man deren vierzig gewonnen hat!“ Massena trug Sorge für das Heer. 11,000 Todte und 5000 Verwundete lagen auf dem Schlachtfelde; 29,775 Blessirte wurden nach Wien gebracht; doch nur drei Kanonen hatten die Oesterreicher erbeutet und nur 2600 Gefangene gemacht, die ihrerseits 4100 Todte und gegen 16,000 Blessirte zählten. Unter den Todten aus Frankreichs Heer befanden sich der Marschall Lannes, D'Espagne, S. Hilaire und Albuquerque, und unter den Verwundeten die Marschälle Massena und Bessieres, die Generale Boudet, Molitor, Lassalle, Claparede, Lagrange, Lebrun ꝛc. Laut bekannte der erhabene Generalissimus: „Alle Soldaten von Aspern seien der öffentlichen Dankbarkeit würdig; vor allen aber Fürst Johann Liechtenstein und Freiherr von Wimpffen.“

Ungeachtet des harten Unfalles, der die Franzosen traf, schienen dieselben in Wien immer übermüthiger zu werden. So entstand am 23. Juni ein großer Auflauf bei den k. k. Stallungen am Spitelberg, ob der harten Behandlung der dort eingesperrten österreichischen Kriegsgefangenen. Tischlermeister Peter Tell, ein Anführer der Bürgerwache, welcher das versammelte Volk auseinander treiben sollte, schien dabei dem französischen Offizier nicht genug energisch vorzugehen. Höchst erzürnt zog er den Säbel, und unter argen Schmähungen auf die Bürgermiliz drang er auf Tell ein. Kaltblütig jedoch entriß ihm dieser den Säbel, zerbrach ihn über das Knie und warf ihm die Trümmer zu Füßen. Es eilte die Gensdarmes herbei; aber sie wurde von dem Volke mißhandelt. Endlich kam die Bürgerwache vom Allarmplatze und nahm den Tell, den Offizier und die Gensdarmes in Haft, die aber alle drei bald wieder entlassen wurden. Des andern Morgens aber wurde Tell aus seiner Wohnung geholt und unter starker Bedeckung von Gensdarmen auf den Getreidemarkt geführt und dort erschossen. Am 26. Juni traf den Sattlermeister Eschenbach ein gleiches

Schicksal, weil er zwei österreichische Kanonen bei sich vergraben hatte. Nur die Militär-Uebermacht konnte das über diese Vorfälle höchst aufgereizte Volk von offener Thätlichkeit abhalten.

Unterdessen waren die Franzosen eifrigst befließen, neue Brücken über die Donau zu schlagen und die Insel Lobau zu befestigen. In der Nacht vom 5. auf den 6. Juli überschritt ihre ganze große Armee die Donau, und am 6. kam es zur Schlacht bei Wagram. Man konnte von den Thürmen und Dächern der Stadt und von den Anhöhen bei dem Belvedere die beiden kämpfenden Heere deutlich sehen, und die Kanonade war abermals so gewaltig, daß die Fenster der Stadt davon klirrten. Gegen fünf Uhr Abends begann die österreichische Armee ihren Rückzug, und die französische folgte ihr auf der Straße nach Mähren. Am 12. Juli trat ein Waffenstillstand ein. Vom Beginne des neuen Kampfes bis nun zählten die Oesterreicher 5000 Todte, darunter 4 Generäle; 18,000 Verwundete, worunter der Erzherzog Generalissimus selbst und 10 Generäle waren, dann 7500 Gefangene. Die Franzosen hatten 12,000 Tode, 7000 Gefangene und 45,000 Verwundete. Bessières, Vandamme, Gudin, Grenier Sahuc, Wrede u. a. waren verwundet; Duprat und der berühmte General der Cavallerie Lasalle geblieben. Von Ebersdorf bis zur St. Marxerlinie war eine Straße von Blut, als man die Verwundeten vom Schlachtfelde in die Spitäler führte. Am 13. Juli um 6 Uhr Abends ritt Napoleon mit den Garden im schnellsten Galopp durch die Leopoldstadt und über das Glacis um die Stadt nach Schönbrunn. Man fieng nun an die Brücken wieder herzustellen und zu befestigen.

Bis zum Waffenstillstande hatten die Feinde von der Stadt zehn Millionen Gulden und nebst anderen Requisitionen 150,000 Ellen Leinwand für die Blessirten abgefordert. Am 21. Juli nun begehrten sie abermals eine Contribution von zwei Millionen Francs und forderten 5000 Klafter Holz, 30,000 Centner Heu, 40,000 Centner Stroh, gegen 200,000 Ellen Tuch und Futter, 68,000 Ellen Leinwand und 30,000 Pfund Leder; und da am 26. Juli die Zahl der einquartierten Franzosen bis auf 39,000 Mann anwuchs, mußten noch außer einer großen Anzahl Bettgeräthschaften 73,000 Metzen Hafer, 10,000 Eimer Wein und 20,000 Centner Heu und Stroh nachgeliefert werden.

Der Napoleonstag wurde am 15. August mit ausgesuchtem Prunk in Wien gefeiert, nachdem am Vortage desselben durch den Leichtsinn der Franzosen um 10 Uhr früh, zum nicht geringen Schrecken der ganzen Stadt, ihr Pulver-Laboratorium auf der Schottenbastei in die Luft geflogen war. Am Morgen flaggten die Donauschiffe und begannen um 8 Uhr zu feuern. Um 9 Uhr war große Parade in Schönbrunn; von Wiens Wällen donnerten 60 Kanonen und läuteten alle Klocken; der Vicekönig zog in großer Pracht zum Te Deum nach St. Stephan; Andreossy gab Tafel im Rittersaale der Burg; zwischen dem Burgthore und den k. k. Stallungen wurde ein Feuerwerk abgebrannt, und dann wurden die Stadt und die Vorstädte prächtig beleuchtet. Ein Haus der Vorstadt Mariahilf zeigte die großen, glänzend beleuchteten Anfangsbuchstaben Z. W. A. N. G; näher hinzugetreten aber wurde auch die kleinere Schrift bemerkbar und man las: „Zur Weihe An Napoleons Geburtstage!“ So verließ die Wiener selbst in den bedenklichsten Augenblicken nicht ihr angeborner Humor!

Am 17. August traten zu Ungerisch-Altenburg um den Frieden zu unterhandeln der aus Paris zurückgekommene Botschafter Graf Clemens Metternich und Graf Laval-Nugent, Generalquartiermeister des Erzherzogs Johann, mit dem französischen Minister Champagny zusammen; aber erst am 14. October, nachdem wenige Tage zuvor, am 5. October um 9 Uhr Abends, Napoleon die Kaisergruft bei den Kapuzinern besucht hatte, ward derselbe von dem Fürsten Johann Liechtenstein und Champagny in Wien unterzeichnet. Durch ihn wurde Westgalizien und Krakau, Salzburg und Berchtesgaden mit dem Innviertel von Oesterreich getrennt; und Croatien bis an die Sau, die deutschen und ungerischen Küstenlande, Triest, Görz, Krain und der Villacher Kreis machten nun Napoleons neues Königreich Illyrien aus. Am 16. October fiengen demungeachtet die Franzosen an, einen großen Theil der Festungswerke durch Minen in die Luft zu sprengen, welche Zerstörung, mit ruhigen Zwischenräumen, über 14 Tage fortwährte und vielen nahgelegenen Häusern großen Schaden brachte, da jede Explosion der Minen gleich einem Erdbeben wirkte. Am 20. November endlich verließen die Franzosen Wien und die Umgegend. Unermeßlich war die Beute an Kunstschätzen, Waffen und seltenen Werken, die der Feind mit sich fortschleppte. Vivan Denon, General-Director der kaiserlichen Museen in Frankreich, nahm allein nur aus der kaiserlichen Hofbibliothek für jene zu Paris 943 Bände der seltensten Manuscripte, Druckwerke, Holz- und Kupferstiche hinweg. Zum Glück wurden sie wieder sämmtlich nach der Herstellung der königlichen Regierung in Frankreich zurückgestellt.

Am 26. November rückte die österreichische Garnison ein, und am nächstfolgenden Tage kam Kaiser Franz ganz unerwartet in einer einfachen Reise-Calesche in Wien an. Sogleich gerieth Alles in Bewegung. Haufenweise strömte das Volk in die Burg um den geliebten Landesfürsten zu begrüßen. Wie verabredet waren Stadt und Vorstädte reichlich beleuchtet. Als der Monarch sodann in den Gassen herumfuhr, nur von einer kleinen Schaar bürgerlicher Cavallerie unter des Oberlieutenants Schöffmann Commando begleitet, war des Jubels kein Ende.

Im Februar 1810 verbreitete sich im Publikum das Gerücht, daß Kaiser Napoleon die Erzherzogin Maria Luise, älteste Prinzessin des Kaisers Franz, zur Gemahlin begehrt habe. Wirklich kam auch am 4. März in dieser Absicht der Marschall Berthier als Großbotschafter in Wien an. Am 5. hielt er seinen feierlichen Einzug und machte die förmliche Anwerbung um die Prinzessin. Nun folgte eine Reihe glänzender Hoffeste. Am 11. wurde die hohe Braut im Namen Napoleons durch Procuration ihrem Oheime, dem Erzherzoge Carl, angetraut, und am 13. März reiste die junge Kaiserin in feierlicher Begleitung nach Frankreich ab.

Die Franzosen hatten aus dem bürgerlichen Zeughause, neben andern Waffen, auch sechs Kanonen fortgeführt, die Leopold der Erste den Bürgern zum Gedächtniß ihrer tapfern Vertheidigung Wiens im Jahre 1683 geschenkt. Zum Ersatze sendete der gute Kaiser an seinem Namenstage sechs neugegossene Kanonen dahin. Jede hat die Aufschrift: „Franz der Erste den Bürgern der Stadt Wien für erprobte Treue, Anhänglichkeit und Biedersinn. 1810.“

Die nächstfolgenden drei Jahre wurden zur Wiederherstellung der Festungswerke verwendet. Mit der Cortine zwischen der Mölker- und Löwelbastei begann man. In der Mitte derselben ward ein neues Thor für Fußgänger, das Franzens-Thor, eröffnet, welches von der Teinfaltstraße nach der Alservorstadt und Josephstadt führt. Sonach wurde die Löwelbastei neu erbaut, das Paradiesgärtchen cassirt, das da befindliche Lusthaus in ein Kaffeehaus umgestaltet und mit englischen Anlagen umgeben; auch trug man die ehemalige starke Brustwehre ab und errichtete sie von neuem kaum zwei Fuß breit. Da nun auch die Strecke von der kaiserlichen Burg bis zur Mölkerbastei geebnet und mit Alleen bepflanzt wurde, so entstand hierdurch ein herrlicher Platz zum Lustwandeln. Im Jahre 1811 bildete sich die Gesellschaft adeliger Frauen zur Beförderung des Guten und Nützlichen, welche jährlich über 40,000 Gulden C. M. zu ihren edlen Zwecken verwendet.

Mittlerweile war Napoleon 1812 bis Moskau vorgedrungen, wo ein ungeheures Heer ihm vernichtet wurde. Dennoch erschien er mit dem Beginne des Jahres 1813 neuerdings im Felde, und Rußland und Preußens vereinte Macht vermochte ihn bei Lützen und Bautzen nicht zu besiegen. Ein Waffenstillstand erfolgte. Oesterreich, das ein mächtiges Heer an Böhmens Gränze aufgestellt hatte, erbot sich zum Vermittler des Friedens. Die Unterhandlungen zu Prag jedoch zerschlugen sich durch den bösen Willen der Franzosen. Sonach trat Oesterreich in das Bündniß mit Rußland und Preußen, alles aufbietend zur Befreiung Europas. Bald waren die Franzosen aus Schlesien und über die Elbe gedrängt, und nach der Niederlage nächst Culm sah sich Napoleon bei Leipzig ganz eingeschlossen. Die dreitägige Völkerschlacht daselbst brach für immer dessen Macht. Siegreich giengen die Armeen der Alliirten über den Rhein; vier glückliche Treffen führten sie in das Innere von Frankreich, und am 31. März 1814 hatten sie Paris in ihrer Gewalt. Napoleon, der seiner Herrschaft entsagt, ward die Insel Elba angewiesen. Ludwig der Achtzehnte bestieg Frankreichs Thron — und nun war Friede in Europa.

Die Nachricht von diesem Ereigniß, wohl einzig in seiner Art, brachte Landgraf von Fürstenberg, der am 12. April als Courier in Wien einritt. 107 blasende Postillons ritten ihm vor, eine auserlesene Schaar von Standespersonen begleiteten ihn zu Pferde. Tausendstimmiger Jubel erscholl auf seinem ganzen Wege. Am 1. Juni war Kaiser Franz aus Paris abgereist und am 14. in Schönbrunn angelangt, worauf er sich dann zwei Tage später nach dem Theresianum begab, um von da seinen Einzug in die Residenz zu halten, wobei sich ein Glanz und Jubel entfaltete, der in Oesterreichs Geschichte noch nie seines Gleichen hatte. Um zehn Uhr stieg der Monarch zu Pferde, und der Zug setzte sich also in Bewegung: Eine Abtheilung der bürgerlichen Cavallerie eröffnete ihn; hierauf folgte ein ganzes Regiment Cürassiere; dann Hofbeamte und Hof-Trompeter zu Pferde; die k. k. Hoflivrée, die Edelknaben, die Truchsesse zu Fuße; die n. öst. Landstände; die k. k. Kammerherren; die geheimen Räthe, sämmtlich zu Pferde. Hierauf die männliche k. k. allerhöchste Familie, nämlich: der Herzog Albrecht von Sachsen-Teschen, die Erzherzoge Brüder S. Majestät, der Kronprinz, mit ihren Oberst hofmeistern zu Pferde; endlich Kaiser Franz der Erste in der Feldmarschall-Campagne-Uniform. Nach Ihm: die obersten Hofämter, die Garde-Capitäns und der General-Adjutant; die Arcieren-Garde, die ungerische adelige Leibgarde, die böhmisch-ständische Leibgarde, Alles zu Pferde und in Galla; noch ein Regiment Reiterei und zum Beschluß eine zweite Abtheilung der bürgerlichen Cavallerie. Unter dem Geläute aller Glocken und einer ununterbrochenen Kanonade von den Basteien, gieng der Zug aus dem Theresianum über die Wiedner-Hauptstraße zum Kärnthnerthor, wo eine Triumphpforte errichtet war, und wo der Kaiser von dem Magistrate empfangen und mit einer Anrede begrüßt wurde. Von da nahm der Zug seinen Weg durch mehrere Straßen der Stadt zur St. Stephanskirche, wo das ganze Geleite wie auch der Kaiser vom Pferde stieg, von dem Hofstaat, der Geistlichkeit, der Universität und dem Magistrat empfangen, in die Kirche trat und dem Te Deum beiwohnte. Nach demselben gieng der Zug in derselben Ordnung noch durch einige Gassen und endlich in die Burg. Abends waren Stadt und Vorstädte reich mit vielen patriotischen Schildereien beleuchtet. Von allen Provinzen langten bald glänzende Deputationen in Wien an, um den Monarchen ihren Glückwunsch und Dank darzubringen für seine persönliche Aufopferung in diesem entscheidenden Kriege.

Der 32. Artikel des Pariser Friedens bestimmte einen allgemeinen Congreß, der am 1. August in Wien vor sich gehen sollte; allein dessen förmliche Eröffnung verzögerte sich bis zum 1. November. Dennoch erschienen schon in der ersten Hälfte Septembers mehrere deutsche Fürsten und Deputirte, am 22. König Friedrich von Württemberg, und Tags darauf der König von Dänemark. Sie wurden mit 101 Kanonenschüssen bewillkommt. Am 25. September Mittags hielten der Kaiser von Rußland und der König von Preußen ihren Einzug. Kaiser Franz war denselben mit seiner Familie und der Generalität bis zum Tabor entgegen geritten. Der Zug, den mehrere Regimenter zu Pferde und zu Fuß eröffneten, worauf dann die drei Monarchen zu Pferde: Kaiser Alexander zur Linken, Kaiser Franz in der Mitte, König Friedrich rechts, kamen, und dessen Beschluß ein äußerst zahlreiches Gefolge vom Adel und Militär bildete, gieng durch die Jägerzeile zum Rothenthurm herein und gerade nach der Burg. Ueber tausend Kanonenschüsse waren während desselben abgefeuert worden. Am 27. September traf die russische Kaiserin von Mölk hier ein, am 28. der König und die Königin von Baiern mit dem Kronprinzen und dem Prinzen Carl, am 30. der Churfürst von Hessen, am 2. October der Großherzog von Baden, der Erbgroßherzog von Hessen, die Herzoge von Braunschweig und Nassau, von Weimar und Koburg rc. Ueberhaupt hatten sich von allen regierenden fürstlichen Häusern Deutschlands Eines oder mehrere Mitglieder, wie auch viele auswärtige Prinzen zu dieser glänzenden für die

Ruhe der Welt höchst wohlthätige Versammlung eingefunden. Nun begann eine Reihe von öffentlichen Festen zu Ehren der erhabenen Gäste. Sie begannen am 27. September mit einem großen Feuerwerke und der Beleuchtung der Stadt und Vorstädte. Dann folgten: maskirte Redoute von 10,000 Personen in den Redouten-Sälen und der Reitschule; redoute parée von 4000 Personen; großes Volksfest im Augarten; Händels Oratorium „Samson" von 700 Dilettanten aufgeführt; prächtige Schlittenfahrten rc. Wahrhaft großartig aber war die Leipziger Siegesfeier am 18. October 1814. Mit frühem Morgen rückte die ganze Garnison (acht Grenadier- und sechs ungerische Infanterie-Bataillons, zwei Regimenter Reiterei, die Artillerie, die Pioniers, Mineurs rc.) zur feierlichen Kirchenparade aus. Zweihundert schnell auf einander folgende Kanonenschüsse und ein Lauffeuer von der ganzen Infanterie begrüßte die zum Te Deum angekommenen Monarchen. Nach Beendigung desselben, während dessen Dauer unausgesetzt das Geschütz auf den Wällen der Stadt abgefeuert wurde, marschirte Alles in den Prater hinab nach dem Lusthause, das durch drei Pontons, deren Geländer aus eroberten Gewehren gebildet und mit österreichischen Wimpeln geschmückt waren, mit der Simmeringer-Heide in Verbindung stand. Die rings um das Lusthaus in einen Stern auslaufenden Alleen waren mit ungeheuer langen Tafeln für die Grenadiere besetzt. Die übrige Mannschaft hatte deren auf der Heide. Die Gewehre wurden in Pyramiden, die Harnische und Picken der Cürassiere und Uhlanen vor die Fronte gestellt. Höchst geschmackvoll war das Aeußere des Lusthauses mit Trophäen und Lorbeerkränzen verziert, und dessen Säle stellten Prachtzelte vor, welche mit den schönsten erbeuteten Armaturen ausgeschmückt waren. Der Kaiser und Erzherzog Carl machten bei diesem hohen Male die Honneurs. Dieser im ersten Stocke bei den Souverains, den gekrönten Fürstinnen, den Kron- und Erbprinzen, wobei sich auch Feldmarschall Fürst Carl Schwarzenberg befand; jener zu ebener Erde, wo die sämmtlichen Erzherzoge, alle auswärtigen Prinzen und einige ausgezeichnete Generäle des In- und Auslandes speisten. Die zahlreichen Gesundheiten wurden durch auf der Simmeringer-Heide aufgestellte Batterien der Umgegend kund gemacht. Nach aufgehobener Tafel durchzog die gesammte erlauchte Gesellschaft das Garnisonslager. Nahe an 60,000 Zuschauer waren dabei zugegen und ergötzten sich an dem überschwenglichen Jubel der reichlich bewirtheten Krieger.

Während der Congreß sich noch mit der Ordnung von Europas politischen Angelegenheiten beschäftigte, erscholl plötzlich der Ruf, daß Napoleon Elba verlassen und am 1. März 1815 an Frankreichs Küste gelandet habe, ohne Widerstand am 20. in Paris angelangt sei und sich neuerdings zum Kaiser von Frankreich habe ausrufen lassen. Die hohen Monarchen erklärten sich sogleich für die Sache König Ludwigs, der sich nach den Niederlanden geflüchtet hatte. Unverweilt wurden die Armeen in Bewegung gesetzt. Die Fürsten verließen Wien und auch der Kaiser folgte seinem Heere nach Heidelberg. Bald rückten die verbündeten Armeen über die französische Gränze. Napoleon hatte eine bedeutende Macht an der Sambre aufgestellt. Dort hatte er am 15. Juni die englischen und preußischen Truppen mit einigen Vortheilen angegriffen; aber am 18. Juni wurde er bei Waterloo von Wellington und Blücher gänzlich geschlagen. Nach Paris zurückgekehrt mußte er von Neuem seiner Krone entsagen und wurde nach St. Helena verwiesen. Paris capitulirte, wurde sonach am 6. und 7. Juli von dem englischen und preußischen Heere besetzt, und am 8. zog Ludwig der Achtzehnte abermals daselbst ein; wo dann auch am 10. Juli Kaiser Franz, Kaiser Alexander und König Friedrich Wilhelm ihren Einzug hielten. Erst am 29. September reiste der Kaiser von dort ab und besuchte die wieder erworbenen Länder, von denen er nach einer Abwesenheit von mehr als einem Jahre am 16. Juni 1816 ohne alles Gepränge in seiner Residenz ankam. Der Wiener-Congreß-Akt vom 9. Juni 1815 verschaffte Oesterreich, mit Ausnahme der Niederlande, Westgaliziens und der Vorlande, Alles wieder, was es durch die Schlüße der Frieden von Campoformio, Lüneville, Preßburg und Wien verloren hatte. Dessen Secundogenitur erhielt wieder Toscana, seine Tertiogenitur Modena. Die Kaiserin Marie Luise erhielt lebenslang Parma, Piacenza und Guastalla.

Am 1. Juni 1816 wurde die privilegirte österreichische National-Bank errichtet. Sie besteht in vier Abtheilungen: der Zettel-, Escompt-, Hypothekenbank und der Verwaltung des Tilgungsfondes, und ist als Privat-Institut das Eigenthum der Actionäre, da sie durch Einlagen gegründet wurde. Durch sie wird die Einlösung und Vertilgung der noch vorhandenen Wiener-Währung und der verzinslichen Staatsschuld besorgt. Die von ihr ausgegebenen Banknoten werden im Verkehr aller Orten als baares Geld angenommen; auch werden sie von der Bank jederzeit nach dem vollen Metallwerthe ausgewechselt. Die Actien lauten auf bestimmte Namen, und die Uebertragung derselben macht eine Cession nöthig. Die Dividende ist doppelter Art: die ordentliche einer Actie ist 30 Gulden C.M. jährlich; die außerordentliche entsteht aus dem reinen Gewinne der Bankgeschäfte. Ihr Gebäude in der Herrengasse ist eines der schönsten und solidesten in der Stadt. Es besteht aus drei Stockwerken und

Piacenza und Guastalla.

die Fronte hat eine Länge von 39 Klaftern, eine Tiefe von 18 Klaftern 3 Schuh, und eine Höhe von 12 Klaftern; ferner hat es vier Höfe, drei Treppen und zu ebener Erde Hallen, von Säulen dorischer Ordnung getragen; in den Stockwerken aber zwei wegen ihrer außerordentlichen Größe berühmte Säle. Ueberdies kann durch eine hydraulische Maschine in alle Theile des Hauses Wasser geleitet werden. Den Plan zu diesem geschmackvollen Gebäude entwarf Carl Ritter von Moreau, die Ausführung aber wurde dem Architekten Raphael von Rigel anvertraut. Die Statuen verfertigte Joseph Klieber, die Ornamente der Bildhauer La Vigne.

Am 28. Juli wurde zu Schönbrunn die Vermählung der kais. Prinzessin Clementine mit Leopold, dem königlichen Prinzen beider Sicilien, mit großer Feier vollzogen.

Ueber die Errichtung des k. k. polytechnischen Institutes und der damit verbundenen Realakademie wird in einem späteren Kapitel die Rede seyn. Hier wollen wir nur dessen prachtvolles Gebäude auf der Wieden vorführen, zu dem am 14. Oktober 1816 Kaiser Franz unter großer Feierlichkeit den Grundstein legte. In die Aushöhlung des Grundsteines unter der Eingangshalle kam nebst den gangbarsten Münzen, eine Pergamentrolle, welche des Kaisers denkwürdige Worte enthält: „Als Denkmal meines Strebens, wissenschaftliche Aufklärung unter allen Ständen der österreichischen Staaten zu verbreiten, und insbesondere die gemeinnützige Ausbildung meines lieben und getreuen Bürgerstandes zu befördern, habe ich diesen Grundstein im Jahre 1816 den 14. October eigenhändig gelegt und gemauert.“ Den Plan zu diesem Prachtgebäude entwarf der k. k. Hofbaudirector Joseph Schemerl von Leytenbach. Es besteht aus einem gewölbten Erdgeschosse von 17 Fuß Höhe und aus zwei Stockwerken. Die Länge desselben beträgt 66½ Klafter. Die schöne Figurengruppe über der Peristile, so wie die sieben Basreliefs an der Fronte sind von dem k. k. Rathe und Bildhauer Joseph Klieber. Im Jahre 1836 erhielt dasselbe einen bedeutenden Zubau.

Bereits am 7. April 1816 war die Kaiserin Maria Ludovica zu Verona mit Tod abgegangen, worauf ihr Leichnam nach Wien abgeführt und in der kaiserlichen Gruft beigesetzt wurde. Am 10. November eben dieses Jahres schritt Kaiser Franz zur vierten Ehe, mit Carolinen Augusten, königlichen Prinzessin von Baiern. Die erhabene Braut war am 9. in Schönbrunn angekommen und hielt am 10. ihren feierlichen Einzug in Wien unter lautem Jubel des Volkes. Die Vermählung erfolgte in der Augustiner-Kirche, nach welcher Vorstellung der Minister, des Adels ꝛc., dann großer Cercle bei Hofe, offene Tafel in den Redoutensälen und freies Spectakel in allen Theatern war. Die Summe, welche man sonst bei solchen Gelegenheiten auf öffentliche Feste verwendete, wurde diesmal der Wohlthätigkeit gewidmet — und so floßen denn den Dürftigen der Hauptstadt über 200,000 Gulden zu! Gegen Ende December trafen der König und die Königin von Baiern zu einem kurzen Besuche in Wien ein, da eben die erste öffentliche Ausstellung vaterländischer Kunstwerke bei St. Anna Statt fand.

In dem Jahre 1817 begann man die gesprengten Außenwerke unter dem Paradiesgärtchen bis zum Kärnthnerthore hinüber vollends zu ebnen, die Contre-Escarpen mit Gras zu belegen und in deren Nähe Alleen anzulegen. Die neue Stadtmauer zwischen der Löwel- und Augustiner-Bastei wurde weit auf das Glacis hinausgerückt, so daß vor der Kaiser-Burg ein geräumiger Platz von 140 Klafter Länge und 105 Klafter Breite entstand. Diesem zu beiden Seiten legte man Gärten an, wovon jener links für den allerhöchsten Hof, der rechts aber für das Publicum bestimmt ward.

Den 28. April trafen der kunstliebende Kronprinz von Baiern (jetziger König) mit dessen Gemahlin in Wien ein, zur feierlichen Vermählung der Erzherzogin Leopoldine mit dem Kronprinzen von Portugal und Brasilien, Don Pedro de Alcantara, welche am 13. Mai durch Procuration vor sich gieng. Portugals Botschafter, Marquis de Marialva, gab hierauf ein prachtvolles Fest im Augarten, und die hohe Braut verließ dann am 3. Juni Wien um ihre Reise nach Brasilien anzutreten. Auch der Kronprinz von Baiern, der Kaiser und die Kaiserin giengen wenige Tage darnach von hier ab, letztere zur Bereisung der Monarchie, von welcher sie erst nach fünf Monaten zurückkehrten. Inzwischen begann der Magistrat am 14. Juli ein neues Thor an der Sailerstätte und in Verbindung mit demselben eine Bohlenbrücke über den Wienfluß zu erbauen. Beide waren schon am Namensfeste des Kaisers, den 4. October, zur Benützung fertig. Sie sind schöne Werke des Stadt-Bauinspectors Anton Behsel, von dem auch das städtische Archiv einen sehenswerthen großen Plan von Wien und dessen Vorstädten, die Grundrisse sämmtlicher Kirchen und die der einzelnen Häuser der innern Stadt aufzuweisen hat.

Am 18. October 1817 feierte man im Invalidenhause den Jahrestag der großen Schlacht bei Leipzig, wodurch Deutschland, oder besser gesagt ganz Europa von dem französischen Joche befreit wurde. Diese Feier, welcher mehrere Erzherzoge, die in Wien anwesenden Generäle und der größte Theil der Garnison beiwohnte, ward durch die Aufstellung des großen Gemäldes: den Sieg bei Leipzig darstellend, von dem k. k. Hofmaler und nunmehrigen kais. Gallerie-Director Peter Paul Kraft verherrlicht. Es nimmt eine ganze Wandfläche des großen Saales ein. Später wurde von demselben ausgezeichneten Meister ein zweites Gemälde: die für Oesterreichs Krieger so rühmliche Schlacht bei Aspern, diesem gegenüber aufgestellt, und beide blieben für immer in dem Invalidenhause.

Im Frühling des Jahres 1818 legte ein Privatmann, Friedrich Pelikan, vor dem Carolinenthor eine Mineralwasser-Curanstalt an und verzierte sie mit artigen Gartenanlagen. Am 8. April hielt der apostolische Nuntius am hiesigen k. k. Hofe, Graf von Leardi, seinen öffentlichen Einzug, und am 10. reisten beide Majestäten nach Dalmatien, von wo sie erst am 8. Juli zurückkehrten. Auch wurde die während der letzten feindlichen Invasion zerstörte Franzensbrücke durch des Wasserbau-Amts-Vorstehers von Kudriaffskys und des Brückenmeisters Joseph Ueberlachers Vorsorge so rasch hergestellt, daß sie schon am 1. Juli zu allgemeiner Benützung konnte geöffnet werden. Dagegen ward an demselben

Tage die Schlagbrücke gesperrt, um zu deren gänzlichen Umbauung schreiten zu können.

Wie um das Wohl seines Staates so auch für die Ruhe Europens unermüdet besorgt, trat Kaiser Franz im September 1818 eine Reise nach Aachen an, um dort mit den allirten Mächten über politische Angelegenheiten in eigener Person zu verhandeln. Am 3. December kehrte er wieder zurück, und am 12. langte Kaiser Alexander abermals in Wien an, von wo er jedoch schon um 23. in seine Staaten zurück eilte. Eines dritten Besuches dieses Monarchen erfreute sich Wien am 7. September 1822, diesmal um mit Kaiser Franz zum Congreß nach Verona zu gehen. Der edle Zweck, Italiens Ruhe wieder herzustellen, hatte schon 1815 Oesterreichs Waffen siegreich nach Neapel geführt; 1821 war Franz der Begründer des Friedens in diesem Reiche und in Piemont, so wie er denn auch auf dem Congresse zu Verona Europens Bestes strenge vor Augen hatte.

Doch wir wenden uns nach Wien zurück. Am 8. Februar 1819 hatten dessen Bewohner das seltene Schauspiel des feierlichen Einzugs von Mirsa Abul Hassan Chan, persischen Botschafters, zur Audienz bei JJ. MM. dem Kaiser und der Kaiserin. Unter andern Geschenken welche er darbrachte befanden sich auch: das Portrait des Schahs, auf einer Platte aus Milch-Chalcedon emaillirt, mit Spinellen rund herum besetzt und ein Kranz großer Perlen, dem Medaillon zur Einfassung dienend; ferner ein von Timurleng auf Schah Abbas, und von diesem auf den regierenden Schah gekommener Damascener (Kara Chorassan), in einer mit Edelsteinen besetzten Scheide; und das Schehinschahname, d. i. das Buch des Königs der Könige, als Seitenstück zu dem alten persischen Heldenbuch Schahname, von dem dermaligen Dichterfürsten und gefürsteten Dichter Persiens, dem der Schah seinen eigenen Namen beigelegt, nämlich Feth Ali Chan, in 80,000 Distichen verfaßt, das die Heldenthaten der regierenden Familie von der Zeit des Nadirschah bis auf die heutige Zeit besingt.

Die Hauptbrücke, welche die Verbindung zwischen der Stadt und der Leopoldstadt unterhält, wurde in diesem Jahre von Herrn von Kudriaffsky ganz neu erbaut und erhielt den Namen Ferdinands-Brücke, da S. Majestät Ferdinand der Erste, noch als Kronprinz, am 19. Juni den Grundstein dazu gelegt hatte. Sie zeichnet sich durch Schönheit, Solidität und Einfachheit aus und ist aus gespannten Röſten mit Landjochen und einem Mittelpfeiler aus gehauenen Quadersteinen, und zwar Letzterer vermittelst eines schwimmenden Senkkastens erbaut; auch hat man sie mit einem Wasserstandmesser versehen.

Kurz nachdem beide Majestäten von Ihrer Reise zurückgekehrt waren, kam der Kronprinz von Preußen in Begleitung eines Prinzen von Oranien hier an. In ihrer Gegenwart wurde das zweihundertjährige Fest des Kürassier-Regiments Großfürst Constantin, dessen Reiter 1619 Kaiser Ferdinanden aus den Händen der Rebellen befreit hatten, gefeiert. Die Prinzen besichtigten in Begleitung der kaiserlichen Familie die Schlachtfelder von Aspern und Wagram und reisten dann am 13. September 1819 nach Berlin ab. Schon mit Anfang dieses Monats wurde die erste österreichische, mit der allgemeinen Versorgungs-Anstalt vereinigte Sparkasse eröffnet. Sie bezweckt den Fabrikarbeitern, Handwerkern, Taglöhnern, dem Landmanne und Dienstleuten, überhaupt jeder sparsamen Person Mittel an die Hand zu geben, von ihrem Erwerbe von Zeit zu Zeit ien kleines Capital auf Zinsen zurück zu legen, um solches in spätern Tagen zu besserer Versorgung, zur Aussteuer, zur Aushilfe in Krankheit und Alter zu verwenden. Sie verwahrt die Capitalien sicher, verzinst selbe mit jährlichen 4 Procent, und legt diese Procente, wenn sie nicht halbjährig erhoben werden, wieder zum Capitale. Sie zahlt Letzteres jederzeit auf Verlangen zurück. Die kleinste Einlage ist 30 Kreuzer C. M., die höchste 100 Gulden C. M. Ueber die damit verbundene Versorgungs-Anstalt belehren die Statuten, welche mit dem Entstehen dieses Institutes im Jahre 1824 in Druck gelegt wurden. Das prächtige Sparkasse-Gebäude am Graben wurde im Jahre 1826 erbaut.

Am 26. September 1819 vermählte sich die Erzherzogin Caroline mit dem Prinzen Friedrich August von Sachsen durch Procuration, und gieng dann am 30. nach Dresden ab. Zwei Tage früher fand in der kais. Hofburg-Capelle die Ceremonie der Aufsetzung des Barets auf das Haupt des Cardinals und Fürsten-Erzbischofs von Olmütz, Erzherzogs Rudolph, Statt. Um diese Zeit kam auch im Schottenfelde durch den Pfarrer Honorius Kraus ein Verein für solche Hilfsbedürftige zu Stande, denen es, bei aller Arbeitslust, dennoch an zureichendem Erwerbe mangelt.

Im Jahre 1820 am 1. Mai erfolgte die Einweihung der Pfarrkirche zu St. Aegidius in Gumpendorf, und am 23. December wurde die Kirche Maria-Stiegen dem Orden der Redemtoristen, nach ihrem Stifter Alphonso Liguorio auch Liguorianer genannt, übergeben. 1821 wurde der Ravelin nächst dem Kärnthnerthore geebnet und über den Wollgraben eine neue Brücke erbaut; die schadhafte Brücke, welche hier über den Wienfluß führt, aber ausgebessert und mit einem vierfachen geschmackvollen eisernen Geländer versehen. Auch begann man die Hauptstraßen zwischen der Stadt und den Vorstädten mit kubikförmigen Granitsteinen zu pflastern. — Bisher konnte die Vorstadt Spittelberg an der Wohlthat des Albert-Christina-Brunnen keinen Theil nehmen, und die Bewohner waren genöthigt, ihren Bedarf an Wasser mit Unkosten aus entlegenen Orten herbei zu holen. Dieser Uebelstand veranlaßte die n. öst. Landesregierung, im Einvernehmen mit dem Fürsten Esterhazy von Galantha, den Albertinischen Wasserleitungen durch ergiebigere Benutzung der fürstlichen Wassermaschine an der Mariahilfer-Linie einen stärkeren Zufluß an Wasser zu verschaffen und diesen der Gemeinde Spittelberg zuzuführen. Das Wasser-Bassin, zu welchem auf Kosten der Gemeinde am 8. Mai 1821 der Grundstein gelegt wurde, ist in der breiten Gasse. Es ist mit einer korinthischen Säule geziert, über welcher eine von Gewölk umgebene Weltkugel mit der heil. Dreifaltigkeit ruht. An der einen Seite des Postaments zeigt sich die Inschrift: Durch Großmuth und Gemeinsinn, 1821; an der Vorderseite: Moses; an den Nebenseiten: Antik-Köpfe, aus deren Mund das Wasser in das Bassin quillt. Das Ganze,

20 Ctr. wiegend, ward im k. k. Eisengußwerke zu Mariazell verfertigt. Am 22. September 1821 legte Kaiser Franz den Grundstein zu dem prächtigen neuen Burgthore. Die Eröffnung geschah aber erst am 31. October 1824.

Das Gebäude, dorischer Ordnung, hat eine Ausdehnung von 38 Klafter. Das Mittelgebäude, welches von der Stadt aus angesehen 12 Säulen von 4 Schuh 7 Zoll im Durchmesser tragen, hat fünf Bogen, deren mittelster zur Durchfahrt für den allerhöchsten Hof, die beiden nächsten zur Aus- und Einfahrt für das Publikum, und die beiden äußersten für die Fußgänger bestimmt sind. Es mißt 14 Klafter 4 Schuh in der Länge und hat die Ueberschrift: Justitia regnorum fundamentum. Die Seitenflügel werden theils zu einer Wachstube, theils zur Kanzlei des Fortificatoriums verwendet. Jeder hat eine Länge von 11 Klafter 4 Schuh, und zu denselben führen fünf Stufen, vor deren jedem sich ebenfalls vier Säulen zwischen zwei Eckpfeilern zeigen. Die Höhe des Gesimses beträgt 9 Schuh, der Attik 7 Schuh 7 Zoll. Von der Vorstadtseite sieht man nur die auf massiven Pfeilern ruhenden fünf Bogen, und in den Seitenflügeln zwei große halbrunde Fenster. Die Aufschrift dieser Seite lautet: Franciscus I. Imperator Austriae. MDCCCXXIV. Den Plan hierzu entwarf der k. k. Hofbaurath Peter Nobile. Zwischen diesem Gebäude und der Süd-Fronte der kaiserlichen Burg, zu der, um einen geräumigen Saal für die größern

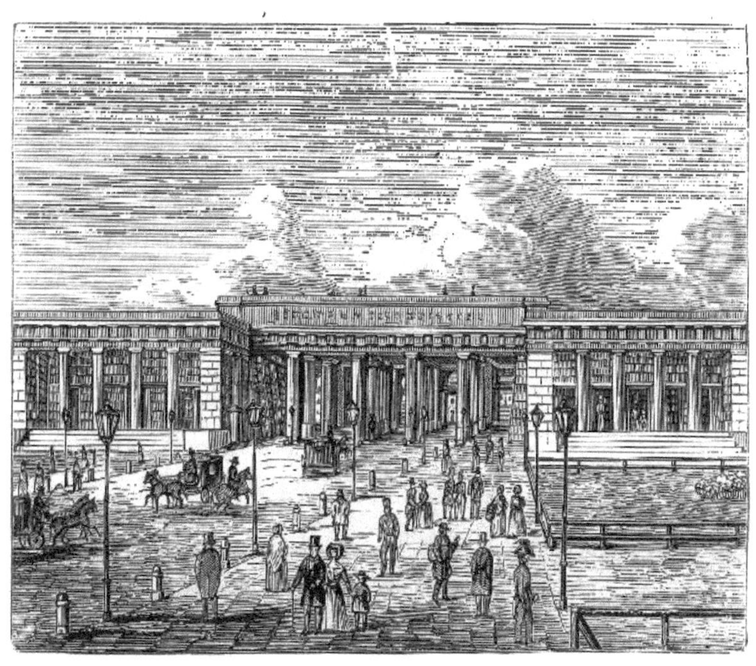

' Das Gebäude, dorischer Ordnung, hat eine Ausdehnung von 38 Klafter. Das

Hoffeierlichkeiten zu erhalten, schon 1805 durch Montoye ein gegen die Bastei ausspringender Flügel angebaut wurde, entstand demnach der äußere Burg- oder Parade-Platz, dessen Flächeninhalt 18,040 Quadratklafter beträgt. Zwei

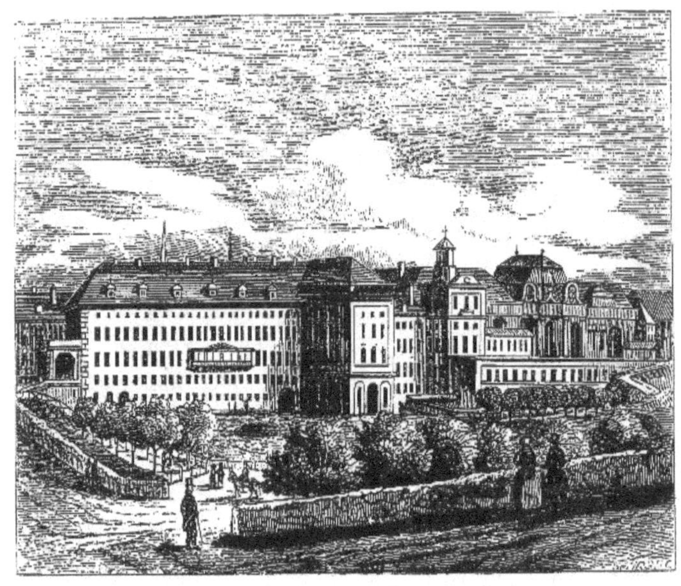

Fahrwege durchschneiden ihn der Länge und Breite nach; auch ist er mit schönen Alleen geziert und Nachts mit 150 Laternen beleuchtet.

Am 10. Februar 1822 war nach einem langen Krankenlager Herzog Albrecht von Sachsen-Teschen in Wien verblichen und wurde am 13. mit den bei Bestattung von Gliedern der kais. Familie üblichen Feierlichkeiten beigesetzt. Am 13. und 14. Mai fand im Vorhofe des Augarten-Gebäudes die erste von der hiesigen k. k. Landwirthschafts-Gesellschaft beschlossene, öffentliche Ausstellung von veredeltem Horn- und Schafvieh Statt; und am 28. August erfolgte die kaiserliche Genehmigung für das allgemeine Wiener Witwen- und Waisen-Pensions-Institut, dessen Eröffnung jedoch erst am 13. Februar 1823 erfolgte. Auch um diese Zeit war man beflissen die Stadt zu verschönern. Der Schwibbogen, durch welchen man vom Fischmarkte auf den Salzgries gelangte, ward, um der Straße ein freundlicheres Ansehen zu geben, abgebrochen, dann die alte Mautthor-Brücke abgetragen und eine weit bequemere, neue errichtet. Ueberhaupt war das Jahr 1823 großen Bauten gewidmet. Es entstanden der Volks- und k. k. Hofgarten zu beiden Seiten erstgedachten Burg-

oder Parade=Platz, dessen Flächeninhalt 18,040 Quadratklafter beträgt. Zwei

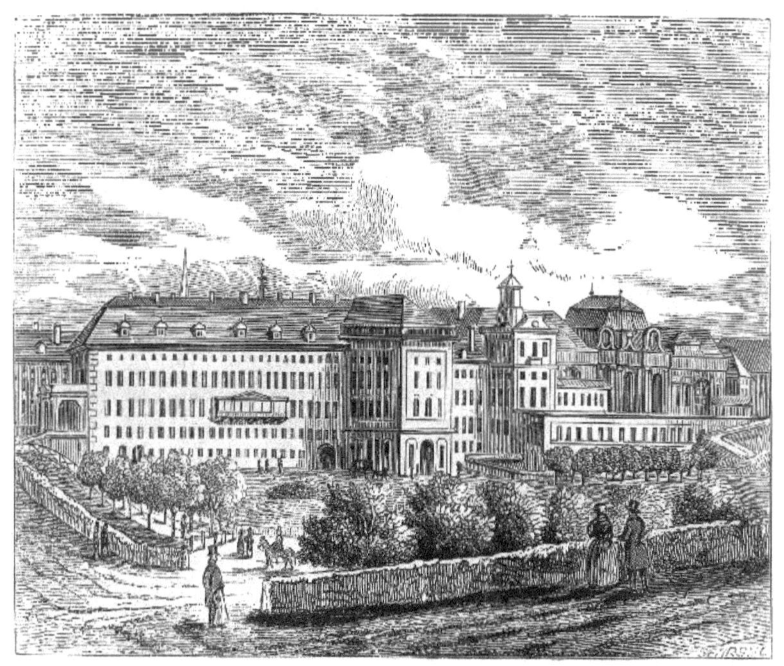

oder Paradeplatzes. Ersterer rechts, besitzt ein schönes, nach dem Plane des k. k. Hofbaurathes Peter Nobile errichtetes Cafeehaus, und den berühmten Theseus-Tempel, welchen gedachter Architekt in allen Theilen dem antiken,

gleichnamigen Tempel in Athen nachgebildet hatte. Die Säulen sind dorischer Ordnung (der Säulendiameter von 3 Fuß 2 Zoll 8 Linien), und man zählt deren 10 an den langen und 6 an den kurzen Seiten. Die Länge des Tempels von Außen beträgt 76, die Breite 43 Fuß. In die Katakomben desselben, welche zur Aufstellung von Alterthümern bestimmt sind, gelangt man durch ein eigenes Gebäude zur Linken des Tempels. Vor allem aber zieht hier Canova's unschätzbares Meisterwerk, des Theseus Sieg über den Centaur, das Auge des Kunstkenners an sich. Schon im Jahre 1805 hatte der große Meister den Entwurf zu dieser colossalen Gruppe begonnen; aber erst 1819 wurde sie vollendet und 1823 in diesem Tempel aufgestellt. Das Werk ist in carrarischem Marmor ausgeführt, und Theseus in dem Moment dargestellt, wo er den Centauren zu Boden geschleudert hat, und nun die Keule schwingt, ihn vollends zu tödten, während die linke Hand schon die Kehle des Ungeheuers zusammenpreßt. Von ergreifender Wahrheit ist der Ausdruck des Zornes, welche die nakte mit Macht und Kraft überreich ausgerüstete Heroengestalt in allen Theilen

gleichnamigen Tempel in Athen nachgebildet hatte. Die Säulen sind dorischer

harmonisch beseelt. Und nun vollends der Contrast in dem Centaur! Niedergedrückt auf dem thierischen Theile seines Körpers, rafft er alle Kraft zusammen sich empor zu richten gegen die Macht des Ueberwinders. Vergebens! Der kräftige Arm des Heros überliefert ihn schon dem Tode! Krampfhaft wühlt die eine Hand im Boden, während die andere sich in den Arm des Theseus klammert. Der letzte Schrei des Schmerzens entschwebt seinen Lippen. Die Behandlung des Marmors, eine der gepriesensten Eigenschaften Canova's, zeigt sich bei dieser unschätzbaren Gruppe, welche mit dem Piedestale 18 Fuß Höhe und 12 Fuß Breite hat und überdies sehr zweckmäßig beleuchtet ist, im vollsten Glanze. Den auf der entgegengesetzten Seite befindlichen k. k. Hofgarten macht vorzüglich sein großes Gewächshaus merkwürdig, das der Ausdehnung, Schönheit und zweckmäßigen Einrichtung wegen den größten dieser Art beigesellt werden darf und ein Werk des rühmlich bekannten k. k. Rathes Ludwig von Remy ist. Vorzüglich ist in der Mitte dieses großartigen Gebäudes der von 8 korinthischen Säulen gestützte Blumensaal besehenswerth, dessen Inneres ein Parallelogramm bildet, dessen Länge von 72 Fuß sich zu der Breite wie Zwei zu Eins, und eben so zur Höhe verhält. Die Fronte dieses herrlichen

harmonisch beseelt. Und nun vollends der Contrast in dem Centaur! Nieder=

Pflanzen-Palastes zeigt sich in der imposanten Ausdehnung von 568, und in der Höhe von 325 Fuß, und der Reichthum der hier gepflegten Pflanzen aus allen Welttheilen ist außerordentlich groß. In der Mitte des Gartens zeigt sich die lebensgroße Reiterstatue Franz des Ersten, des Gemahls der großen Maria Theresia, von Balthasar Moll aus weichem Metall geformt.

Schon um 1750 wurde eine k. k. Kanonen-Gießerei auf der Wieden, Favoritenstraße, angelegt; nun 1823 erreichte auch die Kanonenbohrerei auf der Landstraße ihre Vollendung, deren Bohrmaschine ein Werk des berühmten Reichenbach aus München ist. Nicht minder erhielten um diese Zeit die Vorstädte Breitenfeld und Schaumburg, dann die Taubstummen-, Instituts- und Wohllebengasse auf der Wieden, die Wickenburggasse in der Alservorstadt u. a. ihr Entstehen, und am 17. November legte Se. k. k. Hoheit der Kronprinz den Grundstein zum neuen Gebäude des Thierheil-Institutes auf der Landstraße, von welcher Anstalt später Ausführlicheres folgt.

Im Jahre 1824 trat die Anstalt der Eilfahrten ins Leben. Am 18. October eröffnete die erste österr. Brandschaden-Versicherungs-Gesellschaft ihr Comptoir, der im nächsten Jahre eine Zweite, unter der Firma: k. k. priv. wechselseitige Brandschaden-Versicherungs-Anstalt, folgte. Mit großer Feierlichkeit wurde am 4. November 1824 in Wien die Vermählung Sr. kais. Hoheit des Erzherzoges Franz Carl mit der königlichen Prinzessin Sophie von Baiern, in Gegenwart des Kaisers und der Kaiserin, sowie des Königs und der Königin von Baiern durch den Cardinal-Erzbischof von Olmütz, Erzherzog Rudolph vollzogen. Diese erhabene Frau, welche seitdem das Kaiserhaus mit vier Prinzen: Franz, geb. am 18. August 1830; Ferdinand, geb. den 6. Juli 1832; Carl, geb. am 30. Juli 1833; und Ludwig, geb. am 15. Mai 1842, beglückte, hat durch gnädigste Herablassung und Leutseligkeit, gleich Ihrer erlauchten Halbschwester der Kaiserin-Mutter Caroline Auguste, Majestät, die Herzen aller Wiener gewonnen. Am 18. November beglückten auch der königliche Prinz Johann von Sachsen sammt dessen Gemahlin Amalie Auguste Prinzessin von Baiern Wien mit Ihrer Gegenwart, und am 16. November gieng die Fahnenweihe des 31. Linien-Infanterie-Regiments, das eben damals zu Wien in Garnison lag, in Beisein des kais. Hofes und seines erlauchten Inhabers Maximilian Joseph, Königs von Baiern, vor sich.

Mit Ende Juli 1825 wurde ein öffentlicher Brunnen an der Außenseite des kais. Hofstallgebäudes auf der Laimgrube errichtet, und am 4. October die, durch eine Actien-Gesellschaft erbaute Sophien-Kettenbrücke über den Donau-Canal, welche die Verbindung zwischen der Landstraße und dem Prater herstellt, eröffnet. Kudriaffsky war ihr Erbauer. Gleichzeitig entstand auch der Privat-Verein zur Unterstützung erwachsener Blinden, der unter dem Schutze Sr. kais. Hoheit des Erzherzoges Franz Carl stehend, von Jahr zu Jahr einen größeren Wirkungskreis gewinnt.

Kaiser Franz wurde in der Nacht vom 9. auf den 10. März 1826 von einer schweren Krankheit befallen. Allgemein war die Besorgniß um sein theures Leben; aber die Freude seiner Unterthanen auch um so lebhafter, als er am

9. April, um die Mittagsstunde mit der allverehrten Kaiserin zum ersten Male nach erfolgter Genesung ausfuhr. Die ganze Bevölkerung Wiens war auf den Straßen, durch welche er fuhr, versammelt. Freudenthränen glänzten in Jedermanns Augen bei dem Wiedersehen des schon für todt gehaltenen, allgeliebten Landesvaters. Das Volk wollte die Pferde von seinem Wagen ausspannen, um Ihn eigenhändig weiter zu ziehen. Tausendstimmiger Jubel begleitete Ihn fortwährend. Zur Feier dieses glücklichen Tages wurden schon bei einbrechender Dämmerung die Stadt und die Vorstädte aus freiem Antriebe auf das festlichste beleuchtet. Einige Tage zuvor, am 2. April, wurde das von Pabst Leo dem Zwölften für das Jahr 1826 auf die ganze katholische Christenheit ausgedehnte Jubiläum für die Wiener Erz-Diöcese mit einer feierlichen Prozession eröffnet.

Im April 1827 veranstalteten mehrere Freunde Florens eine öffentliche Blumen-Ausstellung in dem Garten des Fürsten von Schwarzenberg am Rennwege; ein Unternehmen das seitdem seinen jährlichen Fortgang hat. Auch das großartige Schottenhof-Gebäude wurde in diesem Jahre ganz neu erbaut.

Mit dem 12. Februar 1828 trat das sechzigste Geburtsfest des Kaisers ein. Die Wiener feierten es mit großer Pracht, und Abends war die innere Stadt beleuchtet. Diesem folgte die Feierlichkeit der Grundstein-Legung zum schon weit vorgerückten Neubau des k. k. Bibliotheks-Gebäudes der Universität, am 21. August, und dann sahen die Wiener vom 11. September bis 7. October zwei hochgeehrte Gäste, die königl. Prinzen Wilhelm und August von Preußen, am kais. Hoflager.

Nach der am 3. Jänner 1829 erfolgten Cardinal-Barets-Ertheilung an den Fürst Primas von Ungarn, Alexander Rudnay von Rudna, ergaben sich hier zwei den kais. Hof höchst betrübende Todesfälle. Am 14. November starb die Erzherzogin Maria Beatrix von Este, Herzogin von Massa-Carrara, und am 29. December folgte ihr ins Grab des Erzherzoges Carl, kais. Hoheit, erlauchte Gemahlin Henriette, Tochter des souverainen Fürsten Friedrich Wilhelm von Nassau-Weilburg.

Am 6. September 1830 gieng die feierliche Grundsteinlegung in dem von der Gesellschaft der Musikfreunde des österr. Kaiserstaates neu erbauten Hause unter den Tuchlauben vor sich. Am 4. Mai wurde die erste Klein-Kinder-Bewahr-Anstalt am Rennwege auf Veranlassung des Menschenfreundes Wertheimer und des Pfarrers Johann Lindner eröffnet. Sie fand so große Theilnahme, daß bald darauf ein Hauptverein entstand, an dessen Spitze Ihre Majestät die Kaiserin Caroline Auguste, als oberste Schutzfrau, trat, und von welcher der Fürst-Erzbischof das Präsidium übernahm. Durch bedeutende, vielseitige Unterstützung ist es möglich geworden, daß bereits in vielen Bezirken derlei Anstalten bestehen, wo Kinder von 2 bis 6 Jahren während der Tagarbeit ihrer Eltern Schutz vor Gefahr des Verunglückens und der Verwahrlosung finden. Im August entstand der Verin zur Beförderung der bildenden Kunst. Am 4. October endlich feierte das Blinden-Institut in der Josephstadt, das 1808 zu einer Staatsanstalt erhoben wurde, das Fest der Einsegnung seiner Instituts-Capelle.

Am 2. October 1830 hatte Sr. k. k. Hoheit Erzherzog Kronprinz Ferdinand nach erfolgter Krönung den Titel: „König von Ungarn und Kronprinz der übrigen kais. österr. Staaten“ angenommen; nun am 27. Februar 1831 wurde die heilige Handlung der wirklichen Trauung Höchstdessen mit Maria Anna Carolina, königl. Prinzessin von Sardinien, durch den Erzherzog Cardinal Rudolph mit ungewöhnlicher Pracht vollzogen. Es war die letzte wichtige Handlung dieses Kirchenfürsten, denn leider starb er schon in der Nacht vom 23. auf den 24. Juli zu Baden, von wo er am 26. nach Wien gebracht und in der Gruft seiner Ahnen beigesetzt wurde.

Im Jahre 1831 wurde hier, auf der Landstraße, die Frauen-Kongregation des allerheiligsten Erlösers nach der Regel des heil. Alphons von Ligorie instituirt, ein Jahr später aber in Gumpendorf das Institut der barmherzigen Schwestern errichtet. Unentgeldliche Wartung der Kranken beiderlei Geschlechtes ohne Rücksicht auf Religion und Vaterland in und außer dem Kloster ist ihr Beruf. Seit 8. Februar 1841 besitzen die Nonnen, welche von Zams in Tirol kamen, als Filiale das Carmeliter-Kloster in der Leopoldstadt.

In der zweiten Hälfte des Jahres 1831 suchten auch Wien die Schrecken der Cholera morbus heim. Schon am 16. und 17. August zeigten sich die ersten Spuren dieser Krankheit, aber erst in der Nacht vom 13. auf den 14. September begann sie verheerend zu wirken, so zwar, daß bis zum 17. Februar 1832, wo ihr Wüthen gänzlich aufhörte, 4129 Menschen an diesem Uebel erkrankt, und von selben 1975 verstorben waren. Am 17. März wurde in allen Kirchen Wiens ein feierliches Seelenamt für die in Wien an der Cholera Verstorbenen, und am 18. ein feierliches Dankamt mit Te Deum für die glückliche Abwendung dieser Krankheit abgehalten, wobei auch der Kaiser, dessen väterliche Sorgfalt für die Bewohner Wiens sich auch in dieser Epoche schwerer Prüfung in vollem Glanze gezeigt hatte, mit dem ganzen Hofftaat zugegen war. Wenige Monate später ergaben sich zwei höchst traurige Ereignisse. Am 22. Juli, um 5 Uhr früh, starb Franz Joseph Carl, Herzog von Reichstadt, nach einer langwierigen Krankheit im Schlosse zu Schönbrunn, worauf am 24. sein Leichnam in die kaiserliche Familiengruft beigesetzt wurde; und am 9. August wurde in Baden nächst Wien ein empörendes Attentat gegen Sr. Majestät den jüngern König von Ungarn verübt, das jedoch, zum Troste der Bewohner Wiens, die gütige Vorsehung ohne alles Unglück von dem theuren Haupte abgewendet hatte. Des Morgens nämlich machte der König in Begleitung des Feldmarschall-Lieutenants Grafen von Salis seinen gewöhnlichen Spaziergang. In der Bergstraße, gegen dem St. Helenenthale hin, feuerte ein pensionirter Hauptmann, Franz Reindl, ein Terzerol auf den König ab. Die Kugel traf das linke Schulterblatt, erstarb aber glücklicher Weise in dem Futter des Rockes und verursachte daher nur eine leichte Prellung. Im Augenblick sprangen drei in der Nähe befindliche Männer, Franz Tauscher, Andreas Keller und Joseph Glaner, eiligst herbei, um sich des Mörders zu bemächtigen, der, nachdem er das abgefeuerte Terzerol weggeworfen hatte, sich mit einem zweiten in den Mund schoß, wo die Kugel im Gaumen stecken blieb, und dann auf den ihm zunächst stehenden obgedachter drei Männer ein drittes abfeuern wollte, welches jedoch versagte, worauf der ruchlose Thäter ergriffen und auf das Rathhaus geführt wurde. Sogleich verfügte sich auch der König zu Fuß nach der Stadt zu dem Kaiser um Höchstselben persönlich über den erschütternden Vorfall zu beruhigen. Der Thäter, ein durch unordentliche Lebensweise in seinen Vermögensumständen zerrütteter Mensch, hatte sich vor nicht langer Zeit mit einem Bittgesuche um eine Gabe von 900 Gulden C. M. an Se. Majestät den jüngern König von Ungarn gewendet und von Höchstselben ein Gnadengeschenk von 100 Gulden C. M. erhalten. Bis zum gräßlichen Verbrechen gesteigerter Ingrimm über die Verweigerung der vollen von ihm verlangten Summe hatte ihn zu dieser Unthat verleitet. Er wurde, nach dem mit ihm auf dem Rathhause vorgenommenen Verhöre, nach Wien abgeführt und den Militär-Gerichten überliefert. Allgemein war die Entrüstung, welche diese ruchlose That in Wien erregte. — Gleich darauf am 12. verfügte sich eine Deputation des hiesigen Magistrates und der Bürgerschaft nach Baden, um Ihren k. k. Majestäten im Namen der Stadt Wien den tiefsten Abscheu über das in den Annalen Oesterreichs nie erhörte Attentat gegen das Leben Sr. Majestät des jüngern Königs von Ungarn zu bezeugen, und am 19. veranstaltete derselbe ein feierliches Hochamt in der St. Stephans-Kirche, unter Paradirung der Bürger-Corps, um den Wienern Gelegenheit zu verschaffen, ihre Gefühle des heißen Dankes der Vorsehung für die von diesem allgeliebten, erhabenen Herrn abgewendete Lebensgefahr, auf eine feierliche Weise darzubringen.

Schon 1818 machten Anton Bernhard und Chevalier St. Leon, und zwar jeder für sich, nach verschiedenen Verfahrungsweisen, mit Dampfbooten Probefahrten auf der Donau; allein ihr Unternehmen wurde nicht begünstigt. Mehr Glück hatten Andrews und Pritchard. Kaum hatten sie ein ausschließendes Privilegium auf die Donau-Dampf-Schiff-Fahrt erhalten, als sich schon zur Ablösung und Ausübung dieses Privilegiums ein Actien-Verein bildete, welcher gleich anfänglich durch Ausgabe von 200 Stück Actien, jede zu 500 Gulden, ein Stammvermögen von 100,000 Gulden C. M. zusammen brachte, so daß unverzüglich zur Erbauung des ersten Dampf-Schiffes »Franz der Erste« mit 60 Pferdekraft geschritten werden konnte. Dasselbe trat 1831 in volle Wirksamkeit, und allmählig wuchsen neue Dampfboote, wie z. B. Maria Anna von 76 Pferdekraft, Nador von 42, Arpad von 80, Zrinyi von 80, Franz der Erste von 60, Argo von 50, Panonia von 36, Maria Dorothea von 70, Ferdinand der Erste von 100, Clemens Fürst Metternich von 140, Crescent von 120, Stambol von 160, Erös von 140, Galathea von 60, Sophia von 60, dann Seri-Pervas und Erzherzog Stephan von 76, und das Schlepp- und Lastschiff Samson, ganz von Eisen, mit 100 Pferdekraft hinzu. Die österr. Dampfschiffe befahren die Donau zwischen Linz, Wien, Pesth, Semlin, Galacz, Varna, Constantinopel, Smyrna, Salonich, Sinope und Trapezunt, und stehen mit der baierisch-württembergischen Gesellschaft zu Regensburg und den russischen Dampfbooten auf dem schwarzen Meere in Verbindung.

60 *

Im Jahre 1832 hielt auch der allgemeine Verein der Naturforscher eine Versammlung in Wien. Sie dauerte vom 1. bis 27. September, und bei 450 Mitglieder nahmen daran Theil. Der k. k. Regierungsrath und Professor der Chemie und Botanik, Jacquin, und der Director der kais. Sternwarte und Professor der Astronomie, J. J. Littrow, waren die Geschäftsführer. Man bestrebte sich, dieser ehrwürdigen Versammlung mit großer Auszeichnung zu begegnen. Am 22. lud sie Fürst Metternich zu einer Soirée in das Gebäude der k. k. Haus-, Hof- und Staatskanzlei, wo sich auch die sämmtlichen Staatsminister und die Mitglieder des diplomatischen Corps einfanden. Am 23. fuhr die Gesellschaft nach Baden, dessen Magistrat sie zu einem Festmahle geladen hatte. Eben so wurde sie auch am 25. mit einer auf Befehl Sr. Majestät des Kaisers gegebenen Tafel in dem k. k. Lustschlosse zu Laxenburg beehrt, wohin sie 75 k. k. Eilpostwägen befördert hatten. Auch ließ der Magistrat zum Andenken dieser Versammlung in Wien durch den berühmten k. k. Kammermedailleur Johann Daniel Böhm eine Medaille verfertigen und dieselbe unter die Mitglieder vertheilen.

Anfangs März 1833 brach in Wien ebenfalls ein epidemisch-katarrhalisches Leiden, die sogenannte Grippe, und zwar mit solcher Heftigkeit aus, daß sie bei drei Viertheile von dessen Einwohnern an sich erfuhren. Doch war diese Krankheit in den meisten Fällen gutartig zu nennen. Nur schwache Kinder, sehr alte Leute und chronisch Kranke wurden meistens ein Opfer derselben. Ueberhaupt hatte man mehr von den Folgen als von der Krankheit selbst zu fürchten, die über drei Monate hier fortwährte.

Am 4. November 1833 ward der Brunnen in der Vorstadt Breitenfeld, der im Bassin 423½ Kubikschuh Wasser faßt und auf Gemeindekosten im Eisengußwerke des Grafen von Salm zu Blansko modellirt und gegossen wurde, dann am 4. October 1834 jener auf der Wieden nächst der Paulanerkirche eröffnet.

Im Jahre 1834 übersiedelte das Handlungs-, Kranken- und Verpflegs-Institut aus dem Universal-Spitale in das eigene Haus, Alservorstadt Nr. 280. Diese löbl. Anstalt wurde 1745 durch die Handlungs-Commis Schweizer, Weigel, Vollgruber, Langensee, Schönecker und Pach, in Beherzigung jenes kummervollen und traurigen Schicksales ihrer Kranken und hilfebedürftigen Mitbrüder, welche ohne eigenes Vermögen und ohne alle Unterstützung oft dem äußersten Elend Preis gegeben wurden, gestiftet. Das mit demselben in Verbindung stehende Handlungs-Verpflegs-Institut wurde 1795 errichtet und hat die Verpflegung jener Handlungs-Mitglieder zum Endzweck, welche theils ihres hohen Alters, theils anderer körperlichen Gebrechen wegen zu ihrem ferneren Broderwerb unfähig geworden sind.

Wie wir bereits dargethan, hatte sich Wien unter der Regierung des Kaisers Franz ungeachtet der langjährigen Kriege vieler nützlicher Bauten und Anstalten zu erfreuen; aber auch in Hinsicht der inneren Verwaltung und Gesetzgebung geschah Ungewöhnliches. Schon am 12. October 1792 bestätigte er den Wienern ihr Burgfrieds-Diplom und das Privilegium zur Abhaltung von Jahrmärkten. Das Civilgesetzbuch, seit 1796 der Gegenstand sorgfältiger Erwägungen, wurde 1802 von der Gesetzgebungs-Hofcommission in Revision genommen und 1812, mit Ausnahme Ungarns und Siebenbürgens, in allen Provinzen eingeführt. Schon 1804 trat das neue Strafgesetzbuch in Wirksamkeit, und 1805 war eine allgemeine Lehensordnung zu Stande gekommen. Das Wucherpatent, die Judenverfassung, die Verbesserung des Schulwesens, die Gesindeordnung, die Verordnungen über Handel und Gewerbe, über Baulichkeiten und Gegenstände der Sanitätspolizei liefern den klarsten Beweis, daß kein Zweig der Verwaltung unberücksichtigt geblieben ist und daß stets die größte Sorge des Monarchen auf das Wohl seiner Unterthanen gerichtet war. Wie sehr mußte daher dieselben das Jahr 1835 betrüben, in welchem sie diesen zweiten Vater des Vaterlandes verlieren sollten! Schon am 24. Februar wurde Kaiser Franz von einem Entzündungsfieber, mit Seitenstechen begleitet, befallen. Nach vier Aderlässen zeigte sich am 26. im Zustande des hohen Kranken eine merkliche Besserung; allein am 1. März hatten sich die zur Consultation versammelten Aerzte genöthigt gesehen, zu einem neuen, starken Aderlasse zu schreiten, um die Beschwerden des Athemholens zu vermindern. Von nun an nahmen des Kaisers Kräfte sichtbar ab. Nach empfangener letzter Oelung gab dieser hochverdiente Monarch am 3. März um drei Viertel auf Ein Uhr Morgens, im 68. Lebensjahre und nach einer denkwürdigen Regierung von 43 Jahren den Geist auf. Am 7. begieng man das feierliche Leichenbegängniß. Diesem Tag der Trauer folgte bald ein neuer durch den Tod des Erzherzoges Anton Victor, Hoch- und Deutschmeisters; eines Fürsten, dessen schöner Geist der Humanität den Wienern ewig unvergeßlich bleiben wird. Er verschied am 2. April 1835.

Während Kaiser Franzens Regierungszeit ergaben sich einige für Wien sehr merkwürdige Elementar-Ereignisse. In der Nacht vom 30. September auf den 1. October 1807 blies ein heftiger Sturm aus Nordost. Er fieng um eilf Uhr an, war am stärksten gegen drei Uhr und legte sich am Abend des folgenden Tags gänzlich. Das Barometer war nur eine halbe Linie unter 28 Zoll gefallen. Das Thermometer stand 9 Grad unter 0. Der Himmel blieb die ganze Nacht heiter. Die Kuppel des Augustiner-Thurmes wurde herabgeworfen, eine Menge von Schornsteinen, Mauern ꝛc. wurden umgestürzt, vom Thurm der Stephanskirche ward eine Bildsäule herabgeworfen, fast alle Dächer beschädigt, viele ganz abgetragen, Tausende von Fenstern eingedrückt, viele Gärten verwüstet; der Prater, der Augarten und die Brigitten-Aue glichen Verhauen, wo die kräftigsten Bäume von der Wurzel ausgerissen und zerbrochen wurden. Doch ward kein Mensch beschädigt. — Durch den Eisstoß zu Ende Februar 1830 hatten die an der Donau liegenden Vorstädte eine fürchterliche Ueberschwemmung zu erleiden. Am 28. gegen Abend hatte das Wasser der Donau auf allen überschwemmten Punkten zu fallen begonnen, so zwar, daß von dem Tabor-Linienposten Abends halb 6 Uhr die Meldung geschah, der Wasserstand sei um drei Schuh niedriger, als am Morgen. So hielt sich der Wasserstand bis nach Mitternacht, wo plötzlich das Wasser in den Vorstädten Rossau, Leopoldstadt, Weißgärber und Erdberg mit solcher Gewalt und Schnelligkeit eindrang, daß der Wasserstand innerhalb 3 bis 4 Minuten sich um 5 Schuh höher stellte. Die Wachposten konnten kaum ihren Allarm-Ruf ertönen lassen, und viele retteten sich nur mit Lebensgefahr in benachbarte Häuser. Dieser schnelle Andrang des Wassers hatte auf die vorbereiteten Sicherheits-Maßregeln den nachtheiligsten Einfluß; denn ein großer Theil der Schrägen und Treppen wurde durch die Gewalt des Wassers rasch weggerissen und fortgeschwemmt, und viele Kähne, die bereits auf den Straßen vertheilt waren, verschwanden augenblicklich. Die finstere Nacht vermehrte die Angst und Noth; und da sich auch ein Sturm erhob, so war das Elend um so größer, weil hiedurch der beste Wille zu helfen unnütz blieb. So erwartete man mit Sehnsucht den Anbruch des Tages. Die Eismasse hatte den ganzen Donau-Canal bis an die Ferdinands-Brücke verlegt und thürmte sich zu einer schrecklichen Höhe auf, so daß sie die Sohle des Kettensteges am Schanzel streifte. Zugleich drang auch das Wasser durch die Canäle in die niederen Theile der Stadt, und so wurde die Adlergasse, Rothenthurmstraße, der Fischmarkt und der Salzgries mit Wasser, an manchen Stellen 3 bis 4 Schuh hoch, überfluthet. In diesem Zustande befand sich der Wasserstand am 1. März bis 2 Uhr Nachmittags, als er zu fallen anfieng. Am 2. März gegen Abend setzte sich endlich die Eismasse ober der Ferdinands-Brücke in Bewegung. Das noch sehr hohe Wasser führte eine Masse Scheiterholz, Floßbäume und Bretter mit hinweg; die Brücken über dem Canal blieben jedoch, bis auf jene nächst der Augartenstraße, die an den Jochen stark beschädigt wurde, verschont. Vierundsiebenzig Personen, darunter eilf Kinder, fanden in den Fluthen ihr Grab. — Am 7. Jänner 1831 gegen 7 Uhr Abends bemerkte man hier ein für unsere Gegend seltenes Nordlicht. Um 11 Uhr begann es zu verschwinden.

Drittes Kapitel.

Die Vorstädte.

Schon früher haben wir mehrmalen Anlaß genommen, über die Vorstädte Wiens im Allgemeinen, wie z. B. bei den Befestigungen der Stadt, bei Errichtung des Linienwalles ꝛc. zu sprechen. Auch haben wir bereits gelegentlich das Entstehen ihrer vorzüglichsten Gebäude und Anstalten vorgeführt. Es liegt uns nun ob, auch einen historischen Ueberblick von jeder einzeln zu geben, und wir beginnen somit nach der Reihenfolge, sowie sie im Kreise um die Stadt gelagert erscheinen.[4]

Die Leopoldstadt. Diese altbürgerliche Vorstadt hieß im Mittelalter der untere Werd, und zu diesem rechnete man die Wolfsaue (Brigittenaue), den Tabor, die Heide, den unteren Fall, den hangenden Ort, die

Drittes Kapitel.

Die Vorstädte.

Venediger-Aue (auch unter den Felbern genannt), den Schüttgraben (am Schüttel), die Scheffstraße und den Prater. Ursprüngliche Besitzer dieses Landstriches waren die Landesfürsten. Am 1. März 1337 verpfändeten die Herzoge Albrecht und Otto einen großen Theil des untern Werds, wahrscheinlich den Grund, auf welchem jetzt die Leopoldstadt steht, um 600 Pfund Wr. Pfennige an die Stadt Wien. Von diesem lösten sonach die Herren von Tirna denselben wieder ab, und später gieng dieses Besitzthum an den älteren Hans von Liechtenstein zu Nicolsburg durch Kauf über, von welchem es wieder an den Landesfürsten zurückfiel. Am 26. October 1395 beschenkte Herzog Wilhelm damit seinen Kämmerer Lorenz, von welchem endlich der Werd am 28. März 1396 an den jetzigen Besitzer, den Wiener-Magistrat, käuflich gelangte. Von 1337 bis 1495 hatte sich die Anzahl der Ansiedlungen im untern Werd bereits auf hundert vermehrt, ungeachtet sie bei der Belagerung Wiens durch Mathias Corvin, 1484—1485, hart mitgenommen wurden. Um 1526 war auch die Gegend bei dem Tabor gegen die Brigittenau schon bewohnt. Nach der Türken Abzug von Wien, 1529, war auch hier alles verödet; und erst zwischen 1536 und 1540 finden wir den untern Werd wieder mit neuen Ansiedlungen versehen, größtentheils durch Bürger von Wien, welche für den Abbruch ihrer zu nahe an der Stadt gelegenen Häuser und Gärten bei der neuen Befestigung derselben zur Entschädigung hier andere Bauplätze erhalten hatten. Gleichzeitig erhielt auch das hiesige Bräuhaus des Bürgerspitales sein Dasein. Um den Werd noch mehr zu bevölkern, wurde auch den von Kaiser Ferdinand dem Ersten wieder aufgenommenen Juden der öde Grund, die Heide, rückwärts vom ehemaligen Carmeliten-Kloster gegen die k. k. Provinzial-Strafanstalt, zur Verbauung angewiesen. 1651 ließ Kaiser Ferdinand der Dritte in der Wolfsschanze auf dem Platze, wo 1645 des Erzherzogs Leopold Lager gegen die Schweden gestanden, die schon besprochene Brigitten-Capelle erbauen, welche sonach dieser Gegend den Namen Brigittenaue gab. Um 1664 war der untere Werd schon Wiens bedeutendste Vorstadt. Mit kaiserlichem Dekrete vom 30. Juli 1669 wurden die Juden wieder abgeschafft. Ihre Häuser im untern Werd löste der Stadtrath um hunderttausend Gulden ab, und übernahm auch jene zehntausend Gulden, welche sie für die Duldung jährlich zahlen mußten. Nun wurde ihre Synagoge in eine christliche Kirche umgewandelt, zu welcher am 18. August 1670 Kaiser Leopold der Erste, zu Ehren des heil. Markgrafen Leopold, den Grundstein legte. Seit diesem Tage verschwand der Name „Untere Werd“ und an dessen Stelle trat die Benennung Leopoldstadt. Am 15. October 1671 erhielt sie das Privilegium des noch blühenden Jahrmarktes, eines Hafenmarktes, Wochen- und Tandelmarktes; wodurch ihre Einwohner in den blühendsten Wohlstand versetzt wurden. Leider sank derselbe aber nur zu bald wieder herab. 1679 brach die fürchterliche Pest aus, die hier allein bei zehntausend Menschen dahin raffte; und kaum hatten die von der Seuche Geretteten sich wieder gesammelt, so wurde die Vorstadt 1683 von dem türkischen Heere fast gänzlich verwüstet. Doch unglaublich schnell war die Leopoldstadt nach solchen Schicksalsschlägen wieder emporgerichtet. 1684 treffen wir schon wieder alles bis an die Brigittenau verbaut und auch jenen Theil des alten Werds, welchen am 14. März 1689 sonach der Stadtrath von dem Bürgerspitale an sich brachte. 1730 wurde der Hafenmarkt von hier in die Rossau und der Tandel- (Trödel-) Markt vor das Kärnthnerthor übertragen. Von 1777 bis 1792 erhielt die Vorstadt durch die Verbauung des Oettinger'schen und des Carmeliten-Gartens, dann der Heide rückwärts des k. k. Provinzial-Strafhauses und in der Gegend des Bürgerspital-Bräuhauses eine beträchtliche Anzahl von Häusern, so daß sich schon im letztgedachten Jahre ihre Nummern bereits auf 507 beliefen. Während der französischen Invasionen, wo die Einwohner harte Drangsale zu erleiden hatten, zeichneten sie sich sehr zu ihrem Vortheile aus. Der hier gelegenen Kirchen St. Leopold, St. Theresia, St. Johann von Nepomuk, des Klosters und der Kirche der barmherzigen Brüder, des k. k. Provinzial-Strafhauses, des k. k. priv. Theaters, des Augartens und der Brigittenau geschah bereits Erwähnung. Auch der große Laubwald-Prater, den Kaiser Joseph der Zweite 1766 dem Publikum eröffnete, gehört in den Bereich dieser Vorstadt. Es ist der Hauptbelustigungsort der Wiener, daher es auch hier nicht an Wirths- und Caffeehäusern, an Ringelspielen, Vogelschießen, Schaukeln, Kegelbahnen, Hanswurstttheatern u. dgl. gebricht. Frau de Bach besitzt daselbst einen schönen Circus für Kunstreiter, und seit 1777 hat der Kunstfeuerwerker Stuber das Privilegium, hier auf einem eigens angewiesenen Platze jährlich mehrere Feuerwerke zum Vergnügen des Publikums abzubrennen. Am südlichsten Ende des Praters, dicht an einem Arme der Donau, liegt das sogenannte Lusthaus, ein runder, ganz freistehender Pavillon, mit zwei über einander angebrachten Sälen und drei von außen rings herum laufenden Gallerien, von denen man eine sehr angenehme Aussicht hat. Die vom Anfange des Praters bis dahin nach der Schnur in den Jahren 1537—1538 angelegte Allee hat eine Länge von 2315 Klafter. Am einen Donauarme an der Nordseite des Praters ist die Schwimmschule und das Freibad, und fast beim Eingange an dieser Seite zeigen sich die Gebäude der Kaiser-Ferdinands-Nordbahn.[5]

Die Jägerzeile. Sie war ursprünglich ein landesfürstliches Eigenthum und führte den Namen „Unter den Felbern"; später nannte man sie die Venedigerau. Sie gehörte zum Schöffstraßer- und dann zum Vicedom'schen Grundbuche. Am 14. September 1569 ließ Kaiser Maximilian der Zweite hier durch den Vicedom Hans Georg Kuesteiner für seine Hofjäger und Blachenknechte, um der Jagd im Prater näher zu sein, einen Platz zu Wohnungen auszeichnen, und im nächsten Jahre wurden für dieselben 18 Häuser in gerader Linie (nach damaligem Sprachgebrauch „in einer Zeile") erbaut. Daher der Name „Jägerzeile. Diese Jägergemeinde, welche mit der Freiheit des Wein- und Bierausschankes und mit der Einquartirungsbefreiung begünstigt wurde, zeichnete sich 1619 bei Gelegenheit, als Graf Thurn mit den Böhmen sich vor Wien lagerte, besonders aus, indem sie denselben verhinderte eine Schanze gegen den Rothenthurm zu erbauen, und ihn aus dem Prater mit Verlust von siebzig Mann geworfen hatte. 1750 wurde dieser Grund mit andern Vicedom'schen Realitäten an die n ö. Stände und von diesen 1764 an Joseph von Zorn verkauft. Nach dessen Tod, 1797, kam er durch Vermächtniß an Herrn von Segenthal, und 1842 von dessen Erben an den Magistrat. Diese Vorstadt zeichnet sich durch ihre vielen Prachtgebäude aus, die sich von Jahr zu Jahr vermehren. Das hierher gehörige schon im Prater gelegene Badhaus am Schüttel ist ein Eigenthum des Fürsten von Liechtenstein.

Die Vorstadt Unter den Weißgärbern. Dieser ursprüngliche landesfürstliche (Vicedom'sche) Grund, das alte Donau-Rinnsal genannt, über dessen Ansiedler, meist Gärtner, schon Herzog Albrecht der Zweite 1349 am Pfingsttage vor Invocavit das erste Grund- und Satzbuch errichtete, erhielt seinen jetzigen Namen von den Gärbern, denen kurz nach der ersten Belagerung Wiens durch die Türken 1529 derselbe als ein, wegen der Nähe der Donau für ihr Geschäft zuträglicher Wohnsitz zugewiesen wurde, da man sie wegen der Unreinlichkeit ihres Gewerbes nicht in der innern Stadt dulden wollte. Der Name »Unter den Weißgärbern« kommt urkundlich zuerst 1662 vor. Bei Wiens zweiter Belagerung 1683 wurde diese Vorstadt gänzlich zerstört; aber schon 1690 war sie wieder in blühendem Zustande. Am 18. September 1693 überließ Leopold der Erste diesen Grund mit 60 Häusern und 2000 Einwohnern dem Stadtrathe gegen Erlag von 10,000 Gulden, jedoch mit Vorbehalt des Sandwerfens in der Donau und des kais. Holzlegstadls. Dieser Grund ward sonach zu einer Vorstadt erhoben und dessen Gränzen gegen Erdberg und die Landstraße mit Marksteinen bezeichnet. Im J. 1746 wurde der Vorstadt durch das von der Kaiserin Maria Theresia erbaute Theresienthor, und 1782 durch die Fahrbrücke, welche Joseph der Zweite über den Wienfluß herstellen ließ, eine nähere Verbindung mit der Stadt verschafft. Eine gleiche Annäherung dieser Vorstadt mit der Leopoldstadt und Jägerzeile wurde 1803 durch die Franzensbrücke bezweckt. Ihre Kirche zu St. Margaretha wurde 1690 gegründet. Uebrigens ist noch zu erwähnen, daß hier das berüchtigte, von Defrain 1755 erbaute, 1796 aber abgebrannte Hetz-Amphitheater sich befand.

Auch Erdberg, in alten Urkunden bald Erdperch, bald Erdbruch, wahrscheinlich von einem früheren Durchbruche den die Donau hier nahm, so genannt, war lange Zeit ein landesfürstliches Dorf, das schon in den Zeiten der Babenberger blühte. So schenkte schon 1172 Leopold der Tugendhafte einen Theil dieses Gutes dem deutschen Orden. Am 21. Dezember 1192 wurde hier (siehe S. 72.) Richard von England gefangen genommen. 1349 gab Herzog Albrecht der Zweite dem Dorfe ein Grundbuch, Scheffstraße genannt, und überließ die Einkünfte davon seiner Gemahlin Johanna von Pfierdt; nach ihrem Tode fiel Alles wieder dem Landesfürsten zu. 1704 erhielt es der Stadtrath in Pacht, welchen jedoch Maria Theresia wieder aufhob. 1782 wurde Erdberg mit Lerchenfeld von dem k. k. Vicedomamte durch öffentliche Versteigerung an den Freiherrn von Hagmüller verkauft, und von diesem kam es am 24. März 1809 an Fürst Lobkowitz, nachdem schon zuvor die Personal-Gerichtsbarkeit an die Stadt Wien käuflich übertragen war. Seit 1. September 1810 besitzt der Magistrat diesen Grund nun auch als Obrigkeit. Der vormalige Rasumofsky'sche (jetzt fürstlich Liechtenstein'sche) Park und Palast, das Schloß des vorigen Herrschaftsbesitzers, des Kunstgärtners Rosenthal Garten, und die 1771 entstandene Pfarrkirche St. Peter und Paul sind bemerkenswerth. Endlich verdient noch das hier gelegene Rüdenhaus Erwähnung, welches im Mittelalter zur Unterbringung der kais. Jagdhunde verwendet, 1779 aber, sammt dem dazu gehörigen sehr großen Garten, von dem Vicedomamte der Gemeinde um zehntausend Gulden überlassen wurde.

Die Landstraße. Das Nonnenkloster St. Niclas bei Erdberg an der ungerischen Landstraße und die zu demselben gehörigen Besitzungen lockten bald nach dessen Errichtung viele Ansiedler herbei, so, daß sich hier ein Dorf bildete, das den Namen bei St. Niclas an der Landstraße erhielt. Schon 1360 kommt diese Benennung in einer Urkunde vor, wo es ausdrücklich heißt: „Albrecht Chagrauers Haus in der Kleberlucken bei St. Niclas an der Landstraße.“ Als Mathias Corvin dieses Kloster 1485 mit Sturm einnahm, reichten die Häuser dieses Bezirkes schon bis hart an den Wienfluß, und derselbe genoß bereits die Rechte einer Vorstadt Wiens. Schon durch das Kriegsheer dieses Königs erlitt die Landstraße großen Schaden, welcher jedoch bei weitem von jenen überwogen wurde, den die Türken 1529 herbeiführten. 1646 finden wir sie wieder in dem blühendsten Zustande. Die zweite Belagerung Wiens durch die Türken

61 *

zehntausend Gulden überlassen wurde.

entriß sie leider wieder ganz ihrem Wohlstande. Verödet und in Trümmern blieben ihre Häuser bis 1690 liegen, wo man endlich wieder anfieng Bauplätze aufzusuchen, um die Bürger zu entschädigen, welche 1683 durch die Türken und durch die vergrößerte Fortificationslinie ihre Häuser in den nahen Vorstädten verloren hatten. 1698 entstand durch Caspar Rottmayr die St. Niclas-Capelle auf dem Kirchhofe; dieser folgte die Erbauung mehrerer Häuser bei Erdberg, und zugleich erhoben sich die Gärtner- und die Bockgasse. Auch in der Ungergasse und am Rennwege vermehrten sich die Gebäude. Ihren Hauptflor jedoch erhielt diese Vorstadt unter Joseph dem Zweiten. 1783 wurde ihm zum Andenken die Kaiserstadt auf dem Rennweg angelegt und es entstand die Maroccanergasse. Die Aufhebung des Kirchhofes von dem Augustiner-Kloster und die Abgebung des Klostergartens zu Baustellen gab der Krügler- und Sterngasse ihr Dasein. Die Landstraße ist ein altbürgerlicher Grund. In ihrem Bereiche liegt das Bürgerspital zu St. Marx. Das Jahr, in welchem dieses Institut erbaut wurde, ist nicht bekannt, doch findet sich schon 1318 eine Urkunde vor, in welcher Carl Chraizzer an die Aussätzigen zu St. Marx sein Haus zu Neuburg schenkt. Die Stiftungsurkunde, sowie die frühesten Schenkungs-Documente giengen wohl 1462, da Friedrich der Dritte mit seinem Kriegsvolke in der Gegend von St. Marx Halt machen und mehrere Tage hindurch unter Zelten verweilen mußte, bis ihm die unruhigen Wiener die Stadtthore öffneten; — oder, als Mathias Corvin von dieser Gegend mit seinem Heer gegen Wien anrückte, zu Grunde. Seit dem 16. Jahrhundert erhob sich immer mehr dieses Spital. So wurde 1586 durch den Stadtrath Sebastian Wilfing das Spital mit einem Seitengebäude vermehrt, welches dann 1600 Ulrich Hackhl, Abt zu Zwettel, vergrößern ließ; auch wurde 1616 durch Wohlthäter der Bau des Thurmes vor der Kirche, deren Dasein wohl schon in das 13. Jahrhundert fällt, begonnen. 1780 wurden hier bei 200 Kranke verpflegt, und man konnte einen jährlichen Aufwand von 25,000 Gulden bestreiten. 1782 wurde diese Anstalt sowie das Bürgerspital in der Stadt aufgehoben, und die Sorge für die Armen und Kranken übernahm der Staat; am 6. September 1800 jedoch wurde dem Magistrate neuerdings erlaubt, ihre für die armen Bürger bestehenden Stiftungen wieder selbst durch eine eigene Wirthschafts-Commission zu verwalten, dieselbe zu vertheilen und ihren armen Bürgern Wohnungen zu verschaffen. Zu letzterem Zwecke wurde demnach wieder St. Marx gewählt, und seitdem finden hier immer bei dreihundert altersschwache Bürger- und Bürgerinnen ihr Obdach. — Ferner: das Invalidenhaus. Es war ursprünglich ein Lustgebäude des Prinzen Max von Hannover. 1724 kaufte Cardinal Kolonits dasselbe sammt Garten zur Unterbringung der hiesigen Armen. 1727 entstand daselbst die kleine Kirche zu Ehren des heil. Johann von Nepomuk, und dieses Versorgungshaus erhielt sonach den Namen Johannesspital. 1783 wurde dasselbe aufgelöst und das Gebäude 1787 für die Militär-Invaliden verwendet. — Von den übrigen Anstalten und Gebäuden: als den Klöstern und Kirchen der Elisabethiner- und Salesianer-Nonnen, den Kirchen der PP. Augustiner und Maria Geburt, dem seit 1786 bestehenden geistlichen

Deficientenhaus und dem Reconvalescentenhaus der barmherzigen Brüder, dem botanischen Garten, Belvedere, Fürst Schwarzenbergischen Palast sammt Garten, dem k. k. Thierarznei-Institut, der k. k. Garnisons-Artillerie-Caserne, dem Neustädter-Canale u. s. w. wurde schon früher gesprochen.

Die Wieden ist wohl unstreitig eine der ältesten Vorstädte und wurde von jeher als zum Burgfrieden der Stadt Wien gehörig behandelt, und obgleich das Bisthum in Wien dagegen Einspruch erhob, so wurde doch der Burgfriedsbesitz durch richterliches Erkenntniß vom 17. Juli 1668 dem Stadtrathe zuerkannt. Ein Theil der Gründe auf der Wieden gehörte schon zu Heinrich Jasomirgott's Zeiten zu St. Stephan, und wir treffen von dieser Zeit an in Urkunden häufig den Ausdruck „von St. Stephans Pfarrkirchen wegen Amtmann auf der Wieden." Im Jahre 1211 schenkte Leopold der Glorreiche den Rittern vom Orden des heil. Geistes das Hospitalhaus mit der Kirche St. Anton in der Wiener Vorstadt am Flusse Wien mit vielen Besitzungen daselbst. Um 1266 sehen wir durch den Passauer Domherrn und Pfarrer zu St. Stephan Gebhard daselbst das Siechenhaus zum Klagbaum mit der Capelle St. Job erstehen, welches in der ersten türkischen Belagerung gänzlich zerstört, durch Barbara Gräfin zu St. Görgen und Pösing aber wieder hergestellt wurde. Durch Kaufcontracte vom 3. März 1723 trat die hiesige Metropolitane ihre von dem Hoffpitale zum heil. Geiste und St. Anton ererbten Grundherrlichkeit, mit Ausnahme einiger Gärten in der Gegend des Wienflusses, an die Stadtgemeine ab. Fast gleichzeitig mit den Heiliggeist-Rittern erhielt auch die Commende St. Johann Gründe auf der Wieden, welche einen Theil der Wohlleben- und Heugasse, dann die Panigel- und Alleegasse umfassen und noch heute dem Orden angehören. Auch Mühlfeld oder die Schleifmühle, der Schaumburgerhof (welche insbesondere abgehandelt werden), dann das Starhemberg'sche Freihaus, unter dem Namen „Conradswerd" schon in der zweiten Regierungshälfte Friedrich des Vierten bekannt, welches Gebäude sechs Höfe und über dreihundert Wohnungen in sich faßt und 1788 durch den Fürsten Georg Adam Starhemberg um ein Stockwerk erhöht wurde, sind Theile der Wieden. Im Besitze von Conradswerd ist der Hauptast der älteren Hauptlinie der Starhemberge, die im J. 1765 in Georg Adam die Fürstenwürde erhielt. Merkwürdig sind hier die Pfarrkirchen zu St. Carl und zu den heil. Schutzengeln, das Taubstummen-Institut, die St. Thecla-Kirche, das Theresianum, das polytechnische Institut rc. von welchen anderweitig gesprochen wurde.

Mühlfeld oder Schleifmühle. Am 21. Mai 1582 erhielt Hans Göbel, welcher hart an dem rechten Ufer der Wien im Gebiete der Wieden die erste österr. Waffenschleif- und Polier-Mühle zu errichten begann, für sich und seine Erben und Nachkommen von Kaiser Rudolph dem Zweiten die Begünstigung einer Befreiung dieser Mühle mit den dazu gehörigen Gründen von allen Steuer-, Dienst- und anderer Forderungen, so zwar, daß selbe einzig nur mit aller Jurisdiction der n. ö. Regierung und Kammer unterworfen sein solle. Diese Freiheit wurde am 8. Juni 1660 den damaligen

Besitzern dieses Gutes Hansen Georg von Garnich nicht nur bestätigt, sondern erwähnte Mühle ward auch durch Leopold dem Ersten zu einem adelichen Sitz erhoben und derselben der Name Mühlfeld beigegeben. In der zweiten türkischen Belagerung ward sie in Asche gelegt, aber schon 1705 finden wir sie durch die Betriebsamkeit ihres neuen Besitzers, des k. k. Stuckhauptmanns und Gießers Johann von Kippo zu Mühlfeld, der von Kaiser Joseph dem Ersten die Bestätigung seines Rechtes für dieses Gut am 9. November desselben Jahres erhielt, wieder vollkommen hergestellt. Am 2. April 1786 verkaufte Josepha Kippo Edle von Mühlfeld die Dorf- und Grundherrlichkeit, dann die Gerichtsbarkeit über dieses Freigut an den Magistrat, der dasselbe noch jetzt besitzt und es keineswegs mit dem Burgfrieden der Wieden vereinbarte, sondern immer als einen Freigrund behandelt.

Schaumburgerhof. Die Grafen von Schaumburg scheinen schon im fernen Mittelalter Besitzer des Grundes gewesen zu sein, auf welchem sich jetzt diese kleine Vorstadt befindet. Mit Graf Wolfgang dem Zweiten erlosch 1559 das männliche Geschlecht der Schaumburge und das gedachter Tochter Anna brachte sohin dieses Besitzthum durch ihre Heirath mit Erasmus von Starhemberg an die gräflich Starhemberg-Eschelberg'sche Linie, welche es noch heute inne hat. 1726 wurde das Schloß Schaumburgerhof sammt Garten zum Edelsitz erhoben, und 1808 dieser Grund förmlich zu einer Vorstadt umgestaltet.

Der Laurenzergrund. Diese kleine Vorstadt besaßen in früherer Zeit die Nonnen zu St. Laurenz in Wien. Nach Aufhebung dieses Stiftes unter Joseph dem Zweiten fiel dieselbe dem Religionsfonde anheim. Dann brachte ihn der Magistrat mittelst Kauf am 20. Februar 1806 an sich.

Matzleinsdorf. Im Jahre 1578 war Nicolaus Olai oder Olachus, Erzbischof von Gran, Besitzer der Gründe, auf welchen jetzt Margarethen, Matzleinsdorf, Nicolsdorf, Reinprechtsdorf, Hungelbrunn ꝛc. liegen, und sein Gebiet erstreckte sich über den Steinbühel am Räderkreuz bis Inzersdorf. Sie waren damals meist Ackerland, in deren Mitte das uralte Dorf St. Bernhardsthal sich befand, welches jedoch in der zweiten Belagerung Wiens durch die Türken gänzlich zerstört wurde. Rudolph Schmidt Baron von Schwarzhorn brachte hierauf, etwa 1684, diese Güter an sich, und unter ihm entstand nun allmählig Matzleinsdorf. Nachher kam es unter die Herrschaft des Franz Anton Ferdinand Grafen von Sonau, welcher es am 22. Februar 1727 mit Margarethen und Nicolsdorf dem Magistrate verkaufte.

Nicolsdorf. Siehe Matzleinsdorf.

Margarethen. Der Name dieser Vorstadt soll von der Margaretha Maultasche herrühren, die hier, nachdem sie dem Herzog Rudolph 1363 Tirol übergeben hatte, ein artiges Schloß bis ans Ende ihrer Tage bewohnte. Dasselbe wurde durch die Türken 1526 gänzlich zerstört, bald aber wieder von Cardinal Olai neu erbaut. Zur Zeit Ferdinand des Dritten war Rudolph Schmidt Freiherr von Schwarzhorn, Internuntius an der ottomanischen Pforte Besitzer von Margarethen. Durch ihn wurde das Schloß und der Garten sehr verschönert und mittelst Herbeiziehung von Ansiedlern der Grund zu der jetzt blühenden Vorstadt gelegt. Nach Schwarzhorn erhielten die Grafen von Sonau Margarethen. Von diesen rührt der Sonnenhof mit seinem Spitale und das große Bräuhaus her. 1717 wurde dieser Grund an den Magistrat übertragen.

Auch Reinprechtsdorf gehörte in der zweiten Hälfte des 16. Jahrhunderts zu Nicolaus Olai's Besitzungen. Im 17. Jahrhundert war es schon ein Eigenthum des Bürgerspitals, von dem am 27. October 1786 der Magistrat die Gerichtsbarkeit, und am 1. November 1795 die Grundherrlichkeit über dasselbe durch Kauf an sich brachte.

Hungelbrunn. Gehörte ebenfalls zu Olai's Besitzungen; um 1700 besaß diese kleine Vorstadt Bartholomäus Tinti, von dem sie am 28. April 1705 der Stadtrath erkaufte.

Hundsthurm. Schon in der Beschreibung der Belagerung Wiens durch Mathias Corvinus von dem Wiener-Bucharzt Doctor Tichtel in den Jahren 1484 und 1485 erscheint die Hunczmühle bei Gumpendorf. Wann das gegenwärtige Schloß erbaut worden, läßt sich nicht bestimmen. Gewiß jedoch ist es, daß Kaiser Karl der Sechste es zu den Vergnügungen der Jagd benützte. Eben so wenig ist zu ermitteln wann von dem Landesfürsten das Gut Hundsthurm zuerst an einen Privaten abgegeben wurde. In der letzten Hälfte des 18. Jahrhunderts, etwa um 1785, war es einem Herrn von Steger unterthänig; 1793 erscheint es als Eigenthum des Bräumeisters Joseph Michael Walter; von 1805—1820 besaß es Franziska Walter, verehelichte von Bouvard; 1821 Johann Steinbauer, von dessen Erben diese kleine Vorstadt durch Kauf am 28. Februar 1842 an den Magistrat gelangte.

Gumpendorf war schon zu Zeiten der Römer erbaut, wie dies der hier gefundene Siegesstein Trajans und andere Denkmale beweisen. Seit 1156 treffen wir in Urkunden ein eigenes Ministerial-Geschlecht von Gumpendorf. So befindet sich Albero von Gumpendorf unter den edlen und freien Zeugen, als Heinrich Jasomirgott die der Abtei St. Peter in Salzburg gemachte Schenkung zu Dornbach vermehrte. Auch mehrerer Pfarrer in Gumpendorf wird in Urkunden von 1270, 1330, 1359 u. s. w. erwähnt. Alles Beweise des hohen Alters dieser Vorstadt. Von 1300—1414 erscheinen die Herren von Capellen als Grundherren von Gumpendorf; später zeigen sich Besitzrechte auf diesem Grunde, der Kirche Maria Stiegen, der Stiftung St. Dorothea und der Jesuiten. Im 17. Jahrhundert bis 1786 besaßen die Grafen Molard und Meraviglia fast größtentheils diesen Grund, welchen sohin am 19. October 1786 der Magistrat an sich brachte. Die Schmolkische Grundherrlichkeit zu Gumpendorf erkaufte derselbe am 23. December 1802 und jene der Dorotheer, nämlich über die Mühle zu Gumpendorf, am 27. September 1786. Merkwürdig sind hier: die k. k. Artillerie-Caserne, vormals der Königseckersche Garten-Palast, des verstorbenen J. B. Rupprecht schöner Garten, auf welchem ehemals der Kreuzherrnhof stand und die Pfarre zu St. Aegidius. Es ist hier ein Grundspital für 8 Weiber.

Magdalenagrund. In der furchtbaren Feuersbrunst, welche 1607 das Collegiathaus der Societät Jesu in Wien bis auf den Grund verheerte, giengen auch die beiden alten Gewährbücher und alle Schriften über die Gründe, welche dazumal schon seit 1577 Bartholomäus Merschneckh als Beneficiat des Stiftes St. Maria Magdalena am St. Stephansfreithof besaß, da sie in gedachtem Gebäude aufbewahrt wurden, zu Grunde. Es läßt sich demnach vor dieser Zeit nichts bestimmtes über den Magdalenagrund vorbringen. Dazumal bestand derselbe meistens nur aus Weingärten und einigen Hütten und führte den Namen: „im Saugraben an der Wien.“ Erst 1756 erscheint diese Gegend in den Urkunden als St. Magdalena-Stiftsgrund. 1778 wurde von dem Beneficiaten Joseph Schneller dem Magistrate die Verwaltung dieses Benefiz mit allen An- und Zugehörungen und allen Einkünften auf 10 Jahre um einen jährlichen Pachtschilling von 800 Gulden überlassen. Nach dessen Tod fiel der Magdalenagrund dem k. k. Religionsfonde zu, von welchem am 1. April 1799 derselbe durch Kauf an dem Magistrat kam.

Die Windmühle, ein Theil der alten Koth-, Kater- und Brunnlucken, schenkte 1562 Kaiser Ferdinand der Erste seinem Reichsherold Hausen von Francolin zur Erbauung etlicher Windmühlen. Von ihm kam dieses Gut, so damals auch zu St. Theobald genannt wurde, auf Johann Zeitlhuber, dann an Jakob Mägerl und von Letzterm am 10. März 1620 an den Magistrat. Der auf diesem Grunde befindlichen Bettlerstiege geschieht schon unter Albrecht dem Lahmen und Rudolph dem Vierten Erwähnung.

Laimgrube (auch „An der Wien“ genannt). Diese Vorstadt gehört seit unbenklicher Zeit zum Burgfrieden der Stadt Wien und war ursprünglich sammt der Windmühle mit der allgemeinen Benennung „Grund vor Widmerthor“ belegt. Urkundlich erscheint der Name Laimgrube erst 1389, da Jans der Reibner und seine Hausfrau Katharina dem Burgpfarrer Peter Mann mit Zustimmung seines Grundherrn, Bruder Michel, Comthurs des deutschen Ordens zu Wien, sein Haus auf der „Laimbgrube“ vor Widmerthor verkauft. Auf diesem Grunde stiftete Herzog Otto der Fröhliche um 1330 das Hospital zu St. Merten, welchen Ort der Wohlthätigkeit Herzog Albrecht der Lahme und seine Gemahlin Johanna von Pfyrt beträchtlich vermehrten. Es stand dicht an der heutigen Getreidemarkt-Caserne und wurde 1529 während der Belagerung Wiens in einen Schutthaufen verwandelt, aus dem es nie wieder erstand. Neunzehn Jahre nach St. Mertens Stiftung, 1349, entstand in dessen Nachbarschaft, nämlich auf dem Platze des städtischen Kornmagazins, die Kirche und das Kloster St. Theobald. Auch dasselbe wurde, zu Folge einer alten, nun verschwundenen Inschrift an der Stadt Wien Bräuhaus „zum goldenen Metzen“ genannt, im Jahre „1529 von Thirggen ruinirt, im Jahr 1620 zu Gottes Ehren reparirt.“ Nach der zweiten türkischen Belagerung verschwand auch dasselbe wieder. Der Grund zunächst der Mündung des Ottakringer-Baches in die Wien, welcher vorhin häufig mit Ziegelöfen besetzt war, führte schon 1502, da Kaiser Maximilian der Erste hier eine Behausung und Weingärten hatte, den Namen „an der Wien.“ In der Mitte des 18. Jahrhunderts besaß Anton Graf von Selb diese und andere Gründe auf der Laimgrube, welche vorhin zum Theil dem Vicedomamte, dem hiesigen Domcapitel und den P. P. Minoriten dienstbar waren und nachher von dieser Dienstbarkeit befreit wurden. Am 21. Juni 1775 wurde sodann von den Selbischen Erben dieses Besitzthum mit allen Rechten und Gerechtsamen an den Magistrat übergeben. Merkwürdig sind hier: die St. Josephskirche, die k. k. Ingenieur-Akademie, das Theater, die k. k. Arbeits- und Besserungs-Anstalt, die Caserne &c. von denen bereits schon gesprochen wurde.

Mariahilf. In den Urkunden des 15. Jahrhunderts wurde der Grund im Scheff (Schiff) genannt; ein Name, der vermuthlich daher rührt, weil die aus Schwaben, Baiern und Oberösterreich zahlreich herabkommenden Donauschiffleute gewöhnlich, wie es auch jetzt noch üblich ist, ihre Herberge daselbst nahmen, wenn sie zu Lande nach Hause kehrten. Als die P. P. Barnabiten einen Grund im Scheff erkauften, um den Friedhof ihrer Pfarre, der sich dazumal an der Stelle beider Michaelerhäuser in der Stadt befand, dahin zu verlegen, erbauten sie bei diesem Gottesacker eine hölzerne Capelle und setzten darin etwa um 1660 das bekannte Madonnenbild, nach seinem Urbilde zu Passau Mariahilf genannt, zur öffentlichen Verehrung aus, bei welchem der Volkszulauf bald so groß wurde, daß ein Wohnhaus für einige Geistliche dazu erbaut werden mußte. Allmählig verschwand seit dieser Zeit die alte Benennung dieses Grundes und bald wurde er allgemein „Mariahilf“ genannt. Die jetzige prächtige Kirche wurde durch den Fürsten Paul Esterhazy 1689 gegründet, 1713 aber vergrößert. Es ist hier ein Grundspital für 20 Männer und 30 Weiber.

Spitelberg. Im Mittelalter war auf der Stelle, wo jetzt diese Vorstadt sich erhebt, nur eine Viehweide oder Wiese zu sehen. Später überließ das Bürgerspital dieselbe an einen Herrn von Kirchberg, welcher hier einen Meyerhof anlegte und andere Plätze zum Verbauen abgab. Somit entstand ein kleiner Ort, der sowohl von dem Volke als auch grundbüchlich „das Crabaten-Dörfchen“ genannt wurde. Nachdem die Anzahl der Bewohner dieses Grundes immermehr angewachsen war, verglich sich das Bürgerspital mit dem Kirchberg und nahm denselben wieder unter seine Gerichtsbarkeit. Die Benennung Spitlberg (Spitelberg), von den Eigenthümern und der hügellichten Lage hergeleitet, erhielt diese Vorstadt erst 1693, da dieselbe als ein Landgut oder besondere Herrschaft der n. ö. Provinz zugeschrieben wurde. Von dem kais. Hofstallgebäude, das sich hier befindet, wurde schon früher gesprochen.

St. Ulrich, Neubau, Neustift (Schottenfeld). Jahrhunderte lang spendeten noch die Gründe Neubau und Neustift dem arbeitsamen Landmann ihre Gaben, als bereits das Dorf Zeißmaunsbrunn, die heutige Vorstadt St. Ulrich, schon bestand. Zu Leopold des Glorreichen Zeiten gehörte dieser Grund dessen geehrten Ministerialen, dem reichen Dietrich. Derselbe ließ daselbst die erste Kirche zu Ehren des Augsburger-Bischofes St. Ulrich erbauen, welche Bischof Mangold von Passau einweihte und sie von St. Stephan erimirte. Dieß geschah 1211. Seine Nachkommen überließen 1288 ihre Rechte auf St. Ulrich dem Bürger und Ritter Grifo; derselbe vertauschte sonach 1302 St. Ulrich dem Schotten-Abte Wilhelm um die ihm nahe Kirche zu Maria-Stiegen, und seitdem blieb es bei den Schottnern. Am 28. Dezember 1628 brachte der Schottenabt Augustin Pittrich von der Freifrau Seraphine von Eggenberg den Oberhof zu St. Ulrich mit allen Unterthanen auf dem Neustift und der Wendelstadt; am 24. November 1694 und 11. Februar 1695 Abt Sebastian Faber von dem Hochstifte Passau das Neudeckerlehen an sich. Das Schloß dieses Lehens befand sich an der Stelle, wo heut zu Tage die Häuser zum goldenen Schiff, zum schwarzen Rößel und zum Teich stehen. In diesem Schlosse fand Kaiser Friedrich der Vierte den ersten Zufluchtsort, als er aus der Haft in seiner Kaiserburg erledigt ward. Bemerkenswerth ist noch von St. Ulrich, daß während der zweiten türkischen Belagerung Kara Mustapha hier sein Gezelt aufgeschlagen hatte. Im Jahre 1733 finden wir Neubau schon mit Häusern besetzt und mit Neustift, Oberneustift, Wendelstadt und der Penzinger- oder heutigen Mariahilfer-Hauptstraße zu St. Ulrich obern Guts gezählt. 1777 wurde Oberneustift und die Mariahilferstraße abgesondert und jedes erhielt einen eigenen Richter. Schottenfeld endlich entstand erst 1780 unter dem Abte Beno Pointner durch Auflassung der sogenannten Schotten-Felder und Gärten zu Bauplätzen. Bemerkenswerthe Gebäude sind auf diesen Gründen: die 1721 erbaute St. Ulrichskirche; die Kirche Maria-Schutz, erbaut 1684 und mit dem Kloster 1810 der armenischen Mechetaristen-Congregation eingeräumt; die 1784—1787 erbaute St. Laurenzkirche am Schottenfeld; das 1683 gestiftete Langenkeller-Versorgungshaus; der Palast der kön. ungerischen Leibgarde. Auch ist am Schottenfeld ein Grundspital für 4 Männer und 26 Weiber.

Altlerchenfeld. Dieser Grund war in frühester Zeit Vicedomisch und hat seinen Namen daher erhalten, weil sich hier im Mittelalter der allerhöchste Hof mit dem Lerchenfange zu unterhalten pflegte. Am 21. Mai 1704 verkaufte Kaiser Leopold der Erste diesen Grund, welcher dazumal schon ziemlich verbaut war, sammt Erdberg an den Magistrat. Nach der Hand löste jedoch beide Güter Maria Theresia wieder ein. 1782 wurde Altlerchenfeld neuerdings von dem Vicedomamte durch Versteigerung an Joseph Freiherrn von Haggenmüller zu Grienberg verkauft. Dieser überließ die Gerichtsbarkeit über Erdberg und Altlerchenfeld am 2. Mai 1786 an den Magistrat, und am 24. März 1809 das Grundbuch an Franz Joseph Fürsten von Lobkowitz, von welchem seit 1. September 1810 der Magistrat nun auch die Grundherrlichkeit übernahm. Die Pfarrkirche zu den sieben Zufluchten entstand zwischen 1779—1782. Es ist hier ein Grundspital für 4 Männer und 14 Weiber.

Josephstadt. Schon 1281 hieß diese Vorstadt das obere Buchfeld neben der Garrer- oder grünnen Schooß, und diesen Grund, der aus Ackerland und Weingärten bestand, besaßen als Lehen das Stift Passau, dann Freiherr von Neudegg, von Kirchberg und das Stift Schotten. 1683 war hier ein Theil des türkischen Lagers aufgeschlagen. Zu dieser Zeit stand daselbst nur der sogenannte „Rothe-Hof" und rückwärts der Petrarische Ziegelofen und gegen die sieben Hofstetten, jetzt Alservorstadt, der Ziegelofen von Schieknitz. 1790 erkaufte diesen Grund Hieronymus Hippolit Graf von Malaspina als Freigut, welcher 40 Bauplätze, jeden 10 Klafter breit und 10 Klafter lang, zum Häuserbau ausstecken ließ. 1700 waren schon 60 Häuser erbaut, und dieser Grund bekam zum Gedächtniß der römischen Königskrönung Joseph des Ersten den Namen Josephstadt. Als solche wurden sie gegen das Glacis zu mit Thoren und Bögen geschlossen, aber nur auf kurze Zeit. Ein solcher Thorbogen wurde erst 1788 in der Josephsgasse abgebrochen und die darauf gestandene Josephsstatue an das Haus „zur Stadt Belgrad" genannt übertragen. Am 22. April 1700 wurde diese Vorstadt an den Magistrat vom gedachten Grafen Malaspina verkauft. Am 1. Jänner 1708 kaufte Ferdinand Carl Graf von Welz, Freiherr auf Eberstein und Spiegelhof, von dem Magistrate den gedachten Rothenhof und Garten als ein Freigut. 1721 wurde derselbe an Hieronymus Grafen von Rofforano abgetreten. Dieser Prinz Copece Rofforano erbaute 1733 gegen das Glacis einen Palast, woraus die Benennung Rofforanogasse entstand. 1734 besaß dieses Freigut Graf Kinsky, von welchem es käuflich an den Fürsten Adam Auersberg gelangte. 1773 wurde die Schottengasse und Strotzengrundgasse eröffnet und 1817 zur Erbauung der Straßen-Canäle und Pflasterung der Anfang gemacht; dem damaligen Richter Franz Gerl gelang dieses kostspielige Unternehmen, welchem Beispiele bald auch mehrere andere Vorstädte folgten. Endlich 1824 wurden zwei Häuser und zwar das Haus zur heiligen Dreifaltigkeit und das Haus zu den drei Lilien durchschnitten, und eine neue Gasse, Herrngasse genannt, mit einem Zuwachs von 20 neuen Häusern errichtet. Der Piaristenkirche (erbaut 1698), des Löwenburgischen Convictes, der Reiter-Caserne von 1758, und des 1789 errichteten Theaters geschah schon Erwähnung.

Strotzischer Grund. Diese Vorstadt war in der Vorzeit ein Theil des freien Eigengutes Lerchenfeld außer St. Ulrich, gewöhnlich das dürre Lerchenfeld genannt, und gehörte zum n. ö. Vicedomamt. Kurz nach der zweiten Belagerung Wiens durch die Türken wurden hier einige Häuser erbaut und die Gegend erhielt mit der Josephstadt gemeinschaftlich den Namen: das „obere Buchfeld." Wahrscheinlich erst um 1702 erkaufte die verwittwete Mariane Katharina Strozzi, geb. Gräfin Khevenhüller, die Gründe, welche gegenwärtig diese Vorstadt bilden. Sie baute sich hier einen kleinen Palast und Lustgarten samt Stadl und Stallung und gab den übrigen Grund auf Häuserbau ab. Indessen blieb doch ein ansehnlicher Theil desselben noch lange ein Weingarten. Am 8. März 1704 erhielt sie von Leopold dem Ersten für ihr Besitzthum die Erhebung zu einer Grundherrlichkeit, worüber auch am letzten Mai 1704 die Einlage bei dem n. ö. Vicedomamte erfolgte. Nach ihrem Tode erscheint Graf Ludwig Khevenhüller als Eigenthümer dieses Edelsitzes; da am 18. Juli 1714 Bürgermeister und Stadtrath diesem Grafen 20,000 Gulden dargeliehen und bei dem Weisbotenamte unterm 20. Juli 1714 auf dieses Gut hatte vormerken lassen. Um 1716 hatte vom gedachten Grafen der Erzbischof von Valencia, Franz Anton Folco da Cordona, diesen Edelsitz mit den dazu gehörigen Unterthanen und zehn Joch Aeckern käuflich an sich gebracht. Bald nach dem Tode dieses Erzbischofes, 1727, langte dessen Testamentsexecutor bei dem Monarchen bittlich an, dem Magistrate den Strotzengrund mit Compensirung einer haftenden Schuld von 30,000 Gulden überlassen zu dürfen; die wirkliche Uebergabe an diesen geschah jedoch erst am 13. Jänner 1746. Bemerkenswerth ist der kleine

62*

aber schöne Palast, wovon Graf Chotek 1753, und nun das k. k. Civil-Mädchen-Pensionat Besitzer wurden.

Alservorstadt. Dieser Grund, welcher in zwei große Haupttheile, der Alser- und Währingergasse, zerfällt, war von jeher, mit einziger Ausnahme einiger an der Herrnalserlinie gelegenen Häuser, wovon die Personal-Gerichtsbarkeit 1786 von dem Domcapitel jedoch auch dem Magistrate abgetreten wurde, als ein Theil des städtischen Burgfrieds beachtet. Der Grund an der Als, der sich von dem heutigen Herrnals bis beinahe an die Wälle der inneren Stadt erstreckte, war zu Zeiten Heinrich's Jasomirgott der mit dessen Gemahlin, der comnenischen Theodora, eingewanderten Griechen-Familie zum Theil eingeräumt, die sich sohin die Griechen von Als nannten. Die Benennung Alsergasse erscheint jedoch erst 1211 in einer Urkunde über die Exemption des Kirchleins bei St. Ulrich von der Mutterkirche bei St. Stephan, durch Mangold, Bischof zu Passau. Zur Zeit Friedrich des Vierten hieß die Gegend der damaligen Alsergasse „zu den sieben Hofstätten.“ Die durch die Unfälle des Jahres 1683 dringend betriebene Befestigung der inneren Stadt machte die Demolirung der dem Walle zu nahe gelegenen Häuser in der Alservorstadt nothwendig. — Die von dem nahen Dorfe Währing benannte Währingergasse liegt auf dem sogenannten Ochsenberge, dessen Rückseite gegen den Thury den Namen Strudelberg führt, weil hier Peter von Strudel, erster Director der hies. Maler-Akademie um 1700 den nach ihm benannten Strudelhof erbaut hatte. 1731 wurde in der Nähe der Schießstätte ein Leichenhof für die Pfarre St. Stephan errichtet, welcher jedoch unter Joseph des Zweiten Regierung vor die Linie gewiesen wurde. Um 1780 ward der große gräflich Blümeg'sche Garten, und 1787 jener des Dietrichstein bis zum Lammhofe zur Verbauung abgegeben, und so entstanden die Blümel- und die Dietrichgasse. Die Wickenburggasse entstand aus einem Theil des Gartens vom Hause zum Löwen, den die Gräfin von Wickenburg zu diesem Zwecke an sich gebracht hatte. Die heil. Dreifaltigkeits-Kirche, die Waisenhauskirche sammt dem Waisenhause, das k. k. allgemeine Krankenhaus sammt der k. k Irren-Heilanstalt, dem k. k. Gebärhaus und Findelhaus 1784 gegründet, die Infanterie Caserne, das Josephinum, das Militärspital, das Criminal-Gerichtshaus sind die Merkwürdigkeiten dieser Vorstadt.

Breitenfeld, die jüngste der Vorstädte Wiens, entstand 1801, da das Stift Schottensche Dominical Getreidefeld, die Alserbreite genannt, zwischen der Hernalser- und Lerchenfelder-Linie von dem Abte Beno Pointner zum Verbauen abgegeben wurde. Im Jahre 1802 bekam diese Vorstadt ein eigenes Grundgericht.

Der Michaelbaier'sche Grund. Die Gegend, auf welchem dieser Freigrund jenseits des Alserbaches inner der Stadt Wien Währinger Linie liegt, hieß in der ältesten Zeit theilweise der Gozlosberg, Pleygarten und die Geldpoint. Sie war ein Eigenthum des Benedictinerstiftes und Klosters St. Michaelbaiern im Erzstifte Salzburg, von dem sohin diese Vorstadt auch den Namen erhielt. Am 19. August 1786 kaufte diese mit den damaligen 12 Unterthanen von dem Stifte der Magistrat. Hier befindet sich das Brünnlbad, die einzige, leider unausgiebige Heilquelle inner den Linien Wiens, welche schon 1753 bestand; und die Brünn'lmühle, deren Dasein sich schon 1765 nachweisen läßt.

Der Himmelpfortgrund. Der Hügel, auf welchen heut zu Tage diese Vorstadt liegt, hieß in der ältesten Zeit der Sporkenbühel oder dürre Hügel, und auf demselben war 1704 noch kein Haus erbaut. 1638 finden wir das Kloster Himmelpforten im Besitz dieses Grundes, welches denselben von der Frau Jacobina Schönkircher ererbt hatte, und von nun an erhielt derselbe seine jetzige Benennung. 1683 hatten die Türken hier einen Theil ihres Lagers aufgeschlagen, aus dem sie am 12. September durch die christliche Armee vertrieben wurden. 1704 wurde der Grund mit in die Linien Wiens gezogen und von nun an als ein freies Landgut behandelt. Es entstanden allmählig Häuser, deren Zahl sich 1738 bereits auf 34 belief. Die Einwohner desselben wurden schon 1723, da die Pfarre zu Liechtenthal entstand, von jener zu Währing getrennt und letzterer beigegeben. Am 26. Juni 1779 hatte dieser Grund durch die Entzündung des Pulverthurmes großen Schaden erlitten, aber durch den Fleiß der Bewohner sich bald wieder erholt. Am 1. August 1825 brachte diese Vorstadt der Magistrat durch Kauf von der k. k. Staatsgüter-Administration an sich.

Thury. In der frühesten Zeit hieß diese Gegend der Gries an der Als. Späterhin wurde ihr der Name „Siechen-Als" beigelegt, weil sich dazumal das sogenannte Sundersiechenhaus zu St. Johannes des Täufers hier befand, das Kaiser Friedrich, laut Schenkungs-Urkunde gegeben zu Wien am Erichtage nach heil. drei Königstag 1476, mit allen Zugehörungen, Freiheiten und Gerechtigkeiten dem Probst und Convent zu St. Dorothea in Wien als Eigenthum übergab. Bald erhob sich nun Siechenals durch Anbau zu einem wohlhabenden Dorfe. 1529, als die Türken Wien belagerten, wurde es jedoch wieder gänzlich zerstört, und weil sich nach Abzug derselben Niemand fand, um die Häuser neu aufzubauen, so suchte man die Grundstücke als Weingärten zu benützen. Durch viele Ueberschwemmungen des nahen Alserbaches aber kamen auch diese bald in Verfall und blieben über Menschen-Gedenken verödet liegen. Erst 1646 entschlossen sich Johann Thury, Kaiser Ferdinands des Dritten Hofbedienter und Ziegelschaffer, und seine Ehefrau Justina, an der Stelle, wo jetzt das Haus Nr. 5. steht, hier das erste Gebäude wieder zu errichten. Zum Gedächtniß dieser neuen Ansiedlung befinden sich noch heute über dem Thore erwähnten Hauses auf einer Steinplatte folgende Verse:

Vor Alters allhie ein Dorf stand,
Welches Sichenals genannt,
Als man zelt 1529 Jahr
Von Türken zerstöhret war
Anjezo, als man 1646 sagt
Johann Thury dieß Hauß erbauet hat.

Bald fanden sich mehrere Ansiedler und der neue Grund erhielt zu Ehren des ersten Erbauers sonach den Namen Thury. Am 15. September 1706 brachte ihn der Magistrat nebst andern Realitäten von den Dorotheern käuflich an sich. Merkwürdig ist allein hier die Capelle St. Johann des Täufers, welche 1713 die Gemeinde erbauen ließ.

Liechtenthal, zuweilen auch Carlstadt genannt, war ursprünglich eine Wiese, wo sich die Jugend mit Ball- und andern Spielen zu ergötzen pflegte; weßwegen dieser Grund noch heut zu Tage oft die „Wiese“ genannt wird. Diese Wiese kaufte Fürst Johann Adam von Liechtenstein von dem Grafen von Auersberg und baute 1694 daselbst das große Bräuhaus. Als dieselbe 1704 mit in die Linie eingeschlossen wurde, theilte der Fürst den Grund in Baustellen ab und bewilligte den Baulustigen zehn steuerfreie Jahre. Es entstand demnach in kurzer Zeit eine neue Vorstadt, die von diesem Fürsten, ihrem Stifter, und ihrer Lage wegen, zwischen zwei Hügeln in der Tiefe, den Namen „Liechtenthal“ erhielt. Merkwürdig ist hier einzig die Kirche zu den heiligen vierzehn Nothhelfern, die 1712 entstand und 1770 erweitert wurde. Es ist auch hier ein Grundspital für 10 Männer und 26 Weiber.

Althan. Kurz nach Wiens zweiter Belagerung durch die Türken baute hier Christoph Johann Graf von Althan, Obersthof- und Landjägermeister, ein Haus, das er mit dem schönen großen Garten 1696 frei eigen besaß. Am 12. Dezember 1697 brachte derselbe zu seiner Besitzung, die nun der Althanische Grund genannt wurde, auch das bürgerliche Haus zur grünen Kugel am Sporkenbühel durch Kauf von dem Stadtrathe an sich. Bei dieser fürstlichen Familie blieb der Althan bis 1713, in welchem Jahre, am 30. Juni, Graf Gundakar von Althan, kais. Kämmerer und Feldwachtmeister, das Schloß sammt Garten und Angehörungen an den Magistrat verkaufte. Die Grundstücke fieng nun derselbe an allmählig in Baustellen aufzulassen und zu verbauen. Das Schloß bewohnte hierauf einige Zeit die berühmte Fürstin Luise von Thurn und Taxis geb. Herzogin von Sagan und Fürstin von Lobkowitz, wie dieses der städtische Bestandcontrakt vom 1. Juli 1718 beweist. Nun besitzt es Freiherr von Puthon. Durch Zerstückelung des großen Simondenkenhofes im Jahre 1810 wurde diese Vorstadt um 21 Häuser bereichert.

Rossau. Die Gegend vor dem Schotten- und Werder- oder jetzigen Neuthor hieß in der ältesten Zeit „der obere Gries;“ nach der ersten türkischen Belagerung aber erhielt sie den Namen „im obern Werd,“ und daselbst lag hart an den Wällen der Stadt die kleine Fischervorstadt, welche ein eigenes Kirchlein, St. Johann in der Au genannt, hatte. Beides wurde 1529 in Schutt begraben, und kaum wieder aus den Trümmern erstanden, wurde sie von den Türken 1683 für immer der Erde gleich gemacht. Dann nach dieser Unglücksepoche begannen die wenig übrig gebliebenen Bewohner der Fischervorstadt ihre Wohnungen in weiterer Entfernung von der Stadt aufzurichten, und so entstand allmählig eine neue Vorstadt in der Gegend der heutigen Rossau. Während des dreißigjährigen Krieges war der obere Werd, der nun auch schon, wahrscheinlich weil er noch weniger bewohnt, als Weideplatz für die Pferde des Donau-Schiffzuges benützt wurde, den Namen Rossau erhielt, durch Fischer-, Schiff- und Handelsleute ziemlich bevölkert; jedoch hatte diese Vorstadt damals nur ein einziges ansehnliches Gebäude, den Quarientischen Gartenpalast. Auch der erste botanische Garten Wiens war 1665 in der Rossau. Diese Vorstadt gehörte von jeher zum Burgfrieden, und die Grundherrlichkeit hat der Magistrat zugleich mit jener über den untern Werd an sich gebracht. Das hier befindliche Spital der Israeliten ist eine Stiftung der Oppenheimerischen Familie. Von merkwürdigen Gebäuden sind zu nennen: die Kirche und das Kloster der Serviten, zu Maria-Verkündigung genannt, welches, wie wir schon berichtet, 1638 der General-Capitän Ottavio Piccolomini gegründet, und dessen Bau Erzherzog Leopold Wilhelm, der gelehrte Dr. Schilter und des Hans Thury Sohn durch Beiträge sehr unterstützten. Sie war die einzige Kirche der Vorstädte, welche während der türkischen Belagerung 1683 unversehrt blieb. Der Fürst Liechtenstein'sche Palast, mit dem freundlichen auch dem Publicum geöffneten englischen Garten. Im Palaste selbst befindet sich seit 1806 die herrliche Bilder-Gallerie dieses fürstlichen Hauses. Die 1718 gegründete k. k. Porzellan-Manufactur.

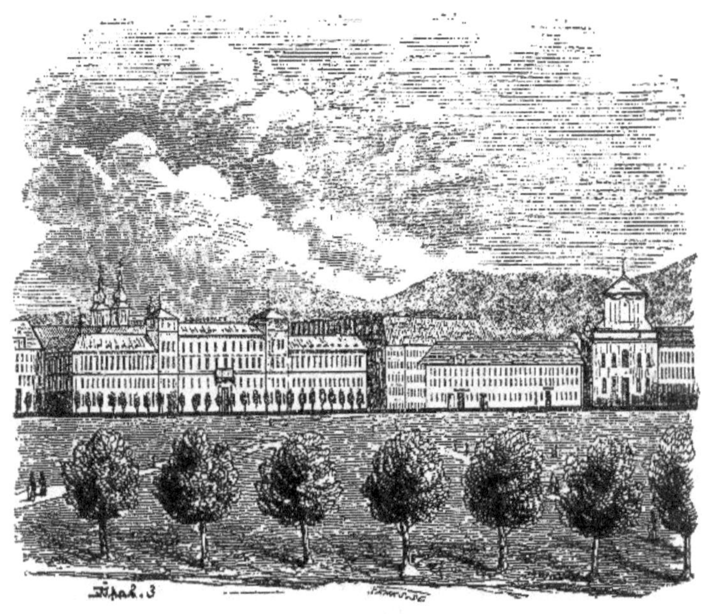

Porzellan-Manufactur.

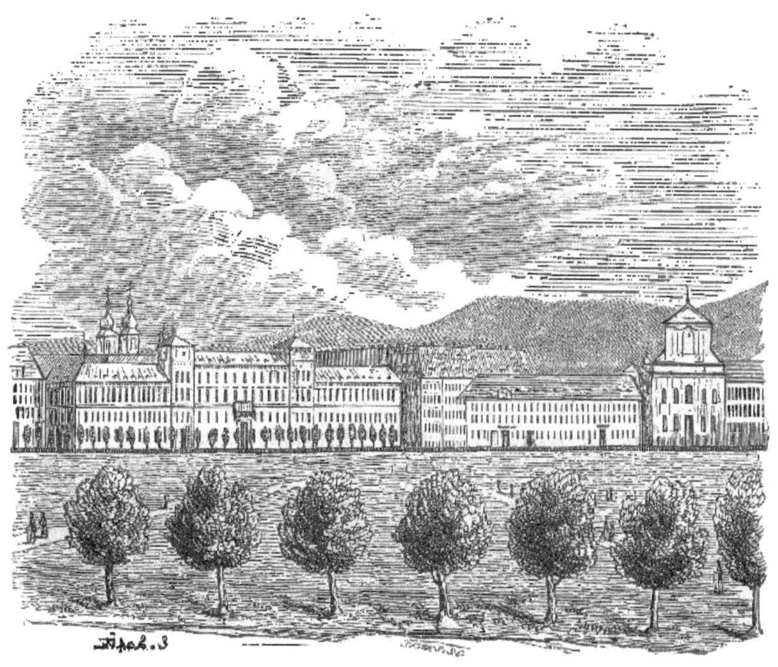

Viertes Kapitel.

Wissenschaft, Kunst, Bürgermiliz und Stadt-Obrigkeiten.

Unter Maria Theresia hatte das Schul- und Studienwesen eine gänzliche höchst zweckmäßige Umstaltung erhalten. Es bestanden zwar schon 58 deutsche Elementarschulen in der Stadt und in den Vorstädten, worunter die von den Piaristen am 16. November 1701 in der Josephstadt und 1755 bei ihrem Collegium zu St. Thekla auf der Wieden eröffneten Schulen, sowie jene, welche Michael von Zollern 1743 am Neubau für arme Kinder gestiftet hatte, der ehrenvollsten Erwähnung würdig sind, allein im Allgemeinen war doch der Unterricht höchst unvollkommen. Die Kaiserin entschloß sich demnach 1771 unter der Direction des Joseph Meßner die k. k. Normal-Hauptschule zu errichten. Sie erhielt den Namen, weil sie allen Schulen in der ganzen österreichischen Monarchie zur Norm oder Musterschule dienen soll. Den Plan und die Bücher für diese Schule verfaßte der Prälat von Sagan Ignaz Felbiger. Am 13. Juni 1772 ertheilte die Monarchin derselben das erbländische ausschließende Privilegium zur Drucklegung und zum Verschleiß sämmtlicher Normalschulbücher, und am

Viertes Kapitel.

Wissenschaft, Kunst, Bürgermiliz und Stadt-Obrigkeiten.

1. Mai 1775 wurde sie von St. Stephan in das St. Annen-Gebäude übersetzt. Sie ist in vier Classen eingetheilt und ihre Lehrgegenstände sind: die Buchstabenkenntniß, das Lesen, das Schön- und Rechtschreiben, Rechnen, die deutsche Sprachlehre, die Geometrie und Mechanik, die bürgerliche Baukunst, die Naturgeschichte und Naturlehre, die Erdbeschreibung und Geschichte, die Verfassung schriftlicher Aufsätze, die Anfangsgründe der geometrischen und freien Handzeichnung, der Religionsunterricht ꝛc. Zur Verbreitung einer gleichförmigen Lehrart besteht hier auch ein Lehr-Cours für Candidaten zu den Schuldiensten und für Hauslehrer über die Grundsätze der Erziehung und Lehrmethode; und einer für Candidaten zum geistlichen Stande, über die Grundsätze des katechetischen Unterrichts. Auch werden hier seit 1789 Vorlesungen über die physische Erziehung der Kinder gehalten und Anweisung zum Erlernen des General-Basses und des Orgelspieles gegeben. Nach dem Muster dieser Normal-Hauptschule bestehen in Wien noch sechs Hauptschulen, und für die untere Volksclasse 59 Trivial-Schulen, wo man blos die Religion, Lesen, Schreiben und das Rechnen lehrt.

Gleiche Aufmerksamkeit wurde auch der weiblichen Erziehung gewidmet. Nebst den schon früher erwähnten Schulen der Ursuliner-Nonnen und der Salesianerinnen, deren erste Pflicht darin besteht adelige Fräuleins in standesmäßigen Wissenschaften und Sitten zu unterrichten, erließ Maria Theresia am 6. Mai 1776 an die Frauenklöster zu St. Laurenz, St. Jakob und zur Himmelspförtnerin den Befehl, Mädchenschulen zu eröffnen, welche jedoch 1783, da diese Klöster aufgehoben wurden, wieder ihr Ende erreichten. Dagegen stiftete Kaiser Joseph der Zweite, der die weibliche Erziehung, ohne dazu ferner Gouvernanten und Lehrerinnen vom Auslande nöthig zu haben, sowohl in Privathäusern als in Schulen verbessern wollte, am 8. Juni 1786 das k. k. Civil-Mädchen-Pensionat zur Bildung von Lehrerinnen, welches sich jetzt am Strozzengrund Nro 29. befindet; und im Jahre 1775 das k. k. Erziehungs-Institut für Officiers-Töchter, dermalen in Herrnals nächst Wien. Auch die vereinigte Schul-Anstalt beider protestantischen Gemeinden in der Dorotheergasse hat diesem Kaiser sein Entstehen zu verdanken, und mit dieser Anstalt ist auch eine Mädchenschule verbunden, die unter der besonderen Leitung einer Lehrerin steht.

Schon am 25. Juni 1752 traf Maria Theresia neue, weise Einrichtungen für die hiesige k. k. Universität, die später 1756 durch den berühmten Leibarzt der Kaiserin, Gerhard van Swieten, der einen neuen Studien-Plan entworfen, eine gänzliche Umstaltung erlitt. Unter Kaiser Leopold dem Zweiten ward sie unter die n. österr. Stände aufgenommen und wird nun von dem jeweiligen Rector Magnificus auf der Prälaten-Bank repräsentirt. Nach alter Sitte ist sie in vier Facultäten: in die theologische, juridische, medicinische und in die philosophische; dann in vier akademische Nationen: in die österreichische, rheinische, ungerische und sächsische eingetheilt. Ihre Vorsteher bilden das Consistorium, und dieses begreift in sich den Rector Magnificus (welcher alle drei Jahre wechselweise aus einer anderen Facultät gewählt wird, und entweder ein wirklicher Professor oder auch eine andere mit der hiesigen Doctor-Würde bekleidete Person sein kann), den Kanzler, die Facultäts-Präsides und Studien-Directoren, die Decane und die Seniore der vier Facultäten, die Procuratoren der vier akademischen Nationen und den Universitäts-Syndicus. — Die k. k. Sternwarte an der Universität wurde durch Maria Theresia 1753 errichtet und mit den nöthigsten Instrumenten dotirt. Der Hof-Astronom P. Hell, ein Jesuit, und dessen Nachfolger und Ordensbrüder P. Liesganig und P. Triesnegger erwarben sich große Verdienste um dieses Institut, so daß es sich bald eines ausgebreiteten Rufes erfreute. Der Astronom J. Ritter von Bürg gieng auf dieser Bahn rühmlichst fort, und durch die großmüthige Unterstützung des Kaisers Franz, verbunden mit der ausgezeichneten Verwendung des kenntnißreichen Directors und Professors J. F. Littrow, kam diese Sternwarte in eine Verfassung, die es ihr leicht machen dürfte, mit jedem ähnlichen Institut des Auslandes gleichen Schritt zu halten.

Zudem entstanden in diesem Zeitraume noch viele neue wissenschaftliche Anstalten. So das k. k. Thier-Arznei-Institut, welches unter Maria Theresia 1769 von Scotti gegründet wurde. Es befand sich damals auf der Wieden in der Nähe des Gußhauses, von wo aus es 1777 durch Kaiser Joseph den Zweiten in sein jetziges Local auf der Landstraße, Rabengasse, übertragen ward. Schon durch die Bemühungen der ausgezeichneten Directoren und Professoren: J. E. Wolstein, Knobloch, Walbinger, Pessina und Fechner hatte sich diese Anstalt, deren manigfaltige Lehrgegenstände nicht blos theoretisch, sondern auch praktisch vorgetragen werden, schon einen bedeutenden Ruf erworben; aber F. B. Vietz erhob sie durch seinen vortrefflichen Organisations-Plan, welcher nach seinem Tode von Veit und Lidl manche zweckmäßige Abänderungen erlitt und 1819 von Kaiser Franz genehmigt wurde, unstreitig zu der Ersten dieser Art in ganz Europa. Mit dem 6. November 1822 kam dieser Plan in Ausführung, und zugleich ließ der Monarch ein ebenso prächtiges als zweckmäßig eingerichtetes Instituts-Gebäude erbauen. — Die k. k. medicinisch-chirurgische Josephs-Akademie in der Währingergasse, von Kaiser Joseph dem Zweiten gestiftet und erbaut 1785, deren Statuten ihr erster Director Ritter Brambilla entworfen hatte. 1804 erhielt sie ein Militär-Operations-Institut und 1822 eine neue Einrichtung. — Die k. k. Ingenieur-Akademie, zu welcher den ersten Grund der k. k. Hofkammer-Kanzlist Georg Franz von Grieuer 1735 gelegt, und die schon 1769 zu einer förmlichen Akademie erwachsen war. Der Zweck dieser Anstalt ist: gute Ingenieur-Officiere zu bilden. Das Akademie-Gebäude auf der Laimgrube ließ 1749 die Herzogin Theresia Anna Felicitas von Savoyen erbauen. — Die k. k. Theresianische Ritter-Akademie. Schon 1745 errichtete Maria Theresia eine Akademie für junge Edelleute, welche sich dem Civil-Staatsdienste widmen wollten. Die Fürstin Emanuela von Savoyen, geborne Liechtenstein, machte eine ähnliche Stiftung, und so auch die n. österr. Stände. Alle diese drei Stiftungen wurden sonach in Eine zusammen gezogen, welche gewöhnlich das Theresianum hieß, und demselben die Favorita auf der Wieden eingeräumt. 1784 hob zwar Kaiser Joseph der Zweite diese Akademie auf; aber schon 1797 wurde sie unter Kaiser Franz wieder hergestellt. — Die k. k.

Akademie der morgenländischen Sprachen im Jakoberhofe, gleichfalls eine Stiftung der großen Maria Theresia von 1754, deren Bestimmung ist, fähige Jünglinge zu den Geschäften mit der ottomanischen Pforte vorzubereiten. — Das fürst-erzbischöfliche Alumnat im Chorgebäude bei St. Stephan, welches nach Aufhebung der von Kaiser Joseph dem Zweiten gestifteten General-Seminarien für 76 Alumnen gegründet wurde. — Das k. k. Convict 1802 für arme Studirende. — Das k. k. höhere Bildungs-Institut zum heiligen Augustin für Weltpriester, seit 1816 in dem ehemaligen Augustiner-Kloster in der Stadt errichtet. — Die k. k. protestantisch-theologische Lehranstalt in der vorderen Schenkerstraße, von Kaiser Franz dem Ersten gestiftet und am 2. April 1821 eröffnet. — Das k. k. polytechnische Institut und die Realschule auf der Wieden. Die ersten Verhandlungen über die Errichtung desselben fallen schon in das Jahr 1810; aber erst später trat es durch den Staats- und Conferenz-Rath Freiherr von Stift, ins Leben. 1815 wurde diesem Institute, von dessen Bau, 1816, schon früher berichtet wurde, die Real-Akademie (schon 1770 durch Johann Georg Wolf errichtet) als integrirender Theil zugewiesen. — 1722 wurde das k. k. Waisenhaus gegründet und 1742 verbessert, nun in der Alservorstadt; das k. k. Taubstummen-Institut auf der Wieden, 1779 gegründet, 1784 von Joseph dem Zweiten wesentlich verändert und von Kaiser Franz neu organisirt; endlich das k. k. Blinden-Institut, 1808 zur Staatsanstalt erhoben, in der Josephstadt, und die militärische Schwimmschule, welche 1812 entstand.

Nicht minder hatten sich in Wien während dieser Zeit die wissenschaftlichen Sammlungen vermehrt. Was zuförderst die Geschichte der k. k. Hof-Bibliothek [6] betrifft, so wurde nach Carl des Sechsten Tode von seiner großen Tochter Maria Theresia ihr erster Leibarzt, Gerard Freiherr van Swieten, 1745 ihr als Präses vorgesetzt. Dieser brachte sie in eine bessere Ordnung und durch ihn ward sie mit der Starhemberg'schen und Magistrats-Bibliothek sowie mit der Büchersammlung des röm. Kaisers Franz bereichert. Van Swieten, der sich hohes Verdienst um die Aufnahme der Wissenschaften erworben hatte, starb 1772. An dessen Stelle rückte nun als Bibliotheks-Präfect 1781 sein würdiger Sohn Gottfried van Swieten, nachdem noch vor dessen Eintritt der Hofrath Franz Adam von Kollar die Würde eines Directors der Bibliothek erhalten hatte. Kollar starb 1783, und dessen Nachfolger Joseph Martinez bekleidete sie bis 1788. Während Joseph des Zweiten Regierung 1780 bis 1790 ward Georg Schwandner erster Custos und Hofrath, und der ehemalige Bibliothekar der Garellischen Bibliothek am Theresianum, der als Dichter und Bibliograph berühmte Abt Michael Denis 1784 zweiter Custos; aber schon 1792 kam er durch Schwandner's Tod an dessen Stelle. Um diese Zeit erhielt die Hofbibliothek einen großen Zuwachs an Büchern aus den aufgehobenen Klöstern und durch die Bücherversteigerung des Herzogs de la Valière in Paris. Durch die letztere ward ihr ein großer Schatz von Incunabeln einverleibt, und ihre Sammlung in dieser Art Büchern erhob sich nun zu einer der vollständigsten in Europa. Nach dem Tode Joseph des Zweiten erhielt sie auch seine eigene Büchersammlung und erwarb gleichzeitig die erste höchst seltene Handschrift auf Papyrus, welche die

Bücher der Dreieinigkeit des St. Hilarius von Poitiers enthält. Denis starb 1800; ihm folgte am 5. November der berühmte Historiograph Johannes von Müller als Hofrath und erster Custos, welche Stelle er aber schon 1804 mit der Würde eines königl. preußischen geheimen Kriegsrathes, Historiographen und Mitgliedes der Akademie der Wissenschaften vertauschte. Präfect der Hofbibliothek war damals Freiherr von Jenisch, welcher alsbald den Freiherrn von Carneo-Steffaneo zum Nachfolger erhielt. Nach Enthebung desselben, 1809, nahm Graf In-Tenczin Ossolinsky diese Stelle ein. Er verwaltete sie bis zu seinem am 17. März 1826 erfolgten Tode, und nach demselben war Herr Moritz Graf von Dietrichstein Erz. bis 1845 ihr Präfect. Der wissenschaftliche Inhalt der k. k. Hofbibliothek zerfällt: In die Sammlung der Handschriften, welche sich auf 16,000 belaufen; in jene der ältesten Druckwerke (Incunabeln), möglichst vollständig und hierunter auch sieben wohlerhaltene xylographische Werke; in jene des großen, aus mehr denn 320,000 Bänden bestehenden Bücherschatzes, der alle Fächer der Wissenschaften umfaßt; ferner in die Kunstsammlung, deren Anlage unter der Aufsicht des berühmten Kunstkenners Mariette entstand und ihre Fortbildung und weitere Ergänzung der Kunstliebe und Kenntniß des Hofraths Ritter Adam von Bartsch, sowie dessen Sohn und Nachfolger zu verdanken hat, und bei 300,000 Blätter Holzschnitte und Kupferstiche in 1252 Bänden gebunden und 122 Bände mit Miniaturen und Handzeichnungen in sich begreift; endlich in jene der Musikwerke älterer und neuerer Zeit, die in sechzehn Kästen aufbewahrt wird, und die Autographen-Sammlung, welche erst 1828 entstand, aber schon bei 12,000 Originalhandschriften zählt. — Auch die k. k. Universitäts-Bibliothek, welche sich in dem neuen geschmackvollen Gebäude am Dominicaner-Platze befindet, hat sich seitdem, durch die ehmalige Jesuiten-Bücher-Sammlung gegründet, ungewöhnlich empor gehoben, da ihr Kaiser Joseph der Zweite die Gschwindische und Windhagische Bibliothek einverleibte, und sie auch einen bedeutenden Fond zu neuen Erwerbungen und Ankäufen besitzt. Seit 13. Mai 1777 steht sie, wie die Hofbibliothek, für Jedermann offen. Nebst diesen hat man noch aus früherer Zeit die Bibliothek des Benediktiner-Stiftes zu den Schotten, bei 12,000 Bände stark und ausgezeichnet im Bibelfache; dann die von dem Wiener-Bischofe Anton Wolfrath gestiftete fürst-erzbischöfliche Bibliothek, deren vorzüglicher Reichthum in Theologie besteht. Nun aber sind in dieser Zeitepoche dazugekommen: Die Handbibliothek der Kaiser Franz und Ferdinand in der Hofburg, bei 50,000 Bände stark; die Sr. k. H. des Erzherzogs Carl von 20,000 Bänden und insbesondere 6000 Bände für Kriegswissenschaft; jene des k. k. Haus-, Hof- und Staatskanzlers Fürsten von Metternich, bei 20,000 Bände enthaltend; ferner die Bibliotheken des Fürsten Paul Esterhazy mit 36,000 Bänden, die 1791 entstand, des Fürsten Liechtenstein mit 40,000 Bänden, und des Grafen Franz Philipp von Schönborn-Buchhaim, mit 18,000 Bänden; dann die Bibliotheken des k. k. Hofkriegs-Archivs, 22,600 Bände, meistens Werke über Kriegskunst, 3000 Karten, 73 Atlanten rc.; der Herren u. österr. Stände, 2000 Bände von historisch-topographischen und genealogischen Werken über Oesterreich unter der Enns. Ueberdieß kommt noch zu bemerken, daß obgedachte wissenschaftliche Anstalten sowohl, als auch die später folgenden, sowie jene für Kunst, sämmtlich mit reichlichen Bibliotheken für ihr Fach ausgestattet sind, wie denn z. B. die k. k. Theresianische Ritter-Akademie allein bei 40,000 Bände, und hierunter viele seltene Incunabeln, das k. k. polytechnische Institut aber deren über 13,000 besitzt.

Die Wiener Sammlungen für Naturgeschichte, Physik, Technik u. dergl. sind alle erst in dieser Periode entstanden. Das berühmteste dieser Institute ist das k. k. naturhistorische Museum, oder die vereinigten k. k. Hof-Naturalien-Cabinete, von dessen drei Abtheilungen jene der Zoologie und Botanik im rechten Flügel des k. k. Hof-Bibliotheksgebäudes; die der Mineralogie aber im Schweizerhof untergebracht sind. 1748 ward das Mineralien-Cabinet durch Kaiser Franz und Maria Theresia gegründet; 1796 kam dazu das zoologische Museum, 1806 die reichhaltige naturhistorische Bibliothek, 1810 das botanische Museum, alles durch den unvergeßlichen Kaiser Franz den Ersten von Oesterreich, welcher 1821 auch das brasilianische Museum gestiftet hatte, welches jedoch 1837 der Hauptsammlung einverleibt wurde. Das zoologische Museum nimmt 21 Säle und Gemächer ein; das botanische ist anerkannt das vollständigste in Europa; das mineralogische enthält über 100,000 Nummern, und hierunter gegen 6000 große Schaustücke. — Das naturhistorische Museum der k. k. Universität, gegründet von berühmten Naturforschern, dem Exjesuiten P. Franz und dem Freiherrn Nicolaus von Jacquin. — Die Sammlung der anatomischen Präparate der k. k. Universität, von van Swieten gegründet. — Das k. k. anatomisch-pathologische Museum im allgemeinen Krankenhause, auf Veranlassung des Freiherrn von Stifft von Kaiser Franz 1812 gegründet. — Das ophthalmologische Museum daselbst. — Die Sammlungen der k. k. medicinisch-chirurgischen Josephs-Akademie. — Die Sammlungen des k. k. Thierarznei-Instituts. — Die Sammlung ökonomischer Pflanzen der k. k. Landwirthschafts-Gesellschaft. — Das k. k. ethnographische Museum, 1805 gegründet.

Schon im 4. Kapitel des vierten Buches haben wir der ersten Anlage eines botanischen Gartens in Wien erwähnt. Derlei Gärten im großartigen Style entstanden aber erst unter Maria Theresia und den folgenden Regenten. Den ältesten stiftete ihr erlauchter Gemahl, der römische Kaiser Franz, zu Schönbrunn 1753. Durch die Kaiserin selbst entstand 1756, auf van Swieten's Anrathen, der botanische Garten der k. k. Universität auf dem Rennwege. Sein Reichthum besteht in beiläufig 1700 einjährigen, 9000 perennirenden, 220 Wasser-4900 Glashauspflanzen und 1750 Gehölzen. Er besitzt ein Kap-Haus, ein kaltes, ein warmes Haus, ein Glashaus für Stapelien, Zwiebelgewächsen rc. Der jüngere Baron Jacquin und nun Stephan Endlicher, beide berühmte Botaniker, zeichneten sich als dessen Vorsteher aus. Der botanische Garten der k. k. medicinisch-chirurgischen Josephs-Akademie wurde von Joseph dem Zweiten bei ihrem schönen Gebäude in der Währingergasse angelegt und ist häuptsächlich nur mit Officinal-Pflanzen besetzt. Auch am k. k. Theresianum und am k. k. Thierarznei-Institut befinden sich derlei Gärten. Den k. k. botanischen Garten für die österreichische Flora im obern Belvedere endlich ließ Kaiser

Franz der Erste durch Doctor Host einrichten, und es wurde dadurch eine Floram indigenam vivam zu Stande gebracht, in welcher jetzt der Kenner des Pflanzenreiches Alles wieder lebend beisammen findet, was die Natur fast in der ganzen Monarchie ausgesät hat.

Von physikalisch-mathematischen und technischen Sammlungen endlich sind während dieser Zeit entstanden: das k. k. physikalisch-astronomische Cabinet in der Hofburg und die ähnlichen Sammlungen der k. k. Universität der Theresianischen Ritter-Akademie und des Löwenburg'schen Convictes, die jedoch alle überstrahlt werden von den Sammlungen des k. k. polytechnischen Instituts. —

Mehr denn tausend Schriftsteller haben während der Regierung Maria-Theresiens, Josephs und Franzens in Wien gelebt und in allen Zweigen der Wissenschaft aufs Wohlthätigste gewirkt. Das vorgesteckte Ziel erlaubt jedoch nicht, sie hier mit Namen aufzuführen. Neben der Kunstschule [7] errichtete die Kaiserin Maria Theresia 1766 auch eine freie Kupferstecher- und Zeichnungsschule, dann 1767 eine Bosir- und Graveur-Schule, welche jedoch schon im nachfolgenden Jahre mit der Akademie vereinigt wurde. Das Ganze erhielt demnach den Titel: K. K. Akademie der vereinigten bildenden Künste und wurde in die noch bestehenden vier Kunstschulen eingetheilt. Im Jahre 1786 verlegte Kaiser Joseph der Zweite diese Akademie aus dem Universitäts-Gebände in ihr gegenwärtiges Local zu St. Anna. Eine sehr zweckmäßige, mit der Akademie verbundene Anstalt ist die zeitweise öffentliche Ausstellung neuer Kunstwerke von hiesigen akademischen Künstlern, und nun in neuester Zeit auch von lebenden Künstlern des Auslandes. Die erste erfolgte im Jahre 1816; die folgenden fanden in den Jahren 1820, 1822, 1824, 1826, 1828, 1830, 1832, 1834 Statt, und nun wird die Ausstellung alljährig im Monat April veranstaltet. Ein zweites Beförderungs-Mittel bildender Künste ist der Kunstverein, welcher 1830 ins Leben trat.

Auch die Sammlungen für Kunst und Alterthum haben seit Maria Theresia bedeutende Veränderungen erlitten und manche sind seitdem dazu gewachsen. So wurde die k. k. Gemäldegallerie auf Veranlassung Kaiser Joseph des Zweiten im Jahre 1777 von der k. k. Stallburg in ihr jetziges Locale, das obere Belvedere, versetzt. Sie enthält mehr als 2500 Gemälde aus allen Zeiten und Schulen und selbst von den berühmtesten Malern. — Ferner sind hier zu nennen: die Sammlung der Handzeichnungen (14,000 Stücke) und Kupferstiche (mehr als 170,000 Blätter) Sr. kais. H. des Erzherzogs Carl. — Die Kunstsammlung des Fürsten Paul Esterhazy zu Galantha, von dessen Vater dem Fürsten Niclas gegründet und im Palaste zu Mariahilf aufgestellt. — Die Gemälde-Gallerie des Fürsten von Liechtenstein im Garten-Palaste in der Vorstadt Roßau. Sie enthält über 1200 vorzügliche Stücke berühmter Meister und darunter vorzüglich schöne von Rubens und van Dyk. Zudem besitzt der Fürst noch 358 Stücke aus dem Fache der Bildhauerkunst und eine vom Fürsten Alois angelegte kostbare Sammlung von Kupferstichen. — In uns zunächst gelegener Zeit entstand endlich die Gemälde- und Sculpturen-Sammlung des Fürsten von Metternich, im Garten-Palaste auf der Landstraße.

Die k. k. Schatzkammer, welche vordem mit dem Reliquien-Schatz verbunden war, wurde unter Joseph dem Zweiten von letzterem getrennt und nimmt nun in der kais. Burg vier Zimmer im ersten Stockwerke des alten Schweizerhofes ein.

Das k. k. Münz- und Antiken-Cabinet in der Burg,[8] erhielt durch Carl den Sechsten, Maria Theresia und Joseph den Zweiten ansehnlichen Zuwachs. Seine jetzige Gestalt hat es jedoch erst unter dem letzt verstorbenen Kaiser Franz erhalten, welcher die von Alters her bei dem kais. Hause bestandenen, theils jedoch in anderen Cabineten, theils in verschiedenen kais. Lustschlößern verwahrt gewesenen Sammlungen von Antiken, geschnittenen Steinen, Münzen ꝛc. in einen Centralpunkt bringen und 1798 in ein Ganzes vereinigen ließ. Localverhältnisse führten aber 1834 die Nothwendigkeit herbei, die größeren antiken Kunstwerke in Marmor und Bronce im Eingangssaale des Ambraser-Cabinets unterzubringen. Abgesondert von dieser Pracht-Sammlung ist auch das k. k. Cabinet ägyptischer Alterthümer, das seit 1837 im untern Belvedere neu aufgestellt ist und einen vortrefflichen Ueberblick über die ägyptische Archäologie gewährt.

Eine andere, besonders für die Kunst des Mittelalters wichtige Sammlung, das k. k. Ambraser-Cabinet,[9] wurde im Jahre 1806 nach Wien versetzt. Diese Rüst-, Kunst- und Wunderkammer, wie sie vorhin hieß, entstand im 16. Jahrh. durch Ferdinand, Erzherzog von Oesterreich und Grafen von Tirol (geb. 1529, gest. 1595), den zweiten Sohn des Kaisers Ferdinand des Ersten, und war bis zu obigem Zeitpunkte im Schloße Ambras aufgestellt. Sie enthält unter vielen alten seltenen Kostbarkeiten und Kleinodien 143 Original-Rüstungen von berühmten Männern aus dem 15. und 16. Jahrhundert, über 1200 Bildnisse von ausgezeichneten Männern und Frauen aus jener und früherer Zeit; ferner 69 zum Theil sehr wichtige Handschriften, 198 Gemälde, dann eine große Anzahl Bücher, Kupfer- und Holzstiche. Auch das schon von Kaiser Maximilian dem Zweiten 1569 gegründete k. k. große Zeughaus in der Renngasse enthält eine große Sammlung seltener Waffen und Rüstungen.

Die jüngsten Sammlungen zum Zwecke der Kunst sind die berühmte Emittmer-Löschnersche Sphragiodothek, die nunmehr dem k. k. geheimen Haus- und Staats-Archive einverleibt ist, und die k. k. Hofmedaillen-Prägestempel-Sammlung im neuen Münzgebäude auf der Landstraße. Uebrigens kommt noch das topographische Bureau des k. k. General-Quartiermeister-Stabes zu bemerken, das sich seit 1810 mit Herausgabe einer Specialkarte von der österr. Monarchie beschäftigt. —

Die Tonkunst, von jeher in Wien auf das sorgfältigste gehegt und gepflegt, hatte während Maria Theresiens Regierung bis zum Tode Franz des Ersten, Kaisers von Oesterreich, durch ihre Heroen Gluck, Haydn, Mozart und Beethoven, sowie durch den als Lieder-Compositeur unübertroffenen Schubert, ihren Höhepunkt erreicht. Nicht weiter konnte sie schreiten, und wenn auch einige Neuere, in kühnem Uebermuthe, einen Luftsprung drüber hinaus zu wagen versuchten, so war nur um so schmählicher ihr Fall!

Mächtig wirkte zur Emporbringung vaterländischer Musik die Gesellschaft der Musikfreunde des österr. Kaiserstaates, welche im Jahre 1813 entstand. Sie ist zusammengesetzt aus mitwirkenden, unterstützenden und Ehrenmitgliedern und theilt sich in zwei Comités: a) das Conservatorium der Musik, wo ein Vorsteher und vierundzwanzig Inspectoren die Aufsicht über die Musik-Schulen haben, in welchen von 20 Professoren über 300 Zöglinge im Gesange, in der Instrumentalmusik und im Generalbaß, gegen die Verpflichtung, sechs Jahre die Anstalt zu besuchen, unentgeldlich unterrichtet werden. Wöchentlich sind zweimal Chor- und Orchester-Uebungen; im Juli findet jährlich eine öffentliche Prüfung Statt und im Winter gibt das Conservatorinm sechs Zöglings-Concerte, deren Einnahme zu Stipendien verwendet wird. b) das Comité der Concerte. Sie gibt jährlich vier große Gesellschafts-Concerte im k. k. Redoutensaale und in der Fastenzeit vier Concerte gegen Abonnement im eigenen, von dem Architekten Franz Löffel erbauten Saale in ihrem Hause unter den Tuchlauben, der auch von fremden Tonkünstlern benützt wird. Die Gesellschaft besitzt auch ein für die Musik höchst wichtiges Museum. Es enthält eine Bibliothek von 2000

Mächtig wirkte zur Emporbringung vaterländischer Musik die Gesellschaft

Bänden historischer und theoretischer Werke über Tonkunst, bei 12,000 Nummern Compositionen von nahe an 800 Tonsetzern, eine Porträt-Sammlung von mehr denn 700 berühmten Musik-Gelehrten, Tonkünstlern, Sängern rc., gegen 70 derlei Oelgemälde, eine reiche Sammlung musikalischer Instrumente aus allen Zeiten und von verschiedenen Völkern, zahlreiche Medaillen auf Tonkünstler, bei 200 Autographen und fast eben so viele Biographien berühmter Componisten, rc. Ueberhaupt dürfe diese Sammlung, durch die aus dem Nachlasse des Erzherzogs Rudolph erlangten Musikwerke stark vermehrt, wohl die größte in ganz Europa seyn.

Obgleich ihrer ehrwürdigen Bestimmung nach gewerbsfleißig und friedliebend, haben dennoch Wiens Bürger jederzeit, wo Noth an Mann war, wo der Aufrechthaltung ihrer geliebten Stadt Gefahr drohte, wo sie die Rechte des Vaterlandes und der ihnen über Alles theuren Landesfürsten angetastet sahen, mit freudigem Muthe und mit heldenmüthiger Ausdauer zu den Waffen gegriffen; wie wir dieses in jeder Zeitepoche vorliegender Geschichte vielfältig vorzuführen Gelegenheit fanden. Es mögen demnach hier nur noch einige Notizen folgen, welche auf ihre Bewaffnung [10] sich beziehen, die bis zu dem Jahre 1237 hinauf urkundlich nachgewiesen werden kann. Füglich darf das Jahr 1515, da am 16. Juli eine Schaar von 1500 rothgekleideten, wahr-

in ganz Europa seyn.

scheinlich schon, nach neuer Weise, mit Lanzen oder Hellebarden bewehrten Bürgern unter Anführung sechs geharnischter Rathsherren dem Kaiser Maximilian entgegen zogen, als er mit den Königen Ladislaus von Ungarn und Sigmund von Polen in Wien seinen Einzug hielt, für die erste Organisirung des hiesigen Bürger-Regiments und dessen Uniformirung angenommen werden. 1570 bildeten sich die Bürger nach Vorschrift der erweiterten Defensions-Ordnung in vier Compagnien unter eine Fahne, und die einförmige Kleidung (Uniform) derselben wurde immer allgemeiner. So erwartete 1577 ein Fähnlein gleichgekleideter, wohlbewaffneter Bürger den Kaiser Rudolph den Zweiten bei der vor dem Rothenthurm errichteten Ehrenpforte. In diese Zeit fällt auch die Errichtung ihrer ersten Schießstätte im untern Werd (Leopoldstadt) an dem Platze des jetzigen Klosters der barmherzigen Brüder. Bei Gelegenheit, als König Mathias am 18. Juli 1608 in Wien einzog, hatten sich zehn Fähnlein Reiter aus dem Adel, Bürgern und Handelsleuten gebildet, die unter Anführung des Bürgermeisters den König feierlichst empfingen: das Entstehen der bürgerlichen Cavallerie, welche seitdem bei allen feierlichen Aufzügen erschien und erst im 18. Jahrhundert wieder verschwand. 1658 waren die Bürger, bei dem Einzuge Leopold's des Ersten nach der Kaiserkrönung, schon meist uniformirt, nach den Stadtvierteln in vier Compagnien, jede unter einem Hauptmanne, Lieutenant und Fähnrich eingetheilt und mit Gewehren versehen. Die Bürger aus dem Stubenviertel hatten Röcke von gelber Farbe mit schwarzen Borten, jene vom Kärnthnerviertel derlei von rother und weißer Farbe, die aus dem Wiedmerviertel solche weiß und gelb, und die aus dem Schottenviertel roth und gelb. Von den zwei dabei erschienenen Escadrons bürgerlicher Cavallerie hatte die eine, von dem Stadt-Oberkämmerer Lumago angeführt, gelbe Röcke mit rothen Schärpen; die andere, aus äußeren Stadträthen bestehend und von dem ganz in Goldstoff gekleideten Bürgermeister Johann Georg Dietmayr geleitet, schwarzsammtne Röcke mit goldenen Ketten. Von diesem Prunkaufzuge schreibt sich die Würde des Bürgermeisters als Oberst und jene des Stadt-Oberkämmerers als Oberstlieutenant der Bürger-Miliz her. 1666 wurde dieselbe mit vier Compagnien vermehrt, und diesen der Name Jung- oder Neuviertel beigelegt. Zur Zeit der Türkengefahr hatte sich eine Büchsenmeister-Compagnie aus 100 Bürgern unter Anführung des Stadt-Zeugwart Daniel Kollmann gebildet, welcher Graf Starhemberg, obwohl geizig mit seinem Lobe, unterm 27. Mai 1684 das ehrenvollste Zeugniß ertheilte. In demselben Jahre baute die Bürgerschaft eine neue Schießstätte in der Alservorstadt, an dem Platze des jetzigen Criminal-Gerichtshauses, und bekam die ersten Schützenregeln. Um das Jahr 1704 und auch späterhin bestanden die Waffen der Bürger theils aus Lanzen, theils in Stutzen; die Officiere aber hatten Hellebarden. Man übte sie bereits im Scheibenschießen und unterrichtete sie in der Feuerwerkskunst, wobei sich der Stadt-Zeugwart Anton Ospel sehr verdient machte. Aus dieser Schule gieng 1732 das bürgerliche Artillerie-Bombardier-Corps hervor.

Schon 1444 soll ein bürgerliches Zeughaus unter dem Namen Zeugstadel bestanden haben: mit Gewißheit aber läßt sich bestimmen, daß ein solches

1564 erbaut wurde. Das gegenwärtige Zeughaus auf dem Hof (Siehe die Vignette zu Ende des Kapitels) ließ aber erst 1732 die Bürgerschaft auf ihre Kosten herstellen. Gedachter Stückhauptmann Anton Ospel leitete den Bau; die schöne Façade aber ist ein Werk des Hofbildhauers Lorenzo Mathielli. Der Hof, 156 Schuh lang, 145 breit, ist mit einem Springbrunnen versehen, den eine Statue der Bellona ziert. Der auch in das zweite Stockwerk hinaufreichende Waffensaal hat 420 Fuß und bewahrt mehr den 16,000 Waffenstücke, deren Mehrzahl den früheren Jahrhunderten angehört, und die sehr geschmackvoll aufgestellt sind.

Bei der Huldigungs-Feier Maria Theresiens am 22. November 1740 erschien die Bürgerschaft nicht mehr mit Lanzen, sondern zum erstenmale durchaus mit Gewehren bewaffnet; auch legte sie am 28. April 1742 dieser Monarchin ein der militärischen Verfassung näher kommendes Reglement für ihr Regiment zur Genehmigung vor, wobei sie auch die Bildung eines eigenen Schützen-Corps ansprach. Beides ward gewährt; und so sehen wir denn in Jacob Wolf von Ehrenbrun den Stifter und ersten Hauptmann dieses Corps. Bei dem feierlichen Empfange des neugekrönten Kaisers Franz des Ersten am 27. October 1745 war abermals in der Adjustirung der Bürger-Miliz eine Veränderung vorgegangen. Sie hatte statt der bisherigen Strümpfe und Schuhe Kamaschen; und die Officiere trugen goldbordirte Hüte mit Kokarden nach den Farben der Vierteln. Beim Hauptschießen am 19. März 1760 erschien bereits das ganze Schützen-Corps in grüner Uniform. Dieß brachte bald das Bürger-Regiment und das Artillerie-Corps zur Nacheiferung. Sie beschlossen daher unter sich ebenfalls einförmige Kleidung einzuführen. Sohin wählte das Regiment die rothe Farbe für die Röcke, und für die Westen die verschiedenen Farben der Viertel; das Artillerie-Corps aber die blaue Farbe für die Röcke und die rothe für die Westen. Maria Theresia, die dies genehmigte, räumte zugleich den Bürger-Officieren das Recht ein die kaiserlichen Ehrenzeichen zu tragen, und beglückte am 26. Juni 1767, wo der Hubertsburger-Friede durch ein Freuden-Schießen gefeiert wurde, die Bürgerschaft auf der Schießstätte mit ihrer hohen Gegenwart.

Im Jahre 1790 finden wir das Bürger-Militär abermals neu adjustirt. Das Regiment hatte blaue, schon eng am Leibe liegende Röcke, mit rothen stehenden Krägen und Aufschlägen; der bisher von dem Rocke verdeckte Degen war mit einem von außen in weißer Kuppel hangenden Säbel vertauscht und die Uniform der Officiere war schon weiter zurück geschnitten; auch war die nicht uniformirte Mannschaft mit Federbüschen auf den Hüten nach der Farbe ihrer Viertel, sowie mit Gewehr, Patrontasche und Säbel versehen. Das Regiment zählte damals schon 6700, und jedes der beiden Corps über 300 Mann. In dem Kriegsjahre 1805 jedoch, das die Catastrophe der ersten französischen Invasion herbeiführte, finden wir die Bürger-Miliz bis auf 11,000 Mann angewachsen, da selbst viele durch Geburt und Ansehen ausgezeichnete Männer sich ihr einverleiben ließen, um mit den wackern Bürgern die Gefahr redlich zu theilen. Dem in stiller Bescheidenheit unermüdet thätigen Magistratsrath Anton Joseph

64 *

Leeb lag deren Organisirung ob. Sowie für die zweckmäßige Einübung in den Waffen, war er auch für die Verschönerung der Uniformirung besorgt. Die zugeknüpften Röcke der Officiere wurden von den Hüften an zurückgeschnitten, die unteren Spitzen umgeschlagen, der Rockkragen bis an das Kinn erhöht, die Weste abgekürzt und die Haarzöpfe abgeschafft; und bei den bisher nicht uniformirten Gemeinen wurden graue Kapute mit rothen Krägen und Aufschlägen, sowie weißlederne Säbelkuppeln und Patrontaschen-Riemen, von außen hängend, eingeführt. Schon 1800 waren die Officiere mit Feldbinden versehen. Bald nach dem Unglücke von Ulm, am 17. Oktober 1805, da man auf die Vertheidigung der Residenz ernstlich bedacht seyn mußte, entstand durch den äußern Rath Joh. Gd. Weiß ein bürgerliches Cavallerie-Corps von 200 Mann, deren Uniform in einem blauen Reitcollet mit rothen Krägen und Aufschlägen, silbernen Epaulets, einer grauen, rothegalisirten Reithose, einem Helm mit einem Kranz von schwarzem Bärenfelle, einem weißen Federbusch und einem Schilde mit dem alten Stadtwappen, dann weiter in einem Kartusch mit vergoldetem Adler an weißem Riemen und einem stählernen Cavallerie-Säbel bestand. Auch ein Corps der k. k. Akademie der bildenden Künste trat, von nun an bleibend, ins Daseyn, das sich zu seiner Uniform dunkelgrüne Röcke mit kirschrother Egalisirung, dreieckig gestülpte Hüte und stählerne Säbel an weißen Spannkuppeln gewählt hatte; und endlich gründete und organisirte auch der Hauptmann-Quartiermeister des Bürger-Regiments, Steuer-Verwalter Johann Michael Mayer, ein Regiment der Schutzverwandten oder Befugten inner den Linien Wiens, zu dem sich in wenigen Tagen 1500 Mann gemeldet hatten. Die Officiere desselben erhielten eine dunkelgraue Uniform mit blauen Krägen und Aufschlägen, glichen übrigens ganz den Officieren des Bürger-Regiments, nur daß sie statt des Degens lange Säbel trugen. Auch die Kaputröcke der Gemeinen hatten dieselbe Farbe und Egalisirung; ihre dreigestülpten Hüte aber waren mit blau und schwarz bezeichneten Federbüschen geziert. Wie sehr sich alle diese Corps während der feindlichen Invasion auszeichneten, wurde bereits in dem vorigen Kapitel gebührend vorgetragen. An dem feierlichen Tage der Rückkunft des allgeliebten Landesfürsten, 16. Jänner 1806, wo nebst den anderen Bürger-Corps auch jenes der Schutzverwandten, schon 4500 Mann stark, paradirte, bezog eine neuerrichtete Grenadier-Division des Bürger-Regimentes, in dunkelblauer, hochroth egalisirter Uniform mit goldenen Epaulets prangend, unter ihrem Hauptmann Mayer die Burgwache; und schon am 3. Februar 1806 erhielten auch die Corps der Schützen und Schutzverwandten die Begünstigung Grenadier-Divisionen errichten zu dürfen. Letzteres ward überdieß zum zweiten Bürger-Regiment erhoben und dem sämmtlichen Bürgermilitär der kais. Kronprinz Erzherzog Ferdinand als General en Chef vorgesetzt. Dies war für die Bürger ein neuer Antrieb, sich durch häufige militärische Uebungen für den Dienst immer tüchtiger zu machen und die möglichste Vollkommenheit in der Adjustirung zu erlangen. Allmählig vertauschten das Bürger-Regiment und Artillerie-Corps die rothen Beinkleider mit weißen, und ersteres die grauen Kapute mit blauen, modern zugeschnittenen Röcken; überdies brachte man auf den rothen Aufschlägen mit Silber gewirkte blaue Oelzweige oder Granaten und auf den Patrontaschen das städtische Wappen an. Diesem Beispiele folgte auch das zweite Regiment, und alle Corps erhielten eigene Musikbanden. Am 15. April 1806 fand die feierliche Weihe der von allerhöchster Gnade den bürgerlichen Corps und dem zweiten Regiment geschenkten Fahnen in der Hofkirche zum heil. Augustin Statt, und mittelst Handschreibens des Generalissimus, Erzherzog Carl vom 3. Juni 1806 wurde der Bürgerschaft ein eigenes von Kaiser Franz genehmigtes Reglement übergeben. Nach 22jährigen Kriegsunruhen endlich sahen wir 1832 die beiden Bürger-Regimenter ihre Hüte mit Czako's, und das bürgerl. Scharfschützen-Corps die Helme mit Hüten vertauschen. 1837 wurden unter allen Corps zu Fuße dunkelgraue, und bei der Cavallerie dunkelblaue Pantalons eingeführt, welch letztere auch 1845 dem ersten Bürger-Regimente zu Theil wurden. —

Stadtobrigkeiten finden wir in diesem Zeitraume folgende, und zwar Bürgermeister: Peter Joseph Kofler 1741—1744. Andreas Ludwig Leitgeb 1745—1750. Peter Joseph Kofler 1751—1763. Leopold Gruber 1764. Joseph Anton Bellesini 1765—1767. Leopold Franz Gruber 1768—1772. Joseph Georg Hörl 1773—1804. Stephan Edler von Wohlleben, Ritter des königl. ungarischen St. Stephans Ordens, k. k. n. öst. Regierungsrath; starb am 30. Juli 1823. Anton Lumpert, k. k. Rath; starb im Jubilationsstande am 10. April 1837, 80 Jahre alt.

Stadtrichter: Andreas Ludwig Leitgeb 1741—1744. Peter Joseph Kofler 1745—1749. Johann Leopold von Ghelen 1750—1759, Joseph Anton Bellesini 1760—1763. Joseph Georg Hörl 1764—1772. Friedrich Ignaz Maurer 1773—1783. — Vizebürgermeister 1) beim Civil-Justiz-Senat: Leopold Edler von Mosbach von 1783—1794. Joseph Edler von Pilgrann 1795—1804. Joseph Balthasar Weber 1805—1815. Joseph Anton von Hober 1816—1827. Johann Bapt. Rippelly 1828—1846. 2) beim Criminal-Senat: Ignaz von Maurer 1783—1787. Johann Georg Augusti 1788—1801. Joseph Macher, 1802—1812. Vincenz Weiner 1813—1814. Anton Lumpert 1815—1823. Joseph Hollan 1824—1844.

Erzbischöfe von Wien: Sigismund Graf v. Kollonitsch. † 12. April 1751. Johann Joseph Graf von Trautsohn, † 1757. Christoph Anton Graf Migazzi von Waal und Sonnenthurm, † 1803. Sigismund Anton Graf von Hohenwart zu Gerlachstein, der würdige Lehrer des Kaisers Franz, † 30. Juni 1820. Leopold Maximilian Graf von Firmian, 2. Juni 1822 — 29. Nov. 1831.

Gegenwärtig ist der hochwürdigste Herr Vincenz Eduard Milde, Doctor der Gottesgelehrsamkeit, Großkreuz und Prälat des k. k. öst. Leopolds-Ordens rc. Fürst-Erzbischof von Wien. Dieser durch Tugend und Gelehrsamkeit gleich ausgezeichnete Herr wurde am 11. Mai 1777 zu Brünn geboren, am 9. März 1800 zum Priester geweiht, am 13. Juli 1823 zum Bischof von Leitmeritz consecrirt und am 31. Mai 1832 in seine jetzige Würde eingesetzt.

Aebte des Stiftes Schotten: Robert Stadler, 1765—1807. Andreas Wenzel, geb. am 4. März 1759, erwählt am 18. Juni 1807, infulirt am 9. August desselben Jahres, † 1832. Gegenwärtig ist Herr Sigismund Schultes, geboren zu Wien 1801, Indigena des Königreichs Ungarn, Sr. k. k. apostol. Majestät Rath, Doctor der Theologie und Vice-Director der theologischen Studien an der Wiener-Hochschule, n. öst. ständischer Ausschußrath, Mitglied der k. k. Landwirthschafts-Gesellschaft, seit 1832 Abt zu den Schotten und zu Telky in Ungarn.

Fünftes Kapitel.

Ferdinand der Erste, Kaiser von Oesterreich.

Von der hehren Palme des Friedens beschattet sind nun bereits zwölf Jahre vorüber gegangen, seitdem Sr. Majestät Ferdinand der Erste, Kaiser von Oesterreich, am 2. März 1835 den erhabenen Thron Seiner Ahnen bestieg, worauf dann am 14. Juni 1835, nach althergebrachter Sitte, unter lautem Jubel des frohlockenden Volkes zu Wien die Erbhuldigung erfolgte. Allgemein sprach sich der Wunsch aus, da der gütige Monarch alle sonst bei diesem Anlasse üblichen Festlichkeiten ablehnte, das Andenken an diesen feierlichen Act

Fünftes Kapitel.

Ferdinand der Erste, Kaiser von Oesterreich.

durch ein bleibendes Denkmal der Nachwelt zu erhalten, — und so entstand durch Sammlungen, Beiträge der Gemeinden ꝛc. die Kaiser-Ferdinands-Wasserleitung, mit einem Kostenaufwande von mehr denn einer Million Gulden C. M. Dieses großartige Werk führt täglich 100,000 Eimer bereits filtrirtes Wasser in einer Temperatur von $8^1/_4$ Gr. mittelst Dampfmaschinen aus einem Brunnen unterhalb der Nußdorfer-Linie, 70 Klafter vom rechten Ufer des Wiener-Donau-Canales entfernt, mit drei Reservoirs auf den höchsten Punkten der Leitung, den Vorstädten Alservorstadt, Breitenfeld, Josephstadt, Strotzengrund, Altlerchenfeld, Spitelberg, St. Ulrich, Neubau, Schottenfeld, Mariahilf, Laimgrube, Windmühle, Magdalenagrund, Gumpendorf, Nicolsdorf, Margarethen, Wieden und selbst einem Theil der Stadt zu. Die Länge der Hauptleitung beträgt 2270 Klafter, und das Wasser wird vom Brunnen auf eine Höhe von 170 F. über den Nullpunkt des Donau-Canales gehoben und in gußeisernen Röhren von 14 Zoll im Durchmesser geführt. Jene zu den Reservoirs liegen sechs Fuß tief unter dem Erdhorizont und sind, wie die Dampfmaschinen von 60 Pferdekraft, doppelt, für den Fall einer eintretenden Beschädigung. Letztere wurden von den Mechanikern Fletcher und Pundhorn verfertigt.

Schon 1819 legten Se. Majestät als Kronprinz den Grund zu einem technischen Cabinet, um sich einen anschaulichen Ueberblick der gesammten Industrie des österreichischen Kaiserstaates zu verschaffen. Mit großer Sorgfalt wurde seitdem an der Fortbildung dieser lehrreichen Sammlung gearbeitet, und man brachte aus allen Theilen der Monarchie Gegenstände zusammen, die geeignet waren, einen Theil dieses Cabinets zu bilden. Im J. 1835 zur Regierung gelangt, geruhten Sie dasselbe zu einem öffentlichen, dem Publikum zugänglichen Cabinete zu erheben und den übrigen wissenschaftlichen Sammlungen des k. k. Hofes gleichzustellen. Da jedoch das Aufstellungs-Local bei der bedeutenden Zunahme der einzelnen Abtheilungen täglich weniger genügte, so wurde es im Jänner 1841 in einen Theil des k. k. polytechnischen Instituts übertragen, wo es sieben Säle einnimmt.

Am 1. September schon gieng die erste Gewerbs-Produkten-Ausstellung in dem Locale der k. k. Hof-Reitschule und in den Hofwagen-Remiesen auf

Tschischka, Wien. 65

dem Josephsplatze vor sich. Sie dauerte bis 20. Oktober, worauf dann am 19. Dezember im Ceremonien-Saale der k. k. Hofburg die von dem Kaiser aus diesem Anlasse zur Belohnung der Gewerbsbetriebsamkeit bewilligten Medaillen in Höchstdessen Gegenwart vertheilt wurden.

Unterm 4. März 1836 hatten Se. Majestät der Kaiser allergnädigst geruht, dem Associé des Bankierhauses S. M. Freiherren von Rothschild ein ausschließendes Privilegium auf 50 Jahre auf die Anlage einer, sechzig deutsche Meilen langen Eisenbahn von Wien nach Bochnia in Galizien, nebst den Seitenbahnen nach Brünn, Olmütz, Troppau, Dworny und Wieliczka zu verleihen, durch welches die Unternehmung berechtigt ist, auf dieser Bahn sowohl Personen als alle Arten von Gütern und Waaren mit eigenen Wagen und mit Pferde- oder Dampfkraft, jedoch dem Postregale unbeschadet, zu verführen. Mittelst Cession vom 19. Mai 1836 wurde dieses Privilegium an die Actiengesellschaft abgetreten und zugleich gestattete Se. Majestät, daß dieser Eisenbahn von nun an der Name „Kaiser Ferdinands-Nordbahn“ beigelegt werde. Rasch schritt man zur Ausführung, so zwar, daß schon am 6. Jänner 1838 die Strecken von Wien bis Wagram, am 16. April desselben Jahres von hier bis Gänserndorf, am 9. Mai 1839 bis Dürnkrut, am 6. Juni bis Lundenburg, dann am 7. Juli desselben Jahres bis Brünn (20 Meilen); ferner am 4. Mai 1841 von Lundenburg bis Hradisch, am 26. Juli d. J. von Floridsdorf nach Stockerau, am 1. September von Hradisch nach Prerau, am 17. Oktober von hier bis Olmütz, und am 15. August 1842 von Prerau bis Leipnik, zusammen 42 Meilen, befahren werden konnten. Das Anlage-Capital beträgt 16,450,000 Gulden C. M.

Am 22. September erfolgte die feierliche Rückkehr Ihrer k. k. Majestäten von der Krönung zu Prag.

Vom 4. bis 12. November 1837 wurde das hundertjährige Jubelfest der Einweihung der Pfarrkirche zu St. Carl auf der Wieden gefeiert, und am 24. März 1838 auf der Universität die von dem Monarchen am 14. November 1837 genehmigte Gesellschaft der Aerzte eröffnet.

Auch bei der am 26. October 1838 erfolgten Rückkunft aus dem lombardisch-venezianischen Königreiche von der Krönung fand ein feierlicher Empfang Ihrer k. k. Majestäten von Seiten des Magistrats und der Bürgerschaft statt.

Mit allerhöchster Entschließung vom 2. Jänner 1838 wurde dem Freiherrn Georg von Sina vorläufig die Bewilligung zur Anlegung einer Eisenbahn in den Richtungen: Von der Verzehrungssteuer-Linie Wiens angefangen über Bruck an der Leitha nach Raab, Gönyö und rücksichtlich Preßburg; dann von Wien nach Wiener-Neustadt bis nach Gloggnitz, sammt den Seitenbahnen nach Mödling, Laxenburg und Helenthal; endlich von Wiener-Neustadt nach Oedenburg und sofort nach Raab, nebst den zwei Seitenbahnen in die Steinkohlenwerke von Neudörfel und Bremmberg, — ertheilt, welcher sie sohin durch Abtretungs-Urkunde vom 30. September 1838 an die Actionäre übergab, wornach sie sogleich in Bau genommen wurde. Am 20. Juni 1841 ward die Bahnstrecke von Wien bis Neustadt, am 24. October d. J. die von

Neustadt bis Neunkirchen, und am 6. Mai 1842 jene von Neunkirchen bis Gloggnitz, zusammen $9^7/_8$ Meilen; dann am 28. September 1845 die Flügelbahn von Möbling nach Laxenburg, und am 12. September 1846 jene von Wien nach Bruck an der Leitha eröffnet. Das Anlage-Capital besteht in 12,210,000 Gulden C. M. — Auch die k. k. Gartenbau-Gesellschaft trat 1838 ins Daseyn; sowie denn auch die Privat-Heil- und Verpflegsanstalt des Arztes Franz Pelzel, nach dem Muster der Maisons de Santé in Paris, seit 1. November zur Aufnahme kranker und pflegebedürftiger Personen eröffnet ist.

Schon im März 1839 war bereits das großartige neue Gebäude des Criminal-Gerichtes in der Alservorstadt vollends hergestellt und wurde nun am 13. Mai von dieser Behörde, welche seit 1785 in dem Schrannen-Gebäude am hohen Markte seinen Sitz hatte, bezogen. Dieses schöne Werk der Architektur, das zugleich die zweckmäßigste Einrichtung darbietet, wurde binnen sechs Jahren mit einem Kostenaufwande von anderthalb Millionen erbaut.

Gleichzeitig feierte auch die Gewerbs-Industrie ihr zweites ehrenvolles Ausstellungsfest in den zahlreichen, wahrhaft kaiserlichen Sälen des durch die Munificenz des erhabenen Monarchen hergestellten Zubaues zum Gebäude des k. k. polytechnischen Institutes.

Am 19. Juni 1839 wurde zu dem neuen Hause der Versorgungs- und Beschäftigungs-Anstalt für erwachsene Blinde durch Höchstderen Protektor, Se. kais. H. Erzherzog Franz Carl, mit großer Feierlichkeit der Grundstein gelegt und dann diese Anstalt eröffnet. Am 28. Juli aber ward in dem Bürger-Versorgungshause zu St. Marx das Andenken an die Wiederherstellung dieser segensvollen Anstalt durch Kaiser Franz im Jahre 1800 mit einem menschenfreundlichen Feste für die Armen vollzogen. Ein anderes ergab sich am 14. September. Es war die Fahnenweihe des Regiments Hoch- und Deutschmeister, das in der Stephanskirche mit seltener Pracht vollzogen wurde. Ihre Majestät die Kaiserin hatte dabei die Pathenstelle übernommen und dieser höchsten Huld das Geschenk eines reichen Fahnenbandes beigefügt. Uebrigens trat auch

SEARS. SC

die allgemeine wechselseitige Capitalien- und Renten-Versicherungsanstalt, zuerst von Professor Salomon angeregt, am Ende dieses Jahres in Wirksamkeit. Ihr Protektor ist Se. Erz. Herr Graf Kolowrat-Liebsteinsky, k. k. Staats- und Conferenz-Minister.

Von jeher war der Geburtstag des geliebten Landesfürsten den Wienern der Gegenstand eines Bürgerfestes; aber 1840 wurde derselbe noch festlicher begangen, da sich damit die im Rathssaale des Magistrates Statt gefundene solenne Aufstellung des von Sr. Majestät huldreichst demselben geschenkten Allerhöchsten Bildnisses verband.

Schon 1839 entstand der niederösterreichische Gewerbsverein, der nun im Mai 1840 unter dem Schutze Sr. k. k. Hoheit des Erzherzogs Franz Carl, als Protektor, in volle Wirksamkeit trat.

Am 30. Mai genehmigten Se. Majestät Kaiser Ferdinand den Verein zur Erbauung einer Kirche als religiöses Denkmal Weiland Sr. Maj. Franz des Ersten zu Ehren des heil. Franz Seraph in der Vorstadt Breitenfeld; und am nächstfolgenden Tage wurde von der Gesellschaft der Musikfreunde und andern Verehrern der Tonkunst zum Gedächtnisse des vaterländischen Tonkünstlers Joseph Haydn, welcher vor 31 Jahren in dem ihm zugehörigen Hause Nr. 84 in der kleinen Steingasse zu Gumpendorf starb, ein großes Fest gegeben; und von nun an wird, laut grundbüchlich vorgemerkter Urkunde, für ewige Zeit dieses Haus „zum Haydn“ genannt. Auch fand am 26. October 1840 die Einweihung der neuerbauten Hauptschule am Neubau Statt, welche, von Michael von Zoller gestiftet, schon 95 Jahre besteht.

Mit dem Beginne des Jahres 1841 errichteten die barmherzigen Schwestern auf eigene Kosten in dem ehemaligen Leopoldstädter Carmeliten-Kloster ein Filial-Spital für weibliche Individuen, aus 24 Betten bestehend, dessen Eröffnung schon am 8. Februar erfolgte. Fast gleichzeitig entstand eine andere Sanitäts-Anstalt in derselben Vorstadt, nämlich die Diana-Bad-Actien-Unternehmung, die sich, nach schon am 23. Februar 1840 erlangter hohen Regierungs-Genehmigung, zum Ziele setzte, in dem bisher 30 Jahre bestandenen Diana-Bade eine solche Einrichtung zu treffen, daß der Gebrauch des kalten Bades und die Leibesübung des Schwimmens unausgesetzt in jeder Jahreszeit unter allen Witterungsverhältnissen mit aller Bequemlichkeit und zwar im filtrirten Wasser geschehen könne. Das Werk war am 10. Mai 1843 vollendet. Vorlängst schon hatte die k. k. Wiener-Landwirthschafts-Gesellschaft den Versuch der Bohrung eines artesischen Brunnens auf dem Getreide-Markt eingeleitet, der nun am 3. März 1841 zu einem sehr glücklichen Resultate führte. Eine wichtige Verschönerung erhielt um diese Zeit die innere Stadt durch die Erweiterung des Grabens, dieses Lieblingsplatzes der Wiener.

Eine zur unentgeldlichen Aufnahme und Verpflegung kranker Kinder bestimmte Anstalt entstand durch den verdienstlichen Dr. Ludwig Mauthner am 26. August 1837 in der Vorstadt Schottenfeld Nr. 26, und ist als das erste derartige Institut in ganz Deutschland sehr zu beachten. Um nun aber für die leidende Kinderwelt das Bestehen einer solchen Anstalt dauernd zu begründen, haben Ihro Majestät die Kaiserin Maria Anna 1841 geruht, sich zur Schutzfrau dieser Anstalt zu erklären und zugleich eine Stiftung für sechs Betten gemacht. Dies bewog viele Menschenfreunde, damit dieses Institut nicht auf das vergängliche Wirken eines Einzelnen beschränkt bleibe und dereinst den Bedürfnissen einer großen, volkreichen Stadt entspreche, sich desselben thätigst anzunehmen, und so entstand „der Kaiserin Maria-Anna Kinderspital-Verein“, der nun schon die segenreichsten Früchte trug.

In demselben Jahre hatte sich auch ein Sanitäts-Verein für den Maria-Hilfer-Polizei-Bezirk inner den Linien gebildet, in welchem jedem beigetretenen Mitgliede, gegen Leistung einer geringfügigen monatlichen Einlage, in Erkrankungsfällen seiner selbst oder seiner Angehörigen sowohl die ordentliche ärztliche Behandlung als auch die Beziehung der Arzneien aus den Vereins-Apotheken unentgeltlich zu Theil wird; und ebenso entstand ein Krankenhaus im Wiedner Polizei-Bezirke, das unter dem Protectorate Sr. k. H. des Erzherzoges Franz Carl steht und sich einer vortrefflichen Einrichtung zu erfreuen hat.

Am 19. März fand, unter dem höchsten Schutze Ihrer k. H. der Erzherzogin Sophie stehend, die Eröffnung des neuerrichteten St. Josephs-Kinder-Spitales für den Polizei-Bezirk Wieden, am Schaumburgergrund Nr. 28 und 29, mit einem Belegraume für zwanzig Kranke Statt, und bald darauf bezog die Klein-Kinderbewahr-Anstalt am Rennweg ein eigenes Haus auf der Landstraße Nr. 228.

Im Jahre 1839 wurde mit der Abtragung der Spitze des Stephansthurmes, der schon im J. 1809 durch die französische Kriegsmacht sehr großen Schaden erlitten hatte, begonnen, und der Neubau, aus einem Gerippe von Guß- und Schmiedeisen bestehend, am 20. Oktober 1842 vollendet und feierlichst eingeweiht.[11]

Zwei höchst erfreuliche Ereignisse zieren das Jahr 1843: Die glückliche Wiedergenesung des durch den Geist ächter Humanität und durch Herzensgüte allgemein verehrten Erzherzoges Franz Carl k. H. von einer im März getroffenen schweren Krankheit; und die fünfzigjährige Jubelfeier von Oesterreichs großem Helden, Sr. k. H. Erzherzogs Carl, als Großkreuz des militärischen Maria Theresien-Ordens, welche am 1. April erfolgte. Mehrere Cavaliere veranstalteten zur Verherrlichung desselben an diesem Festtage um 8 Uhr Abends ein glänzendes Carousſel in der Winter-Reitschule, welches dann am 3. und 5. April, mit Eintrittsgeld für wohlthätige Zwecke, wiederholt wurde. Se. Maj. der Kaiser ließ auf dieses frohe Ereigniß eine eigene Gedächtniß-Medaille durch Director Jos. Daniel Böhm verfertigen und unter die Ordensmitglieder vertheilen.

Herzerhebend war es bei der Ehrfurcht erregenden Versammlung der Ordens-Mitglieder in dem Aeltesten (dem Helden von Aspern) und in dem Jüngsten (dem Bestürmer von St. Jean d'Acre) Vater und Sohn zu erblicken!

Am 23. Jänner 1844 starb hier Ihre k. H. die Erzherzogin Maria Carolina Augusta, älteste Tochter Sr. k. H. des Erzherzoges Vicekönigs Reiner, und ward am 3. Februar in die kais. Gruft beigesetzt. Fünf Tage später wurde die israelitische Kinderbewahr-Anstalt in der Leopoldstadt, Donaugasse Nr. 5, eröffnet. Bald darauf bildete sich der Wiener Schutz-Verein für aus Straf- und Verwahrungs-Orten entlassene Personen, der sich, nach seinen am

29. März 1844 von der hohen Landesstelle genehmigten Statuten, die Aufgabe stellte, aus den Straf- und Untersuchungs-Gefängnissen, und nach Zulänglichkeit seiner Mittel auch aus dem n. ö. Zwangsarbeitshause entlassene, nach Wien zuständige, erwerbsfähige Personen, ohne Unterschied des Geschlechts oder der Religion, welche bei der Entlassung keine anderweitige bleibende Hülfe haben, in Obsorge zu übernehmen und durch Verschaffung eines geeigneten Erwerbes und Einwirkung auf ihre moralische Besserung ihnen den Wiedereintritt in die ehrbare bürgerl. Gesellschaft zu erleichtern. Deßgleichen wurde auch von Seite der hohen Landesstelle dem Dr. Franz Hügel am 24. Juli zur Errichtung eines unentgeltlichen Kinder-Kranken-Institutes für den Polizei-Bezirk Wieden die Erlaubniß ertheilt.

Schon 1842 ward an dem Wiener-Stadt-Rathhause ein Vergrößerungsbau vorgenommen, der nun im Spätherbst sein Ende erreichte. Ursprünglich dem einflußreichen Bürger Otto-Haymo gehörig, wurde dieses Haus mit der Marien-heutigen Salvators-Capelle, demselben, da er sich als Landesverräther bewies, von dem Herzoge Friedrich dem Schönen confiscirt, und am 12. Mai 1316 Wiens treuer Bürgerschaft geschenkt, die es dann als Rathhaus benützte. Zwischen 1455 und 1457 wurde dasselbe, als schon sehr baufällig, vergrößert wieder hergestellt, wozu Meister Laurenz Spenning den Plan entworfen hatte. 1600 erfolgte ein neuerer Bau, von dem sich noch manches an der Rückseite des Gebäudes erhalten hat; jedoch erst 1780, da das St. Salvators-Zinshaus dazugenommen wurde, erhielt dessen prächtige Fronte (Siehe dieselbe S. 375.) die jetzige Gestalt. 1820 ward das sogenannte Muschelhaus in dasselbe einbezogen und endlich, da der Magistrat auch jenes, zum Stiefel genannt, welches tief in den Rücken des Rathhauses eingebaut war, 1842 käuflich an sich gebracht hatte, schritt man zur Erweiterung des Gebäudes und setzte ein drittes Stockwerk an die Rückseite und die Seitenflügeln auf. Seitdem steht nun das Haus von drei Seiten frei.

Am 15. Mai 1845 fand die dritte Gewerbsausstellung Statt. Mit goldenen Preismedaillen wurden ausgezeichnet: Ludwig und C. Hardtmuth, Steingut-, künstlicher Bims- und Bleistiften-Fabriksbesitzer; Friedrich Gohde, Schlossermeister; Philipp Haas, Baumwoll-, Schafwoll-, Halbseiden- und Teppich-Fabrikant; Ludwig Damböck, Tull-, Anglais- und Tattings-Fabrik; J. W. Bracht und Königs, Mode-Druckwaaren-Fabrik zu Penzing bei Wien; Joseph Höpfinger, Appreteur; J. Zeisel, J. und Chr. Blümel, Schawl-Fabrik; Jos. Nep. Reithoffer, Kautschukwaaren-Fabrikant; Anton Chwalla, Seidenzeug-Fabrikant; Hofmann und Söhne, hies. Großhändler, Seidenzucht-Emporhebung in Ungarn; Jos. Lemann und Sohn, Kirchenstoff-, Möbelstoff- und Modeseidenwaaren-Fabrik; Ludwig Rübelmann, Modeseidenwaaren-Fabrikant; Carl Möring, Modeband-Fabrikant; Wien-Gloggnitzer Eisenbahn-Gesellschaft, Maschinen-Fabrik; H. D. Schmid, Maschinen-Fabrikant; Mick und Dolainski, Kupferschmied- und Metallwaaren-Fabrik; Leo Müller sel. Wittwe, Maschinen-Fabrik; Damm. Specker, Maschinen-Fabrik am Tabor; Samuel Bollinger, Mechaniker und Maschinen-Fabrikant; Franz und Wurm, Ingenieur und Maschinen-Fabrikant; Anton Burg und Sohn, landwirthschaftlicher Maschinist; Simon Plößl, Optiker und Mechaniker; Eduard Kraft, Mechaniker; Ludwig Jos. Kapeller, Mechaniker in Wien; Franz Jos. Vorauer, Klein-Uhrmacher in Wien; Ign. Marenzeller, Uhrmacher; Milly-Kerzen-Fabrik; Apollo-Kerzen-Fabrik; Treu, Nuglisch und Comp., Parfümerie-Fabrikanten; Wilh. Knepper Buntpapier-Fabrikant; F. Machts, Gold- und Silber-Plattirwaaren-Fabrikant; Jos. Glanz, Bronze-, Eisenguß-, Gold- und Silberwaaren-Fabrikant; Friedrich Stöger, Hoftapezierer; Franz Theyer's Galvanisch-artistische Anstalt; Franz B. Partenau's Wittwe und Sohn, Gold- und Silberdrahtzieherei und Spinnerei; Charles Girardet, Buchbinder- und Galanteriewaaren-Fabrikant; Franz Raffelsperger's Typographische Kunstanstalt; Ignaz Bösendorfer, Claviermacher; Seuffert Sohn und Seidler, Claviermacher; J. A. Schweighofer, Claviermacher; Friedr. Hora, Claviermacher; Jakob Deutschmann, Orgel- und Physharmonikamacher; Leop. Uhlmann, Metall-Blas-Instrumentenmacher und Philipp Demmer, Schuhmacher.

Vom 1. Juli 1845 an sah man bereits Wiens Hauptplätze und Straßen mit Gas beleuchtet, nachdem laut magistratischem Contrakte vom 6. Mai die Imperial-Continental-Gas-Association die Verpflichtung übernommen hatte, die ganze innere Stadt mit alleiniger Ausnahme der Basteien, durch zehn Jahre mittelst Gaslichter, deren Anzahl sich nahe an 700 beläuft, nächtlich zu beleuchten.

Das segensreiche Wirken der am 30. Mai 1830 entstandenen Kinderbewahr-Anstalt in der Vorstadt Rennweg, dem Ihro Majestät die Kaiserin Mutter, immer hocherfüllt für alles Gute, Schöne und Nützliche, Höchstihren Schutz zuzuwenden geruhten, konnte nicht ohne Nacheiferung bleiben. Schon in demselben Jahre entstanden derlei Institute in den Vorstädten Schaumburgergrund und Margarethen; bald wurden auch Bewahranstalten in Neulerchenfeld, Reimdorf, Herrnals und Erdberg errichtet, und nun kam auch die Reihe an den Polizei-Bezirk Liechtenthal. Der wackere Justiz-Amtmann Anton Winter hatte nämlich den gewesenen spanischen General-Consul zu Hamburg, J. B. v. Viriot, einen Wiener, der seine letzten Lebensjahre als wohlhabender, kinderloser Mann in seiner Vaterstadt zubrachte, dahin vermocht, daß er in seinem Testamente ein zureichendes Kapital zur Gründung einer Kleinkinder-Wartanstalt für die Vorstädte Liechtenthal, Thury, Himmelpfortgrund und Althan widmete. Nach dessen und seiner Gattin Tod schritt man sonach zum Bau eines eigenen Hauses für diesen Zweck, der so rasch befördert wurde, daß schon am 9. November 1845 in Höchster Gegenwart Ihrer Majestät der Kaiserin Mutter als oberster Schutzfrau die Grundsteinlegung und Eröffnung dieser Anstalt mit größter Feierlichkeit vor sich gehen konnte. — Zu Ende des Jahres verweilte Se. Maj. der Kaiser von Rußland, aus Italien kommend, einige Tage in Wien, und kehrte dann am 2. Jänner 1846 in seine Staaten zurück.

Bereits im Jahre 1842 wurden die Grundsätze über das Geschäftsverfahren und den Wirkungskreis der General-Direction für die Staats-Eisenbahnen, deren eine sich vorläufig an die Kaiser Ferdinand Nord-, die andere an die Wien-Gloggnitzer Südbahn anzuschließen habe, festgesetzt. Unverzüglich schritt man zur Ausführung, und schon am 20. August 1845 konnte die Bahnstrecke von

Olmütz nach Prag, und am 16. Mai 1846 jene von Mürzzuschlag über Gratz nach Cilli befahren werden. Seit der Publikation dieser großartigen, nun immer mehr ihrem Ziele näher rückenden Bauten, die Wiens Handel und Verkehr unberechenbaren Vortheil bieten, hatte aber keine zweite so allgemeine freudige Bewegung hervorgerufen, als nachfolgende, die wir aus der Wiener-Zeitung vom 1. Juni 1846 wörtlich entlehnen: „Se. k. k. Majestät haben sich auf den Antrag des Haus-, Hof- und Staatskanzlers Fürsten von Metternich Allergnädigst bewogen gefunden, in der Haupt- und Residenzstadt Wien einen wissenschaftlichen Verein unter der Benennung: „Akademie der Wissenschaften“ zu gründen. Das Allerhöchste Handschreiben an den obersten Kanzler, Grafen Inzaghi, welches die diesfälligen näheren Bestimmungen enthält, haben Se. Majestät am 30. Mai l. J. zu erlassen geruht.“

Am 16. Juni 1846 erfolgte die feierliche Enthüllung des Monumentes weiland Sr. Majestät Kaiser Franz des Ersten, zu dem am 18. October 1843 der jetzt regierende Monarch den Grundstein gelegt hatte.[12] Die Inaugurirungs-Festlichkeit fiel demnach auf den Jahrestag des Einzuges, welchen der verewigte Kaiser 1814 nach glücklich errungenem Frieden in Wien gehalten hatte.

Das großartige Denkmal (siehe dasselbe zu Anfang des Kapitels), das der wackere k. k. Hofstatuar Ritter Pompeo Marchesi erfunden und in Ausführung gebracht, besteht aus einem Granit-Piedestale mit einer geschmackvollen griechischen Bronce-Verzierung. Auf demselben ruht ein länglich-viereckiger Granitblock, dessen vorspringende Würfel die vier sitzenden allegorischen Bronce-Statuen: der Religion, des Friedens, der Gerechtigkeit und der Stärke, im vereinten Gewichte von 41,216 Pfund, tragen. Sie beziehen sich auf des verstorbenen Monarchen hohe Tugenden. Hier im Mittelwürfel an der Hauptseite pranget in Metallbuchstaben die Inschrift:

Amorem. Meum. Populis. Meis,
Testam. Cap. XIIII.

Es sind dieses jene ewig unvergeßlichen Worte des hinscheidenden allverehrten Landesvaters aus dessen Testamente: „Meine Liebe vermache ich meinen Unterthanen!“ Auf der entgegengesetzten Seite liest man:

Imp. Francisco. I. Pio. Iusto. Forti. Pacifico.
Patri. Patriae. Augusto. Parenti.
Ferdinandus. I. Austriae. Imp. MDCCCXXXXVI.

(Kaiser Franz I. dem Frommen, Gerechten, Tapferen, Friedfertigen, dem Vater des Vaterlandes, seinem Erlauchten Vater, Ferdinand der Erste Kaiser von Oesterreich. 1846.)

Ueber diesen Mittelwürfel ragt ein achteckiger Säulenstrunk empor, dessen Fuß mit broncenen Festons von Eichen- und Olivenzweigen reichlich verziert ist, wie denn auch das Kapital schönen Kammschmuck zeigt. Die Flächen des Octogons bieten übrigens dem Beschauer meisterhaft gearbeitete Basreliefs von 9 Fuß Höhe dar, welche allegorisch die wohlthätigen Wirkungen obgedachter Tugenden vorstellen, als: die Wissenschaft, die Tapferkeit, die christliche Kunst, die Productivität der Thierwelt, die Agricultur und den Segen der vegetabilischen Welt, die Gaben des Mineralreiches, die Industrie und den Handel. Ueber diesem Säulenstrunke nun erhebt sich auf einem Bronce-Sockel die stehende Bildsäule des Kaisers. Sie ist 16 Fuß hoch. Der Monarch, dessen Porträt-Aehnlichkeit unverkennbar ist, als letzter römischer Kaiser mit der Toga bekleidet, hält, in würdevoller Stellung, mit der linken Hand das Scepter, während die Rechte, seine Völker segnend, sich erhebt. Das ganze Monument, das hinsichtlich seiner geistigen Auffassung vortrefflich genannt werden kann und nur hinsichtlich der technische Ausführung einige Mängel darbietet (und welches Kunstwerk hat deren nicht?), ist 47 Fuß hoch, und die Gießerei des Giambattista Viscardi zu Mailand hat bei diesem mächtigen Werke ihren Ruhm nicht wenig vermehrt. [13]

Schon im März 1841 hatte man einen artesischen Brunnen an dem Wien-Gloggnitzer Eisenbahnhof, um dem höchst nöthigen Bedarf an Wasser genügend abzuhelfen, zu bohren begonnen; aber erst am 8. August gelangte man zu einem günstigen Resultate. Reichlich ward die Beharrlichkeit belohnt, da der Brunnen bei einer Wassersäule von 102,2 Fuß täglich 15,000 Eimer in einer Temperatur von 13° R. liefert. Es ist sowohl in Bezug auf die Tiefe des Bohrloches als an Ergiebigkeit der großartigste aller bisher in Oesterreich gewonnenen Bohrbrunnen, da die größte Tiefe unter den 48 ersten in den Vorstädten Wiens, in Meidling, Hetzendorf, Döbling, Liesing ꝛc. entstandenen nur 240 Fuß, und ihr stärkster Erguß nicht über 1660 Eimer in 24 Stunden betrug.

Am 18. October 1846, als dem Jahrestage der Völkerschlacht bei Leipzig, wurde Wien mit einem öffentlichen Kunstwerke ersten Ranges bereichert. Es ist dies der an demselben Tage eröffnete Brunnen auf der Freiung (siehe die Abbildung), eine der gelungensten Arbeiten des genialen Ludwig von Schwanthaler. Auf einer, von ornamental gehaltenen Eichen umrankten Steinsäule steht die Austria von Erz mit Mauerkrone, Lanze und Schild, dem Wappen der Monarchie mit gelöstem germanischen Haare, das Antlitz idealisirt — eine hohe Jungfrau. Um die Säule selbst reihen sich die vier Hauptflüsse des Kaiserstaates, ebenfalls Erzfiguren, wie die Austria, in der königl. Erzgießerei zu München von Ferdinand Miller ausgeführt; sämmtlich stehend: — ein freier Schritt aus dem bisherigen Typus, die Flußgötter liegend darzustellen. Die Donau, in die Sonne blickend, lüftet ihre Locken; der schilfbekränzte Po hält den antiken Schlüssel für die Aquaducte (eine Anspielung auf den Naviglio grande, der mit ihm den Tessin verbindet), sowie die Weichsel, lang gelockt und kühn gestellt, in altsarmatischer Tracht ihrer Uranwohner, den Schlüssel führt für die Verbindung mit der Nogat. Die Elbe endlich, in Oesterreich ein Gebirgsfluß, ist mit Blümchen unter Schilf bekränzt und lehnt sich auf ein phantastisches Steingebilde Rübezahl's und sie deutet, die Meermuschel in der Hand, auf ihre Strömung in den Ocean. Sämmtliche Gestalten führen Ruder oder Steuer. Das Fußgestelle selbst, Urgestein, aus welchem Basalt emporzackt, trägt die Sockeln der Statuen. Dem Basalt entströmt das Wasser aus der Kaiser-Ferdinands-Leitung der Donau, an vier Stellen unter den Statuen. Das einfache, flache Brunnenbecken von Mauthhausner Granit, aus vier Halbzirkeln gebildet, verfertigte der Wiener Steinmetzmeister Franz Pranter. Auf der oberen Sockellinie der Flußgestalten zeigt sich die Bronce-Schrift: „Unter der Regierung Kaiser Ferdinand des Ersten von Wiens Bürgern errichtet 1846.“ [14]

Drei Tage zuvor gieng die feierliche Grundsteinlegung in der bereits vollendeten Pfarrkirche zu St. Johann in der Praterstraße, die nach dem Plane des k. k. Professors an der Akademie der bildenden Künste, Carl Rösner, erbaut wurde, durch Se. kais. H. den Erzherzog Franz Carl vor sich. Die Weihung des Grundsteines vollzog der Fürst-Erzbischof von Wien, welcher auch am 18. October die feierliche Consecration des neuen Gotteshauses vornahm. Auch

Drei Tage zuvor gieng die feierliche Grundsteinlegung in der bereits vollen-

die, durch gewaltigen Umfang, Kühnheit und Zweckmäßigkeit des Baues höchst merkwürdige Zollhalle, zu welcher der geniale und kenntnißreiche k. k. Hofbaurath Paul Sprenger die Pläne entworfen, und wobei man beabsichtigt, die Nord- und Südeisenbahn zu verbinden, ist bereits seit 1841, dem Beginne des Baues, so weit hergestellt, daß der rechte und linke Flügel, wie auch der Trakt, welcher sie beide vereinigt, 1846 konnte bezogen werden; zudem erhebt sich auch schon das Amtsgebäude, mit der Fronte gegen den Wienfluß, weit über die Fundamente. Außerdem sind noch im Bau begriffen: der Palast der k. k. n. öst. Landesregierung in der Herrngasse; das Filialbethaus der hiesigen protestantischen Gemeinde Augsburgischer Confession in der Gumpendorfer Hauptstraße, wozu der k. k. akad. Professor und Architekt Ludwig Förster, rühmlichst bekannt durch seine gediegene Bauzeitung, den sehr geschmackvollen Plan entwarf; und endlich die beiden Schlachthäuser an der St. Marxer-Linie und zu Gumpendorf, in welchen Raum für das Geschäft von 160 Fleischern vorhanden seyn wird. Nach den eingesehenen schönen Unterkammeramts-Plänen gestalten sich dieselben fast gleichförmig also: Eine im Viereck gebaute Einzäunung umfängt die zu Schlachthäusern und Viehställen bestimmten Gebäude; jede Ecke derselben zeigt ein Wächterhaus, und in der Mitte der Hauptfronte erheben sich zwei Gebäude für die Hausverwaltung und für die Wohnungen der inspicirenden Beamten, zwischen welchen das große eiserne Gitterthor angebracht ist, durch das, der Controlle wegen, Alles passiren muß. Der Hauptfronte entgegengesetzt befindet sich das Reservoirgebäude, in welches das Wasser mittelst einer Dampfmaschine geschafft und von dort in die verschiedenen Behältnisse geleitet wird. An beiden Flanken sind die Schmelzhäuser für Unschlitt und die Flecksiedereien, und in gleicher Linie mit einander laufen in acht Zeilen die Schlachthäuser und Stallungen der Art, daß immer zwei Schlachthäuser mit einander verbunden sind, zur Gewinnung eines Hofes.

Der schon erwähnte Schutzverein für aus den Straf- und Verwahrungsorten entlassene Personen hatte in diesem Jahre einen neuen Zweig seines verdienstlichen Wirkens: das Rettungshaus für verwahrloste und entartete Jugend ins Leben gerufen, dessen Bestimmung ist: jugendlichen Verwahrlosten, welche schon von den Behörden zur Verantwortung gezogen werden mußten, moralische, religiöse und intellectuelle Ausbildung zu geben und sie auf diese Weise geeigneter zu machen von Lehr- oder Arbeitsherren übernommen zu werden. Dieses Rettungshaus, aus eigenen Mitteln der Vereinsmitgliedern adoptirt, befindet sich zu Penzing nächst Wien, Nr. 58, und wurde am 14. Oct. eröffnet. Zwei andere löbliche Institute: der Verein des Dr. Michael Viszanik zur Unterstützung austretender Individuen aus der Irrenheil-Anstalt und Dr. J. F. Castelli's Verein gegen Mißhandlung der Thiere in Nieder-Oesterreich, sind eben im Entstehen.

Schmerzlich berührte den kais. österr. Hof der am 13. Jänner 1847 erfolgte Tod Sr. kais. H. des Erzherzogs Palatin zu Ofen; Höchstdessen als Staatsmann ausgezeichneter Sohn, Erzherzog Stephan kais. H., einstweilen bis zur neuen Palatinal-Wahl zu Ungarns Statthalter von S. kais. Majestät ernannt wurde. Möge die Wahl zum Segen eines edlen Volkes ausfallen, das mit Oesterreich, demselben milden Szepter unterworfen, in innigst-freundschaftlicher Berührung steht. Die erste elektrische k. k. Staats-Telegraphenlinie von Wien bis Brünn, unter der unmittelbaren Leitung des Hofraths Andreas von Baumgartner vollendet; und die Aufstellung der Jacob Raffaellischen Mosaik nach Leonardo da Vinci's Abendmahl in der Minoritenkirche gehören zu den neuesten Erscheinungen in Wien.

Manche Veränderungen sind indessen bei dem Magistrate vorgefallen. Am 31. März 1835 wurde mit allerhöchster Entschließung die Bürgermeisterstelle an den bisherigen Geschäftsleiter der Abtheilung in schweren Polizei-Uebertretungen, Anton Edlen von Leeb, mit dem Charakter eines k. k. Regierungsrathes ertheilt. Dieser würdige Mann, welcher sich besonders in den Epochen der beiden feindlichen Invasionen von 1805 und 1809 als Oberstwachtmeister des Bürger-Militärs auszeichnete, weßwegen ihn auch Kaiser Franz 1809 in den n. österr. Adelsstand erhob, und der allgemein seiner Humanität wegen beliebt war, verwaltete jedoch dieses Amt nur kurze Zeit, da ihn schon am 6. December 1837 im 68. Lebensjahre der Tod hinwegraffte. Mittelst obiger Entschließung wurde zugleich auch für den politischen Senat eine Vicebürgermeister-Stelle creirt, die dazumal dem Herrn Magistratsrath Ignaz Czapka, der sich um das Markt- und Approvisionnirungswesen der Stadt sehr verdient gemacht hatte, zu Theil ward. Neuerliche wichtige Leistungen dieses durch Geist, Umsicht, Energie und unermüdeten Thätigkeit ausgezeichneten Mannes in allen Zweigen der städtischen Verwaltung, bestimmten nach Leeb's Tod seine Wahl zum k. k. n. österr. Regierungsrath und Bürgermeister, am 9. Juli 1838; worauf dann durch allerhöchste kais. Gnade am 29. October 1842 die Ernennung zum Ritter des Leopolds-Ordens und die Erhebung in den Adelsstand mit dem Prädicate: Czapka Ritter von Winstetten erfolgte. Nach ihm bekleideten die Vicebürgermeister-Stelle: von 1838 bis 1845 Herr Andreas Lanser, und seit 8. Juli 1845 Herr Ferdinand Bergmüller, k. k. Rath. Ein zweiter Vicebürgermeister mit dem k. k. Rathstitel wurde am 20. Februar 1847 in der Person des Herrn Joseph Mader ernannt. Mit allerhöchster Entschließung vom 25. März 1841 bekam übrigens der Magistrat folgende neue Organisirung: „Der bisherige politisch-ökonomische Senat hat die Benennung: Magistrat der k. k. Haupt-Residenzstadt Wien; der bisherige Civil-Senat den Namen: Civil-Gericht der erwähnten Stadt, und ebenso der Criminal-Senat den Namen: Criminal-Gericht der Stadt Wien zu führen. An der bisherigen Gerichtsbarkeit der beiden Gerichts-Abtheilungen wird nichts geändert. Der Vorstand des Magistrats hat allein den Titel: Bürgermeister zu führen, und wollen Se. Majestät denselben für immer mit dem Charakter eines wirklichen n. öst. Regierungsrathes bekleidet haben. Die Vorstände der beiden städtischen Gerichte führen den Titel: Präses Vice-Bürgermeister, und haben zugleich Titel und Rang als k. k. Appellations-Räthe. Der Bürgermeister hat jedenfalls den Rang vor Beiden, welche unter sich nach den allgemeinen Vorschriften rangiren und den Vorrang vor dem Vice-Bürgermeister des Magistrates haben. Präses Vice-Bürgermeister beim Criminal-Gericht ist seit 13. Juli 1844 Herr Florian Philipp, jener beim Civil-Gericht seit April 1847 Karl Kratky, beide k. k. Appellations-Räthe.

Der innere Magistrat besteht aus 76 Räthen, der äußere Stadtrath, von denen die meisten Richter in den Vorstädten, Gerichtsbeisitzer oder Armenväter sind, zählt über 400 Mitglieder. Durch die Ueberlassung des Sanitätsfondes des Versorgungs- und Armenwesens, der Wasserleitungen, des Rekrutirungs-Conscriptions- und Militär-Vorspanns-Geschäftes, der Marktaufsicht, sowie der Zwangsarbeits- und freien Arbeitsanstalt, die früher von der n. öst. Landesregierung, der 1845 aufgelösten Stadthauptmannschaft rc. besorgt wurden, hat sich dessen Wirkungskreis außerordentlich vergrößert; wie denn auch die seit 1. Mai 1792 für geringfügige Rechtshändel bestehenden sogenannten Grundgerichts-Verwaltungen in den Vorstädten, welche der Pflege des Civil-Gerichts obliegen, mit dem Anfange des Jahres 1847 eine bedeutend größere Ausdehnung erhielten.

Was nun die Wissenschaft und Kunst anbelangt, so hat erstere in den zwölf Jahren der glorreichen Regierung Sr. Majestät des Kaisers Ferdinand ihren alten Ruhm nicht nur behauptet, sondern auch vermehrt. Fast alle Zweige derselben haben sehr ehrenwerthe Repräsentanten aufzuweisen, und insbesondere hat die vaterländische Poesie, wie schon die Namen: „Franz Grillparzer, Nicolaus Lenau (N. Niembsch Freiherr von Strehlenau), Anastasius Grün (Anton Alexander Graf von Auersberg), Friedrich Halm (Baron Eligius Münch-Bellinghausen), Joseph Christian Freiherr von Zedlitz, Ludwig August Frankl, Johann Gabriel Seidl, Eduard von Bauernfeld, Moriz Saphir und J. N. Vogl verbürgen, einen bisher noch nie erreichten Aufschwung genommen.

Weit geringer zeigt sich das Feld der Künste bebaut; und hierin hat noch die bildende Kunst das meiste, obgleich fast nur in den untergeordneten Fächern geleistet.

Wie fast allenthalben so hatte auch hier, schon während der Regierung des verstorbenen Kaisers Franz, die neu-italienische Schule auf die deutsche Musik einen höchst nachtheiligen Einfluß genommen. Diesen allmählig, nach besten Kräften, durch fortwährende Aufführungen großer, gediegener Werke der Tonkunst wieder Einhalt zu thun, machte sich der Musikverein zur wichtigsten Aufgabe. Redlich unterstützte ihn das Concert spirituel in diesem Vorhaben; und auch August Schmidt's musikalische Zeitschrift trug nicht wenig bei, den guten alten Geschmack in der Musik wieder herzustellen. Mehr jedoch bewirkten, wenigstens für einzelne Zweige der Tonkunst, der Wiener-Chorregenten Verein, der wie dessen Statuten von 1843 zeigen, den Zweck hat, aus allen Kräften auf die Verbesserung der Kirchenmusik einzuwirken und ein Pensions-Institut zur Versorgung der Wittwen und Waisen der vereinigten Chorregenten zu bilden: ein Institut, das bald Nachahmung fand; — und der Männergesangs-Verein, der sich die Erstrebung höherer Gesangkunst zur Aufgabe gestellt hat und sein erstes öffentliches Wirken in der am 29. Dezember 1844 im k. k. Redouten-Saale abgehaltenen Gesangs-Akademie feierte, dessen Ertrag dem Vereine für Versorgung und Beschäftigung erwachsener Blinden gewidmet war. Gottfried Preyer, rühmlich bekannt durch sein großes Tongemälde Noah, Benedikt Randhartinger, Dessauer, Proch, Nicolai, Lickl u. a. haben, nebst den noch lebenden Tonkünstlern aus der früheren Zeit, schätzbare Compositionen geliefert, und die Tanzmusik von Johann Strauß und Joseph Lanner hat einen europäischen Ruf erlangt.

Letztes Kapitel.

Wien in der Gegenwart.

Wien, die Hauptstadt des Kaiserthums Oesterreich und seit Maximilian des Ersten Zeit die beständige Residenz der erlauchten Herrscher dieses Staates in Oesterreich unter der Enns, gleich Rom auf sieben kleinen Anhöhen an dem südlichen Ufer der Donau, in 34 Grade 2 Minuten 16 Secunden östlicher Länge und 48 G. 12 M. 32 Sec. nördlicher Breite, 87,78 Wr. Klafter über der Fläche des adriatischen Meeres gelegen, besteht gegenwärtig aus der eigentlichen Stadt und 34 Vorstädten (1. Leopoldstadt, 2. Jägerzeile, 3. Weißgärber, 4. Landstraße, 5. Erdberg, 6. Wieden, 7. Schaumburgergrund, 8. Hungelbrunn, 9. Laurenzergrund, 10. Nicolsdorf, 11. Matzleinsdorf, 12. Hundsthurm,

Letztes Kapitel.

Wien in der Gegenwart.

13. Reinprechtsdorf, 14. Margarethen, 15. Laimgrube, 16. Windmühle, 17. Magdalenagrund, 18. Mariahilf, 19. Gumpendorf, 20. Schottenfeld, 21. Neubau und Neustift, 22. St. Ulrich, 23. Spitlberg, 24. Altlerchenfeld, 25. Strozzengrund, 26. Josephstadt, 27. Alservorstadt, 28. Breitenfeld, 29. Michaelbaiern, 30. Himmelpfortgrund, 31. Thury, 32. Liechtenthal, 33. Althan und 34. Rossau), die wie in einem Zirkel um die Stadt gelagert und von außen durch den Linienwall eingeschlossen sind, der im Umkreise 7080 Klafter beträgt. Die Thore desselben sind folgende: I. Das Taborer-, II. St. Marxer-, III. Belvedere-, IV. Favoriten-, V. Matzleinsdorfer-, VI. Schönbrunner-, VII. Gumpendorfer-, VIII. Mariahilfer-, IX. Lerchenfelder-, X. Herrnalser-, XI. Währinger-, und XII. Nußdorfer-Linien-Thor. Der Umkreis der Stadt mit den gesammten Vorstädten bildet eine ovale Figur und enthält, da das Stadtgebiet an einigen Stellen weit über den Linienwall hinausreicht, 23,272 Wr. Klafter oder 5,95 geogr. Meilen. Die Länge von St. Marx bis zur Nußdorfer-Linie beträgt 3250 Klafter, die Breite von der Gumpendorferlinie bis zum Prater-Eingang in der Jägerzeile 2650 Klafter. Zwischen den Vorstädten und der Stadt breitet sich das Glacis, ein mit Alleen geschmückter Wiesenplan aus; und so wie die Stadt fast im Mittelpunkte der Vorstädte liegt, ist wieder für diese als solcher die Peterskirche anzunehmen. Ihr Flächenraum inner den Basteien beträgt 412,500 Quadrat-Klafter. Die Stadt mit den Vorstädten zählt 8756 Häuser, die sämmtlich, mit Ausnahme der Kirchen, numerirt sind und 88,868 Wohnungen enthalten. An allen Plätzen und Gassen sind an den Ecken ihre Namen zu lesen. Die Häuser in der Stadt, fest und dauerhaft gebaut, sind größtentheilts 4 bis 5 Stockwerke hoch, haben durchaus steinerne Treppen und Ziegel-, Schiefer- oder Kupferdächer mit Rinnen und Röhren, durch welche das Wasser in die unterirdischen Canäle, von welchen Wien ganz durchschnitten ist, abläuft. In den Vorstädten sieht man gewöhnlich nur Häuser mit zwei bis drei Stockwerken, und nur wenige ältere haben noch Schindeldächer. Das Zinserträgniß der Stadt mit den Vorstädten beträgt für das Jahr 1846 14,242,763 Gulden C. M. Die Donau bildet bei Wien mehrere Inseln, und nur ein kleiner Arm derselben durchströmt es längs der Leopoldstadt. Ueber diesen sogenannten Donau-Canal führen zwei Joch-, zwei Ketten- und die schöne steinerne Ferdinandsbrücke, welche die Hauptverbindung zwischen dieser Vorstadt, der Jägerzeile und der Stadt unterhält. Mittelst zwei anderer großer Jochbrücken gelangt man beim Tabor über den Strom in das Viertel unter dem Mannhardsberg. Der Wienfluß, welcher 3 Meilen von hier im Wienerwalde entspringt, bringt von der Südseite in die Vorstädte ein, treibt einige Mühlen, schlängelt sich nächst der Wieden über das Glacis, und ergießt sich nächst der Weißgärber-Vorstadt in die Donau. Von dessen vielen Brücken und Stegen sind die auch mit großen Lasten zu befahrende Kettenbrücke zwischen der Wieden und Laimgrube, der Theater-Kettensteg und Behsels schöne Bohlenbrücke bei Gumpendorf die vorzüglichsten. Zwei andere nächst der Stadt werden eben umgebaut. Der Alserbach, welcher aus dem Gebirge hinter Dornbach hereinkommt und zwischen der Rossau und dem Althangrund in die Donau

SEARS SC

mündet, sowie der Ottakrinerbach, der am Glacis in die Wien fällt, wurden in neuerer Zeit, zur nicht geringen Verschönerung der Vorstädte, ganz eingewölbt. Der Neustädter-Canal endlich, welcher durch die Vorstadt Landstraße läuft, nimmt ebenfalls seinen Ablauf in die Donau.

Höchst unbeständig zeigt sich das Klima von Wien. Es wechselt oft an demselben Tage in den auffallendsten Uebergängen von Hitze und Kälte. Die Luft ist scharf und mehr trocken als feucht, und jeden Tag fast erhebt sich zwischen 10 und 11 Uhr früh ein mehr oder minder starker Wind, der jedoch zur Reinigung des Dunstkreises sehr dienlich ist. Die hiesige mittlere Jahres-Temperatur beträgt im Allgemeinen + 8,°46 R. Das Trinkwasser ist gut und reichlich seit Herstellung der Albertinischen und Kaiser-Ferdinands-Wasserleitung; auch fehlt es nicht an Artesischen Brunnen, und allenthalben auf den Plätzen schaut man ergiebige Bassins. Die physische Lage der Stadt ist sehr gesund und die Umgegend fruchtbar, ein gesegnetes Weinland und reich an Naturschönheiten. Leicht in einem halben Tag zu erreichen ist der 6521 Fuß hohe Schneeberg. Den großartigsten Anblick von Wien hat man bei der Denksäule „Spinnerin am Kreuz“ am Wienerberg; aber auch die Türkenschanze der Himmel, Kalenberg, die hohe Warte, zwischen Döbling und Heiligenstadt (Siehe die Abbildung), die Christuswiege bei Nußdorf, sind gute Standpunkte um es zu überschauen, so wie nicht minder die Terasse vor dem oberen Belvedere. (Siehe die Titelvignette.)

Wien zählt gegenwärtig 410,947 Einwohner, worunter 201,890 männlichen und 209,057 weiblichen Geschlechts. Die Garnison jedoch mit 15,340 Mann ist nicht dazu gerechnet. Darunter befinden sich 720 Geistliche, 3242 Adelige, 6023 Beamte und Honoratioren, dann 16,421 Gewerbsinhaber, Künstler und Akademiker, ferner 166,507 Fremde, und zwar 129,494 aus den conscribirten, 18,227 aus den nicht conscribirten Ländern, und 18,786 Ausländer.

Hinsichtlich des Preises der Lebensmittel ist es in Wien noch immer wohlfeiler zu leben als selbst in Hauptstädten zweiten und dritten Ranges; aber die Wohnungen sind seit mehreren Jahren schon außerordentlich im Preise gestiegen, und nicht minder kostspielig ist die Heitzung.

Was die Religion anbelangt so ist die römisch-katholische in Wien die herrschende, und ihr Oberhaupt ist der jeweilige Fürst-Erzbischof. Die Regular-Geistlichkeit besteht aus dem Stifte Schotten, Benediktiner-Ordens; den 10 Männerklöstern: den Barmherzigen in der Leopoldstadt und auf der Landstraße, dem Barnabiten-Collegium bei St. Michael in der Stadt und zu Mariahilf, den Dominikanern, Franziskanern, Kapuzinern in der Stadt, den Minoriten in der Alservorstadt, den Piaristen-Collegen in der Josephstadt, auf der Wieden, im k. k. Löwenburg'schen-, im k. k. Stadt-Convict, und in der k. k. Theresianischen Ritterakademie auf der Wieden, den Mechitaristen zu St. Ulrich, den Redemtoristen in der Stadt, und den Serviten in der Rossau; — dann den Frauenklöstern der Ursulinerinnen in der Stadt, der Elisabethinerinnen auf der Landstraße, der Salesianerinnen am Rennweg, der Redemtoristinnen auf der Landstraße, und der barmherzigen Schwestern in Gumpendorf und in der Leopoldstadt. Ueberhaupt zählt man jetzt in Wien und dessen Vorstädten 30

Pfarr-, 36 Kloster- und Nebenkirchen, 184 Diözesan Weltpriester, 229 Diözesan-Ordenspriester, 138 fremde Priester, 85 Mitglieder des Stiftes Schotten, 412 Mitglieder der hiesigen Männer-, und 355 der Frauenklöster. Die beiden protestantischen Gemeinden, über 12,000 Seelen zählend, üben ihren Gottesdienst hier, obschon sie keine Thürme und Glocken bei ihren Bethäusern haben, ganz offen und frei aus; und eben so wird in den 4 Kirchen der Anhänger des griechischen Ritus, bei 8000 stark, an allen Sonn- und Festtagen ihrer Religion feierlichst der Gottesdienst abgehalten. Auch die Israeliten haben in Wien eine prachtvolle Synagoge; die vielen hier ansäßigen mohamedanischen Kaufleute aber üben den Religionsdienst in ihren Wohnungen aus.

Die eigentliche Stadt Wien hat eine eirunde Gestalt, und sie umgibt rings die Bastei, welche mit Baum-Alleen bepflanzt ist und als Spaziergang dient. Sie hat 10 Thore: A. das Burg-, B. das Franzens- oder Josephstätter-, C. das Schotten-, D. das Neu-, E. das Fischer-, F. das Rothenthurm-, G. das Stuben-, H. das Carolinen-, I. das alte und neue Kärnthnerthor. Zwei offene Plätze sind sonst noch bei dem alten Mauthgebäude und beim sogenannten Schanzel an der Donau. Von A. geht der Weg über die Mariahilfer-Hauptstraße nach dem westlichen Deutschland; von F. über die Taborer-Hauptstraße in die Leopoldstadt, nach Böhmen, Mähren und dem nördlichen Europa; von G. über die Landstraße nach Ungarn; und von I. über die Wieden nach Steyermark, Illyrien und Italien. Nach althergebrachter Weise ist die Stadt in sogenannte Vierteln zur bessern Uebersicht für die k. k. Polizei-Direction und der Stadtobrigkeit eingetheilt. Diese heißen: das Stuben-, Kärnthner-, Wimmer- und Schottenviertel. Gassen und Straßen zählt man 132; die meisten aber sind weder breit noch gerade, wie dies bei allen alten Städten der Fall ist. Oeffentliche Plätze sind 19 vorhanden, von welchen die meisten mit Denkmälern und Springbrunnen geziert sind. Die merkwürdigsten sind: der äußere Burg- oder Paradeplatz, der innere Burgplatz mit dem Denkmale des Kaisers Franz; der Platz „am Hof“ genannt, mit der Marien-Säule und zwei Springbrunnen; der hohe Markt, geziert mit einer Darstellung der Vermählung Josephs mit Marien; der Graben, worauf die Dreifaltigkeitssäule prangt, ein Lieblingsort der Wiener; der neue Mark (Mehlmarkt), geziert mit Raphael Donners Brunnen; der Josephsplatz, nach Kaiser Joseph dem Zweiten so benannt, dessen Statue von Zauner hier aufgestellt ist; der St. Stephans-Platz, in dessen Mitte die alte ehrwürdige Metropole ihr Haupt erhebt; der Franziskanerplatz rc. Die volksreichsten Plätze und Gassen sind: der Kohlmarkt, Graben, der Hof, der hohe Markt, die Herrngasse, die Kärnthnerstraße, der Stephansplatz, die Rothenthurmstraße und die Freiung.

Nebst der kais. Burg, in deren Bereich die Reichskanzlei, die kais. Bibliothek, die Reitschule gehören, besitzt noch Wien mit seinen Vorstädten 64 Paläste und palastähnliche Gebäude, die theils hohen Personen angehören, theils zu Dicasterien, Sammlungen rc. verwendet werden, 50 Kirchen und 26 größere Capellen. Die größten vier Zinshäuser sind: das fürstlich Starhemberg'sche Freihaus, Konradswörth genannt, auf der Wieden, das 6 Höfe, 31 Stiegen,

301 Wohnungen und bei 1100 Einwohner zählt; das Bürgerspital-Zinshaus in der Stadt, welches 10 Höfe, 20 Treppen, 4 Stockwerke in der Höhe und ungefähr 220 Wohnungen hat; das deutsche Ordenshaus in der Singerstraße, und der Trattner'sche Freihof am Graben. Das höchste Haus in Wien ist das zum großen Weintrauben 329, das vom tiefen Graben angesehen 7 Stockwerke zeigt.

Von den vielen Gärten Wiens, worunter der k. k. Hofgarten oben an steht, sind der Volksgarten, worin sich der Theseustempel und ein Kaffeehaus befinden, das Paradiesgärtchen, der Augarten in der Leopoldstadt, das Belvedere, der fürstl. Schwarzenberg'sche Garten am Rennweg und der fürstl. Liechtenstein'sche Garten in der Rossau, dem Publikum eröffnet. Hauptlieblingsorte zu Spaziergängen aber sind: der Prater, die Brigittenau und der Promenadeplatz auf dem Glacis vor dem Carolinenthor, wo sich die Mineralwasser-Cur-Anstalt und gleichfalls ein Kaffehaus befinden. —

Zum Hofstaate Sr. Majestät des Kaisers Ferdinand des Ersten gehören vier oberste Hofämter (der Obersthofmeister, zugleich Oberster aller Garden, der Oberstkämmerer, der Obersthofmarschall und Oberststallmeister), acht Hofdienste, vier Leibgarden (die k. k. erste Arcieren-, die ungerisch adelig-, die lombardisch-venezianische-, Trabanten-Leibgarde), die sämmtlichen Orden (der Ritter-Orden des goldenen Vließes, der militärische Maria-Theresien-Orden, der königl. ungerische St. Stephans-Orden, der Leopolds-Orden, der Ritter-Orden der eisernen Krone, und die Elisabeth-Theresianische Militär-Stiftung); ferner die Civil-Ehrenkreuze, die geheimen Räthe, wirklichen Räthe, Truchsesse, Aulae regiae familiares, und endlich die Edelknaben. — Der Hofstaat J. M. der Kaiserin und Königin, Maria Anna Carolina Pia, besteht aus einem Obersthofmeister, Obersthofmeisterin, den Sternkreuz-Ordens-Damen, den Palast-Damen ꝛc. Der Hofstaat J. M. der verwittweten Kaiserin Königin, Carolina Augusta, sowie der übrigen Geschwister und Oheime Sr. M. des Kaisers, zeichnen sich durch Einfachheit aus, wie Alles, was den allerhöchsten Hof umgibt.

In Wien, als der Residenz des erlauchten Landesfürsten ist der Sitz aller höchsten Hof- und Landesstellen. Die Staats-Conferenz, unter dem Vorsitze Sr. Majestät des Kaisers, besteht aus vier Mitgliedern: Sr. k. k. Hoh. Herrn Erzherzog Franz Carl, Sr. k. k. Hoh. Herrn Erzherzog Ludwig, Sr. Durchlaucht Herrn Clemens Wenzel Lothar Fürsten von Metternich-Winneburg, und Sr. Excellenz Herrn Franz Anton Grafen von Kolowrat-Liebsteinsky. Nach Maßgabe der Geschäfts-Gegenstände werden jedoch auch zuweilen die übrigen Staats- und Conferenz-Minister, die staatsräthlichen Sections-Chefs, die Staats- und Conferenz-Räthe, und die Präsidenten der Hofstellen beigezogen.

Als höchste Dicasterien sind zu bemerken: Das Cabinet Sr. Majestät des Kaisers, die k. k. geheime Haus-, Hof- und Staats-Kanzlei, die k. k. vereinigte Hofkanzlei, die königl. ungarische Hofkanzlei, die königl. siebenbürgische Hofkanzlei, die k. k. allgemeine Hofkammer, die k. k. Hofkammer in Münz- und Bergwesen, die k. k. oberste Justiz-Stelle, die k. k. oberste Polizei- und Censurs-Hofstelle, der k. k. Hofkriegsrath und das k. k. General-Rechnungs-Directorium, von deren untergeordneten Stellen und Aemtern gleichfalls viele in Wien

67 *

sind. Ferner die Provinzial-Dicasterien, als: die k. k. Landes-Regierung in dem Erzherzogthume Oesterreich unter der Enns, und die nieder-österr. Landschaft oder das Collegium der nieder-österr. Landstände. Von der neuen Organisirung des Magistrats wurde schon früher gesprochen. Uebrigens sind noch folgende Herrschafts-Gerichte in Wien: das Stiftsgericht Schotten, das Herrschafts-Gericht des Metropolitan-Capitels, das erzbischöfliche Zehentamt, das fürstlich Liechtenstein'sche Herrschafts-Gericht im Liechtenthal, und die Gerichtsverwaltung der fürstl. Ludwig Starhemberg'schen Herrschaft Konradswörth auf der Wieden. Leute, welche sich eines schweren Polizeivergehens schuldig gemacht haben, kommen in das sogenannte Schrannengebäude auf dem hohen Markt in Verwahrung; im Polizeihause in der Sterngasse ist das Gefängniß der Schuldner und Bankerotmacher; Criminal-Verbrecher kommen bis zu ihrer gänzlichen Aburtheilung in die Gefängnisse des Criminal-Gerichtshauses in der Alservorstadt; Verbrecher aus dem Militär-Stande aber in das k. k. Militär-Stockhaus am neuen Thore. Zur Beschäftigung müßigen bettelnden Gesindels wurde auf der Laimgrube 1804 das Zwangsarbeitshaus oder die Arbeits- und Besserungs-Anstalt eröffnet. Endlich besteht für Personen beiderlei Geschlechtes, welche wegen Verbrechen bereits abgeurtheilt sind, das k. k. Provinzial-Strafhaus, in der gewöhnlichen Sprache „das Zuchthaus" genannt, wo die Arrestanten mit Spinnen, Flachs- und Wollekrämpeln, Weben 2c. beschäftigt werden.

Vortrefflich sind Wiens Anstalten zur Sicherheit und Bequemlichkeit. Das Straßenpflaster in der Stadt ist durchaus von schwarzgrauem im Viereck behauenem Granitstein. Auch die Fahrwege über das Glacis und ein sehr großer Theil der Vorstädte ist mit demselben Pflaster versehen. Die innere Stadt wird nun des Nachts mit Gaslichtern beleuchtet, die theils bis Tages-Anbruch, theils bis zwei Uhr Morgens brennen. Zur Beleuchtung der Bastei der Glacis und der Vorstädte werden jedoch noch Oel-Lampen verwendet. Ebenso ist die Stadt ganz von unterirdischen Kanälen durchschnitten, die sich in die Donau ausmünden. In dieselben, da sie unter allen Gassen weglaufen, werden aus allen Häusern die Unreinlichkeiten durch Neben-Canäle geführt, welche dann gelegentlich durch das Regen- oder Brunnen-Wasser fortgeschwemmt werden, das in die von Strecke zu Strecke angebrachten, vergitterten Canallöcher eindringt. Täglich werden alle Gassen durch Taglöhner und Leute der freiwilligen Arbeitsanstalt gekehrt und der Mist auf Karren fortgeschafft. So auch im Winter der Schnee. Die Hausherrn sind verpflichtet, beim Glatteis vor ihren Gebäuden den Weg mit Sand bestreuen, und in den Sommermonaten aufspritzen zu lassen; so wie dies letztere Geschäft für die Hauptallee des Praters und die Hauptstraßen in den Vorstädten den Gemeinden obliegt. Zur Verhütung jeglicher Gefahr darf in der Stadt nur im Trapp gefahren werden; auch ist der Feuersicherheit wegen auf öffentlicher Gasse das Tabakrauchen verboten. Berühmt ist die hiesige Löschanstalt, welche unter der Obhut des eben so thätigen als umsichtigen Unterkammeramtes steht. Nebst der ersten österreichischen und der k. k. priv. wechselseitigen Brandversicherungs-Anstalt hat auch die Triestiner hier eine General-Agentschaft. Uebrigens unterhält die Polizei, deren Oberdirection ihren Sitz in der Stadt

Nr. 564 hat, eine eigene Wache von 564 Mann zu Fuß und 36 Mann zu Pferde, welche Tag und Nacht, auf verschiedenen Plätzen und Gassen vertheilt, für die Sicherheit, Ruhe und Ordnung der Stadt wachen müssen. Die Civil-Polizei-Wache in den Vorstadt-Polizeibezirken besteht aus 8 Wachtmeistern und 56 Gemeinen.

Unter Wiens 23 Bädern sind das Dianabad in der Leopoldstadt und das 1838 errichtete Sophienbad auf der Landstraße, mit welchen auch Schwimmanstalten verbunden sind, die berühmtesten. Seit 1831 ist auch hinter dem Augarten eine Floß-Schwimm- und Bade-Anstalt in Verbindung mit einer Frauen-Schwimmanstalt unter dem Namen: „Ferdinand- und Marien-Damenschwimm- und Herren-Bade-Anstalt“ eröffnet; auch wird die militärische Schwimm-Anstalt und Schwimmschule im Prater von dem Publikum sehr benützt. Unentgeldliche Bade-Anstalten (Freibäder) sind: für Männer allein im Donau-Arm unter der Schwimmschule am Praterdamm; — für Männer und Frauen aber in zwei geschlossenen hölzernen Badehäusern nächst der Taborbrücke.

Hinsichtlich der Anstalten für Kunst und Wissenschaft, Bildung und Erziehung, der Vereine und Sammlungen zu diesem Zwecke, verweise ich auf die beiden früheren Kapitel. Die Gesammtzahl der jetzt in Wien dem Lehramte (mit Ausnahme der Trivialschulen) vorstehenden Personen beläuft sich auf 400, und die der zu unterrichtenden auf 13,000; wovon auf die Universität allein 103 Professoren und Adjuncten und über 5000 Hörer fallen. Aus den Mitgliedern derselben gehören 47 der theologischen, 236 der juridischen, 512 der medicinisch-chirurgischen, und 43 der philosophischen Facultät an, Schriftsteller leben hier nahe an 400, bildende Künstler 330, Musiker 375. Privatlehrer (mit Inbegriff der Sprach-, Tanz- und Fechtmeister, Musik- und Zeichnungslehrer ꝛc.) über 500. Privat-, Lehr- und Erziehungs-Anstalten theils für Knaben, theils für Mädchen sind 16 vorhanden. Der politischen Blätter und Zeitungen, Schematismen, Journale und anderer periodischen Schriften zählt man 30, nicht zu gedenken der reichhaltigen Almanachs-Literatur.

Wiens Sanitätswesen [15] steht unter der Oberaufsicht des Protomedicus in Oesterreich unter der Enns. Es hat zwei Stadt-Physici, einen Stadtgerichts-Wundarzt, eine Stadt-Hebamme, eine Stadtgerichts-Hebamme, einen Ober-Infections-Wundarzt, drei Infections-Wundärzte und Todtenbeschauer sammt drei Atjuncten ꝛc. Armenärzte sind in der Stadt drei und in jedem Polizeibezirk der Vorstädte Einer. Doctoren der Arznei- und Wundarznei-Kunde, welche hier Praxis ausüben, zählt man 426, Magister der Chirurgie 29, bürgerliche Wundärzte in der Stadt 28, und in den Vorstädten 92; Zahnärzte endlich 59. Unter den bereits im Verfolge der Geschichte angeführten Sanitäts-Anstalten zeichnet sich insbesondere das k. k. allgemeine Krankenhaus in der Alservorstadt aus, mit der die k. k. Irren-Heilanstalt, die Kliniken der k. k. Universität, das k. k. Gebärhaus und das k. k. Findelhaus mit dem Säugammen- und Schutzpocken-Haupt-Institute, in Verbindung stehen und in welchem im jüngstverflossenen Jahre 29,795 Personen (im Gebärhause 6915, im Krankenhause 22,496 und in dem Irrenhause 384) ärztlich behandelt worden sind. —

Die Kirchhöfe befinden sich vor der Maria-Hilfer-, St. Marxer-, Matzleinsdorfer-, Hundsthurmer-, und vor der Währinger-Linie. Die vielen eigenen und Familiengräber haben meistens schöne Denkmale aufzuweisen.

Auch an Anstalten der Wohlthätigkeit und Humanität ist Wien, wie bereits bemerkt worden, sehr reich. Durch das von Joseph dem Zweiten 1783 errichtete Armen-Institut, welches nun, wie das gesammte Armenwesen der Stadt, von dem Magistrate verwaltet wird, wurden allein im verflossenen Jahre 385,901 Gulden C. M. den Armen auf die Hand gegeben.

Stadt-Commandant von Wien sind Se. kais. Hoheit der durchlauchtigste Herr Erzherzog Albrecht. Die Garnison ist im Ganzen 15,340 Mann stark und mit 2125 Pferden versehen. Sie besteht aus zwei Infanterie Regimentern, 6 Grenadier-Bataillons, einem Jäger-Bataillon, einem Husaren-Regiment, einer Division Dragoner, dem Pionier-Corps, dem Bombardier-Corps, einem Artillerie-Regiment, und dem Fuhrwesen. Die Mannschaft ist in 8 Casernen einquartirt, als: in die 1721 von den Ständen erbaute für ein Regiment Cavallerie in der Leopoldstadt; in die auf dem Getreidemarkt, 1749 von dem Magistrat erbaut; in die am Salzgriese, 1746 ebenfalls von dem Magistrat errichtet, in die 1751 entstandene Alser-Caserne für 6000 Mann; in die Cavallerie-Caserne in der Josephstadt, in jene des Bombardier-Corps und des zweiten Feldartillerie-Regiments auf dem Rennweg; dann in die Caserne des k. k. Militär-Fuhrwesens-Corps auf der Landstraße und in jene für die Infanterie auf dem Heumarkte, welche 1841 entstand. Die k. k. Hofburg-Wache ist auf der Laimgrube casernirt, und das k. k. Militär-Haupttransport-Sammelhaus liegt in der Josephstadt. Die Invaliden haben ihr Haus auf der Landstraße. Die innere Stadt, da sie obgedachte Casernen erbauen ließ, ist von jeder Einquartirung befreit, die Vorstädte hingegen haben diese Freiheit nicht, sondern müssen bei Truppenmärschen die durchziehenden Soldaten in die Häuser aufnehmen.

Die Bürgermiliz, aus dem ersten und zweiten Regiment, der Artillerie, drei Grenadier-Divisionen, dem Schützen-Corps, dem Corps der akademischen Künstler und der Cavallerie bestehend, zählt dermalen 11,619 Mann. Der jeweilige Bürgermeister ist ihr Oberst, die Vicebürgermeister, der Stadt-Oberkämmerer und einige Magistratsräthe bilden den übrigen Stab. Sie haben, wie schon berührt, ihr eigenes Zeughaus und eine Schießstätte auf der Wieden Nr. 391.

Zur Belustigung haben die Wiener, nebst den schon erwähnten Gärten und Promenaden, fünf Theater, die Redoute, ein Ballspielhaus, Feuerwerke, den Circus für Kunstreiter, Lesezirkel, Bücherleihanstalten, Reunionen, Concerte, das Odeon, den Sophien- und andere Tanzsäle, 97 Kaffeehäuser, 941 Bier- und Weinschanken, 41 Traiteure, 27 Mandoletibäcker, 66 Zuckerbäcker, 1372 Fuhrleute (Fiaker, Land- und Miethkutscher) zu Landpartien ꝛc. ꝛc.

Was die Gewerbs-Industrie belangt, so besitzt Wien eine bedeutende Menge von Fabriken und Werkstätten aller Art. Man unterscheidet sie in landesprivilegirte Fabriken, in einfache Fabriksbefugnisse (kleine Fabriken), in Meisterrechte, die zum Theil noch zünftig sind, und in ausschließende Privilegien, die ebenfalls als Fabriksbefugnisse zu gelten haben. Von ärarischen Fabriken sind hier: Die k. k. Porzellan-Manufactur, in der Rossau; die k. k. Kanonen-

Gießerei und Bohrerei, 1750 angelegt auf der Wieden; die k. k. Gewehr-Fabrik, 1785 hergestellt in der Währingergasse Nr. 201; und die k. k. Hof-, Staats- und Aerarial-Druckerei, in der Stadt im Franciscaner-Gebäude, die 1804 von Degen von Elsenau gegründet, nun unter ihrem jetzigen Vorstand Aloys Auer zur höchsten Stufe der Vollkommenheit gelangt ist.

Der zahlreiche Handelsstand theilt sich in Großhandlungen, deren 90 mit unbeschränkten Vorrechten begünstigt sind und sich auch mit Wechselgeschäften befassen, 60 israelitischer Religion, deren Befugniß auf bestimmte Artikel beschränkt ist, und 105, welche mit türkischen Waaren Großhandel treiben. Ferner in Detail-Handlungen, deren 18 für Material-, Specerei- und Farbwaaren; 93 für Specerei-Waaren, 2 für reiche und schwere Seidenzeuge und Samtwaaren, 142 für Seiden-, weiße Moden-, und sogenannte kurze Waaren; 42 für rohe und gefärbte Seide, Schafwolle und alle Gattungen Bändern; 144 für Currentwaaren; 15 für Juwelen, Gold- und Silberwaaren; 9 für Hutstepper-Waaren, 9 für Lederwaaren, 61 für Nürnbergerwaaren, 16 für Leinwandwaaren, 8 für Eisen und Eisengeschmeide-Waaren bestehen. Weiter giebt es 354 bürgerliche vermischte Waarenhandlungen in den Vorstädten, 27 Handlungen des k. k. priv. Gremiums der bgl. Tuchhändler, 14 der Kunst- und Musikalienhändler, 30 der Buchhändler, 16 der verkäuflichen Leinwandhandlungen, 4 der Rauchwaarenhändler; dann 3 der bgl. Bund- und Palatinkammerhändler, 84 der bgl. und befugten Pfaidler oder Leinwäschwaarenhändler und 17 der Visirhändler; anderer Personal-Handlungsbefugnisse, welche keine Gremien bilden wie z. B. die 562 Putzwaarenhandlungen (Marchande des Modes), 341 Zwirn- und Baumwollhandlungen rc., der Krämereien, Ständchenbefugnisse, Handlungsrechte auf einzelne Artikel und für Eßwaaren, von denen die Victualienhändler allein 1964 betragen, nicht zu gedenken. Nebst dem halten noch 388 Fabriken aus den Provinzen hier Niederlagen.

Wien hat jährlich zwei große Märkte, zu Jubilate und Allerheiligen, deren jeder vier Wochen dauert. Auch in der Leopoldstadt wird jährlich zu St. Margarethen ein Markt von 14 Tagen abgehalten; im Juli jeden Jahres ist zudem noch in der Rossau ein großer Markt von Töpferwaaren und im September ein Holzwaaren-Markt. Die Buden des permanenten Tröbelmarktes sind zunächst des Wienflusses und Rennweges aufgeschlagen, und den manigfaltigen Wochen- und täglichen Märkten für Lebensbedürfnisse rc. eigene Plätze in der Stadt und in den Vorstädten angewiesen. —

Noch ist nachträglich der hier am 30. April 1847 erfolgte Tod Sr. kais. Hoheit des Erzherzogs Carl zu berichten. Die irdischen Ueberreste des glorreichen Helden ruhen nun seit 4. Mai in der Gruft seiner erlauchten Ahnen bei den Pater-Capucinern. Kurz nach diesem Trauerfalle erschienen, mit höchstem Patent vom 14. Mai, die Statuten der k. k. Akademie der Wissenschaften in Wien. Seine Majestät Kaiser Ferdinand geruhten zu deren Curator den durchlauchtigsten Herrn Erzherzog Johann Baptist, kaiserl. Hoheit, zu ernennen, eine Wahl, die, bei der allbekannten Liebe dieses kenntnißreichen Prinzen für Wissenschaft und Kunst, sehr zum raschen Aufblühen dieser wichtigen Anstalt beitragen wird.

Und so ist denn Wiens Geschichte bis in die Gegenwart zu Ende gediehen. Aufgerollt liegt vor uns dessen thatkräftige Vorzeit. Wie die hehre Roma, aus einem dürftigen Fischer-Dörfchen allmählig zu einem Städtchen emporgekeimt, sahen wir es, oft dem Untergange nahe, immer wieder von neuem, dem Phönix gleich, in jugendlicher Kraft aus der Asche erstehen. Selbst die langwährenden, blutigen Wirren des Mittelalters und des Religionskrieges vermochten nicht dessen raschen Wachsthum zu hemmen. Siegreich erhob es sich zur Vormauer des Christenthums, und als Germaniens allezeit getreue Stadt, bewies es sich auch da noch standhaft beharrend, da selbst dessen kühnste Schwestern sich unter das Fremdlingsjoch schmiegten. Aber Teut erhob bald wieder sein stolzes Haupt, fremden Einfluß von sich abschüttelnd, und die altergraue Kaiserstadt sah eine glänzende Fürstenversammlung in ihren Mauern, wie keine ähnliche die Weltgeschichte vorzuführen vermag. Sie eröffnete den Völkern die Pforten eines dauernden Friedens. Wie vordem an kriegerischen Thaten — also nun, durch die weise, väterliche Fürsorge des gütigsten Monarchen, an Wissenschaft und Kunst, an Gewerbs-Industrie und Handel reich, prangt Wien in stolzer Pracht als eine der ersten Städte Europens, ob dessen Zukunft Gottes reichster Segen walten möge!

Anmerkungen.

1 Gleich außer der Nußdorfer Linie zeigt sich ein Monument, das sogenannte Prälatenkreuz. Probst Ambros von Klosterneuburg fuhr nämlich eben nach dem Stifte zurück, als der benachbarte Pulverthurm in die Lüfte sprang. Sausend flogen die Kugeln über dessen Haupt. Eine, die noch das Stift bewahrt, erschlug eines seiner Pferde; er selbst aber entging unbeschädigt der Gefahr und ließ hernach dieses Monument errichten.

2 Die schöne, leider schon stark abgenützte Orginalplatte des Carl Schutz bewahrt das städtische Archiv.

3 Zu den beiden französischen Invasionen wurden die städtischen Akten benützt. Vergl. Schimmers Geschichte derselben 1815.

4 Bergenstamm: Geschichte der Vorstädte und Freigründe 1812.

5 Weichel: die Leopoldstadt in Wien, 1824.

6 v. Mosel's Geschichte der k. k. Hofbibliothek 1835. 8.

7 Weinkopf, Beschr. der Akademie der bildenden Künste 1783. 8. — H. A. Fueßli: Annalen der bild. K. für den österr. Kaiserstaat 1801 und 1802. 2 Bde. 8.

8 Jos. Arneth: Beschr. des k. k. Antiken-Cabinets. 1846. 8.

9 Aloys Primisser: die k. k. Ambraser-Sammlung, 1819. 8.

10 Denkmal rühmlich erfüllter Bürgerpflichten. 1806. 8. Rohrers Bürger-Almanach.

11 Eine ausführliche Beschreibung dieses Baues und der Festlichkeiten findet man in meinem Werke: Die Metropolitankirche zu St. Stephan in Wien. 1843. 2. Aufl.

12 Vergl. die Wiener Zeitung vom 17. Juni 1846.

13 Monumento a Francesco Primo in Vienna, opera di Pompeo Marchesi, descritta da Francesco Ambrosoli. Folio. 1846.

14 Vergl. das gedruckte Programm.

15 Jos. Joh. Knolz: Darstellung der Humanitäts- und Heilanstalten im Erzherzogthum Oesterr. unter der Enns. Wien. 1840. 8.

:ellung der Humanitäts- und Heilanstalten im Erzherzogthum

Register.

68 *

69 *

Zeitfracht Medien GmbH
Ferdinand-Jühlke-Straße 7
99095 Erfurt, Deutschland
produktsicherheit@kolibri360.de